서예인을 위한 성경명구

金炅洙 編著

書藝文人畵

한글성경 / 漢文聖經 목차 대조표

구약(舊約)	
한글성경	**漢文 聖經**
창세기	摩西一書 創世記
출애굽기	摩西二書出伊及記
레위기	摩西三書 利未記
민수기	摩西四書 民數記
신명기	摩西五書 申命記
여호수아	約書亞
사사기	士師
룻기	路得
사무엘(상)	撒母耳上
사무엘(하)	撒母耳下
열왕기(상)	列王上
열왕기(하)	列王下
역대(상)	歷代上
역대(하)	歷代下
에스라	以斯拉
느헤미아	尼希米
에스더	以斯帖
욥기	約伯
시편	詩篇
잠언	箴言
전도서	傳道
아가	所羅門歌/雅歌
이사야	以賽亞
예레미아	耶利米
예레미아애가	耶利米哀歌
에스겔	以西結
다니엘	但以理
호세아	何西阿
요엘	約珥
아모스	阿摩司
오바댜	俄巴底亞
요나	約拿
미가	彌迦
나훔	那鴻
하박국	哈巴谷
스바냐	西番雅
학개	哈該
스가랴	撒迦利亞
말라기	瑪拉基

신약(新約)		
한글성경	**漢文 聖經**	
마태복음		瑪太福音
마가복음		瑪可福音
누가복음		路加福音
요한복음		約翰福音
사도행전		使徒行傳
로마서	達羅瑪人書	羅瑪書
고린도전서	達哥林多人前書	哥林多前書
고린도후서	達哥林多人後書	哥林多後書
갈라디아서	達迦拉太人書	迦拉太書
에베소서	達以弗所人書	以弗所書
빌립보서	達腓立比人書	腓立比書
골로새서	達哥羅西人書	哥羅西書
데살로니가전서	達帖撒羅尼迦人前書	帖撒羅尼迦前書
데살로니가후서	達帖撒羅尼迦人後書	帖撒羅尼迦後書
디모데전서	達提摩太前書	提摩太前書
디모데후서	達提摩太後書	提摩太後書
디도서	達提多書	提多書
빌레몬서	達腓利們書	腓利們書
히브리서	達希伯來人書	希伯來書
야고보서		雅各書
베드로전서		彼得前書
베드로후서		彼得後書
요한 1서	約翰第壹書	約翰壹書
요한 2서	約翰第貳書	約翰貳書
요한 3서	約翰第參書	約翰參書
요한계시록	默示錄	約翰 啓示錄

舊新約聖經 貫珠 略字 目錄(구신약성경 관주 약자 목록)

舊約聖經					
創	創世記	出	出伊及記	利	利未記
民	民數記	申	申命記	書	約書亞
士	士師	得	路得	母上	撒母耳上
母下	撒母耳下	王上	列王上	王下	列王下
代上	歷代上	代下	歷代下	拉	以斯拉
尼	尼希米	帖	以斯帖	伯	約伯
詩	詩篇	箴	箴言	傳	傳道書
歌	所羅門歌	賽	以賽亞	耶	耶利米
哀	哀歌	結	以西結	但	但以理
何	何西阿	珥	約珥	摩	阿摩司
俄	俄巴底亞	拿	約拿	彌	彌迦
鴻	那鴻	哈	哈巴谷	番	西番雅
該	哈該	亞	撒迦利亞	瑪	瑪拉基

新約聖經					
太	瑪太福音	可	瑪可福音	路	路加福音
約	約翰福音	徒	使徒行傳	羅	羅瑪
哥前	哥林多前	哥後	哥林多後	迦	迦拉太
弗	以弗所	腓	腓立比	西	哥羅西
撒前	帖撒羅尼迦前	撒後	帖撒羅尼迦後	提前	提摩太前
提後	提摩太後	多	提多	們	腓利們
來	希伯來	雅	雅各	彼前	彼得前
彼後	彼得後	約壹	約翰壹書	約貳	約翰貳書
約參	約翰參書	猶	猶大	黙	黙示錄

성경책명 약자표

구약성경					
창	창세기	출	출애굽기	레	레위기
민	민수기	신	신명기	수	여호수아
삿	사사기	룻	룻기	삼상	사무엘상
삼하	사무엘하	왕상	열왕기상	왕하	열왕기하
대상	역대상	대하	역대하	스	에스라
느	느헤미아	에	에스더	욥	욥기
시	시편	잠	잠언	전	전도서
아	아가	사	이사야	렘	예레미아
애	예레미아애가	겔	에스겔	단	다니엘
호	호세아	욜	요엘	암	아모스
옵	오바댜	욘	요나	미	미가
나	나훔	합	하박국	습	스바냐
학	학개	슥	스가랴	말	말라기

신약성경					
마	마태복음	막	마가복음	눅	누가복음
요	요한복음	행	사도행전	롬	로마서
고전	고린도전서	고후	고린도후서	갈	갈라디아서
엡	에베소서	빌	빌립보서	골	골로세서
살전	데살로니가전서	살후	데살로니가후서	딤전	디모데전서
딤후	디모데후서	딛	디도서	몬	빌레몬서
히	히브리서	약	야고보서	벧전	베드로전서
벧후	베드로후서	요일	요한1서	요이	요한2서
요삼	요한3서	유	유다서	계	요한계시록

漢文 聖經目錄 變用

舊約(구약)		
摩西 一書 創世記	➡	創世記
摩西 二書 出伊及記	➡	出伊及記
摩西 三書 利未記	➡	利未記
摩西 四書 民數記	➡	民數記
摩西 五書 申命記	➡	申命記
士師	➡	士師記
傳道	➡	傳道書
所羅門歌	➡	雅歌

新約(신약)				
使徒保羅達羅瑪人書	➡	達羅瑪人書	➡	羅瑪書
使徒保羅達哥林多人前書	➡	達哥林多人前書	➡	哥林多前書
使徒保羅達哥林多人後書	➡	達哥林多人後書	➡	哥林多後書
使徒保羅達迦拉太人書	➡	達迦拉太人書	➡	迦拉太書
使徒保羅達以弗所人書	➡	達以弗所人書	➡	以弗所書
使徒保羅達腓立比人書	➡	達腓立比人書	➡	腓立比書
使徒保羅達哥羅西人書	➡	達哥羅西人書	➡	哥羅西書
使徒保羅達帖撒羅尼迦人前書	➡	達帖撒羅尼迦人前書	➡	帖撒羅尼迦前書
使徒保羅達帖撒羅尼迦人後書	➡	達帖撒羅尼迦人後書	➡	帖撒羅尼迦後書
使徒保羅達提摩太前書	➡	達提摩太前書	➡	提摩太前書
使徒保羅達提摩太後書	➡	達提摩太後書	➡	提摩太後書
使徒保羅達提多書	➡	達提多書	➡	提多書
使徒保羅達腓利們書	➡	達腓利們書	➡	腓利們書
達希伯來人書			➡	希伯來書
約翰第壹書			➡	約翰壹書
約翰第貳書			➡	約翰貳書
約翰第參書			➡	約翰參書
默示錄			➡	約翰啓示錄

서예인을 위한

성 경 명 구

목 차

❶ 자

1-1 歛감(路加福音누가복음 10:2); 남김없이 수확하다
1-2 虔건(使徒行傳사도행전 2:5); 정성스러움
1-3 敬경(創世記창세기 31:53); 공경하다
1-4 羔고(約翰啓示錄요한계시록 5:13); 어린 양, 예수님을 의미하기도 함
1-5 寬관(瑪太福音마태복음 8:13); 너그럽다, 넓다
1-6 求구(以賽亞이사야 55:6); 구하다
1-7 救구(瑪太福音마태복음 8:25); 구원하다
1-8 達달(使徒行傳사도행전 10:4); 도달하다
1-9 德덕(使徒行傳사도행전 11:24); 덕행, 은혜, 큼
1-10 道도(約翰福音요한복음 1:1); 말씀, 길, 법
1-11 斂렴(瑪太福音마태복음 3:12); 추수하다
1-12 望망(哥林多前書고린도전서 13:13); 소망
1-13 門문(瑪太福音마태복음 7:13); 영생의 문
1-14 善선(羅瑪書로마서 8:28); 착하고 올바름
1-15 誠성(瑪太福音마태복음 5:18); 진실됨, 성실함
1-16 信신(哥羅西書골로새서 1:7); 믿음
1-17 我아(申命記신명기 5:10); 나
1-18 愛애(哥林多前書고린도전서 13장); 사랑
1-19 畏외(創世記창세기 31:53); 두려워하다
1-20 籲유(以賽亞이사야 55:6); 부르짖다
1-21 宥유(希伯來書히브리서 8:12); 용서하다
1-22 義의(提摩太後書디모데후서 3:16); 하나님 앞에 부끄러움이 없는
1-23 淨정(詩篇시편 51:7); 깨끗이 씻다
1-24 拯증(詩篇시편 51:7); 건지다, 구원하다
1-25 濟제(使徒行傳사도행전 10:31); 구제하다
1-26 滌척(詩篇시편 51:7); 씻다, 빨다
1-27 聽청(瑪太福音마태복음 7:26); 말을 듣다
1-28 行행(瑪太福音마태복음 7:26); 행하다
1-29 顯현(使徒行傳사도행전 19:17); 나타나다, 높이다

1-30 訓훈(瑪太福音마태복음 7:28); 가르치다

❷ 자

2-1 懇求간구(腓立比書빌립보서 4:6); 간절히 구하는 것
2-2 感謝감사(腓立比書빌립보서 4:6); 고마움, 고맙게 여김
2-3 康强강강(約翰參書요한삼서 1:2); 건강하고 굳셈
2-4 康健강건(約翰參書요한삼서 1:2); 기력과 몸이 튼튼하고 굳셈
2-5 健壯건장(詩篇시편 39:13); 몸이 크고 씩씩함
2-6 堅强견강(以賽亞이사야 41:10); 굳세고 힘이 강함
2-7 堅定견정(路加福音누가복음 22:32); 굳세어 흔들리지 않음
2-8 謙遜겸손(箴言잠언 15:33); 남을 높이고 제 몸을 낮춤
2-9 謙讓겸양(以弗所書에베소서 4:2); 겸손한 태도로 사양함
2-10 經綸경륜(以弗所書에베소서 1:9); 일을 조직하고 경영함
2-11 敬奉경봉(詩篇시편 50:23); 공경하여 받듬
2-12 傾聽경청(彼得前書베드로전서 3:12); 귀담아 들음
2-13 顧念고념(詩篇시편 102:17); 보살펴 줌, 남의 허물을 덮음
2-14 供事공사(希伯來書히브리서 6:10); 성도를 섬김
2-15 公義공의(以賽亞이사야 11:5); 하나님이 표준이 되는 바른 상태
2-16 冠冕관면(詩篇시편 103:4); 면류관
2-17 寬容관용(詩篇시편 39:13); 너그럽게 받아들이거나 용서함
2-18 寬宥관유(詩篇시편 32:1); 너그럽게 용서함
2-19 教訓교훈(提摩太後書디모데후서 3:16); 가르치고 이끌어줌
2-20 救贖구속(詩篇시편 103:3); 代贖대속하여 죄악으로부터 구원함
2-21 救恩구은(詩篇시편 50:23); 구원의 은혜
2-22 救濟구제(詩篇시편 121:1); 구하여 건져줌
2-23 究察구찰(詩篇시편 44:21); 샅샅이 조사하여 밝힘
2-24 權能권능(路加福音누가복음 10:19); 권세와 능력
2-25 勸勉권면(提摩太後書디모데후서 4:2); 타일러서 힘쓰게 함
2-26 眷愛권애(但以理다니엘 10:19); 보살피어 사랑함

2-27 歸榮귀영(哥林多後書고린도후서 4:15); 영광을 돌리게 함
2-28 矜憫긍민(箴言잠언 19:17); 가엾게 여김
2-29 矜恤긍휼(詩篇시편 103:4); 가엾게 여김
2-30 祈求기구(詩篇시편 42:8); 기도를 뜻함, 구하는 것을 기도함
2-31 祈禱기도; 마음으로 바라는 바가 이루어지기를 하나님께 비는 일
2-32 鍛鍊단련(以賽亞이사야 48:10); 몸과 마음을 닦아 기름
2-33 禱告도고(詩篇시편 50:15); 고하면서 기도함
2-34 禱言도언(但以理다니엘 10:12); 기도의 말씀
2-35 得救득구(羅瑪書로마서 10:9); 구원을 얻음
2-36 得贖득속(哥林多前書고린도전서 1:30); 구속함을 얻음
2-37 得愈득유(瑪可福音마가복음 16:18); 병의 치유를 얻음
2-38 得意득의(創世記창세기 40:14); 뜻을 이룸
2-39 得志득지(創世記창세기 40:14); 바라던 것이 뜻대로 됨
2-40 利達리달(約書亞여호수아 1:8); 이롭고 통달하게 함
2-41 勉勵면려(哥林多後書고린도후서 5:14); 힘써 함, 남을 힘쓰게 함
2-42 明哲명철(傳道書전도서 9:11); 재주있고 세태나 사리에 밝음
2-43 牧者목자(約翰福音요한복음 10:11); 양을 치는 사람
2-44 蒙選몽선(彼得後書베드로후서 1:10); 선택받은, 뽑힘을 입은
2-45 蒙召몽소(羅瑪書로마서 8:28); 부르심을 입은
2-46 撫養무양(詩篇시편 55:22); 어루만져서 양육함
2-47 磐石반석(詩篇시편 18:2); 넓고 편편한 큰돌, 아주 굳어서 든든함
2-48 寶貴보귀(詩篇시편 139:17); 보배롭고 귀함
2-49 保守보수(腓立比書빌립보서 4:6); 보호하여 지킴
2-50 保慰보위(約翰福音요한복음 14:26); 保惠師보혜사의 뜻이 있음
2-51 覆庇복비(詩篇시편 91:4); 날개로 덮어 보호함
2-52 福祉복지(箴言잠언 10:6); 행복을 누림
2-53 富有부유(箴言잠언 22:4); 재물을 넉넉히 가짐
2-54 俯聽부청(詩篇시편 22:24); 공손한 태도로 주의 깊게 들음
2-55 復活부활(約翰福音요한복음 11:25); 죽었다가 다시 살아남

2-56 不貳불이(列王下열왕기하 20:3); 진실과 전심으로 主주앞에 행함, 두 마음을 품지 않음
2-57 赦免사면(詩篇시편 103:3); 지은 죄를 용서하여 벌을 면제하는 일
2-58 思慕사모(詩篇시편 42:1); 그리워함, 우러러 받듬
2-59 赦宥사유(以賽亞이사야 55:6); 죄를 용서하여 줌
2-60 常顧상고(詩篇시편 16:8); 내가 여호와를 恒常항상 내 앞에 모심이여
2-61 上達상달(使徒行傳사도행전 10:4); 하나님께 알려지다
2-62 相愛상애(約翰福音요한복음 13:34); 서로 사랑하라
2-63 詳察상찰(雅各書야고보서 1:25); 상세하게 살핌
2-64 善牧선목(約翰福音요한복음 10:11); 선한 목자
2-65 善事선사(提摩太後書디모데후서 2:21); 선한 일
2-66 善人선인(詩篇시편 55:22); 선한 사람
2-67 先知선지(歷代下역대하 20:20); 앞일을 미리 알고 있음
2-68 聖潔성결(提摩太後書디모데후서 2:21); 신성하고 깨끗함
2-69 成聖성성(哥林多前書고린도전서 1:30); 거룩함이 되다
2-70 成就성취(以賽亞이사야 53:10); 일을 처음 목적대로 이룸
2-71 贖良속량(詩篇시편 103:3); 종을 풀어주어서 한 양민이 되게 함
2-72 頌美송미(詩篇시편 100:4); 아름다움을 찬송함
2-73 頌揚송양(歷代上역대상 29:13); 찬양하며 노래함
2-74 手按수안(瑪可福音마가복음 16:18); 안수, 기도받는 사람의 머리에 손을 얹음
2-75 酬恩수은(約拿요나 2:9); 은혜를 갚음
2-76 肅敬숙경(西番雅스바냐 1:7); 삼가 존경함
2-77 順遂순수(約翰參書요한삼서 1:2); 일이 형통하게 잘 풀림
2-78 崇事숭사(約書亞여호수아 24:15); 공경하여 섬김
2-79 勝利승리(傳道書전도서 9:11); 겨루거나 싸워서 이김
2-80 施救시구(以賽亞이사야 41:10); 구원을 베풀다
2-81 試驗시험(以賽亞이사야 48:10); 재능 실력 등을 일정한 절차에 따라 증험하여 봄

2-82 信實신실(哥羅西書골로새서 1:7); 믿음성이 있고 꾸밈이 없음
2-83 尋救심구(路加福音누가복음 19:10); 구원을 찾음
2-84 尋求심구(箴言잠언 8:17); 구하여 찾음
2-85 按手안수(提摩太前書디모데전서 5:22); 기도받는 사람의 머리에 손을 얹음
2-86 仰望앙망(以賽亞이사야 40:31); 우러러봄
2-87 良善양선(迦拉太書갈라디아서 5:22); 어질고 착함
2-88 役事역사(哥羅西書골로새서 1:29); 하나님이 하시는 큰일
2-89 鍊鍛연단(以賽亞이사야 48:10); 단련
2-90 鹽光염광(瑪太福音마태복음 5:13~14); 빛과 소금
2-91 靈魂영혼(約翰叁書요한삼서 1:2); 육체를 떠나서도 존재하며 인간 활동의 원동력으로 생각되는 정신적 실체
2-92 榮華영화(詩篇시편 50:23); 몸이 귀하게 되어서 이름이 세상에 드러남
2-93 禮拜예배(約翰福音요한복음 4:24); 겸손한 마음으로 경배하는 일
2-94 溫柔온유(迦拉太書갈라디아서 5:22); 온화하고 부드러움
2-95 穩全온전(提摩太後書디모데후서 3:16); 결점이 없고 완전함
2-96 要塞요새(詩篇시편 18:2); 견고한 군사적 방어 시설
2-97 饒恕요서(詩篇시편 32:1); 허물의 赦사함을 얻음
2-98 容恕용서(路加福音누가복음 11:4); 잘못이나 죄를 꾸짖지 않음
2-99 祐偕우해(約書亞여호수아 1:5); 하나님이 도우면서 함께함
2-100 籲懇유간(腓立比書빌립보서 4:6); 간절히 부르짖어 기도함
2-101 籲告유고(提摩太前書디모데전서 2:1); 고하면서 부르짖음
2-102 律法율법; 종교적 사회적 도덕적 생활에 관하여 神신의 이름으로 규정된 법규
2-103 恩寵은총(傳道書전도서 9:11); 높은 사람에게 받는 특별한 사랑
2-104 恩惠은혜(出伊及記출애굽기 15:26) ;고마움
2-105 倚賴의뢰(西番雅스바냐 3:12);의탁하여 보호함
2-106 醫痊의전(以賽亞이사야 53:5); 치료하여 병이 나음
2-107 醫治의치(詩篇시편 103:3); 병을 치료함

2-108 忍苦인고(提摩太後書디모데후서 2:3); 괴로움을 참음
2-109 忍耐인내(迦拉太書갈라디아서 5:22); 참고 견딤
2-110 引導인도(箴言잠언 16:9); 지도함, 길을 안내함
2-111 仁愛인애(迦拉太書갈라디아서 5:22); 어질고 남을 사랑하는 마음
2-112 仁慈인자(詩篇시편 103:4); 마음이 어질고 자애스러움
2-113 慈悲자비(迦拉太書갈라디아서 5:22); 크게 사랑하고 가엽게 여김
2-114 慈愛자애(詩篇시편 103:4); 아랫사람에게 베푸는 도타운 사랑
2-115 長壽장수(箴言잠언 3:2); 오래 삶
2-116 切慕절모(詩篇시편 42:1); 간절히 사모함
2-117 切愛절애(彼得前書베드로후서 4:8); 간절히 사랑함
2-118 節制절제(迦拉太書갈라디아서 5:22); 감성적 욕구를 이성의 제어로 조화시키는 일
2-119 濟貧제빈(路加福音누가복음 18:22); 구차한 사람을 구제함
2-120 制御제어(路加福音누가복음 10:19); 대립적인 대상을 휘어잡아 복종시킴
2-121 濟助제조(以賽亞이사야 41:10); 구제하고 도와줌
2-122 尊貴존귀(箴言잠언 15:33); 지위가 높고 귀함
2-123 尊榮존영(箴言잠언 15:33); 지위가 존엄하고 영화로움
2-124 重生중생(約翰福音요한복음 3:3); 거듭 남
2-125 增新증신(以賽亞이사야 40:31); 새 힘을 얻음, 날로 새로워짐
2-126 至純지순(箴言잠언 30:5); 지극히 순전함
2-127 智慧지혜(傳道書전도서 9:11); 슬기
2-128 盡力진력(路加福音누가복음 10:27); 힘을 다함
2-129 眞理진리(約翰福音요한복음 8:32); 참된 도리
2-130 盡性진성(路加福音누가복음 10:27); 성품을 다함
2-131 眞誠진성(詩篇시편 108:4); 참된 진실
2-132 盡心진심(路加福音누가복음 10:27); 마음을 다함
2-133 盡意진의(路加福音누가복음 10:27); 뜻을 다함
2-134 遮護차호(詩篇시편 91:4); 덮어서 보호함
2-135 讚美찬미(詩篇시편 71:22); 主주의 아름다움을 찬양함

2-136 讚譽찬예(箴言잠언 31:30); 主주의 영예로움을 찬양함
2-137 昌大창대(約伯욥기 8:7); 크게 번창함
2-138 責望책망(提摩太後書디모데후서 3:16); 허물을 꾸짖음
2-139 天國천국(瑪太福音마태복음 7:21); 하늘 나라
2-140 忖度촌탁(哥林多前書고린도전서 2:15); 남의 마음을 미루어 헤아림
2-141 逐魔축마(瑪可福音마가복음 16:17); 마귀를 쫓아냄
2-142 忠信충신(迦拉太書갈라디아서 5:22); 충성과 신의
2-143 稱謝칭사(詩篇시편 100:4); 감사를 뜻함
2-144 稱義칭의(羅瑪書로마서 8:33); 의롭다 일컬음
2-145 託賴탁뢰(詩篇시편 55:22); 의뢰하여 맡김
2-146 通達통달(詩篇시편 119:99); 사물에 거침없이 숙달함
2-147 鞭撻편달(以賽亞이사야 53:5); 채찍으로 때림, 경계하고 격려함
2-148 平康평강(詩篇시편 119:165); 큰 평안
2-149 遐齡하령(箴言잠언 3:2); 久居구거 오래 삶, 장수
2-150 合力합력(羅瑪書로마서 8:28); 흩어진 힘을 한데 모음
2-151 恒忍항인(希伯來書히브리서 12:1); 언제나 오래 참고
2-152 獻身헌신(羅瑪書로마서 12:1); 몸과 마음을 바쳐 힘있게 일함
2-153 亨通형통(詩篇시편 1:3); 모든 일이 뜻과 같이 잘됨
2-154 馨香형향(哥林多後書고린도후서 2:15); 향기
2-155 惠愛혜애(何西阿호세아 11:4); 은혜로운 사랑
2-156 護庇호비(箴言잠언 14:26); 보호하고 덮음
2-157 護祐호우(民數記민수기 6:24); 보호하고 도와줌
2-158 呼籲호유(列王上열왕상 8:43); 부르짖고 부르짖음
2-159 洪恩홍은(羅瑪書로마서 10:12); 크나큰 은혜
2-160 鴻慈홍자(彼得前書베드로전서 1:3); 아주 큰 자비로움
2-161 和平화평(迦拉太書갈라디아서 5:22); 마음이 평안함
2-162 厚福후복(創世記창세기 12:2); 두터운 복
2-163 喜樂희락(迦拉太書갈라디아서 5:22); 기뻐하고 즐거워함
2-164 希望희망(耶利米예레미아 29:11); 기대하여 바람

3자

3-1 得長壽득장수(箴言잠언 3:2); 長壽장수를 얻다

3-2 蒙眷愛몽권애(但以理다니엘 10:19); 큰 恩寵은총을 받은

3-3 蒙恩寵몽은총(箴言잠언 3:4);恩寵은총을 입은

3-4 保惠師보혜사(約翰福音요한복음 14:26); 保慰者보위자 돕기 위하여 부르심을 받아 항상 곁에 계신 이

3-5 善牧者선목자(約翰福音요한복음 10:11); 善선한 牧者목자

3-6 信望愛신망애(哥林多前書고린도전서 13:13); 믿음과 소망과 사랑

3-7 十字架십자가(迦拉太書갈라디아서 6:14); 예수그리스도의 십자가

3-8 荷散拿하산나(瑪可福音마가복음 11:9); 호산나

3-9 享遐齡향하령(箴言잠언 3:2); 長壽장수를 누리다

3-10 獲平康획평강(箴言잠언 3:2); 平康평강을 얻다

4자

4-1 刻以自苦각이자고(但以理다니엘 10:12)
스스로 謙卑겸비하게 하기로 決心결심하던

4-2 感於聖靈감어성령(帖撒羅尼迦前書데살로니가전서 1:6)
聖靈성령의 感應감응

4-3 虔敬端莊건경단장(提摩太前書디모데전서 2:2)
敬虔경건과 端正단정함으로

4-4 堅爾至終견이지종(哥林多前書고린도전서 1:8)
끝까지 너를 堅固견고하게 하시리라

4-5 堅定不移견정불이(彼得後書베드로후서 1:10)
굳게 하라

4-6 結果繁矣결과번의(約翰福音요한복음 15:5)
열매를 많이 맺나니

4-7 經鍊之金경련지금(約伯욥기 23:10)

純金순금 같이 되어 나오리라

4-8 傾心吐膽경심토담(耶利米哀歌예레미야애가 2:18)

마음을 기울이고 膽담을 吐토해내듯 부르짖다

4-9 敬爾父母경이부모(申命記신명기 5:16)

너희 父母부모를 恭敬공경하라

4-10 苦難之爐고난지로(以賽亞이사야 48:10)

苦難고난의 풀무

4-11 敲瑟歌頌고슬가송(詩篇시편 71:22)

竪琴수금으로 主주를 讚揚찬양하리이다

4-12 共信福音공신복음(腓立比書빌립보서 1:5)

福音복음을 爲위한 일에 參與참여하고 있기 때문이라

4-13 公平爲繩공평위승(以賽亞이사야 28:17)

正義정의를 測量측량줄로 삼고

4-14 廣得智慧광득지혜(哥羅西書골로새서 2:2)

確實확실한 理解이해의 모든 豊盛풍성함

4-15 廣我境土광아경토(歷代上역대상 4:10)

나의 地域지역을 넓히시고

4-16 教人學義교인학의(提摩太後書디모데후서 3:16)

義의로 教育교육하기에

4-17 教誨督責교회독책(提摩太後書디모데후서 3:16)

教訓교훈과 責望책망

4-18 求者必得구자필득(瑪太福音마태복음 7:8)

求구하는 이마다 받을 것이요

4-19 求主憐恤구주련휼(詩篇시편 31:9)

여호와여 恩惠은혜를 베푸소서

4-20 求則予爾구즉여이(瑪太福音마태복음 7:7)
求구하라 그리하면 너희에게 주실 것이요

4-21 歸誠於主귀성어주(以賽亞이사야 55:6)
여호와께로 돌아오라

4-22 貴用之器귀용지기(提摩太後書디모데후서 2:21)
貴귀히 쓰이는 그릇

4-23 勤者必得근자필득(箴言잠언 13:4)
부지런한 者자는 반드시 얻는다

4-24 祈禱不已기도불이(帖撒羅尼迦前書데살로니가전서 5:16)
쉬지 말고 祈禱기도하라

4-25 基督之愛기독지애(哥林多後書고린도후서 5:14)
그리스도의 사랑

4-26 基督之軛기독지액(瑪太福音마태복음 11:29)
그리스도의 멍에

4-27 基在磐上기재반상(瑪太福音마태복음 7:25)
柱礎주초를 磐石반석 위에 놓은 緣故연고요

4-28 寧靜康泰녕정강태(以賽亞이사야 32:17)
平安평안과 安全안전

4-29 當常喜樂당상희락(帖撒羅尼迦前書데살로니가전서 5:16)
恒常항상 기뻐하라

4-30 大公無私대공무사(申命記신명기 32:4)
正義정의롭고

4-31 大施仁慈대시인자(以弗所書에베소서 2:7)
慈悲자비하심으로써

4-32 大享平康대향평강(詩篇시편 119:165)
큰 平安평안이 있으니

4-33 大獲全勝대획전승(羅瑪書로마서 8:37)
넉넉히 이기느니라

4-34 禱告祈求도고기구(列王上열왕기상 8:28)
祈禱기도와 懇求간구

4-35 禱告盼望도고반망(詩篇시편 5:3)
祈禱기도하고 바라리이다

4-36 樂於濟衆락어제중(提摩太前書디모데전서 6:18)
나눠주기를 좋아하며 너그러운 者자가 되게 하라

4-37 樂享太平락향태평(詩篇시편 37:11)
豐盛풍성한 和平화평으로 즐거워하리로다

4-38 良知穎悟량지영오(詩篇시편 119:66)
좋은 明徹명철과 知識지식

4-39 賴羔之血뢰고지혈(約翰啓示錄요한계시록 12:11)
어린羊양의 피로 因인하여 〈찬송가 346장〉

4-40 流乳與蜜류유여밀(民數記민수기 14:8)
젖과 꿀이 흐르는

4-41 萬事有益만사유익(羅瑪書로마서 8:28)
모든 것이 合力합력하여 善선을 이루느니라

4-42 萬歲磐石만세반석
萬歲만세토록 盤石반석이신 하나님

4-43 滿於喜樂만어희락(哥林多後書고린도후서 7:4)
기쁨이 넘치는도다

4-44 明淨澄澈명정징철(約翰啓示錄요한계시록 22:1)
水晶수정같이 맑은

4-45 明哲之道명철지도(箴言잠언 9:6)
明哲명철의 길

4-46 謀畧才能모략재능(以賽亞이사야 11:2)
謀略모략과 才能재능

4-47 蒙眷愛者몽권애자(但以理다니엘 10:19)
큰 恩寵은총을 받은 사람

4-48 蒙選之恩몽선지은(彼得後書베드로후서 1:10)
너희를 擇택하신 恩惠은혜

4-49 蒙召之恩몽소지은(彼得後書베드로후서 1:10)
너희를 부르신 恩惠은혜

4-50 蒙主喜悅몽주희열(詩篇시편 44:3)
主주께서 그들을 기뻐하신 까닭이니이다

4-51 無愧之工무괴지공(提摩太後書디모데후서 2:15)
부끄러울 것이 없는 일꾼으로

4-52 無不亨通무불형통(以賽亞이사야 53:10)
여호와께서 기뻐하시는 뜻을 成就성취하리로다

4-53 無僞之信무위지신(提摩太前書디모데전서 1:5)
거짓이 없는 믿음

4-54 黙然眷愛묵연권애(西番雅스바냐 3:17)
潛潛잠잠히 사랑하시며

4-55 盼望希冀반망희기(腓立比書빌립보서 1:20)
懇切간절한 企待기대와 所望소망

4-56 百骸充髓백해충수(箴言잠언 3:8)
네 骨髓골수를 潤澤윤택하게 하리라

4-57 蕃衍昌熾번연창치(創世記창세기 17:2)
甚심히 蕃盛번성케 하리라

4-58 凡事感謝범사감사(帖撒羅尼迦前書데살로니가전서 5:16)
凡事범사에 感謝감사하라

4-59 凡事冀望범사기망(哥林多前書고린도전서 13:7)
모든 것을 바라며

4-60 凡事順遂범사순수(約翰參書요한3서 1:2)
凡事범사에 잘되다

4-61 凡事忍耐범사인내(哥林多前書고린도전서 13:7)
모든 것을 견디느니라

4-62 凡事存信범사존신(哥林多前書고린도전서 13:7)
모든 것을 믿으며

4-63 凡事包容범사포용(哥林多前書고린도전서 13:7)
모든 것을 참으며

4-64 秉公行義병공행의(歷代下역대하 9:8)
正義정의와 公義공의를 行행하게

4-65 福音傳道복음전도
福音복음을 傳道전도함

4-66 俯聽正直부청정직(詩篇시편 17:1)
여호와여 義의의 呼訴호소를 들으소서

4-67 奮勇勉力분용면력(但以理다니엘 10:19)
强健강건하라 强健강건하라

4-68 不可勝數불가승수(瑪拉基말라기 3:10)
헤아릴수 없다

4-69 比雪尤白비설우백(詩篇시편 51:7)
내가 눈보다 희리이다

4-70 庇我如盾비아여순(撒母耳下사무엘하 22:3)
나의 防牌방패시오

4-71 俾爾爲尊비이위존(以賽亞이사야 43:4)
너로 尊貴존귀하게 하며

4-72 丕顯基督비현기독(腓立比書빌립보서 1:20)
그리스도가 尊貴존귀히 되게 하려

4-73 使爾得福사이득복(以弗所書에베소서 6:3)
네가 잘되고

4-74 賜爾平康사이평강(耶利米예레미아 29:11)
너에게 平康평강을 주노라

4-75 使人歸正사인귀정(提摩太後書디모데후서 3:16)
바르게 함

4-76 相恕相赦상서상사(哥羅西書골로새서 3:13)
서로 容納용납하여 彼此피차 容恕용서하되

4-77 上帝乃靈상제내령(約翰福音요한복음 4:24)
하나님은 靈영이시니

4-78 穡多工少색다공소(瑪太福音마태복음 9:37)
秋收추수할 것은 많되 일군은 적으니 〈찬송가 580〉

4-79 善頒眞道선반진도(提摩太後書디모데후서 2:15)
眞理진리의 말씀을 옳게 分別분별하며

4-80 善於施教선어시교(提摩太後書디모데후서 2:24)
가르치기를 잘하며

4-81 善義爲準선의위준(以賽亞이사야 28:17)
公義공의를 저울錘추로 삼으니

4-82 聖潔無疵성결무자(帖撒羅尼迦前書데살로니가전서 5:23)
너희를 穩全온전히 거룩하게 하시고

4-83 聖潔無玷성결무점(以弗所書에베소서 1:4)
거룩하고 흠이 없게

4-84 誠信公義성신공의(約翰壹書요한1서 1:9)
여호와는 미쁘시고 義의로우사

4-85 誠實無妄성실무망(申命記신명기 32:4)
眞實진실하고 거짓이 없으신

4-86 誠心樂意성심락의(歷代上역대상 28:9)
穩全온전한 마음과 기쁜 뜻

4-87 誠心籲主성심유주(耶利米哀歌예레미야애가 2:18)
誠心성심으로 主주를 부르라

4-88 誠意篤信성의독신(希伯來書히브리서 10:22)
참 마음과 穩全온전한 믿음

4-89 頌揚上帝송양상제(詩篇시편 43:5)
내 하나님을 여전히 讚頌찬송하리로다

4-90 頌揚主名송양주명(詩篇시편 44:8)
主주의 이름을 頌揚송양하다

4-91 壽命綿延수명면연(以賽亞이사야 53:10)
그의 날은 길 것이요

4-92 受洗重生수세중생(提多書디도서 3:5)
重生중생(거듭남)의 씻음

4-93 垂聽呼籲수청호유(詩篇시편 17:1)
나의 울부짖음에 注意주의하소서

4-94 肅然靜默숙연정묵(哈巴谷하박국 2:20)
潛潛잠잠할지니라

4-95 順從父母순종부모(以弗所書에베소서 6:3)
너희 父母부모에게 順從순종하라

4-96 心滿意足심만의족(詩篇시편 17:15)
마음은 가득하고 뜻은 족하다

4-97 心意滿足심의만족(箴言잠언 13:4)
마음은 豐足풍족함을 얻느니라

4-98 尋者必遇심자필우(瑪太福音마태복음 7:8)
찾는 이는 찾아낼 것이요

4-99 尋則遇之심즉우지(瑪太福音마태복음 7:7)
찾으라 그리하면 찾아낼 것이요

4-100 心志堅强심지견강(撒母耳上사무엘상 30:6)
여호와를 힘입고 勇氣용기를 얻었더라

4-101 阿勒盧亞아륵노아(詩篇시편 146:1)
할렐루야

4-102 安然無虞안연무우(提摩太前書디모데전서 2:2)
고요하고 平安평안한

4-103 安然偃臥안연언와(約伯욥기 11:18)
平安평안히 쉬리라

4-104 仰望上帝앙망상제(詩篇시편 43:5)
너는 하나님께 所望소망을 두라

4-105 愛鄰如己애린여기(路加福音누가복음 10:27)
네 이웃을 네 自身자신 같이 사랑하라

4-106 愛不遽怒애불거노(哥林多前書고린도전서 13:5)
사랑은 성내지 아니하며

4-107 愛不驕傲애불교오(哥林多前書고린도전서 13:4)
사랑은 驕慢교만하지 아니하며

4-108 愛不矜誇애불긍과(哥林多前書고린도전서 13:4)
사랑은 자랑하지 아니하며

4-109 愛不念惡애불념악(哥林多前書고린도전서 13:5)
사랑은 惡악한 것을 생각하지 아니하며

4-110 愛不妄爲애불망위(哥林多前書고린도전서 13:5)
사랑은 無禮무례히 行행하지 아니하며

4-111 愛不嫉妒애불질투(哥林多前書고린도전서 13:4)
사랑은 猜忌시기하지 아니하며

4-112 愛惜光陰애석광음(哥羅西書골로새서 4:5)
歲月세월을 아끼라

4-113 愛喜眞理애희진리(哥林多前書고린도전서 13:6)
사랑은 眞理진리와 함께 기뻐하고

4-114 耶穌基督야소기독(迦拉太書갈라디아서 6:14)
예수 그리스도

4-115 黎明之露여명지로(詩篇시편 110:3)
새벽 이슬

4-116 與爾同樂여이동락(腓立比書빌립보서 2:17)
너희 무리와 함께 기뻐하리니

4-117 練習虔敬연습건경(提摩太前書디모데전서 4:7)
敬虔경건에 이르도록 네 自身자신을 鍊鍛연단하라

4-118 永生之道영생지도(約翰福音요한복음 5:39)
永生영생의 길, 永生영생의 말씀

4-119 永壽無疆영수무강(詩篇시편 21:4)
永永영영한 長壽장수

4-120 永存不朽영존불후(以賽亞이사야 40:8)
永遠영원히 서리라

4-121 永享綏安영향수안(以賽亞이사야 33:6)
平安평안함이 있으며

4-122 靈魂順遂영혼순수(約翰參書요한3서 1:2)
靈魂영혼이 잘되다

4-123 榮華茂盛영화무성(詩篇시편 92:12)
榮華영화로움이 茂盛무성하리라

4-124 屋隅要石옥우요석(彼得前書베드로전서 2:6)
모퉁잇돌

4-125 溫良謙遜온량겸손(瑪太福音마태복음 11:29)
溫柔온유하고 謙遜겸손하니

4-126 溫和畏懼온화외구(彼得前書베드로전서 3:15)
溫柔온유와 두려움으로

4-127 勇力得勝용력득승(詩篇시편 44:3)
그들의 팔이 그들을 救援구원함

4-128 踊躍如鹿용약여록(以賽亞이사야 35:5)
사슴 같이 뛸 것이며

4-129 湧至永生용지영생(約翰福音요한복음 4:14)
永生영생하도록 솟아나는

4-130 旭日之光욱일지광(箴言잠언 4:18)
돋는 햇살

4-131 由信稱義유신칭의(羅瑪書로마서 5:1)
믿음으로 義의롭다 하심을 받았으니

4-132 逾越節羔유월절고(哥林多前書고린도전서 5:7)
逾越節유월절 어린羊양

4-133 惟主是望유주시망(詩篇시편 39篇)
오직 主주만 바라 볼지라 (대만성경)

4-134 恩寵之榮은총지영(以弗所書에베소서 1:6)
恩惠은혜의 榮光영광

4-135 倚主行善의주행선(詩篇시편 37:3)
여호와를 依賴의뢰하고 善선을 行행하라

4-136 以靈以誠이령이성(約翰福音요한복음 4:24)
靈영과 眞理진리로

4-137 以信稱義이신칭의(羅瑪書로마서 10:10)
사람이 마음으로 믿어 義의에 이르고

4-138 以愛相恕이애상서(以弗所書에베소서 4:2)
사랑 가운데서 서로 容納용납하고

4-139 以認得救이인득구(羅瑪書로마서 10:10)
입으로 是認시인하여 救援구원에 이르느니라

4-140 仁慈誠實인자성실(箴言잠언 3:3)
仁慈인자와 眞理진리

4-141 仁慈之繩인자지승(何西阿호세아 11:4)
사랑의 줄

4-142 一心歸我일심귀아(箴言잠언 23:26)
네 마음을 내게 주며

4-143 日有長進일유장진(哥羅西書골로새서 1:10)
하나님을 아는 것에 자라게 하시고

4-144 日漸增長일점증장(以弗所書에베소서 4:15)
凡事범사에 그(그리스도)에게까지 자랄지라

4-145 慈愛憐憫자애연민(以弗所書에베소서 4:32)
親切친절하게 하며 불쌍히 여기며

4-146 張翼飛翔장익비상(以賽亞이사야 40:31)
날개치며 올라감 같을 것이요

4-147 積累美事적루미사(提摩太前書디모데전서 6:18)
善선한 事業사업을 많이 하고

4-148 覿面施救적면시구(詩篇시편 43:5)
하나님이 나타나 도우심으로

4-149 全備無缺전비무결(雅各書야고보서 1:4)
穩全온전하고 具備구비하여

4-150 專心求明전심구명(但以理다니엘 10:12)
네가 깨달으려 하여

4-151 折磨苦楚절마고초(以賽亞이사야 53:10)
傷상함을 받고 疾苦질고를 當당하게 하셨은 즉

4-152 操守爾心조수이심(箴言잠언 4:23)
네 마음을 지키라

4-153 助我獲勝조아획승(撒母耳下사무엘하 22:3)
나의 救援구원의 뿔이시오

4-154 存眞養性존진양성(詩篇시편 37:3)
여호와의 誠實성실을 먹을 거리로 삼을지어다

4-155 終必享福종필향복(申命記신명기 8:16)
마침내 네게 福복을 주려 하심

4-156 主與爾偕주여이해(路加福音누가복음 1:28)
主주께서 너와 함께하시도다 〈찬송가 97장〉

4-157 主之先知주지선지(歷代下역대하 20:20)
여호와의 先知者선지자

4-158 主之聖臂주지성비(詩篇시편 44:3)
主주의 팔

4-159 主之右手주지우수(詩篇시편 44:3)
主주의 오른손

4-160 主之馨香주지형향(哥林多後書고린도후서 2:14)
主주의 香氣향기

4-161 主必起之주필기지(雅各書야고보서 5:15)
主주께서 그를 일으키시리라

4-162 增新膂力증신려력(以賽亞이사야 40:31)
새 힘을 얻으리니

4-163 至公至義지공지의(詩篇시편 119:62)
至極지극히 公義공의로우심

4-164 至義至正지의지정(申命記신명기 32:4)
公義공의로우시고 바르시도다

4-165 智慧明哲지혜명철(以賽亞이사야 11:2)
智略지략과 明哲명철

4-167 智慧致福지혜치복(箴言잠언 第8章)
智慧지혜는 福복을 이룬다 (대만성경)

4-168 盡忠至死진충지사(約翰啓示錄요한계시록 2:10)
네가 죽도록 忠誠충성하라

4-169 察視無畏찰시무외(約伯욥기 11:18)
살펴봐도 두려움이 없다

4-170 昌大强盛창대강성(歷代上역대상 29:12)
크게 하심과 强강하게 하심

4-171 彰顯榮光창현영광(以賽亞이사야 66:5)
榮光영광을 나타내사

4-172 清心善意청심선의(提摩太前書디모데전서 1:5)
清潔청결한 마음과 善선한 良心양심

4-173 清心籲主청심유주(提摩太後書디모데후서 2:22)
主주를 깨끗한 마음으로 부르는

4-174 趨則不困추즉불곤(以賽亞이사야 40:31)
달음박질하여도 困憊곤비하지 아니하겠고

4-175 充於安慰충어안위(哥林多後書고린도후서 7:4)
慰勞위로가 가득하고

4-176 取水滿甕취수만옹(約翰福音요한복음 2:7)
항아리에 물을 채우라 하신즉

4-177 稱義之冕칭의지면(提摩太後書디모데후서 4:8)
義의의 冕旒冠면류관

4-178 卓然自立탁연자립(詩篇시편 20:8)
일어나 바로 서도다

4-179 彈琴讚美탄금찬미(詩篇시편 71:22)
琵琶비파로 主주를 讚揚찬양

4-180 坦然無懼탄연무구(約伯욥기 11:18)
安全안전할 것이며

4-181 平康度日평강도일(彼得前書베드로전서 3:10)
좋은 날 보기를

4-182 平康之福평강지복(詩篇시편 29:11)
平康평강의 福복

4-183 豐盈富餘풍영부여(瑪拉基말라기 3:10)
꽉 차서 넘치고

4-184 彼此禮讓피차예양(羅瑪書로마서 12:10)
서로 양보하고

4-185 必得護庇필득호비(箴言잠언 14:26)
避難處피난처가 있으리라

4-186 必崇事主필숭사주(約書亞여호수아 24:15)
여호와를 섬기겠노라

4-187 必施拯救필시증구(西番雅스바냐 3:17)
救援구원을 베푸실

4-188 銜轡約束함강약속(詩篇시편 32:9)
재갈과 굴레로 團束단속하다

4-189 合乎主用합호주용(提摩太後書디모데후서 2:21)
主人주인의 쓰심에 合當합당하며

4-190 恒久享福항구향복(詩篇시편 25:13)

저의 靈魂영혼은 平安평안히 居거하고

4-191 恒享厚福항향후복(創世記창세기 12:2)

너는 福복이 될지라

4-192 行動謹愼행동근신(詩篇시편 50:23)

行爲행위를 옳게 하는

4-193 行善勿倦행선물권(迦拉太書갈라디아서 6:9)

善선을 行행하되 落心낙심하지 말지니

4-194 行義之功행의지공(提多書디도서 3:5)

우리가 行행한 바 義의로운 行爲행위

4-195 行義之器행의지기(羅瑪書로마서 6:13)

義의의 兵器병기

4-196 行諸善事행제선사(哥羅西書골로새서 1:10)

모든 善선한 일

4-197 行則不倦행즉불권(以賽亞이사야 40:31)

걸어가도 疲困피곤하지 아니하리로다

4-198 獻己於主헌기어주(哥林多後書고린도후서 8:5)

自身자신을 主주께 드리고 〈찬송가 317장〉

4-199 亨通利達형통리달(約書亞여호수아 1:8)

네 길이 平坦평탄하게 될 것이며 네가 亨通형통하리라

4-200 惠愛之索혜애지삭(何西阿호세아 11:4)

사랑의 줄

4-201 互待以愛호대이애(羅瑪書로마서 12:10)

서로 友愛우애하고

4-202 護庇如盾호비여순(箴言잠언 30:5)

防牌방패같이 지켜주신다

4-203 互相尊重호상존중(羅瑪書로마서 12:10)
서로 존중하며

4-204 呼籲祈禱호유기도(列王上열왕기상 8:28)
부르짖음과 비는 祈禱기도

4-205 呼籲俯聽호유부청(詩篇시편 22:24)
울부짖을 때에 主주께서 들으셨도다

4-206 歡呼頌揚환호송양(詩篇시편 63:7)
즐겁게 부르리이다

4-207 歡呼踊躍환호용약(西番雅스바냐 3:17)
즐거이 부르며 기뻐하시리라 하리라

4-208 歡欣喜樂환흔희락(西番雅스바냐 3:17)
기쁨을 이기지 못하시며

4-209 喜樂之膏희락지고(希伯來書히브리서 1:9)
즐거움의 기름

4-210 喜不自勝희불자승(瑪太福音마태복음 2:10)
가장 크게 기뻐하고 기뻐하더라

4-211 喜於施舍희어시사(提摩太前書디모데전서 6:18)
나누어 주기를 좋아하며

4-212 喜尤大也희우대야(路加福音누가복음 15:7)
기뻐하는 것보다 더하리라

4-213 振興諸事진흥제사(瑪可福音마가복음 9:12)
모든 것을 回復회복하거니와

4-214 重生之洗 중생지세(提多書디도서 3:5)
重生중생의 씻음

4-215 道之奧妙도지오묘(提摩太前書디모데전서 3:9)
믿음말씀의 秘密비밀

4-216 得滿網魚득만망어(約翰福音요한복음 21:6)
그물 가득히 고기를 잡다 (대만성경)

4-217 刻苦齋戒각고재계(利未記레위기 16:29)
스스로 괴롭게 하다

4-218 天國福音천국복음(瑪太福音마태복음 9:35)
하늘나라의 복된 소리

5자

5-1 建屋於磐上(瑪太福音마태복음 7:24)
건 옥 어 반 상
집을 磐石반석 위에 지은

5-2 光由暗而照(哥林多後書고린도후서 4:6)
광 유 암 이 조
어두운데서 빛이 비취리라 〈찬송가 428장〉

5-3 基督之寶血(彼得前書베드로전서 1:19)
기 독 지 보 혈
그리스도의 보배로운 피 〈찬송가 229장〉

5-4 基督之馨香(哥林多後書고린도후서 2:15)
기 독 지 형 향
그리스도의 香氣향기

5-5 當守安息日(以賽亞이사야 56:2)
당 수 안 식 일
安息日안식일을 지켜야 한다

5-6 練達生希望(羅瑪書로마서 5:4)
련 달 생 희 망
鍊鍛연단은 所望소망을 이루는 줄 앎이로다

5-7 無功而稱義(羅瑪書로마서 3:24)
무 공 이 칭 의
값 없이 義의롭다 하심을 얻은 者자 되었느니라

5-8 勿使我遇試(路加福音누가복음 11:4)
물 사 아 우 시
우리를 試驗시험에 들게 하지 마시옵소서

5-9 舍生以贖衆(瑪可福音마가복음 10:45)
사 생 이 속 중
自己자기 목숨을 많은 사람의 代贖物대속물로 주려 함이니라

5-10 上帝卽愛也(約翰壹書요한1서 4:16)
상 제 즉 애 야
하나님은 사랑이시라 〈찬송가 299장〉

5-11 施恩之寶座(希伯來書히브리서 4:16)
시 은 지 보 좌
恩惠은혜의 寶座보좌

5-12 我心切慕主(詩篇시편 42:1)
아 심 절 모 주
내 靈魂영혼이 主주를 찾기에 渴急갈급하니이다 〈찬송가 547장〉

5-13 愛不圖己利(哥林多前書고린도전서 13:5)
애 불 도 기 리
사랑은 自己자기의 有益유익을 求구하지 아니하며

5-14 愛不喜非義(哥林多前書고린도전서 13:6)
애 불 희 비 의
사랑은 不義불의를 기뻐하지 아니하며

5-15 愛由上帝出(約翰壹書요한1서 4:7)
애 유 상 제 출
사랑은 하나님께 屬속한 것이니

5-16 爲貴用之器(提摩太後書디모데후서 2:21)
위 귀 용 지 기
貴귀히 쓰는 그릇이 되어

5-17 恩寵之豐厚(以弗所書에베소서 2:7)
은 총 지 풍 후
그 恩惠은혜의 至極지극히 豐盛풍성함

5-18 爾信已愈爾(瑪太福音마태복음 9:22)
이 신 이 유 이
네 믿음이 너를 救援구원하였다

5-19 爾之信安在(路加福音누가복음 8:25)
이 지 신 안 재
너희 믿음이 어디 있느냐

5-20 忍耐生練達(羅瑪書로마서 5:4)
인 내 생 련 달

忍耐인내는 鍊鍛연단을 이루는 줄 앎이로다

5-21 全備之律法(雅各書야고보서 1:25)
전 비 지 율 법

穩全온전한 律法율법

5-22 秋穫之欣喜(以賽亞이사야 9:3)
추 확 지 흔 희

秋收추수하는 즐거움

5-23 患難生忍耐(羅瑪書로마서 5:4)
환 난 생 인 내

患難환난은 忍耐인내를 이루는 줄 앎이로다

5-24 聖靈之復新(提多書디도서 3:5)
성 령 지 부 신

聖靈성령의 새롭게 하심

❻자

6-1 歌頌ˇ神之宏恩(詩篇시편 80篇)
가 송 ˇ 신 지 굉 은

主주의 宏恩굉은을 歌頌가송하다 (대만성경)

6-2 加以尊貴榮耀(詩篇시편 8:5)
가 이 존 귀 영 요

榮華영화와 尊貴존귀로 冠관을 씌우셨나이다 〈찬송가 33장〉

6-3 謙讓ˇ溫柔ˇ忍耐(以弗所書에베소서 4:2)
겸 양 ˇ 온 유 ˇ 인 내

謙讓겸양과 溫柔온유와 忍耐인내

6-4 巧如蛇ˇ馴如鴿(瑪太福音마태복음 10:16)
교 여 사 ˇ 순 여 합

뱀 같이 智慧지혜롭고 비둘기 같이 純潔순결하라

6-5 救援惟主所施(約拿요나 2:9)
구 원 유 주 소 시

救援구원은 여호와께 屬속하였나이다

6-6 求主賜福於我(歷代上역대상 4:10)
구 주 사 복 어 아
主주께서 내게 福복을 주시려거든

6-7 勸萬民稱讚神(詩篇시편 67篇)
권 만 민 칭 찬 신
萬民만민에게 主주를 稱讚칭찬할 것을 勸권하다 (대만성경)

6-8 今信主而爲光(以弗所書에베소서 5:8)
금 신 주 이 위 광
이제는 主주 안에서 빛이라 〈찬송가 381장〉

6-9 明達人必懲忿(箴言잠언 19:11)
명 달 인 필 징 분
怒노하기를 더디 하는 것이 사람의 슬기요

6-10 明道尋求上帝(詩篇시편 14:2)
명 도 심 구 상 제
知覺지각이 있어 하나님을 찾는 者자

6-11 慕更美之家鄉(希伯來書히브리서 11:16)
모 갱 미 지 가 향
저희가 이제는 더 나은 本鄉본향을 思慕사모하니 〈찬송가 239장〉

6-12 蒙救贖ˇ得罪赦(以弗所書에베소서 1:7)
몽 구 속 ˇ득 죄 사
救贖구속 곧 罪죄 赦사함을 받았으니

6-13 勿爲明日憂慮(瑪太福音마태복음 6:34)
물 위 명 일 우 려
來日내일 일을 爲위하여 念慮염려하지 말라

6-14 勿從惡人之誘(箴言잠언 第1章)
물 종 악 인 지 유
惡人죄인의 誘惑유혹을 따르지 말라 (대만성경)

6-15 美名愈於香膏(傳道書전도서 第7章)
미 명 유 어 향 고
美名미명이 香膏향고보다 낫다 (대만성경)

6-16 發慈愛ˇ施憐憫(詩篇시편 145:8)
발 자 애 ˇ시 연 민
여호와는 恩惠은혜로우시며 矜恤긍휼이 많으시며

6-17 發憐憫ˇ施恩惠(詩篇시편 25:6)
발 연 민 ˇ 시 은 혜
主주의 矜恤긍휼하심과 仁慈인자하심

6-18 凡事日漸增長(以弗所書에베소서 4:15)
범 사 일 점 증 장
凡事범사에 그에게까지 자랄지라

6-19 秉公義ˇ施拯救(以賽亞이사야 45:21)
병 공 의 ˇ 시 증 구
公義공의를 行행하며 救援구원을 베푸는

6-20 報嘉音於郇者(以賽亞이사야 40:9)
보 가 음 어 순 자
아름다운 消息소식을 시온에 傳전하는 者자 〈찬송가 501장〉

6-21 俯聽ˇ憐恤ˇ救濟(詩篇시편 30:10)
부 청 ˇ 련 휼 ˇ 구 제
여호와여 들으시고 나를 矜恤긍휼히 여기소서 여호와여 나의 돕는 者자가 되소서 하였나이다

6-22 不貪生而冒死(約翰啓示錄요한계시록 12:11)
불 탐 생 이 모 사
죽기까지 自己자기 生命생명을 아끼지 아니하였도다 〈찬송가 346장〉

6-23 舍其生以贖衆(瑪太福音마태복음 20:28)
사 기 생 이 속 중
自己자기 목숨을 많은 사람의 代贖物대속물로 주다

6-24 常存不虧之心(使徒行傳사도행전 24:16)
상 존 불 휴 지 심
恒常항상 良心양심에 거리낌이 없기를 힘쓰나이다

6-25 宣天國之福音(瑪太福音마태복음 4:23)
선 천 국 지 복 음
天國천국 福音복음을 傳播전파하시며 〈찬송가 472장〉

6-26 頌感ˇ神之救恩(詩篇시편 56篇)
송 감 ˇ 신 지 구 은
主주의 救恩구은을 讚頌찬송하며 感謝감사하라 (대만성경)

6-27 綏安ˇ寧靜ˇ康泰(以賽亞이사야 32:17)
수 안 ˇ 녕 정 ˇ 강 태
和平화평이요 平安평안과 安全안전이라

6-28 受折磨ˇ受苦楚(以賽亞이사야 53:10)
수 절 마 ˇ 수 고 초
傷상함을 받고 疾苦질고를 當당하게 하셨은즉

6-29 施較受更爲福(使徒行傳사도행전 20:35)
시 교 수 갱 위 복
주는 것이 받는 것보다 福복이 있다

6-30 恃主者之安穩(詩篇시편 37篇)
시 주 자 지 안 온
主주를 믿는 者자의 安穩안온함 (대만성경)

6-31 神乃獨一救主(以賽亞이사야 45章)
신 내 독 일 구 주
여호와는 홀로 하나이신 救主구주시라 (대만성경)

6-32 神之智能無窮(詩篇시편 147篇)
신 지 지 능 무 궁
主주의 智慧지혜와 能力능력은 無窮무궁하다 (대만성경)

6-33 心乃生命之源(箴言잠언 4:23)
심 내 생 명 지 원
마음은 生命생명의 根源근원

6-34 我乃爾之上帝(以賽亞이사야 41:10)
아 내 이 지 상 제
나는 네 하나님이 됨이라

6-35 我乃活水之源(耶利米예레미아 2:13)
아 내 활 수 지 원
生水생수의 根源근원되는 나

6-36 我父家多第宅(約翰福音요한복음 14:2)
아 부 가 다 제 택
내 아버지 집에 居거할 곳이 많도다 〈찬송가 241장〉

6-37 我儕亦當相愛(約翰壹書요한1서 4:11)
아 제 역 당 상 애
우리도 서로 사랑하는 것이 마땅하도다 〈찬송가 503장〉

6-38 愛乃寬忍慈悲(哥林多前書고린도전서 13:4)
애 내 관 인 자 비
사랑은 오래 참고 사랑은 溫柔온유하며

6-39 愛能掩多罪也(彼得前書베드로전서 4:8)
애 능 엄 다 죄 야
사랑은 許多허다한 罪죄를 덮느니라

6-40 愛主爾之上帝(路加福音누가복음 10:27)
애 주 이 지 상 제
主주 너의 하나님을 사랑하라

6-41 予人則必予爾(路加福音누가복음 6:38)
여 인 즉 필 여 이
주라 그리하면 너희에게 줄 것이니

6-42 永生以爲冠冕(約翰啓示錄요한계시록 2:10)
영 생 이 위 관 면
生命생명의 冕旒冠면류관

6-43 援我脫於兇暴(撒母耳下사무엘하 22:3)
원 아 탈 어 흉 포
나를 暴力폭력에서 救援구원하셨도다

6-44 惟務得主悅納(哥林多後書고린도후서 5:9)
유 무 득 주 열 납
主주를 기쁘시게 하는 者자가 되기를 힘쓰노라

6-45 惟耶和華是恃(詩篇시편 115篇)
유 야 화 화 시 시
오직 여호와만 믿으라 (대만성경)

6-46 惟以信潔其心(使徒行傳사도행전 15:9)
유 이 신 결 기 심
믿음으로 저희 마음을 깨끗이 하사 〈찬송가 423장〉

6-47 惟主獨行拯救(以賽亞이사야 59章)
유 주 독 행 증 구
오직 主주만이 홀로 拯救증구를 行행하신다 (대만성경)

6-48 義人因信得生(羅瑪書로마서 1:17)
의 인 인 신 득 생
義人의인은 믿음으로 말미암아 살리라 함과 같으니라

6-49 爾曹當進窄門(瑪太福音마태복음 7:13)
이 조 당 진 착 문
좁은 門문으로 들어가라

6-50 爾之施濟隱矣(瑪太福音마태복음 6:3)
이 지 시 제 은 의
너의 救濟구제함을 隱密은밀하게 하라

6-51 以和平相維繫(以弗所書에베소서 4:2)
이 화 평 상 유 계
平安평안의 매는 줄

6-52 一心專務祈禱(使徒行傳사도행전 1:14)
일 심 전 무 기 도
마음을 같이 하여 오로지 祈禱기도에 힘쓰니라 <찬송가 364장>

6-53 任我恙ˇ肩我病(瑪太福音마태복음 8:17)
임 아 양 ˇ견 아 병
우리의 軟弱연약한 것을 親친히 擔當담당하시고 病병을 짊어지셨도다

6-54 傳福音於萬民(瑪可福音마가복음 16:15)
전 복 음 어 만 민
萬民만민에게 福音복음을 傳播전파하라

6-55 傳福音於貧者(以賽亞이사야 61:1)
전 복 음 어 빈 자
가난한 者자에게 아름다운 消息소식을 傳전하게 <찬송가 272장>

6-56 淨爾心ˇ去妄行(希伯來書히브리서 9:14)
정 이 심 ˇ 거 망 행
너희 良心양심으로 죽은 行實행실에서 깨끗하게 하고 <찬송가 250장>

6-57 主乃我之牧者(詩篇시편 23:1)
주 내 아 지 목 자
여호와는 나의 牧者목자시니

6-58 主面上之榮光(詩篇시편 44:3)
주 면 상 지 영 광
主주의 얼굴의 빛

6-59 主律法之奧義(詩篇시편 119:18)
주 율 법 지 오 의
主주 律法율법의 놀라운 것

6-60 主恩恒久不易(以賽亞이사야 49章)
주 은 항 구 불 역

主주의 恩惠은혜는 永遠영원토록 바뀌지 않는다 (대만성경)

6-61 智者出言惠人(傳道書전도서 第10章)
지 자 출 언 혜 인
智者지자의 내뱉는 말은 사람을 恩惠은혜롭게 한다 (대만성경)

6-62 至此主救助我(撒母耳上사무엘상 7:12)
지 차 주 구 조 아
여호와께서 여기까지 우리를 도우셨다 〈찬송가 28장〉

6-63 智慧警教世人(箴言잠언 第8章)
지 혜 경 교 세 인
智慧지혜는 世人세인을 깨워 가르친다 (대만성경)

6-64 智慧美於産業(傳道書전도서 第7章)
지 혜 미 어 산 업
智慧지혜는 産業산업을 좋게 한다 (대만성경)

6-65 智慧愈於勇力(傳道書전도서 第9章)
지 혜 유 어 용 력
智慧지혜는 勇力용력보다 낫다 (대만성경)

6-66 讚美主之聖名(詩篇시편 145:21)
찬 미 주 지 성 명
主주의 거룩하신 이름을 頌祝송축할지로다

6-67 創造天地之主(詩篇시편 121:2)
창 조 천 지 지 주
天地천지를 지으신 여호와

6-68 充滿恩寵眞理(約翰福音요한복음 1:14)
충 만 은 총 진 리
恩惠은혜와 眞理진리가 充滿충만하더라

6-69 側耳聽我祈求(詩篇시편 17:1)
측 이 청 아 기 구
나의 祈禱기도에 귀를 기울이소서

6-70 偕主如嬰偕母(詩篇시편 131篇)
해 주 여 영 해 모
主주와 함께함은 갓난아이가 어미와 함께함과 같으니 (대만성경)

6-71 顯異蹟ˇ行奇事(但以理다니엘 6:27)
현 이 적 ˇ 행 기 사
異蹟이적과 奇事기사를 行행하시는

6-72 信者能得永生(約翰福音요한복음 3:36)
신 자 능 득 영 생
믿는 者자는 能능히 永生영생을 얻으리라 (대만성경)

6-73 誠實ˇ善義ˇ正心(列王上열왕상 3:6)
성 실 ˇ 선 의 ˇ 정 심
誠實성실과 公義공의와 正直정직한 마음

7자

7-1 渴慕耶和華殿宇(詩篇시편 84篇)
갈 모 야 화 화 전 우
여호와의 聖殿성전을 渴慕갈모하다 (대만성경)

7-2 蓋我弱時反强矣(哥林多後書고린도후서 12:10)
개 아 약 시 반 강 의
이는 내가 弱약한 그 때에 强강함이라

7-3 見耶穌手中釘跡(約翰福音요한복음 20:25)
견 야 소 수 중 정 적
그 손의 못자국을 보며 〈찬송가 456장〉

7-4 結善義平康之果(希伯來書히브리서 12:11)
결 선 의 평 강 지 과
義의와 平康평강의 열매를 맺느니라

7-5 敬畏神終得福樂(傳道書전도서 第8章)
경 외 신 종 득 복 락
神신을 敬畏경외하면 끝에는 福樂복락을 얻는다 (대만성경)

7-6 叩門者必爲之啓(瑪太福音마태복음 7:8)
고 문 자 필 위 지 계
두드리는 이에게는 열릴 것이니라

7-7 叩門則爲爾啓之(瑪太福音마태복음 7:7)
고 문 즉 위 이 계 지
門문을 두드리라 그리하면 너희에게 열릴 것이니

7-8 基督之愛勉勵我(哥林多後書고린도후서 5:14)
기 독 지 애 면 려 아
그리스도의 사랑이 우리를 强勸강권하시는도다

7-9 當竭力爭進窄門(路加福音누가복음 13:24)
당 갈 력 쟁 진 착 문
좁은 門문으로 들어가기를 힘쓰라 〈찬송가 521장〉

7-10 當恒祈禱而不倦(路加福音누가복음 18:1)
당 항 기 도 이 불 권
恒常항상 祈禱기도하고 落心낙심하지 말아야 할 것

7-11 望ˇ神以大能救援(詩篇시편 79篇)
망 ˇ 신 이 대 능 구 원
神신께서 大能대능으로 救援구원할것을 바라다 (대만성경)

7-12 望上帝之榮爲樂(羅瑪書로마서 5:2)
망 상 제 지 영 위 락
하나님의 榮光영광을 바라고 즐거워하느니라

7-13 毋畏葸ˇ我必祐爾(以賽亞이사야 41:10)
무 외 사 ˇ 아 필 우 이
두려워말라 내가 너와 함께 함이니라 〈찬송가 399장〉

7-14 奉事永生之上帝(希伯來書히브리서 9:14)
봉 사 영 생 지 상 제
살아 계신 하나님을 섬기게

7-15 負十字架而從我(瑪太福音마태복음 16:24)
부 십 자 가 이 종 아
自己자기 十字架십자가를 지고 나를 좇을 것이니라 〈찬송가 324장〉

7-16 使福傾注於爾曹(瑪拉基말라기 3:10)
사 복 경 주 어 이 조
너희에게 福복을 쌓을 곳이 없도록 붓지 아니하나 보라

7-17 使爾踐其蹟以行(彼得前書베드로전서 2:21)
사 이 천 기 적 이 행
그 자취를 따라오게 하려 하셨느니라 〈찬송가 532장〉

7-18 舍一切而從耶穌(路加福音누가복음 5:11)
사 일 체 이 종 야 소
모든 것을 버려두고 예수를 좇으니라 〈찬송가 214장〉

7-19 上帝之矜恤甚宏(以弗所書에베소서 2:4)
상 제 지 긍 휼 심 굉
矜恤긍휼에 豊盛풍성하신 하나님 〈찬송가 293장〉

7-20 上帝必覿面施救(詩篇시편 43:5)
상 제 필 적 면 시 구

하나님이 나타나 도우심으로

7-21 善牧者爲羊舍命(約翰福音요한복음 10:11)
선 목 자 위 양 사 명

善선한 牧者목자는 羊양들을 爲위하여 목숨을 버리거니와

7-22 頌主恩永久不易(詩篇시편 90篇)
송 주 은 영 구 불 역

主주의 恩惠은혜가 永久영구 不易불역함을 稱頌칭송하다 (대만성경)

7-23 手按病者卽得愈(瑪可福音마가복음 16:18)
수 안 병 자 즉 득 유

病병든 사람에게 손을 얹은즉 나으리라

7-24 食此糧者必永生(約翰福音요한복음 6:58)
식 차 량 자 필 영 생

이 떡을 먹는 者자는 永遠영원히 살리라 〈찬송가 228장〉

7-25 信道者必獲顯榮(以賽亞이사야 61章)
신 도 자 필 획 현 영

말씀을 믿는 者자는 필히 榮華영화로움을 얻으리 (대만성경)

7-26 神始終拯救其民(以賽亞이사야 46章)
신 시 종 증 구 기 민

神신은 始終시종 그 百姓백성을 拯救증구하신다 (대만성경)

7-27 信爲未見者之據(希伯來書히브리서 11:1)
신 위 미 견 자 지 거

믿음은 보이지 않는 것들의 證據증거니

7-28 神至聖無可比擬(以賽亞이사야 46章)
신 지 성 무 가 비 의

神신의 至聖지성함을 가이 比擬비의할 수가 없다 (대만성경)

7-29 神之言純潔眞誠(詩篇시편 19篇)
신 지 언 순 결 진 성

하나님의 말씀은 純潔眞誠순결진성하다 (대만성경)

7-30 神之行彰顯其榮(詩篇시편 19篇)
신 지 행 창 현 기 영

하나님의 行행하심이 그 영화로움을 나타내시며 (대만성경)

7-31 深信ˇ神必施拯救(詩篇시편 55篇)
심 신 ˇ신 필 시 증 구
믿음이 깊으면 神신이 필히 건져 救援구원하신다 (대만성경)

7-32 我口出言讚美主(詩篇시편 145:21)
아 구 출 언 찬 미 주
내 입이 여호와의 榮譽영예를 말하며

7-33 我乃主爾之上帝(詩篇시편 81:10)
아 내 주 이 지 상 제
나는 여호와 네 하나님이니

7-34 我立於門前叩門(約翰啓示錄요한계시록 3:20)
아 립 어 문 전 고 문
내가 門문밖에 서서 두드리노니 〈찬송가 529장〉

7-35 我所仰望者惟主(詩篇시편 39:7)
아 소 앙 망 자 유 주
나의 所望소망은 主주께 있나이다

7-36 我仰賴主之言語(詩篇시편 119:42)
아 앙 뢰 주 지 언 어
내가 主주의 말씀을 依賴의뢰함이니이다 〈찬송가 542장〉

7-37 我往爲爾備居處(約翰福音요한복음 14:2)
아 왕 위 이 비 거 처
내가 너희를 爲위하여 處所처소를 豫備예비하러 가노니 〈찬송가 23장〉

7-38 我必起而歸我父(路加福音누가복음 15:18)
아 필 기 이 귀 아 부
내가 일어나 아버지께 가서 〈찬송가 273장〉

7-39 我必如經鍊之金(約伯욥기 23:10)
아 필 여 경 련 지 금
내가 純金순금 같이 되어 나오리라

7-40 安然無虞以度日(提摩太前書디모데전서 2:2)
안 연 무 우 이 도 일
고요하고 平安평안한 生活생활을 하려 함이라

7-41 耶穌必乘雲而臨(約翰啓示錄요한계시록 1:7)
야 소 필 승 운 이 림
볼지어다 구름을 타고 오시리라 〈찬송가 174장〉

7-42 耶和華所言必成(以賽亞이사야 46章)
야 화 화 소 언 필 성
여호와께서 말씀하신 것은 반드시 이루어진다 (대만성경)

7-43 言素所未習之言(瑪可福音마가복음 16:17)
언 소 소 미 습 지 언
새 方言방언을 말하며

7-44 如鷹羽脫而重生(以賽亞이사야 40:31)
여 응 우 탈 이 중 생
독수리가 깃을 벗고 거듭남과 같을 것이요

7-45 欲事我者ˇ當從我(約翰福音요한복음 12:26)
욕 사 아 자 ˇ 당 종 아
사람이 나를 섬기려면 나를 따르라 〈찬송가 139장〉

7-46 爲基督忠信之役(哥羅西書골로새서 1:7)
위 기 독 충 신 지 역
그리스도의 信實신실한 일군이요 〈찬송가 332장〉

7-47 爲使爾因我而安(約翰福音요한복음 16:33)
위 사 이 인 아 이 안
너희로 내 안에서 平安평안을 누리게 하려함이라 〈찬송가 414장〉

7-48 衛我如鞏固之城(撒母耳下사무엘하 22:3)
위 아 여 공 고 지 성
나의 높은 望臺망대시오

7-49 惟欲爾意得成也(路加福音누가복음 22:42)
유 욕 이 의 득 성 야
아버지의 願원대로 되기를 願원하나이다 〈찬송가 425장〉

7-50 惟以愛互相服事(迦拉太書갈라디아서 5:13)
유 이 애 호 상 복 사
오직 사랑으로 서로 종 노릇 하라

7-51 醫民間諸疾諸病(瑪太福音마태복음 4:23)
의 민 간 제 질 제 병
百姓백성 中중에 모든 病병과 모든 弱약한 것을 고치시니 〈찬송가 472장〉

7-52 以己所有者爲足(希伯來書히브리서 13:5)
이 기 소 유 자 위 족
있는 바를 足족한 줄로 알라

7-53 爾當居於我之愛(約翰福音요한복음 15:9)
이 당 거 어 아 지 애
나의 사랑 안에 居거하라 〈찬송가 563장〉

7-54 爾當自省信主否(哥林多後書고린도후서 13:5)
이 당 자 성 신 주 부
너희는 믿음 안에 있는가

7-55 爾曹以恩得救矣(以弗所書에베소서 2:5)
이 조 이 은 득 구 의
너희가 恩惠은혜로 救援구원을 얻은 것이라 〈찬송가 305장〉

7-56 引我履平康之道(路加福音누가복음 1:79)
인 아 리 평 강 지 도
우리 발을 平康평강의 길로 引導인도하시리로다 〈찬송가 389장〉

7-57 一人不能事二主(瑪太福音마태복음 6:24)
일 인 불 능 사 이 주
한 사람이 두 主人주인을 섬기지 못할 것이니

7-58 在信者無不能也(瑪可福音마가복음 9:23)
재 신 자 무 불 능 야
믿는 者자에게는 能능히 하지 못할 일이 없느니라

7-59 弟兄睦誼之美善(詩篇시편 133篇)
제 형 목 의 지 미 선
형제가 和睦화목함이 美善미선하다 (대만성경)

7-60 遭難時籲主眷顧(詩篇시편 102篇)
조 난 시 유 주 권 고
遭難조난 時시 主주께 돌아보실 것을 부르짖어라 (대만성경)

7-61 主使我之燈照耀(詩篇시편18:28)
주 사 아 지 등 조 요
主주께서 나의 燈등불을 켜심이여

7-62 主喜悅善人之道(詩篇시편 1:6)
주 희 열 선 인 지 도
義人의인들의 길은 여호와께서 認定인정하시나

7-63 讚美神眷顧其民(詩篇시편 68篇)
찬 미 신 권 고 기 민
神신께서 그 百姓백성을 돌보심을 讚美찬미하다 (대만성경)

7-64 稱頌神施行大能(詩篇시편 68篇)
칭 송 신 시 행 대 능
神신께서 大能대능을 施行시행하심을 稱頌칭송하다 (대만성경)

7-65 稱頌神聽允其祈(詩篇시편 66篇)
칭 송 신 청 윤 기 기
主주께서 그 祈禱기도를 들어주심을 稱頌칭송하다 (대만성경)

7-66 歎人生轉瞬卽逝(詩篇시편 90篇)
탄 인 생 전 순 즉 서
人生인생이 瞬息間순식간에 흘러감을 歎息탄식하다 (대만성경)

7-67 投靠神必蒙恩佑(詩篇시편 61篇)
투 고 신 필 몽 은 우
神신께 依支의지하면 恩惠은혜의 도우심을 입는다 (대만성경)

7-68 行眞實方爲義人(箴言잠언 20:7)
행 진 실 방 위 의 인
穩全온전하게 行행하는 者자가 義人의인이라

8자

8-1 感於聖靈ˇ歡樂受道(帖撒羅尼迦前書데살로니가전서 1:6)
감 어 성 령 ˇ 환 락 수 도
聖靈성령의 기쁨으로 말씀을 받아

8-2 敬爾父母ˇ愛人如己(瑪太福音마태복음 19:19)
경 이 부 모 ˇ 애 인 여 기
네 父母부모를 恭敬공경하라 네 이웃을 네 自身자신과 같이 사랑하라 하신 것이니라

8-3 敬畏上帝ˇ守其誡命(傳道書전도서 12:13)
경 외 상 제 ˇ 수 기 계 명
하나님을 敬畏경외하고 그의 命令명령들을 지킬지어다

8-4 敬畏主者爲其所悅(詩篇시편 147篇)
경 외 주 자 위 기 소 열
主주를 敬畏경외하는 者자는 그의 기쁨이 된다 (대만성경)

8-5 敬爾父母ˇ此爲首誡(以弗所書에베소서 6:3)
경 이 부 모 ˇ 차 위 수 계
네 아버지와 어머니를 恭敬공경하라 이것은 約束약속이 있는

첫 誡命계명이니

8-6 廣我境土ˇ常眷祐我(歷代上역대상 4:10)
광 아 경 토 ˇ 상 권 우 아
나의 地域지역을 넓히시고 主주의 손으로 나를 도우사

8-7 舊事已逝ˇ一切更新(哥林多後書고린도후서 5:17)
구 사 이 서 ˇ 일 체 갱 신
以前이전 것은 지나갔으니 보라 새것이 되었도다 〈찬송가 551장〉

8-8 求耶和華興起禦敵(詩篇시편 7:6)
구 야 화 화 흥 기 어 적
여호와여 일어나사 敵적을 막으소서 (대만성경)

8-9 身受艱苦求主眷顧(詩篇시편 142篇)
신 수 간 고 구 주 권 고
몸이 艱苦간고를 받음에 主주의 眷顧권고를 求구하다 (대만성경)

8-10 求主使僕今日亨通(尼希米느헤미아 1:11)
구 주 사 복 금 일 형 통
主주여 求구하오니 오늘 종이 亨通형통하게 하소서

8-11 求主尋主之僕以歸(詩篇시편 119:176)
구 주 심 주 지 복 이 귀
主주의 종을 찾으소서 〈찬송가 276장〉

8-12 求主臨格彰顯威榮(以賽亞이사야 63章)
구 주 임 격 창 현 위 영
求구하나이다 主주여 臨格임격하사 威榮위영을 나타내소서 (대만성경)

8-13 勸萬有讚美耶和華(詩篇시편 148篇)
권 만 유 찬 미 야 화 화
萬有만유는 여호와를 讚美찬미할 것을 勸권하다 (대만성경)

8-14 歸榮上帝ˇ讚美上帝(路加福音누가복음 2:20)
귀 영 상 제 ˇ 찬 미 상 제
하나님께 榮光영광을 돌리고 讚頌찬송하며 〈찬송가 125장〉

8-15 勤者必得心意滿足(箴言잠언 13:4)
근 자 필 득 심 의 만 족
부지런한 者자의 마음은 豊足풍족함을 얻느니라

8-16 今生安心來世福樂
금 생 안 심 내 세 복 락

今生금생에서 安心안심하며 來世내세에서 福樂복락이라

8-17 今日可擇所欲事者(約書亞여호수아 24:15)
금 일 가 택 소 욕 사 자
너희 섬길 者자를 오늘날 擇택하라 〈찬송가 584장〉

8-18 其祈求我ˇ我必應允(詩篇시편 91:15)
기 기 구 아 ˇ 아 필 응 윤
저가 내게 懇求간구하리니 내가 應答응답하리라 〈찬송가 361장〉

8-19 基督永生上帝之子(瑪太福音마태복음 16:16)
기 독 영 생 상 제 지 자
그리스도시요 살아 계신 하나님의 아들

8-20 祈主佑助禁行諸惡(詩篇시편 141篇)
기 주 우 조 금 행 제 악
모든 惡악을 禁行금행함에 主주께서 佑助우조하시길 祈禱기도하다 (대만성경)

8-21 當求上帝必賜所求(雅各書야고보서 1:5)
당 구 상 제 필 사 소 구
하나님께 求구하라 그리하면 주시리라

8-22 當如光明之人而行(以弗所書에베소서 5:8)
당 여 광 명 지 인 이 행
빛의 子女자녀들처럼 行행하라

8-23 當聽父訓ˇ勿棄母教(箴言잠언 1:8)
당 청 부 훈 ˇ 물 기 모 교
네 아비의 訓戒훈계를 들으며 네 어미의 法법을 떠나지 말라 〈찬송가 579장〉

8-24 萬王之王ˇ萬主之主(約翰啓示錄요한계시록 19:16)
만 왕 지 왕 ˇ 만 주 지 주
萬王만왕의 王왕이요 萬主만주의 主주라 하였더라 〈찬송가 36장〉

8-25 蒙主救拔脫離苦難(詩篇시편 40篇)
몽 주 구 발 탈 리 고 난
主주께서 끌어내심으로 苦難고난에서 벗어나다 (대만성경)

8-26 蒙主赦宥乃爲有福(詩篇시편 32篇)
몽 주 사 유 내 위 유 복
여호와의 赦宥사유함을 입은 자는 福복이 있도다 (대만성경)

8-27 無論何遇ˇ莫不知足(腓立比書빌립보서 4:11)
무 론 하 우 ˇ 막 부 지 족
어떠한 形便형편에든지 나는 自足자족하기를

8-28 俯聽正直垂聽呼籲(詩篇시편 17:1)
부 청 정 직 수 청 호 유
義의의 呼訴호소를 들으소서 울부짖음에 注意주의하소서

8-29 不事主者國必敗亡(以賽亞이사야 60章)
불 사 주 자 국 필 패 망
主주를 섬기지 않으면 나라는 반드시 敗亡패망한다 (대만성경)

8-30 赦宥人過ˇ卽爲己榮(箴言잠언 19:11)
사 유 인 과 ˇ 즉 위 기 영
허물을 容恕용서하는 것이 自己자기의 榮光영광이니라

8-31 似母雞集雛於翼下(路加福音누가복음 13:34)
사 모 계 집 추 어 익 하
암탉이 제 새끼를 날개 아래 모음 같이 〈찬송가 417장〉

8-32 使我如鷹老而復少(詩篇시편 103:5)
사 아 여 응 노 이 부 소
네 青春청춘을 독수리 같이 새롭게 하시는도다

8-33 使我足健ˇ疾趨若鹿(哈巴谷하박국 3:19)
사 아 족 건 ˇ 질 추 약 록
나의 발을 사슴과 같게 하사

8-34 使爾得福ˇ久居於世 (以弗所書에베소서 6:3)
사 이 득 복 ˇ 구 거 어 세
네가 잘되고 땅에서 長壽장수하리라

8-35 賜以恩惠ˇ施行仁義(詩篇시편 36:10)
사 이 은 혜 ˇ 시 행 인 의
仁慈인자하심을 계속 베푸시며 主주의 公義공의를 베푸소서

8-36 上帝祐我ˇ誰能敵我(羅瑪書로마서 8:31)
상 제 우 아 ˇ 수 능 적 아
萬一만일 하나님이 우리를 爲위하시면 누가 우리를 對敵대적하리요

8-37 上帝如磐爲我所倚(撒母耳下사무엘하 22:3)
상 제 여 반 위 아 소 의
내가 避피할 나의 磐石반석의 하나님이시오

8-38 上帝之國卽在爾心(路加福音누가복음 17:21)
상 제 지 국 즉 재 이 심
하나님의 나라는 너희 안에 있느니라 〈찬송가 438장〉

8-39 生育衆多ˇ遍滿於地(創世記창세기 9:1)
생 육 중 다 ˇ 편 만 어 지
生育생육하고 蕃盛번성하여 땅에 充滿충만하라

8-40 善人所欲ˇ主必賜之(箴言잠언 10:24)
선 인 소 욕 ˇ 주 필 사 지
義人의인은 그 願원하는 것이 이루어지느니라

8-41 誠懇悔罪切求恩宥(詩篇시편 51篇)
성 간 회 죄 절 구 은 유
眞實진실로 罪죄를 悔改회개하고 恩惠은혜의 罪죄 赦사함을 懇切간절히 求구하다 (대만성경)

8-42 世事虛幻惟主是望(詩篇시편 39篇)
세 사 허 환 유 주 시 망
世上세상 事사 헛되니 오직 主주만 바라볼지라 (대만성경)

8-43 頌美耶和華之扶助(詩篇시편 146篇)
송 미 야 화 화 지 부 조
여호와의 扶助부조를 頌美송미하다 (대만성경)

8-44 頌讚神之榮威美德(詩篇시편 45篇)
송 찬 신 지 영 위 미 덕
主주의 榮威영위와 美德미덕을 頌讚송찬하나이다 (대만성경)

8-45 頌讚耶和華之救恩(詩篇시편 34篇)
송 찬 야 화 화 지 구 은
여호와의 救援구원의 恩惠은혜를 頌讚송찬하다 (대만성경)

8-46 頌讚耶和華之威嚴(詩篇시편 93篇)
송 찬 야 화 화 지 위 엄
여호와의 威嚴위엄을 頌讚송찬하다 (대만성경)

8-47 時常容忍ˇ大賜恩惠(詩篇시편 145:8)
시 상 용 인 ˇ 대 사 은 혜
怒노하기를 더디 하시며 仁慈인자하심이 크시도다

8-48 視爾爲寶ˇ俾爾爲尊(以賽亞이사야 43:4)
시 이 위 보 ˇ 비 이 위 존

네가 내 눈에 보배롭고 尊貴존귀하며

8-49 信而無行ˇ乃自死也(雅各書야고보서 2:17)
신 이 무 행 ˇ 내 자 사 야
行행함이 없는 믿음은 그 自體자체가 죽은 것이라

8-50 信德具備ˇ良心無虧(提摩太前書디모데전서 1:19)
신 덕 구 비 ˇ 량 심 무 휴
믿음과 착한 良心양심을 가지라

8-51 神所悅者賜以智慧(傳道書전도서 第2章)
신 소 열 자 사 이 지 혜
神신은 기뻐하는 者자에겐 智慧지혜를 주신다 (대만성경)

8-52 身受艱苦求主眷顧(詩篇시편 142篇)
신 수 간 고 구 주 권 고
몸이 艱苦간고를 받음에 主주의 眷顧권고를 求구하다 (대만성경)

8-53 尋求神者必得飽足(詩篇시편 63篇)
심 구 신 자 필 득 포 족
主주를 찾고 求구하는 者자는 반드시 넉넉함을 얻으리라 (대만성경)

8-54 尋求我者ˇ必尋得我(箴言잠언 8:17)
심 구 아 자 ˇ 필 심 득 아
나를 懇切간절히 찾는 者자가 나를 만날 것이니라

8-55 我恐懼時ˇ惟倚賴主(詩篇시편56:3)
아 공 구 시 ˇ 유 의 뢰 주
내가 두려워하는 날에는 主주를 依支의지하리이다 〈찬송가 406장〉

8-56 仇敵逼迫求主救脫(詩篇시편 143篇)
구 적 핍 박 구 주 구 탈
仇敵구적의 逼迫핍박에 主주의 救脫구탈함을 求구하다 (대만성경)

8-57 我常偕爾ˇ至於世末(瑪太福音마태복음 28:20)
아 상 해 이 ˇ 지 어 세 말
내가 世上세상 끝날까지 너희와 恒常항상 함께 있으리라

8-58 我爲葡萄樹ˇ爾爲枝(約翰福音요한복음 15:5)
아 위 포 도 수 ˇ 이 위 지
나는 葡萄포도나무요 너희는 가지라

8-59 我以主言藏在我心(詩篇시편 119:11)
아 이 주 언 장 재 아 심
主주의 말씀을 내 마음에 두었나이다

8-60 我儕懦弱ˇ聖靈助我(羅瑪書로마서 8:26)
아 제 나 약 ˇ 성 령 조 아
聖靈성령도 우리의 軟弱연약함을 도우시나니

8-61 我儕專務祈禱傳道(使徒行傳사도행전 6:4)
아 제 전 무 기 도 전 도
우리는 오로지 祈禱기도하는 일과 말씀 事役사역에 힘쓰리라 〈찬송가 505장〉

8-62 我遭急難ˇ求主憐恤(詩篇시편 31:9)
아 조 급 난 ˇ 구 주 련 휼
여호와여 내가 苦痛고통 中중에 있사오니 내게 恩惠은혜를 베푸소서

8-63 我主耶穌基督之恩(哥林多後書고린도후서 8:9)
아 주 야 소 기 독 지 은
우리 主주 예수 그리스도의 恩惠은혜

8-64 我主耶穌基督之日(哥林多前書고린도전서 1:8)
아 주 야 소 기 독 지 일
우리 主주 예수 그리스도의 날

8-65 惡者受禍善者蒙福(以賽亞이사야 65章)
악 자 수 화 선 자 몽 복
惡者악자는 禍화를 받고 善者선자는 福복을 입는다 (대만성경)

8-66 安爾心ˇ起ˇ耶穌召爾(瑪可福音마가복음 10:49)
안 이 심 ˇ 기 ˇ 야 소 소 이
安心안심하고 일어나라 너를 부르신다 하매 〈찬송가 537장〉

8-67 愛情若火不能滅沒(雅歌아가 第8章)
애 정 약 화 불 능 멸 몰
愛情애정이 불 같으면 滅沒멸몰이 不能불능하다 (대만성경)

8-68 耶和華外別無他神(以賽亞이사야 45章)
야 화 화 외 별 무 타 신
여호와 外외에는 별로 다른 神신이 없나니 (대만성경)

8-69 耶和華爲永久之光(以賽亞이사야 60章)
야 화 화 위 영 구 지 광

여호와는 永遠영원한 빛이 되신다 (대만성경)

8-70 耶和華爲全地之君(詩篇시편 47篇)
야 화 화 위 전 지 지 군
여호와는 온땅의 王왕이 되시나이다 (대만성경)

8-71 於神前勿造次多言(傳道書전도서 第5章)
어 신 전 물 조 차 다 언
神신 앞에서 많은 말을 하지 말라 (대만성경)

8-72 與基督同王一千年(約翰啓示錄요한계시록 20:6)
여 기 독 동 왕 일 천 년
千年천년 동안 그리스도로 더불어 王왕노릇하리라 <찬송가 177장>

8-73 如爾所願ˇ可爲爾成(瑪太福音마태복음 15:28)
여 이 소 원 ˇ 가 위 이 성
네 所願소원대로 되리라 하시니

8-74 如爾從主ˇ主必祐爾(歷代下역대하 15:2)
여 이 종 주 ˇ 주 필 우 이
너희가 여호와와 함께 하면 여호와께서 너희와 함께 하실 지라

8-75 外體雖壞ˇ內心日新(哥林多後書고린도후서 4:16)
외 체 수 괴 ˇ 내 심 일 신
우리의 겉사람은 낡아지나 우리의 속사람은 날로 새로워지도다

8-76 欲得尊榮ˇ必先謙遜(箴言잠언 15:33)
욕 득 존 영 ˇ 필 선 겸 손
謙遜겸손은 尊貴존귀의 길잡이니라

8-77 踊躍有如養肥之犢(瑪拉基말라기 4:2)
용 약 유 여 양 비 지 독
외양間간에서 나온 송아지 같이 뛰리라

8-78 爲我作證ˇ以至地極(使徒行傳사도행전 1:8)
위 아 작 증 ˇ 이 지 지 극
땅 끝까지 이르러 내 證人증인이 되리라 하시니라 <찬송가 502장>

8-79 有聞我聲而啓門者(約翰啓示錄요한계시록 3:20)
유 문 아 성 이 계 문 자

누구든지 내 音聲음성을 듣고 門문을 열면 〈찬송가 529장〉

8-80 幼而智勝於老而愚(傳道書전도서 第4章)
유 이 지 승 어 노 이 우
어려서 智慧지혜로움이 늙어서 愚昧우매함보다 勝승하다 (대만성경)

8-81 由天賜糧ˇ由磐出水(詩篇시편 105篇)
유 천 사 량 ˇ 유 반 출 수
하늘에서는 糧食양식을 내리시고 바위에서는 물이 나오게 하시고 (대만성경)

8-82 應時之言ˇ何其美哉(箴言잠언 15:23)
응 시 지 언 ˇ 하 기 미 재
때에 맞는 말이 얼마나 아름다운고

8-83 倚賴主者終不見罪(詩篇시편 34:22)
의 뢰 주 자 종 불 견 죄
여호와에게 避피하는 者자는 다 罰벌을 받지 아니하리로다

8-84 爾之倉廩必得充盈(箴言잠언 3:10)
이 지 창 름 필 득 충 영
네 倉庫창고가 가득히 차고

8-85 爾較斯衆尤愛我乎(約翰福音요한복음 21:15)
이 교 사 중 우 애 아 호
네가 이 사람들보다 나를 더 사랑하느냐 〈찬송가 315장〉

8-86 爾乃世之光地之鹽(瑪太福音마태복음 5:13~14)
이 내 세 지 광 지 지 염
너희는 빛과 소금이라

8-87 爾當凡事順從父母(哥羅西書골로새서 3:20)
이 당 범 사 순 종 부 모
子女자녀들아 모든 일에 父母부모에게 順從순종하라 〈찬송가 577장〉

8-88 爾當常因主而喜樂(腓立比書빌립보서 4:4)
이 당 상 인 주 이 희 락
主주 안에서 恒常항상 기뻐하라

8-89 爾當深思ˇ基督耶穌(希伯來書히브리서 3:1)
이 당 심 사 ˇ 기 독 야 소
예수를 깊이 생각하라 〈찬송가 451장〉

8-90 以信而行ˇ以愛而勞(帖撒羅尼迦前書데살로니가전서 3:1)
이 신 이 행 ˇ 이 애 이 노
믿음의 役事역사와 사랑의 수고 〈찬송가 464장〉

8-91 以爾名錄於天爲喜(路加福音누가복음 10:20)
이 이 명 록 어 천 위 희
너희 이름이 하늘에 記錄기록된 것으로 기뻐하라 〈찬송가 483장〉

8-92 爾將爾之事仰託主(詩篇시편 37:5)
이 장 이 지 사 앙 탁 주
너의 길을 여호와께 맡기라 〈찬송가 375장〉

8-93 爾曹因信ˇ以恩得救(以弗所書에베소서 2:8)
이 조 인 신 ˇ 이 은 득 구
너희가 그 恩惠은혜를 因인하여 믿음으로 말미암아 救援구원을 얻었나니 〈찬송가 544장〉

8-94 因免敵害感頌主恩(詩篇시편 124篇)
인 면 적 해 감 송 주 은
敵적의 害해를 免면함으로 主恩주은을 感頌감송하다 (대만성경)

8-95 人有智能未必亨通(傳道書전도서 第9章)
인 유 지 능 미 필 형 통
사람이 智慧지혜와 能力능력이 있으면 亨通형통하지 않을 수 없다 (대만성경)

8-96 自幼恃主求其扶助(詩篇시편 71篇)
자 유 시 주 구 기 부 조
어려서부터 믿는 主주여 그 붙드심을 求구하나이다 (대만성경)

8-97 暫被厭惡後福無疆(以賽亞이사야 60章)
잠 피 염 오 후 복 무 강
잠시 厭惡염오함을 입으나 後후에 福복은 無疆무강하리라 (대만성경)

8-98 在天和平ˇ在上榮光(路加福音누가복음 19:38)
재 천 화 평 ˇ 재 상 영 광
하늘에는 平和평화요 가장 높은 곳에는 榮光영광이로다 〈찬송가 335장〉

8-99 專心求明ˇ刻以自苦(但以理다니엘 10:12)
전 심 구 명 ˇ 각 이 자 고
네가 깨달으려 하여 스스로 謙卑겸비하게 하기로 決心결심하던

8-100 正言之力ˇ何其大哉(約伯욥기 6:25)
정 언 지 력 ˇ 하 기 대 재
옳은 말이 어찌 그리 苦痛고통스러운고

8-101 除盡舊酵ˇ俾成新團(哥林多前書고린도전서 5:7)
제 진 구 효 ˇ 비 성 신 단
새 덩어리가 되기 위하여 묵은 누룩을 내버리라

8-102 遭敵迫害求主扶助(詩篇시편 54篇)
조 적 박 해 구 주 부 조
敵적의 迫害박해로 하나님의 붙드심을 求구하다 (대만성경)

8-103 終有善報ˇ必不失望(箴言잠언 23:18)
종 유 선 보 ˇ 필 불 실 망
丁寧정녕히 네 將來장래가 있겠고 네 所望소망이 끊어지지 아니하리라

8-104 主俯聽善人之祈禱(箴言잠언 15:29)
주 부 청 선 인 지 기 도
여호와는 義人의인의 祈禱기도를 들으시느니라

8-105 主云ˇ我意賜爾平康(耶利米예레미아 29:11)
주 운 ˇ 아 의 사 이 평 강
여호와의 말씀이니라 너희를 向향한 나의 생각은 平安평안을 주는 것이라

8-106 主之榮光普照於爾(以賽亞이사야 60:1)
주 지 영 광 보 조 어 이
여호와의 榮光영광이 네 위에 臨임하였음이니라 〈찬송가 550장〉

8-107 主之右手ˇ必拯救我(詩篇시편 138:7)
주 지 우 수 ˇ 필 증 구 아
主주의 오른손이 나를 救援구원하시리이다

8-108 主必行其心之所欲(約伯욥기 23:13)
주 필 행 기 심 지 소 욕
主주는 마음에 하고자 하시는 것이면 그것을 行행하시나니

8-109 遵行善道ˇ得見主面(詩篇시편 17:15)
준 행 선 도 ˇ 득 견 주 면
義의로운 中중에 主주의 얼굴을 뵈오리니

8-110 讚美上帝ˇ稱謝其名(希伯來書히브리서 13:15)
찬 미 상 제 ˇ 칭 사 기 명
恒常항상 讚美찬미의 祭祀제사를 하나님께 드리자

8-111 倉庫豐盈ˇ百穀充足(詩篇시편 144:13)
창 고 풍 영 ˇ 백 곡 충 족
우리의 庫間고간에는 百穀백곡이 가득하며

8-112 斥風與海ˇ遂大平息(瑪太福音마태복음 8:26)
척 풍 여 해 ˇ 수 대 평 식
바람과 바다를 꾸짖으신대 아주 潺潺잔잔하게 되거늘 〈찬송가 134장〉

8-113 天地可廢ˇ我言不廢(瑪太福音마태복음 24:35)
천 지 가 폐 ˇ 아 언 불 폐
天地천지는 없어질지언정 내 말은 없어지지 아니하리라

8-114 聽從智言必享平康(箴言잠언 第1章)
청 종 지 언 필 향 평 강
智言지언을 聽從청종하면 平康평강을 누리리라 (대만성경)

8-115 充滿外溢ˇ納爾懷中(路加福音누가복음 6:38)
충 만 외 일 ˇ 납 이 회 중
넘치도록 하여 너희에게 안겨 주리라

8-116 稱頌耶和華之公義(詩篇시편 9篇)
칭 송 야 화 화 지 공 의
여호와의 公義공의를 稱頌칭송하다 (대만성경)

8-117 投靠主者乃爲有福(詩篇시편 34篇)
투 고 주 자 내 위 유 복
主주를 依支의지하는 者자는 福복이 있나니 (대만성경)

8-118 豐盈富餘不可勝數(瑪拉基말라기 3:10)
풍 영 부 여 불 가 승 수
너희에게 福복을 쌓을 곳이 없도록 붓지 아니하나 보라

8-119 彼此禮讓ˇ互相尊重(羅瑪書로마서 12:10)
피 차 예 양 ˇ 호 상 존 중
尊敬존경하기를 서로 먼저 하며

8-120 解脫麻衣ˇ衣被喜樂(詩篇시편 30:11)
해 탈 마 의 ˇ 의 피 희 락
나의 베옷을 벗기고 기쁨으로 띠 띠우셨나이다

8-121 行動誠實ˇ一心不貳(列王下열왕기하 20:3)
행 동 성 실 ˇ 일 심 불 이
내가 眞實진실과 全心전심으로 主주 앞에 行행하며

8-122 行爲正直ˇ作事公義(詩篇시편 15:2)
행 위 정 직 ˇ 작 사 공 의
正直정직하게 行행하며 公義공의를 일삼으며

8-123 行正直者ˇ可得拯救(箴言잠언 28:18)
행 정 직 자 ˇ 가 득 증 구
誠實성실하게 行행하는 者자는 救援구원을 받을 것이나

8-124 惑於淫婦患莫大焉(箴言잠언 第2章)
혹 어 음 부 환 막 대 언
淫婦음부에게 誘惑유혹됨이 가장 큰 근심이다 (대만성경)

8-125 激發愛心ˇ鼓勵行善(希伯來書히브리서 10:24)
격 발 애 심 ˇ 고 려 행 선
사랑과 善行선행을 激勵격려하며

8-126 主果在此ˇ而我不知(創世記창세기 28:16)
주 과 재 차 ˇ 이 아 부 지
여호와께서 果然과연 여기 계시거늘 내가 알지 못하였도다

8-127 在上帝前ˇ傾吐衷懷(詩篇시편 62:8)
재 상 제 전 ˇ 경 토 충 회
하나님 앞에 마음을 吐토하라

8-128 一切權衡悉歸上帝(詩篇시편 62:11)
일 체 권 형 실 귀 상 제
權能권능은 하나님께 屬속하였다 하셨도다

8-129 當在主上帝前肅敬(西番雅스바냐 1:7)
당 재 주 상 제 전 숙 경
主주 여호와 앞에서 潛潛잠잠할지어다

8-130 主必爲爾啓其寶藏(申命記신명기 28:12)
주 필 위 이 계 기 보 장
여호와께서 너를 爲위하여 하늘의 아름다운 寶庫보고를 열으사

8-131 以清心ˇ守道之奧妙(提摩太前書디모데전서 3:9)
이 청 심 ˇ 수 도 지 오 묘

깨끗한 良心양심에 믿음의 秘密비밀을 가진 者자라야 할지니

8-132 天堂之福ˇ永生之樂
천 당 지 복 ˇ 영 생 지 락
天堂천당의 福복, 永生영생의 즐거움

8-133 須用心靈誠實ˇ拜父(約翰福音요한복음 4:23)
수 용 심 령 성 실 ˇ 배 부
靈영과 眞理진리로 아버지께 禮拜예배할 지니라 (대만성경)

9자

9-1 盖我卽主乃醫爾者也(出伊及記출애굽기 15:26)
개 아 즉 주 내 의 이 자 야
나는 너희를 治療치료하는 여호와임이라

9-2 居主殿宇者承受恩榮(詩篇시편 84篇)
거 주 전 우 자 승 수 은 영
主주의 殿전에 居거하는 者자는 恩惠은혜와 榮華영화로움을 받는다 (대만성경)

9-3 敬畏主卽智慧之訓誨(箴言잠언 15:33)
경 외 주 즉 지 혜 지 훈 회
여호와를 敬畏경외하는 것은 智慧지혜의 訓戒훈계라

9-4 供聖徒所需ˇ欵待客旅(羅瑪書로마서 12:13)
공 성 도 소 수 ˇ 관 대 객 려
聖徒성도들의 쓸 것을 供給공급하며 손 待接대접하기를 힘쓰라

9-5 教之守凡我所命爾者(瑪太福音마태복음 28:20)
교 지 수 범 아 소 명 이 자
내가 너희에게 吩咐분부한 모든 것을 가르쳐 지키게 하라 〈찬송가 508장〉

9-6 勸人和睦者必得喜樂(箴言잠언 12:20)
권 인 화 목 자 필 득 희 락
和平화평을 議論의논하는 者자에게는 喜樂희락이 있느니라

9-7 近上帝ˇ則上帝必近爾(雅各書야고보서 4:8)
근 상 제 ˇ 즉 상 제 필 근 이
하나님을 가까이하라 그리하면 너희를 가까이하시리라

9-8 今日爾必同我在樂園(路加福音누가복음 23:43)
금 일 이 필 동 아 재 낙 원
오늘 네가 나와 함께 樂園낙원에 있으리라 〈찬송가 237장〉

9-9 基督旣釋我以得自由(迦拉太書갈라디아서 5:1)
기 독 기 석 아 이 득 자 유
그리스도께서 우리로 自由자유케 하려고 自由자유를 주셨으니 〈찬송가 584장〉

9-10 當及時記憶造爾之主(傳道書전도서 12:1)
당 급 시 기 억 조 이 지 주
너의 創造者창조자를 記憶기억하라 〈찬송가 574장〉

9-11 當爲所信之道作善戰(提摩太前書디모데전서 6:12)
당 위 소 신 지 도 작 선 전
믿음의 善선한 싸움을 싸우라 〈찬송가 360장〉

9-12 當以樂器讚美耶和華(詩篇시편 150篇)
당 이 악 기 찬 미 야 화 화
樂器악기로 여호와를 讚美찬미하라 (대만성경)

9-13 當因其救恩欣喜歡樂(以賽亞이사야 25:9)
당 인 기 구 은 흔 희 환 락
우리는 그 救援구원을 기뻐하며 즐거워하리라 할 것이며 〈찬송가 298장〉

9-14 得力於主者乃爲有福(詩篇시편 84篇)
득 력 어 주 자 내 위 유 복
主주에게서 힘을 얻은 者자는 福복이 있나니 (대만성경)

9-15 萬事有益於愛上帝者(羅瑪書로마서 8:28)
만 사 유 익 어 애 상 제 자
하나님을 사랑하는 者자는 모든 것이 合力합력하여 善선을 이루느니라

9-16 蒙寵之女安ˇ主與爾偕(路加福音누가복음 1:28)
몽 총 지 녀 안 ˇ 주 여 이 해
恩惠은혜를 받은 者자여 平安평안할지어다 主주께서 너와 함께 하시도다 〈찬송가 97장〉

9-17 凡禱主名者ˇ必得救也(使徒行傳사도행전 2:21)
범 도 주 명 자 ˇ 필 득 구 야

누구든지 主주의 이름을 부르는 者자는 救援구원을 얻으리라 〈찬송가 536장〉

9-18 不能間我於上帝之愛(羅瑪書로마서 8:39)
불 능 간 아 어 상 제 지 애
하나님의 사랑에서 끊을 수 없으리라 〈찬송가 541장〉

9-19 使基督因信而居爾心(以弗所書에베소서 3:17)
사 기 독 인 신 이 거 이 심
그리스도께서 너희 마음에 계시게 하옵시고 〈찬송가 286장〉

9-20 使我受種種神福在天(以弗所書에베소서 1:3)
사 아 수 종 종 신 복 재 천
하늘에 屬속한 모든 神靈신령한 福복을 우리에게 주시되

9-21 上帝所耦者ˇ人不可分(瑪太福音마태복음 19:6)
상 제 소 우 자 ˇ 인 불 가 분
하나님이 짝지어 주신 것을 사람이 나누지 못할지니라

9-22 上帝之羔ˇ負世之罪者(約翰福音요한복음 1:29)
상 제 지 고 ˇ 부 세 지 죄 자
世上세상 罪죄를 지고 가는 하나님의 어린 羊양이로다 〈찬송가 82장〉

9-23 昔爾若死ˇ皆陷於罪愆(以弗所書에베소서 2:1)
석 이 약 사 ˇ 개 함 어 죄 건
너희의 허물과 罪죄로 죽었던 너희를 살리셨도다 〈찬송가 498장〉

9-24 少壯時宜念造化之主(傳道書전도서 第12章)
소 장 시 의 념 조 화 지 주
젊었을때 造化之主조화지주를 마땅히 생각해야 한다 (대만성경)

9-25 所置之基ˇ耶穌基督也(哥林多前書고린도전서 3:11)
소 치 지 기 ˇ 야 소 기 독 야
이 터는 곧 예수 그리스도라 〈찬송가 600장〉

9-26 速於聽ˇ緩於言ˇ遲於怒(雅各書야고보서 1:19)
속 어 청 ˇ 완 어 언 ˇ 지 어 노
사람마다 듣기는 速속히 하고 말하기는 더디 하며 성내기도 더디 하라

9-27 守安息日者報以福樂(以賽亞이사야 58章)
수 안 식 일 자 보 이 복 락
安息日안식일을 지키는 者자에겐 福樂복락으로 報答보답하신다

(대만성경)

9-28 識上帝勝於獻火焚祭(何西阿호세아 6:6)
식 상 제 승 어 헌 화 분 제
燔祭번제보다 하나님을 아는 것을 願원하노라

9-29 我心惟默然仰望上帝(詩篇시편 62:1)
아 심 유 묵 연 앙 망 상 제
나의 靈魂영혼이 潛潛잠잠히 하나님만 바람이여 〈찬송가 409장〉

9-30 我將飮之杯ˇ爾能飮乎(瑪太福音마태복음 20:22)
아 장 음 지 배 ˇ 이 능 음 호
나의 마시려는 盞잔을 너희가 마실 수 있느냐 〈찬송가 461장〉

9-31 我儕舍一切而從爾矣(瑪可福音마가복음 10:28)
아 제 사 일 체 이 종 이 의
우리가 모든 것을 버리고 主주를 좇았나이다 〈찬송가 341장〉

9-32 我儕亦當爲兄弟舍命(約翰壹書요한1서 3:16)
아 제 역 당 위 형 제 사 명
우리도 兄弟형제들을 爲위하여 목숨을 버리는 것이 마땅하니라 〈찬송가 308장〉

9-33 仰賴主勝如倚恃世人(詩篇시편 118:8)
앙 뢰 주 승 여 의 시 세 인
여호와께 避피하는 것이 사람을 信賴신뢰하는 것보다 나으며

9-34 仰望耶和華求其矜憫(詩篇시편 123篇)
앙 망 야 화 화 구 기 긍 민
여호와를 仰望앙망하며 그 矜憫긍민함을 求구하다 (대만성경)

9-35 耶穌曰ˇ信我者永不渴(約翰福音요한복음 6:35)
야 소 왈 ˇ 신 아 자 영 불 갈
나를 믿는 者자는 永遠영원히 목마르지 아니하리라

9-36 耶穌謂僕曰ˇ取水滿甕(約翰福音요한복음 2:7)
야 소 위 복 왈 ˇ 취 수 만 옹
예수께서 저희에게 이르시되 항아리에 물을 채우라 하신즉 〈찬송가 136장〉

9-37 若子釋爾ˇ則爾誠釋矣(約翰福音요한복음 8:36)
약 자 석 이 ˇ 즉 이 성 석 의
아들이 너희를 自由자유롭게 하면 너희가 참으로 自由자유로

우리라

9-38 願主之榮光充滿天下(詩篇시편 72:19)
원 주 지 영 광 충 만 천 하

온 땅에 그의 榮光영광이 充滿충만할지어다

9-39 幼時當知神必鞫諸事(傳道書전도서 第11章)
유 시 당 지 신 필 국 제 사

神신은 모든 일을 審判심판하신다는 것을 어려서 마땅히 알아야 된다 (대만성경)

9-40 義人智人咸在神掌握(傳道書전도서 第9章)
의 인 지 인 함 재 신 장 악

義人의인과 智人지인 모두 神신의 손안에 있다 (대만성경)

9-41 爾當悔改ˇ因天國近矣(瑪太福音마태복음 4:17)
이 당 회 개 ˇ 인 천 국 근 의

悔改회개하라 天國천국이 가까이 왔느니라 하시더라

9-42 爾始雖卑微ˇ終必昌大(約伯욥기 8:7)
이 시 수 비 미 ˇ 종 필 창 대

네 始作시작은 微弱미약하였으나 네 나중은 甚심히 昌大창대하리라

9-43 彼見鞭撻ˇ使我得醫痊(以賽亞이사야 53:5)
피 견 편 달 ˇ 사 아 득 의 전

그가 채찍에 맞음으로 우리가 나음을 입었도다 〈찬송가 151장〉

9-44 爾當相愛如我愛爾然(約翰福音요한복음 13:34)
이 당 상 애 여 아 애 이 연

내가 너희를 사랑한 것 같이 너희도 서로 사랑하라

9-45 爾當恒忍ˇ以待主降臨(雅各書야고보서 5:7)
이 당 항 인 ˇ 이 대 주 강 림

兄弟형제들아 主주의 降臨강림하시기까지 길이 참으라 〈찬송가 591장〉

9-46 爾往招萬民爲我門徒(瑪太福音마태복음 28:19)
이 왕 초 만 민 위 아 문 도

너희는 가서 모든 民族민족을 弟子제자로 삼아

9-47 移舟至深處ˇ下網取魚(路加福音누가복음 5:4)
이 주 지 심 처 ˇ 하 망 취 어

깊은데로 가서 그물을 내려 고기를 잡으라 〈찬송가 302장〉

9-48 人不願操作ˇ則不得食(帖撒羅尼加後書데살로니가후서 3:10)
인 불 원 조 작 ˇ 즉 부 득 식
누구든지 일하기 싫어하거든 먹지도 말게 하라 하였더니

9-49 人若事我ˇ我父必貴之(約翰福音요한복음 12:26)
인 약 사 아 ˇ 아 부 필 귀 지
사람이 나를 섬기면 내 아버지께서 저를 貴귀히 여기시리라 〈찬송가 326장〉

9-50 傳耶穌基督福音不已(使徒行傳사도행전 5:42)
전 야 소 기 독 복 음 불 이
예수는 그리스도라고 가르치기와 傳道전도하기를 그치지 아니하니라

9-51 遭患難求耶和華憐恤(詩篇시편 6篇)
조 환 난 구 야 화 화 연 휼
患難환난에서 여호와의 憐恤연휼을 求구하다 (대만성경)

9-52 主保護我ˇ我無所恐懼(詩篇시편 118:6)
주 보 호 아 ˇ 아 무 소 공 구
여호와는 내 편이시라 내가 두려워하지 아니하리니

9-53 主賜我以力ˇ我敬愛主(詩篇시편 18:1)
주 사 아 이 력 ˇ 아 경 애 주
나의 힘이신 여호와여 내가 主주를 사랑하나이다

9-54 主歷世歷代護庇我儕(詩篇시편 90:1)
주 력 세 력 대 호 비 아 제
主주는 代代대대에 우리의 居處거처가 되셨나이다 〈찬송가 71장〉

9-55 主我上帝ˇ乃獨一之主(瑪可福音마가복음 12:29)
주 아 상 제 ˇ 내 독 일 지 주
우리 하나님은 唯一유일한 主주시라 〈찬송가 322장〉

9-56 主歟ˇ我在深淵呼籲主(詩篇시편 130:1)
주 여 ˇ 아 재 심 연 호 유 주
여호와여 내가 깊은데서 主주께 부르짖었나이다 〈찬송가 363장〉

9-57 主爾之上帝駐蹕爾中(西番雅스바나 3:17)
주 이 지 상 제 주 필 이 중
너의 하나님 여호와가 너의 가운데에 계시니

9-58 主護衛我如鞏固之城(詩篇시편 18:2)
주 호 위 아 여 공 고 지 성
여호와는 나의 山城산성이시로다

9-59 讚美耶和華無所不在(詩篇시편 139篇)
찬 미 야 화 화 무 소 부 재
여호와의 無所不在무소부재함을 讚美찬미하다 (대만성경)

9-60 讚美耶和華無所不知(詩篇시편 139篇)
찬 미 야 화 화 무 소 부 지
여호와의 無所不知무소부지함을 讚美찬미하다 (대만성경)

9-61 讚美耶和華恩惠無窮(詩篇시편 139篇)
찬 미 야 화 화 은 혜 무 궁
여호와의 恩惠無窮은혜무궁함을 讚美찬미하다 (대만성경)

9-62 讚美耶和華造物奇妙(詩篇시편 139篇)
찬 미 야 화 화 조 물 기 묘
여호와의 造物奇妙조물기묘함을 讚美찬미하다 (대만성경)

9-63 稱謝耶和華乃爲美善(詩篇시편 92篇)
칭 사 야 화 화 내 위 미 선
여호와가 美善미선함을 稱謝칭사하다 (대만성경)

9-64 主必顯祐ˇ如晨光之出(何西阿호세아 6:3)
주 필 현 우 ˇ 여 신 광 지 출
그의 나타나심은 새벽 빛 같이 어김없나니

9-65 敬畏主乃智慧之發端(詩篇시편 111:10)
경 외 주 내 지 혜 지 발 단
여호와를 敬畏경외함이 곧 智慧지혜의 根本근본이라

⑩자

10-1 歌頌耶和華之慈愛救恩(詩篇시편 97篇)
가 송 야 화 화 지 자 애 구 은
여호와의 慈愛자애 救恩구은을 歌頌가송하라 (대만성경)

10-2 歌頌耶和華之慈愛誠實(詩篇시편 138篇)
가 송 야 화 화 지 자 애 성 실
여호와의 慈愛자애가 誠實성실함을 歌頌가송하다

10-3 歌頌耶和華之尊榮奇行(詩篇시편 96篇)
가 송 야 화 화 지 존 영 기 행
여호와의 尊榮존영 奇行기행을 歌頌가송하라 (대만성경)

10-4 蓋於上帝無不能成之事(路加福音누가복음 1:37)
개 어 상 제 무 불 능 성 지 사
大抵대저 하나님의 모든 말씀은 能능치 못하심이 없느니라 〈찬송가 203장〉

10-5 蓋爾曹離我ˇ則無能爲也(約翰福音요한복음 15:5)
개 이 조 리 아 ˇ 즉 무 능 위 야
나를 떠나서는 너희가 아무것도 할 수 없음이라 〈찬송가 445장〉

10-6 蓋彼息其勞ˇ其功亦隨之(約翰啓示錄요한계시록 14:13)
개 피 식 기 노 ˇ 기 공 역 수 지
저희 수고를 그치고 쉬리니 이는 저희의 行행한 일이 따름이라 〈찬송가 610〉

10-7 虔敬若兼知足ˇ是大益也(提摩太前書디모데전서 6:6)
건 경 약 겸 지 족 ˇ 시 대 익 야
自足자족하는 마음이 있으면 敬虔경건은 큰 利益이익이 되느니라

10-8 故勿爲愚者ˇ當明主之旨(以弗所書에베소서 5:17)
고 물 위 우 자 ˇ 당 명 주 지 지
그러므로 어리석은 者자가 되지 말고 오직 主주의 뜻이 무엇인가 理解이해하라

10-9 求耶和華傾惡人救貧苦(詩篇시편 10篇)
구 야 화 화 경 악 인 구 빈 고
여호와여 惡人악인을 넘어뜨리시고 貧苦빈고한 者자를 救구하소소 (대만성경)

10-10 求耶和華救助使敵蒙羞(詩篇시편 70篇)
구 야 화 화 구 조 사 적 몽 수
求구하오니 여호와여 救助구조하시고 敵적은 부끄럽게 하소서 (대만성경)

10-11 求耶和華矜恤允其所祈(詩篇시편 4篇)
구 야 화 화 긍 휼 윤 기 소 기
여호와의 矜恤긍휼을 求구하매 그 祈禱기도를 들어주시다 (대만성경)

10-12 求耶和華拯救懲罰其敵(詩篇시편 35篇)
구 야 화 화 증 구 징 벌 기 적
여호와의 拯救증구와 그 敵적의 懲罰징벌함을 求구하다 (대만성경)

10-13 求耶和華護佑脫於惡人(詩篇시편 5篇)
구 야 화 화 호 우 탈 어 악 인
여호와의 保護보호하심으로 惡人악인에게서 벗어남을 求구하다 (대만성경)

10-14 求主救脫誑言詭舌之人(詩篇시편 120篇)
구 주 구 탈 광 언 궤 설 지 인
求구하옵니다 主주여 誑言광언 詭舌궤설 人인에게서 救脫구탈하게 하소서 (대만성경)

10-15 求主免我遭患難有愁苦(歷代上역대상 4:10)
구 주 면 아 조 환 난 유 수 고
主주께서 나로 患難환난을 벗어나 내게 근심이 없게 하옵소서

10-16 求主保護脫離暗中之敵(詩篇시편 64篇)
구 주 보 호 탈 리 암 중 지 적
求구하오니 主주여 保護보호하시어 보이지 않는 敵적에게 벗어나게 하소소 (대만성경)

10-17 求主側耳俯聽僕之祈禱(尼希米느헤미아 1:11)
구 주 측 이 부 청 복 지 기 도
主주여 求구하오니 귀를 기울이사 종의 祈禱기도를 들으시고

10-18 窮苦人呼籲時ˇ主曾俯聽(詩篇시편 22:24)
궁 고 인 호 유 시 ˇ 주 증 부 청
困苦곤고한 者자가 울부짖을 때에 主주께서 들으셨도다

10-19 勤勞之農ˇ先得物產ˇ宜也(提摩太後書디모데후서 2:6)
근 로 지 농 ˇ 선 득 물 산 ˇ 의 야
수고하는 農夫농부가 穀食곡식을 먼저 받는 것이 마땅하니라

10-20 今我創一新事ˇ立卽彰顯(以賽亞이사야 43:19)
금 아 창 일 신 사 ˇ 립 즉 창 현
보라 내가 새 일을 行행하리니 이제 나타낼 것이라 〈찬송가 553〉

10-21 基督耶穌臨世ˇ以救罪人(提摩太前書디모데전서 1:15)
기 독 야 소 임 세 ˇ 이 구 죄 인
그리스도 예수께서 罪人죄인을 救援구원하시려고 世上세상에

臨임하셨다〈찬송가 271장〉

10-22 老者見夢兆ˇ幼者見異像(約珥요엘 2:28)
노 자 견 몽 조 ˇ 유 자 견 이 상

너희 늙은이는 꿈을 꾸며 너희 젊은이는 異像이상을 볼 것이며

10-23 當記憶安息日ˇ守爲聖日(出伊及記출애굽기 20:8)
당 기 억 안 식 일 ˇ 수 위 성 일

安息日안식일을 記憶기억하여 거룩히 지키라 〈찬송가 47장〉

10-24 當誠意篤信而至上帝前(希伯來書히브리서 10:22)
당 성 의 독 신 이 지 상 제 전

참 마음과 穩全온전한 믿음으로 하나님께 나아가자 〈찬송가 540장〉

10-25 當以基督之道ˇ充於爾心(哥羅西書골로새서 3:16)
당 이 기 독 지 도 ˇ 충 어 이 심

그리스도의 말씀이 너희 속에 豊盛풍성히 居거하여

10-26 當察何者爲主所悅之事(以弗所書에베소서 5:10)
당 찰 하 자 위 주 소 열 지 사

主주를 기쁘시게 할 것이 무엇인가 試驗시험하여 보라

10-27 萬事均有定時勞碌無益(傳道書전도서 第3章)
만 사 균 유 정 시 노 록 무 익

萬事만사가 모두 定정한 때가 있으니 수고함이 無益무익하다 (대만성경)

10-28 望我主耶穌基督而忍耐(帖撒羅尼迦前書데살로니가전서 1:3)
망 아 주 야 소 기 독 이 인 내

우리 主주 예수 그리스도에 對대한 所望소망의 忍耐인내 〈찬송가 464장〉

10-29 夢有梯置於地ˇ梯首及天(創世記창세기 28:12)
몽 유 제 치 어 지 ˇ 제 수 급 천

꿈에 본즉 사닥다리가 땅 위에 섰는데 그 꼭대기가 하늘에 닿았고 〈찬송가 338장〉

10-30 無限之歡愉ˇ永遠之安樂(詩篇시편 16:11)
무 한 지 환 유 ˇ 영 원 지 안 락

充滿충만한 기쁨이 있고 永遠영원한 즐거움

10-31 聞我誡而守之者ˇ卽愛我(約翰福音요한복음 14:21)
문 아 계 이 수 지 자 ˇ 즉 애 아
나의 誡命계명을 지키는 者자라야 나를 사랑하는 者자니

10-32 美善之恩施ˇ全備之賞賚(雅各書야고보서 1:17)
미 선 지 은 시 ˇ 전 비 지 상 뢰
온갖 좋은 恩賜은사와 穩全온전한 膳物선물

10-33 凡劫爾者我必使之被劫(耶利米예레미아 30:16)
범 겁 이 자 아 필 사 지 피 겁
너에게서 擄掠노략질한 모든 者자는 擄掠物노략물이 되리라

10-34 夫道成肉軀ˇ居於我儕間(約翰福音요한복음 1:14)
부 도 성 육 구 ˇ 거 어 아 제 간
말씀이 肉身육신이 되어 우리 가운데 居거하시매 〈찬송가 137장〉

10-35 夫信使人以所望者爲實(希伯來書히브리서 11:1)
부 신 사 인 이 소 망 자 위 실
믿음은 바라는 것들의 實狀실상이요

10-36 備道於曠野ˇ濬川於沙漠(以賽亞이사야 43:19)
비 도 어 광 야 ˇ 준 천 어 사 막
曠野광야에 길을 沙漠사막에 江강을 내리니

10-37 賜我飮食贏餘ˇ滿心喜悅(使徒行傳사도행전 14:17)
사 아 음 식 영 여 ˇ 만 심 희 열
飮食음식과 기쁨으로 너희 마음에 滿足만족케 하셨느니라
〈찬송가 592장〉

10-38 常以主之典章作詩謳歌(詩篇시편 119:54)
상 이 주 지 전 장 작 시 구 가
主주의 律例율례가 나의 노래가 되었나이다 〈찬송가 370장〉

10-39 上帝賜福於爾ˇ永世無窮(詩篇시편 146:2)
상 제 사 복 어 이 ˇ 영 세 무 궁
하나님이 너(王)에게 永永영영히 福복을 주시도다 〈찬송가 32장〉

10-40 聖哉ˇ聖哉ˇ聖哉ˇ萬有之主(以賽亞이사야 6:3)
성 재 ˇ 성 재 ˇ 성 재 ˇ 만 유 지 주
거룩하다 거룩하다 거룩하다 萬軍만군의 여호와여 〈찬송가 625장〉

10-41 耶穌以遵行父意ˇ爲食物(約翰福音요한복음 4:34)
야 소 이 준 행 부 의 ˇ 위 식 물

예수께서 아버지의 뜻을 遵行준행함을 食物식물로 삼다.
(대만성경)

10-42 洗滌我罪ˇ我乃比雪尤白(詩篇시편 51:7)
세 척 아 죄 ˇ 아 내 비 설 우 백
나의 罪죄를 씻어주소서 내가 눈보다 희리이다 〈찬송가 261장〉

10-43 頌美耶和華之奇妙作爲(詩篇시편 135篇)
송 미 야 화 화 지 기 묘 작 위
여호와의 奇妙기묘 作爲작위를 頌美송미하다 (대만성경)

10-44 頌美耶和華之恩惠慈愛(詩篇시편 103篇)
송 미 야 화 화 지 은 혜 자 애
여호와의 恩惠은혜 慈愛자애를 頌美송미하라 (대만성경)

10-45 頌讚耶和華之誠信功能(詩篇시편 33篇)
송 찬 야 화 화 지 성 신 공 능
여호와의 誠信성신과 功能공능을 頌讚송찬하다 (대만성경)

10-46 誰能間我儕於基督之愛(羅瑪書로마서 8:35)
수 능 간 아 제 어 기 독 지 애
누가 우리를 그리스도의 사랑에서 끊으리요 〈찬송가 316장〉
※間 = 絕

10-47 在世間眞有判斷之上帝(詩篇시편 58:11)
재 세 간 진 유 판 단 지 상 제
眞實진실로 땅에서 判斷판단하시는 하나님이 계시다

10-48 受智者責勝於聽愚者歌(傳道書전도서 第7章)
수 지 자 책 승 어 청 우 자 가
智者지자의 꾸지람을 받는 것이 愚者우자의 노래를 듣는 것보다 낫다 (대만성경)

10-49 我非憑目覩ˇ惟憑信而行(哥林多後書고린도후서 5:7)
아 비 빙 목 도 ˇ 유 빙 신 이 행
우리가 믿음으로 行행하고 보는 것으로 行행하지 아니함이로라

10-50 我生乃爲基督ˇ死則獲益(腓立比書빌립보서 1:21)
아 생 내 위 기 독 ˇ 사 즉 획 익
이는 내게 사는 것이 그리스도니 죽는 것도 有益유익함이라

10-51 我惟歌頌主ˇ因主恩待我(詩篇시편 13:6)
아 유 가 송 주 ˇ 인 주 은 대 아

내가 여호와를 讚頌찬송하리니 이는 主주께서 내게 恩德은덕을 베푸심이로다

10-52 我儕愛主ˇ因主先愛我儕(約翰壹書요한1서 4:19)
아 제 애 주 ˇ 인 주 선 애 아 제
우리가 사랑함은 그가 먼저 우리를 사랑하셨음이라

10-53 阿勒盧亞ˇ我心當頌揚主(詩篇시편 146:1)
아 륵 노 아 ˇ 아 심 당 송 양 주
할렐루야 내 靈魂영혼아 여호와를 讚揚찬양하라 〈찬송가 41장〉

10-54 阿們ˇ主耶穌歟ˇ切願爾至(約翰啓示錄요한계시록 22:20)
아 문 ˇ 주 야 소 여 ˇ 절 원 이 지
아멘 主주 예수여 오시옵소서 〈찬송가 181장〉

10-55 我誠告爾ˇ信我者有永生(約翰福音요한복음 6:47)
아 성 고 이 ˇ 신 아 자 유 영 생
眞實진실로 眞實진실로 너희에게 이르노니 믿는 者자는 永生영생을 가졌나니

10-56 我一見此血ˇ即逾越爾曹(出伊及記출애굽기 12:13)
아 일 견 차 혈 ˇ 즉 유 월 이 조
내가 피를 볼때에 너희를 넘어가리니 〈찬송가 265장〉

10-57 我主耶穌基督之十字架(迦拉太書갈라디아서 6:14)
아 주 야 소 기 독 지 십 자 가
우리 主주 예수 그리스도의 十字架십자가

10-58 與樂者同樂ˇ與哭者同哭(羅瑪書로마서 12:15)
여 락 자 동 락 ˇ 여 곡 자 동 곡
즐거워하는 者자들과 함께 즐거워하고 우는 者자들과 함께 울라(로마서 12:15)

10-59 遇難時ˇ追思神ˇ心得安慰(詩篇시편 77篇)
우 난 시 ˇ 추 사 신 ˇ 심 득 안 위
難時난시에 主주를 追思추사하니 마음은 安慰안위를 얻다 (대만성경)

10-60 爲兄弟悅納ˇ將浸足於油(申命記신명기 33:24)
위 형 제 열 납 ˇ 장 침 족 어 유
그의 兄弟형제에게 기쁨이 되며 그의 발이 기름에 잠길지로다

10-61 爲己之名引導我行義路(詩篇시편 23:3)
위 기 지 명 인 도 아 행 의 로

自己자기 이름을 爲위하여 義의의 길로 引導인도하시는도다
〈찬송가 390장〉

10-62 爲我衆之罪ˇ舍己拯我儕(迦拉太書갈라디아서 1:4)
위 아 중 지 죄 ˇ 사 기 증 아 제

우리를 건지시려고 우리 罪죄를 代贖대속하기 爲위하여 自己자기 몸을 주셨으니 〈찬송가 268장〉

10-63 惟願主降福於爾ˇ護祐爾(民數記민수기 6:24)
유 원 주 강 복 어 이 ˇ 호 우 이

여호와는 네게 福복을 주시고 너를 지키시기를 願원하며
〈찬송가 638〉

10-64 惟遵行上帝之旨者永存(約翰壹書요한1서 2:17)
유 준 행 상 제 지 지 자 영 존

오직 하나님의 뜻을 行행하는 이는 永遠영원히 居거하느니라
〈찬송가 623장〉

10-65 應允我籲懇ˇ俯聽我祈求(詩篇시편 61:1)
응 윤 아 유 간 ˇ 부 청 아 기 구

나의 부르짖음을 들으시며 내 祈禱기도에 留意유의하소서

10-66 宜以基督耶穌之心爲心(腓立比書빌립보서 2:5)
의 이 기 독 야 소 지 심 위 심

너희 안에 이 마음을 품으라 곧 그리스도 예수의 마음이니

10-67 倚恃耶和華者ˇ得脫諸難(詩篇시편 90篇)
의 시 야 화 화 자 ˇ 득 탈 제 난

여호와를 依支의지하는 者자는 모든 患難환난에서 벗어난다
(대만성경)

10-68 倚恃耶和華者必得慈愛(詩篇시편 32篇)
의 시 야 화 화 자 필 득 자 애

여호와를 依支의지하는 者자는 필히 慈愛자애함을 얻으리라
(대만성경)

10-69 爾當效我ˇ如我效基督然(哥林多前書고린도전서 11:1)
이 당 효 아 ˇ 여 아 효 기 독 연

내가 그리스도를 本본받는 者자가 된 것 같이 너희는 나를 本본받는 者자가 되라

10-70 爾中欲爲大者ˇ當爲爾役(瑪太福音마태복음 20:26)
이 중 욕 위 대 자 ˇ 당 위 이 역
너희 中중에 누구든지 크고자 하는 者자는 너희를 섬기는 者자가 되고

10-71 爾之壓酒處新酒必流溢(箴言잠언 3:10)
이 지 압 주 처 신 주 필 류 일
네 葡萄汁포도즙 틀에 새 葡萄汁포도즙이 넘치리라

10-72 爾乃基督永生上帝之子(瑪太福音마태복음 16:16)
이 내 기 독 영 생 상 제 지 자
主주는 그리스도시요 살아 계신 하나님의 아들이시니이다

10-73 爾乃我之子ˇ我今日生爾(詩篇시편 2:7)
이 내 아 지 자 ˇ 아 금 일 생 이
너는 내 아들이라 오늘 내가 너를 낳았도다

10-74 爾當黙然倚賴主ˇ仰望主(詩篇시편 37:7)
이 당 묵 연 의 뢰 주 ˇ 앙 망 주
여호와 앞에 潛潛잠잠하고 참고 기다리라

10-75 求悅於鑒察我心之上帝(帖撒羅尼迦前書데살로니가전서 2:4)
구 열 어 감 찰 아 심 지 상 제
오직 우리 마음을 鑑察감찰하시는 하나님을 기쁘시게 하려 함이라

10-76 故我勸爾ˇ向彼顯示仁愛(哥林多後書고린도후서 2:8)
고 아 권 이 ˇ 향 피 현 시 인 애
그러므로 너희를 勸권하노니 사랑을 그들에게 나타내라

10-77 爾張爾口ˇ我卽使之充滿(詩篇시편 81:10)
이 장 이 구 ˇ 아 즉 사 지 충 만
네 입을 크게 열라 내가 채우리라 하였으나

10-78 以恒忍ˇ趨我前當趨之場(希伯來書히브리서 12:1)
이 항 인 ˇ 추 아 전 당 추 지 장
忍耐인내로써 우리 앞에 當당한 競走경주를 競走경주하며
〈찬송가 212장〉

10-79 人心多謀ˇ惟主之旨方立(箴言잠언 19:21)
인 심 다 모 ˇ 유 주 지 지 방 립
사람의 마음에는 많은 計劃계획이 있어도 오직 여호와의

뜻만이 完全완전히 서리라

10-80 人所種者何ˇ所穫者亦何(迦拉太書갈라디아서 6:7)
인 소 종 자 하 ˇ 소 확 자 역 하
사람이 무엇으로 심든지 그대로 거두리라

10-81 人愛上帝ˇ必爲上帝所識(哥林多前書고린도전서 8:3)
인 애 상 제 ˇ 필 위 상 제 소 식
누구든지 하나님을 사랑하면 그 사람은 하나님도 알아 주시느니라

10-82 人若潔己則爲貴用之器(提摩太後書디모데후서 2:21)
인 약 결 기 즉 위 귀 용 지 기
自己자기를 깨끗하게 하면 貴귀히 쓰는 그릇이 되어

10-83 人在基督ˇ則爲新造之人(哥林多後書고린도후서 5:17)
인 재 기 독 ˇ 즉 위 신 조 지 인
누구든지 그리스도 안에 있으면 새로운 被造物피조물이라
〈찬송가 421장〉

10-84 因主而樂ˇ實爲爾之護庇(尼希米느헤미아 8:10)
인 주 이 락 ˇ 실 위 이 지 호 비
여호와를 기뻐하는 것이 너희의 힘이니라

10-85 因主之大德無邊ˇ頌揚主(詩篇시편 150:2)
인 주 지 대 덕 무 변 ˇ 송 양 주
그의 至極지극히 廣大광대하심을 좇아 讚揚찬양할지어다

10-86 子歟ˇ爾當爲主順從父母(以弗所書에베소서 6:3)
자 여 ˇ 이 당 위 주 순 종 부 모
子女자녀들아 主주 안에서 너희 父母부모에게 順從순종하라

10-87 主乃我之燈ˇ主明我之暗(撒母耳下사무엘하 22:29)
주 내 아 지 등 ˇ 주 명 아 지 암
여호와여 主주는 나의 燈등불이시니 여호와께서 나의 어둠을 밝히시리이다

10-88 主展手施恩ˇ使羣生得飽(詩篇시편 145:16)
주 전 수 시 은 ˇ 사 군 생 득 포
손을 펴사 모든 生物생물의 所願소원을 滿足만족하게 하시나이다

10-89 主ˇ無所不知ˇ主知我愛爾(約翰福音요한복음 21:17)
주 ˇ 무 소 부 지 ˇ 주 지 아 애 이
主주여 모든 것을 아시오매 내가 主주를 사랑하는 줄을 主주께서 아시나이다

10-90 主庇祐我ˇ如高山ˇ如保障(詩篇시편 18:2)
주 비 우 아 ˇ 여 고 산 ˇ 여 보 장
여호와는 나의 磐石반석이시요 나의 要塞요새

10-91 主曰ˇ伸寃在我ˇ我必報應(羅瑪書로마서 12:19)
주 왈 ˇ 신 원 재 아 ˇ 아 필 보 응
怨讐원수 갚는 것이 내게 있으니 내가 갚으리라고 主주께서 말씀하시니라

10-92 主有杖有竿ˇ足以安慰我(詩篇시편 23:4)
주 유 장 유 간 ˇ 족 이 안 위 아
主주의 지팡이와 막대기가 나를 安慰안위하시나이다

10-93 主以能力賜爾ˇ俾爾獲財(申命記신명기 8:18)
주 이 능 력 사 이 ˇ 비 이 획 재
하나님이 네게 財物재물 얻을 能力능력을 주셨음이라

10-94 主之仁慈矜恤ˇ每朝新施(耶利米哀歌예레미아애가 3:23)
주 지 인 자 긍 휼 ˇ 매 조 신 시
여호와의 慈悲자비와 矜恤긍휼이 아침마다 새로우니

10-95 至於我及我家ˇ必崇事主(約書亞여호수아 24:15)
지 어 아 급 아 가 ˇ 필 숭 사 주
오직 나와 내 집은 여호와를 섬기겠노라 〈찬송가 347장〉

10-96 智慧明哲均耶和華所賜(箴言잠언 第2章)
지 혜 명 철 균 야 화 화 소 사
智慧지혜와 明哲명철은 모두 여호와께서 주시는 것이라

10-97 眞言永立ˇ誑言只存片時(箴言잠언 12:19)
진 언 영 립 ˇ 광 언 지 존 편 시
眞實진실한 입술은 永遠영원히 保存보존되거니와 거짓 혀는 暫時잠시 동안만 있을 뿐이니라

10-98 讚美主之聖名ˇ至於永遠(詩篇시편 145:21)
찬 미 주 지 성 명 ˇ 지 어 영 원
主주의 거룩하신 이름을 영원히 頌祝송축할지로다

10-99 稱謝耶和華之慈愛永存(詩篇시편 136篇)
칭 사 야 화 화 지 자 애 영 존
여호와의 慈愛자애가 永存영존함을 稱謝칭사하다 (대만성경)

10-100 稱頌耶和華之威榮慈惠(詩篇시편 145篇)
칭 송 야 화 화 지 위 영 자 혜
여호와의 威榮위영 慈惠자혜를 稱頌칭송하다 (대만성경)

10-101 投靠耶和華者不畏强敵(詩篇시편 11篇)
투 고 야 화 화 자 불 외 강 적
여호와를 依支의지하는 者자는 强敵강적을 두려워하지 않는다 (대만성경)

10-102 被曳於死地者ˇ爾當拯之(箴言잠언 24:11)
피 예 어 사 지 자 ˇ 이 당 증 지
너는 死亡사망으로 끌려가는 者자를 건져주며 〈찬송가 500장〉

10-103 行善人之道ˇ守義人之路(箴言잠언 2:20)
행 선 인 지 도 ˇ 수 의 인 지 로
善선한 者자의 길로 行행하게 하며 또 義人의인의 길을 지키게 하리니

10-104 行止無過者主護之如盾(箴言잠언 2:7)
행 지 무 과 자 주 호 지 여 순
行實행실이 穩全온전한 者자에게 여호와는 防牌방패가 되시나니

10-105 忽自天有聲ˇ如烈風迅吹(使徒行傳사도행전 2:2)
홀 자 천 유 성 ˇ 여 열 풍 신 취
忽然홀연히 하늘로부터 急급하고 强강한 바람 같은 소리가 있어 〈찬송가 192장〉

10-106 遵行主命者ˇ乃爲聰明人(詩篇시편 111:10)
준 행 주 명 자 ˇ 내 위 총 명 인
그의 誡命계명을 지키는 者자는 다 훌륭한 知覺지각을 가진 자이니

10-107 蓋爾財所在ˇ爾心亦在焉(路加福音누가복음 12:34)
개 이 재 소 재 ˇ 이 심 역 재 언
너희 寶物보물 있는 곳에는 너희 마음도 있으리라

10-108 藐父訓者愚ˇ守誡言者智(箴言잠언 15:5)
막 부 훈 자 우 ˇ 수 계 언 자 지

아비의 訓戒훈계를 업신여기는 者자는 미련한 者자요 警戒경계를 받는 者자는 슬기를 얻을 者자니라

10-109 善於齊家ˇ教子端莊順服(提摩太前書디모데전서 3:4)
선 어 제 가 ˇ 교 자 단 장 순 복

自己자기 집을 잘 다스려 子女자녀들로 모든 端正단정함으로 服從복종케 하는 者(자)라야 할지며

10-110 鐵刃礪以鐵ˇ人怒激以人(箴言잠언 27:17)
철 인 려 이 철 ˇ 인 노 격 이 인

※ 鐵磨鐵ˇ磨出刃來. 朋友相感

鐵철이 鐵철을 날카롭게 하는 것 같이 사람이 그 親舊친구의 얼굴을 빛나게 하느니라

10-111 喝ˇ主所賜之水ˇ永遠不渴(約翰福音요한복음 4:14)
갈 ˇ 주 소 사 지 수 ˇ 영 원 불 갈

主주가 주시는 물을 마시면 永遠영원히 목마르지 아니하리라 (대만성경)

10-112 聖哉ˇ聖哉ˇ上帝全能之主(約翰啓示錄요한계시록 4:8)
성 재 ˇ 성 재 ˇ 상 제 전 능 지 주

거룩하다 거룩하다 主주 하나님 곧 全能전능하신 이여

⓫ 자

11-1 歌頌耶和華願行純全之道(詩篇시편 98篇)
가 송 야 화 화 원 행 순 전 지 도

여호와께서 純全之道순전지도를 願行원행함을 歌頌가송하라 (대만성경)

11-2 擧目觀田ˇ禾稼已熟ˇ可穫矣(約翰福音요한복음 4:35)
거 목 관 전 ˇ 화 가 이 숙 ˇ 가 확 의

눈을 들어 밭을 보라 희어져 秋收추수하게 되었도다 〈찬송가 511장〉

※ 熟 = 白

11-3 敬主者受憾無憂賞罰在主(以賽亞이사야 66章)
경 주 자 수 감 무 우 상 벌 재 주

主주를 敬畏경외하는 者자가 미워함을 받더라도 근심하지 않음은 賞罰상벌이 主주께 있음이라 (대만성경)

11-4 口滑舌誇者ˇ耶和華剪滅之(詩篇시편 12篇)
구 활 설 과 자 ˇ 야 화 화 전 멸 지

여호와께서 자랑하는 혀와 驕慢교만한 입술을 끊으리니 (대만성경)

11-5 使我口唱新歌ˇ讚美我上帝(詩篇시편 40:3)
사 아 구 창 신 가 ˇ 찬 미 아 상 제

새 노래 곧 우리 하나님께 올릴 讚頌찬송을 내 입에 두셨으니 〈찬송가 303장〉

11-6 使雨隨時而降ˇ有甘霖加福(以西結에스겔 34:26)
사 우 수 시 이 강 ˇ 유 감 림 가 복

때를 따라 비를 내리되 福복된 장마비를 내리리라 〈찬송가 183장〉

11-7 上帝仍濟助我ˇ主保護我命(詩篇시편 54:4)
상 제 잉 제 조 아 ˇ 주 보 호 아 명

하나님은 나를 돕는 이시며 主주께서는 내 生命생명을 붙들어 주시는 이시니이다

11-8 上帝非不義ˇ必不忘爾之工(希伯來書히브리서 6:10)
상 제 비 불 의 ˇ 필 불 망 이 지 공

하나님은 不義불의하지 아니하사 너희 行爲행위를 잊어버리지 아니하시느니라

11-9 所求於家宰者ˇ惟欲其忠也(哥林多前書고린도전서 4:2)
소 구 어 가 재 자 ˇ 유 욕 기 충 야

그리고 맡은 者자들에게 求구할 것은 忠誠충성이니라

11-10 受艱難之試而能忍者福矣(雅各書야고보서 1:12)
수 간 난 지 시 이 능 인 자 복 의

試驗시험을 참는 者자는 福복이 있도다 〈찬송가 342장〉

11-11 受耶和華訓導者可免敵害(詩篇시편 144篇)
수 야 화 화 훈 도 자 가 면 적 해

여호와의 訓導훈도를 받는 者자는 敵적의 害해를 免면할 수가 있다 (대만성경)

11-12 是以心安ˇ願離身而與主偕(哥林多後書고린도후서 5:8)
시 이 심 안 ˇ 원 리 신 이 여 주 해

우리가 膽大담대하여 願원하는 바는 차라리 몸을 떠나 主주와 함께 있는 그것이라

11-13 我口不出惡言ˇ舌不道虛詐(約伯욥기 27:4)
아 구 불 출 악 언 ˇ 설 부 도 허 사
결코 내 입술이 不義불의를 말하지 아니하며 내 혀가 거짓을 말하지 아니하리라

11-14 我乃善牧ˇ善牧者爲羊舍命(約翰福音요한복음 10:11)
아 내 선 목 ˇ 선 목 자 위 양 사 명
나는 善선한 牧者목자라 善선한 牧者목자는 羊양들을 爲위하여 목숨을 버리거니와

11-15 我賴使我有力者ˇ凡事能爲(腓立比書빌립보서 4:13)
아 뢰 사 아 유 력 자 ˇ 범 사 능 위
내게 能力능력 주시는 者자 안에서 내가 모든 것을 할 수 있느니라

11-16 我救主存活ˇ日後必立於地(約伯욥기 19:25)
아 구 주 존 활 ˇ 일 후 필 립 어 지
나의 救贖者구속자가 살아 계시니 後日후일에 그가 땅 위에 서실 것이라 〈찬송가 170장〉

11-17 我琴我瑟當醒ˇ我黎明卽醒(詩篇시편 108:2)
아 금 아 슬 당 성 ˇ 아 여 명 즉 성
琵琶비파야, 竪琴수금아, 깰지어다 내가 새벽을 깨우리로다

11-18 我當何爲ˇ以行上帝之事乎(約翰福音요한복음 6:28)
아 당 하 위 ˇ 이 행 상 제 지 사 호
우리가 어떻게 하여야 하나님의 일을 하오리이까

11-19 我報爾大喜ˇ關乎衆民者也(路加福音누가복음 2:10)
아 보 이 대 희 ˇ 관 호 중 민 자 야
보라 내가 온 百姓백성에게 미칠 큰 기쁨의 좋은 消息소식을 너희에게 傳전하노라 〈찬송가 115장〉

11-20 我呼籲時ˇ求主速然應允我(詩篇시편 102:2)
아 호 유 시 ˇ 구 주 속 연 응 윤 아
내가 부르짖는 날에 速속히 내게 應答응답하소서 〈찬송가 368장〉

11-21 哀慟者福矣ˇ因其將受慰也(瑪太福音마태복음 5:4)
애 통 자 복 의 ˇ 인 기 장 수 위 야
哀痛애통하는 者자는 福복이 있나니 그들이 慰勞위로를 받을 것임이요

11-22 愛中無懼ˇ愛旣全備則去懼(約翰壹書요한1서 4:18)
애 중 무 구 ˇ 애 기 전 비 즉 거 구
사랑 안에 두려움이 없고 穩全온전한 사랑이 두려움을 내쫓나니

11-23 若所望尙未得ˇ則忍以待之(羅瑪書로마서 8:25)
약 소 망 상 미 득 ˇ 즉 인 이 대 지
萬一만일 우리가 보지 못하는 것을 바라면 참음으로 기다릴지니라

11-24 如爾尋求主ˇ主必爲爾所得(歷代下역대하 15:2)
여 이 심 구 주 ˇ 주 필 위 이 소 득
너희가 萬一만일 그를 찾으면 그가 너희와 만나게 되시려니와

11-25 溫良者福矣ˇ因其將得地也(瑪太福音마태복음 5:5)
온 량 자 복 의 ˇ 인 기 장 득 지 야
溫柔온유한 者자는 福복이 있나니 그들이 땅을 基業기업으로 받을 것임이요

11-26 憂傷痛悔之心ˇ主必不輕視(詩篇시편 51:17)
우 상 통 회 지 심 ˇ 주 필 불 경 시
傷상하고 痛悔통회하는 마음을 主주께서 蔑視멸시하지 아니하시리이다

11-27 爲貴用之器ˇ聖潔合乎主用(提摩太後書디모데후서 2:21)
위 귀 용 지 기 ˇ 성 결 합 호 주 용
貴귀히 쓰는 그릇이 되어 거룩하고 主人주인의 쓰심에 合當합당하며

11-28 有聲呼曰ˇ在曠野備主之路(以賽亞이사야 40:3)
유 성 호 왈 ˇ 재 광 야 비 주 지 로
외치는 者자의 소리여 가로되 너희는 曠野광야에서 여호와의 길을 豫備예비하라 〈찬송가 504장〉

11-29 惟我以酬恩之聲ˇ獻祭於主(約拿요나 2:9)
유 아 이 수 은 지 성 ˇ 헌 제 어 주
나는 感謝감사하는 목소리로 主주께 祭祀제사를 드리며
〈찬송가 281장〉

11-30 應時之言ˇ如金果嵌於銀槽(箴言잠언 25:11)
응 시 지 언 ˇ 여 금 과 감 어 은 조
境遇경우에 合當합당한 말은 아로새긴 銀은 錚盤쟁반에 金금 沙果사과니라

11-31 爾遣我於世ˇ我亦遣彼於世(約翰福音요한복음 17:18)
이 견 아 어 세 ˇ 아 역 견 피 어 세
아버지께서 나를 世上세상에 보내신 것 같이 나도 그들을 世上세상에 보내었고

11-32 爾當行道ˇ不第聞道ˇ毋自欺(雅各書야고보서 1:22)
이 당 행 도 ˇ 부 제 문 도 ˇ 무 자 기
너희는 말씀을 行행하는 者자가 되고 듣기만 하여 自身자신을 속이는 者자가 되지 말라

11-33 爾曹中欲爲大者ˇ當爲爾役(瑪可福音마가복음 10:43)
이 조 중 욕 위 대 자 ˇ 당 위 이 역
너희 中중에 누구든지 크고자 하는 者자는 너희를 섬기는 者자가 되고

11-34 爾急難時呼籲我ˇ我拯救爾(詩篇시편 81:7)
이 급 난 시 호 유 아 ˇ 아 증 구 이
네가 苦難고난 中중에 부르짖으매 내가 너를 건졌고

11-35 爾當先求上帝之國與其義(瑪太福音마태복음 6:33)
이 당 선 구 상 제 지 국 여 기 의
너희는 먼저 그의 나라와 그의 義의를 求구하라

11-36 爾所遇之試ˇ亦爲人之常事(哥林多前書고린도전서 10:13)
이 소 우 지 시 ˇ 역 위 인 지 상 사
사람이 勘當감당할 試驗시험 밖에는 너희가 當당한 것이 없나니

11-37 以耶和華爲保障ˇ中心無懼(詩篇시편 27篇)
이 야 화 화 위 보 장 ˇ 중 심 무 구
여호와께서 保障보장이 되시니 마음에 두려움이 없도다 (대만성경)

11-38 以耶和華爲神者ˇ其國有福(詩篇시편 33篇)
이 야 화 화 위 신 자 ˇ 기 국 유 복
여호와로 하나님을 삼은 者자 그 나라는 福복이 있나니 (대만성경)

11-39 爾若有信ˇ可見上帝之榮乎(約翰福音요한복음 11:40)
이 약 유 신 ˇ 가 견 상 제 지 영 호
네가 믿으면 하나님의 榮光영광을 보리라 하지 아니하였느냐

11-40 爾與我同樂ˇ以亡羊已得矣(路加福音누가복음 15:6)
이 여 아 동 락 ˇ 이 망 양 이 득 의
나와 함께 즐기자 나의 잃은 羊양을 찾았노라 하리라
〈찬송가 297장〉

11-41 爾罪雖如硃色ˇ必將白如雪(以賽亞이사야 1:18)
이 죄 수 여 주 색 ˇ 필 장 백 여 설
너희 罪죄가 朱紅주홍 같을지라도 눈과 같이 희어질 것이요
〈찬송가 255장〉

11-42 爾中有人受苦者ˇ則當祈禱(雅各書야고보서 5:13)
이 중 유 인 수 고 자 ˇ 즉 당 기 도
너희 中중에 苦難고난 當당하는 者자가 있느냐 저는 祈禱기도할 것이요 〈찬송가 418장〉

11-43 人非重生ˇ不能見上帝之國(約翰福音요한복음 3:3)
인 비 중 생 ˇ 불 능 견 상 제 지 국
사람이 거듭나지 아니하면 하나님의 나라를 볼 수 없느니라

11-44 主我之上帝獨一無二之主(申命記신명기 6:5)
주 아 지 상 제 독 일 무 이 지 주
우리 하나님 여호와는 오직 唯一유일한 여호와이시니

11-45 主有永生之言ˇ我尚歸誰乎(約翰福音요한복음 6:68)
주 유 영 생 지 언 ˇ 아 상 귀 수 호
主주여 永生영생의 말씀이 계시매 우리가 뉘게로 가오리이까 〈찬송가 205장〉

11-46 主以我衆之罪愆ˇ任於其身(以賽亞이사야 53:6)
주 이 아 중 지 죄 건 ˇ 임 어 기 신
여호와께서는 우리 무리의 罪惡죄악을 그에게 擔當담당시키셨도다 〈찬송가 538장〉

11-47 主遮庇我如盾ˇ保佑我得勝(詩篇시편 18:2)
주 차 비 아 여 순 ˇ 보 우 아 득 승
여호와는 나의 防牌방패시요 나의 救援구원의 뿔이시오

11-48 主護庇我ˇ保佑我脫離急難(詩篇시편 32:7)
주 호 비 아 ˇ 보 우 아 탈 리 급 난

主주는 나의 隱身處은신처이오니 患難환난에서 나를 保護보호하시고 〈찬송가 38장〉

11-49 讚美耶和華其榮高於諸天(詩篇시편 113篇)
찬 미 야 화 화 기 영 고 어 제 천

여호와 그 榮華영화가 高於諸天고어제천함을 讚美찬미하다 (대만성경)

11-50 體肉體ˇ死也ˇ體聖靈ˇ生且安(羅瑪書로마서 8:6)
체 육 체 ˇ 사 야 ˇ 체 성 령 ˇ 생 차 안

肉身육신의 생각은 死亡사망이요 靈영의 생각은 生命생명과 平安평안이니라

11-51 忽颶風大作ˇ浪躍入舟ˇ將滿(瑪可福音마가복음 4:37)
홀 구 풍 대 작 ˇ 랑 약 입 주 ˇ 장 만

큰 狂風광풍이 일어나며 물결이 부딪혀 배에 들어와 배에 가득하게 되었더라 〈찬송가 404장〉

11-52 彼必爲我民ˇ我必爲其上帝(耶利米예레미아 32:38)
피 필 위 아 민 ˇ 아 필 위 기 상 제

그들은 내 百姓백성이 되겠고 나는 그들의 하나님이 될 것이며

11-53 因上帝之國不在言ˇ惟在能(哥林多前書고린도전서 4:20)
인 상 제 지 국 부 재 언 ˇ 유 재 능

하나님의 나라는 말에 있지 아니하고 오직 能力능력에 있음이라

11-54 除滓於銀ˇ銀工則用以製器(箴言잠언 25:4)
제 재 어 은 ˇ 은 공 즉 용 이 제 기

銀은에서 찌꺼기를 除제하라 그리하면 匠色장색의 쓸 만한 그릇이 나올 것이요

11-55 爾當休息ˇ當知惟我爲上帝(詩篇시편 46:10)
이 당 휴 식 ˇ 당 지 유 아 위 상 제

너희는 가만히 있어 내가 하나님 됨을 알지어다

⓬자

12-1 各當悅鄰ˇ以建其德ˇ以致其益(羅瑪書로마서 15:2)
각 당 열 린ˇ이 건 기 덕 ˇ이 치 기 익
우리 各각 사람이 이웃을 기쁘게 하되 善선을 이루고 德덕을 세우도록 할지니라

12-2 懇求耶和華救贖者讚美歌唱(詩篇시편 119篇)
간 구 야 화 화 구 속 자 찬 미 가 창
여호와의 救贖구속함을 懇求간구하는 者자는 讚美찬미 歌唱가창하리라 (대만성경)

12-3 甘心服役ˇ可謂事主ˇ非事人也(以弗所書에베소서 6:7)
감 심 복 역ˇ 가 위 사 주ˇ 비 사 인 야
기쁜 마음으로 섬기기를 主주께 하듯 하고 사람들에게 하듯 하지 말라

12-4 强敵迫害求耶和華佑護解脫(詩篇시편 140篇)
강 적 박 해 구 야 화 화 우 호 해 탈
强敵강적의 迫害박해로 여호와의 佑護우호 解脫해탈을 求구하다 (대만성경)

12-5 蓋人子來ˇ爲尋救失亡之人也(路加福音누가복음 19:10)
개 인 자 래 ˇ 위 심 구 실 망 지 인 야
人子인자가 온 것은 잃어버린 者자를 찾아 救援구원하려 함이니라

12-6 謙受耶和華命令者學習智識(詩篇시편 119篇)
겸 수 야 화 화 명 령 자 학 습 지 식
여호와의 命令명령을 謙遜겸손히 받는 者자는 智識지식을 學習학습하리라 (대만성경)

12-7 經營手惰者必貧ˇ手勤者必富(箴言잠언 10:4)
경 영 수 타 자 필 빈 ˇ 수 근 자 필 부
손을 게으르게 놀리는 者자는 가난하게 되고 손이 부지런한 者자는 富부하게 되느니라(잠언 10:4)

12-8 敬愛耶和華誡命者立爲公義(詩篇시편 119篇)
경 애 야 화 화 계 명 자 립 위 공 의
여호와의 誡命계명을 敬愛경애하는 者자는 公義공의를 세움이 되리 (대만성경)

12-9 敬畏耶和華遵行其道者有福(詩篇시편 128篇)
경 외 야 화 화 준 행 기 도 자 유 복
여호와를 敬畏경외하며 그 道도를 遵行준행하는 者자는 福복이 있나니 (대만성경)

12-10 故我不怯ˇ外體雖壞ˇ內心日新(哥林多後書고린도후서 4:16)
고 아 불 겁 ˇ 외 체 수 괴 ˇ 내 심 일 신
그러므로 우리가 落心낙심하지 아니하노니 우리의 겉사람은 낡아지나 우리의 속사람은 날로 새로워지도다

12-11 工師所棄之石ˇ成爲屋隅首石(瑪可福音마가복음 12:10)
공 사 소 기 지 석 ˇ 성 위 옥 우 수 석
建築者건축자들이 버린 돌이 모퉁이의 머릿돌이 되었나니

12-12 求耶和華興起ˇ報復選民之仇(詩篇시편 94篇)
구 야 화 화 흥 기 ˇ 보 복 선 민 지 구
여호와여 일어나사 選民선민의 怨讐원수를 報復보복하소서 (대만성경)

12-13 求於爾者予之ˇ借於爾者勿卻(瑪太福音마태복음 5:42)
구 어 이 자 여 지 ˇ 차 어 이 자 물 각
네게 求구하는 者자에게 주며 네게 꾸고자 하는 者자에게 拒絶거절하지 말라

12-14 求之第許捫其衣縫ˇ捫者皆愈(瑪可福音마가복음 6:56)
구 지 제 허 문 기 의 수 ˇ 문 자 개 유
예수의 옷가에라도 손을 대게 하시기를 懇求간구하니 손을 대는 者자는 다 성함을 얻으니라 〈찬송가 471장〉

12-15 勸爾獻身爲活祭ˇ卽聖潔之祭(羅瑪書로마서 12:1)
권 이 헌 신 위 활 제 ˇ 즉 성 결 지 제
너희를 勸권하노니 너희 몸을 하나님이 기뻐하시는 거룩한 산 祭祀제사로 드리라 〈찬송가 630장〉

12-16 謹守耶和華律法者脫離罪孽(詩篇시편 119篇)
근 수 야 화 화 율 법 자 탈 리 죄 얼
여호와의 律法율법을 謹守근수하는 者자는 罪孽죄얼에서 벗어나리 (대만성경)

12-17 白晝導之以雲ˇ夜間引以火光(詩篇시편 78:14)
백 주 도 지 이 운 ˇ 야 간 인 이 화 광
낮에는 구름으로, 온 밤에는 和光화광으로 引導인도하셨으며

12-18 矜恤者福矣ˇ因其將見矜恤也(瑪太福音마태복음 5:7)
긍 휼 자 복 의 ˇ 인 기 장 견 긍 휼 야

矜恤긍휼히 여기는 者자는 福복이 있나니 그들이 矜恤긍휼히 여김을 받을 것임이요

12-19 記念耶和華典章者得其安慰(詩篇시편 119篇)
기 념 야 화 화 전 장 자 득 기 안 위

여호와 典章전장을 記念기념하는 者자는 그 安慰안위함을 얻을 것이라 (대만성경)

12-20 基督流血在十字架ˇ成就和平(哥羅西書골로새서 1:20)
기 독 유 혈 재 십 자 가 ˇ 성 취 화 평

그리스도 十字架십자가의 피로 和平화평을 이루사

12-21 基督一次獻己ˇ以負衆人之罪(希伯來書히브리서 9:28)
기 독 일 차 헌 기 ˇ 이 부 중 인 지 죄

그리스도도 많은 사람의 罪죄를 擔當담당하시려고 單番단번에 드리신바 되셨고 〈찬송가 168장〉

12-22 其人與全家皆虔誠ˇ敬畏上帝(使徒行傳사도행전 10:2)
기 인 여 전 가 개 건 성 ˇ 경 외 상 제

그가 敬虔경건하여 온 집으로 더불어 하나님을 敬畏경외하며

12-23 怒則勿犯罪ˇ勿含怒至日沒時(以弗所書에베소서 4:26)
노 즉 물 범 죄 ˇ 물 함 노 지 일 몰 시

忿분을 내어도 罪죄를 짓지 말며 해가 지도록 忿분을 품지 말고

12-24 當自卑於主前ˇ則主必高擧爾(雅各書야고보서 4:10)
당 자 비 어 주 전 ˇ 즉 주 필 고 거 이

主주 앞에서 낮추라 그리하면 主주께서 너희를 높이시리라

12-25 當念在上之事ˇ勿念在地之事(哥羅西書골로새서 3:2)
당 념 재 상 지 사 ˇ 물 념 재 지 지 사

위엣 것을 생각하고 땅엣 것을 생각지 말라 〈찬송가 491장〉

12-26 當常喜樂ˇ祈禱不已ˇ凡事感謝(帖撒羅尼迦前書데살로니가전서 5:16)
당 상 희 락 ˇ 기 도 불 이 ˇ 범 사 감 사

恒常항상 기뻐하라 쉬지 말고 祈禱기도하라 凡事범사에 感謝감사하라

12-27 大哉ˇ主之奇事ˇ盛哉ˇ主之異蹟(但以理다니엘 4:3)
대 재 ˇ 주 지 기 사 ˇ 성 재 ˇ 주 지 이 적
참으로 크도다 主주의 異蹟이적이여, 참으로 能능하도다 主주의 놀라운 일이여

12-28 無論生死ˇ必以我身丕顯基督(腓立比書빌립보서 1:20)
무 론 생 사 ˇ 필 이 아 신 비 현 기 독
살든지 죽든지 내 몸에서 그리스도가 尊貴존귀히 되게 하려 하나니 〈찬송가 313장〉

12-29 黙想耶和華律法者具有智慧(詩篇시편 119篇)
묵 상 야 화 화 율 법 자 구 유 지 혜
여호와의 律法율법을 黙想묵상하는 者자는 다 智慧지혜가 있느니라 (대만성경)

12-30 勿求何以食ˇ何以飮ˇ亦勿思慮(路加福音누가복음 12:29)
물 구 하 이 식 ˇ 하 이 음 ˇ 역 물 사 려
너희는 무엇을 먹을까 무엇을 마실까 하여 求구하지 말며 근심하지도 말라

12-31 勿慕虛榮ˇ勿相激怒ˇ勿相嫉妒(迦拉太書갈라디아서 5:26)
물 모 허 영 ˇ 물 상 격 노 ˇ 물 상 질 투
헛된 榮光영광을 求구하여 서로 怒노엽게 하거나 서로 妬忌투기하지 말지니라

12-32 美名愈於大財ˇ恩寵愈於金銀(箴言잠언 22:1)
미 명 유 어 대 재 ˇ 은 총 유 어 금 은
많은 財物재물보다 名譽명예를 擇택할 것이요 銀은이나 金금보다 恩寵은총을 더욱 擇택할 것이니라

12-33 盼望耶和華應許者救出逼迫(詩篇시편 119篇)
반 망 야 화 화 응 허 자 구 출 핍 박
여호와의 應許응허함을 盼望반망하는 者자는 逼迫핍박에서 救出구출되리니 (대만성경)

12-34 凡從肉體者ˇ不能見悅於上帝(羅瑪書로마서 8:8)
범 종 육 체 자 ˇ 불 능 견 열 어 상 제
肉身육신에 있는 者자들은 하나님을 기쁘시게 할 수 없느니라

12-35 凡以感謝爲祭者ˇ始是敬奉我(詩篇시편 50:23)
범 이 감 사 위 제 자 ˇ 시 시 경 봉 아

感謝감사로 祭祀제사를 드리는 者자가 나를 榮華영화롭게 하나니

12-36 俯聽僕在主前呼籲祈禱之言(歷代下역대하 6:19)
부 청 복 재 주 전 호 유 기 도 지 언
종이 主주의 앞에서 부르짖음과 비는 祈禱기도를 들으시옵소서 〈찬송가 599장〉

12-37 不成如此孩提ˇ則不得入天國(瑪太福音마태복음 18:3)
불 성 여 차 해 제 ˇ 즉 부 득 입 천 국
어린아이들과 같이 되지 아니하면 決斷결단코 天國천국에 들어가지 못하리라 〈찬송가 564장〉

12-38 朋友之愛尋常ˇ救急終需兄弟(箴言잠언 17:17)
붕 우 지 애 심 상 ˇ 구 급 종 수 형 제
親舊친구는 사랑이 끊어지지 아니하고 兄弟형제는 危急위급한 때를 爲위하여 났느니라

12-39 思想耶和華教訓者施眞友誼(詩篇시편 119篇)
사 상 야 화 화 교 훈 자 시 진 우 의
여호와 教訓교훈을 思想사상하는 者자는 友誼우의를 참되게 베풀리라 (대만성경)

12-40 思想耶和華話語者享其同在(詩篇시편 119篇)
사 상 야 화 화 화 어 자 향 기 동 재
여호와의 말씀을 思想사상하는 者자는 함께 함을 누리리 (대만성경)

12-41 上帝賜我以力ˇ使我道途通達(詩篇시편 18:32)
상 제 사 아 이 력 ˇ 사 아 도 도 통 달
이 하나님이 힘으로 내게 띠 띠우시며 내 길을 完全완전하게 하시며

12-42 上帝ˇ不更以聖靈予求之者乎(路加福音누가복음 11:13)
상 제 ˇ 불 갱 이 성 령 여 구 지 자 호
너희 天父천부께서 求구하는 者자에게 聖靈성령을 주시지 않겠느냐 하시니라 〈찬송가 196장〉

12-43 上帝子曾愛我ˇ爲我舍己者也(迦拉太書갈라디아서 2:20)
상 제 자 증 애 아 ˇ 위 아 사 기 자 야
나를 사랑하사 나를 爲위하여 自己자기 몸을 버리신 하나님

의 아들 〈찬송가 311장〉

12-44 上帝造物皆合其時ˇ無不美備(傳道書전도서 3:11)
상 제 조 물 개 합 기 시 ˇ 무 불 미 비
하나님이 모든 것을 지으시되 때를 따라 아름답게 하셨고 〈찬송가 476장〉

12-45 善人首戴福祉ˇ惡人口含很毒(箴言잠언 10:6)
선 인 수 대 복 지 ˇ 악 인 구 함 흔 독
義人의인의 머리에는 福복이 臨임하나 惡人악인의 입은 毒독을 머금었느니라

12-46 善愛耶和華律例者變爲明達(詩篇시편 119篇)
선 애 야 화 화 율 례 자 변 위 명 달
여호와의 律例율례를 善愛선애하는 者자는 變변하여 明達명달함이 되리라 (대만성경)

12-47 誠實由地而萌ˇ公義從天而顯(詩篇시편 85:11)
성 실 유 지 이 맹 ˇ 공 의 종 천 이 현
眞理진리는 땅에서 솟아나고 義의는 하늘에서 굽어보도다

12-48 誠心呼籲主者ˇ主必與之相近(詩篇시편 145:18)
성 심 호 유 주 자 ˇ 주 필 여 지 상 근
여호와께서는 眞實진실하게 懇求간구하는 모든 者자에게 가까이 하시는도다

12-49 信賴耶和華信實者免致滅絶(詩篇시편 119篇)
신 뢰 야 화 화 신 실 자 면 치 멸 절
여호와의 信實신실함을 信賴신뢰하는 者자는 滅絶멸절함을 免면케 되리 (대만성경)

12-50 信上帝所遣者ˇ卽行上帝之事(約翰福音요한복음 6:29)
신 상 제 소 견 자 ˇ 즉 행 상 제 지 사
하나님께서 보내신 이를 믿는 것이 하나님의 일이니라

12-51 信我者有永生ˇ我卽生命之糧(約翰福音요한복음 6:47~48)
신 아 자 유 영 생 ˇ 아 즉 생 명 지 량
믿는 者자는 永生영생을 가졌나니 내가 곧 生命생명의 떡이로라 〈찬송가 198장〉

12-52 伸爾手ˇ遂伸之ˇ手卽愈ˇ如他手(瑪可福音마가복음 3:5)
신 이 수 ˇ 수 신 지 ˇ 수 즉 유 ˇ 여 타 수

네 손을 내밀라 하시니 그가 내밀매 그 손이 回復회복되었더라 〈찬송가 472장〉

12-53 尋求主之大能ˇ常求朝見主面(歷代上역대상 16:11)
심 구 주 지 대 능 ˇ 상 구 조 견 주 면
여호와의 能力능력을 求구할찌어다 그 얼굴을 恒常항상 求구할찌어다

12-54 我來ˇ以火投地ˇ深願火之已燃(路加福音누가복음 12:49)
아 래 ˇ 이 화 투 지 ˇ 심 원 화 지 이 연
내가 불을 땅에 던지러 왔노니 이 불이 이미 붙었으면 내가 무엇을 願원하리요

12-55 我不信ˇ彼仍可信ˇ不能逆乎己(提摩太後書디모데후서 2:13)
아 불 신 ˇ 피 잉 가 신 ˇ 불 능 역 호 기
우리는 미쁨이 없을지라도 主주는 恒常항상 미쁘시니 自己자기를 否認부인하실 수 없으시리라

12-56 我不遺爾爲孤ˇ我必復來就爾(約翰福音요한복음 14:18)
아 불 유 이 위 고 ˇ 아 필 부 래 취 이
내가 너희를 孤兒고아와 같이 버려두지 아니하고 너희에게로 오리라

12-57 我羊聽我聲ˇ我識之ˇ而彼從我(約翰福音요한복음 10:27)
아 양 청 아 성 ˇ 아 식 지 ˇ 이 피 종 아
내 羊양은 내 音聲음성을 들으며 나는 그들을 알며 그들은 나를 따르느니라

12-58 我乃善牧ˇ我識我羊ˇ羊亦識我(約翰福音요한복음 10:14)
아 내 선 목 ˇ 아 식 아 양 ˇ 양 역 식 아
나는 善선한 牧者목자라 내가 내 羊양을 알고 羊양도 나를 아는 것이 〈찬송가 567장〉

12-59 我乃世之光ˇ從我者不行於暗(約翰福音요한복음 8:12)
아 내 세 지 광 ˇ 종 아 자 불 행 어 암
나는 世上세상의 빛이니 나를 따르는 者자는 어두움에 다니지 아니하고 〈찬송가 560장〉

12-60 我謝我主耶穌基督ˇ助我以力(提摩太前書디모데전서 1:12)
아 사 아 주 야 소 기 독 ˇ 조 아 이 력

나를 能능하게 하신 그리스도 예수 우리 主주께 내가 感謝감사함은 〈찬송가 306장〉

12-61 我遣爾以安ˇ乃以我之安賜爾(約翰福音요한복음 14:27)
아 유 이 이 안 ˇ 내 이 아 지 안 사 이
平安평안을 너희에게 끼치노니 곧 나의 平安평안을 너희에게 주노라 〈찬송가 408장〉

12-62 喜悅主之典章ˇ不忘主之語言(詩篇시편 119:16)
희 열 주 지 전 장 ˇ 불 망 주 지 어 언
主주의 律例율례들을 즐거워하며 主주의 말씀을 잊지 아니하리이다

12-63 我以新誡示爾ˇ卽爾相愛是也(約翰福音요한복음 13:34)
아 이 신 계 시 이 ˇ 즉 이 상 애 시 야
새 誡命계명을 너희에게 주노니 서로 사랑하라

12-64 我已爲爾祈禱ˇ使爾之信不虧(路加福音누가복음 22:32)
아 이 위 이 기 도 ˇ 사 이 지 신 불 휴
내가 너를 爲위하여 네 믿음이 떨어지지 않기를 祈禱기도하였노니 〈찬송가 290장〉

12-65 我行於苦難中ˇ主必使我蘇醒(詩篇시편 138:7)
아 행 어 고 난 중 ˇ 주 필 사 아 소 성
내가 患難환난 中중에 다닐지라도 主주께서 나를 살아나게 하시고

12-66 惡人借貸不償ˇ善人矜憐施捨(詩篇시편 37:21)
악 인 차 대 불 상 ˇ 선 인 긍 련 시 사
惡人악인은 꾸고 갚지 아니하나 義人의인은 恩惠은혜를 베풀고 주는도다

12-67 安慰爾心ˇ堅爾一體善言善行(帖撒羅尼加後書데살로니가후서 2:17)
안 위 이 심 ˇ 견 이 일 체 선 언 선 행
너희 마음을 慰勞위로하시고 모든 善선한 일과 말에 굳건하게 하시기를 願원하노라

12-68 仰望耶和華者必蒙慈愛救贖(詩篇시편 130篇)
앙 망 야 화 화 자 필 몽 자 애 구 속
여호와를 仰望앙망하는 者자는 慈愛자애 救贖구속함을 입으리

(대만성경)

12-69 仰望耶和華判語者不致蒙羞(詩篇시편 119篇)
앙 망 야 화 화 판 어 자 불 치 몽 수

여호와의 判斷판단의 말씀을 仰望앙망하는 者자는 부끄러움에 이르지 않으리 (대만성경)

12-70 愛慕耶和華律例者免除懼怕(詩篇시편 119篇)
애 모 야 화 화 율 례 자 면 제 구 파

여호와의 律例율례를 愛慕애모하는 者자는 두려움에서 免除면제되리 (대만성경)

12-71 愛主爾之上帝ˇ亦當愛鄰如己(路加福音누가복음 10:27)
애 주 이 지 상 제 ˇ 역 당 애 린 여 기

主주 너의 하나님을 사랑하고 또한 네 이웃을 네 自身자신 같이 사랑하라

12-72 耶穌基督之血ˇ滌除我之諸罪(約翰壹書요한1서 1:7)
야 소 기 독 지 혈 ˇ 척 제 아 지 제 죄

예수의 피가 우리를 모든 罪죄에서 깨끗하게 하실 것이요 〈찬송가 252장〉

12-73 耶穌爲使我儕得稱義而復活(羅瑪書로마서 4:25)
야 소 위 사 아 제 득 칭 의 이 부 활

예수는 우리를 義의롭다 하심을 爲위하여 살아나셨느니라 〈찬송가 165장〉

12-74 若我儕相愛ˇ則上帝恒居我內(約翰壹書요한1서 4:12)
약 아 제 상 애 ˇ 즉 상 제 항 거 아 내

萬一만일 우리가 서로 사랑하면 하나님이 우리 안에 居거하시고

12-75 若以聖靈而滅身之邪行ˇ必生(羅瑪書로마서 8:14)
약 이 성 령 이 멸 신 지 사 행 ˇ 필 생

靈영으로써 몸의 行實행실을 죽이면 살리니

12-76 然非從我所欲ˇ乃從爾所欲也(瑪可福音마가복음 14:36)
연 비 종 아 소 욕 ˇ 내 종 이 소 욕 야

나의 願원대로 마옵시고 아버지의 願원대로 하옵소서 〈찬송가 549장〉

12-77 列王皆叩拜之ˇ列國均服事之(詩篇시편 72:11)
열 왕 개 고 배 지 ˇ 열 국 균 복 사 지

萬王만왕이 그 앞에 俯伏부복하며 列邦열방이 다 그를 섬기리로다 〈찬송가 138장〉

12-78 惟主永遠常存ˇ主名萬世恒有(詩篇시편 102:12)
유 주 영 원 상 존 ˇ 주 명 만 세 항 유

여호와여 主주는 永遠영원히 계시고 主주에 對대한 記憶기억은 代代대대에 이르리이다

12-79 惟誇我主耶穌基督之十字架(迦拉太書갈라디아서 6:14)
유 과 아 주 야 소 기 독 지 십 자 가

우리 主주 예수 그리스도의 十字架십자가 外외에 決결코 자랑할 것이 없으니 〈찬송가 148장〉

12-80 有望則喜ˇ遭難則忍ˇ恒於祈禱(羅瑪書로마서 12:12)
유 망 즉 희 ˇ 조 난 즉 인 ˇ 항 어 기 도

所望소망 中중에 즐거워하며 患難환난 中중에 참으며 祈禱기도에 恒常항상 힘쓰며

12-81 有水湧於曠野ˇ有河流於沙漠(以賽亞이사야 35:6)
유 수 용 어 광 야 ˇ 유 하 류 어 사 막

曠野광야에서 물이 솟겠고 沙漠사막에서 시내가 흐를 것임이라

12-82 有人批爾右頰ˇ則轉左頰向之(瑪太福音마태복음 5:39)
유 인 비 이 우 협 ˇ 즉 전 좌 협 향 지

누구든지 네 오른便편 빰을 치거든 왼便편도 돌려대며

12-83 倚靠耶和華話語者不致羞愧(詩篇시편 119篇)
의 고 야 화 화 화 어 자 불 치 수 괴

여호와의 말씀에 倚靠의고하는 者자는 부끄럽지 아니하리라 (대만성경)

12-84 義日照臨ˇ煦育之德ˇ在其光輝(瑪拉基말라기 4:2)
의 일 조 림 ˇ 후 육 지 덕 ˇ 재 기 광 휘

義의로운 해가 떠올라서 治療치료하는 光線광선을 發발하리니 〈찬송가 474장〉

12-85 依照耶和華慈愛者將被救活(詩篇시편 119篇)
의 조 야 화 화 자 애 자 장 피 구 활

여호와의 慈愛자애를 依照의조하는 者자는 救援구원을 받고 살

아나리라 (대만성경)

12-86 爾亦必識眞理ˇ而眞理將釋爾(約翰福音요한복음 8:32)
이 역 필 식 진 리 ˇ 이 진 리 장 석 이
眞理진리를 알지니 眞理진리가 너희를 自由자유롭게 하리라

12-87 爾當忍苦ˇ如耶穌基督之勁卒(提摩太後書디모데후서 2:3)
이 당 인 고 ˇ 여 야 소 기 독 지 경 졸
네가 그리스도 예수의 좋은 軍士군사로 나와 함께 苦難고난을 받을지니 〈찬송가 349장〉

12-88 以我爲忠ˇ任我以傳福音之職(提摩太前書디모데전서 1:12)
이 아 위 충 ˇ 임 아 이 전 복 음 지 직
나를 忠誠충성되이 여겨 내게 職分직분을 맡기심이니 〈찬송가 306장〉

12-89 以榮光尊貴權力歸於主ˇ宜也(約翰啓示錄요한계시록 4:11)
이 영 광 존 귀 권 력 귀 어 주 ˇ 의 야
우리 主주 하나님이여 榮光영광과 尊貴존귀와 權能권능을 받으시는 것이 合當합당하오니

12-90 爾曹往普天下ˇ傳福音於萬民(瑪可福音마가복음 16:15)
이 조 왕 보 천 하 ˇ 전 복 음 어 만 민
너희는 온 天下천하에 다니며 萬民만민에게 福音복음을 傳播전파하라

12-91 爾遵行我所命爾者ˇ卽爲我友(約翰福音요한복음 15:14)
이 준 행 아 소 명 이 자 ˇ 즉 위 아 우
너희가 나의 命명하는대로 行행하면 곧 나의 親舊친구라 〈찬송가 86장〉

12-92 爾呼籲我ˇ往祈禱我ˇ我必俯聞(耶利米예레미아 29:12)
이 호 유 아 ˇ 왕 기 도 아 ˇ 아 필 부 문
너희는 내게 부르짖으며 와서 내게 祈禱기도하면 내가 너희를 들을 것이요

12-93 人爲友舍命ˇ愛未有大於此者(約翰福音요한복음 15:13)
인 위 우 사 명 ˇ 애 미 유 대 어 차 자
사람이 親舊친구를 爲위하여 自己자기 목숨을 버리면 이보다 더 큰 사랑이 없나니

12-94 人離父母ˇ與妻聯合ˇ成爲一體(創世記창세기 2:24)
인 리 부 모 ˇ 여 처 연 합 ˇ 성 위 일 체

男子남자가 父母부모를 떠나 그 아내와 聯合연합하여 둘이 한 몸을 이룰지로다 〈찬송가 603장〉

12-95 人生在世ˇ遭禍如火星之高飛(約伯욥기 5:7)
인 생 재 세 ˇ 조 화 여 화 성 지 고 비

사람은 苦生고생을 爲위하여 났으니 불꽃이 위로 날아 가는 것 같으니라

※ 遭禍如火星之高飛 = 遭禍如鳥之高飛

12-96 正直心以牧養ˇ巧妙之手引導(詩篇시편 78:72)
정 직 심 이 목 양 ˇ 교 묘 지 수 인 도

이에 저가 그 마음의 誠實성실함으로 기르고 그 손의 工巧공교함으로 指導지도하였도다

12-97 從我ˇ我將使爾爲漁人之漁者(瑪可福音마가복음 1:17)
종 아 ˇ 아 장 사 이 위 어 인 지 어 자

나를 따라 오너라 내가 너희로 사람을 낚는 漁夫어부가 되게 하리라 하시니 〈찬송가 339장〉

12-98 主乃我之牧者ˇ使我不至窮乏(詩篇시편 23:1)
주 내 아 지 목 자 ˇ 사 아 부 지 궁 핍

여호와는 나의 牧者목자시니 내게 不足부족함이 없으리로다

12-99 主離遠惡人ˇ俯聽善人之祈禱(箴言잠언 15:29)
주 리 원 악 인 ˇ 부 청 선 인 지 기 도

여호와는 惡人악인을 멀리 하시고 義人의인의 祈禱기도를 들으시느니라

12-100 主目眷顧善人ˇ側耳聽其呼籲(詩篇시편 34:15)
주 목 권 고 선 인 ˇ 측 이 청 기 호 유

여호와의 눈은 義人의인을 向향하시고 그의 귀는 그들의 부르짖음에 기울이시는도다

12-101 主爲我之光明ˇ主乃我之救主(詩篇시편 27:1)
주 위 아 지 광 명 ˇ 주 내 아 지 구 주

여호와는 나의 빛이요 나의 救援구원이시니

12-102 主懲其所愛者ˇ扑其所納之子(希伯來書히브리서 12:6)
주 징 기 소 애 자 ˇ 복 기 소 납 지 자

主주께서 그 사랑하시는 者자를 懲戒징계하시고 그가 받아들이시는 아들마다 채찍질하심이라 하였으니

12-103 主目眷顧義人ˇ傾耳聽其祈禱(彼得前書베드로전서 3:12)
주 목 권 고 의 인 ˇ 경 이 청 기 기 도
主주의 눈은 義人의인을 向향하시고 그의 귀는 義人의인의 懇求간구에 기울이시되

12-104 主我主之威名ˇ在普天下宣揚(詩篇시편 8:9)
주 아 주 지 위 명 ˇ 재 보 천 하 선 양
여호와 우리 主주여 主주의 이름이 온 땅에 어찌 그리 아름다운지요 〈찬송가 103장〉

12-105 主威雖充天地ˇ惟悅痛悔謙卑(以賽亞이사야 66章)
주 위 수 충 천 지 ˇ 유 열 통 회 겸 비
主주의 威嚴위엄이 天地천지에 充滿충만하나 오직 痛悔통회 謙卑겸비함을 기뻐하신다 (대만성경)

12-106 主之榮耀ˇ上顯在天ˇ下彰在地(詩篇시편 148:13)
주 지 영 요 ˇ 상 현 재 천 ˇ 하 창 재 지
그 榮光영광이 天地천지에 뛰어나심이로다 〈찬송가 80장〉

12-107 遵守耶和華法度者ˇ不致絆倒(詩篇시편 119篇)
준 수 야 화 화 법 도 자 ˇ 불 치 반 도
여호와의 法度법도를 遵守준수하는 者자는 그물에 걸려 넘어지지 않으리 (대만성경)

12-108 遵守耶和華律法者ˇ得到引導(詩篇시편 119篇)
준 수 야 화 화 율 법 자 ˇ 득 도 인 도
여호와의 律法율법을 遵守준수하는 者자는 引導인도함을 얻으리라 (대만성경)

12-109 遵從耶和華訓誨者ˇ不容欺壓(詩篇시편 119篇)
준 종 야 화 화 훈 회 자 ˇ 불 용 기 압
여호와의 訓誨훈회를 遵從준종하는 者자는 欺壓기압을 許容허용치 않으리 (대만성경)

12-110 遵行耶和華燈光者ˇ免入網羅(詩篇시편 119篇)
준 행 야 화 화 등 광 자 ˇ 면 입 망 라
여호와의 燈光등광을 遵行준행하는 者자는 그물에 걸림을 免

면하리 (대만성경)

12-111 遵行耶和華律法者大有福祉(詩篇시편 119篇)
준 행 야 화 화 율 법 자 대 유 복 지

여호와 律法율법을 遵行준행하는 者자는 大有福祉대유복지라 (대만성경)

12-112 持守耶和華法度者得有力量(詩篇시편 119篇)
지 수 야 화 화 법 도 자 득 유 역 량

여호와 法度법도를 持守지수하는 者자는 得有力量득유역량이라 (대만성경)

12-113 進主之門稱謝ˇ入主之院讚美(詩篇시편 100:4)
진 주 지 문 칭 사 ˇ 입 주 지 원 찬 미

感謝감사함으로 그의 門문에 들어가며 讚頌찬송함으로 그의 宮庭궁정에 들어가서

12-114 瞻仰主之榮美ˇ在主殿朝覲主(詩篇시편 27:4)
첨 앙 주 지 영 미 ˇ 재 주 전 조 근 주

여호와의 아름다움을 바라보며 그의 聖殿성전에서 思慕사모하는 그것이라

12-115 清心者福矣ˇ因其將見上帝也(瑪太福音마태복음 5:8)
청 심 자 복 의 ˇ 인 기 장 견 상 제 야

마음이 淸潔청결한 者자는 福복이 있나니 그들이 하나님을 볼 것임이요

12-116 就我者必不饑ˇ信我者永不渴(約翰福音요한복음 6:35)
취 아 자 필 불 기 ˇ 신 아 자 영 불 갈

내게 오는 者자는 決결코 주리지 아니할 터이요 나를 믿는 者자는 永遠영원히 목마르지 아니하리라

12-117 彼將榮我ˇ因彼以屬我者示爾(約翰福音요한복음 16:14)
피 장 영 아 ˇ 인 피 이 속 아 자 시 이

그가 내 榮光영광을 나타내리니 내 것을 가지고 너희에게 알리시겠음이라

12-118 必使爾得長壽ˇ享遐齡ˇ獲平康(箴言잠언 3:2)
필 사 이 득 장 수 ˇ 향 하 령 ˇ 획 평 강

네가 長壽장수하여 많은 해를 누리게 하며 平康평강을 더하

게 하리라

12-119 荷散拿ˇ託主名而來者ˇ當稱頌(瑪可福音마가복음 11:9)
하 산 나 ˇ 탁 주 명 이 래 자 ˇ 당 칭 송
호산나 讚頌찬송하리로다 主주의 이름으로 오시는 이여
〈찬송가 140장〉

12-120 恒居於基督道者ˇ必屬父及子(約翰貳書요한2서 1:9)
항 거 어 기 독 도 자 ˇ 필 속 부 급 자
그리스도 教訓교훈 안에 居거하는 이 사람이 아버지와 아들을 모시느니라

12-121 虛心者福矣ˇ因天國乃其國也(瑪太福音마태복음 5:3)
허 심 자 복 의 ˇ 인 천 국 내 기 국 야
心靈심령이 가난한 者자는 福복이 있나니 天國천국이 그들의 것임이
※ 虛心者 = 貧於心者

12-122 兄弟和睦同居ˇ何其善ˇ何其美(詩篇시편 133:1)
형 제 화 목 동 거 ˇ 하 기 선 ˇ 하 기 미
보라 兄弟형제가 聯合연합하여 同居동거함이 어찌 그리 善선하고 아름다운고

12-123 欣然奉事主ˇ至主前歡樂歌唱(詩篇시편 100:2)
흔 연 봉 사 주 ˇ 지 주 전 환 락 가 창
기쁨으로 여호와를 섬기며 노래하면서 그 앞에 나아갈지어다

12-124 雅各醒曰ˇ主果在此ˇ而我不知(創世記창세기 28:16)
아 각 성 왈 ˇ 주 과 재 차 ˇ 이 아 부 지
야곱이 잠이 깨어 가로되 여호와께서 果然과연 여기 계시거늘 내가 알지 못하였도다

12-125 聖哉ˇ聖哉ˇ聖哉ˇ上帝全能之主(約翰啓示錄요한계시록 4:8)
성 재 ˇ 성 재 ˇ 성 재 ˇ 상 제 전 능 지 주
거룩하다 거룩하다 거룩하다 主주 하나님 곧 全能전능하신 이여

⑬자

13-1 奸使陷人於禍患ˇ忠使猶如良藥(箴言잠언 13:17)
간 사 함 인 어 화 환 ˇ 충 사 유 여 량 약

惡악한 使者사자는 災殃재앙에 빠져도 忠誠충성된 使臣사신은 良藥양약이 되느니라

13-2 憾足以起爭端ˇ愛足以掩諸過失(箴言잠언 10:12)
감 족 이 기 쟁 단 ˇ 애 족 이 엄 제 과 실

미움은 다툼을 일으켜도 사랑은 모든 허물을 가리느니라

13-3 蓋我來ˇ非招義人ˇ乃招罪人悔改(瑪太福音마태복음 9:13)
개 아 래 ˇ 비 초 의 인 ˇ 내 초 죄 인 회 개

내가 義人의인을 부르러 온 것이 아니요 罪人죄인을 부르러 왔노라 〈찬송가 512장〉

13-4 敬畏神謹守誡命爲人當盡之分(傳道書전도서 第12章)
경 외 신 근 수 계 명 위 인 당 진 지 분

神신을 敬畏경외하고 誡命계명을 謹守근수하는 것은 사람이 마땅히 해야 할 職分직분이다 (대만성경)

13-5 求上帝應允我籲懇ˇ俯聽我祈求(詩篇시편 61:1)
구 상 제 응 윤 아 유 간 ˇ 부 청 아 기 구

하나님이여 나의 부르짖음을 들으시며 내 祈禱기도에 留意유의하소서

13-6 求主興起ˇ使惡人消滅義人歡欣(詩篇시편 68篇)
구 주 흥 기 ˇ 사 악 인 소 멸 의 인 환 흔

主주여 일어나사 惡人악인을 消滅소멸케 하고 義人의인을 기쁘하게 하소서 (대만성경)

13-7 今乃可納之時ˇ今乃拯救之日矣(哥林多後書고린도후서 6:2)
금 내 가 납 지 시 ˇ 금 내 증 구 지 일 의

只今지금은 恩惠은혜 받을만한 때요 보라 只今지금은 救援구원의 날이로다 〈찬송가 523장〉

13-8 多言難免有罪ˇ緘口者可謂有智(箴言잠언 10:19)
다 언 난 면 유 죄 ˇ 함 구 자 가 위 유 지

말이 많으면 허물을 免면하기 어려우나 그 입술을 制御제어하는 者자는 智慧지혜가 있느니라

13-9 當捫舌勿出惡語ˇ守口勿發誑言(詩篇시편 34:13)
당 문 설 물 출 악 어 ˇ 수 구 물 발 광 언
네 혀를 惡악에서 禁금하며 네 입술을 거짓말에서 禁금할지어다

13-10 當殷勤勿怠ˇ中熱志銳ˇ且奉事主(羅瑪書로마서 12:11)
당 은 근 물 태 ˇ 중 열 지 예 ˇ 차 봉 사 주
부지런하여 게으르지 말고 열심을 품고 主주를 섬기라

13-11 當互爲負擔ˇ如此ˇ則盡基督之法(迦拉太書갈라디아서 6:2)
당 호 위 부 담 ˇ 여 차 ˇ 즉 진 기 독 지 법
너희가 짐을 서로 지라 그리하여 그리스도의 法법을 成就성취하라

13-12 當時晨星咸歌ˇ諸神子無不歡呼(約伯욥기 38:7)
당 시 신 성 함 가 ˇ 제 신 자 무 불 환 호
그 때에 새벽 별들이 기뻐 노래하며 하나님의 아들들이 다 기뻐 소리를 질렀느니라 〈찬송가 64장〉

13-13 當彼此相顧ˇ激發愛心ˇ鼓勵行善(希伯來書히브리서 10:24)
당 피 차 상 고 ˇ 격 발 애 심 ˇ 고 려 행 선
서로 돌아보아 사랑과 善行선행을 激勵격려하며

13-14 爾託我名凡求於父者ˇ父必賜爾(約翰福音요한복음 15:16)
이 탁 아 명 범 구 어 부 자 ˇ 부 필 사 이
내 이름으로 아버지께 무엇을 求구하든지 다 받게 하려 함이라

13-15 勿以惡報惡ˇ專心行善於衆人前(羅瑪書로마서 12:17)
물 이 악 보 악 ˇ 전 심 행 선 어 중 인 전
아무에게도 惡악을 惡악으로 갚지 말고 모든 사람 앞에서 善선한 일을 圖謀도모하라

13-16 未祈之先ˇ爾所需者ˇ爾父已知之(瑪太福音마태복음 6:8)
미 기 지 선 ˇ 이 소 수 자 ˇ 이 부 이 지 지
求구하기 前전에 너희에게 있어야 할 것을 하나님 너희 아버지께서 아시느니라

13-17 凡瞻望主ˇ尋求主者ˇ主施之以恩(耶利米哀歌예레미야애가 3:25)
범 첨 망 주 ˇ 심 구 주 자 ˇ 주 시 지 이 은

기다리는 者자들에게나 求구하는 靈魂영혼들에게 여호와는 善선하시도다

13-18 凡爾託我名求於父者ˇ父必賜爾(約翰福音요한복음 16:23)
범 이 탁 아 명 구 어 부 자 ˇ 부 필 사 이

아버지께 求구하는 것을 내 이름으로 주시리라 〈찬송가 369장〉

13-19 普天下人ˇ爾曹皆當向上帝歡呼(詩篇시편 66:1)
보 천 하 인 ˇ 이 조 개 당 향 상 제 환 호

온 땅이여 하나님께 즐거운 소리를 發발할지어다

13-20 夫當以所宜者予婦ˇ婦與夫亦然(哥林多前書고린도전서 7:3)
부 당 이 소 의 자 여 부 ˇ 부 여 부 역 연

男便남편은 그 아내에 對대한 義務의무를 다하고 아내도 그 男便남편에게 그렇게 할지라

13-21 貧於心者福矣ˇ因天國乃其國也(瑪太福音마태복음 5:3)
빈 어 심 자 복 의 ˇ 인 천 국 내 기 국 야

心靈심령이 가난한 者자는 福복이 있나니 天國천국이 저희 것임이요 〈찬송가 427장〉

13-22 使我受洗重生ˇ賜我聖靈以復新(提多書디도서 3:5)
사 아 수 세 중 생 ˇ 사 아 성 령 이 부 신

重生중생의 씻음과 聖靈성령의 새롭게 하심으로 하셨나니

13-23 上帝擯斥驕傲者ˇ賜恩於謙卑者(雅各書야고보서 4:6)
상 제 빈 척 교 오 자 ˇ 사 은 어 겸 비 자

하나님이 驕慢교만한 者자를 물리치시고 謙遜겸손한 者자에게 恩惠은혜를 주신다 하였느니라

13-24 善人多遭患難ˇ主由其中救援之(詩篇시편 34:19)
선 인 다 조 환 난 ˇ 주 유 기 중 구 원 지

義人의인은 苦難고난이 많으나 여호와께서 그의 모든 苦難고난에서 건지시는도다

13-25 守口者保生命ˇ多言者必致敗亡(箴言잠언 13:3)
수 구 자 보 생 명 ˇ 다 언 자 필 치 패 망

입을 지키는 者자는 自己자기의 生命생명을 保全보전하나 입술을 크게 벌리는 者자에게는 滅亡멸망이 오느니라

13-26 孰爲我儕往ˇ我曰ˇ我在此ˇ請遣我(以賽亞이사야 6:8)
숙 위 아 제 왕 ˇ 아 왈 ˇ 아 재 차 ˇ 청 견 아
누가 우리를 爲위하여 갈꼬 그 때에 내가 가로되 내가 여기 있나이다 나를 보내소서 〈찬송가 495장〉

13-27 恃己財者必顚仆ˇ善人興發如葉(箴言잠언 11:28)
시 기 재 자 필 전 부 ˇ 선 인 흥 발 여 엽
自己자기의 財物재물을 依支의지하는 者자는 敗亡패망하려니와 義人의인은 푸른 잎사귀 같아서 繁盛번성하리라

13-28 信未堅者ˇ爾當納之ˇ但勿詰所疑(羅瑪書로마서 14:1)
신 미 견 자 ˇ 이 당 납 지 ˇ 단 물 힐 소 의
믿음이 軟弱연약한 者자를 너희가 받되 그의 意見의견을 批判비판하지 말라

13-29 愼爾所行ˇ勿效無智者ˇ宜效智者(以弗所書에베소서 5:15)
신 이 소 행 ˇ 물 효 무 지 자 ˇ 의 효 지 자
그런즉 너희가 어떻게 行행할지를 仔細자세히 注意주의하여 智慧지혜 없는 者자 같이 하지 말고 오직 智慧지혜 있는 者자 같이 하여

13-30 十字架之道ˇ在彼淪亡者視爲愚(哥林多前書고린도전서 1:18)
십 자 가 지 도 ˇ 재 피 륜 망 자 시 위 우
十字架십자가의 道도가 滅亡멸망하는 者자들에게는 미련한 것이요 〈찬송가 439장〉

13-31 我心曰ˇ我以主爲業ˇ故我仰望主(耶利米哀歌예레미아애가 3:24)
아 심 왈 ˇ 아 이 주 위 업 ˇ 고 아 앙 망 주
내 心靈심령에 이르기를 여호와는 나의 基業기업이시니 그러므로 내가 그를 바라리라 하도다

13-32 我若守主之誡ˇ則可自知我識主(約翰壹書요한1서 2:3)
아 약 수 주 지 계 ˇ 즉 가 자 지 아 식 주
우리가 그의 誡命계명을 지키면 이로써 우리가 그를 아는 줄로 알 것이요

13-33 我臨世爲光ˇ使信我者ˇ弗居於暗(約翰福音요한복음 12:46)
아 임 세 위 광 ˇ 사 신 아 자 ˇ 불 거 어 암
나는 빛으로 世上세상에 왔나니 무릇 나를 믿는 者자로 어

둠에 居거하지 않게 하려 함이로라

13-34 願賜平康之上帝ˇ常偕爾衆ˇ阿們(羅瑪書로마서 15:33)
원 사 평 강 지 상 제 ˇ 상 해 이 중 ˇ 아 문

平康평강의 하나님께서 너희 모든 사람과 함께 계실지어다 아멘

13-35 我儕按血氣而行ˇ不按血氣而戰(哥林多後書고린도후서 10:3)
아 제 안 혈 기 이 행 ˇ 불 안 혈 기 이 전

우리가 肉身육신으로 行행하나 肉身육신에 따라 싸우지 아니하노니

13-36 我必時常盼望ˇ我必多多讚美主(詩篇시편 71:14)
아 필 시 상 반 망 ˇ 아 필 다 다 찬 미 주

나는 恒常항상 所望소망을 품고 主주를 더욱더욱 讚頌찬송하리이다

13-37 我勸爾去肉體之慾ˇ卽敵靈者也(彼得前書베드로전서 2:11)
아 권 이 거 육 체 지 욕 ˇ 즉 적 령 자 야

너희를 勸권하노니 靈魂영혼을 거스려 싸우는 肉體육체의 情慾정욕을 制御제어하라 〈찬송가 485장〉

13-38 我心當讚美主ˇ勿忘主一切恩惠(詩篇시편 103:2)
아 심 당 찬 미 주 ˇ 물 망 주 일 체 은 혜

내 靈魂영혼아 여호와를 頌祝송축하며 그 모든 恩澤은택을 잊지 말지어다

13-39 我心盼慕主ˇ比更夫盼天明尤切(詩篇시편 130:6)
아 심 반 모 주 ˇ 비 경 부 반 천 명 우 절

把守파수꾼이 아침을 기다림보다 내 靈魂영혼이 主주를 더 기다리나니 〈찬송가 61장〉

13-40 我將教訓爾指示爾當行之道途(詩篇시편 32:8)
아 장 교 훈 이 지 시 이 당 행 지 도 도

내가 너의 갈길을 가르쳐 보이고 〈찬송가 312장〉

13-41 我儕若效其死狀ˇ亦必效其復活(羅瑪書로마서 6:5)
아 제 약 효 기 사 상 ˇ 역 필 효 기 부 활

萬一만일 우리가 그의 죽으심과 같은 模樣모양으로 聯合연합한 者자가 되었으면 또한 그의 復活부활과 같은 模樣모양으로

聯合연합한 者자도 되리라

13-42 我至使羊得生ˇ且所得之生愈盛(約翰福音요한복음 10:10)
아 지 사 양 득 생 ˇ 차 소 득 지 생 유 성

내가 온 것은 羊양으로 生命생명을 얻게 하고 더 豊盛풍성히 얻게 하려는 것이라

13-43 按定命ˇ人一次而死ˇ死後有審判(希伯來書히브리서 9:27)
안 정 명 ˇ 인 일 차 이 사 ˇ 사 후 유 심 판

한번 죽는 것은 사람에게 定정해진 것이요 그 後후에는 審判심판이 있으리니

13-44 耶穌伸手援之曰ˇ小信者ˇ何疑乎(瑪太福音마태복음 14:31)
야 소 신 수 원 지 왈 ˇ 소 신 자 ˇ 하 의 호

예수께서 즉시 손을 내밀어 저를 붙잡으시며 가라사대 믿음이 적은 者자여 왜 疑心의심하였느냐 하시고

13-45 如爾願聽而順從ˇ可食地之美產(以賽亞이사야 1:19)
여 이 원 청 이 순 종 ˇ 가 식 지 지 미 산

너희가 즐겨 順從순종하면 땅의 아름다운 所產소산을 먹을 것이요

13-46 與兄弟復和ˇ然後可來獻爾禮物(瑪太福音마태복음 5:24)
여 형 제 부 화 ˇ 연 후 가 래 헌 이 예 물

兄弟형제와 和睦화목하고 그 後후에 와서 禮物예물을 드리라

〈찬송가 327장〉

13-47 願榮光權能歸之ˇ至於世世ˇ阿們(約翰啓示錄요한계시록 1:6)
원 영 광 권 능 귀 지 ˇ 지 어 세 세 ˇ 아 문

그에게 榮光영광과 能力능력이 世世세세토록 있기를 願원하노라 아멘

13-48 爲耶和華懲責訓誨者ˇ其人有福(詩篇시편 94篇)
위 야 화 화 징 책 훈 회 자 ˇ 기 인 유 복

여호와의 懲責징책과 訓誨훈회를 받는 者자는 福복이 있나니

(대만성경)

13-49 惟謙遜人必得地爲業ˇ樂享太平(詩篇시편 37:11)
유 겸 손 인 필 득 지 위 업 ˇ 락 향 태 평

그러나 溫柔온유한 者자들은 땅을 차지하며 豊盛풍성한 和平화평으로 즐거워하리로다

13-50 惟當使忍耐成功ˇ致爾全備無缺(雅各書야고보서 1:4)
유 당 사 인 내 성 공 ˇ 치 이 전 비 무 결
忍耐인내를 穩全온전히 이루라 이는 너희로 穩全온전하고 具備구비하여 조금도 不足부족함이 없게 하려 함이라

13-51 爾祈禱時有信ˇ無論何求ˇ必得之(瑪太福音마태복음 21:22)
이 기 도 시 유 신 ˇ 무 론 하 구 ˇ 필 득 지
너희가 祈禱기도할 때에 무엇이든지 믿고 求구하는 것은 다 받으리라 하시니라

13-52 爾當警醒ˇ因其日其時ˇ爾不知也(瑪太福音마태복음 25:13)
이 당 경 성 ˇ 인 기 일 기 시 ˇ 이 부 지 야
깨어 있으라 너희는 그 날과 그 때를 알지 못하느니라

13-53 爾當服上帝ˇ爾敵魔ˇ則魔必離爾(雅各書야고보서 4:7)
이 당 복 상 제 ˇ 이 적 마 ˇ 즉 마 필 리 이
너희는 하나님께 服從복종할지어다 魔鬼마귀를 對敵대적하라 그리하면 너희를 避피하리라

13-54 爾當純全ˇ若爾在天父之純全焉(瑪太福音마태복음 5:48)
이 당 순 전 ˇ 약 이 재 천 부 지 순 전 언
하늘에 계신 너희 아버지의 穩全온전하심과 같이 너희도 穩全온전하라

13-55 爾免人過ˇ爾在天之父ˇ亦免爾過(瑪太福音마태복음 6:14)
이 면 인 과 ˇ 이 재 천 지 부 ˇ 역 면 이 과
너희가 사람의 잘못을 容恕용서하면 너희 하늘 아버지께서도 너희 잘못을 容恕용서하시려니와

13-56 爾曹難之日若畏怯ˇ爾力亦衰微(箴言잠언 24:10)
이 조 난 지 일 약 외 겁 ˇ 이 력 역 쇠 미
네가 萬一만일 患難환난 날에 落膽낙담하면 네 힘이 微弱미약함을 보임이니라

13-57 爾曹將爲我之民ˇ我爲爾之上帝(耶利米예레미아 30:22)
이 조 장 위 아 지 민 ˇ 아 위 이 지 상 제
너희는 내 百姓백성이 되겠고 나는 너희들의 하나님이 되리라

13-58 爾當憶主爾之上帝導爾於曠野(申命記신명기 8:2)
이 당 억 주 이 지 상 제 도 이 어 광 야
너로 曠野광야의 길을 걷게 하신 것을 記憶기억하라 〈찬송가 334장〉

13-59 爾施濟時ˇ勿使左手知右手所爲(瑪太福音마태복음 6:3)
이 시 제 시 ˇ 물 사 좌 수 지 우 수 소 위
너는 救濟구제할 때에 오른손이 하는 것을 왼손이 모르게 하여

13-60 爾若恒居於我道ˇ是誠爲我徒也(約翰福音요한복음 8:31)
이 약 항 거 어 아 도 ˇ 시 성 위 아 도 야
너희가 내 말에 居거하면 참 내 弟子제자가 되고 〈찬송가 57장〉

13-61 爾曹乃基督之身ˇ而各爲一肢體(哥林多前書고린도전서 12:27)
이 조 내 기 독 지 신 ˇ 이 각 위 일 지 체
너희는 그리스도의 몸이요 肢體지체의 各각 部分부분이라 〈찬송가 475장〉

13-62 爾曹心勿憂ˇ當信上帝ˇ亦當信我(約翰福音요한복음 14:1)
이 조 심 물 우 ˇ 당 신 상 제 ˇ 역 당 신 아
너희는 마음에 근심하지 말라 하나님을 믿으니 또 나를 믿으라

13-63 人心籌畫其道ˇ導其步履者乃主(箴言잠언 16:9)
인 심 주 화 기 도 ˇ 도 기 보 리 자 내 주
사람이 마음으로 自己자기의 길을 計劃계획할지라도 그의 걸음을 引導인도하시는 이는 여호와시니라

13-64 敵爾者愛之ˇ窘逐爾者ˇ爲之祈禱(瑪太福音마태복음 5:44)
적 이 자 애 지 ˇ 군 축 이 자 ˇ 위 지 기 도
너희 怨讐원수를 사랑하며 너희를 逼迫핍박하는 者자를 爲위하여 祈禱기도하라

13-65 主在爾之右ˇ震怒之日ˇ擊傷列王(詩篇시편 110:5)
주 재 이 지 우 ˇ 진 노 지 일 ˇ 격 상 열 왕
主주의 오른쪽에 계신 主주께서 그의 怒노하시는 날에 王왕들을 쳐서 깨뜨리실 것이라

13-66 主除我愆尤ˇ如東極離西極之遠(詩篇시편 103:12)
주 제 아 건 우 ˇ 여 동 극 리 서 극 지 원
東동이 西서에서 먼 것 같이 우리의 罪過죄과를 우리에게서

멀리 옮기셨으며

13-67 主使彼ˇ因我衆之罪愆ˇ身遭苦難(以賽亞이사야 53:6)
주 사 피 ˇ 인 아 중 지 죄 건 ˇ 신 조 고 난

여호와께서는 우리 무리의 罪惡죄악을 그에게 擔當담당시키셨도다 〈찬송가 538장〉

13-68 主爲我舍命ˇ則其愛由此可知也(約翰壹書요한1서 3:16)
주 위 아 사 명 ˇ 즉 기 애 유 차 가 지 야

그가 우리를 爲위하여 목숨을 버리셨으니 우리가 이로써 사랑을 알고 〈찬송가 262장〉

13-69 主藉嬰孩乳哺者之口ˇ全備讚美(瑪太福音마태복음 21:16)
주 자 영 해 유 포 자 지 구 ˇ 전 비 찬 미

어린아기와 젖먹이들의 입에서 나오는 讚美찬미를 穩全온전하게 하셨나이다 〈찬송가 562장〉

13-70 拯救歸於坐寶座者我上帝及羔(約翰啓示錄요한계시록 7:10)
증 구 귀 어 좌 보 좌 자 아 상 제 급 고

救援구원하심이 寶座보좌에 앉으신 우리 하나님과 어린羊양에게 있도다 〈찬송가 34장〉

13-71 至微者爾尙不能ˇ何思慮其餘乎(路加福音누가복음 12:26)
지 미 자 이 상 불 능 ˇ 하 사 려 기 여 호

그런즉 가장 작은 일도 하지 못하면서 어찌 다른 일들을 念慮염려하느냐

13-72 聽命勝於獻祭ˇ順從勝於牡羊脂(撒母耳上사무엘상 15:22)
청 명 승 어 헌 제 ˇ 순 종 승 어 모 양 지

順從순종이 祭祀제사보다 낫고 듣는 것이 숫羊양의 기름보다 나으니

13-73 稱頌耶和華肇造萬物養育群生(詩篇시편 104篇)
칭 송 야 화 화 조 조 만 물 양 육 군 생

여호와께서 萬物만물을 지으시고 養育群生양육군생함을 稱頌칭송하라 (대만성경)

13-74 迨眞理之靈至ˇ必導爾悉明眞理(約翰福音요한복음 16:13)
태 진 리 지 령 지 ˇ 필 도 이 실 명 진 리

眞理진리의 聖靈성령이 오시면 그가 너희를 모든 眞理진리 가

운데로 引導인도하시리니 〈찬송가 189장〉

13-75 播時有遺沃壤者ˇ生而結實百倍(路加福音누가복음 8:7)
파 시 유 유 옥 양 자 ˇ 생 이 결 실 백 배

더러는 좋은 땅에 떨어지매 나서 百倍백배의 結實결실을 하였느니라

13-76 忽有衆天軍偕天使ˇ讚美上帝云(路加福音누가복음 2:13)
홀 유 중 천 군 해 천 사 ˇ 찬 미 상 제 운

忽然홀연히 許多허다한 天軍천군이 그 天使천사와 함께 있어 하나님을 讚頌찬송하여 가로되 〈찬송가 112장〉

13-77 中心自覺如園囿滋潤ˇ不復煩惱(耶利米예레미아 31:12)
중 심 자 각 여 원 유 자 윤 ˇ 불 부 번 뇌

그 心靈심령은 물댄 동산 같겠고 다시는 근심이 없으리로다

13-78 昔我耳聞主之威ˇ今則親目覩主(約伯욥기 42:5)
석 아 이 문 주 지 위 ˇ 금 즉 친 목 도 주

내가 主주께 對대하여 귀로 듣기만 하였사오나 이제는 눈으로 主주를 뵈옵나이다

13-79 我豈敢作此大惡ˇ獲罪於上帝乎(創世記창세기 39:9)
아 기 감 작 차 대 악 ˇ 획 죄 어 상 제 호

내가 어찌 이 큰 惡악을 行행하여 하나님께 得罪득죄하리이까

13-80 求主俯聽我ˇ憐恤我ˇ求主救濟我(詩篇시편 30:10)
구 주 부 청 아 ˇ 련 휼 아 ˇ 구 주 구 제 아

여호와여 들으시고 나를 矜恤긍휼히 여기소서 여호와여 나의 돕는 者자가 되소서 하였나이다

13-81 良言如蜂房之蜜ˇ甘於心ˇ益於身(箴言 16:24)
량 언 여 봉 방 지 밀 ˇ 감 어 심 ˇ 익 어 신

善선한 말은 꿀송이 같아서 마음에 달고 뼈에 良藥양약이 되느니라 (잠언 16:24)

13-82 我爲己所創立之民ˇ當頌美我德(以賽亞이사야 43:21)
아 위 기 소 창 립 지 민 ˇ 당 송 미 아 덕

이 百姓백성은 내가 나를 爲위하여 지었나니 나를 讚頌찬송하게 하려 함이니라

⑭자

14-1 敬畏上帝ˇ守其誡命ˇ此爲人之大端(傳道書전도서 12:13)
경 외 상 제 ˇ 수 기 계 명 ˇ 차 위 인 지 대 단

하나님을 敬畏경외하고 그의 命令명령들을 지킬지어다 이것이 모든 사람의 本分본분이니라

14-2 故當警醒ˇ以爾不知爾主何時至也(瑪太福音마태복음 24:42)
고 당 경 성 ˇ 이 이 부 지 이 주 하 시 지 야

그러므로 깨어있으라 어느 날에 너희 主주가 臨임할는지 너희가 알지 못함이니라 〈찬송가 176장〉

14-3 誑言爲主所惡ˇ行眞實者爲主所悅(箴言잠언 12:22)
광 언 위 주 소 오 ˇ 행 진 실 자 위 주 소 열

거짓 입술은 여호와께 미움을 받아도 眞實진실하게 行행하는 者자는 그의 기뻐하심을 받느니라

14-4 求主使我謹守我口ˇ使我謹愼啓脣(詩篇시편 141:3)
구 주 사 아 근 수 아 구 ˇ 사 아 근 신 계 순

여호와여 내 입에 把守파수꾼을 세우시고 내 입술의 門문을 지키소서

14-5 求主使僕今日亨通ˇ蒙恩於此人前(尼希米느헤미아 1:11)
구 주 사 복 금 일 형 통 ˇ 몽 은 어 차 인 전

主주여 求구하오니 오늘 종이 亨通형통하여 이 사람들 앞에서 恩惠은혜를 입게 하옵소서

14-6 基督之寶血ˇ如無疵無玷羔羊之血(彼得前書베드로전서 1:19)
기 독 지 보 혈 ˇ 여 무 자 무 점 고 양 지 혈

오직 欠흠 없고 點점 없는 어린羊양 같은 그리스도의 보배로운 피 〈찬송가 229장〉

14-7 多籌畫ˇ所謀乃成ˇ欲交戰先設良策(箴言잠언 20:18)
다 주 화 ˇ 소 모 내 성 ˇ 욕 교 전 선 설 량 책

經營경영은 議論의논함으로 成就성취하나니 智略지략을 베풀고 戰爭전쟁할지니라

14-8 答言溫和則息怒ˇ語言暴戾則激怒(箴言잠언 15:1)
답 언 온 화 즉 식 노 ˇ 어 언 폭 려 즉 격 노

柔順유순한 對答대답은 憤怒분노를 쉬게 하여도 過激과격한 말은

怒노를 激動격동하느니라

14-9 當遠幼年之嗜慾ˇ追求義與信與愛(提摩太後書디모데후서 2:22)
당 원 유 년 지 기 욕 ˇ 추 구 의 여 신 여 애
너는 青年청년의 情慾정욕을 避피하고 義의와 믿음과 사랑을 따르라

14-10 當恒祈禱ˇ祈禱之時ˇ務警醒而感謝(哥羅西書골로새서 4:2)
당 항 기 도 ˇ 기 도 지 시 ˇ 무 경 성 이 감 사
祈禱기도를 繼續계속하고 祈禱기도에 感謝감사함으로 깨어 있으라

14-11 當頌揚主名ˇ因主一發命便皆造成(詩篇시편 148:5)
당 송 양 주 명 ˇ 인 주 일 발 명 변 개 조 성
여호와의 이름을 讚揚찬양할 것은 저가 命명하시매 지음을 받았음이로다 〈찬송가 69장〉

14-12 明達人必懲忿ˇ赦宥人過ˇ卽爲己榮(箴言잠언 19:11)
명 달 인 필 징 분 ˇ 사 유 인 과 ˇ 즉 위 기 영
怒노하기를 더디 하는 것이 사람의 슬기요 허물을 容恕용서하는 것이 自己자기의 榮光영광이니라

14-13 慕義如饑渴者福矣ˇ因其將得飽也(瑪太福音마태복음 5:6)
모 의 여 기 갈 자 복 의 ˇ 인 기 장 득 포 야
義의에 주리고 목마른 者자는 福복이 있나니 그들이 배부를 것임이요

14-14 無論居於身ˇ離於身ˇ惟務得主悅納(哥林多後書고린도후서 5:9)
무 론 거 어 신 ˇ 리 어 신 ˇ 유 무 득 주 열 납
우리는 몸으로 있든지 떠나든지 主주를 기쁘시게 하는 者자가 되기를 힘쓰노라

14-15 毋畏彼ˇ蓋爲爾戰者乃主爾之上帝(申命記신명기 3:22)
무 외 피 ˇ 개 위 이 전 자 내 주 이 지 상 제
너희는 그들을 두려워하지 말라 너희의 하나님 여호와께서 親친히 너희를 爲위하여 싸우시리라 하였노라

14-16 凡敬畏主者ˇ主必示之以當擇之道(詩篇시편 25:12)
범 경 외 주 자 ˇ 주 필 시 지 이 당 택 지 도
여호와를 敬畏경외하는 者자 누구냐 그가 擇택할 길을 그에게 가르치시리로다

14-17 凡人所出之虛言ˇ審判日必被究詰(瑪太福音마태복음 12:36)
범인소출지허언ˇ심판일필피구힐
사람이 무슨 無益무익한 말을 하든지 審判심판날에 이에 대하여 審問심문을 받으리니

14-18 凡事寬容而訓誨ˇ以督責ˇ警戒ˇ勸勉(提摩太後書디모데후서 4:2)
범사관용이훈회ˇ이독책ˇ경계ˇ권면
凡事범사에 오래 참음과 가르침으로 警責경책하며 警戒경계하며 勸권하라

14-19 凡有血氣者ˇ皆當頌揚主ˇ阿勒盧亞(詩篇시편 150:6)
범유혈기자ˇ개당송양주ˇ아륵노아
呼吸호흡이 있는 者자마다 여호와를 讚揚찬양할지어다 할렐루야 〈찬송가 624장〉

14-20 夫愛不爲害於人ˇ故愛卽盡律法也(羅瑪書로마서 13:10)
부애불위해어인ˇ고애즉진율법야
사랑은 이웃에게 惡악을 行행하지 아니하나니 그러므로 사랑은 律法율법의 完成완성이니라

14-21 使爾因行善受苦ˇ勝於因行惡受苦(彼得前書베드로전서 3:17)
사이인행선수고ˇ승어인행악수고
善선을 行행함으로 苦難고난 받는 것이 惡악을 行행함으로 苦難고난 받는 것보다 나으니라

14-22 上帝欲萬人得救ˇ使之皆得知眞道(提摩太前書디모데전서 2:4)
상제욕만인득구ˇ사지개득지진도
하나님은 모든 사람이 救援구원을 받으며 眞理진리를 아는 데에 이르기를 願원하시느니라

14-23 上帝所預知者ˇ則預定肖其子之狀(羅瑪書로마서 8:29)
상제소예지자ˇ즉예정초기자지상
하나님이 미리 아신 者자들로 또한 그 아들의 形像형상을 本본받게 하기 爲위하여 미리 定정하셨으니 〈찬송가 452장〉

14-24 少者以壯健爲榮ˇ老者以白首爲尊(箴言잠언 20:29)
소자이장건위영ˇ노자이백수위존
젊은 者자의 榮華영화는 그 힘이요 늙은 者자의 아름다운 것은 白髮백발이니라

14-25 手執犁而顧後者ˇ不堪入上帝之國(路加福音누가복음 9:62)
수 집 리 이 고 후 자 ˇ불 감 입 상 제 지 국

예수께서 이르시되 손에 쟁기를 잡고 뒤를 돌아보는 者자는 하나님의 나라에 合當합당치 아니하니라 하시니라

14-26 是爲眞光ˇ普照凡生於世之人者也(約翰福音요한복음 1:9)
시 위 진 광 ˇ보 조 범 생 어 세 지 인 자 야

참빛 곧 世上세상에 와서 各각 사람에게 비취는 빛이 있었나니 〈찬송가 84장〉

14-27 食肥牛而相憾ˇ不如食蔬菜而相愛(箴言잠언 15:17)
식 비 우 이 상 감 ˇ불 여 식 소 채 이 상 애

여간 菜蔬채소를 먹으며 서로 사랑하는 것이 살진 소를 먹으며 서로 미워하는 것보다 나으니라.

14-28 深信其能保守ˇ我所付託ˇ至於彼日(提摩太後書디모데후서 1:12)
심 신 기 능 보 수 ˇ 아 소 부 탁 ˇ지 어 피 일

나의 依托의탁한 것을 그 날까지 저가 能능히 지키실 줄을 確信확신함이라 〈찬송가 310장〉

14-29 心樂則面容歡笑ˇ心憂則神色慘淡(箴言잠언 15:13)
심 락 즉 면 용 환 소 ˇ심 우 즉 신 색 참 담

마음의 즐거움은 얼굴을 빛나게 하여도 마음의 근심은 心靈심령을 傷상하게 하느니라

14-30 心喜清潔者ˇ口辭必善ˇ王以之爲友(箴言잠언 22:11)
심 희 청 결 자 ˇ 구 사 필 선 ˇ 왕 이 지 위 우

마음의 淨潔정결을 思慕사모하는 者자의 입술에는 德덕이 있으므로 임금이 그의 親舊친구가 되느니라

14-31 我今日以生與福ˇ死與禍ˇ置於爾前(申命記신명기 30:15)
아 금 일 이 생 여 복 ˇ사 여 화 ˇ치 어 이 전

보라 내가 오늘 生命생명과 福복과 死亡사망과 禍화를 네 앞에 두었나니

14-32 我以主言藏在我心ˇ以免獲罪於主(詩篇시편 119:11)
아 이 주 언 장 재 아 심 ˇ이 면 획 죄 어 주

내가 主주께 犯罪범죄하지 아니하려 하여 主주의 말씀을 내 마음에 두었나이다

14-33 我儕終日以上帝爲榮ˇ常頌揚主名(詩篇시편 44:8)
아 제 종 일 이 상 제 위 영 ˇ 상 송 양 주 명

우리가 終日종일 하나님을 자랑하였나이다 우리는 하나님의 이름에 永遠영원히 感謝감사하리이다

14-34 我得安然偃臥ˇ惟主令我坦然而居(詩篇시편 4:8)
아 득 안 연 언 와 ˇ 유 주 령 아 탄 연 이 거

내가 平安평안히 눕고 자기도 하리니 나를 安全안전히 居거하게 하시는 이는 오직 여호와시니이다. 〈찬송가 58장〉

14-35 我心尊主爲大ˇ我靈悅救我之上帝(路加福音누가복음 1:46)
아 심 존 주 위 대 ˇ 아 령 열 구 아 지 상 제

내 靈魂영혼이 主주를 讚揚찬양하며 내 마음이 하나님 내 救主구주를 기뻐하였음은 〈찬송가 100장〉

14-36 我於諸患難中ˇ充於安慰ˇ滿於喜樂(哥林多後書고린도후서 7:4)
아 어 제 환 난 중 ˇ 충 어 안 위 ˇ 만 어 희 락

내가 우리의 모든 患難환난 가운데서도 慰勞위로가 가득하고 기쁨이 넘치는도다

14-37 我猶因主而樂ˇ因救我之上帝歡欣(哈巴谷하박국 3:18)
아 유 인 주 이 락 ˇ 인 구 아 지 상 제 환 흔

나는 여호와로 말미암아 즐거워하며 나의 救援구원의 하나님으로 말미암아 기뻐하리로다

14-38 我因主歡欣快樂ˇ歌頌至上主之名(詩篇시편 9:2)
아 인 주 환 흔 쾌 락 ˇ 가 송 지 상 주 지 명

내가 主주를 기뻐하고 즐거워하며 至極지극히 높으신 主주의 이름을 讚頌찬송하리니 〈찬송가 617〉

14-39 我儕當賴耶穌ˇ讚美上帝ˇ稱謝其名(希伯來書히브리서 13:15)
아 제 당 뢰 야 소 ˇ 찬 미 상 제 ˇ 칭 사 기 명

우리는 예수로 말미암아 恒常항상 讚美찬미의 祭祀제사를 하나님께 드리자 〈찬송가 48장〉

14-40 我儕賴聖靈ˇ而由信有望ˇ俟得稱義(迦拉太書갈라디아서 5:5)
아 제 뢰 성 령 ˇ 이 유 신 유 망 ˇ 사 득 칭 의

우리가 聖靈성령으로 믿음을 좇아 義의의 所望소망을 기다리노니 〈찬송가 548〉

14-41 惡人行惡而見逐ˇ善人臨死而有望(箴言잠언 14:32)
악 인 행 악 이 견 축 ˇ 선 인 림 사 이 유 망
惡人악인은 그의 患難환난에 엎드러져도 義人의인은 그의 죽음에도 所望소망이 있느니라

14-42 按正直審鞫世界ˇ依誠實判斷萬民(詩篇시편 96:13)
안 정 직 심 국 세 계 ˇ 의 성 실 판 단 만 민
그가 義의로 世界세계를 審判심판하시며 그의 眞實진실하심으로 百姓백성을 審判심판하시리로다

14-43 仰望耶穌ˇ卽始立我信而終成之者(希伯來書히브리서 12:2)
앙 망 야 소 ˇ 즉 시 립 아 신 이 종 성 지 자
믿음의 主주요 또 穩全온전케 하시는 이인 예수를 바라보자
<찬송가 385장>

14-44 愛我者ˇ守我誡者ˇ我賜之恩ˇ至千代(出伊及記출애굽기 20:6)
애 아 자 ˇ 수 아 계 자 ˇ 아 사 지 은 ˇ 지 천 대
나를 사랑하고 내 誡命계명을 지키는 者자에게는 千代천대까지 恩惠은혜를 베푸느니라

14-45 我子ˇ主責爾ˇ勿輕視ˇ主譴爾ˇ勿喪膽(箴言잠언 3:11)
아 자 ˇ 주 책 이 ˇ 물 경 시 ˇ 주 견 이 ˇ 물 상 담
내 아들아 여호와의 懲戒징계를 輕경히 여기지 말라 그 꾸지람을 싫어하지 말라

14-46 緣此ˇ我父愛我ˇ以我舍命ˇ又復得之(約翰福音요한복음 10:17)
연 차 ˇ 아 부 애 아 ˇ 이 아 사 명 ˇ 우 부 득 지
내가 내 목숨을 버리는 것은 그것을 내가 다시 얻기 爲위함이니 이로 말미암아 아버지께서 나를 사랑하시느니라

14-47 然多有先者將爲後ˇ後者將爲先也(瑪太福音마태복음 19:30)
연 다 유 선 자 장 위 후 ˇ 후 자 장 위 선 야
그러나 먼저 된 者자로서 나중 되고 나중 된 者자로서 먼저 될 者자가 많으니라

14-48 遇患難而不窮迫ˇ遇顚沛而不失望(哥林多後書고린도후서 4:8)
우 환 난 이 불 궁 박 ˇ 우 전 패 이 불 실 망
우리가 四方사방으로 우겨쌈을 當당하여도 싸이지 아니하며 답답한 일을 當당하여도 落心낙심하지 아니하며

14-49 爾當遵聖靈而行ˇ則不縱肉體之慾(迦拉太書갈라디아서 5:16)
이 당 준 성 령 이 행 ˇ 즉 불 종 육 체 지 욕
너희는 聖靈성령을 따라 行행하라 그리하면 肉體육체의 慾心욕심을 이루지 아니하리라

14-50 爾有過惡則除之ˇ不容不義居爾幕(約伯욥기 11:14)
이 유 과 악 즉 제 지 ˇ 불 용 불 의 거 이 막
네 손에 罪惡죄악이 있거든 멀리 버리라 不義불의가 네 帳幕장막에 있지 못하게 하라

14-51 爾當盡心盡性盡意愛主爾之上帝(瑪太福音마태복음 22:37)
이 당 진 심 진 성 진 의 애 주 이 지 상 제
네 마음을 다하고 목숨을 다하고 뜻을 다하여 主주 너의 하나님을 사랑하라 하셨으니

14-52 以諾奉事上帝ˇ上帝接之ˇ故不在世(創世記창세기 5:24)
이 락 봉 사 상 제 ˇ 상 제 접 지 ˇ 고 부 재 세
에녹이 하나님과 同行동행하더니 하나님이 그를 데려 가시므로 世上세상에 있지 아니하였더라 〈찬송가 430장〉

14-53 以心信則可稱義ˇ以口認則可得救(羅瑪書로마서 10:10)
이 심 신 즉 가 칭 의 ˇ 이 구 인 즉 가 득 구
사람이 마음으로 믿어 義의에 이르고 입으로 是認시인하여 救援구원에 이르느니라

14-54 以爾之肢體獻於上帝ˇ爲行義之器(羅瑪書로마서 6:13)
이 이 지 지 체 헌 어 상 제 ˇ 위 행 의 지 기
너희 肢體지체를 義의의 兵器병기로 하나님께 드리라 〈찬송가 213장〉

14-55 爾在我前ˇ爲祭司之國ˇ爲成聖之民(出伊及記출애굽기 19:6)
이 재 아 전 ˇ 위 제 사 지 국 ˇ 위 성 성 지 민
너희가 내게 對대하여 祭司長제사장 나라가 되며 거룩한 百姓백성이 되리라 〈찬송가 583장〉

14-56 爾必見一嬰兒ˇ裹以襁褓ˇ臥於馬槽(路加福音누가복음 2:12)
이 필 견 일 영 아 ˇ 과 이 강 보 ˇ 와 어 마 조
너희가 가서 襁褓강보에 싸여 구유에 누인 아기를 보리니 〈찬송가 109장〉

14-57 因主使渴者滿飮ˇ使饑者飽飫美物(詩篇시편 107:9)
인 주 사 갈 자 만 음 ˇ 사 기 자 포 어 미 물

그가 思慕사모하는 靈魂영혼에게 滿足만족을 주시며 주린 靈魂영혼에게 좋은 것으로 채워주심이로다

14-58 人離父母ˇ與妻聯合ˇ二人成爲一體(瑪太福音마태복음 19:5)
인 리 부 모 ˇ 여 처 연 합 ˇ 이 인 성 위 일 체

사람이 그 父母부모를 떠나서 아내에게 合합하여 그 둘이 한 몸이 될지니라

14-59 因我上帝之矜恤ˇ使晨光自上臨我(路加福音누가복음 1:78)
인 아 상 제 지 긍 휼 ˇ 사 신 광 자 상 림 아

이는 우리 하나님의 矜恤긍휼을 因인함이라 이로써 돋는 해가 위로부터 우리에게 臨임하여 〈찬송가 59장〉

14-60 引至永生ˇ其門窄ˇ其路狹ˇ得之者少(瑪太福音마태복음 7:14)
인 지 영 생 ˇ 기 문 착 ˇ 기 로 협 ˇ 득 지 자 소

生命생명으로 引導인도하는 門문은 좁고 길이 狹窄협착하여 찾는 者자가 적음이라

14-61 子ˇ爾當凡事順從父母ˇ此乃主所悅(哥羅西書골로새서 3:20)
자 ˇ 이 당 범 사 순 종 부 모 ˇ 차 내 주 소 열

子女자녀들아 모든 일에 父母부모에게 順從순종하라 이는 主주 안에서 기쁘게 하는 것이니라 〈찬송가 577장〉

14-62 爭趨非如無定向ˇ鬪拳非如擊虛空(哥林多前書고린도전서 9:26)
쟁 추 비 여 무 정 향 ˇ 투 권 비 여 격 허 공

달음질하기를 向方향방 없는 것 같이 아니하고 싸우기를 虛空허공을 치는 것 같이 아니하며

14-63 傳和平告嘉音者ˇ其足跡何其美哉(羅瑪書로마서 10:15)
전 화 평 고 가 음 자 ˇ 기 족 적 하 기 미 재

아름답도다 좋은 消息소식을 傳전하는 者자들의 발이여

14-64 求主以目垂顧ˇ側耳垂聽僕之祈禱(尼希米느헤미야 1:6)
구 주 이 목 수 고 ˇ 측 이 수 청 복 지 기 도

主주는 귀를 기울이시며 눈을 여시사 종의 祈禱기도를 들으시옵소서

14-65 拙者棄拙ˇ行於明哲之道ˇ則可得生(箴言잠언 9:6)
졸 자 기 졸 ˇ 행 어 명 철 지 도 ˇ 즉 가 득 생

어리석음을 버리고 生命생명을 얻으라 明哲명철의 길을 行행

하라 하느니라

14-66 主之法度ˇ甚爲精奇ˇ故我一心謹守(詩篇시편 119:129)
주 지 법 도 ˇ 심 위 정 기 ˇ 고 아 일 심 근 수
主주의 證據증거들은 놀라우므로 내 靈魂영혼이 이를 지키나이다

14-67 主之言正直ˇ主之一切行爲皆誠實(詩篇시편 33:4)
주 지 언 정 직 ˇ 주 지 일 체 행 위 개 성 실
여호와의 말씀은 正直정직하며 그가 行행하시는 일은 다 眞實진실하시도다

14-68 主俯聽我之懇求ˇ主允納我之禱告(詩篇시편 6:9)
주 부 청 아 지 간 구 ˇ 주 윤 납 아 지 도 고
여호와께서 내 懇求간구를 들으셨음이여 여호와께서 내 祈禱기도를 받으시리로다

14-69 主爲自有之主如磐可恃ˇ永遠長存(以賽亞이사야 26:4)
주 위 자 유 지 주 여 반 가 시 ˇ 영 원 장 존
主주 여호와는 永遠영원한 磐石반석이심이로다 〈찬송가 386장〉

14-70 中夜有呼云ˇ新娶者至矣ˇ爾出迎之(瑪太福音마태복음 25:6)
중 야 유 호 운 ˇ 신 취 자 지 의 ˇ 이 출 영 지
밤中중에 소리가 나되 보라 新郎신랑이로다 맞으러 나오라 하매 〈찬송가 175장〉

14-71 智慧能力ˇ謀畧ˇ明哲ˇ俱爲上帝所有(約伯욥기 12:13)
지 혜 능 력 ˇ 모 략 ˇ 명 철 ˇ 구 위 상 제 소 유
智慧지혜와 權能권능이 하나님께 있고 計略계략과 明哲명철도 그에게 屬속하였나니

14-72 至一處ˇ名髑髏ˇ即在彼釘之十字架(路加福音누가복음 23:33)
지 일 처 ˇ 명 촉 루 ˇ 즉 재 피 정 지 십 자 가
骸骨해골이라 하는 곳에 이르러 거기서 예수를 十字架십자가에 못 박고 〈찬송가 148장〉

14-73 此靈與我心ˇ同證我儕爲上帝之子(羅瑪書로마서 8:16)
차 령 여 아 심 ˇ 동 증 아 제 위 상 제 지 자
聖靈성령이 親친히 우리의 靈영과 더불어 우리가 하나님의 子女자녀인 것을 證言증언하시나니

14-74 天下諸事ˇ皆有定時ˇ萬務各有其期(傳道書전도서 3:1)
천 하 제 사 ˇ 개 유 정 시 ˇ 만 무 각 유 기 기
凡事범사에 期限기한이 있고 天下천하 萬事만사가 다 때가 있나니

14-75 草枯花彫ˇ惟我上帝之言ˇ永存不朽(以賽亞이사야 40:8)
초 고 화 조 ˇ 유 아 상 제 지 언 ˇ 영 존 불 후
풀은 마르고 꽃은 시드나 우리 하나님의 말씀은 永遠영원히 서리라 하라

14-76 太初有道ˇ道與上帝同在ˇ道卽上帝(約翰福音요한복음 1:1)
태 초 유 도 ˇ 도 여 상 제 동 재 ˇ 도 즉 상 제
太初태초에 말씀이 계시니라 이 말씀이 하나님과 함께 계셨으니 이 말씀은 곧 하나님이시니라

14-77 必復來接爾歸我ˇ我所在ˇ使爾亦在(約翰福音요한복음 14:3)
필 부 래 접 이 귀 아 ˇ 아 소 재 ˇ 사 이 역 재
내가 다시 와서 너희를 내게로 迎接영접하여 나 있는 곳에 너희도 있게 하리라 〈찬송가 234장〉

14-78 必取其佳者區別爲聖ˇ擧而獻於主(民數記민수기 18:29)
필 취 기 가 자 구 별 위 성 ˇ 거 이 헌 어 주
그 아름다운 것 곧 거룩하게 한 部分부분을 取취하여 여호와께 擧祭거제로 드릴지니라 〈찬송가 575장〉

14-79 河之左右ˇ植有生命樹ˇ結果十二種(約翰啓示錄요한계시록 22:2)
하 지 좌 우 ˇ 식 유 생 명 수 ˇ 결 과 십 이 종
江강 左右좌우에 生命생명나무가 있어 열 두가지 實果실과를 맺히되 〈찬송가 243장〉

14-80 海中颶風忽起ˇ浪湧蔽舟ˇ耶穌適寢(瑪太福音마태복음 8:24)
해 중 구 풍 홀 기 ˇ 랑 용 폐 주 ˇ 야 소 적 침
바다에 큰 놀이 일어나 물결이 배에 덮이게 되었으되 예수는 주무시는지라 〈찬송가 432장〉

14-81 使我心趨向主之法度ˇ不趨向貨財(詩篇시편 119:36)
사 아 심 추 향 주 지 법 도 ˇ 불 추 향 화 재
내 마음을 主주의 證據증거로 向향하게 하시고 貪慾탐욕으로 向향치 말게 하소서

14-82 爾祈禱施濟ˇ皆已上達ˇ蒙上帝記憶(使徒行傳사도행전 10:4)
이 기 도 시 제 ˇ 개 이 상 달 ˇ 몽 상 제 기 억

네 祈禱기도와 救濟구제가 하나님 앞에 上達상달하여 記憶기억하신 바가 되었으니

14-83 我心因主歡喜ˇ我惟仰賴主之聖名(詩篇시편 33:21)
아 심 인 주 환 희 ˇ 아 유 앙 뢰 주 지 성 명

우리 마음이 그를 즐거워함이여 우리가 그의 聖號성호를 依支의지하였기 때문이로다

14-84 敬畏主者ˇ主必與之相交ˇ示以聖約(詩篇시편 25:14)
경 외 주 자 ˇ 주 필 여 지 상 교 ˇ 시 이 성 약

여호와의 親密친밀하심이 그를 敬畏경외하는 者자들에게 있음이여 그의 言約언약을 그들에게 보이시리로다

14-85 我儕不知當何所爲ˇ我目惟盼望主(歷代下역대하 20:12)
아 제 부 지 당 하 소 위 ˇ 아 목 유 반 망 주

우리가 어떻게 할 줄도 알지 못하옵고 오직 主주만 바라보나이다

14-86 耶穌曰ˇ得潔者非十人乎ˇ其九安在(路加福音누가복음 17:17)
야 소 왈 ˇ 득 결 자 비 십 인 호 ˇ 기 구 안 재

예수께서 對答대답하여 가라사대 열 사람이 다 깨끗함을 받지 아니하였느냐 그 아홉은 어디 있느냐

14-87 主醫治心中憂傷之人ˇ裹傳其患處(詩篇시편 147:3)
주 의 치 심 중 우 상 지 인 ˇ 과 부 기 환 처

傷心상심한 者자들을 고치시며 그들의 傷處상처를 싸매시는도다

14-88 無政治ˇ民必隕墮ˇ議士多ˇ國乃平康(箴言잠언 11:14)
무 정 치 ˇ 민 필 운 타 ˇ 의 사 다 ˇ 국 내 평 강

智略지략이 없으면 百姓백성이 亡망하여도 智略지략이 많으면 平安평안을 누리느니라

14-89 爲非者善人所憾ˇ行正者惡人所惡(箴言잠언 29:27)
위 비 자 선 인 소 감 ˇ 행 정 자 악 인 소 오

不義불의한 者자는 義人의인에게 미움을 받고 正直정직한 者자는 惡人악인에게 미움을 받느니라

14-90 我乃自有永有者ˇ自有者ˇ遣我就爾(出伊及記출애굽기 3:14)
아 내 자 유 영 유 자 ˇ 자 유 자 ˇ 견 아 취 이
나는 스스로 있는 者자니라
스스로 있는 者자가 나를 너희에게 보내셨다

⑮자

15-1 凡勞苦負重者ˇ當就我ˇ我將賜爾以安(瑪太福音마태복음 11:28)
범 노 고 부 중 자 ˇ 당 취 아 ˇ 아 장 사 이 이 안
수고하고 무거운 짐 진 者자들아 다 내게로 오라 내가 너희를 쉬게 하리라

15-2 求則予爾ˇ尋則遇之ˇ叩門則爲爾啓之(瑪太福音마태복음 7:7)
구 즉 여 이 ˇ 심 즉 우 지 ˇ 고 문 즉 위 이 계 지
求구하라 그리하면 너희에게 주실 것이요 찾으라 그리하면 찾아낼 것이요 門문을 두드리라 그리하면 너희에게 열릴 것이니

15-3 最要者ˇ惟彼此切愛ˇ蓋愛能掩多罪也(彼得前書베드로전서 4:8)
최 요 자 ˇ 유 피 차 절 애 ˇ 개 애 능 엄 다 죄 야
무엇보다도 뜨겁게 서로 사랑할지니 사랑은 許多허다한 罪죄를 덮느니라

15-4 若非主建造房室ˇ匠人勞苦ˇ亦屬枉然(詩篇시편 127:1)
약 비 주 건 조 방 실 ˇ 장 인 노 고 ˇ 역 속 왕 연
여호와께서 집을 세우지 아니하시면 세우는 者자의 수고가 헛되며

15-5 若非主保護城池ˇ守者警醒ˇ亦爲無益(詩篇시편 127:1)
약 비 주 보 호 성 지 ˇ 수 자 경 성 ˇ 역 위 무 익
여호와께서 城성을 지키지 아니하시면 把守파수꾼의 깨어 있음이 헛되도다

15-6 明哲必使爾行善人之道ˇ守義人之路(箴言잠언 2:20)
명 철 필 사 이 행 선 인 지 도 ˇ 수 의 인 지 로
智慧지혜가 너를 善선한 者자의 길로 行행하게 하며 또 義人의인의 길을 지키게 하리니

15-7 使福傾注於爾曹ˇ豐盈富餘不可勝數(瑪拉基말라기 3:10)
사 복 경 주 어 이 조 ˇ 풍 영 부 여 불 가 승 수
너희에게 福복을 쌓을 곳이 없도록 붓지 아니하나 보라

15-8 惰者心欲而不得ˇ勤者必得心意滿足(箴言잠언 13:4)
타 자 심 욕 이 부 득 ˇ 근 자 필 득 심 의 만 족
게으른 者자는 마음으로 願원하여도 얻지 못하나 부지런한 者자의 마음은 豊足풍족함을 얻느니라

15-9 如父愛我ˇ我亦愛爾ˇ爾當居於我之愛(約翰福音요한복음 15:9)
여 부 애 아 ˇ 아 역 애 이 ˇ 이 당 거 어 아 지 애
아버지께서 나를 사랑하신 것 같이 나도 너희를 사랑하였으니 나의 사랑 안에 居거하라

15-10 誰能訟上帝所選者乎ˇ上帝稱之爲義(羅瑪書로마서 8:33)
수 능 송 상 제 소 선 자 호 ˇ 상 제 칭 지 위 의
누가 能능히 하나님께서 擇택하신 者자들을 告發고발하리요 義의롭다 하신 이는 하나님이시니

15-11 倘爾尋覓我ˇ盡心訪求我ˇ則必得遇我(耶利米예레미아 29:13)
당 이 심 멱 아 ˇ 진 심 방 구 아 ˇ 즉 필 득 우 아
너희가 온 마음으로 나를 求구하면 나를 찾을 것이요 나를 만나리라

15-12 我已作善戰ˇ已盡我程ˇ而守信主之道(提摩太後書디모데후서 4:7)
아 이 작 선 전 ˇ 이 진 아 정 ˇ 이 수 신 주 지 도
나는 善선한 싸움을 싸우고 나의 달려갈 길을 마치고 믿음을 지켰으니

15-13 驕傲者ˇ其心不正直ˇ惟義者ˇ以信得生(哈巴谷하박국 2:4)
교 오 자 ˇ 기 심 부 정 직 ˇ 유 의 자 ˇ 이 신 득 생
보라 그의 마음은 驕慢교만하며 그 속에서 正直정직하지 못하나 義人의인은 그의 믿음으로 말미암아 살리라

15-14 我特選誠實之道ˇ時常顧視主之法律(詩篇시편 119:30)
아 특 선 성 실 지 도 ˇ 시 상 고 시 주 지 법 률
내가 誠實성실한 길을 擇택하고 主주의 規例규례들을 내 앞에 두었나이다

15-15 告被擄者必得釋ˇ報被囚者必出囹圄(以賽亞이사야 61:1)
고 피 노 자 필 득 석 ˇ 보 피 수 자 필 출 영 어

捕虜포로된 者자에게 自由자유를 갇힌 者자에게 놓임을 宣布선포하며

15-16 所言之靈ˇ主也ˇ主之靈所在ˇ人得自由(哥林多後書고린도후서 3:17)
소언지령ˇ주야ˇ주지령소재ˇ인득자유

主주는 靈영이시니 主주의 靈영이 계신 곳에는 自由자유가 있느니라

15-17 爾亦當預備ˇ因爾不意之時ˇ人子忽至(瑪太福音마태복음 24:44)
이역당예비ˇ인이불의지시ˇ인자홀지

너희도 準備준비하고 있으라 생각하지 않은 때에 人子인자가 오리라

15-18 追求仁義矜恤者ˇ必得生命ˇ仁義ˇ尊榮(箴言잠언 21:21)
추구인의긍휼자ˇ필득생명ˇ인의ˇ존영

公義공의와 仁慈인자를 따라 求구하는 者자는 生命생명과 公義공의와 榮光영광을 얻느니라

15-19 上帝恩賜乃永生ˇ因我主耶穌基督焉(羅瑪書로마서 6:23)
상제은사내영생ˇ인아주야소기독언

하나님의 恩賜은사는 그리스도 예수 우리 主주안에 있는 永生영생이니라

15-20 敬畏主者ˇ主加倍賜恩ˇ如天離地之高(詩篇시편 103:11)
경외주자ˇ주가배사은ˇ여천리지지고

하늘이 땅에서 높음 같이 여호와를 敬畏경외하는 者자에게 그의 仁慈인자하심이 크심이로다

15-21 我儕行善勿倦ˇ若不懈怠ˇ屆期必穫矣(迦拉太書갈라디아서 6:9)
아제행선물권ˇ약불해태ˇ계기필확의

우리가 善선을 行행하되 落心낙심하지 말지니 抛棄포기하지 아니하면 때가 이르매 거두리라

15-22 待主之言應驗ˇ待主之命試煉之已畢(詩篇시편 105:19)
대주지언응험ˇ대주지명시련지이필

곧 여호와의 말씀이 應응할 때까지라 그의 말씀이 그를 鍛鍊단련하였도다

15-23 求主啓我目ˇ使我得窺主律法之奧義(詩篇시편 119:18)
구주계아목ˇ사아득규주율법지오의

내 눈을 열어서 主주의 律法율법에서 놀라운 것을 보게 하소서

15-24 愛我者ˇ我亦愛之ˇ尋求我者ˇ必尋得我(箴言잠언 8:17)
애 아 자 ˇ 아 역 애 지 ˇ 심 구 아 자 ˇ 필 심 득 아

나를 사랑하는 者자들이 나의 사랑을 입으며 나를 懇切간절히 찾는 者자가 나를 만날 것이니라

15-25 因我正直ˇ主扶持我ˇ使我永立於主前(詩篇시편 41:12)
인 아 정 직 ˇ 주 부 지 아 ˇ 사 아 영 립 어 주 전

主주께서 나를 穩全온전한 中중에 붙드시고 永遠영원히 主주 앞에 세우시나이다

15-26 我仰觀主之一切誡命ˇ必不至於羞愧(詩篇시편 119:6)
아 앙 관 주 지 일 체 계 명 ˇ 필 부 지 어 수 괴

내가 主주의 모든 誡命계명에 注意주의할 때에는 부끄럽지 아니하리이다

15-27 當慕純眞之道ˇ如甫生嬰兒之慕乳然(彼得前書베드로전서 2:3)
당 모 순 진 지 도 ˇ 여 보 생 영 아 지 모 유 연

갓난 아기들 같이 純全순전하고 神靈신령한 젖을 思慕사모하라

15-28 善人所有者雖少ˇ勝於諸惡人之充餘(詩篇시편 37:16)
선 인 소 유 자 수 소 ˇ 승 어 제 악 인 지 충 여

義人의인의 적은 所有소유가 惡人악인의 豊富풍부함보다 낫도다

15-29 當因主歡樂ˇ主必將爾心之所願賜爾(詩篇시편 37:4)
당 인 주 환 락 ˇ 주 필 장 이 심 지 소 원 사 이

또 여호와를 기뻐하라 그가 네 마음의 所願소원을 네게 이루어 주시리로다

15-30 耶穌曰ˇ在人所不能者ˇ在上帝則能也(路加福音누가복음 18:27)
야 소 왈 ˇ 재 인 소 불 능 자 ˇ 재 상 제 즉 능 야

이르시되 무릇 사람이 할 수 없는 것을 하나님은 하실 수 있느니라

15-31 主手造我ˇ製我四肢百體ˇ今欲滅我乎(約伯욥기 10:8)
주 수 조 아 ˇ 제 아 사 지 백 체 ˇ 금 욕 멸 아 호

주의 손으로 나를 빚으셨으며 만드셨는데 이제 나를 滅멸하시나이다

15-32 我甘心祭祀主ˇ主之名至美ˇ我必讚揚(詩篇시편 54:6)
아 감 심 제 사 주 ˇ 주 지 명 지 미 ˇ 아 필 찬 양

내가 樂獻祭낙헌제로 主주께 祭祀제사하리이다 여호와여 主주의 이름에 感謝감사하오리니 主주의 이름이 善선하심이니이다

15-33 鍊銀者鼎ˇ鍊金者爐ˇ鑒察人心者乃主(箴言잠언 17:3)
련 은 자 정 ˇ 련 금 자 로 ˇ 감 찰 인 심 자 내 주

도가니는 銀은을 풀무는 金금을 鍊鍛연단하거니와 여호와는 마음을 鍊鍛연단하시느니라

15-34 如盡心盡意ˇ求主爾之上帝ˇ必可得之(申命記신명기 4:29)
여 진 심 진 의 ˇ 구 주 이 지 상 제 ˇ 필 가 득 지

만일 마음을 다하고 뜻을 다하여 그를 찾으면 만나리라

15-35 爾將爾之事仰託主ˇ倚賴主ˇ主必成全(詩篇시편 37:5)
이 장 이 지 사 앙 탁 주 ˇ 의 뢰 주 ˇ 주 필 성 전

네 길을 여호와께 맡기라 그를 依支의지하면 그가 이루시고

15-36 矜憫貧人ˇ卽如貸金於主ˇ所給者必償(箴言잠언 19:17)
긍 민 빈 인 ˇ 즉 여 대 금 어 주 ˇ 소 급 자 필 상

가난한 者자를 불쌍히 여기는 것은 여호와께 꾸어 드리는 것이니 그의 善行선행을 그에게 갚아 주시리라

15-37 蓋彼旣受難被試ˇ自能救助被試之人(希伯來書히브리서 2:18)
개 피 기 수 난 피 시 ˇ 자 능 구 조 피 시 지 인

그가 試驗시험을 받아 苦難고난을 當당하셨은즉 試驗시험 받는 者자들을 能능히 도우실 수 있느니라

15-38 主之言語ˇ乃我足前之燈ˇ我路間之光(詩篇시편 119:105)
주 지 언 어 ˇ 내 아 족 전 지 등 ˇ 아 로 간 지 광

主주의 말씀은 내 발에 燈등이요 내 길에 빛이니이다

15-39 目覩勝於心戀ˇ然皆屬於虛ˇ皆如捕風(傳道書전도서 6:9)
목 도 승 어 심 련 ˇ 연 개 속 어 허 ˇ 개 여 포 풍

눈으로 보는 것이 마음으로 空想공상하는 것보다 나으나 이것도 헛되어 바람을 잡는 것이로다

15-40 主顧念貧窮人之禱告ˇ不輕視其祈求(詩篇시편 102:17)
주 고 념 빈 궁 인 지 도 고 ˇ 불 경 시 기 기 구

여호와께서 貧窮빈궁한 者자의 祈禱기도를 돌아보시며 그들의

祈禱기도를 蔑視멸시하지 아니하셨도다

15-41 耶穌益長ˇ智慧益增ˇ上帝與人益悅之(路加福音누가복음 2:52)
야 소 익 장 ˇ 지 혜 익 증 ˇ 상 제 여 인 익 열 지
예수는 智慧지혜와 키가 자라가며 하나님과 사람에게 더욱 사랑스러워 가시더라

15-42 主爲爾命天使ˇ在爾所行之途保護爾(詩篇시편 91:11)
주 위 이 명 천 사 ˇ 재 이 소 행 지 도 보 호 이
그가 너를 爲위하여 그의 天使천사들을 命令명령하사 네 모든 길에서 너를 지키게 하심이라

15-43 我敬愛主ˇ因主俯聽我聲ˇ俯聽我懇求(詩篇시편 116:1)
아 경 애 주 ˇ 인 주 부 청 아 성 ˇ 부 청 아 간 구
여호와께서 내 音聲음성과 내 懇求간구를 들으시므로 내가 그를 사랑하는도다

15-44 蓋彼一次獻祭ˇ使得成聖者永遠純全(希伯來書히브리서 10:14)
개 피 일 차 헌 제 ˇ 사 득 성 성 자 영 원 순 전
그가 거룩하게 된 者자들을 한 번의 祭祀제사로 永遠영원히 穩全온전하게 하셨느니라

15-45 不愛人者ˇ則不識上帝ˇ蓋上帝卽愛也(約翰壹書요한1서 4:8)
불 애 인 자 ˇ 즉 불 식 상 제 ˇ 개 상 제 즉 애 야
사랑하지 아니하는 者자는 하나님을 알지 못하나니 이는 하나님은 사랑이심이라

15-46 然於此諸事ˇ我儕賴愛我者ˇ大獲全勝(羅瑪書로마서 8:37)
연 어 차 제 사 ˇ 아 제 뢰 애 아 자 ˇ 대 획 전 승
그러나 이 모든 일에 우리를 사랑하시는 이로 말미암아 우리가 넉넉히 이기느니라

15-47 我國在天ˇ望我主耶穌基督ˇ由彼而降(腓立比書빌립보서 3:20)
아 국 재 천 ˇ 망 아 주 야 소 기 독 ˇ 유 피 이 강
그러나 우리의 市民權시민권은 하늘에 있는지라 거기로부터 救援구원하는 者자 곧 主주 예수 그리스도를 기다리노니

15-48 願上帝究察ˇ蓋人心之隱微ˇ上帝皆知(詩篇시편 44:21)
원 상 제 구 찰 ˇ 개 인 심 지 은 미 ˇ 상 제 개 지

하나님이 이를 알아내지 아니하셨으리이까 무릇 主주는 마음의 秘密비밀을 아시나이다

15-49 爾髮亦且見數ˇ故毋懼ˇ爾較羣雀貴焉(瑪太福音마태복음 10:30~31)
이 발 역 차 견 수 ˇ 고 무 구 ˇ 이 교 군 작 귀 언
너희에게는 머리털까지 다 세신 바 되었나니 두려워하지 말라 너희는 많은 참새보다 貴귀하니라

15-50 夏時斂者乃賢子ˇ穡時寢者爲不肖子(箴言잠언 10:5)
하 시 렴 자 내 현 자 ˇ 색 시 침 자 위 불 초 자
여름에 거두는 者자는 智慧지혜로운 아들이나 秋收추수 때에 자는 者자는 부끄러움을 끼치는 아들이니라

15-51 故我儕謂人得稱義ˇ由信ˇ非由行律法(羅瑪書로마서 3:28)
고 아 제 위 인 득 칭 의 ˇ 유 신 ˇ 비 유 행 율 법
그러므로 사람이 義의롭다 하심을 얻는 것은 律法율법의 行爲행위에 있지 않고 믿음으로 되는 줄 우리가 認定인정하노라

15-52 主歟ˇ我必稱頌主ˇ因主應允我ˇ拯救我(詩篇시편 118:21)
주 여 ˇ 아 필 칭 송 주 ˇ 인 주 응 윤 아 ˇ 증 구 아
主주께서 내게 應答응답하시고 나의 救援구원이 되셨으니 내가 主주께 感謝감사하리이다

15-53 蓋主責其所愛者ˇ如父督責所悅之子(箴言잠언 3:12)
개 주 책 기 소 애 자 ˇ 여 부 독 책 소 열 지 자
大抵대저 여호와께서 그 사랑하시는 者자를 懲戒징계하시기를 마치 아비가 그 기뻐하는 아들을 懲戒징계함 같이 하시느니라

15-54 耕己田者得飽食ˇ從閑蕩人者乏慧心(箴言잠언 12:11)
경 기 전 자 득 포 식 ˇ 종 한 탕 인 자 핍 혜 심
自己자기의 土地토지를 耕作경작하는 者자는 먹을 것이 많거니와 放蕩방탕한 것을 따르는 者자는 智慧지혜가 없느니라

15-55 爾衆子將蒙主訓ˇ爾衆子必大享平康(以賽亞이사야 54:13)
이 중 자 장 몽 주 훈 ˇ 이 중 자 필 대 향 평 강
네 모든 子女자녀는 여호와의 敎訓교훈을 받을 것이니 네 子女자녀에게는 큰 平安평안이 있을 것이며

15-56 主使爾門之扃堅固ˇ賜福於爾中居民(詩篇시편 147:13)
주 사 이 문 지 경 견 고 ˇ 사 복 어 이 중 거 민

그가 네 門문빗장을 堅固견고히 하시고 네 가운데에 있는 너의 子女자녀들에게 福복을 주셨으며

15-57 蓋凡家必有建之者ˇ建萬有者ˇ上帝也(希伯來書히브리서 3:4)
개 범 가 필 유 건 지 자 ˇ 건 만 유 자 ˇ 상 제 야

집마다 지은 이가 있으니 萬物만물을 지으신 이는 하나님이시라.

15-58 使爾之信ˇ非由人之智ˇ乃由上帝之能(哥林多前書고린도전서 2:5)
사 이 지 신 ˇ 비 유 인 지 지 ˇ 내 유 상 제 지 능

너희 믿음이 사람의 智慧지혜에 있지 아니하고 다만 하나님의 能力능력에 있게 하려 하였노라

15-59 敬畏主者見我卽歡喜ˇ因我仰望主言(詩篇시편 119:74)
경 외 주 자 견 아 즉 환 희 ˇ 인 아 앙 망 주 언

主주를 敬畏경외하는 者자들이 나를 보고 기뻐하는 것은 내가 主주의 말씀을 바라는 까닭이니이다

15-60 一切智慧知識ˇ皆蓄積隱藏於基督內(哥羅西書골로새서 2:3)
일 체 지 혜 지 식 ˇ 개 축 적 은 장 어 기 독 내

그 안에는 智慧지혜와 知識지식의 모든 寶貨보화가 감추어져 있느니라

15-61 爾若互相呑噬ˇ恐彼此滅亡ˇ爾其愼之(迦拉太書갈라디아서 5:15)
이 약 호 상 탄 서 ˇ 공 피 차 멸 망 ˇ 이 기 신 지

萬一만일 서로 물고 먹으면 彼此피차 滅亡멸망할까 操心조심하라

15-62 舌爲小體ˇ而能誇大ˇ薪甚多ˇ微火可燃(雅各書야고보서 3:5)
설 위 소 체 ˇ 이 능 과 대 ˇ 신 심 다 ˇ 미 화 가 연

혀도 작은 肢體지체로되 큰 것을 자랑하도다 보라 얼마나 작은 불이 얼마나 많은 나무를 태우는가

15-63 不負其十字架而從我者ˇ不堪爲我徒(瑪太福音마태복음 10:38)
불 부 기 십 자 가 이 종 아 자 ˇ 불 감 위 아 도

自己자기 十字架십자가를 지고 나를 따르지 않는 者자도 내게 合當합당하지 아니하니라

15-64 多有貨財ˇ煩擾不安ˇ不如少有而畏主(箴言잠언 15:16)
다 유 화 재 ˇ 번 요 불 안 ˇ 불 여 소 유 이 외 주

家産가산이 적어도 여호와를 敬畏경외하는 것이 크게 富부하고 煩惱번뇌하는 것보다 나으니라

15-65 又以印印我衆ˇ以聖靈賜我在心爲質(哥林多後書고린도후서 1:22)
우 이 인 인 아 중 ˇ 이 성 령 사 아 재 심 위 질

그가 또한 우리에게 印인치시고 保證보증으로 우리 마음에 聖靈성령을 주셨느니라

15-66 萬有之主曰ˇ所有銀屬我ˇ所有金屬我(哈該학개 2:8)
만 유 지 주 왈 ˇ 소 유 은 속 아 ˇ 소 유 금 속 아

銀은도 내 것이요 金금도 내 것이니라 萬軍만군의 여호와의 말이니라

15-67 普天下人盡敬拜主ˇ歌頌主ˇ歌頌主名(詩篇시편 66:4)
보 천 하 인 진 경 배 주 ˇ 가 송 주 ˇ 가 송 주 명

온 땅이 主주께 敬拜경배하고 主주를 노래하며 主주의 이름을 노래하리이다 할지어다

15-68 我頌揚之辭ˇ願主嘉納ˇ我必因主歡欣(詩篇시편 104:34)
아 송 양 지 사 ˇ 원 주 가 납 ˇ 아 필 인 주 환 흔

나의 祈禱기도를 기쁘게 여기시기를 바라나니 나는 여호와로 말미암아 즐거워하리로다

15-69 主引我至寬濶之地ˇ拯救我ˇ因喜悅我(詩篇시편 18:19)
주 인 아 지 관 활 지 지 ˇ 증 구 아 ˇ 인 희 열 아

나를 또 넓은 곳으로 引導인도하시고 나를 기뻐하심으로 救援구원하셨도다

15-70 爲我儕挺生拯救之角ˇ於其僕大衛家(路加福音누가복음 1:69)
위 아 제 연 생 증 구 지 각 ˇ 어 기 복 대 위 가

우리를 爲위하여 救援구원의 뿔을 그 종 다윗의 집에 일으키셨으니 〈찬송가 97장〉

15-71 今日於大衛邑ˇ爲爾生救主ˇ卽主基督(路加福音누가복음 2:11)
금 일 어 대 위 읍 ˇ 위 이 생 구 주 ˇ 즉 주 기 독

오늘 다윗의 洞里동리에 너희를 爲위하여 救主구주가 나셨으니 곧 그리스도 主주시니라 〈찬송가 106장〉

15-72 在上榮光歸上帝ˇ在地和平ˇ人蒙喜悅(路加福音누가복음 2:14)
재 상 영 광 귀 상 제 ˇ 재 지 화 평 ˇ 인 몽 희 열

至極지극히 높은 곳에서는 하나님께 榮光영광이요 땅에서는 기뻐하심을 입은 사람들 中중에 平和평화로다 〈찬송가 117장〉

15-73 耶穌言畢上升ˇ衆觀有雲接之而不見(使徒行傳사도행전 1:9)
야 소 언 필 상 승 ˇ 중 관 유 운 접 지 이 불 견
이 말씀을 마치시고 저희 보는데서 올리워 가시니 구름이 저를 가리워 보이지 않게 하더라 〈찬송가 161장〉

15-74 聖經能使爾有智慧ˇ由信基督而得救(提摩太後書디모데후서 3:15)
성 경 능 사 이 유 지 혜 ˇ 유 신 기 독 이 득 구
聖經성경은 能능히 너로 하여금 그리스도 예수 안에 있는 믿음으로 말미암아 救援구원에 이르는 智慧지혜가 있게 하느니라 〈찬송가 199장〉

15-75 上帝之城歟ˇ有言應許爾多榮耀之事(詩篇시편 87:3)
상 제 지 성 여 ˇ 유 언 응 허 이 다 영 요 지 사
하나님의 城성이여 너를 가리켜 榮光영광스럽다 말하는도다 〈찬송가 210장〉

15-76 我誠苦矣ˇ誰能救我脫此致死之身乎(羅瑪書로마서 7:24)
아 성 고 의 ˇ 수 능 구 아 탈 차 치 사 지 신 호
嗚呼오호라 나는 困苦곤고한 사람이로다 이 死亡사망의 몸에서 누가 나를 건져내랴 〈찬송가 260장〉

15-77 當盡忠至死ˇ我必賜爾永生以爲冠冕(約翰啓示錄요한계시록 2:10)
당 진 충 지 사 ˇ 아 필 사 이 영 생 이 위 관 면
네가 죽도록 忠誠충성하라 그리하면 내가 生命생명의 冕旒冠면류관을 네게 주리라 〈찬송가 318장〉

15-78 我儕因信ˇ則知諸世界以上帝命而造(希伯來書히브리서 11:3)
아 제 인 신 ˇ 즉 지 제 세 계 이 상 제 명 이 조
믿음으로 모든 世界세계가 하나님의 말씀으로 지어진 줄을 우리가 아나니 〈찬송가 319장〉

15-79 凡欲從我者當克己ˇ負十字架而從我(瑪太福音마태복음 16:24)
범 욕 종 아 자 당 극 기 ˇ 부 십 자 가 이 종 아
아무든지 나를 따라 오려거든 自己자기를 否認부인하고 自己자기 十字架십자가를 지고 나를 좇을 것이니라 〈찬송가 324장〉

15-80 我儕無人爲己而生ˇ亦無人爲己而死(羅瑪書로마서 14:7)
아 제 무 인 위 기 이 생 ˇ 역 무 인 위 기 이 사
우리 中중에 누구든지 自己자기를 爲위하여 사는 者자가 없고 自己자기를 爲위하여 죽는 者자도 없도다 〈찬송가 325장〉

15-81 積智慧勝於積銀ˇ智慧利大ˇ勝於精金(箴言잠언 3:14)
적 지 혜 승 어 적 은 ˇ 지 혜 리 대 ˇ 승 어 정 금
智慧지혜를 얻는 것이 銀은을 얻는 것보다 낫고 그 利益이익이 精金정금보다 나음이니라

15-82 我儕旣賴耶穌之血ˇ得毅然以入聖所(希伯來書히브리서 10:19)
아 제 기 뢰 야 소 지 혈 ˇ 득 의 연 이 입 성 소
우리가 예수의 피를 힘입어 聖所성소에 들어갈 膽力담력을 얻었나니 〈찬송가 424장〉

15-83 我儕若與基督同死ˇ亦必與基督同生(提摩太後書디모데후서 2:11)
아 제 약 여 기 독 동 사 ˇ 역 필 여 기 독 동 생
우리가 主주와 함께 죽었으면 또한 함께 살 것이요 〈찬송가 435장〉

15-84 義日必爲爾出照ˇ施醫之德在其翼間(瑪拉基말라기 4:2)
의 일 필 위 이 출 조 ˇ 시 의 지 덕 재 기 익 간
義의로운 해가 떠올라서 治療치료하는 光線광선을 發발하리니 〈찬송가 474장〉

15-85 我所予之水ˇ必在其中成源ˇ湧至永生(約翰福音요한복음 4:14)
아 소 여 지 수 ˇ 필 재 기 중 성 원 ˇ 용 지 영 생
내가 주는 물은 그 속에서 永生영생하도록 솟아나는 샘물이 되리라 〈찬송가 526장〉

15-86 敬畏主極喜悅主命者ˇ此人卽爲有福(詩篇시편 112:1)
경 외 주 극 희 열 주 명 자 ˇ 차 인 즉 위 유 복
여호와를 敬畏경외하며 그 誡命계명을 크게 즐거워하는 者자는 福복이 있도다 〈찬송가 551〉

15-87 我今日得爲何如人ˇ乃由上帝之恩也(哥林多前書고린도전서 15:10)
아 금 일 득 위 하 여 인 ˇ 내 유 상 제 지 은 야
나의 나 된 것은 하나님의 恩惠은혜로 된 것이니

15-88 蓋善人雖七蹶而復興ˇ惡人終陷於禍(箴言잠언 24:16)
개 선 인 수 칠 궐 이 부 흥 ˇ 악 인 종 함 어 화

大抵대저 義人의인은 일곱番번 넘어질지라도 다시 일어나려니와 惡人악인은 災殃재앙으로 말미암아 엎드러지느니라

15-89 有一道ˇ人以爲正ˇ不知終爲趨死之道(箴言잠언 16:25)
유 일 도 ˇ 인 이 위 정 ˇ 부 지 종 위 추 사 지 도
어떤 길은 사람이 보기에 바르나 畢竟필경은 死亡사망의 길이니라

⑯자

16-1 耶穌謂之曰ˇ爾若能信ˇ在信者無不能也(瑪可福音마가복음 9:23)
야 소 위 지 왈 ˇ 이 약 능 신 ˇ 재 신 자 무 불 능 야
예수께서 이르시되 할 수 있거든이 무슨 말이냐 믿는 者자에게는 能능히 하지 못할 일이 없느니라 하시니

16-2 爾當常因主而喜樂ˇ我復言爾曹當喜樂(腓立比書빌립보서 4:4)
이 당 상 인 주 이 희 락 ˇ 아 부 언 이 조 당 희 락
主주 안에서 恒常항상 기뻐하라 내가 다시 말하노니 기뻐하라

16-3 主可尋得ˇ爾當求之ˇ主離不遠ˇ爾當籲之(以賽亞이사야 55:6)
주 가 심 득 ˇ 이 당 구 지 ˇ 주 리 불 원 ˇ 이 당 유 지
너희는 여호와를 만날 만한 때에 찾으라 가까이 계실 때에 그를 부르라

16-4 上帝歟ˇ我心切慕主ˇ猶如渴鹿思慕溪水(詩篇시편 42:1)
상 제 여 ˇ 아 심 절 모 주 ˇ 유 여 갈 록 사 모 계 수
하나님이여 사슴이 시냇물을 찾기에 渴急갈급함 같이 내 靈魂영혼이 主주를 찾기에 渴急갈급하니이다

16-5 蓋人以心信則可稱義ˇ以口認則可得救(羅瑪書로마서 10:10)
개 인 이 심 신 즉 가 칭 의 ˇ 이 구 인 즉 가 득 구
사람이 마음으로 믿어 義의에 이르고 입으로 是認시인하여 救援구원에 이르느니라

16-6 謙遜及敬畏主之果報ˇ卽富有ˇ尊榮ˇ生命(箴言잠언 22:4)
겸 손 급 경 외 주 지 과 보 ˇ 즉 부 유 ˇ 존 영 ˇ 생 명
謙遜겸손과 여호와를 敬畏경외함의 報償보상은 財物재물과 榮光영광과 生命생명이니라

16-7 蓋主喜悅善人之道ˇ惡人之道ˇ必至滅亡(詩篇시편 1:6)
개 주 희 열 선 인 지 도 ˇ 악 인 지 도 ˇ 필 지 멸 망

무릇 義人의인들의 길은 여호와께서 認定인정하시나 惡人악인들의 길은 亡망하리로다

16-8 以爾之事託主ˇ則爾之所圖謀ˇ必得成立(箴言잠언 16:3)
이 이 지 사 탁 주 ˇ 즉 이 지 소 도 모 ˇ 필 득 성 립

너의 行事행사를 여호와께 맡기라 그리하면 네가 經營경영하는 것이 이루어지리라

16-9 不負其十字架而從我者亦不得爲我徒(路加福音누가복음 14:27)
불 부 기 십 자 가 이 종 아 자 역 부 득 위 아 도

누구든지 自己자기 十字架십자가를 지고 나를 따르지 않는 者자도 能능히 내 弟子제자가 되지 못하리라

16-10 蓋凡爲上帝之靈所導者ˇ是爲上帝之子(羅瑪書로마서 8:14)
개 범 위 상 제 지 령 소 도 자 ˇ 시 위 상 제 지 자

무릇 하나님의 靈영으로 引導인도함을 받는 사람은 곧 하나님의 아들이라

16-11 勿爲生命慮何以食ˇ勿爲身體慮何以衣(路加福音누가복음 12:22)
물 위 생 명 려 하 이 식 ˇ 물 위 신 체 려 하 이 의

너희 목숨을 爲위하여 무엇을 먹을까 몸을 爲위하여 무엇을 입을까 念慮염려하지 말라

16-12 自天有聲云ˇ此乃我愛子ˇ我所喜悅者也(瑪太福音마태복음 3:17)
자 천 유 성 운 ˇ 차 내 아 애 자 ˇ 아 소 희 열 자 야

하늘로부터 소리가 있어 말씀하시되 이는 내 사랑하는 아들이요 내 기뻐하는 者자라 하시니라

16-13 人恃驕泰ˇ常啓爭端ˇ聽勸言者ˇ則爲有智(箴言잠언 13:10)
인 시 교 태 ˇ 상 계 쟁 단 ˇ 청 권 언 자 ˇ 즉 위 유 지

驕慢교만에서는 다툼만 일어날 뿐이라 勸勉권면을 듣는 者자는 智慧지혜가 있느니라

16-14 因主喜愛己民ˇ救拔謙卑之人ˇ使之尊榮(詩篇시편 149:4)
인 주 희 애 기 민 ˇ 구 발 겸 비 지 인 ˇ 사 지 존 영

여호와께서는 自己자기 百姓백성을 기뻐하시며 謙遜겸손한 者자를 救援구원으로 아름답게 하심이로다

16-15 爾當以智慧待彼敎會外之人ˇ愛惜光陰(哥羅西書골로새서 4:5)
이 당 이 지 혜 대 피 교 회 외 지 인 ˇ 애 석 광 음

外人외인에게 對대해서는 智慧지혜로 行행하여 歲月세월을 아끼라

16-16 敬愛主者ˇ主皆保護ˇ惟彼惡人ˇ主悉翦滅(詩篇시편 145:20)
경 애 주 자 ˇ 주 개 보 호 ˇ 유 피 악 인 ˇ 주 실 전 멸

여호와께서 自己자기를 사랑하는 者자들은 다 保護보호하시고 惡人악인들은 다 滅멸하시리로다

16-17 故凡自謙似此孩提者ˇ彼在天國爲至大(瑪太福音마태복음 18:4)
고 범 자 겸 사 차 해 제 자 ˇ 피 재 천 국 위 지 대

그러므로 누구든지 이 어린 아이와 같이 自己자기를 낮추는 사람이 天國천국에서 큰 者자니라

16-18 我朝暮及日中哀求悲歎ˇ主必俯聽我聲(詩篇시편 55:17)
아 조 모 급 일 중 애 구 비 탄 ˇ 주 필 부 청 아 성

저녁과 아침과 正午정오에 내가 근심하여 歎息탄식하리니 여호와께서 내 소리를 들으시리로다

16-19 導引己民如導羣羊ˇ在曠野引之如群畜(詩篇시편 78:52)
도 인 기 민 여 도 군 양 ˇ 재 광 야 인 지 여 군 축

그가 自己자기 百姓백성은 羊양 같이 引導인도하여 내시고 曠野광야에서 羊양 떼 같이 指導지도하셨도다

16-20 悔改安居ˇ方可得救ˇ靜默仰望ˇ方可强盛(以賽亞이사야 30:15)
회 개 안 거 ˇ 방 가 득 구 ˇ 정 묵 앙 망 ˇ 방 가 강 성

너희가 돌이켜 조용히 있어야 救援구원을 얻을 것이요 潛潛잠잠하고 信賴신뢰하여야 힘을 얻을 것이거늘

16-21 我乃秉公義施拯救之上帝ˇ我之外無他(以賽亞이사야 45:21)
아 내 병 공 의 시 증 구 지 상 제 ˇ 아 지 외 무 타

나는 公義공의를 行행하며 救援구원을 베푸는 하나님이라 나 外외에 다른 이가 없느니라

16-22 人非由水及聖靈而生ˇ不能進上帝之國(約翰福音요한복음 3:5)
인 비 유 수 급 성 령 이 생 ˇ 불 능 진 상 제 지 국

사람이 물과 聖靈성령으로 나지 아니하면 하나님의 나라에 들어갈 수 없느니라

16-23 主目遍鑒天下ˇ凡誠心向主者ˇ主力助之(歷代下역대하 16:9)
주 목 편 감 천 하 ˇ 범 성 심 향 주 자 ˇ 주 력 조 지

여호와의 눈은 온 땅을 두루 鑑察감찰하사 全心전심으로 自己자기에게 向향하는 者자들을 爲위하여 能力능력을 베푸시나니

16-24 我必加手於爾ˇ消融爾渣滓ˇ盡除爾鉛錫(以賽亞이사야 1:25)
아 필 가 수 어 이 ˇ 소 융 이 사 재 ˇ 진 제 이 연 석

내가 또 내 손을 네게 돌려 네 찌꺼기를 잿물로 씻듯이 녹여 清潔청결하게 하며 네 混雜物혼잡물을 다 除제하여 버리고

16-25 夫信使人以所望者爲實ˇ爲未見者之據(希伯來書히브리서 11:1)
부 신 사 인 이 소 망 자 위 실 ˇ 위 미 견 자 지 거

믿음은 바라는 것들의 實狀실상이요 보이지 않는 것들의 證據증거니

16-26 我如銘爾於我掌ˇ爾之城垣常在我目前(以賽亞이사야 49:16)
아 여 명 이 어 아 장 ˇ 이 지 성 원 상 재 아 목 전

내가 너를 내 손바닥에 새겼고 너의 城壁성벽이 恒常항상 내 앞에 있나니

16-27 耶穌基督ˇ自昔至今ˇ以至永遠ˇ乃不改變(希伯來書히브리서 13:8)
야 소 기 독 ˇ 자 석 지 금 ˇ 이 지 영 원 ˇ 내 불 개 변

예수 그리스도는 어제나 오늘이나 永遠영원토록 同一동일하시니라

16-28 然猶有可責爾者ˇ因爾當初之愛淡漠矣(約翰啓示錄요한계시록 2:4)
연 유 유 가 책 이 자 ˇ 인 이 당 초 지 애 담 막 의

그러나 너를 責望책망할 것이 있나니 너의 처음 사랑을 버렸느니라

16-29 善人經營ˇ致得生命ˇ惡人結果ˇ無非罪戾(箴言잠언 10:16)
선 인 경 영 ˇ 치 득 생 명 ˇ 악 인 결 과 ˇ 무 비 죄 려

義人의인의 수고는 生命생명에 이르고 惡人악인의 所得소득은 罪죄에 이르느니라

16-30 智者言語ˇ善用知識ˇ愚者之口ˇ傾吐其癡(箴言잠언 15:2)
지 자 언 어 ˇ 선 용 지 식 ˇ 우 자 지 구 ˇ 경 토 기 치

知慧지혜 있는 者자의 혀는 知識지식을 善선히 베풀고 미련한 者자의 입은 미련한 것을 쏟느니라

16-31 爾當取悅於上帝ˇ爲無愧之工ˇ善頒眞道(提摩太後書디모데후서 2:15)
이 당 취 열 어 상 제 ˇ 위 무 괴 지 공 ˇ 선 반 진 도
너는 眞理진리의 말씀을 옳게 分別분별하며 부끄러울 것이 없는 일꾼으로 認定인정된 者자로 自身자신을 하나님 앞에 드리기를 힘쓰라

16-32 淸晨宣揚主之仁慈ˇ夜間稱頌主之誠信(詩篇시편 92:2)
청 신 선 양 주 지 인 자 ˇ 야 간 칭 송 주 지 성 신
아침마다 主주의 仁慈인자하심을 알리며 밤마다 主주의 誠實성실하심을 베풂이 좋으니이다

16-33 以公義爲繫腰之紳ˇ以誠信爲束身之帶(以賽亞이사야 11:5)
이 공 의 위 계 요 지 신 ˇ 이 성 신 위 속 신 지 대
公義공의로 그의 허리띠를 삼으며 誠實성실로 그의 몸의 띠를 삼으리라

16-34 富者爲善ˇ積累美事ˇ喜於施舍ˇ樂於濟衆
부 자 위 선 ˇ 적 루 미 사 ˇ 희 어 시 사 ˇ 락 어 제 중
(提摩太前書디모데전서 6:18)
善선을 行행하고 善선한 事業사업을 많이 하고 나누어 주기를 좋아하며 너그러운 者자가 되게 하라

16-35 善義之果ˇ必被行和平之人以和平而種(雅各書야고보서 3:18)
선 의 지 과 ˇ 필 피 행 화 평 지 인 이 화 평 이 종
和平화평하게 하는 者자들은 和平화평으로 심어 義의의 열매를 거두느니라

16-36 爾曹不屬律法ˇ乃屬恩寵ˇ故罪不復轄爾(羅瑪書로마서 6:14)
이 조 불 속 율 법 ˇ 내 속 은 총 ˇ 고 죄 불 부 할 이
罪죄가 너희를 主掌주장하지 못하리니 이는 너희가 法법 아래에 있지 아니하고 恩惠은혜 아래에 있음이라

16-37 試觀野地之百合花ˇ如何而長ˇ不勞不紡(瑪太福音마태복음 6:28)
시 관 야 지 지 백 합 화 ˇ 여 하 이 장 ˇ 불 노 불 방
들의 百合花백합화가 어떻게 자라는가 생각하여 보라 수고도 아니하고 길쌈도 아니하느니라

16-38 爾若相愛ˇ則衆由此可識爾爲我之門徒(約翰福音요한복음 13:35)
이 약 상 애 ˇ 즉 중 유 차 가 식 이 위 아 지 문 도
너희가 서로 사랑하면 이로써 모든 사람이 너희가 내 弟

子제자인 줄 알리라

16-39 爾曹勿怠ˇ當效彼因信及忍而得所許者(希伯來書히브리서 6:12)
이 조 물 태 ˇ 당 효 피 인 신 급 인 이 득 소 허 자

게으르지 아니하고 믿음과 오래 참음으로 말미암아 約束약속들을 基業기업으로 받는 者자들을 本본받는 者자 되게 하려는 것이니라

16-40 惟恃永生之上帝ˇ厚賜我衆百物以享之(提摩太前書디모데전서 6:17)
유 시 영 생 지 상 제 ˇ후 사 아 중 백 물 이 향 지

오직 우리에게 모든 것을 厚후히 주사 누리게 하시는 하나님께 所望소망을 두며

16-41 彼尚未祈ˇ我已允之ˇ彼適禱告ˇ我已聽之(以賽亞이사야 65:24)
피 상 미 기 ˇ 아 이 윤 지 ˇ 피 적 도 고 ˇ 아 이 청 지

그들이 부르기 前전에 내가 應答응답하겠고 그들이 말을 마치기 前전에 내가 들을 것이며

16-42 諸天宣揚主之公義ˇ萬民悉覩主之榮光(詩篇시편 97:6)
제 천 선 양 주 지 공 의 ˇ 만 민 실 도 주 지 영 광

하늘이 主주의 義의를 宣布선포하니 모든 百姓백성이 主주의 榮光영광을 보았도다

16-43 主之恩惠ˇ永遠長存ˇ主之誠實ˇ萬代恒有(詩篇시편 100:5)
주 지 은 혜 ˇ 영 원 장 존 ˇ 주 지 성 실 ˇ 만 대 항 유

여호와의 仁慈인자하심이 永遠영원하고 그의 誠實성실하심이 代代대대에 이르리로다

16-44 主之恩慈ˇ高於穹蒼ˇ主之眞誠ˇ及乎雲霄(詩篇시편 108:4)
주 지 은 자 ˇ 고 어 궁 창 ˇ 주 지 진 성 ˇ 급 호 운 소

主주의 仁慈인자하심이 하늘보다 높으시며 主주의 眞實진실은 穹蒼궁창에까지 이르나이다

16-45 我上帝歟ˇ今我儕稱謝主頌揚主之榮名(歷代上역대상 29:13)
아 상 제 여 ˇ 금 아 제 칭 사 주 송 양 주 지 영 명

우리 하나님이여 이제 우리가 主주께 感謝감사하오며 主주의 榮華영화로운 이름을 讚揚찬양하나이다

16-46 爾知主顯現ˇ爲欲除我之罪ˇ彼原無罪也(約翰壹書요한1서 3:5)
이 지 주 현 현 ˇ 위 욕 제 아 지 죄 ˇ 피 원 무 죄 야

그가 우리 罪죄를 없애려고 나타나신 것을 너희가 아나니 그에게는 罪죄가 없느니라

16-47 主之法律至公至義ˇ我中宵而起ˇ稱謝主(詩篇시편 119:62)
주 지 법 률 지 공 지 의 ˇ 아 중 소 이 기 ˇ 칭 사 주

내가 主주의 義의로운 規例규례들로 말미암아 밤中중에 일어나 主주께 感謝감사하리이다

16-48 我之通達勝於諸師ˇ因我思念主之法度(詩篇시편 119:99)
아 지 통 달 승 어 제 사 ˇ 인 아 사 념 주 지 법 도

내가 主주의 證據증거들을 늘 읊조리므로 나의 明哲명철함이 나의 모든 스승보다 나으며

16-49 主必降災於惡人之家ˇ賜福於義者之室(箴言잠언 3:33)
주 필 강 재 어 악 인 지 가 ˇ 사 복 어 의 자 지 실

惡人악인의 집에는 여호와의 詛呪저주가 있거니와 義人의인의 집에는 福복이 있느니라

16-50 凡事託我主耶穌基督名ˇ恒謝上帝卽父(以弗所書에베소서 5:20)
범 사 탁 아 주 야 소 기 독 명 ˇ 항 사 상 제 즉 부

凡事범사에 우리 主주 예수 그리스도의 이름으로 恒常항상 아버지 하나님께 感謝감사하며

16-51 凡罪惡褻瀆皆可赦ˇ惟褻瀆聖靈不可赦(瑪太福音마태복음 12:31)
범 죄 악 설 독 개 가 사 ˇ 유 설 독 성 령 불 가 사

사람에 대한 모든 罪죄와 冒瀆모독은 赦사하심을 얻되 聖靈성령을 冒瀆모독하는 것은 赦사하심을 얻지 못하겠고

16-52 惟主發慈愛ˇ施憐憫ˇ時常容忍ˇ大賜恩惠(詩篇시편 145:8)
유 주 발 자 애 ˇ 시 연 민 ˇ 시 상 용 인 ˇ 대 사 은 혜

여호와는 恩惠은혜로우시며 矜恤긍휼이 많으시며 怒노하기를 더디 하시며 仁慈인자하심이 크시도다

16-53 願上帝崇高過天ˇ願主之榮耀徧滿全地(詩篇시편 57:11)
원 상 제 숭 고 과 천 ˇ 원 주 지 영 요 편 만 전 지

하나님이여 主주는 하늘 위에 높이 들리시며 主주의 榮光영광이 온 세계 위에 높아지기를 願원하나이다

16-54 當尋求主ˇ尋求主之大能ˇ常求朝見主面(歷代上역대상 16:11)
당 심 구 주 ˇ 심 구 주 지 대 능 ˇ 상 구 조 견 주 면

여호와와 그 能力능력을 求구할찌어다 그 얼굴을 恒常항상 求구할찌어다

16-55 智慧貴於珍珠ˇ爾一切財寶ˇ不足與之比(箴言잠언 3:15)
지 혜 귀 어 진 주 ˇ 이 일 체 재 보 ˇ 부 족 여 지 비

智慧지혜는 眞珠진주보다 貴귀하니 네가 思慕사모하는 모든 것으로도 이에 比較비교할 수 없도다

16-56 善人得其所望而樂ˇ惡人所冀ˇ必致空虛(箴言잠언 10:28)
선 인 득 기 소 망 이 락 ˇ 악 인 소 기 ˇ 필 치 공 허

義人의인의 所望소망은 즐거움을 이루어도 惡人악인의 所望소망은 끊어지느니라

16-57 爲義而被窘逐者福矣ˇ因天國乃其國也(瑪太福音마태복음 5:10)
위 의 이 피 군 축 자 복 의 ˇ 인 천 국 내 기 국 야

義의를 爲위하여 迫害박해를 받은 者자는 福복이 있나니 天國천국이 그들의 것임이라

16-58 好施舍者ˇ必得饒裕ˇ潤澤人者ˇ必得潤澤(箴言잠언 11:25)
호 시 사 자 ˇ 필 득 요 유 ˇ 윤 택 인 자 ˇ 필 득 윤 택

救濟구제를 좋아하는 者자는 豊足풍족하여질 것이요 남을 潤澤윤택하게 하는 者자는 自己자기도 潤澤윤택하여지리라

16-59 上帝從古爲我之王ˇ在此國中ˇ施行拯救(詩篇시편 74:12)
상 제 종 고 위 아 지 왕 ˇ 재 차 국 중 ˇ 시 행 증 구

하나님은 예로부터 나의 王왕이시라 사람에게 救援구원을 베푸셨나이다

16-60 勿於主人前讒其僕ˇ恐彼詛爾ˇ爾則有罪(箴言잠언 30:10)
물 어 주 인 전 참 기 복 ˇ 공 피 저 이 ˇ 이 즉 유 죄

너는 종을 그의 上典상전에게 誹謗비방하지 말라 그가 너를 詛呪저주하겠고 너는 罪責죄책을 當당할까 두려우니라

16-61 因主拯救我ˇ我在主翼之蔭下ˇ歡呼頌揚(詩篇시편 63:7)
인 주 증 구 아 ˇ 아 재 주 익 지 음 하 ˇ 환 호 송 양

主주는 나의 도움이 되셨음이라 내가 主주의 날개 그늘에서 즐겁게 부르리이다

16-62 善人必蒙光輝普照ˇ心正之人ˇ必得喜樂(詩篇시편 97:11)
선 인 필 몽 광 휘 보 조 ˇ 심 정 지 인 ˇ 필 득 희 락

義人의인을 爲위하여 빛을 뿌리고 마음이 正直정직한 者자를 爲위하여 기쁨을 뿌리시는도다

16-63 勿遽按手於人ˇ勿與人共罪ˇ當守己以潔(提摩太前書디모데전서 5:22)
물 거 안 수 어 인 ˇ 물 여 인 공 죄 ˇ 당 수 기 이 결

아무에게나 輕率경솔히 按手안수하지 말고 다른 사람의 罪죄에 干涉간섭지 말고 네 自身자신을 지켜 淨潔정결케 하라

16-64 談論間ˇ耶穌近而偕行ˇ門徒目迷ˇ不識之
담 론 간 ˇ 야 소 근 이 해 행 ˇ 문 도 목 미 ˇ 불 식 지
(路加福音누가복음 24:15~16)

그들이 서로 이야기하며 問議문의할 때에 예수께서 가까이 이르러 그들과 同行동행하시나 그들의 눈이 가리어져서 그인 줄 알아보지 못하거늘

16-65 主之仁慈矜恤ˇ每朝新施ˇ主之誠實廣大
주 지 인 자 긍 휼 ˇ 매 조 신 시 ˇ 주 지 성 실 광 대
(耶利米哀歌예레미야애가 3:23)

主주의 仁慈인자와 矜恤긍휼이 아침마다 새로우니 主주의 誠實성실하심이 크시도소이다

16-66 皆恒守使徒之訓ˇ及交接之道ˇ擘餠祈禱(使徒行傳사도행전 2:42)
개 항 수 사 도 지 훈 ˇ 급 교 접 지 도 ˇ 벽 병 기 도

그들이 使徒사도의 가르침을 받아 서로 交際교제하고 떡을 떼며 오로지 祈禱기도하기를 힘쓰니라

16-67 彼乃不可見之上帝之像ˇ生於萬物之先(哥羅西書골로새서 1:15)
피 내 불 가 견 지 상 제 지 상 ˇ 생 어 만 물 지 선

그는 보이지 아니하는 하나님의 形像형상이시요 모든 被造物피조물보다 먼저 나신 이시니

16-68 我欲兄弟知我所遇之事ˇ更有益於福音(腓立比書빌립보서 1:12)
아 욕 형 제 지 아 소 우 지 사 ˇ 갱 유 익 어 복 음

兄弟형제들아 내가 當당한 일이 도리어 福音복음 傳播전파에 進展진전이 된 줄을 너희가 알기를 願원하노라

16-69 耶穌曰ˇ我誠告爾ˇ凡犯罪者ˇ乃爲罪之奴(約翰福音요한복음 8:34)
야 소 왈 ˇ 아 성 고 이 ˇ 범 범 죄 자 ˇ 내 위 죄 지 노

예수께서 對答대답하시되 眞實진실로 眞實진실로 너희에게 이르노니 罪죄를 犯범하는 者자마다 罪죄의 종이라

16-70 我滿懷憂愁時ˇ主安慰我ˇ使我心中欣喜(詩篇시편 94:19)
아 만 회 우 수 시 ˇ 주 안 위 아 ˇ 사 아 심 중 흔 희
내 속에 근심이 많을 때에 主주의 慰安위안이 내 靈魂영혼을 즐겁게 하시나이다

16-71 施展大能ˇ彰顯大力ˇ主之恩慈ˇ永遠常存(詩篇시편 136:12)
시 전 대 능 ˇ 창 현 대 력 ˇ 주 지 은 자 ˇ 영 원 상 존
强강한 손과 펴신 팔로 引導인도하여 내신 이에게 感謝감사하라 그 仁慈인자하심이 永遠영원함이로다

16-72 感謝上帝ˇ因其恩賜之多ˇ非言所能盡也(哥林多後書고린도후서 9:15)
감 사 상 제 ˇ 인 기 은 사 지 다 ˇ 비 언 소 능 진 야
말할 수 없는 그의 恩賜은사로 말미암아 하나님께 感謝감사하노라

16-73 必遮護爾如鳥覆雛ˇ使爾在主翼之蔭下(詩篇시편 91:4)
필 차 호 이 여 조 복 추 ˇ 사 이 재 주 익 지 음 하
그가 너를 그의 깃으로 덮으시리니 네가 그의 날개 아래에 避피하리로다

16-74 餚饌盈室而人爭ˇ不如乾餅一方而人和(箴言잠언 17:1)
효 찬 영 실 이 인 쟁 ˇ 불 여 건 병 일 방 이 인 화
마른 떡 한 조각만 있고도 和睦화목하는 것이 諸肉제육이 집에 가득하고도 다투는 것보다 나으니라

16-75 作惡者必被滅絶ˇ仰望主者必得地爲業(詩篇시편 37:9)
작 악 자 필 피 멸 절 ˇ 앙 망 주 자 필 득 지 위 업
眞實진실로 惡악을 行행하는 者자들은 끊어질 것이나 여호와를 所望소망하는 者자들은 땅을 차지하리로다

16-76 畏人過甚ˇ必陷網羅ˇ惟恃主者必得護衛(箴言잠언 29:25)
외 인 과 심 ˇ 필 함 망 라 ˇ 유 시 주 자 필 득 호 위
사람을 두려워하면 올무에 걸리게 되거니와 여호와를 依支의지하는 者자는 安全안전하리라

16-77 上帝震雷ˇ其聲甚奇ˇ行大事ˇ我儕不能測(約伯욥기 37:5)
상 제 진 뢰 ˇ 기 성 심 기 ˇ 행 대 사 ˇ 아 제 불 능 측
하나님은 놀라운 音聲음성을 내시며 우리가 헤아릴 수 없는 큰 일을 行행하시느니라

16-78 主乃我之上帝ˇ願主側耳聽我籲懇之聲(詩篇시편 140:6)
주내아지상제ˇ원주측이청아유간지성
主주는 나의 하나님이시니 여호와여 나의 懇求간구하는 소리에 귀를 기울이소서 하였나이다

16-79 勿言我欲以惡報惡ˇ惟仰望主ˇ主必救爾(箴言잠언 20:22)
물언아욕이악보악ˇ유앙망주ˇ주필구이
너는 惡악을 갚겠다 말하지 말고 여호와를 기다리라 그가 너를 救援구원하시리라

16-80 我自幼至老ˇ未曾見善人被棄ˇ子孫乞食(詩篇시편 37:25)
아자유지노ˇ미증견선인피기ˇ자손걸식
내가 어려서부터 늙기까지 義人의인이 버림을 當당하거나 그의 子孫자손이 乞食걸식함을 보지 못하였도다

16-81 惡人必多受苦難ˇ惟倚賴主者ˇ四面蒙恩(詩篇시편 32:10)
악인필다수고난ˇ유의뢰주자ˇ사면몽은
惡人악인에게는 많은 슬픔이 있으나 여호와를 信賴신뢰하는 者자에게는 仁慈인자하심이 두르리로다

16-82 當警醒祈禱ˇ免入誘惑ˇ心固願而身弱矣(瑪太福音마태복음 26:41)
당경성기도ˇ면입유혹ˇ심고원이신약의
試驗시험에 들지 않게 깨어 祈禱기도하라 마음에는 願원이로되 肉身육신이 弱약하도다 하시고

16-83 惟衣被主耶穌基督ˇ爾爲身慮ˇ勿致縱慾(羅瑪書로마서 13:14)
유의피주야소기독ˇ이위신려ˇ물치종욕
오직 主주 예수 그리스도로 옷 입고 情慾정욕을 爲위하여 肉身육신의 일을 圖謀도모하지 말라

16-84 主之威名宣揚在地ˇ主之榮耀顯現在天(詩篇시편 8:1)
주지위명선양재지ˇ주지영요현현재천
主주의 이름이 온 땅에 어찌 그리 아름다운지요 主주의 榮光영광이 하늘을 덮었나이다

16-85 主之仁慈ˇ直至穹蒼ˇ主之眞誠ˇ及於雲霄(詩篇시편 36:5)
주지인자ˇ직지궁창ˇ주지진성ˇ급어운소
主주의 仁慈인자하심이 하늘에 있고 主주의 誠實성실하심이 空中공중에 사무쳤으며

16-86 主之恩德ˇ比諸峻嶺ˇ主之公義ˇ有如深淵(詩篇시편 36:6)
주 지 은 덕 ˇ 비 제 준 령 ˇ 주 지 공 의 ˇ 유 여 심 연
主주의 義의는 하나님의 山산들과 같고 主주의 判斷판단은 큰 바다와 一般일반이라

16-87 我足立於平坦之地ˇ在諸會中必讚美主(詩篇시편 26:12)
아 족 입 어 평 탄 지 지 ˇ 재 제 회 중 필 찬 미 주
내 발이 平坦평탄한데 섰사오니 會中회중에서 여호와를 頌祝송축하리이다 〈찬송가 68장〉

16-88 我向山擧目觀望曰ˇ我之救濟ˇ自何而來(詩篇시편 121:1)
아 향 산 거 목 관 망 왈 ˇ 아 지 구 제 ˇ 자 하 이 래
내가 山산을 向향하여 눈을 들리라 나의 도움이 어디서 올까 〈찬송가 73장〉

16-89 主乃至大之神ˇ至大之王ˇ超乎諸神之上(詩篇시편 95:3)
주 내 지 대 지 신 ˇ 지 대 지 왕 ˇ 초 호 제 신 지 상
여호와는 크신 하나님이시요 모든 神신들보다 크신 王왕이시기 때문이로다 〈찬송가 79장〉

16-90 我稱爾爲友ˇ緣我以所聞於我父者示爾(約翰福音요한복음 15:15)
아 칭 이 위 우 ˇ 연 아 이 소 문 어 아 부 자 시 이
너희를 親舊친구라 하였노니 내가 내 아버지께 들은 것을 다 너희에게 알게 하였음이니라 〈찬송가 90장〉

16-91 上帝升之無上ˇ賜之以名ˇ超乎諸名之上(腓立比書빌립보서 2:9)
상 제 승 지 무 상 ˇ 사 지 이 명 ˇ 초 호 제 명 지 상
하나님이 그를 至極지극히 높여 모든 이름 위에 뛰어난 이름을 주사 〈찬송가 91장〉

16-92 耶穌負其十字架而出ˇ至一所ˇ名髑髏處(約翰福音요한복음 19:17)
야 소 부 기 십 자 가 이 출 ˇ 지 일 소 ˇ 명 촉 루 처
예수께서 自己자기의 十字架십자가를 지시고 骸骨해골이라 하는 곳에 나오시니 〈찬송가 146장〉

16-93 我必速至ˇ賞罰在我ˇ按各人所行而報之
아 필 속 지 ˇ 상 벌 재 아 ˇ 안 각 인 소 행 이 보 지
(約翰啓示錄요한계시록 22:12)
보라 내가 速속히 오리니 내가 줄 賞상이 내게 있어 各각 사람에게 그의 일한 대로 갚아주리라 〈찬송가 179장〉

16-94 主言之滋味ˇ甘而可口ˇ在我口甘勝於蜜(詩篇시편 119:103)
주 언 지 자 미 ˇ 감 이 가 구 ˇ 재 아 구 감 승 어 밀
主주의 말씀의 맛이 내게 어찌 그리 단지요 내 입에 꿀보다 더 다니이다 〈찬송가 200장〉

16-95 取餠祝謝ˇ擘而予之ˇ此乃我體ˇ爲爾捐者(路加福音누가복음 22:19)
취 병 축 사 ˇ 벽 이 여 지 ˇ 차 내 아 체 ˇ 위 이 연 자
떡을 가져 謝禮사례하시고 떼어 저희에게 주시며 가라사대 이것은 너희를 爲위하여 주는 내 몸이라 〈찬송가 230장〉

16-96 基督亦一次爲罪受死ˇ乃義者代不義者
기 독 역 일 차 위 죄 수 사 ˇ 내 의 자 대 불 의 자
(彼得前書베드로전서 3:18)
그리스도께서도 한番번 罪죄를 爲위하여 죽으사 義人의인으로서 不義불의한 者자를 代身대신하셨으니 〈찬송가 263장〉

16-97 不堪復稱爲爾子ˇ請視我如爾傭人之一
불 감 부 칭 위 이 자 ˇ 청 시 아 여 이 용 인 지 일
(路加福音누가복음 15:19)
只今지금부터는 아버지의 아들이라 일컬음을 勘當감당치 못하겠나이다 나를 품군의 하나로 보소서

16-98 去爾前行ˇ脫爾舊人ˇ以爾心志更換一新
거 이 전 행 ˇ 탈 이 구 인 ˇ 이 이 심 지 갱 환 일 신
(以弗所書에베소서 4:22~23)
舊習구습을 좇는 옛 사람을 벗어버리고 오직 心靈심령으로 새롭게 되어 〈찬송가 289장〉

16-99 食則其糧必得供給ˇ飮則其水必不枯涸(以賽亞이사야 33:16)
식 즉 기 량 필 득 공 급 ˇ 음 즉 기 수 필 부 고 학
그의 糧食양식은 供給공급되고 그의 물은 끊어지지 아니하리라

16-100 當信主耶穌基督ˇ則爾與爾家必得救矣
당 신 주 야 소 기 독 ˇ 즉 이 여 이 가 필 득 구 의
(使徒行傳사도행전 16:31)
主주 예수를 믿으라 그리하면 너와 네 집이 救援구원을 얻으리라 하고 〈찬송가 518장〉

16-101 萬物由主而來ˇ所獻於主者ˇ悉由主而得
만 물 유 주 이 래 ˇ 소 헌 어 주 자 ˇ 실 유 주 이 득
(歷代上역대상 29:14)
모든 것이 主주께로 말미암았사오니 우리가 主주의 손에

서 받은 것으로 主주께 드렸을 뿐이니이다 〈찬송가 634〉

16-102 行爲正直作事公義ˇ本誠心以發直言者(詩篇시편 15:2)
행위정직작사공의ˇ본성심이발직언자

正直정직하게 行행하며 公義공의를 일삼으며 그 마음에 眞實진실을 말하며

16-103 爾曹休倚君王ˇ休賴世人ˇ彼皆不能施救(詩篇시편 146:3)
이조휴의군왕ˇ휴뢰세인ˇ피개불능시구

方伯방백들을 依支의지하지 말며 도울 힘이 없는 人生인생도 依支의지하지 말지니

16-104 驕傲者ˇ上帝拒之ˇ謙卑者ˇ上帝賜之以恩
교오자ˇ상제거지ˇ겸비자ˇ상제사지이은
(彼得前書베드로전서 5:5)

하나님이 驕慢교만한 者자를 對敵대적하시되 謙遜겸손한 者자들에게는 恩惠은혜를 주시느니라

16-105 在世之時ˇ常稱頌主ˇ敬奉主名ˇ擧手祈禱(詩篇시편 63:4)
재세지시ˇ상칭송주ˇ경봉주명ˇ거수기도

나의 平生평생에 主주를 頌祝송축하며 主주의 이름으로 말미암아 나의 손을 들리이다 〈찬송가 573장〉

16-106 恩惠誠實ˇ彼此相遇ˇ公義和平ˇ彼此相接
은혜성실ˇ피차상우ˇ공의화평ˇ피차상접
(詩篇시편 85:10)

仁愛인애와 眞理진리가 같이 만나고 義의와 和平평화이 서로 입맞추었으며

16-107 十字寶血天國生涯ˇ以信得救永生福樂
십자보혈천국생애ˇ이신득구영생복락

十字家십자가의 寶血보혈로 天國천국 生涯생애를 이루고 믿음으로 救援구원을 얻어 永生福樂영생복락을 즐기자

16-108 主之榮耀ˇ永遠長存ˇ主自喜悅所造之物(詩篇시편 104:31)
주지영요ˇ영원장존ˇ주자희열소조지물

여호와의 榮光영광이 永遠영원히 繼續계속할지며 여호와는 自身자신께서 行행하시는 일들로 말미암아 즐거워하시리로다

16-109 上帝歟ˇ曾試驗我儕ˇ鍛鍊我儕ˇ如鍊銀然(詩篇시편 66:10)
상제여ˇ증시험아제ˇ단련아제ˇ여련은연

하나님이여 主주께서 우리를 試驗시험하시되 우리를 鍛鍊단련하시기를 銀은을 鍛鍊단련함 같이 하셨으며

16-110 主之律法ˇ我甚喜悅ˇ惟此律法終日思念(詩篇시편 119:97)
주 지 율 법 ˇ 아 심 희 열 ˇ 유 차 율 법 종 일 사 념

내가 主주의 法법을 어찌 그리 사랑하는지요 내가 그것을 종일 작은 소리로 읊조리나이다

17자

17-1 蓋凡求者必得ˇ尋者必遇ˇ叩門者必爲之啓(瑪太福音마태복음 7:8)
개 범 구 자 필 득 ˇ 심 자 필 우 ˇ 고 문 자 필 위 지 계

求구하는 이마다 받을 것이요 찾는 이는 찾아낼 것이요 두드리는 이에게는 열릴 것이니라

17-2 使事上帝之人ˇ得以純全練達ˇ能行諸善事
사 사 상 제 지 인 ˇ 득 이 순 전 연 달 ˇ 능 행 제 선 사
(提摩太後書디모데후서 3:17)

하나님의 사람으로 穩全온전하게 하며 모든 善선한 일을 行행할 能力능력을 갖추게 하려 함이라

17-3 上帝乃靈ˇ故拜之者ˇ必當以靈以誠而拜之
상 제 내 령 ˇ 고 배 지 자 ˇ 필 당 이 령 이 성 이 배 지
(約翰福音요한복음 4:24)

하나님은 靈영이시니 禮拜예배하는 者자가 靈영과 眞理진리로 禮拜예배할지니라

17-4 免我之罪ˇ蓋我亦免凡負我者ˇ勿使我遇試(路加福音누가복음 11:4)
면 아 지 죄 ˇ 개 아 역 면 범 부 아 자 ˇ 물 사 아 우 시

우리가 우리에게 罪죄 지은 모든 사람을 容恕용서하오니 우리 罪죄도 赦사하여 주시옵고 우리를 試驗시험에 들게 하지 마시옵소서 하라

17-5 敬畏主卽智慧之訓誨ˇ欲得尊榮ˇ必先謙遜(箴言잠언 15:33)
경 외 주 즉 지 혜 지 훈 회 ˇ 욕 득 존 영 ˇ 필 선 겸 손

여호와를 敬畏경외하는 것은 智慧지혜의 訓戒훈계라 謙遜겸손은 尊貴존귀의 길잡이니라

17-6 耶穌顧之曰ˇ在人固不能ˇ在上帝無不能也
야소고지왈ˇ재인고불능ˇ재상제무불능야
(瑪太福音마태복음 19:26)

예수께서 그들을 보시며 이르시되 사람으로는 할 수 없으나 하나님으로서는 다 하실 수 있느니라

17-7 相視爲兄弟ˇ互待以愛ˇ彼此禮讓ˇ互相尊重
상시위형제ˇ호대이애ˇ피차예양ˇ호상존중
(羅瑪書로마서 12:10)

兄弟형제를 사랑하여 서로 友愛우애하고 尊敬존경하기를 서로 먼저 하며

17-8 我諸事遇患難而不窮迫ˇ遇顚沛而不失望
아제사우환난이불궁박ˇ우전패이불실망
(哥林多後書고린도후서 4:8)

우리가 四方사방으로 우겨쌈을 當당하여도 싸이지 아니하며 답답한 일을 當당하여도 落心낙심하지 아니하며

17-9 爾在患難時禱告我ˇ我必救爾ˇ爾當尊奉我(詩篇시편 50:15)
이재환난시도고아ˇ아필구이ˇ이당존봉아

患難환난 날에 나를 부르라 내가 너를 건지리니 네가 나를 榮華영화롭게 하리로다

17-10 主仍護衛我如盾ˇ使我有榮耀ˇ使我能昂首(詩篇시편 3:3)
주잉호위아여순ˇ사아유영요ˇ사아능앙수

여호와여 主주는 나의 防牌방패시요 나의 榮光영광이시요 나의 머리를 드시는 者자이시니이다

17-11 惟主誠信ˇ必堅定爾曹ˇ保守爾曹ˇ得免於惡
유주성신ˇ필견정이조ˇ보수이조ˇ득면어악
(帖撒羅尼加後書데살로니가후서 3:3)

主주는 미쁘사 너희를 굳건하게 하시고 惡악한 者자에게서 지키시리라

17-12 我知爾之作爲ˇ爾不冷不熱ˇ願爾或冷或熱
아지이지작위ˇ이불냉불열ˇ원이혹냉혹열
(約翰啓示錄요한계시록 3:15)

내가 네 行爲행위를 아노니 네가 차지도 아니하고 뜨겁지도 아니하도다 네가 차든지 뜨겁든지 하기를 願원하노라

17-13 人必因所言者得果報ˇ口脣所出ˇ必反於身(箴言잠언 18:20)
인필인소언자득과보ˇ구순소출ˇ필반어신

사람은 입에서 나오는 열매로 말미암아 배부르게 되나니 곧 그의 입술에서 나는 것으로 말미암아 滿足만족하게 되느니라

17-14 不行而信稱罪人爲義之主ˇ卽其信稱爲義(羅瑪書로마서 4:5)
불 행 이 신 칭 죄 인 위 의 지 주 ˇ 즉 기 신 칭 위 의

일을 아니할지라도 敬虔경건하지 아니한 者자를 義의롭다 하시는 이를 믿는 者자에게는 그의 믿음을 義의로 여기시나니

17-15 我按主之公義讚美主ˇ歌頌主至上主之名(詩篇시편 7:17)
아 안 주 지 공 의 찬 미 주 ˇ 가 송 주 지 상 주 지 명

내가 여호와께 그의 義의를 따라 感謝감사함이여 至尊지존하신 여호와의 이름을 讚揚찬양하리로다

17-16 耶穌謂之曰ˇ從我ˇ我將使爾爲漁人之漁者
야 소 위 지 왈 ˇ 종 아 ˇ 아 장 사 이 위 어 인 지 어 자
(瑪太福音마태복음 4:19)

말씀하시되 나를 따라오라 내가 너희를 사람을 낚는 漁夫어부가 되게 하리라 하시니

17-17 我一心呼籲ˇ求主應允ˇ我必遵守主之典章
아 일 심 호 유 ˇ 구 주 응 윤 ˇ 아 필 준 수 주 지 전 장
(詩篇시편 119:145)

여호와여 내가 全心전념으로 부르짖었사오니 내게 應答응답하소서 내가 主주의 敎訓교훈들을 지키리이다

17-18 人對答合宜ˇ自覺喜悅ˇ應時之言ˇ何其美哉
인 대 답 합 의 ˇ 자 각 희 열 ˇ 응 시 지 언 ˇ 하 기 미 재
(箴言잠언 15:23)

사람은 그 입의 對答대답으로 말미암아 기쁨을 얻나니 때에 맞는 말이 얼마나 아름다운고

17-19 敬畏主者ˇ得享遐齡ˇ惡人之年壽ˇ必致短折
경 외 주 자 ˇ 득 향 하 령 ˇ 악 인 지 년 수 ˇ 필 치 단 절
(箴言잠언 10:27)

여호와를 敬畏경외하면 長壽장수하느니라 그러나 惡人악인의 壽命수명는 짧아지느니라

17-20 惡人所懼ˇ必臨及其身ˇ善人所欲ˇ主必賜之
악 인 소 구 ˇ 필 림 급 기 신 ˇ 선 인 소 욕 ˇ 주 필 사 지
(箴言잠언 10:24)

惡人악인에게는 그의 두려워하는 것이 臨임하거니와 義人의인은 그 願원하는 것이 이루어지느니라

17-21 義者之道ˇ如旭日之光ˇ久而愈明ˇ直至日中
의자지도ˇ여욱일지광ˇ구이유명ˇ직지일중
(箴言잠언 4:18)

義人의인의 길은 돋는 햇살 같아서 크게 빛나 한낮의 光明광명에 이르거니와

17-22 耶穌悚惕哀慟ˇ祈禱愈切ˇ汗如血滴落於地
야소송척애통ˇ기도유절ˇ한여혈적락어지
(路加福音누가복음 22:44)

예수께서 힘쓰고 애써 더욱 懇切간절히 祈禱기도하시니 땀이 땅에 떨어지는 핏방울 같이 되더라

17-23 諸天述說上帝之榮耀ˇ穹蒼傳揚其手所作(詩篇시편 19:1)
제천술설상제지영요ˇ궁창전양기수소작

하늘이 하나님의 榮光영광을 宣布선포하고 穹蒼궁창이 그의 손으로 하신 일을 나타내는도다

17-24 我賜之以永生ˇ永不淪亡ˇ無能奪之於我手
아사지이영생ˇ영불륜망ˇ무능탈지어아수
(約翰福音요한복음 10:28)

내가 그들에게 永生영생을 주노니 永遠영원히 滅亡멸망하지 아니할 것이요 또 그들을 내 손에서 빼앗을 者자가 없느니라

17-25 爾若遵守經所載愛人如己之至法ˇ則善矣
이약준수경소재애인여기지지법ˇ즉선의
(雅各書야고보서 2:8)

너희가 萬一만일 聖經성경에 기록된 대로 네 이웃 사랑하기를 네 몸과 같이 하라 하신 最高최고의 法법을 지키면 잘하는 것이거니와

17-26 因主之名ˇ終日歡欣ˇ以主之公義ˇ自矜爲榮
인주지명ˇ종일환흔ˇ이주지공의ˇ자긍위영
(詩篇시편 89:16)

그들은 終日종일 主주의 이름 때문에 기뻐하며 主주의 公義공의로 말미암아 높아지오니

17-27 我在大會中ˇ必讚美主ˇ在大衆中ˇ必頌揚主
아재대회중ˇ필찬미주ˇ재대중중ˇ필송양주
(詩篇시편 35:18)

내가 大會대회 中중에서 主주께 感謝감사하며 많은 百姓백성 中중에서 主주를 讚頌찬송하리이다

17-28 律法立ˇ致罪增益ˇ然罪增益之處ˇ恩寵更裕
율법립 ˇ 치죄증익 ˇ 연죄증익지처 ˇ 은총갱유
(羅瑪書로마서 5:20)

律法율법이 들어온 것은 犯罪범죄를 더하게 하려 함이라 그러나 罪죄가 더한 곳에 恩惠은혜가 더욱 넘쳤나니

17-29 凡違逆不順眞理而行不義者ˇ則報以憤怒(羅瑪書로마서 2:8)
범위역불순진리이행불의자 ˇ 즉보이분노

오직 黨당을 지어 眞理진리를 따르지 아니하고 不義불의를 따르는 者자에게는 震怒진노와 憤怒분노로 하시리라

17-30 但彼已定命ˇ誰能易之ˇ彼必行其心之所欲(約伯욥기 23:13)
단피이정명 ˇ 수능역지 ˇ 피필행기심지소욕

그는 뜻이 一定일정하시니 누가 能능히 돌이키랴 그의 마음에 하고자 하시는 것이면 그것을 行행하시나니

17-31 我遭苦難ˇ於我有益ˇ因使我學習主之典章
아조고난 ˇ 어아유익 ˇ 인사아학습주지전장
(詩篇시편 119:71)

苦難고난 當당한 것이 내게 有益유익이라 이로 말미암아 내가 主주의 律例율례들을 배우게 되었나이다

17-32 使人和睦者福矣ˇ因其將稱爲上帝之子也
사인화목자복의 ˇ 인기장칭위상제지자야
(瑪太福音마태복음 5:9)

和平화평하게 하는 者자는 福복이 있나니 그들이 하나님의 아들이라 일컬음을 받을 것임이요

17-33 田者ˇ世也ˇ美種者ˇ天國之子ˇ稗者ˇ惡魔之子
전자 ˇ 세야 ˇ 미종자 ˇ 천국지자 ˇ 패자 ˇ 악마지자
(瑪太福音마태복음 13:38)

밭은 世上세상이요 좋은 씨는 天國천국의 아들들이요 가라지는 惡악한 者자의 아들들이요

17-34 與衆俱異者ˇ惟縱己欲ˇ所行衝冒ˇ違諸善謀
여중구이자 ˇ 유종기욕 ˇ 소행충모 ˇ 위제선모
(箴言잠언 18:1)

무리에게서 스스로 갈라지는 者자는 自己자기 所欲소욕을 따

르는 者자라 온갖 참 智慧지혜를 排斥배척하느니라

17-35 夫歟ˇ爾當愛婦ˇ如基督愛教會ˇ爲教會舍己
부여ˇ이당애부ˇ여기독애교회ˇ위교회사기
(以弗所書에베소서 5:25)

男便남편들아 아내 사랑하기를 그리스도께서 教會교회를 사랑하시고 그 教會교회를 爲위하여 自身자신을 주심 같이 하라

17-36 使我眼目不視虛假ˇ使我蘇醒在主之道中(詩篇시편 119:37)
사아안목불시허가ˇ사아소성재주지도중

내 눈을 돌이켜 虛誕허탄한 것을 보지 말게 하시고 主주의 길에서 나를 살아나게 하소서

17-37 主迎迓之賜以厚福ˇ將精金之冠戴於其首(詩篇시편 21:3)
주영아지사이후복ˇ장정금지관대어기수

主주의 아름다운 福복으로 그를 迎接영접하시고 純金순금 冠관을 그의 머리에 씌우셨나이다

17-38 我欲人無慾無爭ˇ隨在擧聖潔之手而祈禱
아욕인무욕무쟁ˇ수재거성결지수이기도
(達提摩太前書디모데전서 2:8)

그러므로 各處각처에서 男子남자들이 憤怒분노와 다툼이 없이 거룩한 손을 들어 祈禱기도하기를 願원하노라

17-39 彼得與諸使徒答曰ˇ聽上帝過於聽人ˇ宜也
피득여제사도답왈ˇ청상제과어청인ˇ의야
(使徒行傳사도행전 5:29)

베드로와 使徒사도들이 對答대답하여 이르되 사람보다 하나님께 順從순종하는 것이 마땅하니라

17-40 若無黙示ˇ民則妄爲ˇ謹守律法者ˇ則爲有福
약무묵시ˇ민즉망위ˇ근수율법자ˇ즉위유복
(箴言잠언 29:18)

黙示묵시가 없으면 百姓백성이 放恣방자히 行행하거니와 律法율법을 지키는 者자는 福복이 있느니라

17-41 凡主所造者ˇ俱適其用ˇ造惡人ˇ日至以降罰
범주소조자ˇ구적기용ˇ조악인ˇ일지이강벌
(箴言잠언 16:4)

여호와께서 온갖 것을 그 쓰임에 適當적당하게 지으셨나니 惡人악인도 惡악한 날에 適當적당하게 하셨느니라

17-42 求我上帝因此事垂念我ˇ循主之恩憐憫我
구 아 상 제 인 차 사 수 념 아 ˇ 순 주 지 은 련 민 아
(尼希米느헤미아 13:22)

나의 하나님이여 나를 爲위하여 이 일도 記憶기억하옵시고 主주의 큰 恩惠은혜대로 나를 아끼시옵소서

17-43 如是ˇ非由人願ˇ非由人力ˇ乃由矜恤之上帝
여 시 ˇ 비 유 인 원 ˇ 비 유 인 력 ˇ 내 유 긍 휼 지 상 제
(羅瑪書로마서 9:16)

그런즉 願원하는 者자로 말미암음도 아니요 달음박질하는 者자로 말미암음도 아니요 오직 矜恤긍휼히 여기시는 하나님으로 말미암음이니라

17-44 我卽門也ˇ凡由我入者ˇ必得救ˇ且出入得芻
아 즉 문 야 ˇ 범 유 아 입 자 ˇ 필 득 구 ˇ 차 출 입 득 추
(約翰福音요한복음 10:9)

내가 門문이니 누구든지 나로 말미암아 들어가면 救援구원을 받고 또는 들어가며 나오며 꼴을 얻으리라

17-45 因此我自勉勵ˇ對上帝ˇ對人ˇ常存不虧之心
인 차 아 자 면 려 ˇ 대 상 제 ˇ 대 인 ˇ 상 존 불 휴 지 심
(使徒行傳사도행전 24:16)

이것으로 말미암아 나도 하나님과 사람에 對대하여 恒常항상 良心양심에 거리낌이 없기를 힘쓰나이다

17-46 得生命者ˇ反喪之ˇ爲我而喪生命者ˇ反得之
득 생 명 자 ˇ 반 상 지 ˇ 위 아 이 상 생 명 자 ˇ 반 득 지
(瑪太福音마태복음 10:39)

自己자기 목숨을 얻는 者자는 잃을 것이요 나를 爲위하여 自己자기 목숨을 잃는 者자는 얻으리라

17-47 自是耶穌始宣道曰ˇ爾當悔改ˇ因天國近矣
자 시 야 소 시 선 도 왈 ˇ 이 당 회 개 ˇ 인 천 국 근 의
(瑪太福音마태복음 4:17)

이 때부터 예수께서 비로소 傳播전파하여 이르시되 悔改회개하라 天國천국이 가까이 왔느니라 하시더라

17-48 宅第貲產ˇ爲祖父所遺ˇ賢德之妻ˇ爲主所賜
택 제 자 산 ˇ 위 조 부 소 유 ˇ 현 덕 지 처 ˇ 위 주 소 사
(箴言잠언 19:14)

집과 財物재물은 祖上조상에게서 相續상속하거니와 슬기로운

아내는 여호와께로서 말미암느니라

17-49 天國如酵ˇ婦取納於三斗麪中ˇ致均發酵焉
천 국 여 효 ˇ 부 취 납 어 삼 두 면 중 ˇ 치 균 발 효 언
(瑪太福音마태복음 13:33)

天國천국은 마치 여자가 가루 서 말 속에 갖다 넣어 전부 부풀게 한 누룩과 같으니라

17-50 我儕信耶穌ˇ則可因彼張膽ˇ毅然至上帝前
아 제 신 야 소 ˇ 즉 가 인 피 장 담 ˇ 의 연 지 상 제 전
(以弗所書에베소서 3:12)

우리가 그 안에서 그를 믿음으로 말미암아 膽大담대함과 確信확신을 가지고 하나님께 나아감을 얻느니라

17-51 爾立意欲何爲ˇ必得成之ˇ必有光照臨爾途(約伯욥기 22:28)
이 립 의 욕 하 위 ˇ 필 득 성 지 ˇ 필 유 광 조 임 이 도

네가 무엇을 決定결정하면 이루어질 것이요 네 길에 빛이 비치리라

17-52 生死之關係ˇ在乎出言ˇ珍重言語ˇ必得善果
생 사 지 관 계 ˇ 재 호 출 언 ˇ 진 중 언 어 ˇ 필 득 선 과
(箴言잠언 18:21)

죽고 사는 것이 혀의 힘에 달렸나니 혀를 쓰기 좋아하는 者자는 혀의 열매를 먹으리라

17-53 凡遵行我天父旨者ˇ卽我兄弟姊妹及母也
범 준 행 아 천 부 지 자 ˇ 즉 아 형 제 자 매 급 모 야
(瑪太福音마태복음 12:50)

누구든지 하늘에 계신 내 아버지의 뜻대로 하는 者자가 내 兄弟형제요 姉妹자매요 어머니이니라 하시더라.

17-54 我爲主爲師ˇ猶濯爾足ˇ爾曹亦當互相濯足
아 위 주 위 사 ˇ 유 탁 이 족 ˇ 이 조 역 당 호 상 탁 족
(約翰福音요한복음 13:14)

내가 主주와 또는 先生선생이 되어 너희 발을 씻었으니 너희도 서로 발을 씻어 주는 것이 옳으니라

17-55 衆旣受懲ˇ爾若不受懲ˇ則爲私子ˇ非嫡子也
중 기 수 징 ˇ 이 약 불 수 징 ˇ 즉 위 사 자 ˇ 비 적 자 야
(希伯來書히브리서 12:8)

懲戒징계는 다 받는 것이거늘 너희에게 없으면 私生子사생자요 참 아들이 아니니라

17-56 我旣多受基督之苦難ˇ亦賴基督多得安慰
아 기 다 수 기 독 지 고 난 ˇ 역 뢰 기 독 다 득 안 위
(哥林多後書고린도후서 1:5)

그리스도의 苦難고난이 우리에게 넘친 것 같이 우리가 받는 慰勞위로도 그리스도로 말미암아 넘치는도다

17-57 爾見白髮者當起ˇ敬耆老ˇ畏爾上帝ˇ我乃主
이 견 백 발 자 당 기 ˇ 경 기 노 ˇ 외 이 상 제 ˇ 아 내 주
(利未記레위기 19:32)

너는 센 머리 앞에서 일어서고 老人노인의 얼굴을 恭敬공경하며 네 하나님을 敬畏경외하라 나는 여호와이니라

17-58 彼存正直心以牧養之ˇ以巧妙之手引導之 (詩篇시편 78:72)
피 존 정 직 심 이 목 양 지 ˇ 이 교 묘 지 수 인 도 지

이에 저가 그 마음의 誠實성실함으로 기르고 그 손의 工巧공교함으로 指導지도하였도다

17-59 永久之門戶ˇ崇高而起ˇ尊榮之王ˇ將欲進矣
영 구 지 문 호 ˇ 숭 고 이 기 ˇ 존 영 지 왕 ˇ 장 욕 진 의
(詩篇시편 24:7)

永遠영원한 門문들아 들릴지어다 榮光영광의 王왕이 들어가시리로다 〈찬송가 102장〉

17-60 我將求父ˇ父必別以保慰者賜爾ˇ偕爾永居
아 장 구 부 ˇ 부 필 별 이 보 위 자 사 이 ˇ 해 이 영 거
(約翰福音요한복음 14:16)

내가 아버지께 求구하겠으니 그가 또 다른 保惠師보혜사를 너희에게 주사 永遠영원토록 너희와 함께 있게 하리니

〈찬송가 191장〉 **保慰者 ➡ 保惠師**

17-61 此家卽永生上帝之敎會ˇ眞理之柱與基也
차 가 즉 영 생 상 제 지 교 회 ˇ 진 리 지 주 여 기 야
(提摩太前書디모데전서 3:15)

이 집은 살아 계신 하나님의 敎會교회요 眞理진리의 기둥과 터니라 〈찬송가 208장〉

17-62 我迷失道途ˇ猶如亡羊ˇ求主尋主之僕以歸
아 미 실 도 도 ˇ 유 여 망 양 ˇ 구 주 심 주 지 복 이 귀
(詩篇시편 119:176)

잃은 羊양같이 내가 彷徨방황하오니 主주의 종을 찾으소서

〈찬송가 276장〉

17-63 求主扶持我ˇ我卽得救ˇ我常嚮慕主之典章
구주부지아ˇ아즉득구ˇ아상향모주지전장
(詩篇시편 119:117)

나를 붙드소서 그리하시면 내가 救援구원을 얻고 主주의 律例율례들에 恒常항상 注意주의하리이다 〈찬송가 374장〉

17-64 從幽暗死陰中救之使出ˇ折斷拘之之縲紲(詩篇시편 107:14)
종유암사음중구지사출ˇ절단구지지류설

黑暗흑암과 死亡사망의 그늘에서 引導인도하여 내시고 그들의 얽어 맨 줄을 끊으셨도다 〈찬송가 379장〉

17-65 我心歡欣ˇ我體之榮喜樂ˇ我身軀亦享安康(詩篇시편 16:9)
아심환흔ˇ아체지영희락ˇ아신구역향안강

나의 마음이 기쁘고 나의 榮영도 즐거워하며 내 肉體육체도 安全안전히 살리니 〈찬송가 401장〉

17-66 我若非喜悅主之律法ˇ在苦難中早已死亡(詩篇시편 119:92)
아약비희열주지율법ˇ재고난중조이사망

主주의 法법이 나의 즐거움이 되지 아니하였더면 내가 내 苦難고난 中중에 滅亡절망하였으리이다 〈찬송가 403장〉

17-67 當以言ˇ以行ˇ以愛ˇ以信ˇ以潔ˇ爲信者之模範
당이언ˇ이행ˇ이애ˇ이신ˇ이결ˇ위신자지모범
(提摩太前書디모데전서 4:12)

말과 行實행실과 사랑과 믿음과 貞節정절에 있어서 믿는 者자에게 本본이 되어 〈찬송가 465장〉

17-68 地與地上萬物ˇ世界與居世界之人ˇ悉屬主(詩篇시편 24:1)
지여지상만물ˇ세계여거세계지인ˇ실속주

땅과 거기 充滿충만한 것과 世界세계와 그 가운데에 사는 者자들은 다 여호와의 것이로다 〈찬송가 478장〉

17-69 主之外ˇ在天我何所歸向ˇ在地我無所愛慕
주지외ˇ재천아하소귀향ˇ재지아무소애모
(詩篇시편 73:25)

하늘에서는 主주 外외에 누가 내게 있으리요 땅에서는 主주 밖에 내가 思慕사모할 이 없나이다 〈찬송가 484장〉

17-70 我乃世之光ˇ從我者不行於暗ˇ而得生之光
아내세지광ˇ종아자불행어암ˇ이득생지광
(約翰福音요한복음 8:12)

나는 世上세상의 빛이니 나를 따르는 者자는 어둠에 다니지 아니하고 生命생명의 빛을 얻으리라

17-71 我立爾爲異邦人之光ˇ使爾施救至於地極
아 립 이 위 이 방 인 지 광 ˇ 사 이 시 구 지 어 지 극
(使徒行傳사도행전 13:47)

내가 너를 異邦이방의 빛으로 삼아 너로 땅 끝까지 救援구원하게 하리라

17-72 爾須忍耐ˇ使爾能行上帝之旨ˇ可得所許者
이 수 인 내 ˇ 사 이 능 행 상 제 지 지 ˇ 가 득 소 허 자
(希伯來書히브리서 10:36)

너희에게 忍耐인내가 必要필요함은 너희가 하나님의 뜻을 行행한 後후에 約束약속하신 것을 받기 爲위함이라

17-73 普天下人ˇ皆當歌頌主ˇ日日宣揚主之救恩
보 천 하 인 ˇ 개 당 가 송 주 ˇ 일 일 선 양 주 지 구 은
(歷代上역대상 16:23)

온 땅이여 여호와께 노래하며 그의 救援구원을 날마다 宣布선포할지어다

⓲자

18-1 我鍛鍊爾ˇ然非若銀也ˇ我以苦難之爐試驗爾
아 단 련 이 ˇ 연 비 약 은 야 ˇ 아 이 고 난 지 로 시 험 이
(以賽亞이사야 48:10)

보라 내가 너를 鍊鍛연단하였으나 銀은처럼 하지 아니하고 너를 苦難고난의 풀무 불에서 擇택하였노라

18-2 耶穌曰ˇ我誠告爾ˇ人非重生ˇ不能見上帝之國
야 소 왈 ˇ 아 성 고 이 ˇ 인 비 중 생 ˇ 불 능 견 상 제 지 국
(約翰福音요한복음 3:3)

예수께서 對答대답하여 이르시되 眞實진실로 眞實진실로 네게 이르노니 사람이 거듭나지 아니하면 하나님의 나라를 볼 수 없느니라

18-3 求主以良知穎悟訓示我ˇ因我信從主之誡命
구 주 이 량 지 영 오 훈 시 아 ˇ 인 아 신 종 주 지 계 명
(詩篇시편 119:66)

내가 主주의 誡命계명들을 믿었사오니 좋은 明徹명철과 知識지

식을 내게 가르치소서

18-4 爾昔爲暗ˇ今信主而爲光ˇ當如光明之人而行
이 석 위 암 ˇ 금 신 주 이 위 광 ˇ 당 여 광 명 지 인 이 행
(以弗所書에베소서 5:8)

너희가 前전에는 어둠이더니 이제는 主주 안에서 빛이라 빛의 子女자녀들처럼 行행하라

18-5 持槍與斧ˇ阻拒追我者ˇ願主向我云ˇ我拯救爾
지 창 여 부 ˇ 조 거 추 아 자 ˇ 원 주 향 아 운 ˇ 아 증 구 이
(詩篇시편 35:3)

槍창을 빼사 나를 쫓는 者자의 길을 막으시고 또 내 靈魂영혼에게 나는 네 救援구원이라 이르소서

18-6 人在基督ˇ則爲新造之人ˇ舊事已逝ˇ一切更新
인 재 기 독 ˇ 즉 위 신 조 지 인 ˇ 구 사 이 서 ˇ 일 체 갱 신
(哥林多後書고린도후서 5:17)

누구든지 그리스도 안에 있으면 새로운 被造物피조물이라 以前이전 것은 지나갔으니 보라 새 것이 되었도다

18-7 當積財於天ˇ彼無蠹蝕朽壞ˇ亦無盜穿窬而竊
당 적 재 어 천 ˇ 피 무 두 식 후 괴 ˇ 역 무 도 천 유 이 절
(瑪太福音마태복음 6:20)

오직 너희를 爲위하여 寶物보물을 하늘에 쌓아 두라 거기는 좀이나 銅綠등록이 害해하지 못하며 도둑이 구멍을 뚫지도 못하고 도둑질도 못하느니라

18-8 必爲爾立合我心之牧人ˇ俾以智慧明哲牧爾
필 위 이 입 합 아 심 지 목 인 ˇ 비 이 지 혜 명 철 목 이
(耶利米예레미아 3:15)

내가 또 내 마음에 合합한 牧者목자들을 너희에게 주리니 그들이 知識지식과 明哲명철로 너희를 養育양육하리라

18-9 謀惡者終必心覺自欺ˇ勸人和睦者必得喜樂(箴言잠언 12:20)
모 악 자 종 필 심 각 자 기 ˇ 권 인 화 목 자 필 득 희 락

惡악을 꾀하는 者자의 마음에는 속임이 있고 和平화평을 議論의논하는 者자에게는 喜樂희락이 있느니라

18-10 作事殷勤者ˇ必得轄人ˇ經營怠惰者ˇ必爲人役
작 사 은 근 자 ˇ 필 득 할 인 ˇ 경 영 태 타 자 ˇ 필 위 인 역
(箴言잠언 12:24)

부지런한 者자의 손은 사람을 다스리게 되어도 게으른 者

자는 부림을 받느니라

18-11 凡主所視爲正ˇ所視爲善ˇ爾當行之ˇ則可得福
범 주 소 시 위 정 ˇ 소 시 위 선 ˇ 이 당 행 지 ˇ 즉 가 득 복
(申命記신명기 6:18)

여호와께서 보시기에 正直정직하고 善良선량한 일을 行행하라 그리하면 네가 福복을 받고

18-12 善人終日憐恤人ˇ借貸於人ˇ其子孫必將得福
선 인 종 일 련 휼 인 ˇ 차 대 어 인 ˇ 기 자 손 필 장 득 복
(詩篇시편 37:26)

그는 終日종일토록 恩惠은혜를 베풀고 꾸어 주니 그의 子孫자손이 福복을 받는도다

18-13 凡傾仆者ˇ主必扶之ˇ凡拳曲者主必直之使立
범 경 부 자 ˇ 주 필 부 지 ˇ 범 권 곡 자 주 필 직 지 사 립
(詩篇시편 145:14)

여호와께서는 모든 넘어지는 者자들을 붙드시며 卑屈비굴한 者자들을 일으키시는도다

18-14 旣有所望ˇ必坦然無懼ˇ察視無畏ˇ則安然偃臥
기 유 소 망 ˇ 필 탄 연 무 구 ˇ 찰 시 무 외 ˇ 즉 안 연 언 와
(約伯욥기 11:18)

네가 所望소망이 있으므로 든든할지며 두루 살펴보고 安全안전히 쉬리니

18-15 當行公平ˇ有若水流ˇ當爲仁義ˇ有若長流之溪
당 행 공 평 ˇ 유 약 수 류 ˇ 당 위 인 의 ˇ 유 약 장 류 지 계
(阿摩司아모스 5:24)

오직 正義정의를 물 같이, 公義공의를 마르지 않는 江강 같이 흐르게 할지어다

18-16 惡人經營ˇ所得虛幻ˇ播善種者ˇ必獲眞實果報
악 인 경 영 ˇ 소 득 허 환 ˇ 파 선 종 자 ˇ 필 획 진 실 과 보
(箴言잠언 11:18)

惡人악인의 삯은 虛無허무하되 公義공의를 뿌린 자의 賞상은 確實확실하니라

18-17 主爲正直者存福祉ˇ行止無過者主護之如盾(箴言잠언 2:7)
주 위 정 직 자 존 복 지 ˇ 행 지 무 과 자 주 호 지 여 순

그는 正直정직한 者자를 爲위하여 完全완전한 知慧지혜를 豫備예비하시며 行實행실이 穩全온전한 者자에게 防牌방패가 되시나니

18-18 正直人之年壽ˇ爲主所知ˇ其基業必存至永久
정 직 인 지 년 수 ˇ 위 주 소 지 ˇ 기 기 업 필 존 지 영 구
(詩篇시편 37:18)

여호와께서 穩全온전한 者자의 날을 아시나니 그들의 基業기업은 永遠영원하리로다

18-19 主必導於爾前ˇ庇祐爾ˇ不棄爾ˇ勿恐懼ˇ勿畏葸
주 필 도 어 이 전 ˇ 비 우 이 ˇ 불 기 이 ˇ 물 공 구 ˇ 물 외 사
(申命記신명기 31:8)

여호와 그가 네 앞에서 가시며 너와 함께 하사 너를 떠나지 아니하시며 버리지 아니하시리니 너는 두려워하지 말라 놀라지 말라

18-20 凡穢言勿出爾口ˇ言必善以建德ˇ使聽者獲益
범 예 언 물 출 이 구 ˇ 언 필 선 이 건 덕 ˇ 사 청 자 획 익
(以弗所書에베소서 4:29)

무릇 더러운 말은 너희 입 밖에도 내지 말고 오직 德덕을 세우는 데 所用소용되는 대로 善선한 말을 하여 듣는 者자들에게 恩惠은혜를 끼치게 하라

18-21 使基督因信而居爾心ˇ使爾於仁愛ˇ根深基固
사 기 독 인 신 이 거 이 심 ˇ 사 이 어 인 애 ˇ 근 심 기 고
(以弗所書에베소서 3:17)

믿음으로 말미암아 그리스도께서 너희 마음에 계시게 하시옵고 너희가 사랑 가운데서 뿌리가 박히고 터가 굳어져서

18-22 主必救贖其僕之生命ˇ凡倚賴主者終不見罪
주 필 구 속 기 복 지 생 명 ˇ 범 의 뢰 주 자 종 불 견 죄
(詩篇시편 34:22)

여호와께서 그의 종들의 靈魂영혼을 贖良속량하시나니 그에게 避피하는 者자는 다 罰벌을 받지 아니하리로다

18-23 當除盡舊酵ˇ俾成新團ˇ因爾曹乃如無酵之餠
당 제 진 구 효 ˇ 비 성 신 단 ˇ 인 이 조 내 여 무 효 지 병
(哥林多前書고린도전서 5:7)

너희는 누룩 없는 者자인데 새 덩어리가 되기 위하여 묵은 누룩을 내버리라

18-24 行正直者ˇ可得拯救ˇ從邪曲道者ˇ必顚蹶於路
행 정 직 자 ˇ 가 득 증 구 ˇ 종 사 곡 도 자 ˇ 필 전 궐 어 로
(箴言잠언 28:18)

誠實성실하게 行행하는 者자는 救援구원을 받을 것이나 굽은 길로 行행하는 者자는 곧 넘어지리라

18-25 耶穌回顧曰ˇ女ˇ安心ˇ爾信已愈爾ˇ自是婦卽愈
야소회고왈ˇ녀ˇ안심ˇ이신이유이ˇ자시부즉유
(瑪太福音마태복음 9:22)

예수께서 돌이켜 그를 보시며 이르시되 딸아 安心안심하라 네 믿음이 너를 救援구원하였다 하시니 女子여자가 그 卽時즉시 救援구원을 받으니라

18-26 溫良之言ˇ猶如生命之樹ˇ乖戾之辭ˇ使人心傷
온량지언ˇ유여생명지수ˇ괴려지사ˇ사인심상
(箴言잠언 15:4)

溫順온순한 혀는 곧 生命생명 나무이지만 悖逆패역한 혀는 마음을 傷상하게 하느니라

18-27 小子乎ˇ我致書於爾ˇ因爾之罪ˇ賴主名而得赦
소자호ˇ아치서어이ˇ인이지죄ˇ뢰주명이득사
(約翰壹書요한1서 2:12)

子女자녀들아 내가 너희에게 쓰는 것은 너희 罪죄가 그의 이름으로 말미암아 赦사함을 받았음이요

18-28 遵律法ˇ諸物皆以血而潔ˇ若不流血ˇ則無赦免
준율법ˇ제물개이혈이결ˇ약불유혈ˇ즉무사면
(希伯來書히브리서 9:22)

律法율법을 따라 거의 모든 物件물건이 피로써 淨潔정결하게 되나니 피흘림이 없은즉 赦사함이 없느니라

18-29 善且忠之僕ˇ爾於寡者旣忠ˇ我必以多者任爾
선차충지복ˇ이어과자기충ˇ아필이다자임이
(瑪太福音마태복음 25:21)

착하고 忠誠충성된 종아 네가 적은 일에 忠誠충성하였으매 내가 많은 것으로 네게 맡기리니

18-30 人敬畏主ˇ卽有堅實之期望ˇ其子孫必得護庇
인경외주ˇ즉유견실지기망ˇ기자손필득호비
(箴言잠언 14:26)

여호와를 敬畏경외하는 者자에게는 堅固견고한 依賴의뢰가 있나니 그 子女자녀들에게 避難處피난처가 있으리라

18-31 竊者勿復竊ˇ寧服勞ˇ手作善工ˇ得以周濟貧乏
절자물부절ˇ령복노ˇ수작선공ˇ득이주제빈핍
(以弗所書에베소서 4:28)

도둑질하는 者자는 다시 도둑질하지 말고 돌이켜 가난한 者자에게 救濟구제할 수 있도록 自己자기 손으로 수고하여 善선한 일을 하라

18-32 望而不得ˇ使心憂傷ˇ所欲旣遂ˇ如得生命之樹
망이부득ˇ사심우상ˇ소욕기수ˇ여득생명지수
(箴言잠언 13:12)

所望소망이 더디 이루어지면 그것이 마음을 傷상하게 하거니와 所願소원이 이루어지는 것은 곧 生命생명 나무니라

18-33 凡屬基督耶穌ˇ不從肉體而從聖靈者ˇ不定罪
범속기독야소ˇ부종육체이종성령자ˇ부정죄
(羅瑪書로마서 8:1)

그리스도 예수 안에 있는 者자 肉體육체를 따르지 아니하고 聖靈성령을 따르는 者자에게는 결코 定罪정죄함이 없나니

18-34 兄弟更當殷勤ˇ使爾蒙召蒙選之恩ˇ堅定不移
형제갱당은근ˇ사이몽소몽선지은ˇ견정불이
(彼得後書베드로후서 1:10)

兄弟형제들아 더욱 힘써 너희 부르심과 擇택하심을 굳게 하라

18-35 美容屬僞ˇ豔色屬虛ˇ惟敬畏主之女ˇ始得讚譽
미용속위ˇ염색속허ˇ유경외주지녀ˇ시득찬예
(箴言잠언 31:30)

고운 것도 거짓되고 아름다운 것도 헛되나 오직 여호와를 敬畏경외하는 女子여자는 稱讚칭찬을 받을 것이라

18-36 行動正直ˇ遵行主之律法者ˇ此等人便爲有福
행동정직ˇ준행주지율법자ˇ차등인변위유복
(詩篇시편 119:1)

行爲행위가 穩全온전하여 여호와의 律法율법을 따라 行행하는 者자들은 福복이 있음이여

18-37 上帝有洪福ˇ獨一有權者ˇ萬王之王ˇ萬主之主
상제유홍복ˇ독일유권자ˇ만왕지왕ˇ만주지주
(提摩太前書디모데전서 6:15)

하나님은 福복되시고 唯一유일하신 主權者주권자이시며 萬王만왕의 王왕이시며 萬主만주의 主주시요

18-38 願主之道得明在世ˇ主之救恩得知在萬族中
원주지도득명재세ˇ주지구은득지재만족중
(詩篇시편 67:2)

主주의 道도를 땅 위에, 主주의 救援구원을 모든 나라에게 알리소서

18-39 主之國爲永遠之國ˇ主執掌之權衡ˇ世世無盡
주 지 국 위 영 원 지 국 ˇ 주 집 장 지 권 형 ˇ 세 세 무 진
(詩篇시편 145:13)

主주의 나라는 永遠영원한 나라이니 主주의 統治통치는 代代대대에 이르리이다

18-40 凡呼籲主者ˇ卽誠心呼籲主者ˇ主必與之相近
범 호 유 주 자 ˇ 즉 성 심 호 유 주 자 ˇ 주 필 여 지 상 근
(詩篇시편 145:18)

여호와께서는 自己자기에게 懇求간구하는 모든 者자 곧 眞實진실하게 懇求간구하는 모든 者자에게 가까이 하시는도다

18-41 凡認我於人前者ˇ我亦認之於我在天之父前
범 인 아 어 인 전 자 ˇ 아 역 인 지 어 아 재 천 지 부 전
(瑪太福音마태복음 10:32)

누구든지 사람 앞에서 나를 是認시인하면 나도 하늘에 계신 내 아버지 앞에서 그를 是認시인할 것이요

18-42 豈不知爾乃上帝之殿ˇ上帝之靈居於爾中乎
기 부 지 이 내 상 제 지 전 ˇ 상 제 지 령 거 어 이 중 호
(哥林多前書고린도전서 3:16)

너희는 너희가 하나님의 聖殿성전인 것과 하나님의 聖靈성령이 너희 안에 계시는 것을 알지 못하느냐

18-43 主賜恩澤ˇ使年歲豐登ˇ主無論何往ˇ悉降恩膏
주 사 은 택 ˇ 사 연 세 풍 등 ˇ 주 무 론 하 왕 ˇ 실 강 은 고
(詩篇시편 65:11)

主주의 恩澤은택으로 한 해를 冠관 씌우시니 主주의 길에는 기름 방울이 떨어지며

18-44 凡由上帝而生者勝世ˇ所以勝世者ˇ乃我之信
범 유 상 제 이 생 자 승 세 ˇ 소 이 승 세 자 ˇ 내 아 지 신
(約翰壹書요한1서 5:4)

무릇 하나님께로부터 난 者자마다 世上세상을 이기느니라 世上세상을 이기는 勝利승리는 이것이니 우리의 믿음이니라

18-45 爾食以己手勤勞所得者ˇ卽爲有福ˇ必處佳境
이 식 이 기 수 근 로 소 득 자 ˇ 즉 위 유 복 ˇ 필 처 가 경
(詩篇시편 128:2)

네가 네 손이 수고한 대로 먹을 것이라 네가 福복되고 亨通형통하리로다

18-46 爾中有人受苦者ˇ則當祈禱ˇ有樂者ˇ則當謳歌
이 중 유 인 수 고 자 ˇ 즉 당 기 도 ˇ 유 락 자 ˇ 즉 당 구 가
(雅各書야고보서 5:13)

너희 中중에 苦難고난 當당하는 者자가 있느냐 그는 祈禱기도할 것이요 즐거워하는 者자가 있느냐 그는 讚頌찬송할지니라

18-47 惟因基督耶穌贖罪ˇ賴上帝之恩ˇ無功而稱義
유 인 기 독 야 소 속 죄 ˇ 뢰 상 제 지 은 ˇ 무 공 이 칭 의
(羅瑪書로마서 3:24)

그리스도 예수 안에 있는 贖良속량으로 말미암아 하나님의 恩惠은혜로 값 없이 義의롭다 하심을 얻은 者자 되었느니라

18-48 爾當恃上帝ˇ則可得平康ˇ福祉必因此臨爾身
이 당 시 상 제 ˇ 즉 가 득 평 강 ˇ 복 지 필 인 차 임 이 신
(約伯욥기 22:21)

너는 하나님과 和睦화목하고 平安평안하라 그리하면 福복이 네게 臨임하리라

18-49 我儕有機ˇ當行善於衆ˇ而於同信者更當如此
아 제 유 기 ˇ 당 행 선 어 중 ˇ 이 어 동 신 자 갱 당 여 차
(迦拉太書갈라디아서 6:10)

그러므로 우리는 機會기회 있는 대로 모든 이에게 착한 일을 하되 더욱 믿음의 家庭가정들에게 할지니라

18-50 我將主之法度ˇ以爲永業ˇ因此法度令我心悅
아 장 주 지 법 도 ˇ 이 위 영 업 ˇ 인 차 법 도 령 아 심 열
(詩篇시편 119:111)

主주의 證據증거로 내가 永遠영원히 基業기업을 삼았사오니 이는 내 마음의 즐거움이 됨이니이다

18-51 當以堅信拒之ˇ因知爾兄弟在世ˇ亦受此苦難
당 이 견 신 거 지 ˇ 인 지 이 형 제 재 세 ˇ 역 수 차 고 난
(彼得前書베드로전서 5:9)

너희는 믿음을 굳건하게 하여 그를 對敵대적하라 이는 世上세상에 있는 너희 兄弟형제들도 同一동일한 苦難고난을 當당하는 줄을 앎이라

18-52 爾曹或食或飮ˇ無論何爲ˇ皆當爲榮上帝而爲
이 조 혹 식 혹 음 ˇ 무 론 하 위 ˇ 개 당 위 영 상 제 이 위
(哥林多前書고린도전서 10:31)

너희가 먹든지 마시든지 무엇을 하든지 다 하나님의 榮光영광을 爲위하여 하라

18-53 人心有所慮ˇ則煩悶不安ˇ惟良言可使之暢適
인 심 유 소 려 ˇ 즉 번 민 불 안 ˇ 유 량 언 가 사 지 창 적
(箴言잠언 12:25)

근심이 사람의 마음에 있으면 그것으로 煩惱번뇌하게 되나 善선한 말은 그것을 즐겁게 하느니라

18-54 我往何處以避主之神ˇ我逃何處以避主之面
아 왕 하 처 이 피 주 지 신 ˇ 아 도 하 처 이 피 주 지 면
(詩篇시편 139:7)

내가 主주의 靈영을 떠나 어디로 가며 主주의 앞에서 어디로 避피하리이까

18-55 爾曹當稱謝主ˇ因主至善ˇ主之恩慈ˇ永遠常存
이 조 당 칭 사 주 ˇ 인 주 지 선 ˇ 주 지 은 자 ˇ 영 원 상 존
(詩篇시편 136:1)

여호와께 感謝감사하라 그는 善선하시며 그 仁慈인자하심이 永遠영원함이로다

18-56 爾當謹守遵行我之律例ˇ我乃主使爾成聖者
이 당 근 수 준 행 아 지 율 례 ˇ 아 내 주 사 이 성 성 자
(利未記레위기 20:8)

너희는 내 規例규례를 지켜 行행하라 나는 너희를 거룩케 하는 여호와니라

18-57 願與上帝之民同受苦ˇ不願暫享罪惡之逸樂
원 여 상 제 지 민 동 수 고 ˇ 불 원 잠 향 죄 악 지 일 락
(希伯來書히브리서 11:25)

도리어 하나님의 百姓백성과 함께 苦難고난 받기를 暫時잠시 罪惡죄악의 樂낙을 누리는 것보다 더 좋아하고

18-58 我儕在上帝前ˇ爲爾甚樂ˇ將何以祝謝上帝乎
아 제 재 상 제 전 ˇ 위 이 심 락 ˇ 장 하 이 축 사 상 제 호
(帖撒羅尼迦前書데살로니가전서 3:9)

우리가 우리 하나님 앞에서 너희로 말미암아 모든 기쁨으로 기뻐하니 너희를 爲위하여 能능히 어떠한 感謝감사로 하나님께 報答보답할까

18-59 毋復仇ˇ毋怨憾本國之人ˇ當愛人如己ˇ我乃主
무복구ˇ무원감본국지인ˇ당애인여기ˇ아내주
(利未記레위기 19:18)

怨讐원수를 갚지 말며 同胞동포를 怨望원망하지 말며 네 이웃 사랑하기를 네 自身자신과 같이 사랑하라 나는 여호와이니라

18-60 主上帝曰ˇ人獨處未善ˇ我將爲彼作偶以助之
주상제왈ˇ인독처미선ˇ아장위피작우이조지
(創世記창세기 2:18)

여호와 하나님이 이르시되 사람이 혼자 사는 것이 좋지 아니하니 내가 그를 爲위하여 돕는 配匹배필을 지으리라 하시니라

18-61 願凡誠心愛我主耶穌基督者ˇ皆得恩寵ˇ阿們
원범성심애아주야소기독자ˇ개득은총ˇ아문
(以弗所書에베소서 6:24)

우리 主주 예수 그리스도를 變변함 없이 사랑하는 모든 者자에게 恩惠은혜가 있을지어다

18-62 是爲應先知以賽亞所言云ˇ彼任我恙ˇ肩我病
시위응선지이새아소언운ˇ피임아양ˇ견아병
(瑪太福音마태복음 8:17)

이는 先知者선지자 이사야를 通통하여 하신 말씀에 우리의 軟弱연약한 것을 親친히 擔當담당하시고 病병을 짊어지셨도다 함을 이루려 하심이더라

18-63 蓋人子來ˇ非以役人ˇ乃役於人ˇ且舍生以贖衆
개인자래ˇ비이역인ˇ내역어인ˇ차사생이속중
(瑪可福音마가복음 10:45)

人子인자가 온 것은 섬김을 받으려 함이 아니라 도리어 섬기려 하고 自己자기 목숨을 많은 사람의 代贖物대속물로 주려 함이니라

18-64 惟爾當事事警醒ˇ耐苦作宣道之工ˇ盡爾之職
유이당사사경성ˇ내고작선도지공ˇ진이지직
(提摩太後書디모데후서 4:5)

그러나 너는 모든 일에 愼重신중하여 苦難고난을 받으며 傳道者전도자의 일을 하며 네 職務직무를 다하라

18-65 父歟ˇ爾勿激子怒ˇ必以主之訓警戒而敎養之
부여ˇ이물격자노ˇ필이주지훈경계이교양지
(以弗所書에베소서 6:4)

또 아비들아 너희 子女자녀를 怒노엽게 하지 말고 오직 主주의 敎訓교훈과 訓戒훈계로 養育양육하라

18-66 蓋上帝爲基督賜爾不但信基督ˇ亦爲之受苦
개상제위기독사이부단신기독ˇ역위지수고
(腓立比書빌립보서 1:29)

그리스도를 爲위하여 너희에게 恩惠은혜를 주신 것은 다만 그를 믿을 뿐 아니라 또한 그를 爲위하여 苦難고난도 받게 하려 하심이라

18-67 第人能食飮ˇ能享勞碌所得者ˇ亦爲上帝所賜
제인능식음ˇ능향노록소득자ˇ역위상제소사
(傳道書전도서 3:13)

사람마다 먹고 마시는 것과 수고함으로 樂낙을 누리는 그것이 하나님의 膳物선물인 줄도 또한 알았도다

18-68 爾旣知主乃義ˇ則知凡行義者ˇ乃由主而生也
이기지주내의ˇ즉지범행의자ˇ내유주이생야
(約翰壹書요한1서 2:29)

너희가 그의 義의로우신 줄을 알면 義의를 行행하는 者자마다 그에게서 난 줄을 알리라

18-69 求上帝爲我造潔淨之心ˇ爲我新作正直之志
구상제위아조결정지심ˇ위아신작정직지지
(詩篇시편 51:10)

하나님이여 내 속에 淨정한 마음을 創造창조하시고 내 안에 正直정직한 靈영을 새롭게 하소서

18-70 人有樂行之心ˇ則見納循其所有ˇ非循其所無
인유락행지심ˇ즉견납순기소유ˇ비순기소무
(哥林多後書고린도후서 8:12)

할 마음만 있으면 있는 대로 받으실 터이요 없는 것을 받지 아니하시리라

18-71 當將主名之榮耀歸於主ˇ在榮華聖所敬拜主(詩篇시편 29:2)
당장주명지영요귀어주ˇ재영화성소경배주

여호와께 그의 이름에 合當합당한 榮光영광을 돌리며 거룩한 옷을 입고 여호와께 禮拜예배할지어다

18-72 當自卑ˇ服上帝大能之手ˇ及時ˇ上帝必高擧爾
당자비ˇ복상제대능지수ˇ급시ˇ상제필고거이
(彼得前書베드로전서 5:6)

하나님의 能능하신 손 아래에서 謙遜겸손하라 때가 되면 너희를 높이시리라

18-73 善人ˇ主必試驗ˇ惡人與樂行兇暴者ˇ主必憎惡
선 인 ˇ 주 필 시 험 ˇ 악 인 여 락 행 흉 폭 자 ˇ 주 필 증 오
(詩篇시편 11:5)

여호와는 義人의인을 鑑察감찰하시고 惡人악인과 暴力폭력을 좋아하는 者자를 마음에 미워하시도다

18-74 使我不囚於敵人之手ˇ俾我足立於寬濶之地(詩篇시편 31:8)
사 아 불 수 어 적 인 지 수 ˇ 비 아 족 입 어 관 활 지 지

나를 怨讐원수의 手中수중에 가두지 아니하셨고 내 발을 넓은 곳에 세우셨음이니이다

18-75 其次愛人如己ˇ亦如之ˇ諸誡未有大於此二者
기 차 애 인 여 기 ˇ 역 여 지 ˇ 제 계 미 유 대 어 차 이 자
(瑪可福音마가복음 12:31)

둘째는 이것이니 네 이웃을 네 自身자신과 같이 사랑하라 하신 것이라 이보다 더 큰 誡命계명이 없느니라

18-76 隱諱己過者ˇ必不亨通ˇ認過而改者ˇ必蒙矜恤
은 휘 기 과 자 ˇ 필 불 형 통 ˇ 인 과 이 개 자 ˇ 필 몽 긍 휼
(箴言잠언 28:13)

自己자기의 罪죄를 숨기는 者자는 亨通형통하지 못하나 罪죄를 自服자복하고 버리는 者자는 불쌍히 여김을 받으리라

18-77 爾當慕恩賜之至貴者ˇ我將示爾更妙之道矣
이 당 모 은 사 지 지 귀 자 ˇ 아 장 시 이 갱 묘 지 도 의
(哥林多前書고린도전서 12:31)

너희는 더욱 큰 恩賜은사를 思慕사모하라 내가 또한 가장 좋은 길을 너희에게 보이리라

18-78 可愛者乎ˇ上帝旣如此愛我ˇ則我儕亦當相愛
가 애 자 호 ˇ 상 제 기 여 차 애 아 ˇ 즉 아 제 역 당 상 애
(約翰壹書요한1서 4:11)

사랑하는 者자들아 하나님이 이같이 우리를 사랑하셨은 즉 우리도 서로 사랑하는 것이 마땅하도다

18-79 我羡慕主之拯救ˇ與主公義之言辭ˇ盼至眼穿
아 이 모 주 지 증 구 ˇ 여 주 공 의 지 언 사 ˇ 반 지 안 천
(詩篇시편 119:123)

내 눈이 主주의 救援구원과 主주의 義의로운 말씀을 思慕사모하기에 疲困피곤하니이다

18-80 世與世之慾皆將逝ˇ惟遵行上帝之旨者永存
세 여 세 지 욕 개 장 서 ˇ 유 준 행 상 제 지 지 자 영 존
(約翰壹書요한1서 2:17)

이 世上세상도 그 情慾정욕도 지나가되 오직 하나님의 뜻을 行행하는 者자는 永遠영원히 居거하느니라

18-81 凡受之者ˇ卽信其名者ˇ賜之以權ˇ爲上帝之子
범 수 지 자 ˇ 즉 신 기 명 자 ˇ 사 지 이 권 ˇ 위 상 제 지 자
(約翰福音요한복음 1:12)

迎接영접하는 者자 곧 그 이름을 믿는 者자들에게는 하나님의 子女자녀가 되는 權勢권세를 주셨으니

18-82 人若攻其一ˇ二人可敵之ˇ三合之繩ˇ則不易斷
인 약 공 기 일 ˇ 이 인 가 적 지 ˇ 삼 합 지 승 ˇ 즉 불 이 단
(傳道書전도서 4:12)

한 사람이면 敗패하겠거니와 두 사람이면 맞설 수 있나니 세 겹 줄은 쉽게 끊어지지 아니하느니라

18-83 我呼籲主之時ˇ主應允我ˇ使我心堅ˇ放膽無懼
아 호 유 주 지 시 ˇ 주 응 윤 아 ˇ 사 아 심 견 ˇ 방 담 무 구
(詩篇시편 138:3)

내가 懇求간구하는 날에 主주께서 應答응답하시고 내 靈魂영혼에 힘을 주어 나를 強강하게 하셨나이다

18-84 爾若以貌取人則獲罪ˇ被律法所譴爲犯法者
이 약 이 모 취 인 즉 획 죄 ˇ 피 율 법 소 견 위 범 법 자
(雅各書야고보서 2:9)

萬一만일 너희가 사람을 差別차별하여 對대하면 罪죄를 짓는 것이니 律法율법이 너희를 犯法者범법자로 定罪정죄하리라

18-85 藐視敎言者ˇ必致敗亡ˇ敬畏誡命者ˇ必得善報
막 시 교 언 자 ˇ 필 치 패 망 ˇ 경 외 계 명 자 ˇ 필 득 선 보
(箴言잠언 13:13)

말씀을 蔑視멸시하는 者자는 自己자기에게 敗亡패망을 이루고 誡命계명을 두려워하는 者자는 賞상을 받느니라

18-86 世人爲誰ˇ主竟垂念之ˇ人子爲誰ˇ主竟眷顧之
세 인 위 수 ˇ 주 경 수 념 지 ˇ 인 자 위 수 ˇ 주 경 권 고 지
(詩篇시편 8:4)

사람이 무엇이기에 主주께서 그를 생각하시며 人子인자가 무엇이기에 主주께서 그를 돌보시나이까

18-87 得居主之宮中ˇ時常頌揚主者ˇ此人卽爲有福
득거주지궁중ˇ시상송양주자ˇ차인즉위유복
(詩篇시편 84:4)

主주의 집에 居거하는 者자들은 福복이 있나이다 그들이 恒常항상 主주를 讚頌찬송하리이다 〈찬송가 53장〉

18-88 惟主名爲至上ˇ主之榮耀ˇ上顯在天ˇ下彰在地
유주명위지상ˇ주지영요ˇ상현재천ˇ하창재지
(詩篇시편 148:13)

그 이름이 홀로 높으시며 그 榮光영광이 땅과 하늘 위에 뛰어나심이로다 〈찬송가 80장〉

18-89 天使謂之曰ˇ勿懼ˇ我報爾大喜ˇ關乎衆民者也
천사위지왈ˇ물구ˇ아보이대희ˇ관호중민자야
(路加福音누가복음 2:10)

天使천사가 이르되 무서워하지 말라 보라 내가 온 百姓백성에게 미칠 큰 기쁨의 좋은 消息소식을 너희에게 傳전하노라 〈찬송가 115장〉

18-90 曰ˇ小信者乎ˇ何懼耶ˇ卽起ˇ斥風與海ˇ遂大平息
왈ˇ소신자호ˇ하구야ˇ즉기ˇ척풍여해ˇ수대평식
(瑪太福音마태복음 8:26)

예수께서 이르시되 어찌하여 무서워하느냐 믿음이 작은 者자들아 하시고 곧 일어나사 바람과 바다를 꾸짖으시니 아주 潺潺잔잔하게 되거늘 〈찬송가 134장〉

18-91 且以其十字架ˇ使二者聯爲一體ˇ與上帝復和
차이기십자가ˇ사이자련위일체ˇ여상제부화
(以弗所書에베소서 2:16)

또 十字架십자가로 이 둘을 한 몸으로 하나님과 和睦화목하게 하려 하심이라 〈찬송가 144장〉

18-92 彼遭刑罰ˇ使我得平康ˇ彼見鞭撻ˇ使我得醫痊
피조형벌ˇ사아득평강ˇ피견편달ˇ사아득의전
(以賽亞이사야 53:5)

그가 懲戒징계를 받음으로 우리가 平和평화를 누리고 그가 채찍에 맞으므로 우리는 나음을 받았도다 〈찬송가 151장〉

18-93 主之使者自天而下來ˇ轉石於墓門而坐其上
주 지 사 자 자 천 이 하 래 ˇ 전 석 어 묘 문 이 좌 기 상
(瑪太福音마태복음 28:2)

主주의 天使천사가 하늘로부터 내려와 돌을 굴려 내고 그 위에 앉았는데 〈찬송가 160장〉

18-94 以炭捫我口曰ˇ是捫爾口ˇ爾愆除矣ˇ爾罪贖矣
이 탄 문 아 구 왈 ˇ 시 문 이 구 ˇ 이 건 제 의 ˇ 이 죄 속 의
(以賽亞이사야 6:7)

그것을 내 입에 대며 이르되 보라 이것이 네 입에 닿았으니 네 惡악이 除제하여졌고 네 罪죄가 赦사하여졌느니라 하더라 〈찬송가 184장〉

18-95 蓋主震威ˇ嚴行審鞫ˇ加以除滅ˇ洗滌郇女之汚
개 주 진 위 ˇ 엄 행 심 국 ˇ 가 이 제 멸 ˇ 세 척 순 녀 지 오
(以賽亞이사야 4:4)

主주께서 審判심판하는 靈영과 燒滅소멸하는 靈영으로 시온의 딸들의 더러움을 씻으시며 〈찬송가 197장〉

18-96 日日一心在聖殿ˇ又家家擘餅ˇ歡心誠意而食
일 일 일 심 재 성 전 ˇ 우 가 가 벽 병 ˇ 환 심 성 의 이 식
(使徒行傳사도행전 2:46)

날마다 마음을 같이하여 聖殿성전에 모이기를 힘쓰고 집에서 떡을 떼며 기쁨과 純全순전한 마음으로 飮食음식을 먹고 〈찬송가 220장〉

18-97 容孩提就我ˇ勿禁ˇ蓋有上帝國者ˇ正如是人也
용 해 제 취 아 ˇ 물 금 ˇ 개 유 상 제 국 자 ˇ 정 여 시 인 야
(路加福音누가복음 18:16)

어린 아이들이 내게 오는 것을 容納용납하고 禁금하지 말라 하나님의 나라가 이런 者자의 것이니라 〈찬송가 226장〉

18-98 我王我上帝ˇ俯聽我籲懇之聲ˇ因我向主禱告
아 왕 아 상 제 ˇ 부 청 아 유 간 지 성 ˇ 인 아 향 주 도 고
(詩篇시편 5:2)

나의 王왕, 나의 하나님이여 내가 부르짖는 소리를 들으소서 내가 主주께 祈禱기도하나이다 〈찬송가 279장〉

18-99 我復將見爾ˇ爾心則樂ˇ且爾之樂ˇ無人能奪之
아 부 장 견 이 ˇ 이 심 즉 락 ˇ 차 이 지 락 ˇ 무 인 능 탈 지
(約翰福音요한복음 16:22)

내가 다시 너희를 보리니 너희 마음이 기쁠 것이요 너희

기쁨을 빼앗을 者자가 없느니라 〈찬송가 434장〉

18-100 我將飮之杯ˇ爾能飮乎ˇ我將受之洗ˇ爾能受乎
아 장 음 지 배 ˇ 이 능 음 호 ˇ 아 장 수 지 세 ˇ 이 능 수 호
(瑪太福音마태복음 20:22)

나의 마시려는 盞잔을 너희가 마실 수 있느냐 〈찬송가 461장〉

18-101 我今示爾模範ˇ使爾效我所行於爾者而行之
아 금 시 이 모 범 ˇ 사 이 효 아 소 행 어 이 자 이 행 지
(約翰福音요한복음 13:15)

내가 너희에게 行행한 것 같이 너희도 行행하게 하려 하여 本본을 보였노라〈찬송가 462장〉

18-102 因其垂顧婢之卑微ˇ今而後萬代必稱我有福
인 기 수 고 비 지 비 미 ˇ 금 이 후 만 대 필 칭 아 유 복
(路加福音누가복음 1:48)

그의 女여종의 卑賤비천함을 돌아 보셨음이라 보라 이제 後후로는 萬世만세에 나를 福복이 있다 일컬으리로다

18-103 毋爲可壞之糧而勞ˇ當爲存至永生之糧而勞
무 위 가 괴 지 량 이 노 ˇ 당 위 존 지 영 생 지 량 이 노
(約翰福音요한복음 6:27)

썩는 糧食양식을 爲위하여 일하지 말고 永生영생하도록 있는 糧食양식을 爲위하여 하라

18-104 爾中爲父者ˇ孰有子求魚而予之蛇以代魚乎
이 중 위 부 자 ˇ 숙 유 자 구 어 이 여 지 사 이 대 어 호
(路加福音누가복음 11:11)

너희 중에 아버지 된 者자로서 누가 아들이 生鮮생선을 달라 하는데 生鮮생선 代身대신에 뱀을 주며

⑲자

19-1 愛慕主律法者必大享平康ˇ凡其所行毫無窒礙
애 모 주 율 법 자 필 대 향 평 강 ˇ 범 기 소 행 호 무 질 애
(詩篇시편 119:165)

主주의 法법을 사랑하는 者자에게는 큰 平安평안이 있으니 그들에게 障碍物장애물이 없으리이다

19-2 耶穌曰ˇ復活者我ˇ生命者亦我ˇ信我者ˇ雖死必生
야 소 왈 ˇ 부 활 자 아 ˇ 생 명 자 역 아 ˇ 신 아 자 ˇ 수 사 필 생
(約翰福音요한복음 11:25)

예수께서 이르시되 나는 復活부활이요 生命생명이니 나를 믿는 者자는 죽어도 살겠고

19-3 當操守爾心ˇ較操守一切更甚ˇ蓋心乃生命之源
당조수이심ˇ교조수일체갱심ˇ개심내생명지원
(箴言잠언 4:23)

모든 지킬 만한 것 中중에 더욱 네 마음을 지키라 生命생명의 根源근원이 이에서 남이니라

19-4 麥一粒ˇ若不遺地而死ˇ則仍一粒ˇ死則結實繁矣
맥일립ˇ약불유지이사ˇ즉잉일립ˇ사즉결실번의
(約翰福音요한복음 12:24)

한 알의 밀이 땅에 떨어져 죽지 아니하면 한 알 그대로 있고 죽으면 많은 열매를 맺느니라

19-5 今有信ˇ有望ˇ有愛ˇ此三者皆存ˇ其中至大者ˇ愛也
금유신ˇ유망ˇ유애ˇ차삼자개존ˇ기중지대자ˇ애야
(哥林多前書고린도전서 13:13)

그런즉 믿음 所望소망 사랑 이 세 가지는 恒常항상 있을 것인데 그 中중의 第一제일은 사랑이라

19-6 我上帝歟ˇ我樂遵主之旨意ˇ主之律法ˇ存在我心
아상제여ˇ아락준주지지의ˇ주지율법ˇ존재아심
(詩篇시편 40:8)

나의 하나님이여 내가 主주의 뜻 行행하기를 즐기오니 主주의 法법이 나의 心中심중에 있나이다 하였나이다

19-7 人不獨恃餠得生ˇ亦恃凡由主口所出之言得生
인불독시병득생ˇ역시범유주구소출지언득생
(申命記신명기 8:3)

사람이 떡으로만 사는 것이 아니요 여호와의 입에서 나오는 모든 말씀으로 사는 줄을 네가 알게 하려 하심이니라

19-8 主保護我ˇ我無所恐懼ˇ世人能以何害加於我乎
주보호아ˇ아무소공구ˇ세인능이하해가어아호
(詩篇시편 118:6)

여호와는 내 便편이시라 내가 두려워하지 아니하리니 사람이 내게 어찌할까

19-9 惟主在其聖殿ˇ普天下之人ˇ當在主前肅然靜默
유주재기성전ˇ보천하지인ˇ당재주전숙연정묵
(哈巴谷하박국 2:20)

오직 여호와는 그 聖殿성전에 계시니 온 땅은 그 앞에서 潛潛잠잠할지니라 하시니라

19-10 主榮耀之名ˇ當永遠讚美ˇ願主之榮光充滿天下
주 영 요 지 명 ˇ 당 영 원 찬 미 ˇ 원 주 지 영 광 충 만 천 하
(詩篇시편 72:19)

그 榮華영화로운 이름을 永遠영원히 讚頌찬송할지어다 온 땅에 그의 榮光영광이 充滿충만할지어다

19-11 瞽者法利賽人乎ˇ先潔杯盤之內ˇ則其外亦潔矣
고 자 법 리 새 인 호 ˇ 선 결 배 반 지 내 ˇ 즉 기 외 역 결 의
(瑪太福音마태복음 23:26)

눈 먼 바리새인이여 너는 먼저 안을 깨끗이 하라 그리하면 겉도 깨끗하리라

19-12 上帝以永生賜我ˇ而此永生在其子內ˇ此乃其證
상 제 이 영 생 사 아 ˇ 이 차 영 생 재 기 자 내 ˇ 차 내 기 증
(約翰壹書요한1서 5:11)

또 證據증거는 이것이니 하나님이 우리에게 永生영생을 주신 것과 이 生命생명이 그의 아들 안에 있는 그것이니라

19-13 使人得明箴言與喩言ˇ得悟智者之詞及其隱語
사 인 득 명 잠 언 여 유 언 ˇ 득 오 지 자 지 사 급 기 은 어
(箴言잠언 1:6)

箴言잠언과 譬喩비유와 智慧지혜 있는 者자의 말과 그 奧妙오묘한 말을 깨달으리라

19-14 我身常冒死如主耶穌ˇ使耶穌之生亦顯在我身
아 신 상 모 사 여 주 야 소 ˇ 사 야 소 지 생 역 현 재 아 신
(哥林多後書고린도후서 4: 10)

우리가 恒常항상 예수의 죽음을 몸에 짊어짐은 예수의 生命생명이 또한 우리 몸에 나타나게 하려 함이라

19-15 勿使上帝之聖靈憂ˇ爾由之得印ˇ至於救贖之日
물 사 상 제 지 성 령 우 ˇ 이 유 지 득 인 ˇ 지 어 구 속 지 일
(以弗所書에베소서 4:30)

하나님의 聖靈성령을 근심하게 하지 말라 그 안에서 너희가 救援구원의 날까지 印인치심을 받았느니라

19-16 勿自欺ˇ上帝不可侮也ˇ人所種者何ˇ所穫者亦何
물 자 기 ˇ 상 제 불 가 모 야 ˇ 인 소 종 자 하 ˇ 소 확 자 역 하
(迦拉太書갈라디아서 6:7)

스스로 속이지 말라 하나님은 업신여김을 받지 아니하시나니 사람이 무엇으로 심든지 그대로 거두리라

19-17 求主仍施拯救ˇ使我欣喜ˇ賦畀我樂遵主道之志
구 주 잉 시 증 구 ˇ 사 아 흔 희 ˇ 부 비 아 락 준 주 도 지 지
(詩篇시편 51:12)

主주의 救援구원의 즐거움을 내게 回復회복시켜 주시고 自願자원하는 心靈심령을 주사 나를 붙드소서

19-18 爾當以一切所慮之事託於上帝ˇ上帝必眷顧爾
이 당 이 일 체 소 려 지 사 탁 어 상 제 ˇ 상 제 필 권 고 이
(彼得前書베드로전서 5:7)

너희 念慮염려를 다 主주께 맡기라 이는 그가 너희를 돌보심이라

19-19 各當隨心所願ˇ勿憂勿强ˇ蓋樂施者上帝所愛也
각 당 수 심 소 원 ˇ 물 우 물 강 ˇ 개 락 시 자 상 제 소 애 야
(哥林多後書고린도후서 9:7)

各各각각 그 마음에 定정한 대로 할 것이요 吝嗇인색함으로나 臆志억지로 하지 말지니 하나님은 즐겨 내는 者자를 사랑하시느니라

19-20 求主指示我以計數自己年日ˇ以便生智慧之心
구 주 지 시 아 이 계 수 자 기 년 일 ˇ 이 변 생 지 혜 지 심
(詩篇시편 90:12)

우리에게 우리 날 計數계수함을 가르치사 智慧지혜로운 마음을 얻게 하소서

19-21 惟求之時ˇ當信無疑ˇ蓋疑者譬諸海浪ˇ風吹奔盪
유 구 지 시 ˇ 당 신 무 의 ˇ 개 의 자 비 제 해 랑 ˇ 풍 취 분 탕
(雅各書야고보서 1:6)

오직 믿음으로 求구하고 조금도 疑心의심하지 말라 疑心의심하는 者자는 마치 바람에 밀려 搖動요동하는 바다 물결 같으니

19-22 心中悲傷者ˇ主與之相近ˇ心中痛悔者ˇ主必拯救
심 중 비 상 자 ˇ 주 여 지 상 근 ˇ 심 중 통 회 자 ˇ 주 필 증 구
(詩篇시편 34:18)

여호와는 마음이 傷상한 者자를 가까이 하시고 衷心충심으로 痛悔통회하는 者자를 救援구원하시는도다

19-23 敬畏主ˇ是爲智慧之本ˇ愚昧人藐視智慧與訓誨
경 외 주 ˇ 시 위 지 혜 지 본 ˇ 우 매 인 막 시 지 혜 여 훈 회
(箴言잠언 1:7)

여호와를 敬畏경외하는 것이 知識지식의 根本근본이거늘 미련한 者자는 智慧지혜와 訓戒훈계를 蔑視멸시하느니라

19-24 爾起而發光ˇ爾之光明已臨ˇ主之榮光普照於爾
이 기 이 발 광 ˇ 이 지 광 명 이 임 ˇ 주 지 영 광 보 조 어 이
(以賽亞이사야 60:1)

일어나라 빛을 發발하라 이는 네 빛이 이르렀고 여호와의 榮光영광이 네 위에 臨임하였음이니라

19-25 人燃燈ˇ不置斗下ˇ乃置燈臺上ˇ則照凡在室之人
인 연 등 ˇ 불 치 두 하 ˇ 내 치 등 대 상 ˇ 즉 조 범 재 실 지 인
(瑪太福音마태복음 5:15)

사람이 燈등불을 켜서 말 아래에 두지 아니하고 燈檠등경 위에 두나니 이러므로 집 안 모든 사람에게 비치느니라

19-26 凡我所求者ˇ必得於彼ˇ因我守其誡ˇ而行其所悅
범 아 소 구 자 ˇ 필 득 어 피 ˇ 인 아 수 기 계 ˇ 이 행 기 소 열
(約翰壹書요한1서 3:22)

무엇이든지 求구하는 바를 그에게서 받나니 이는 우리가 그의 誡命계명을 지키고 그 앞에서 기뻐하시는 것을 行행함이라

19-27 彼將生子ˇ當名之曰耶穌ˇ因將救其民於罪中云
피 장 생 자 ˇ 당 명 지 왈 야 소 ˇ 인 장 구 기 민 어 죄 중 운
(瑪太福音마태복음 1:21)

아들을 낳으리니 이름을 예수라 하라 이는 그가 自己자기 百姓백성을 그들의 罪죄에서 救援구원할 者자이심이라 하니라

19-28 上帝之言至純ˇ凡倚賴上帝者ˇ上帝必護之如盾
상 제 지 언 지 순 ˇ 범 의 뢰 상 제 자 ˇ 상 제 필 호 지 여 순
(箴言잠언 30:5)

하나님의 말씀은 다 純全순전하며 하나님은 그를 依支의지하는 者자의 防牌방패시니라

19-29 當以感謝上帝爲祭ˇ在至上主前ˇ酬爾所許之願
당 이 감 사 상 제 위 제 ˇ 재 지 상 주 전 ˇ 수 이 소 허 지 원
(詩篇시편 50:14)

感謝감사로 하나님께 祭祀제사를 드리며 至尊지존하신 이에게

네 誓願서원을 갚으며

19-30 惟我ˇ惟我爲己榮塗抹爾之愆尤ˇ不念爾之罪惡
유 아 ˇ 유 아 위 기 영 도 말 이 지 건 우 ˇ 불 념 이 지 죄 악
(以賽亞이사야 43:25)

나 곧 나는 나를 爲위하여 네 허물을 塗抹도말하는 者자니 네 罪죄를 記憶기억하지 아니하리라

19-31 惡人之祭祀ˇ爲主所惡ˇ正直人之祈禱ˇ爲主所悅
악 인 지 제 사 ˇ 위 주 소 오 ˇ 정 직 인 지 기 도 ˇ 위 주 소 열
(箴言잠언 15:8)

惡人악인의 祭祀제사는 여호와께서 미워하셔도 正直정직한 者자의 祈禱기도는 그가 기뻐하시느니라

19-32 惟我儕按主所許ˇ希望新天新地ˇ卽義之所居也
유 아 제 안 주 소 허 ˇ 희 망 신 천 신 지 ˇ 즉 의 지 소 거 야
(彼得後書베드로후서 3:13)

우리는 그의 約束약속대로 義의가 있는 곳인 새 하늘과 새 땅을 바라보도다

19-33 我攻克我身ˇ使之折服ˇ恐我訓他人ˇ而自見棄也
아 공 극 아 신 ˇ 사 지 절 복 ˇ 공 아 훈 타 인 ˇ 이 자 견 기 야
(哥林多前書고린도전서 9:27)

내가 내 몸을 쳐 服從복종하게 함은 내가 남에게 傳播전파한 後후에 自身자신이 도리어 버림을 當당할까 두려워함이로다

19-34 上帝護庇我儕ˇ賜力於我儕ˇ當患難時ˇ極顯救濟
상 제 호 비 아 제 ˇ 사 력 어 아 제 ˇ 당 환 난 시 ˇ 극 현 구 제
(詩篇시편 46:1)

하나님은 우리의 避難處피난처시요 힘이시니 患難환난 中중에 만날 큰 도움이시라

19-35 欺壓貧人者ˇ卽侮造之之主ˇ尊主者必矜憫窮民
기 압 빈 인 자 ˇ 즉 모 조 지 지 주 ˇ 존 주 자 필 긍 민 궁 민
(箴言잠언 14:31)

가난한 사람을 虐待학대하는 者자는 그를 지으신 이를 蔑視멸시하는 者자요 窮乏궁핍한 사람을 불쌍히 여기는 者자는 主주를 恭敬공경하는 者자니라

19-36 守門者爲之啓ˇ羊亦聽其聲ˇ按名呼其羊ˇ引之出
수 문 자 위 지 계 ˇ 양 역 청 기 성 ˇ 안 명 호 기 양 ˇ 인 지 출
(約翰福音요한복음 10:3)

門문지기는 그를 爲위하여 門문을 열고 羊양은 그의 音聲음성을 듣나니 그가 自己자기 羊양의 이름을 各各각각 불러 引導인도하여 내느니라

19-37 宣上帝之國ˇ以耶穌之事ˇ毅然訓人ˇ無有禁之者
선상제지국ˇ이야소지사ˇ의연훈인ˇ무유금지자
(使徒行傳사도행전 28:31)

膽大담대히 하나님 나라를 傳播전파하며 主주 예수 그리스도께 關관한 것을 가르치되 禁금하는 사람이 없었더라

19-38 願賜平康之主ˇ隨時隨事ˇ賜爾平康ˇ願主偕爾衆
원사평강지주ˇ수시수사ˇ사이평강ˇ원주해이중
(帖撒羅尼加後書데살로니가후서 3:16)

平康평강의 主주께서 親친히 때마다 일마다 너희에게 平康평강을 주시고 主주께서 너희 모든 사람과 함께 하시기를 願원하노라

19-39 今因基督耶穌ˇ爾素爲遠者ˇ賴基督之血得近矣
금인기독야소ˇ이소위원자ˇ뢰기독지혈득근의
(以弗所書에베소서 2:13)

이제는 前전에 멀리 있던 너희가 그리스도 예수 안에서 그리스도의 피로 가까워졌느니라

19-40 主之作爲ˇ使我喜樂ˇ我因主手所成者ˇ不勝歡呼
주지작위ˇ사아희락ˇ아인주수소성자ˇ불승환호
(詩篇시편 92:4)

여호와여 主주께서 行행하신 일로 나를 기쁘게 하셨으니 主주의 손이 行행하신 일로 말미암아 내가 높이 외치리이다

19-41 我惟一心黙然仰望上帝ˇ因我所望者獨在上帝
아유일심묵연앙망상제ˇ인아소망자독재상제
(詩篇시편 62:5)

나의 靈魂영혼아 潛潛잠잠히 하나님만 바라라 무릇 나의 所望소망이 그로부터 나오는도다

19-42 時尙晝ˇ我當行遣我者之事ˇ夜至ˇ則無人能行矣
시상주ˇ아당행견아자지사ˇ야지ˇ즉무인능행의
(約翰福音요한복음 9:4)

때가 아직 낮이매 나를 보내신 이의 일을 우리가 하여야 하리라 밤이 오리니 그 때는 아무도 일할 수 없느니라

19-43 若上帝之旨ˇ使爾因行善受苦ˇ勝於因行惡受苦
약상제지지ˇ사이인행선수고ˇ승어인행악수고
(彼得前書베드로전서 3:17)

善선을 行행함으로 苦難고난 받는 것이 하나님의 뜻일찐대 惡악을 行행함으로 苦難고난 받는 것보다 나으니라

19-44 爾曹當頌美主ˇ呼籲主名ˇ以主之作爲ˇ傳揚列國
이조당송미주ˇ호유주명ˇ이주지작위ˇ전양열국
(歷代上역대상 16:8)

너희는 여호와께 感謝감사하며 그의 이름을 불러 아뢰며 그가 行행하신 일을 萬民만민 中중에 알릴지어다

19-45 我心昏迷ˇ極爲悚惶ˇ我宴樂之夜ˇ變爲驚駭之夜
아심혼미ˇ극위송황ˇ아연락지야ˇ변위경해지야
(以賽亞이사야 21:4)

내 마음이 어지럽고 두려움이 나를 놀라게 하며 希望희망의 瑞光서광이 變변하여 내게 떨림이 되도다

19-46 父誨我曰ˇ爾心當存念我言ˇ恪守我命ˇ則可得生
부회아왈ˇ이심당존념아언ˇ각수아명ˇ즉가득생
(箴言잠언 4:4)

아버지가 내게 가르쳐 이르기를 내 말을 네 마음에 두라 내 命令명령을 지키라 그리하면 살리라

19-47 爾心若懷嫉狠ˇ紛爭ˇ則勿矜誇ˇ勿誑妄以敵眞理
이심약회질한ˇ분쟁ˇ즉물긍과ˇ물광망이적진리
(雅各書야고보서 3:14)

그러나 너희 마음 속에 毒독한 猜忌시기와 다툼이 있으면 자랑하지 말라 眞理진리를 거슬러 거짓말하지 말라

19-48 風恬浪靜ˇ彼皆歡欣ˇ蒙主引導至所欲到之海口
풍념랑정ˇ피개환흔ˇ몽주인도지소욕도지해구
(詩篇시편 107:30)

그들이 平穩평온함으로 말미암아 기뻐하는 中중에 여호와께서 그들이 바라는 港口항구로 引導인도하시는도다

19-49 凡有血氣者如草ˇ人之諸榮如草之花ˇ草枯花謝
범유혈기자여초ˇ인지제영여초지화ˇ초고화사
(彼得前書베드로전서 1:24)

그러므로 모든 肉體육체는 풀과 같고 그 모든 榮光영광은 풀의 꽃과 같으니 풀은 마르고 꽃은 떨어지되

19-50 且務安靜ˇ各行己事ˇ親手操作ˇ如我儕所命爾者
차무안정ˇ각행기사ˇ친수조작ˇ여아제소명이자
(帖撒羅尼迦前書데살로니가전서 4:11)

또 너희에게 命명한 것 같이 조용히 自己자기 일을 하고 너희 손으로 일하기를 힘쓰라

19-51 爾不可忘讚上帝之作爲爲大ˇ卽世人所歌頌者
이불가망찬상제지작위위대ˇ즉세인소가송자
(約伯욥기 36:24)

그대는 하나님께서 하신 일을 記憶기억하고 높이라 잊지 말지니라 人生인생이 그의 일을 讚頌찬송하였느니라

19-52 爾不惜獨子以獻之於我ˇ今我知爾實畏上帝矣
이불석독자이헌지어아ˇ금아지이실외상제의
(創世記창세기 22:12)

네가 네 아들 네 獨子독자까지도 내게 아끼지 아니하였으니 내가 이제야 네가 하나님을 敬畏경외하는 줄을 아노라

19-53 杖扑與督責ˇ可使子益智慧ˇ放縱之子ˇ致母羞辱
장복여독책ˇ가사자익지혜ˇ방종지자ˇ치모수욕
(箴言잠언 29:15)

채찍과 꾸지람이 智慧지혜를 주거늘 任意임의로 行행하게 버려 둔 子息자식은 어미를 辱욕되게 하느니라

19-54 悖逆者與獲罪者ˇ同歸敗亡ˇ凡棄主者必至消滅
패역자여획죄자ˇ동귀패망ˇ범기주자필지소멸
(以賽亞이사야 1:28)

그러나 悖逆패역한 者자와 罪人죄인은 함께 敗亡패망하고 여호와를 버린 者자도 滅亡멸망할 것이라

19-55 毋恃世人ˇ世人僅有鼻中出入之生氣ˇ何足算哉
무시세인ˇ세인근유비중출입지생기ˇ하족산재
(以賽亞이사야 2:22)

너희는 人生인생을 依支의지하지 말라 그의 呼吸호흡은 코에 있나니 셈할 價値가치가 어디 있느냐

19-56 今而後ˇ人勿擾我ˇ因我身負主耶穌之司提基瑪
금이후ˇ인물요아ˇ인아신부주야소지사제기마
(迦拉太書갈라디아서 6:17)

이 後후로는 누구든지 나를 괴롭게 하지 말라 내가 내 몸에 예수의 痕迹흔적을 지니고 있노라

19-57 凡事勿分爭ˇ勿求虛榮ˇ各當謙遜ˇ視他人勝於己
범 사 물 분 쟁 ˇ 물 구 허 영 ˇ 각 당 겸 손 ˇ 시 타 인 승 어 기
(腓立比書빌립보서 2:3)

아무 일에든지 다툼이나 虛榮허영으로 하지 말고 오직 謙遜겸손한 마음으로 各各각각 自己자기보다 남을 낫게 여기고

19-58 爾試看完全人ˇ且觀正直人ˇ彼和平者結局必善
이 시 간 완 전 인 ˇ 차 관 정 직 인 ˇ 피 화 평 자 결 국 필 선
(詩篇시편 37:37)

穩全온전한 사람을 살피고 正直정직한 者자를 볼지어다 모든 和平화평한 者자의 未來미래는 平安평안이로다

19-59 使爾明辨上帝之旨ˇ其旨至善可悅且純全者也
사 이 명 변 상 제 지 지 ˇ 기 지 지 선 가 열 차 순 전 자 야
(羅瑪書로마서 12:2)

하나님의 善선하시고 기뻐하시고 穩全온전하신 뜻이 무엇인지 分別분별하도록 하라

19-60 蓋無論何處ˇ有二三人爲我名而集ˇ我亦在其中
개 무 론 하 처 ˇ 유 이 삼 인 위 아 명 이 집 ˇ 아 역 재 기 중
(瑪太福音마태복음 18:20)

두세 사람이 내 이름으로 모인 곳에는 나도 그들 中중에 있느니라 〈찬송가 35장〉

19-61 將主所創造者ˇ悉歸其治理ˇ使萬物皆服其足下
장 주 소 창 조 자 ˇ 실 귀 기 치 리 ˇ 사 만 물 개 복 기 족 하
(詩篇시편 8:6)

主의 손으로 만드신 것을 다스리게 하시고 萬物만물을 그 발 아래 두셨으니 〈찬송가 63장〉

19-62 託主名而來者ˇ當稱頌ˇ在至上之處ˇ當稱荷散拿
탁 주 명 이 래 자 ˇ 당 칭 송 ˇ 재 지 상 지 처 ˇ 당 칭 하 산 나
(瑪太福音마태복음 21:9)

主주의 이름으로 오시는 이여 가장 높은 곳에서 호산나 하더라 〈찬송가 141장〉

19-63 有多婦ˇ乃自迦利利從耶穌而事之者ˇ在彼遠觀
유 다 부 ˇ 내 자 가 리 리 종 야 소 이 사 지 자 ˇ 재 피 원 관
(瑪太福音마태복음 27:55)

예수를 섬기며 갈릴리에서부터 따라온 많은 女子여자가 거기 있어 멀리서 바라보고 있으니 〈찬송가 147장〉

19-64 雨降ˇ河溢ˇ風吹ˇ撞其屋而不傾頹ˇ因基在磐上也
우 강 ˇ 하 일 ˇ 풍 취 ˇ 당 기 옥 이 불 경 퇴 ˇ 인 기 재 반 상 야
(瑪太福音마태복음 7:25)

비가 내리고 漲水창수가 나고 바람이 불어 그 집에 부딪치되 무너지지 아니하나니 이는 주추를 磐石반석 위에 놓은 까닭이요 〈찬송가 204장〉

19-65 天使以生命水之河示我ˇ其水明淨ˇ澄澈如水晶
천 사 이 생 명 수 지 하 시 아 ˇ 기 수 명 정 ˇ 징 철 여 수 정
(約翰啓示錄요한계시록 22:1)

그가 水晶수정같이 맑은 生命水생명수의 江강을 내게 보이니 〈찬송가 246장〉

19-66 我心溫良謙遜ˇ爾負我軛而學我ˇ則爾心必獲安
아 심 온 량 겸 손 ˇ 이 부 아 액 이 학 아 ˇ 즉 이 심 필 획 안
(瑪太福音마태복음 11:29)

나는 마음이 溫柔온유하고 謙遜겸손하니 나의 멍에를 메고 내게 배우라 그리하면 너희 마음이 쉼을 얻으리니

19-67 託主名而來之王ˇ當稱頌也ˇ在天和平ˇ在上榮光
탁 주 명 이 래 지 왕 ˇ 당 칭 송 야 ˇ 재 천 화 평 ˇ 재 상 영 광
(路加福音누가복음 19:38)

讚頌찬송하리로다 主주의 이름으로 오시는 王왕이여 하늘에는 平和평화 가장 높은 곳에는 榮光영광이로다 〈찬송가 335장〉

19-68 上帝永遠爲我儕之上帝ˇ必引導我儕至於死時
상 제 영 원 위 아 제 지 상 제 ˇ 필 인 도 아 제 지 어 사 시
(詩篇시편 48:14)

하나님은 永遠영원히 우리 하나님이시니 그가 우리를 죽을 때까지 引導인도하시리로다 〈찬송가 377장〉

19-69 求主保護我ˇ如保護眼珠ˇ覆庇我在主翼之蔭下
구 주 보 호 아 ˇ 여 보 호 안 주 ˇ 복 비 아 재 주 익 지 음 하
(詩篇시편 17:8)

나를 눈瞳子동자 같이 지키시고 主주의 날개 그늘 아래 감추사 〈찬송가 380장〉

19-70 使晨光自上臨我ˇ以照居幽暗及死地陰翳之人
사 신 광 자 상 림 아 ˇ 이 조 거 유 암 급 사 지 음 예 지 인
(路加福音누가복음 1:79)

돋는 해가 위로부터 우리에게 臨임하여 어둠과 죽음의 그늘에 앉은 者자에게 비치고 〈찬송가 389장〉

19-71 天未曉ˇ猶昧時ˇ耶穌夙興而出ˇ往野處ˇ在彼祈禱
천 미 효 ˇ 유 매 시 ˇ 야 소 숙 흥 이 출 ˇ 왕 야 처 ˇ 재 피 기 도
(瑪可福音마가복음 1:35)

새벽 아직도 밝기 전에 예수께서 일어나 나가 閑寂한적한 곳으로 가사 거기서 祈禱기도하시더니 〈찬송가 396장〉

19-72 基督亦爲爾曹受苦ˇ遺模於爾ˇ使爾踐其蹟以行
기 독 역 위 이 조 수 고 ˇ 유 모 어 이 ˇ 사 이 천 기 적 이 행
(彼得前書베드로전서 2:21)

그리스도도 너희를 爲위하여 苦難고난을 받으사 너희에게 本본을 끼쳐 그 자취를 따라오게 하려 하셨느니라 〈찬송가 454장〉

19-73 凡悅納其言者ˇ皆受洗禮ˇ是日門徒約增三千人
범 열 납 기 언 자 ˇ 개 수 세 례 ˇ 시 일 문 도 약 증 삼 천 인
(使徒行傳사도행전 2:41)

그 말을 받은 사람들은 洗禮세례를 받으매 이 날에 信徒신도의 數수가 三千삼천이나 더하더라 〈찬송가 463장〉

19-74 耶穌醫負病及患惡魔者多人ˇ且賜諸瞽者得明
야 소 의 부 병 급 환 악 마 자 다 인 ˇ 차 사 제 고 자 득 명
(路加福音누가복음 7:21)

예수께서 疾病질병과 苦痛고통과 및 惡鬼악귀 들린 者자를 많이 고치시며 또 많은 盲人맹인을 보게 하신지라 〈찬송가 470장〉

19-75 上帝因基督耶穌ˇ使我儕與之同復活ˇ同坐於天
상 제 인 기 독 야 소 ˇ 사 아 제 여 지 동 부 활 ˇ 동 좌 어 천
(以弗所書에베소서 2:6)

함께 일으키사 그리스도 예수 안에서 함께 하늘에 앉히시니 〈찬송가 493장〉

19-76 凡父所賜我之人ˇ必就我ˇ就我者ˇ我不逐之於外
범 부 소 사 아 지 인 ˇ 필 취 아 ˇ 취 아 자 ˇ 아 불 축 지 어 외
(約翰福音요한복음 6:37)

아버지께서 내게 주시는 者자는 다 내게로 올 것이요 내게 오는 者자는 내가 決결코 내어쫓지 아니하리라 〈찬송가 519장〉

19-77 列國乎ˇ爾當鼓掌ˇ以喜樂之聲ˇ向上帝歡呼頌揚
열 국 호 ˇ 이 당 고 장 ˇ 이 희 락 지 성 ˇ 향 상 제 환 호 송 양
(詩篇시편 47:1)

너희 萬民만민들아 손바닥을 치고 즐거운 소리로 하나님께 외칠지어다 〈찬송가 626〉

19-78 當去爾前行ˇ脫爾舊人ˇ卽被惑人之嗜慾見壞者
당 거 이 전 행 ˇ 탈 이 구 인 ˇ 즉 피 혹 인 지 기 욕 견 괴 자
(以弗所書에베소서 4:22)

너희는 誘惑유혹의 慾心욕심을 따라 썩어져 가는 舊習구습을 좇는 옛 사람을 벗어 버리고

19-79 我常顧主在我之前ˇ主在我之右ˇ我必不至動搖
아 상 고 주 재 아 지 전 ˇ 주 재 아 지 우 ˇ 아 필 부 지 동 요
(詩篇시편 16:8)

내가 여호와를 恒常항상 내 앞에 모심이여 그가 나의 오른쪽에 계시므로 내가 흔들리지 아니하리로다

19-80 且謝父ˇ使我儕堪於聖徒有分ˇ共得業於光明中
차 사 부 ˇ 사 아 제 감 어 성 도 유 분 ˇ 공 득 업 어 광 명 중
(哥羅西書골로새서 1:12)

우리로 하여금 빛 가운데서 聖徒성도의 基業기업의 部分부분을 얻기에 合當합당하게 하신 아버지께 感謝감사하게 하시기를 願원하노라

19-81 爾言恒當婉喩ˇ如以鹽調和ˇ則知所以對答各人
이 언 항 당 완 유 ˇ 여 이 염 조 화 ˇ 즉 지 소 이 대 답 각 인
(哥羅西書골로새서 4:6)

너희 말을 恒常항상 恩惠은혜 가운데서 소금으로 고루게 함같이 하라 그리하면 各각 사람에게 마땅히 對答대답할 것을 알리라

19-82 必循公平則可生存ˇ以得主爾上帝所賜爾之地
필 순 공 평 즉 가 생 존 ˇ 이 득 주 이 상 제 소 사 이 지 지
(신명기 16:20)

너는 마땅히 公義공의만을 따르라 그리하면 네가 살겠고 네 하나님 여호와께서 네게 주시는 땅을 차지하리라

20 자

20-1 可愛者乎ˇ我願爾康强ˇ凡事順遂ˇ如爾靈魂順遂然
가 애 자 호 ˇ 아 원 이 강 강 ˇ 범 사 순 수 ˇ 여 이 영 혼 순 수 연
(約翰叄書요한3서 1:2)

사랑하는 者자여 네 靈魂영혼이 잘 됨같이 네가 凡事범사에 잘되고 康健강건하기를 내가 懇求간구하노라

20-2 我一生惟有恩寵慈惠隨我ˇ我必永久居於主之殿
아 일 생 유 유 은 총 자 혜 수 아 ˇ 아 필 영 구 거 어 주 지 전
(詩篇시편 23:6)

내 平生평생에 善선하심과 仁慈인자하심이 반드시 나를 따르리니 내가 여호와의 집에 永遠영원히 살리로다

20-3 勿憂慮ˇ凡事祈禱ˇ籲懇ˇ感謝ˇ以爾之所求者告上帝
물 우 려 ˇ 범 사 기 도 ˇ 유 간 ˇ 감 사 ˇ 이 이 지 소 구 자 고 상 제
(腓立比書빌립보서 4:6~7)

아무 것도 念慮염려하지 말고 다만 모든 일에 祈禱기도와 懇求간구로 너희 求구할 것을 感謝감사함으로 하나님께 아뢰라

20-4 我儕知萬事有益於愛上帝者ˇ卽循其旨而蒙召也
아 제 지 만 사 유 익 어 애 상 제 자 ˇ 즉 순 기 지 이 몽 소 야
(羅瑪書로마서 8:28)

우리가 알거니와 하나님을 사랑하는 者자 곧 그의 뜻대로 부르심을 입은 者자들에게는 모든 것이 合力합력하여 善선을 이루느니라

20-5 基督旣釋我以得自由ˇ則當堅立ˇ勿復服爲奴之軛
기 독 기 석 아 이 득 자 유 ˇ 즉 당 견 립 ˇ 물 부 복 위 노 지 액
(迦拉太書갈라디아서 5:1)

그리스도께서 우리를 自由자유롭게 하려고 自由자유를 주셨으니 그러므로 굳건하게 서서 다시는 종의 멍에를 메지 말라

20-6 我賜爾以能ˇ可踐蛇蠍ˇ可制敵之諸權ˇ必無害爾者
아 사 이 이 능 ˇ 가 천 사 헐 ˇ 가 제 적 지 제 권 ˇ 필 무 해 이 자
(路加福音누가복음 10:19)

내가 너희에게 뱀과 全蠍전갈을 밟으며 怨讐원수의 모든 能力능력을 制御제어할 權能권능을 주었으니 너희를 害해칠 者자가 決결코 없으리라

20-7 爾當先求上帝之國與其義ˇ則此諸物ˇ必加於爾也
이 당 선 구 상 제 지 국 여 기 의 ˇ 즉 차 제 물 ˇ 필 가 어 이 야
(瑪太福音마태복음 6:33)

그런즉 너희는 먼저 그의 나라와 그의 義의를 求구하라 그리하면 이 모든 것을 너희에게 더하시리라

20-8 我所行之道ˇ惟彼知之ˇ彼試我後ˇ我必如經鍊之金
아소행지도ˇ유피지지ˇ피시아후ˇ아필여경련지금
(約伯욥기 23:10)

그러나 내가 가는 길을 그가 아시나니 그가 나를 鍛鍊단련하신 後후에는 내가 純金순금 같이 되어 나오리라

20-9 爾素如迷失之羊ˇ今歸於爾靈之牧者ˇ爾靈之監督
이소여미실지양ˇ금귀어이령지목자ˇ이령지감독
(彼得前書베드로전서 2:25)

너희가 前전에는 羊양과 같이 길을 잃었더니 이제는 너희 靈魂영혼의 牧者목자와 監督감독 되신 이에게 돌아왔느니라

20-10 人心本皆爲主所造ˇ凡人之行爲ˇ俱在主洞鑒之中
인심본개위주소조ˇ범인지행위ˇ구재주통감지중
(詩篇시편 33:15)

그는 그들 모두의 마음을 지으시며 그들이 하는 일을 굽어 살피시는 이로다

20-11 主曰ˇ我必使祭司享膏澤而心飫ˇ使我民足沾我恩
주왈ˇ아필사제사향고택이심어ˇ사아민족첨아은
(耶利米예레미아 31:14)

내가 기름으로 祭司長제사장들의 마음을 洽足흡족하게 하며 내 福복으로 내 百姓백성을 滿足만족하게 하리라 여호와의 말씀이니라

20-12 生命之根源ˇ在主之所ˇ我儕倚賴主之光ˇ得以觀光
생명지근원ˇ재주지소ˇ아제의뢰주지광ˇ득이관광
(詩篇시편 36:9)

眞實진실로 生命생명의 源泉원천이 主주께 있사오니 主주의 빛 안에서 우리가 빛을 보리이다

20-13 顧卹貧窮者ˇ此人便爲有福ˇ在患難時ˇ必蒙主拯救
고술빈궁자ˇ차인변위유복ˇ재환난시ˇ필몽주증구
(詩篇시편 41:1)

가난한 者자를 보살피는 者자에게 福복이 있음이여 災殃재앙의 날에 여호와께서 그를 건지시리로다

20-14 義之功效乃綏安ˇ義之結果乃寧靜康泰ˇ至於永遠
의지공효내수안ˇ의지결과내녕정강태ˇ지어영원
(以賽亞이사야 32:17)

公義공의의 열매는 和平화평이요 公義공의의 結果결과는 永遠영원한 平安평안과 安全안전이라

20-15 因其敬愛我ˇ我必解救之ˇ因其知我名ˇ我必護庇之
인 기 경 애 아 ˇ 아 필 해 구 지 ˇ 인 기 지 아 명 ˇ 아 필 호 비 지
(詩篇시편 91:14)

하나님이 이르시되 그가 나를 사랑한즉 내가 그를 건지리라 그가 내 이름을 안즉 내가 그를 높이리라

20-16 其中有不信者則何歟ˇ彼之不信ˇ能廢上帝之信乎
기 중 유 불 신 자 즉 하 여 ˇ 피 지 불 신 ˇ 능 폐 상 제 지 신 호
(羅瑪書로마서 3:3)

어떤 者자들이 믿지 아니하였으면 어찌하리요 그 믿지 아니함이 하나님의 미쁘심을 廢폐하겠느냐

20-17 求主以主面之榮光照臨僕人ˇ以主之典章訓誨我
구 주 이 주 면 지 영 광 조 림 복 인 ˇ 이 주 지 전 장 훈 회 아
(詩篇시편 119:135)

主주의 얼굴을 主주의 종에게 비추시고 主주의 律例율례로 나를 가르치소서

20-18 上帝所賜我儕ˇ非畏懼之心ˇ乃剛勇仁愛自守之心
상 제 소 사 아 제 ˇ 비 외 구 지 심 ˇ 내 강 용 인 애 자 수 지 심
(提摩太後書디모데후서 1:7)

하나님이 우리에게 주신 것은 두려워하는 마음이 아니요 오직 能力능력과 사랑과 節制절제하는 마음이니

20-19 自施洗約翰至今ˇ人皆勉力欲得天國ˇ勉力者得之
자 시 세 약 한 지 금 ˇ 인 개 면 력 욕 득 천 국 ˇ 면 력 자 득 지
(瑪太福音마태복음 11:12)

洗禮세례요한의 때부터 至今지금까지 天國천국은 侵擄침노를 當당하나니 侵擄침노하는 者자는 빼앗느니라

20-20 我儕若持守始初之信ˇ鞏固至終ˇ則於基督有分矣
아 제 약 지 수 시 초 지 신 ˇ 공 고 지 종 ˇ 즉 어 기 독 유 분 의
(希伯來書히브리서 3:14)

우리가 始作시작할 때에 確信확신한 것을 끝까지 堅固견고히 잡고 있으면 그리스도와 함께 參與참여한 者자가 되리라

20-21 當信主爾之上帝ˇ則必堅立ˇ信主之先知則必亨通
당 신 주 이 지 상 제 ˇ 즉 필 견 립 ˇ 신 주 지 선 지 즉 필 형 통
(歷代下역대하 20:20)

너희는 너희 하나님 여호와를 信賴신뢰하라 그리하면 堅固견고히 서리라 그의 先知者선지자들을 信賴신뢰하라 그리하면 亨通형통하리라 하고

20-22 基督之愛勉勵我ˇ因我思一人旣代衆死ˇ則衆皆死
기 독 지 애 면 려 아 ˇ 인 아 사 일 인 기 대 중 사 ˇ 즉 중 개 사
(哥林多後書고린도후서 5:14)

그리스도의 사랑이 우리를 强勸강권하시는도다 우리가 생각하건대 한 사람이 모든 사람을 代身대신하여 죽었은즉 모든 사람이 죽은 것이라

20-23 我所悅者ˇ乃仁義ˇ並非祭祀ˇ識上帝勝於獻火焚祭
아 소 열 자 ˇ 내 인 의 ˇ 병 비 제 사 ˇ 식 상 제 승 어 헌 화 분 제
(何西阿호세아 6:6)

나는 仁愛인애를 願원하고 祭祀제사를 願원하지 아니하며 燔祭번제보다 하나님을 아는 것을 願원하노라

20-24 酒使人侮慢ˇ醴使人諠譁ˇ凡好酒無度者ˇ甚爲無智
주 사 인 모 만 ˇ 례 사 인 훤 화 ˇ 범 호 주 무 도 자 ˇ 심 위 무 지
(箴言잠언 20:1)

葡萄酒포도주는 倨慢거만하게 하는 것이요 毒酒독주는 떠들게 하는 것이라 이에 迷惑미혹되는 者자마다 知慧지혜가 없느니라

20-25 當彼此慈愛憐憫ˇ更當相恕ˇ如上帝爲基督恕爾也
당 피 차 자 애 연 민 ˇ 갱 당 상 서 ˇ 여 상 제 위 기 독 서 이 야
(以弗所書에베소서 4:32)

서로 親切친절하게 하며 불쌍히 여기며 서로 容恕용서하기를 하나님이 그리스도 안에서 너희를 容恕용서하심과 같이 하라

20-26 欲知基督及其復活之能ˇ且知共受其苦而效其死
욕 지 기 독 급 기 부 활 지 능 ˇ 차 지 공 수 기 고 이 효 기 사
(腓立比書빌립보서 3:10)

내가 그리스도와 그 復活부활의 權能권능과 그 苦難고난에 參與참여함을 알려하여 그의 죽으심을 本본받아

20-27 虛誕之詞ˇ屬老媼不經之談ˇ爾當棄之ˇ惟練習虔敬
허 탄 지 사 ˇ 속 노 온 불 경 지 담 ˇ 이 당 기 지 ˇ 유 연 습 건 경
(提摩太前書디모데전서 4:7)

亡靈망령되고 虛誕허탄한 神話신화를 버리고 敬虔경건에 이르도록 네 自身자신을 鍊鍛연단하라

20-28 不懷不信之心ˇ疑上帝所許者ˇ其信益堅ˇ歸榮上帝
불 회 불 신 지 심 ˇ 의 상 제 소 허 자 ˇ 기 신 익 견 ˇ 귀 영 상 제
(羅瑪書로마서 4:20)

믿음이 없어 하나님의 約束약속을 疑心의심하지 않고 믿음으

로 堅固견고하여져서 하나님께 榮光영광을 돌리며

20-29 惟主至善ˇ赦免罪愆ˇ凡呼籲主者ˇ主爲之大施恩惠
유 주 지 선 ˇ 사 면 죄 건 ˇ 범 호 유 주 자 ˇ 주 위 지 대 시 은 혜
(詩篇시편 86:5)

主주는 善선하사 赦宥사유하기를 즐기시며 主주께 부르짖는 者자에게 仁慈인자함이 厚후하심이니이다

20-30 爾當盡心盡性盡意盡力ˇ愛主爾之上帝ˇ此首誡也
이 당 진 심 진 성 진 의 진 력 ˇ 애 주 이 지 상 제 ˇ 차 수 계 야
(瑪可福音마가복음 12:30)

네 마음을 다하고 목숨을 다하고 뜻을 다하고 힘을 다하여 主주 너의 하나님을 사랑하라 하신 것이요

20-31 試觀父賜我儕何等之愛ˇ使我儕得稱爲上帝之子
시 관 부 사 아 제 하 등 지 애 ˇ 사 아 제 득 칭 위 상 제 지 자
(約翰壹書요한1서 3:1)

보라 아버지께서 어떠한 사랑을 우리에게 베푸사 하나님의 子女자녀라 일컬음을 받게 하셨는가

20-32 我雖能言世人及天使之言ˇ若無愛ˇ則如鳴鉦響鈸
아 수 능 언 세 인 급 천 사 지 언 ˇ 약 무 애 ˇ 즉 여 명 정 향 발
(哥林多前書고린도전서 13:1)

내가 사람의 方言방언과 天使천사의 말을 할지라도 사랑이 없으면 소리 나는 구리와 울리는 꽹과리가 되고

20-33 雖傾所有以濟貧ˇ又舍身被焚ˇ若無愛則於我無益
수 경 소 유 이 제 빈 ˇ 우 사 신 피 분 ˇ 약 무 애 즉 어 아 무 익
(哥林多前書고린도전서 13:3)

내가 내게 있는 모든 것으로 救濟구제하고 또 내 몸을 불사르게 내줄지라도 사랑이 없으면 내게 아무 有益유익이 없느니라

20-34 上帝拯救受苦者脫於患難ˇ受虐時ˇ使之啓耳聽訓
상 제 증 구 수 고 자 탈 어 환 난 ˇ 수 학 시 ˇ 사 지 계 이 청 훈
(約伯욥기 36:15)

하나님은 困苦곤고한 者자를 그 困苦곤고에서 救援구원하시며 虐待학대 當당할 즈음에 그의 귀를 여시나니

20-35 施捨錢財ˇ賙濟貧乏ˇ永稱爲義ˇ安享尊榮ˇ其角得擧
시 사 전 재 ˇ 주 제 빈 핍 ˇ 영 칭 위 의 ˇ 안 향 존 영 ˇ 기 각 득 거
(詩篇시편 112:9)

저가 財物재물을 흩어 貧窮빈궁한 者자에게 주었으니 그 義의가 永久영구히 있고 그의 뿔이 榮光영광 中중에 들리리로다

20-36 主爲至善ˇ主之恩惠ˇ永遠長存ˇ主之誠實ˇ萬代恒有
주위지선ˇ주지은혜ˇ영원장존ˇ주지성실ˇ만대항유
(詩篇시편 100:5)

여호와는 善선하시니 그의 仁慈인자하심이 永遠영원하고 그의 誠實성실하심이 代代대대에 이르리로다

20-37 勿規勸侮慢者ˇ恐彼憾爾ˇ若規勸智慧者ˇ則必愛爾
물규권모만자ˇ공피감이ˇ약규권지혜자ˇ즉필애이
(箴言잠언 9:8)

倨慢거만한 者자를 責望책망하지 말라 그가 너를 미워할까 두려우니라 智慧지혜 있는 者자를 責望책망하라 그가 너를 사랑하리라

20-38 耶穌止ˇ令人召之ˇ遂召瞽者曰ˇ安爾心ˇ起ˇ耶穌召爾
야소지ˇ령인소지ˇ수소고자왈ˇ안이심ˇ기ˇ야소소이
(瑪可福音마가복음 10:49)

예수께서 머물러 서서 그를 부르라 하시니 그들이 그 盲人맹인을 부르며 이르되 安心안심하고 일어나라 그가 너를 부르신다 하매

20-39 在主之前有無限之歡愉ˇ在主之右有永遠之安樂
재주지전유무한지환유ˇ재주지우유영원지안락
(詩篇시편 16:11)

主주의 앞에는 充滿충만한 기쁨이 있고 主주의 오른쪽에는 永遠영원한 즐거움이 있나이다

20-40 故凡聞我此言而行之者ˇ我譬之智人ˇ建屋於磐上
고범문아차언이행지자ˇ아비지지인ˇ건옥어반상
(瑪太福音마태복음 7:24)

그러므로 누구든지 나의 이 말을 듣고 行행하는 者자는 그 집을 磐石반석 위에 지은 智慧지혜로운 사람 같으리니

20-41 在我去而不返之先ˇ求主畧寬容我ˇ使我仍復健壯
재아거이불반지선ˇ구주략관용아ˇ사아잉부건장
(詩篇시편 39:13)

主주는 나를 容恕용서하사 내가 떠나 없어지기 前전에 나의 健康건강을 回復회복시키소서

20-42 我思今時之苦ˇ若較將顯於我中之榮ˇ不足爲意也
아사금시지고ˇ약교장현어아중지영ˇ부족위의야
(羅瑪書로마서 8:18)

생각하건대 現在현재의 苦難고난은 將次장차 우리에게 나타날 榮光영광과 比較비교할 수 없도다

20-43 我必將嘉麥賜以爲食ˇ並使其飽飫自磐而出之蜜
아필장가맥사이위식ˇ병사기포어자반이출지밀
(詩篇시편 81:16)

또 내가 기름진 밀을 그들에게 먹이며 磐石반석에서 나오는 꿀로 너를 滿足만족케 하리라 하셨도다

20-44 主原我之靠山ˇ我之保障ˇ求主爲主之名引我導我
주원아지고산ˇ아지보장ˇ구주위주지명인아도아
(詩篇시편 31:3)

主주는 나의 磐石반석과 山城산성이시니 그러므로 主주의 이름을 생각하셔서 나를 引導인도하시고 指導지도하소서

20-45 使人頌其恩寵之榮ˇ卽緣其愛子所賜我儕之恩寵
사인송기은총지영ˇ즉연기애자소사아제지은총
(以弗所書에베소서 1:6)

이는 그가 사랑하시는 者자 안에서 우리에게 거저 주시는 바 그의 恩惠은혜의 榮光영광을 讚頌찬송하게 하려는 것이라

20-46 亦爲我求ˇ至我啓口能言ˇ得毅然宣示福音之奧妙
역위아구ˇ지아계구능언ˇ득의연선시복음지오묘
(以弗所書에베소서 6:19)

또 나를 爲위하여 求구할 것은 내게 말씀을 주사 나로 입을 열어 福音복음의 秘密비밀을 膽大담대히 알리게 하옵소서 할 것이니

20-47 若離之ˇ則勿再嫁ˇ或仍與夫和ˇ可也ˇ夫亦不可出婦
약리지ˇ즉물재가ˇ혹잉여부화ˇ가야ˇ부역불가출부
(哥林多前書고린도전서 7:11)

萬一만일 갈라섰으면 그대로 지내든지 다시 그 男便남편과 和合화합하든지 하라 男便남편도 아내를 버리지 말라

20-48 上帝許福於挪亞及其諸子曰ˇ生育衆多ˇ遍滿於地
상제허복어나아급기제자왈ˇ생육중다ˇ편만어지
(創世記창세기 9:1)

하나님이 노아와 그 아들들에게 福복을 주시며 그들에게

이르시되 生育생육하고 蕃盛번성하여 땅에 充滿충만하라

20-49 於小者忠ˇ於大者亦忠ˇ於小者不義ˇ於大者亦不義
어소자충ˇ어대자역충ˇ어소자불의ˇ어대자역불의
(路加福音누가복음 16:10)

至極지극히 작은 것에 忠誠충성된 者자는 큰 것에도 忠誠충성되고 至極지극히 작은 것에 不義불의한 者자는 큰 것에도 不義불의하니라

20-50 智者之教誨ˇ卽生命之源ˇ可使人脫於致死之網羅
지자지교회ˇ즉생명지원ˇ가사인탈어치사지망라
(箴言잠언 13:14)

智慧지혜 있는 者자의 教訓교훈은 生命생명의 샘이니 死亡사망의 그물에서 벗어나게 하느니라

20-51 今我所受暫而且微之苦ˇ爲我備至大無比之永榮
금아소수잠이차미지고ˇ위아비지대무비지영영
(哥林多後書고린도후서 4:17)

우리가 暫時잠시 받는 患難환난의 輕경한 것이 至極지극히 크고 永遠영원한 榮光영광의 重중한 것을 우리에게 이루게 함이니

20-52 求主使我得識己身有終ˇ年壽幾何ˇ乃知生命無常
구주사아득식기신유종ˇ년수기하ˇ내지생명무상
(詩篇시편 39:4)

여호와여 나의 終末종말과 年限연한이 언제까지인지 알게 하사 내가 나의 軟弱연약함을 알게 하소서

20-53 主若悅我ˇ必導我至其地ˇ以之賜我ˇ是地流乳與蜜
주약열아ˇ필도아지기지ˇ이지사아ˇ시지류유여밀
(民數記민수기 14:8)

여호와께서 우리를 기뻐하시면 우리를 그 땅으로 引導인도하여 들이시고 그 땅을 우리에게 주시리라 이는 과연 젖과 꿀이 흐르는 땅이니라

20-54 上帝選世之愚者ˇ以愧智者ˇ選世之弱者ˇ以愧強者
상제선세지우자ˇ이괴지자ˇ선세지약자ˇ이괴강자
(哥林多前書고린도전서 1:27)

하나님께서 세상의 미련한 것들을 擇택하사 智慧지혜 있는 者자들을 부끄럽게 하려 하시고 世上세상의 弱약한 것들을 擇택하사 強강한 것들을 부끄럽게 하려 하시며

20-55 且知基督莫測之愛ˇ得蒙上帝充滿之恩充滿爾心
차지기독막측지애ˇ득몽상제충만지은충만이심
(以弗所書에베소서 3:19)

그 너비와 길이와 높이와 깊이가 어떠함을 깨달아 하나님의 모든 充滿충만하신 것으로 너희에게 充滿충만하게 하시기를 求구하노라

20-56 惟我瞻仰主ˇ盼望救我之上帝ˇ我之上帝必俯聽我
유아첨앙주ˇ반망구아지상제ˇ아지상제필부청아
(彌迦미가 7:7)

오직 나는 여호와를 우러러보며 나를 救援구원하시는 하나님을 바라보나니 나의 하나님이 나에게 귀를 기울이시리로다

20-57 蓋上帝循其善意ˇ力行於爾中ˇ使爾旣立志亦成事
개상제순기선의ˇ력행어이중ˇ사이기입지역성사
(腓立比書빌립보서 2:13)

너희 안에서 行행하시는 이는 하나님이시니 自己자기의 기쁘신 뜻을 爲위하여 너희에게 所願소원을 두고 行행하게 하시나니

20-58 對曰ˇ主歟ˇ然ˇ我信爾乃基督上帝之子ˇ當臨世者也
대왈ˇ주여ˇ연ˇ아신이내기독상제지자ˇ당임세자야
(約翰福音요한복음 11:27)

이르되 主주여 그러하외다 主주는 그리스도시요 世上세상에 오시는 하나님의 아들이신 줄 내가 믿나이다

20-59 誡命之大旨ˇ愛是也ˇ由清心善意及無僞之信所生
계명지대지ˇ애시야ˇ유청심선의급무위지신소생
(提摩太前書디모데전서 1:5)

警戒경계의 目的목적은 清潔청결한 마음과 善선한 良心양심과 거짓이 없는 믿음으로 나는 사랑이거늘

20-60 勿議人則不見議ˇ勿罪人則不見罪ˇ恕人則必見恕
물의인즉불견의ˇ물죄인즉불견죄ˇ서인즉필견서
(路加福音누가복음 6:37)

批判비판하지 말라 그리하면 너희가 批判비판을 받지 않을 것이요 定罪정죄하지 말라 그리하면 너희가 定罪정죄를 받지 않을 것이요 容恕용서하라 그리하면 너희가 容恕용서를 받을

것이요

20-61 非謂我儕恃己能由己而思何事ˇ我之能由上帝也
비 위 아 제 시 기 능 유 기 이 사 하 사 ˇ 아 지 능 유 상 제 야
(哥林多後書고린도후서 3:5)

우리가 무슨 일이든지 우리에게서 난것 같이 생각하여 스스로 滿足만족할 것이 아니니 우리의 滿足만족은 오직 하나님께로서 났느니라

20-62 蓋我將賜爾以口才智慧ˇ使爾諸仇不能辯駁抵拒
개 아 장 사 이 이 구 재 지 혜 ˇ 사 이 제 구 불 능 변 박 저 거
(路加福音누가복음 21:15)

내가 너희의 모든 對敵대적이 能능히 對抗대항하거나 辨駁변박할 수 없는 口辯구변과 智慧지혜를 너희에게 주리라

20-63 我父以之賜我ˇ父大於萬有ˇ無能奪之於我父之手
아 부 이 지 사 아 ˇ 부 대 어 만 유 ˇ 무 능 탈 지 어 아 부 지 수
(約翰福音요한복음 10:29)

그들을 주신 내 아버지는 萬物만물보다 크시매 아무도 아버지 손에서 빼앗을 수 없느니라

20-64 爾曹皆來與我歌頌主ˇ向我全能之救主ˇ大聲歡呼
이 조 개 래 여 아 가 송 주 ˇ 향 아 전 능 지 구 주 ˇ 대 성 환 호
(詩篇시편 95:1)

오라 우리가 여호와께 노래하며 우리 救援구원의 磐石반석을 向향하여 즐거이 외치자 〈찬송가 72장〉

20-65 遂生長子ˇ裹以襁褓ˇ置於馬槽ˇ因客舍無隙地故也
수 생 장 자 ˇ 과 이 강 보 ˇ 치 어 마 조 ˇ 인 객 사 무 극 지 고 야
(路加福音누가복음 2:7)

첫아들을 낳아 襁褓강보로 싸서 구유에 뉘었으니 이는 旅館여관에 있을 곳이 없음이러라 〈찬송가 10장〉

20-66 耶穌大聲呼曰ˇ父乎ˇ我以我靈託爾手ˇ言畢ˇ氣遂絕
야 소 대 성 호 왈 ˇ 부 호 ˇ 아 이 아 령 탁 이 수 ˇ 언 필 ˇ 기 수 절
(路加福音누가복음 23:46)

예수께서 큰 소리로 불러 이르시되 아버지 내 靈魂영혼을 아버지 손에 付託부탁하나이다 하고 이 말씀을 하신 後후 숨지시니라 〈찬송가 143장〉

20-67 解其衣ˇ衣以絳袍ˇ以棘編冠冠其首ˇ置葦於其右手
해 기 의 ˇ 의 이 강 포 ˇ 이 극 편 관 관 기 수 ˇ 치 위 어 기 우 수

(瑪太福音마태복음 27:28~29)

그의 옷을 벗기고 紅袍홍포를 입히며 가시冠관을 엮어 그 머리에 씌우고 갈대를 그 오른손에 들리고 〈찬송가 145장〉

20-68 耶穌爲我儕之罪而被解ˇ爲使我儕得稱義而復活
야 소 위 아 제 지 죄 이 피 해 ˇ 위 사 아 제 득 칭 의 이 부 활

(羅瑪書로마서 4:25)

예수는 우리가 犯罪범죄한 것 때문에 내줌이 되고 또한 우리를 義의롭다 하시기 爲위하여 살아나셨느니라 〈찬송가 165장〉

20-69 蓋爾每食此餠ˇ飮此杯ˇ乃表主之死ˇ直至主臨之日
개 이 매 식 차 병 ˇ 음 차 배 ˇ 내 표 주 지 사 ˇ 직 지 주 림 지 일

(哥林多前書고린도전서 11:26)

너희가 이 떡을 먹으며 이 盞잔을 마실 때마다 主주의 죽으심을 그가 오실 때까지 傳전하는 것이니라 〈찬송가 231장〉

20-70 彼降恩澤ˇ如雨降於刈草之地ˇ如甘霖之滋潤田土
피 강 은 택 ˇ 여 우 강 어 예 초 지 지 ˇ 여 감 림 지 자 윤 전 토

(詩篇시편 72:6)

저는 벤 풀 위에 내리는 비같이, 땅을 적시는 소낙비같이 내리리니 〈찬송가 362장〉

20-71 我榮光經過時ˇ必藏爾於磐穴ˇ以手掩爾ˇ待我經過
아 영 광 경 과 시 ˇ 필 장 이 어 반 혈 ˇ 이 수 엄 이 ˇ 대 아 경 과

(出伊及記출애굽기 33:22)

내 榮光영광이 지나갈 때에 내가 너를 磐石반석 틈에 두고 내가 지나도록 내 손으로 너를 덮었다가 〈찬송가 391장〉

20-72 兄弟乎ˇ人自言有信而無行ˇ何益之有ˇ信能救之乎
형 제 호 ˇ 인 자 언 유 신 이 무 행 ˇ 하 익 지 유 ˇ 신 능 구 지 호

(雅各書야고보서 2:14)

내 兄弟형제들아 萬一만일 사람이 믿음이 있노라 하고 行행함이 없으면 무슨 利益이익이 있으리요 그 믿음이 能능히 自己자기를 救援구원하겠느냐 〈찬송가 460장〉

20-73 攜穀種以播者ˇ哭泣而往ˇ迨負禾束而歸ˇ必然歡欣
휴 곡 종 이 파 자 ˇ 곡 읍 이 왕 ˇ 태 부 화 속 이 귀 ˇ 필 연 환 흔

(詩篇시편 126:6)

울며 씨를 뿌리러 나가는 者자는 반드시 기쁨으로 그 穀食곡식 단을 가지고 돌아오리로다 〈찬송가 496장〉

20-74 試觀農夫ˇ望得地之嘉産ˇ忍耐以待ˇ待得前後之雨
시 관 농 부 ˇ 망 득 지 지 가 산 ˇ 인 내 이 대 ˇ 대 득 전 후 지 우
(雅各書야고보서 5:7)

보라 農夫농부가 땅에서 나는 貴귀한 열매를 바라고 길이 참아 이른 비와 늦은 비를 기다리나니 〈찬송가 591〉

20-76 夫婦不復爲二ˇ乃爲一體ˇ故上帝所耦者ˇ人不可分
부 부 불 부 위 이 ˇ 내 위 일 체 ˇ 고 상 제 소 우 자 ˇ 인 불 가 분
(瑪太福音마태복음 19:6)

이제 둘이 아니요 한 몸이니 그러므로 하나님이 짝지어 주신 것을 사람이 나누지 못할지니라 하시니

20-77 爾爲少者ˇ當服長老ˇ皆以謙卑爲衣衣之ˇ互相順服
이 위 소 자 ˇ 당 복 장 로 ˇ 개 이 겸 비 위 의 의 지 ˇ 호 상 순 복
(彼得前書베드로전서 5:5)

젊은 者자들아 이와 같이 長老장로들에게 順服순복하고 다 서로 謙遜겸손으로 허리를 동이라

20-78 敬畏主者ˇ主之救恩ˇ離之不遠ˇ尊榮亦必顯在我國
경 외 주 자 ˇ 주 지 구 은 ˇ 리 지 불 원 ˇ 존 영 역 필 현 재 아 국
(詩篇시편 85:9)

眞實진실로 그의 救援구원이 그를 敬畏경외하는 者자에게 가까우니 이에 榮光영광이 우리 땅에 머무리이다

21자

21-1 我以新誡示爾ˇ卽爾相愛是也ˇ爾當相愛如我愛爾然
아 이 신 계 시 이 ˇ 즉 이 상 애 시 야 ˇ 이 당 상 애 여 아 애 이 연
(約翰福音요한복음 13:34)

새 誡命계명을 너희에게 주노니 서로 사랑하라 내가 너희를 사랑한 것 같이 너희도 서로 사랑하라

21-2 耶穌曰ˇ我卽途也ˇ眞理也ˇ生命也ˇ非由我ˇ無人能就父
야 소 왈 ˇ 아 즉 도 야 ˇ 진 리 야 ˇ 생 명 야 ˇ 비 유 아 ˇ 무 인 능 취 부
(約翰福音요한복음 14:6)

예수께서 이르시되 내가 곧 길이요 眞理진리요 生命생명이니 나로 말미암지 않고는 아버지께로 올 者자가 없느니라

21-3 當盡心盡性盡力盡意ˇ愛主爾之上帝ˇ亦當愛鄰如己
당 진 심 진 성 진 력 진 의 ˇ 애 주 이 지 상 제 ˇ 역 당 애 린 여 기
(路加福音누가복음 10:27)

네 마음을 다하며 목숨을 다하며 힘을 다하며 뜻을 다하여 主주 너의 하나님을 사랑하고 또한 네 이웃을 네 自身자신 같이 사랑하라

21-4 勿負因債ˇ惟以愛爲所負於人之債ˇ蓋愛人者盡律法
물부인채ˇ유이애위소부어인지채ˇ개애인자진율법
(羅瑪書로마서 13:8)

피차 사랑의 빚 외에는 아무에게든지 아무 빚도 지지 말라 남을 사랑하는 者자는 律法율법을 다 이루었느니라

21-5 耶穌曰ˇ我卽生命之糧ˇ就我者必不饑ˇ信我者永不渴
야소왈ˇ아즉생명지량ˇ취아자필불기ˇ신아자영불갈
(約翰福音요한복음 6:35)

예수께서 이르시되 나는 生命생명의 떡이니 내게 오는 者자는 결코 주리지 아니할 터이요 나를 믿는 者자는 永遠영원히 목마르지 아니하리라

21-6 一切所爲及一切隱秘之事ˇ或善或惡ˇ悉爲上帝所鞫
일체소위급일체은비지사ˇ혹선혹악ˇ실위상제소국
(傳道書전도서 12:14)

하나님은 모든 行爲행위와 모든 隱密은밀한 일을 善惡선악 間간에 審判심판하시리

21-7 主護庇我ˇ保佑我脫離急難ˇ使我四面得救ˇ因而歡呼
주호비아ˇ보우아탈리급난ˇ사아사면득구ˇ인이환호
(詩篇시편 32:7)

主주는 나의 隱身處은신처이오니 患難환난에서 나를 保護보호하시고 救援구원의 노래로 나를 두르시리이다

21-8 正直人爲己之端方所導ˇ悖逆者必因己之邪曲敗亡
정직인위기지단방소도ˇ패역자필인기지사곡패망
(箴言잠언 11:3)

正直정직한 者자의 誠實성실은 自己자기를 引導인도하거니와 邪惡사악한 者자의 悖逆패역은 自己자기를 亡망하게 하느니라

21-9 深哉富哉上帝之智慧知識ˇ其法不可測ˇ其道不可尋
심재부재상제지지혜지식ˇ기법불가측ˇ기도불가심
(羅瑪書로마서 11:33)

깊도다 하나님의 智慧지혜와 知識지식의 豊盛풍성함이여, 그의 判斷판단은 헤아리지 못할 것이며 그의 길은 찾지 못할 것

이로다

21-10 凡爾所爲者ˇ皆當由誠心而爲之ˇ以爲事主ˇ非事人也
범이소위자ˇ개당유성심이위지ˇ이위사주ˇ비사인야
(哥羅西書골로새서 3:23)

무슨 일을 하든지 마음을 다하여 主주께 하듯 하고 사람에게 하듯 하지 말라

21-11 人必因口德之果報享福ˇ悖逆者必因所好者得凶報
인필인구덕지과보향복ˇ패역자필인소호자득흉보
(箴言잠언 13:2)

사람은 입의 열매로 因인하여 福祿복록을 누리거니와 마음이 詭詐궤사한 者자는 強暴강포를 當당하느니라

21-12 善人興發如巴勒瑪樹ˇ榮華茂盛ˇ如利巴嫩之柏香木
선인흥발여파륵마수ˇ영화무성ˇ여리파눈지백향목
(詩篇시편 92:12)

義人의인은 종려나무 같이 繁盛번성하며 레바논의 柏香木백향목 같이 成長성장하리로다

21-13 今我儕因基督之血ˇ旣得稱義ˇ不更可賴之而免怒乎
금아제인기독지혈ˇ기득칭의ˇ불갱가뢰지이면노호
(羅瑪書로마서 5:9)

그러면 이제 우리가 그의 피로 말미암아 義의롭다 하심을 받았으니 더욱 그로 말미암아 震怒진노하심에서 救援구원을 받을 것이니

21-14 我儕旣由信稱義ˇ則賴我主耶穌基督ˇ得與上帝復和
아제기유신칭의ˇ즉뢰아주야소기독ˇ득여상제부화
(羅瑪書로마서 5:1)

우리가 믿음으로 義의롭다 하심을 받았으니 우리 主주 예수 그리스도로 말미암아 하나님과 和平화평을 누리자

21-15 爾效我儕ˇ亦效我主ˇ在大患難中ˇ感於聖靈ˇ歡樂受道
이효아제ˇ역효아주ˇ재대환난중ˇ감어성령ˇ환락수도
(帖撒羅尼迦前書데살로니가전서 1:6)

또 너희는 많은 患難환난 가운데서 聖靈성령의 기쁨으로 말씀을 받아 우리와 主주를 本본받은 者자가 되었으니

21-16 當進主之門稱謝ˇ入主之院讚美ˇ稱謝主ˇ頌美主之名
당진주지문칭사ˇ입주지원찬미ˇ칭사주ˇ송미주지명
(詩篇시편 100:4)

感謝감사함으로 그의 門문에 들어가며 讚頌찬송함으로 그의 宮庭궁정에 들어가서 그에게 感謝감사하며 그의 이름을 頌祝송축할지어다

21-17 主曰ˇ我必醫其背叛之惡ˇ樂心愛之ˇ我向彼已息我怒
주 왈 ˇ 아 필 의 기 배 반 지 악 ˇ 낙 심 애 지 ˇ 아 향 피 이 식 아 노
(何西阿호세아 14:4)

내가 그들의 反逆반역을 고치고 기쁘게 그들을 사랑하리니 나의 震怒진노가 그에게서 떠났음이니라

21-18 卽如人子來ˇ非以役人ˇ乃役於人ˇ且舍其生以贖衆也
즉 여 인 자 래 ˇ 비 이 역 인 ˇ 내 역 어 인 ˇ 차 사 기 생 이 속 중 야
(瑪太福音마태복음 20:28)

人子인자가 온것은 섬김을 받으려 함이 아니라 도리어 섬기려 하고 自己자기 목숨을 많은 사람의 代贖物대속물로 주려 함이니라

21-19 爾曹亦於其內同被建造ˇ爲上帝藉聖靈所居之室焉
이 조 역 어 기 내 동 피 건 조 ˇ 위 상 제 자 성 령 소 거 지 실 언
(以弗所書에베소서 2:22)

너희도 聖靈성령 안에서 하나님이 居거하실 處所처소가 되기 爲위하여 그리스도 예수 안에서 함께 지어져 가느니라

21-20 蒙雅各之上帝扶助ˇ仰望主其上帝者ˇ斯人便爲有福
몽 아 각 지 상 제 부 조 ˇ 앙 망 주 기 상 제 자 ˇ 사 인 변 위 유 복
(詩篇시편 146:5)

야곱의 하나님을 自己자기의 도움으로 삼으며 여호와 自己자기 하나님에게 自己자기의 所望소망을 두는 者자는 福복이 있도다

21-21 我儕遵行主命ˇ此卽愛也ˇ乃爾自始所聞當行之命也
아 제 준 행 주 명 ˇ 차 즉 애 야 ˇ 내 이 자 시 소 문 당 행 지 명 야
(約翰貳書요한2서 1:6)

또 사랑은 이것이니 우리가 그 誡命계명을 따라 行행하는 것이요 誡命계명은 이것이니 너희가 처음부터 들은 바와 같이 그 가운데서 行행하라 하심이라

21-22 嬰孩漸長ˇ精力强健ˇ居曠野ˇ直至顯於以色列民之日
영 해 점 장 ˇ 정 력 강 건 ˇ 거 광 야 ˇ 직 지 현 어 이 색 열 민 지 일
(路加福音누가복음 1:80)

아이가 자라며 心靈심령이 强강하여지며 이스라엘에게 나타
나는 날까지 빈 들에 있으니라

21-23 古昔之時ˇ主顯現於我ˇ曰ˇ我永遠愛爾ˇ故我施爾以恩
고 석 지 시 ˇ 주 현 현 어 아 ˇ 왈 ˇ 아 영 원 애 이 ˇ 고 아 시 이 이 은
(耶利米예레미아 31:3)

옛적에 여호와께서 나에게 나타나사 내가 永遠영원한 사랑
으로 너를 사랑하기에 仁慈인자함으로 너를 이끌었다 하였
노라

21-24 願上帝卽父ˇ及主耶穌基督ˇ賜諸兄弟平康與愛與信
원 상 제 즉 부 ˇ 급 주 야 소 기 독 ˇ 사 제 형 제 평 강 여 애 여 신
(以弗所書에베소서 6:23)

아버지 하나님과 主주 예수 그리스도께로부터 平安평안과
믿음을 兼겸한 사랑이 兄弟형제들에게 있을지어다

21-25 有能保爾不躓蹶ˇ使爾無瑕疵ˇ歡然而立其榮位前者
유 능 보 이 불 지 궐 ˇ 사 이 무 하 자 ˇ 환 연 이 립 기 영 위 전 자
(猶大書유다서 1:24)

能능히 너희를 保護보호하사 거침이 없게 하시고 너희로 그
榮光영광 앞에 欠흠이 없이 기쁨으로 서게 하실 이

21-26 以主爲上帝者ˇ其國有福ˇ蒙主選爲子民者ˇ其邦有福
이 주 위 상 제 자 ˇ 기 국 유 복 ˇ 몽 주 선 위 자 민 자 ˇ 기 방 유 복
(詩篇시편 33:12)

여호와를 自己자기 하나님으로 삼은 나라 곧 하나님의 基
業기업으로 選擇선택된 百姓백성은 福복이 있도다

21-27 萬事皆爲爾曹ˇ使衆因受多恩ˇ亦多感謝ˇ歸榮於上帝
만 사 개 위 이 조 ˇ 사 중 인 수 다 은 ˇ 역 다 감 사 ˇ 귀 영 어 상 제
(哥林多後書고린도후서 4:15)

이는 모든 것이 너희를 爲위함이니 많은 사람의 感謝감사로
말미암아 恩惠은혜가 더하여 넘쳐서 하나님께 榮光영광을 돌
리게 하려 함이라

21-28 爾將所當之任託賴主ˇ主必撫養爾ˇ永不使善人動搖
이 장 소 당 지 임 탁 뢰 주 ˇ 주 필 무 양 이 ˇ 영 불 사 선 인 동 요
(詩篇시편 55:22)

네 짐을 여호와께 맡기라 그가 너를 붙드시고 義人의인의
搖動요동함을 永遠영원히 許諾허락하지 아니하시리로다

21-29 蓋我生爲主而生ˇ我死爲主而死ˇ故或生或死ˇ皆屬主
개 아 생 위 주 이 생 ˇ 아 사 위 주 이 사 ˇ 고 혹 생 혹 사 ˇ 개 속 주
(羅瑪書로마서 14:8)

우리가 살아도 主주를 爲위하여 살고 죽어도 主주를 爲위하여 죽나니 그러므로 사나 죽으나 우리가 主주의 것이로다

21-30 我上帝因基督耶穌ˇ將循其榮之富有ˇ補爾凡所需者
아 상 제 인 기 독 야 소 ˇ 장 순 기 영 지 부 유 ˇ 보 이 범 소 수 자
(腓立比書빌립보서 4:19)

나의 하나님이 그리스도 예수 안에서 榮光영광 가운데 그 豊盛풍성한 대로 너희 모든 쓸 것을 채우시리라

21-31 願主施展大能ˇ顯爲至上ˇ我儕必讚揚歌頌主之威權
원 주 시 전 대 능 ˇ 현 위 지 상 ˇ 아 제 필 찬 양 가 송 주 지 위 권
(詩篇시편 21:13)

여호와여 主주의 能力능력으로 높임을 받으소서 우리가 主주의 權能권능을 노래하고 讚頌찬송하게 하소서

21-32 罪藉律法而乘機ˇ使多慾動於我中ˇ無律法ˇ則罪死矣
죄 자 율 법 이 승 기 ˇ 사 다 욕 동 어 아 중 ˇ 무 율 법 ˇ 즉 죄 사 의
(羅瑪書로마서 7:8)

그러나 罪죄가 機會기회를 타서 誡命계명으로 말미암아 내 속에서 온갖 貪心탐심을 이루었나니 이는 律法율법이 없으면 罪죄가 죽은 것임이라

21-33 求主清晨俯聽我聲ˇ清晨我向主陳詞禱告ˇ遂卽盼望
구 주 청 신 부 청 아 성 ˇ 청 신 아 향 주 진 사 도 고 ˇ 수 즉 반 망
(詩篇시편 5:3)

여호와여 아침에 主주께서 나의 소리를 들으시리니 아침에 내가 主주께 祈禱기도하고 바라리이다

21-34 主卽將我之哀哭ˇ變爲踊躍ˇ使我解脫麻衣ˇ衣被喜樂
주 즉 장 아 지 애 곡 ˇ 변 위 용 약 ˇ 사 아 해 탈 마 의 ˇ 의 피 희 락
(詩篇시편 30:11)

主주께서 나의 슬픔이 變변하여 내게 춤이 되게 하시며 나의 베옷을 벗기고 기쁨으로 띠 띠우셨나이다

21-35 論亞設則曰ˇ亞設多子有福ˇ爲兄弟悅納ˇ將浸足於油
론 아 설 즉 왈 ˇ 아 설 다 자 유 복 ˇ 위 형 제 열 납 ˇ 장 침 족 어 유
(申命記신명기 33:24)

아셀에 대하여는 일렀으되 아셀은 아들들 中중에 더 福복을 받으며 그의 兄弟형제에게 기쁨이 되며 그의 발이 기름

에 잠길지로다

21-36 我告爾ˇ有一罪人悔改ˇ則在上帝之使者前ˇ亦爲之喜
아고이ˇ유일죄인회개ˇ즉재상제지사자전ˇ역위지희
(路加福音누가복음 15:10)

내가 너희에게 이르노니 이와 같이 罪人죄인 한 사람이 悔改회개하면 하나님의 使者사자들 앞에 기쁨이 되느니라

21-37 我以此告爾ˇ致我之喜恒存於爾內ˇ且使爾之喜充足
아이차고이ˇ치아지희항존어이내ˇ차사이지희충족
(約翰福音요한복음 15:11)

내가 이것을 너희에게 이름은 내 기쁨이 너희 안에 있어 너희 기쁨을 充滿충만하게 하려 함이라

21-38 可愛者乎ˇ爾不可不知ˇ主觀一日如千年ˇ千年如一日
가애자호ˇ이불가부지ˇ주관일일여천년ˇ천년여일일
(彼得後書베드로후서 3:8)

사랑하는 者자들아 主주께는 하루가 千年천년 같고 千年천년이 하루 같다는 이 한 가지를 잊지 말라

21-39 惟循眞理而行者就光ˇ以彰其所行ˇ乃遵上帝而行也
유순진리이행자취광ˇ이창기소행ˇ내준상제이행야
(約翰福音요한복음 3:21)

眞理진리를 따르는 者자는 빛으로 오나니 이는 그 行爲행위가 하나님 안에서 行행한 것임을 나타내려 함이라 하시니라

21-40 惟成人方食堅實之食ˇ其心因習練而明ˇ能別善惡矣
유성인방식견실지식ˇ기심인습련이명ˇ능별선악의
(希伯來書히브리서 5:14)

단단한 飮食음식은 長成장성한 者자의 것이니 그들은 知覺지각을 使用사용함으로 鍊鍛연단을 받아 善惡선악을 分別분별하는 者자들이니라

21-41 蓋萬物皆本之ˇ賴之ˇ向之ˇ願榮光歸之ˇ至於世世ˇ
개만물개본지ˇ뢰지ˇ향지ˇ원영광귀지ˇ지어세세ˇ
阿們(羅瑪書로마서 11:36)
아문

이는 萬物만물이 主주에게서 나오고 主주로 말미암고 主주에게로 돌아감이라 그에게 榮光영광이 世世세세에 있을지어다 아멘

21-42 主昔有言應許主之僕人ˇ使我有望ˇ今求主垂念不忘
주석유언응허주지복인ˇ사아유망ˇ금구주수념불망
(詩篇시편 119:49)

主주의 종에게 하신 말씀을 記憶기억하소서 主주께서 내게 所望소망을 가지게 하셨나이다

21-43 以利亞偃臥於羅騰樹下而眠ˇ有天使捫之ˇ曰ˇ起而食
이리아언와어라등수하이면ˇ유천사문지ˇ왈ˇ기이식
(列王上열왕기상 19:5)

로뎀 나무 아래에 누워 자더니 天使천사가 그를 어루만지며 그에게 이르되 일어나서 먹으라 하는지라

21-44 我儕莫若歸主ˇ主旣戕我ˇ必醫痊我ˇ旣擊我ˇ必裹我傷
아제막약귀주ˇ주기장아ˇ필의전아ˇ기격아ˇ필과아상
(何西阿호세아 6:1)

오라 우리가 여호와께로 돌아가자 여호와께서 우리를 찢으셨으나 도로 낫게 하실 것이요 우리를 치셨으나 싸매어 주실 것임이라

21-45 耶穌顧之曰ˇ耶路撒冷女ˇ勿爲我哭ˇ當爲己及爾子哭
야소고지왈ˇ야로살냉녀ˇ물위아곡ˇ당위기급이자곡
(路加福音누가복음 23:28)

예수께서 돌이켜 그들을 向향하여 이르시되 예루살렘의 딸들아 나를 爲위하여 울지 말고 너희와 너희 子女자녀를 爲위하여 울라

21-46 主如是云ˇ凡人心棄我ˇ倚恃人ˇ倚恃肉體者ˇ斯人有禍
주여시운ˇ범인심기아ˇ의시인ˇ의시육체자ˇ사인유화
(耶利米예레미아 17:5)

여호와께서 이와 같이 말씀하시니라 무릇 사람을 믿으며 肉身육신으로 그의 힘을 삼고 마음이 여호와에게서 떠난 그 사람은 詛呪저주를 받을 것이라

21-47 主歟ˇ使我歸誠於主ˇ我則歸誠ˇ使我復興ˇ與昔日無異
주여ˇ사아귀성어주ˇ아즉귀성ˇ사아부흥ˇ여석일무이
(耶利米哀歌예레미아 5:21)

여호와여 우리를 主주께로 돌이키소서 그리하시면 우리가 主주께로 돌아가겠사오니 우리의 날들을 다시 새롭게 하사 옛적 같게 하옵소서

21-48 似憂而常樂ˇ似貧而使多人富ˇ似無所有而無所不有
사우이상락 ˇ 사빈이사다인부 ˇ 사무소유이무소불유
(哥林多後書고린도후서 6:10)

근심하는 者자 같으나 恒常항상 기뻐하고 가난한 者자 같으나 많은 사람을 富饒부요하게 하고 아무 것도 없는 者자 같으나 모든 것을 가진 者자로다

21-49 爾旣得爲子ˇ上帝則遣其子之靈於爾心ˇ呼阿巴ˇ父也
이기득위자 ˇ 상제즉견기자지령어이심 ˇ 호아파 ˇ 부야
(迦拉太書갈라디아서 4:6)

너희가 아들이므로 하나님이 그 아들의 靈영을 우리 마음 가운데 보내사 아빠 아버지라 부르게 하셨느니라

21-50 爾自幼識聖經ˇ聖經能使爾有智慧ˇ由信基督而得救
이자유식성경 ˇ 성경능사이유지혜 ˇ 유신기독이득구
(提摩太後書디모데후서 3:15)

또 어려서부터 聖經성경을 알았나니 聖經성경은 能능히 너로 하여금 그리스도 예수 안에 있는 믿음으로 말미암아 救援구원에 이르는 智慧지혜가 있게 하느니라

21-51 耶穌謂之曰ˇ多瑪ˇ爾見我始信ˇ其未見而亦信者ˇ福矣
야소위지왈 ˇ 다마 ˇ 이견아시신 ˇ 기미견이역신자 ˇ 복의
(約翰福音요한복음 20:29)

예수께서 이르시되 너는 나를 본 故고로 믿느냐 보지 못하고 믿는 者자들은 福복되도다 하시니라

21-52 心志堅定者ˇ主必守護ˇ賜以平康ˇ因主是賴ˇ主賜平康
심지견정자 ˇ 주필수호 ˇ 사이평강 ˇ 인주시뢰 ˇ 주사평강
(以賽亞이사야 26:3)

主주께서 心志심지가 堅固견고한 者자를 平康평강하고 平康평강하도록 지키시리니 이는 그가 主주를 信賴신뢰함이니이다

21-53 貪利爲萬惡之根ˇ有人慕之ˇ則迷失於道ˇ以多苦自刺
탐리위만악지근 ˇ 유인모지 ˇ 즉미실어도 ˇ 이다고자자
(提摩太前書디모데전서 6:10)

돈을 사랑함이 一萬일만 惡악의 뿌리가 되나니 이것을 貪탐내는 者자들은 迷惑미혹을 받아 믿음에서 떠나 많은 근심으로써 自己자기를 찔렀도다

21-54 倘一肢體受苦ˇ諸肢體同苦ˇ一肢體得榮ˇ諸肢體同樂
당일지체수고 ˇ 제지체동고 ˇ 일지체득영 ˇ 제지체동락

(哥林多前書고린도전서 12:26)

萬一만일 한 肢體지체가 苦痛고통을 받으면 모든 肢體지체가 함께 苦痛고통을 받고 한 肢體지체가 榮光영광을 얻으면 모든 肢體지체가 함께 즐거워하느니라

21-55 屬上帝者ˇ必聽上帝之言ˇ爾不聽者ˇ以爾不屬上帝也
속 상 제 자 ˇ 필 청 상 제 지 언 ˇ 이 불 청 자 ˇ 이 이 불 속 상 제 야
(約翰福音요한복음 8:47)

하나님께 屬속한 者자는 하나님의 말씀을 듣나니 너희가 듣지 아니함은 하나님께 屬속하지 아니하였음이로다

21-56 至今爾尚未託我名而求ˇ求則必得ˇ致爾之樂充足矣
지 금 이 상 미 탁 아 명 이 구 ˇ 구 즉 필 득 ˇ 치 이 지 락 충 족 의
(約翰福音요한복음 16:24)

只今지금까지는 너희가 내 이름으로 아무 것도 求구하지 아니하였으나 求구하라 그리하면 받으리니 너희 기쁨이 充滿충만하리라

21-57 死者卽出ˇ手足纏以布ˇ面裹以巾ˇ耶穌曰ˇ可解之使行
사 자 즉 출 ˇ 수 족 전 이 포 ˇ 면 과 이 건 ˇ 야 소 왈 ˇ 가 해 지 사 행
(約翰福音요한복음 11:44)

죽은 者자가 手足수족을 베로 동인 채로 나오는데 그 얼굴은 手巾수건에 싸였더라 예수께서 이르시되 풀어 놓아 다니게 하라 하시니라

21-58 讚美上帝ˇ並見悅於衆民ˇ主以得救之人ˇ日增其教會
찬 미 상 제 ˇ 병 견 열 어 중 민 ˇ 주 이 득 구 지 인 ˇ 일 증 기 교 회
(使徒行傳사도행전 2:47)

하나님을 讚美찬미하며 또 온 百姓백성에게 稱頌칭송을 받으니 主주께서 救援구원받는 사람을 날마다 더하게 하시니라
〈찬송가 76장〉

21-59 願頌讚ˇ尊貴ˇ榮光ˇ權力歸於坐寶座者及羔ˇ至於世世
원 송 찬 ˇ 존 귀 ˇ 영 광 ˇ 권 력 귀 어 좌 보 좌 자 급 고 ˇ 지 어 세 세
(約翰啓示錄요한계시록 5:13)

寶座보좌에 앉으신 이와 어린 羊양에게 讚頌찬송과 尊貴존귀와 榮光영광과 權能권능을 世世세세토록 돌릴지어다 〈찬송가 77장〉

21-60 我之良人ˇ必入其園ˇ至香花畦旁ˇ游行園中ˇ採百合花
아 지 량 인 ˇ 필 입 기 원 ˇ 지 향 화 휴 방 ˇ 유 행 원 중 ˇ 채 백 합 화
(雅歌아가 6:2)

내 사랑하는 者자가 自己자기 동산으로 내려가 香氣향기로운 꽃밭에 이르러서 동산 가운데에서 羊양떼를 먹이며 百合花백합화를 꺾는구나 〈찬송가 95장〉

21-61 主使我之燈照耀ˇ主我之上帝ˇ使我之幽暗變爲光明
주 사 아 지 등 조 요 ˇ 주 아 지 상 제 ˇ 사 아 지 유 암 변 위 광 명
(詩篇시편 18:28)

主주께서 나의 燈등불을 켜심이여 여호와 내 하나님이 내 黑暗흑암을 밝히시리이다

21-62 我信我衆得救ˇ惟賴我主耶穌基督之恩ˇ與彼衆無異
아 신 아 중 득 구 ˇ 유 뢰 아 주 야 소 기 독 지 은 ˇ 여 피 중 무 이
(使徒行傳사도행전 15:11)

우리와 同一동일하게 主주 예수의 恩惠은혜로 救援구원 받는 줄을 믿노라

21-63 皆飮靈飮ˇ所飮者乃自隨之之靈磐所出ˇ此磐卽基督
개 음 령 음 ˇ 소 음 자 내 자 수 지 지 령 반 소 출 ˇ 차 반 즉 기 독
(哥林多前書고린도전서 10:4)

다 같은 神靈신령한 飮料음료를 마셨으니 이는 그들을 따르는 神靈신령한 磐石반석으로부터 마셨으매 그 磐石반석은 곧 그리스도시라 〈찬송가 494장〉

21-64 其人與全家皆虔誠敬畏上帝ˇ廣濟於民ˇ常祈禱上帝
기 인 여 전 가 개 건 성 경 외 상 제 ˇ 광 제 어 민 ˇ 상 기 도 상 제
(使徒行傳사도행전 10:2)

그가 敬虔경건하여 온 집안과 더불어 하나님을 敬畏경외하며 百姓백성을 많이 救濟구제하고 하나님께 恒常항상 祈禱기도하더니

21-65 我心當讚美主ˇ主我之上帝至大無倫ˇ衣以尊榮威嚴
아 심 당 찬 미 주 ˇ 주 아 지 상 제 지 대 무 륜 ˇ 의 이 존 영 위 엄
(詩篇시편 104:1)

내 靈魂영혼아 여호와를 頌祝송축하라 여호와 나의 하나님이여 主주는 甚심히 偉大위대하시며 尊貴존귀와 權威권위로 옷 입으셨나이다 〈찬송가 594장〉

21-66 主我之主歟ˇ主之威名宣揚在地ˇ主之榮耀顯現在天
주 아 지 주 여 ˇ 주 지 위 명 선 양 재 지 ˇ 주 지 영 요 현 현 재 천
(詩篇시편 8:1)

여호와 우리 主주여 主주의 이름이 온 땅에 어찌 그리 아

름다운지요 主주의 榮光영광을 하늘 위에 두셨나이다

21-67 當敬爾父母ˇ使爾可享遐齡於主爾上帝所賜爾之地
당 경 이 부 모 ˇ사 이 가 향 하 령 어 주 이 상 제 소 사 이 지 지
(出伊及記출애굽기 20:12)

네 父母부모를 恭敬공경하라 그리하면 너의 하나님 나 여호와가 네게 준 땅에서 네 生命생명이 길리라

※ 享遐齡 = 久居

21-68 人卑降之時ˇ爾仍言我得升高ˇ蓋謙遜者ˇ上帝必祐之
인 비 강 지 시 ˇ 이 잉 언 아 득 승 고 ˇ 개 겸 손 자 ˇ 상 제 필 우 지
(約伯욥기 22:29)

사람들이 너를 낮추거든 너는 驕慢교만했노라고 말하라 하나님은 謙遜겸손한 者자를 救援구원하시리라

21-69 德備者之途ˇ必因己善而平直ˇ惡人必因己惡而傾仆
덕 비 자 지 도 ˇ 필 인 기 선 이 평 직 ˇ 악 인 필 인 기 악 이 경 부
(箴言잠언 11:5)

完全완전한 者자의 公義공의는 自己자기의 길을 곧게 하려니와 惡악한 者자는 自己자기의 惡악으로 말미암아 넘어지리라

22자

22-1 我之良人ˇ啓言對我曰ˇ我佳耦ˇ我美人ˇ求爾興起而
아 지 량 인 ˇ 계 언 대 아 왈 ˇ 아 가 우 ˇ 아 미 인 ˇ 구 이 흥 기 이
偕來(雅歌아가 2:10)
해 래

나의 사랑하는 者자가 내게 말하여 이르기를 나의 사랑, 내 어여쁜 者자야 일어나서 함께 가자

22-2 爾若口認耶穌爲主ˇ心信上帝使其由死復活ˇ則必得救
이 약 구 인 야 소 위 주 ˇ 심 신 상 제 사 기 유 사 부 활 ˇ 즉 필 득 구
(羅瑪書로마서 10:9)

네가 萬一만일 네 입으로 예수를 主주로 是認시인하며 또 하나님께서 그를 죽은 者자 가운데서 살리신 것을 네 마음에 믿으면 救援구원을 받으리라

22-3 由信祈禱ˇ可救患病者ˇ主必起之ˇ彼素犯之罪ˇ亦蒙
유 신 기 도 ˇ 가 구 환 병 자 ˇ 주 필 기 지 ˇ 피 소 범 지 죄 ˇ 역 몽
赦宥(雅各書야고보서 5:15)
사 유

믿음의 祈禱기도는 病병든 者자를 救援구원하리니 主주께서 그를 일으키시리라 或是혹시 罪죄를 犯범하였을지라도 赦사하심을 받으리라

22-4 賊至特爲竊ˇ爲殺ˇ爲滅ˇ我至使羊得生ˇ且所得之生
적 지 특 위 절 ˇ 위 살 ˇ 위 멸 ˇ 아 지 사 양 득 생 ˇ 차 소 득 지 생
愈盛(約翰福音요한복음 10:10)
유 성

도둑이 오는 것은 도둑질하고 죽이고 滅亡멸망시키려는 것뿐이요 내가 온 것은 羊양으로 生命생명을 얻게 하고 더 豊盛풍성히 얻게 하려는 것이라

22-5 我遭急難ˇ求主憐恤ˇ我因憂慮ˇ面目衰枯ˇ身心亦復
아 조 급 난 ˇ 구 주 련 휼 ˇ 아 인 우 려 ˇ 면 목 쇠 고 ˇ 신 심 역 부
如是(詩篇시편 31:9)
여 시

여호와여 내가 苦痛고통 中중에 있사오니 내게 恩惠은혜를 베푸소서 내가 근심 때문에 눈과 靈魂영혼과 몸이 衰쇠하였나이다

22-6 主所眷愛者ˇ安居於主所ˇ主終日護庇之ˇ居其二肩之中
주 소 권 애 자 ˇ 안 거 어 주 소 ˇ 주 종 일 호 비 지 ˇ 거 기 이 견 지 중
(申命記신명기 33:12)

여호와의 사랑을 입은 者자는 그 곁에 安全안전히 살리로다 여호와께서 그를 날이 마치도록 保護보호하시고 그를 自己자기 어깨 사이에 있게 하시리로다

22-7 主手創造我ˇ甄陶我ˇ求主賜我聰明ˇ得以學習主之誡命
주 수 창 조 아 ˇ 견 도 아 ˇ 구 주 사 아 총 명 ˇ 득 이 학 습 주 지 계 명
(詩篇시편 119:73)

主주의 손이 나를 만들고 세우셨사오니 내가 깨달아 主주의 誡命계명들을 배우게 하소서

22-8 忠言之使ˇ令遣之之主人暢懷ˇ如穡時得冰雪ˇ旣涼且爽
충 언 지 사 ˇ 령 견 지 지 주 인 창 회 ˇ 여 색 시 득 빙 설 ˇ 기 량 차 상
(箴言잠언 25:13)

忠誠충성된 使者사자는 그를 보낸 이에게 마치 秋收추수하는 날에 얼음 冷水냉수 같아서 能능히 그 主人주인의 마음을 시원하게 하느니라

22-9 我儕賴彼以其流血蒙救贖ˇ得罪赦ˇ循上帝豐厚之恩寵
아 제 뢰 피 이 기 유 혈 몽 구 속 ˇ 득 죄 사 ˇ 순 상 제 풍 후 지 은 총
(以弗所書에베소서 1:7)

우리는 그리스도 안에서 그의 恩惠은혜의 豐盛풍성함을 따라 그의 피로 말미암아 贖良속량 곧 罪죄 赦사함을 받았느니라

22-10 蓋我卽主爾之上帝ˇ援爾右手ˇ謂爾曰ˇ勿恐懼ˇ我救濟爾(以賽亞이사야 41:13)
개 아 즉 주 이 지 상 제 ˇ 원 이 우 수 ˇ 위 이 왈 ˇ 물 공 구 ˇ 아 구 제 이

이는 나 여호와 너의 하나님이 네 오른손을 붙들고 네게 이르기를 두려워하지 말라 내가 너를 도우리라 할 것임이니라

22-11 希望不致羞愧ˇ蓋上帝之愛ˇ以所賜我之聖靈ˇ灌注我心
희 망 불 치 수 괴 ˇ 개 상 제 지 애 ˇ 이 소 사 아 지 성 령 ˇ 관 주 아 심
(羅瑪書로마서 5:5)

所望소망이 우리를 부끄럽게 하지 아니함은 우리에게 주신 聖靈성령으로 말미암아 하나님의 사랑이 우리 마음에 부은 바 됨이니

22-12 凡欲得生而平康度日者ˇ則當捫舌勿言惡ˇ守口無詭詐
범 욕 득 생 이 평 강 도 일 자 ˇ 즉 당 문 설 물 언 악 ˇ 수 구 무 궤 사
(彼得前書베드로전서 3:10)

그러므로 生命생명을 사랑하고 좋은 날 보기를 願원하는 者자는 혀를 禁금하여 惡악한 말을 그치며 그 입술로 거짓을 말하지 말고

22-13 我以爾言授彼ˇ而世惡之ˇ因彼不屬世ˇ如我之不屬世然
아 이 이 언 수 피 ˇ 이 세 오 지 ˇ 인 피 불 속 세 ˇ 여 아 지 불 속 세 연
(約翰福音요한복음 17:14)

내가 아버지의 말씀을 그들에게 주었사오매 世上세상이 그들을 미워하였사오니 이는 내가 世上세상에 屬속하지 아니함 같이 그들도 世上세상에 屬속하지 아니함으로 因인함이니이다

22-14 我爲主被囚者勸爾ˇ旣蒙召ˇ行事則當與蒙召之恩相稱
아 위 주 피 수 자 권 이 ˇ 기 몽 소 ˇ 행 사 즉 당 여 몽 소 지 은 상 칭
(以弗所書에베소서 4:1)

그러므로 主주 안에서 갇힌 내가 너희를 勸권하노니 너희

가 부르심을 받은 일에 合當합당하게 行행하여

22-15 蓋我儕於上帝前ˇ爲基督之馨香ˇ於得救者ˇ亦於沈淪者
개아제어상제전ˇ위기독지형향ˇ어득구자ˇ역어침륜자
(哥林多後書고린도후서 2:15)

우리는 救援구원 받는 者자들에게나 亡망하는 者자들에게나 하나님 앞에서 그리스도의 香氣향기니

22-16 求上帝按主之恩惠矜恤我ˇ以主大憐憫ˇ塗抹我之愆尤
구상제안주지은혜긍휼아ˇ이주대연민ˇ도말아지건우
(詩篇시편 51:1)

하나님이여 主주의 仁慈인자를 따라 내게 恩惠은혜를 베푸시며 主주의 많은 矜恤긍휼을 따라 내 罪惡죄악을 지워 주소서

22-17 蓋罪之償値ˇ死也ˇ上帝恩賜乃永生ˇ因我主耶穌基督焉
개죄지상치ˇ사야ˇ상제은사내영생ˇ인아주야소기독언
(羅瑪書로마서 6:23)

罪죄의 삯은 死亡사망이요 하나님의 恩賜은사는 그리스도 예수 우리 主주안에 있는 永生영생이니라

22-18 蓋致生之聖靈ˇ因基督耶穌之法ˇ已釋我於罪及死之法
개치생지성령ˇ인기독야 소지법ˇ이석아어죄급사지법
(羅瑪書로마서 8:2)

그리스도 예수 안에 있는 生命생명의 聖靈성령의 法법이 罪죄와 死亡사망의 法법에서 너를 解放해방하였음이라

22-19 夫主之僕不可爭競ˇ必以慈愛待衆ˇ善於施敎ˇ亦當忍耐
부주지복불가쟁경ˇ필이자애대중ˇ선어시교ˇ역당인내
(提摩太後書디모데후서 2:24)

主주의 종은 마땅히 다투지 아니하고 모든 사람에 對대하여 溫柔온유하며 가르치기를 잘하며 참으며

22-20 爾勿似馬似騾之無知ˇ若不以銜韁約束其口ˇ必不順從
이물사마사라지무지ˇ약불이함강약속기구ˇ필불순종
(詩篇시편 32:9)

너희는 無知무지한 말이나 노새 같이 되지 말지어다 그것들은 재갈과 굴레로 團束단속하지 아니하면 너희에게 가까이 가지 아니하리로다

22-21 我旣往爲爾備居處ˇ必復來接爾歸我ˇ我所在ˇ使爾亦在
아기왕위이비거처ˇ필부래접이귀아ˇ아소재ˇ사이역재
(約翰福音요한복음 14:3)

가서 너희를 爲위하여 居處거처를 豫備예비하면 내가 다시 와서 너희를 내게로 迎接영접하여 나 있는 곳에 너희도 있게 하리라

22-22 爾若屬基督ˇ則爲亞伯拉罕之裔ˇ且循所許而爲嗣子矣
이 약 속 기 독 ˇ 즉 위 아 백 랍 한 지 예 ˇ 차 순 소 허 이 위 사 자 의
(迦拉太書갈라디아서 3:29)

너희가 그리스도의 것이면 곧 아브라함의 子孫자손이요 約束약속대로 遺業유업을 이을 者자니라

22-23 主歟ˇ惟認識主名者可倚賴主ˇ因凡尋求主者ˇ主不
주 여 ˇ 유 인 식 주 명 자 가 의 뢰 주 ˇ 인 범 심 구 주 자 ˇ 주 불
棄絶(詩篇시편 9:10)
기 절

여호와여 主주의 이름을 아는 者자는 主주를 依支의지하오리니 이는 主주를 찾는 者자들을 버리지 아니하심이니이다

22-24 猶太人ˇ希拉人ˇ悉無區別ˇ同有一主ˇ其洪恩賜凡籲
유 태 인 ˇ 희 랍 인 ˇ 실 무 구 별 ˇ 동 유 일 주 ˇ 기 홍 은 사 범 유
之者(羅瑪書로마서 10:12)
지 자

유대인이나 헬라인이나 差別차별이 없음이라 한 분이신 主주께서 모든 사람의 主주가 되사 그를 부르는 모든 사람에게 富饒부요하시도다

22-25 勿以己口自誇ˇ待他人誇爾ˇ勿以己脣自讚ˇ待外人
물 이 기 구 자 과 ˇ 대 타 인 과 이 ˇ 물 이 기 순 자 찬 ˇ 대 외 인
讚爾(箴言잠언 27:2)
찬 이

他人타인이 너를 稱讚칭찬하게 하고 네 입으로는 하지 말며 外人외인이 너를 稱讚칭찬하게 하고 네 입술로는 하지 말지니라

22-26 食時ˇ耶穌取餅祝謝ˇ擘而予門徒曰ˇ取而食之ˇ此乃
식 시 ˇ 야 소 취 병 축 사 ˇ 벽 이 여 문 도 왈 ˇ 취 이 식 지 ˇ 차 내
我體(瑪太福音마태복음 26:26)
아 체

그들이 먹을 때에 예수께서 떡을 가지사 祝福축복하시고 떼어 弟子제자들에게 주시며 이르시되 받아서 먹으라 이것

은 내 몸이니라 하시고

22-27 當知使罪人由迷途反正ˇ乃救其靈魂不死ˇ且掩多罪焉
당 지 사 죄 인 유 미 도 반 정 ˇ 내 구 기 영 혼 불 사 ˇ 차 엄 다 죄 언
(雅各書야고보서 5:20)

너희가 알 것은 罪人죄인을 迷惑미혹된 길에서 돌아서게 하는 者자가 그의 靈魂영혼을 死亡사망에서 救援구원할 것이며 許多허다한 罪죄를 덮을 것임이라

22-28 蓋我儕不知所當禱者ˇ聖靈以不可言之歎息代我禱也
개 아 제 부 지 소 당 도 자 ˇ 성 령 이 불 가 언 지 탄 식 대 아 도 야
(羅瑪書로마서 8:26)

우리는 마땅히 祈禱기도할 바를 알지 못하나 오직 聖靈성령이 말할 수 없는 歎息탄식으로 우리를 爲위하여 親친히 懇求간구하시느니라

22-29 彼亦必堅爾至終ˇ使爾在我主耶穌基督之日ˇ無可責也
피 역 필 견 이 지 종 ˇ 사 이 재 아 주 야 소 기 독 지 일 ˇ 무 가 책 야
(哥林多前書고린도전서 1:8)

主주께서 너희를 우리 主주 예수 그리스도의 날에 責望책망할 것이 없는 者자로 끝까지 堅固견고하게 하시리라

22-30 尙有片時ˇ而世不復見我ˇ惟爾曹見我ˇ因我生ˇ爾亦
상 유 편 시 ˇ 이 세 불 부 견 아 ˇ 유 이 조 견 아 ˇ 인 아 생 ˇ 이 역
必生(約翰福音요한복음 14:19)
필 생

조금 있으면 世上세상은 다시 나를 보지 못할 것이로되 너희는 나를 보리니 이는 내가 살아 있고 너희도 살아 있겠음이라

22-31 勿與不信者耦ˇ蓋義與不義ˇ何侶之有ˇ光與暗ˇ何交
물 여 불 신 자 우 ˇ 개 의 여 불 의 ˇ 하 려 지 유 ˇ 광 여 암 ˇ 하 교
之有(哥林多後書고린도후서 6:14)
지 유

너희는 믿지 않는 者자와 멍에를 함께 메지 말라 義의와 不法불법이 어찌 함께 하며 빛과 어둠이 어찌 사귀며

22-32 曰ˇ我誠告爾ˇ爾若不改變ˇ不成如此孩提ˇ則不得
왈 ˇ 아 성 고 이 ˇ 이 약 불 개 변 ˇ 불 성 여 차 해 제 ˇ 즉 부 득
入天國(瑪太福音마태복음 18:3)
입 천 국

이르시되 眞實진실로 너희에게 이르노니 너희가 돌이켜 어린 아이들과 같이 되지 아니하면 決斷결단코 天國천국에 들어가지 못하리라

22-33 惟我蒙主之大恩慈ˇ進主之殿敬畏主ˇ向主之聖殿下拜
유 아 몽 주 지 대 은 자 ˇ 진 주 지 전 경 외 주 ˇ 향 주 지 성 전 하 배
(詩篇시편 5:7)

오직 나는 主주의 豊盛풍성한 仁慈인자를 힘입어 主주의 집에 들어가 主주를 敬畏경외함으로 聖殿성전을 向향하여 敬拜경배하리이다

22-34 當勤誨爾子ˇ或坐於室ˇ或行於路ˇ或寢或興ˇ恒以此
당 근 회 이 자 ˇ 혹 좌 어 실 ˇ 혹 행 어 로 ˇ 혹 침 혹 흥 ˇ 항 이 차
爲訓(申命記신명기 6:7)
위 훈

네 子女자녀에게 부지런히 가르치며 집에 앉았을 때에든지 길을 갈 때에든지 누워 있을 때에든지 일어날 때에든지 이 말씀을 講論강론할 것이며

22-35 主歟ˇ窮苦人所求者ˇ主常垂聽ˇ堅固其心ˇ側耳聽其
주 여 ˇ 궁 고 인 소 구 자 ˇ 주 상 수 청 ˇ 견 고 기 심 ˇ 측 이 청 기
祈禱(詩篇시편 10:17)
기 도

여호와여 主주는 謙遜겸손한 者자의 所願소원을 들으셨사오니 그들의 마음을 準備준비하시며 귀를 기울여 들으시고

22-36 兄弟乎ˇ爾旣信榮耀之主ˇ我主耶穌基督ˇ則勿以貌
형 제 호 ˇ 이 기 신 영 요 지 주 ˇ 아 주 야 소 기 독 ˇ 즉 물 이 모
取人(雅各書야고보서 2:1)
취 인

내 兄弟형제들아 榮光영광의 主주 곧 우리 主주 예수 그리스도를 믿는 믿음을 너희가 받았으니 사람을 外貌외모로 取취하지 말라

22-37 若不聽ˇ則攜一二人偕爾ˇ因憑二三證者之口ˇ凡事
약 불 청 ˇ 즉 휴 일 이 인 해 이 ˇ 인 빙 이 삼 증 자 지 구 ˇ 범 사
可定(瑪太福音마태복음 18:16)
가 정

만일 듣지 않거든 한두 사람을 데리고 가서 두세 證人증인

의 입으로 말마다 確證확증하게 하라

22-38 其手執箕ˇ簸淨禾場之麥ˇ斂麥入倉ˇ而焚糠以不滅
기 수 집 기 ˇ 파 정 화 장 지 맥 ˇ 렴 맥 입 창 ˇ 이 분 강 이 불 멸
之火(路加福音누가복음 3:17)
지 화

손에 키를 들고 自己자기의 打作타작 마당을 淨정하게 하사 알穀곡은 모아 庫間곳간에 들이고 쭉정이는 꺼지지 않는 불에 태우시리라

22-39 我言此ˇ非因缺乏之故也ˇ蓋我已學ˇ無論何遇ˇ莫不
아 언 차 ˇ 비 인 결 핍 지 고 야 ˇ 개 아 이 학 ˇ 무 론 하 우 ˇ 막 부
知足(腓立比書빌립보서 4:11)
지 족

내가 窮乏궁핍하므로 말하는 것이 아니니라 어떠한 形便형편에든지 나는 自足자족하기를 배웠노니

22-40 我儕各人屢陷於過ˇ言語無過者ˇ卽爲完人ˇ能約束
아 제 각 인 루 함 어 과 ˇ 언 어 무 과 자 ˇ 즉 위 완 인 ˇ 능 약 속
全身(雅各書야고보서 3:2)
전 신

우리가 다 失手실수가 많으니 萬一만일 말에 失手실수가 없는 者자라면 곧 穩全온전한 사람이라 能능히 온 몸도 굴레 씌우리라

22-41 卽不然ˇ王亦當知我儕不事王之神ˇ不拜王所立之金像
즉 불 연 ˇ 왕 역 당 지 아 제 불 사 왕 지 신 ˇ 불 배 왕 소 립 지 금 상
(但以理다니엘 3:18)

그렇게 하지 아니하실지라도 王왕이여 우리가 王왕의 神신들을 섬기지도 아니하고 王왕이 세우신 金금 神像신상에게 절하지도 아니할 줄을 아옵소서

22-42 惟上帝謂之曰ˇ愚者乎ˇ今夜將索爾靈ˇ則所備者歸
유 상 제 위 지 왈 ˇ 우 자 호 ˇ 금 야 장 색 이 령 ˇ 즉 소 비 자 귀
於誰(路加福音누가복음 12:20)
어 수

하나님은 이르시되 어리석은 者자여 오늘 밤에 네 靈魂영혼을 도로 찾으리니 그러면 네 準備준비한 것이 누구의 것이 되겠느냐 하셨으니

22-43 善人由心所積之善而發善ˇ惡人由心所積之惡而發惡
선 인 유 심 소 적 지 선 이 발 선 ˇ 악 인 유 심 소 적 지 악 이 발 악
(瑪太福音마태복음 12:35)

善선한 사람은 그 쌓은 善선에서 善선한 것을 내고 惡악한 사람은 그 쌓은 惡악에서 惡악한 것을 내느니라

22-44 爾雖得自由ˇ勿以爾之自由而掩惡ˇ惟念己爲上帝之僕
이 수 득 자 유 ˇ 물 이 이 지 자 유 이 엄 악 ˇ 유 념 기 위 상 제 지 복
(彼得前書베드로전서 2:16)

너희는 自由자유가 있으나 그 自由자유로 惡악을 가리는 데 쓰지 말고 오직 하나님의 종과 같이 하라

22-45 蓋巴拿巴善人也ˇ充滿聖靈ˇ信德俱備ˇ於是歸主者
개 파 나 파 선 인 야 ˇ 충 만 성 령 ˇ 신 덕 구 비 ˇ 어 시 귀 주 자
甚多(使徒行傳사도행전 11:24)
심 다

바나바는 착한 사람이요 聖靈성령과 믿음이 充滿충만한 사람이라 이에 큰 무리가 主주께 더하여지더라

22-46 兄弟ˇ論智慧勿似孩提ˇ論惡當似孩提ˇ論智慧當似
형 제 ˇ 론 지 혜 물 사 해 제 ˇ 론 악 당 사 해 제 ˇ 론 지 혜 당 사
成人(哥林多前書고린도전서 14:20)
성 인

兄弟형제들아 智慧지혜에는 아이가 되지 말고 惡악에는 어린 아이가 되라 智慧지혜에는 長成장성한 사람이 되라

22-47 有智慧者ˇ必耀若天光ˇ訓衆歸義者ˇ必如明星ˇ直至
유 지 혜 자 ˇ 필 요 약 천 광 ˇ 훈 중 귀 의 자 ˇ 필 여 명 성 ˇ 직 지
永遠(但以理다니엘 12:3)
영 원

智慧지혜 있는 者자는 穹蒼궁창의 빛과 같이 빛날 것이요 많은 사람을 옳은 데로 돌아오게 한 者자는 별과 같이 永遠영원토록 빛나리라

22-48 求主以牛膝草潔淨我ˇ我卽盡淨ˇ洗滌我ˇ我乃比雪
구 주 이 우 슬 초 결 정 아 ˇ 아 즉 진 정 ˇ 세 척 아 ˇ 아 내 비 설
尤白(詩篇시편 51:7)
우 백

牛膝草우슬초로 나를 淨潔정결하게 하소서 내가 淨정하리이다 나의 罪죄를 씻어 주소서 내가 눈보다 희리이다

22-49 主所創造之萬物ˇ皆讚美主ˇ主所選之虔誠人ˇ悉讚美主(詩篇시편 145:10)
주 소 창 조 지 만 물 ˇ 개 찬 미 주 ˇ 주 소 선 지 건 성 인 ˇ 실 찬 미 주

여호와여 主주께서 지으신 모든 것들이 主주께 感謝감사하며 主의 聖徒성도들이 主주를 頌祝송축하리이다 〈찬송가 67장〉

22-50 願上帝憐憫我儕ˇ賜福於我儕ˇ以面上之光輝照臨我儕
원 상 제 연 민 아 제 ˇ 사 복 어 아 제 ˇ 이 면 상 지 광 휘 조 임 아 제
(詩篇시편 67:1)

하나님은 우리에게 恩惠은혜를 베푸사 福복을 주시고 그 얼굴빛을 우리에게 비추사 〈찬송가 75장〉

22-51 耶西之根將萌ˇ興而轄異邦人者將至ˇ異邦人必仰望之
야 서 지 근 장 맹 ˇ 흥 이 할 이 방 인 자 장 지 ˇ 이 방 인 필 앙 망 지
(羅瑪書로마서 15:12)

이새의 뿌리 곧 列邦열방을 다스리기 爲위하여 일어나시는 이가 있으리니 列邦열방이 그에게 所望소망을 두리라 〈찬송가 101장〉

22-52 主爲我舍命ˇ則其愛由此可知也ˇ我儕亦當爲兄弟舍命
주 위 아 사 명 ˇ 즉 기 애 유 차 가 지 야 ˇ 아 제 역 당 위 형 제 사 명
(約翰壹書요한1서 3:16)

그가 우리를 爲위하여 목숨을 버리셨으니 우리가 이로써 사랑을 알고 우리도 兄弟형제들을 爲위하여 목숨을 버리는 것이 마땅하니라 〈찬송가 156장〉

22-53 火焚祭ˇ當終夜至旦焚於祭臺ˇ祭臺上之火ˇ當永燃不滅(利未記레위기 6:9)
화 분 제 ˇ 당 종 야 지 단 분 어 제 대 ˇ 제 대 상 지 화 ˇ 당 영 연 불 멸

燔祭物번제물은 아침까지 祭壇제단 위에 있는 석쇠 위에 두고 祭壇제단의 불이 그 위에서 꺼지지 않게 할 것이요 〈찬송가 194장〉

22-54 遣我以醫傷心者ˇ告被擄者必得釋ˇ報被囚者必出囹圄
견 아 이 의 상 심 자 ˇ 고 피 노 자 필 득 석 ˇ 보 피 수 자 필 출 영 어
(以賽亞이사야 61:1)

나를 보내사 마음이 傷상한 者자를 고치며 捕虜포로된 者자에게 自由자유를, 갇힌 者자에게 놓임을 宣布선포하며 〈찬송가 272장〉

22-55 上帝之平康ˇ超於人意者ˇ必因基督耶穌保守爾心爾念
상 제 지 평 강 ˇ 초 어 인 의 자 ˇ 필 인 기 독 야 소 보 수 이 심 이 념
(腓立比書빌립보서 4:7)

모든 知覺지각에 뛰어난 하나님의 平康평강이 그리스도 예수 안에서 너희 마음과 생각을 지키시리라 〈찬송가 412장〉

22-56 邑中不需日月照之ˇ有上帝之榮光照之ˇ有羔爲其明燈
읍 중 불 수 일 월 조 지 ˇ 유 상 제 지 영 광 조 지 ˇ 유 고 위 기 명 등
(約翰啓示錄요한계시록 21:23)

그 城성은 해나 달의 비침이 쓸데 없으니 이는 하나님의 榮光영광이 비치고 어린羊양이 그 燈등불이 되심이라 〈찬송가 606장〉

22-57 上帝已召爾ˇ得與其子我主耶穌基督連屬ˇ彼乃誠信也
상 제 이 소 이 ˇ 득 여 기 자 아 주 야 소 기 독 연 속 ˇ 피 내 성 신 야
(哥林多前書고린도전서 1:9)

너희를 불러 그의 아들 예수 그리스도 우리 主주로 더불어 交際교제케 하시는 하나님은 미쁘시도다

22-58 子見父所行之外ˇ由己一無能行ˇ蓋父所行者ˇ子亦
자 견 부 소 행 지 외 ˇ 유 기 일 무 능 행 ˇ 개 부 소 행 자 ˇ 자 역
行之(約翰福音요한복음 5:19)
행 지

아들이 아버지의 하시는 일을 보지 않고는 아무것도 스스로 할 수 없나니 아버지께서 行행하시는 그것을 아들도 그와 같이 行행하느니라

22-59 以色列家歟ˇ棄所犯之罪愆ˇ新爾心與志ˇ何爲自取
이 색 열 가 여 ˇ 기 소 범 지 죄 건 ˇ 신 이 심 여 지 ˇ 하 위 자 취
死亡(以西結에스겔 18:31)
사 망

너희는 犯범한 모든 罪惡죄악을 버리고 마음과 靈영을 새롭게 할지어다 이스라엘 族屬족속아 너희가 어찌하여 죽고자 하느냐

22-60 智者之言如刺ˇ會中之師所傳ˇ如已釘之金ˇ皆一牧所
지 자 지 언 여 자 ˇ 회 중 지 사 소 전 ˇ 여 이 정 지 금 ˇ 개 일 목 소
賜 (傳道書전도서 12:11)
사

智慧者지혜자들의 말씀들은 찌르는 채찍들 같고 會中회중의 스승들의 말씀들은 잘 박힌 못 같으니 다 한 牧者목자가 주신 바이니라

22-61 主日間仍復施恩ˇ夜間我歌頌主ˇ祈求賜我生命之上帝
주 일 간 잉 부 시 은 ˇ 야 간 아 가 송 주 ˇ 기 구 사 아 생 명 지 상 제
(詩篇시편 42:8)

낮에는 여호와께서 그의 仁慈인자하심을 베푸시고 밤에는 그의 讚頌찬송이 내게 있어 生命생명의 하나님께 祈禱기도하리로다

22-62 上帝欲使將得所許之福者ˇ確知其旨不易ˇ則實之以誓
상 제 욕 사 장 득 소 허 지 복 자 ˇ 확 지 기 지 불 역 ˇ 즉 실 지 이 서
(希伯來書히브리서 6:17)

하나님은 約束약속을 基業기업으로 받는 者자들에게 그 뜻이 變변치 아니함을 充分충분히 나타내시려고 그 일에 盟誓맹서로 保證보증하셨나니

22-63 可愛者乎ˇ爾當以所信至聖之道自建ˇ感於聖靈而祈禱
가 애 자 호 ˇ 이 당 이 소 신 지 성 지 도 자 건 ˇ 감 어 성 령 이 기 도
(猶大書유다서 1:20)

사랑하는 者자들아 너희는 너희의 至極지극히 거룩한 믿음 위에 自己자기를 建築건축하며 聖靈성령으로 祈禱기도하며

22-64 然我儕不屬退後而淪亡者ˇ乃屬信主而靈魂得救者也
연 아 제 불 속 퇴 후 이 륜 망 자 ˇ 내 속 신 주 이 영 혼 득 구 자 야
(希伯來書히브리서 10:39)

우리는 뒤로 물러가 滅亡멸망할 者자가 아니요 오직 靈魂영혼을 救援구원함에 이르는 믿음을 가진 者자니라

22-65 我必存留困苦貧乏之民ˇ居於爾中ˇ彼必倚賴我主之名
아 필 존 류 곤 고 빈 핍 지 민 ˇ 거 어 이 중 ˇ 피 필 의 뢰 아 주 지 명
(西番雅스바냐 3:12)

내가 困苦곤고하고 가난한 百姓백성을 너의 가운데에 남겨 두리니 그들이 여호와의 이름을 依託의탁하여 保護보호를 받을지라

㉓자

23-1 若認己罪ˇ上帝乃誠信公義ˇ必赦免我罪ˇ洗滌我一切
약 인 기 죄 ˇ 상 제 내 성 신 공 의 ˇ 필 사 면 아 죄 ˇ 세 척 아 일 체
不義(約翰壹書요한1서 1:9)
불 의

萬一만일 우리가 우리 罪죄를 自白자백하면 그는 미쁘시고 義의로우사 우리 罪죄를 赦사하시며 우리를 모든 不義불의에서 깨끗하게 하실 것이요

23-2 我儕以信賴上帝之大力ˇ得保守以獲末世所將顯之拯救
아 제 이 신 뢰 상 제 지 대 력 ˇ 득 보 수 이 획 말 세 소 장 현 지 증 구
(彼得前書베드로전서 1:5)

너희는 末世말세에 나타내기로 豫備예비하신 救援구원을 얻기 爲위하여 믿음으로 말미암아 하나님의 能力능력으로 保護보호하심을 받았느니라

23-3 我將教訓爾指示爾當行之道途ˇ我勸戒爾ˇ我目亦顧視爾
아 장 교 훈 이 지 시 이 당 행 지 도 도 ˇ 아 권 계 이 ˇ 아 목 역 고 시 이
(詩篇시편 32:8)

내가 네 갈 길을 가르쳐 보이고 너를 注目주목하여 訓戒훈계하리로다

23-4 凡上帝所許者ˇ在彼皆是ˇ在彼皆阿們ˇ使我儕歸榮於上帝(哥林多後書고린도후서 1:20)
범 상 제 소 허 자 ˇ 재 피 개 시 ˇ 재 피 개 아 문 ˇ 사 아 제 귀 영 어 상 제

하나님의 約束약속은 얼마든지 그리스도 안에서 예가 되니 그런즉 그로 말미암아 우리가 아멘 하여 하나님께 榮光영광을 돌리게 되느니라

23-5 心疑而食者見罪ˇ以其不由信而食ˇ凡事不由信而行ˇ罪也(羅瑪書로마서 14:23)
심 의 이 식 자 견 죄 ˇ 이 기 불 유 신 이 식 ˇ 범 사 불 유 신 이 행 ˇ 죄 야

疑心의심하고 먹는 者자는 定罪정죄되었나니 이는 믿음을 따라 하지 아니하였기 때문이라 믿음을 따라 하지 아니하는 것은 다 罪죄니라

23-6 我儕與上帝爲同工者ˇ爾乃上帝所耕之田ˇ上帝所建之室
아 제 여 상 제 위 동 공 자 ˇ 이 내 상 제 소 경 지 전 ˇ 상 제 소 건 지 실
(哥林多前書고린도전서 3:9)

우리는 하나님의 同役者동역자들이요 너희는 하나님의 밭이요 하나님의 집이니라

23-7 故爾曹在彼及諸教會前ˇ當表明爾之愛ˇ與我爲爾所誇者

고 이 조 재 피 급 제 교 회 전 ˇ 당 표 명 이 지 애 ˇ 여 아 위 이 소 과 자

(哥林多後書고린도후서 8:24)

그러므로 너희는 여러 教會교회 앞에서 너희의 사랑과 너희에 對대한 우리 자랑의 證據증거를 그들에게 보이라

23-8 耶穌曰ˇ我誠告爾ˇ人非由水及聖靈而生ˇ不能進上帝

야 소 왈 ˇ 아 성 고 이 ˇ 인 비 유 수 급 성 령 이 생 ˇ 불 능 진 상 제

之國(約翰福音요한복음 3:5)

지 국

예수께서 對答대답하시되 眞實진실로 眞實진실로 네게 이르노니 사람이 물과 聖靈성령으로 나지 아니하면 하나님의 나라에 들어갈 수 없느니라

23-9 我儕若愛兄弟ˇ則知己已出死入生ˇ不意兄弟者ˇ仍在

아 제 약 애 형 제 ˇ 즉 지 기 이 출 사 입 생 ˇ 불 의 형 제 자 ˇ 잉 재

死中(約翰壹書 요한1서 3:14)

사 중

우리는 兄弟형제를 사랑함으로 死亡사망에서 옮겨 生命생명으로 들어간 줄을 알거니와 사랑하지 아니하는 者자는 死亡사망에 머물러 있느니라

23-10 亦以患難爲樂ˇ因知患難生忍耐ˇ忍耐生練達ˇ練達生

역 이 환 난 위 락 ˇ 인 지 환 난 생 인 내 ˇ 인 내 생 련 달 ˇ 련 달 생

希望(羅瑪書로마서 5:3~4)

희 망

우리가 患難환난 中중에도 즐거워하나니 이는 患難환난은 忍耐인내를, 忍耐인내는 鍊鍛연단을, 鍊鍛연단은 所望소망을 이루는 줄 앎이로다

23-11 當以愛心言眞實ˇ凡事日漸增長ˇ及於爲元首者ˇ卽基

당 이 애 심 언 진 실 ˇ 범 사 일 점 증 장 ˇ 급 어 위 원 수 자 ˇ 즉 기

督也(以弗所書에베소서 4:15)

독 야

오직 사랑 안에서 참된 것을 하여 凡事범사에 그에게까지 자랄지라 그는 머리니 곧 그리스도라

23-12 昔所書之經ˇ皆爲訓我而書ˇ使我儕由經學忍得慰而

석 소 서 지 경 ˇ 개 위 훈 아 이 서 ˇ 사 아 제 유 경 학 인 득 위 이

有望(羅瑪書로마서 15:4)

유 망

무엇이든지 前전에 記錄기록된 바는 우리의 敎訓교훈을 爲위하여 記錄기록된 것이니 우리로 하여금 忍耐인내로 또는 聖經성경의 慰勞위로로 所望소망을 가지게 함이니라

23-13 童女將懷孕生子ˇ人將稱其名以瑪內利ˇ譯卽上帝偕
동 녀 장 회 잉 생 자 ˇ 인 장 칭 기 명 이 마 내 리 ˇ 역 즉 상 제 해
我焉(瑪太福音마태복음 1:23)
아 언

보라 處女처녀가 孕胎잉태하여 아들을 낳을 것이요 그의 이름은 임마누엘이라 하리라 하셨으니 이를 飜譯번역한 즉 하나님이 우리와 함께 계시다 함이라

23-14 爾爲基督之名被詬ˇ則爲有福ˇ因上帝榮光之靈ˇ賦畀
이 위 기 독 지 명 피 후 ˇ 즉 위 유 복 ˇ 인 상 제 영 광 지 령 ˇ 부 비
爾曹(彼得前書베드로전서 4:14)
이 조

너희가 그리스도의 이름으로 恥辱치욕을 當당하면 福복 있는 者자로다 榮光영광의 靈영 곧 하나님의 靈영이 너희 위에 계심이라

23-15 鑒察人心者ˇ知聖靈之意ˇ因聖靈代聖徒祈禱ˇ遵上帝
감 찰 인 심 자 ˇ 지 성 령 지 의 ˇ 인 성 령 대 성 도 기 도 ˇ 준 상 제
之旨(羅瑪書로마서 8:27)
지 지

마음을 살피시는 이가 聖靈성령의 생각을 아시나니 이는 聖靈성령이 하나님의 뜻대로 聖徒성도를 爲위하여 懇求간구하심이니라

23-16 爾曹以祈禱助我ˇ我因多人祈禱得恩ˇ亦有多人爲我
이 조 이 기 도 조 아 ˇ 아 인 다 인 기 도 득 은 ˇ 역 유 다 인 위 아
感謝(哥林多後書고린도후서 1:11)
감 사

너희도 우리를 爲위하여 懇求간구함으로 도우라 이는 우리가 많은 사람의 祈禱기도로 얻은 恩賜은사로 말미암아 많은 사람이 우리를 爲위하여 感謝감사하게 하려 함이라

23-17 經云ˇ爾今日若聽主之言ˇ則勿剛愎爾心ˇ如在激主怒
경 운 ˇ 이 금 일 약 청 주 지 언 ˇ 즉 물 강 퍅 이 심 ˇ 여 재 격 주 노
之時(希伯來書히브리서 3:15)
지 시

聖經성경에 일렀으되 오늘 너희가 그의 音聲음성을 듣거든 激怒격노하시게 하던 것 같이 너희 마음을 完固완고하게 하지 말라 하였으니

23-18 爾當休息ˇ當知惟我爲上帝ˇ列邦必敬崇我ˇ全地必敬
이 당 휴 식 ˇ 당 지 유 아 위 상 제 ˇ 열 방 필 경 숭 아 ˇ 전 지 필 경
崇我(詩篇시편 46:10)
숭 아

이르시기를 너희는 가만히 있어 내가 하나님 됨을 알지어다 내가 뭇 나라 中중에서 높임을 받으리라 내가 世界세계 中중에서 높임을 받으리라 하시도다

23-19 蓋我定意ˇ於爾中他無所知ˇ惟知耶穌基督ˇ並其釘十
개 아 정 의 ˇ 어 이 중 타 무 소 지 ˇ 유 지 야 소 기 독 ˇ 병 기 정 십
字架(哥林多前書고린도전서 2:2)
자 가

내가 너희 中중에서 예수 그리스도와 그가 十字架십자가에 못 박히신 것 外외에는 아무 것도 알지 아니하기로 作定작정하였음이라

23-20 上帝所預知者ˇ則預定肖其子之狀ˇ使彼爲衆子中之
상 제 소 예 지 자 ˇ 즉 예 정 초 기 자 지 상 ˇ 사 피 위 중 자 중 지
長子(羅瑪書로마서 8:29)
장 자

하나님이 미리 아신 者자들을 또한 그 아들의 形像형상을 本본받게 하기 爲위하여 미리 定정하셨으니 이는 그로 많은 兄弟형제 中중에서 맏아들이 되게 하려 하심이니라

23-21 主上帝賜我以力ˇ使我足健ˇ疾趨若鹿ˇ使我陟於我之
주 상 제 사 아 이 력 ˇ 사 아 족 건 ˇ 질 추 약 록 ˇ 사 아 척 어 아 지
崇邱(哈巴谷하박국 3:19)
숭 구

主주 여호와는 나의 힘이시라 나의 발을 사슴과 같게 하사 나를 나의 높은 곳으로 다니게 하시리로다

23-22 耶穌復語衆曰ˇ我乃世之光ˇ從我者不行於暗ˇ而得
야 소 부 어 중 왈 ˇ 아 내 세 지 광 ˇ 종 아 자 불 행 어 암 ˇ 이 득
生之光(約翰福音요한복음 8:12)
생 지 광

예수께서 또 말씀하여 이르시되 나는 世上세상의 빛이니 나를 따르는 者자는 어둠에 다니지 아니하고 生命생명의 빛을 얻으리라

23-23 爾若在我內ˇ我言亦在爾內ˇ則凡所欲者可求ˇ必爲
이 약 재 아 내 ˇ 아 언 역 재 이 내 ˇ 즉 범 소 욕 자 가 구 ˇ 필 위
爾成之(約翰福音요한복음 15:7)
이 성 지

너희가 내 안에 居거하고 내 말이 너희 안에 居거하면 무엇이든지 願원하는 대로 求구하라 그리하면 이루리라

23-24 惟隨己意行萬事之主ˇ循其旨預定我儕因基督而得嗣業
유 수 기 의 행 만 사 지 주 ˇ 순 기 지 예 정 아 제 인 기 독 이 득 사 업
(以弗所書에베소서 1:11)

모든 일을 그의 뜻의 決定결정대로 일하시는 이의 計劃계획을 따라 우리가 豫定예정을 입어 그 안에서 基業기업이 되었으니

23-25 造我於胎者ˇ不亦造彼乎ˇ使我與彼爲母所生ˇ豈非
조 아 어 태 자 ˇ 불 역 조 피 호 ˇ 사 아 여 피 위 모 소 생 ˇ 기 비
一主乎(約伯욥기 31:15)
일 주 호

나를 胎태 속에 만드신 이가 그도 만들지 아니하셨느냐 우리를 뱃속에 지으신 이가 한 분이 아니시냐

23-26 向標準直趨ˇ欲得其賞ˇ卽上帝因基督耶穌ˇ由上召
향 표 준 직 추 ˇ 욕 득 기 상 ˇ 즉 상 제 인 기 독 야 소 ˇ 유 상 소
我之賞(腓立比書빌립보서 3:14)
아 지 상

標표대를 向향하여 그리스도 예수 안에서 하나님이 위에서 부르신 부름의 賞상을 爲위하여 달려가노라

23-27 爾當賴主ˇ至於永遠ˇ因主爲自有之主如磐可恃ˇ永遠
이 당 뢰 주 ˇ 지 어 영 원 ˇ 인 주 위 자 유 지 주 여 반 가 시 ˇ 영 원
長存(以賽亞이사야 26:4)
장 존

너희는 여호와를 永遠영원히 信賴신뢰하라 主주 여호와는 永遠영원한 磐石반석이심이로다

23-28 因主必來審鞫普天下ˇ按正直審鞫世界ˇ依誠實判斷
인 주 필 래 심 국 보 천 하 ˇ 안 정 직 심 국 세 계 ˇ 의 성 실 판 단

萬民(詩篇시편 96:13)
만 민

그가 臨임하시되 땅을 審判심판하러 臨임하실 것임이라 그가 義의로 世界세계를 審判심판하시며 그의 眞實진실하심으로 百姓백성을 審判심판하시리로다

23-29 主人曰ˇ惡且惰之僕ˇ爾知我未播之處而穫ˇ未散之
주 인 왈 ˇ 악 차 타 지 복 ˇ 이 지 아 미 파 지 처 이 확 ˇ 미 산 지

處而斂(瑪太福音마태복음 25:26)
처 이 렴

그 主人주인이 對答대답하여 이르되 惡악하고 게으른 종아 나는 심지 않은 데서 거두고 헤치지 않은 데서 모으는 줄로 네가 알았느냐

23-30 爾曹既行此事ˇ願主以恩寵與誠實施爾ˇ我亦爲此恩
이 조 기 행 차 사 ˇ 원 주 이 은 총 여 성 실 시 이 ˇ 아 역 위 차 은

待爾(撒母耳下사무엘하 2:6)
대 이

너희가 이 일을 하였으니 이제 여호와께서 恩惠은혜와 眞理진리로 너희에게 베푸시기를 願원하고 나도 이 善선한 일을 너희에게 갚으리니

23-31 爾目中有梁木ˇ何以語爾兄弟曰ˇ容我去爾目中之草
이 목 중 유 량 목 ˇ 하 이 어 이 형 제 왈 ˇ 용 아 거 이 목 중 지 초

芥乎(瑪太福音마태복음 7:4)
개 호

보라 네 눈 속에 들보가 있는데 어찌하여 兄弟형제에게 말하기를 나로 네 눈 속에 있는 티를 빼게 하라 하겠느냐

23-32 爾曹雖欲害我ˇ上帝反使我得善遇ˇ保兆民之命ˇ卽
이 조 수 욕 해 아 ˇ 상 제 반 사 아 득 선 우 ˇ 보 조 민 지 명 ˇ 즉

如今日(創世記창세기 50:20)
여 금 일

당신들은 나를 害해하려 하였으나 하나님은 그것을 善선으로 바꾸사 오늘과 같이 많은 百姓백성의 生命생명을 救援구원하게 하시려 하셨나니

23-33 蓋所許者ˇ許爾及爾子孫ˇ與諸遠人ˇ卽主我之上帝
개 소 허 자 ˇ 허 이 급 이 자 손 ˇ 여 제 원 인 ˇ 즉 주 아 지 상 제
所召者(使徒行傳사도행전 2:39)
소 소 자

이 約束약속은 너희와 너희 子女자녀와 모든 먼 데 사람 곧 主주 우리 하나님이 얼마든지 부르시는 者자들에게 하신 것이라 하고

23-34 蓋其心思如何ˇ爲人卽如何ˇ雖謂爾曰ˇ請食請飮ˇ其
개 기 심 사 여 하 ˇ 위 인 즉 여 하 ˇ 수 위 이 왈 ˇ 청 식 청 음 ˇ 기
意不誠(箴言잠언 23:7)
의 불 성

大抵대저 그 마음의 생각이 어떠하면 그 爲人위인도 그러한즉 그가 네게 먹고 마시라 할지라도 그의 마음은 너와 함께 하지 아니함이라

23-35 若爾各人不誠心赦兄弟之過ˇ則我在天之父ˇ待爾亦
약 이 각 인 불 성 심 사 형 제 지 과 ˇ 즉 아 재 천 지 부 ˇ 대 이 역
如是(瑪太福音마태복음 18:35)
여 시

너희가 各各각각 마음으로부터 兄弟형제를 容恕용서하지 아니하면 나의 하늘 아버지께서도 너희에게 이와 같이 하시리라

23-36 我聞主之聲曰ˇ我當遣誰ˇ孰爲我儕往ˇ我曰ˇ我在此
아 문 주 지 성 왈 ˇ 아 당 견 수 ˇ 숙 위 아 제 왕 ˇ 아 왈 ˇ 아 재 차
ˇ請遣我(以賽亞이사야 6:8)
ˇ 청 견 아

내가 또 主주의 목소리를 들으니 主주께서 이르시되 내가 누구를 보내며 누가 우리를 爲위하여 갈꼬 하시니 그 때에 내가 이르되 내가 여기 있나이다 나를 보내소서 하였더니

23-37 我觀世人勞碌經營ˇ皆緣彼此相妒ˇ此亦屬於虛ˇ皆如
아 관 세 인 노 록 경 영 ˇ 개 연 피 차 상 투 ˇ 차 역 속 어 허 ˇ 개 여
捕風(傳道書전도서 4:4)
포 풍

내가 또 본즉 사람이 모든 수고와 모든 재주로 말미암아 이웃에게 猜忌시기를 받으니 이것도 헛되어 바람을 잡는 것이로다

23-38 耶穌曰ˇ經載云ˇ人得生ˇ不第恃餅ˇ亦恃凡上帝口所
야 소 왈 ˇ 경 재 운 ˇ 인 득 생 ˇ 불 제 시 병 ˇ 역 시 범 상 제 구 소
出之言(瑪太福音마태복음 4:4)
출 지 언

예수께서 對答대답하여 이르시되 記錄기록되었으되 사람이 떡으로만 살 것이 아니요 하나님의 입으로부터 나오는 모든 말씀으로 살 것이라 하였느니라 하시니

23-39 勿忘欵待客旅ˇ曾有欵待客旅者ˇ不自知所欵待者爲
물 망 관 대 객 려 ˇ 증 유 관 대 객 려 자 ˇ 부 자 지 소 관 대 자 위
天使(希伯來書히브리서 13:2)
천 사

손님 待接대접하기를 잊지 말라 이로써 不知中부지중에 天使천사들을 待接대접한 이들이 있었느니라

23-40 惟上帝以其靈ˇ示之於我ˇ蓋聖靈窮察萬事ˇ及上帝
유 상 제 이 기 령 ˇ 시 지 어 아 ˇ 개 성 령 궁 찰 만 사 ˇ 급 상 제
之深奧(哥林多前書고린도전서 2:10)
지 심 오

오직 하나님이 聖靈성령으로 이것을 우리에게 보이셨으니 聖靈성령은 모든 것 곧 하나님의 깊은 것까지도 通達통달하시느니라

23-41 彼以爲爲基督而受之辱ˇ較伊及諸財尤寶ˇ因望賞賚
피 이 위 위 기 독 이 수 지 욕 ˇ 교 이 급 제 재 우 보 ˇ 인 망 상 뢰
故也(希伯來書히브리서 11:26)
고 야

그리스도를 爲위하여 받는 受侮수모를 애굽의 모든 寶貨보화보다 더 큰 財物재물로 여겼으니 이는 賞상 주심을 바라봄이라.

23-42 當頌揚主名ˇ惟主名爲至上ˇ主之榮耀ˇ上顯在天ˇ下
당 송 양 주 명 ˇ 유 주 명 위 지 상 ˇ 주 지 영 요 ˇ 상 현 재 천 ˇ 하
彰在地(詩篇시편 148:13)
창 재 지

여호와의 이름을 讚揚찬양할지어다 그 이름이 홀로 높으시며 그 榮光영광이 땅과 하늘 위에 뛰어나심이로다 〈찬송가 80장〉

23-43 舍此別無救主ˇ蓋天下人間ˇ更無賜他名ˇ我儕可賴
사 차 별 무 구 주 ˇ 개 천 하 인 간 ˇ 갱 무 사 타 명 ˇ 아 제 가 뢰

以得救(使徒行傳사도행전 4:12)
이 득 구

다른 이로써는 救援구원을 받을 수 없나니 天下천하 사람 中중에 救援구원을 받을 만한 다른 이름을 우리에게 주신 일이 없음이라 하였더라 〈찬송가 83장〉

23-44 寶座中之羔必牧之ˇ導至活水之源ˇ彼目流淚ˇ上帝
보 좌 중 지 고 필 목 지 ˇ 도 지 활 수 지 원 ˇ 피 목 유 루 ˇ 상 제
盡拭之(約翰啓示錄요한계시록 7:17)
진 식 지

寶座보좌 가운데 계신 어린羊양이 그들의 牧者목자가 되사 生命水생명수 샘으로 引導인도하시고 하나님께서 그들의 눈에서 모든 눈물을 씻어 주실 것임이라 〈찬송가 240장〉

23-45 基督之血豈不更淨爾心去妄行ˇ使爾奉事永生之上帝乎
기 독 지 혈 기 불 갱 정 이 심 거 망 행 ˇ 사 이 봉 사 영 생 지 상 제 호
(希伯來書히브리서 9:14)

그리스도의 피가 어찌 너희 良心양심을 죽은 行實행실에서 깨끗하게 하고 살아 계신 하나님을 섬기게 하지 못하겠느냐 〈찬송가 250장〉

23-46 蓋凡有者ˇ必將予之ˇ使之有餘ˇ無有者ˇ並其所有亦
개 범 유 자 ˇ 필 장 여 지 ˇ 사 지 유 여 ˇ 무 유 자 ˇ 병 기 소 유 역
將奪之(瑪太福音마태복음 13:12)
장 탈 지

무릇 있는 者자는 받아 넉넉하게 되되 무릇 없는 者자는 그 있는 것도 빼앗기리라

23-47 阿勒盧亞ˇ歌頌我上帝ˇ斯爲至妙ˇ頌揚實爲至美ˇ理
아 륵 노 아 ˇ 가 송 아 상 제 ˇ 사 위 지 묘 ˇ 송 양 실 위 지 미 ˇ 리
所當然(詩篇시편 147:1)
소 당 연

할렐루야 우리 하나님을 讚揚찬양하는 일이 善선함이여 讚頌찬송하는 일이 아름답고 마땅하도다

23-48 求主在天ˇ在主之居所ˇ垂聽其禱告ˇ俯允其祈求ˇ爲
구 주 재 천 ˇ 재 주 지 거 소 ˇ 수 청 기 도 고 ˇ 부 윤 기 기 구 ˇ 위
之伸寃(列王上열왕상 8:49)
지 신 원

主주는 계신 곳 하늘에서 저희 祈禱기도와 懇求간구를 들으시

고 저희의 일을 돌아보옵시며

23-49 倚賴主名而來者ˇ斯人有福ˇ我儕由主之殿中爲爾曹
의 뢰 주 명 이 래 자 ˇ 사 인 유 복 ˇ 아 제 유 주 지 전 중 위 이 조
祝福(詩篇시편 118:26)
축 복

여호와의 이름으로 오는 者자가 福복이 있음이여 우리가 여호와의 집에서 너희를 祝福축복하였도다

24 자

24-1 惟仰望主者ˇ必增新膂力ˇ如鷹張翼飛翔ˇ趨則不困ˇ
유 앙 망 주 자 ˇ 필 증 신 려 력 ˇ 여 응 장 익 비 상 ˇ 추 즉 불 곤 ˇ
行則不倦(以賽亞이사야 40:31)
행 즉 불 권

※ 如鷹張翼飛翔 = 如鷹羽脫而重生

오직 여호와를 仰望앙망하는 者자는 새 힘을 얻으리니 독수리가 날개치며 올라감 같을 것이요 달음박질하여도 困憊곤비하지 아니하겠고 걸어가도 疲困피곤하지 아니하리로다

24-2 彼如樹木ˇ植於溪旁ˇ臨時結果ˇ其葉不枯ˇ所爲之事ˇ
피 여 수 목 ˇ 식 어 계 방 ˇ 임 시 결 과 ˇ 기 엽 불 고 ˇ 소 위 지 사 ˇ
無不亨通(詩篇시편 1:3)
무 불 형 통

그는 시냇가에 심은 나무가 철을 따라 열매를 맺으며 그 잎사귀가 마르지 아니함 같으니 그가 하는 모든 일이 다 亨通형통하리로다

24-3 蓋上帝愛世ˇ至以獨生子賜之ˇ使凡信之者ˇ免沈淪而
개 상 제 애 세 ˇ 지 이 독 생 자 사 지 ˇ 사 범 신 지 자 ˇ 면 침 륜 이
得永生(約翰福音요한복음 3:16)
득 영 생

하나님이 世上세상을 이처럼 사랑하사 獨生子독생자를 주셨으니 이는 그를 믿는 者자마다 滅亡멸망하지 않고 永生영생을 얻게 하려 하심이라

24-4 今我見其道我將醫之ˇ導之以行ˇ加以慰藉ˇ慰藉其憂
금 아 견 기 도 아 장 의 지 ˇ 도 지 이 행 ˇ 가 이 위 자 ˇ 위 자 기 우

傷之人(以賽亞이사야 57:18)
상 지 인

내가 그의 길을 보았은즉 그를 고쳐 줄 것이라 그를 引導인도하며 그와 그를 슬퍼하는 者자들에게 慰勞위로를 다시 얻게 하리라

24-5 斧刃已鈍ˇ若不磨礪ˇ斬伐必致費力ˇ有智慧者知當務
부 인 이 둔 ˇ 약 불 마 려 ˇ 참 벌 필 치 비 력 ˇ 유 지 혜 자 지 당 무
之爲急(傳道書전도서 10:10)
지 위 급

鐵철 연장이 무디어졌는데도 날을 갈지 아니하면 힘이 더 드느니라 오직 智慧지혜는 成功성공하기에 有益유익하니라

24-6 耶穌曰ˇ爾欲純全ˇ往鬻所有以濟貧ˇ則必有財於天ˇ
야 소 왈 ˇ 이 욕 순 전 ˇ 왕 죽 소 유 이 제 빈 ˇ 즉 필 유 재 어 천 ˇ
且來從我(瑪太福音마태복음 19:21)
차 래 종 아

예수께서 이르시되 네가 穩全온전하고자 할진대 가서 네 所有소유를 팔아 가난한 者자들에게 주라 그리하면 하늘에서 寶貨보화가 네게 있으리라 그리고 와서 나를 따르라 하시니

24-7 惟我遵行善道ˇ得見主面ˇ於我醒時見主容顔ˇ我卽心
유 아 준 행 선 도 ˇ 득 견 주 면 ˇ 어 아 성 시 견 주 용 안 ˇ 아 즉 심
滿意足(詩篇시편 17:15)
만 의 족

나는 義의로운 中중에 主주의 얼굴을 뵈오리니 깰 때에 主주의 形像형상으로 滿足만족하리이다

24-8 我乃主爾之上帝ˇ曾引爾出自伊及ˇ爾張爾口ˇ我卽使
아 내 주 이 지 상 제 ˇ 증 인 이 출 자 이 급 ˇ 이 장 이 구 ˇ 아 즉 사
之充滿(詩篇시편 81:10)
지 충 만

나는 너를 애굽 땅에서 引導인도하여 낸 여호와 네 하나님이니 네 입을 크게 열라 내가 채우리라 하였으나

24-9 謝上帝ˇ常使我賴基督而獲勝ˇ且藉我隨在播揚識主之
사 상 제 ˇ 상 사 아 뢰 기 독 이 획 승 ˇ 차 자 아 수 재 파 양 식 주 지
馨香(哥林多後書고린도후서 2:14)
형 향

恒常항상 우리를 그리스도 안에서 이기게 하시고 우리로 말

미암아 各處각처에서 그리스도를 아는 냄새를 나타내시는 하나님께 感謝감사하노라

24-10 惟我口出酬恩之言ˇ獻祭於主ˇ又償所許之願ˇ救援惟
유 아 구 출 수 은 지 언 ˇ 헌 제 어 주 ˇ 우 상 소 허 지 원 ˇ 구 원 유
主所施(約拿요나 2:9)
주 소 시

나는 感謝감사하는 목소리로 主주께 祭祀제사를 드리며 나의 誓願서원을 主주께 갚겠나이다 救援구원은 여호와께 屬속하였나이다 하니라

24-11 欲事我者ˇ當從我ˇ我所在ˇ事我者亦在ˇ人若事我ˇ
욕 사 아 자 ˇ 당 종 아 ˇ 아 소 재 ˇ 사 아 자 역 재 ˇ 인 약 사 아 ˇ
我父必貴之(約翰福音요한복음 12:26)
아 부 필 귀 지

사람이 나를 섬기려면 나를 따르라 나 있는 곳에 나를 섬기는 者자도 거기 있으리니 사람이 나를 섬기면 내 아버지께서 그를 貴귀히 여기시리라

24-12 務當良心無虧ˇ使彼謗爾從基督善行ˇ誣爾爲惡者ˇ自
무 당 량 심 무 휴 ˇ 사 피 방 이 종 기 독 선 행 ˇ 무 이 위 악 자 ˇ 자
覺羞愧(彼得前書베드로전서 3:16)
각 수 괴

善선한 良心양심을 가지라 이는 그리스도 안에 있는 너희의 善行선행을 辱욕하는 者자들로 그 誹謗비방하는 일에 부끄러움을 當당하게 하려 함이라

24-13 後耶穌遇之於聖殿ˇ謂之曰ˇ爾已得愈ˇ毋復犯罪ˇ恐
후 야 소 우 지 어 성 전 ˇ 위 지 왈 ˇ 이 이 득 유 ˇ 무 부 범 죄 ˇ 공
遭患尤甚(約翰福音요한복음 5:14)
조 환 우 심

그 後후에 예수께서 聖殿성전에서 그 사람을 만나 이르시되 보라 네가 나았으니 더 甚심한 것이 생기지 않게 다시는 罪죄를 犯범하지 말라 하시니

24-14 愛友乎ˇ勿伸己冤ˇ寧禁止爾怒ˇ經載主曰ˇ伸冤在我
애 우 호 ˇ 물 신 기 원 ˇ 령 금 지 이 노 ˇ 경 재 주 왈 ˇ 신 원 재 아
ˇ我必報應(羅瑪書로마서 12:19)
ˇ 아 필 보 응

내 사랑하는 者자들아 너희가 親친히 怨讐원수를 갚지 말고 하나님의 震怒진노하심에 맡기라 기록되었으되 怨讐원수 갚는 것이 내게 있으니 내가 갚으리라고 主주께서 말씀하시니라

24-15 爾當乘尚有今日ˇ日相勸勉ˇ免爾中有人迷於罪ˇ而剛
이 당 승 상 유 금 일 ˇ 일 상 권 면 ˇ 면 이 중 유 인 미 어 죄 ˇ 이 강
愎其心(希伯來書히브리서 3:13)
퍅 기 심

오직 오늘이라 일컫는 동안에 每日매일 彼此피차 勸勉권면하여 너희 中중에 누구든지 罪죄의 誘惑유혹으로 完固완고하게 되지 않도록 하라

24-16 主所欲之祭ˇ在乎憂傷痛悔之神ˇ憂傷痛悔之心ˇ主必
주 소 욕 지 제 ˇ 재 호 우 상 통 회 지 신 ˇ 우 상 통 회 지 심 ˇ 주 필
不輕視(詩篇시편 51:17)
불 경 시

하나님께서 求구하시는 祭祀제사는 傷상한 心靈심령이라 하나님이여 傷상하고 痛悔통회하는 마음을 主주께서 蔑視멸시하지 아니하시리이다

24-17 近上帝ˇ則上帝必近爾ˇ爾有罪者當盥手ˇ爾懷二心者
근 상 제 ˇ 즉 상 제 필 근 이 ˇ 이 유 죄 자 당 관 수 ˇ 이 회 이 심 자
當潔心(雅各書야고보서 4:8)
당 결 심

하나님을 가까이하라 그리하면 너희를 가까이하시리라 罪人죄인들아 손을 깨끗이 하라 두 마음을 품은 者자들아 마음을 聖潔성결하게 하라

24-18 我深信於爾中始作善工者ˇ必完此善工ˇ直至耶穌基
아 심 신 어 이 중 시 작 선 공 자 ˇ 필 완 차 선 공 ˇ 직 지 야 소 기
督之日(腓立比書빌립보서 1:6)
독 지 일

너희 안에서 착한 일을 始作시작하신 이가 그리스도 예수의 날까지 이루실 줄을 우리는 確信확신하노라

24-19 觀其果ˇ卽可識之ˇ荊棘中豈摘葡萄乎ˇ蒺藜中豈採無
관 기 과 ˇ 즉 가 식 지 ˇ 형 극 중 기 적 포 도 호 ˇ 질 려 중 기 채 무
花果乎(瑪太福音마태복음 7:16)
화 과 호

그들의 열매로 그들을 알지니 가시나무에서 포도를, 또는 엉겅퀴에서 무화과를 따겠느냐

24-20 爾或往左ˇ或往右ˇ耳中必聞爾後有聲曰ˇ此乃正道ˇ
이 혹 왕 좌 ˇ 혹 왕 우 ˇ 이 중 필 문 이 후 유 성 왈 ˇ 차 내 정 도 ˇ
爾當行之(以賽亞이사야 30:21)
이 당 행 지

너희가 오른쪽으로 치우치든지 왼쪽으로 치우치든지 네 뒤에서 말소리가 네 귀에 들려 이르기를 이것이 바른 길이니 너희는 이리로 가라 할 것이며

24-21 凡認耶穌爲上帝之子者ˇ則上帝恒居彼內ˇ彼亦恒居
범 인 야 소 위 상 제 지 자 자 ˇ 즉 상 제 항 거 피 내 ˇ 피 역 항 거
上帝內(約翰壹書요한1서 4:15)
상 제 내

누구든지 예수를 하나님의 아들이라 是認시인하면 하나님이 그의 안에 居거하시고 그도 하나님 안에 居거하느니라

24-22 小子乎ˇ爾曹屬上帝ˇ已勝彼衆ˇ蓋在爾內者ˇ較在世
소 자 호 ˇ 이 조 속 상 제 ˇ 이 승 피 중 ˇ 개 재 이 내 자 ˇ 교 재 세
內者大也(約翰壹書요한1서 4:4)
내 자 대 야

子女자녀들아 너희는 하나님께 屬속하였고 또 그들을 이기었나니 이는 너희 안에 계신 이가 世上세상에 있는 者자보다 크심이라

24-23 如此ˇ爾不復爲奴ˇ乃爲子ˇ旣爲子ˇ則賴基督而爲上
여 차 ˇ 이 불 부 위 노 ˇ 내 위 자 ˇ 기 위 자 ˇ 즉 뢰 기 독 이 위 상
帝之嗣子(迦拉太書갈라디아서 4:7)
제 지 사 자

그러므로 네가 이 後후로는 종이 아니요 아들이니 아들이면 하나님으로 말미암아 遺業유업을 받을 者자니라

24-24 我讚美主ˇ因我受造甚奇可畏ˇ主之作爲奇異ˇ我心
아 찬 미 주 ˇ 인 아 수 조 심 기 가 외 ˇ 주 지 작 위 기 이 ˇ 아 심
亦深知之(詩篇시편 139:14)
역 심 지 지

내가 主주께 感謝감사하옴은 나를 지으심이 甚심히 奇妙기묘하심이라 主주께서 하시는 일이 奇異기이함을 내 靈魂영혼이

잘 아나이다

24-25 曰ˇ爾拙者悅於拙ˇ侮慢者樂於侮慢ˇ愚者厭惡知識ˇ
왈 ˇ 이 졸 자 열 어 졸 ˇ 모 만 자 락 어 모 만 ˇ 우 자 염 오 지 식 ˇ
將至何時(箴言잠언 1:22)
장 지 하 시

너희 어리석은 者자들은 어리석음을 좋아하며 倨慢거만한 者자들은 倨慢거만을 기뻐하며 미련한 者자들은 知識지식을 미워하니 어느 때까지 하겠느냐

24-26 爾立而祈禱ˇ如念及有人得罪爾ˇ則免之ˇ在天爾父ˇ
이 립 이 기 도 ˇ 여 념 급 유 인 득 죄 이 ˇ 즉 면 지 ˇ 재 천 이 부 ˇ
亦免爾過(瑪可福音마가복음 11:25)
역 면 이 과

서서 祈禱기도할 때에 아무에게나 嫌疑혐의가 있거든 容恕용서하라 그리하여야 하늘에 계신 너희 아버지께서도 너희 허물을 赦사하여 주시리라 하시니라

24-27 耶穌曰ˇ我儕可往附近鄕邑ˇ我亦在彼傳道ˇ因我特爲
야 소 왈 ˇ 아 제 가 왕 부 근 향 읍 ˇ 아 역 재 피 전 도 ˇ 인 아 특 위
是來也(瑪可福音마가복음 1:38)
시 래 야

이르시되 우리가 다른 가까운 마을들로 가자 거기서도 傳道전도하리니 내가 이를 爲위하여 왔노라 하시고

24-28 信德具備ˇ良心無虧ˇ有人棄此良心ˇ則失其信ˇ若舟
신 덕 구 비 ˇ 량 심 무 휴 ˇ 유 인 기 차 량 심 ˇ 즉 실 기 신 ˇ 약 주
破沈水然(提摩太前書디모데전서 1:19)
파 침 수 연

믿음과 착한 良心양심을 가지라 어떤 이들은 이 良心양심을 버렸고 그 믿음에 關관하여는 破船파선하였느니라

24-29 我論主云ˇ主爲我之避所ˇ我之保障ˇ我之上帝ˇ爲我
아 론 주 운 ˇ 주 위 아 지 피 소 ˇ 아 지 보 장 ˇ 아 지 상 제 ˇ 위 아
所倚賴者(詩篇시편 91:2)
소 의 뢰 자

나는 여호와를 向향하여 말하기를 그는 나의 避難處피난처요 나의 要塞요새요 내가 依賴의뢰하는 하나님이라 하리니

24-30 萬物終必得釋於敗毁ˇ不復爲其奴ˇ得享上帝衆子自
만 물 종 필 득 석 어 패 훼 ˇ 불 부 위 기 노 ˇ 득 향 상 제 중 자 자

由之榮(羅瑪書로마서 8:21)
유 지 영

그 바라는 것은 被造物피조물도 썩어짐의 종 노릇 한 데서 解放해방되어 하나님의 子女자녀들의 榮光영광의 自由자유에 이르는 것이니라

24-31 務絶貪婪ˇ以己所有者爲足ˇ蓋經載主曰ˇ我必不棄爾
무 절 탐 람 ˇ 이 기 소 유 자 위 족 ˇ 개 경 재 주 왈 ˇ 아 필 불 기 이
ˇ不離爾(希伯來書히브리서 13:5)
ˇ 불 리 이

돈을 사랑하지 말고 있는 바를 足족한 줄로 알라 그가 親친히 말씀하시기를 내가 決결코 너희를 버리지 아니하고 너희를 떠나지 아니하리라 하셨느니라

24-32 敗諸執政者秉權者ˇ擄掠之而示於衆ˇ賴十字架勝之
패 제 집 정 자 병 권 자 ˇ 노 략 지 이 시 어 중 ˇ 뢰 십 자 가 승 지
而凱旋(哥羅西書골로새서 2:15)
이 개 선

統治者통치자들과 權勢권세들을 無力化무력화하여 드러내어 구경거리로 삼으시고 十字架십자가로 그들을 이기셨느니라

24-33 我儕得救在望ˇ旣得所望ˇ則不復望ˇ人所已得者ˇ豈
아 제 득 구 재 망 ˇ 기 득 소 망 ˇ 즉 불 부 망 ˇ 인 소 이 득 자 ˇ 기
猶望之乎(羅瑪書로마서 8:24)
유 망 지 호

우리가 所望소망으로 救援구원을 얻었으매 보이는 所望소망이 所望소망이 아니니 보는 것을 누가 바라리요

24-34 爾見人作事殷勤ˇ可逆料其將侍於王前ˇ必不久居賤人
이 견 인 작 사 은 근 ˇ 가 역 료 기 장 시 어 왕 전 ˇ 필 불 구 거 천 인
之中(箴言잠언 22:29)
지 중

네가 自己자기의 일에 能熟능숙한 사람을 보았느냐 이러한 사람은 王왕 앞에 설 것이요 賤천한 者자 앞에 서지 아니하리라

24-35 祝謝上帝ˇ我主耶穌基督之父ˇ卽憐憫之父ˇ賜諸慰
축 사 상 제 ˇ 아 주 야 소 기 독 지 부 ˇ 즉 연 민 지 부 ˇ 사 제 위
藉之上帝(哥林多後書고린도후서 1:3)
자 지 상 제

讚頌찬송하리로다 그는 우리 主주 예수 그리스도의 하나님이 시요 慈悲자비의 아버지시요 모든 慰勞위로의 하나님이시며

24-36 我乃主ˇ鑒察人心ˇ洞澈人之肺腑ˇ視人所行所爲ˇ使
아 내 주 ˇ 감 찰 인 심 ˇ 통 철 인 지 폐 부 ˇ 시 인 소 행 소 위 ˇ 사
之得果報(耶利米예레미아 17:10)
지 득 과 보

나 여호와는 心臟심장을 살피며 肺腑폐부를 試驗시험하고 각각 그 行爲행위와 그 行實행실대로 報應보응하나니

24-37 爾之順從ˇ已傳揚於衆ˇ故我爲爾喜ˇ願爾於善則智ˇ
이 지 순 종 ˇ 이 전 양 어 중 ˇ 고 아 위 이 희 ˇ 원 이 어 선 즉 지 ˇ
於惡則愚(羅瑪書로마서 16:19)
어 악 즉 우

너희의 順從순종함이 모든 사람에게 들리는지라 그러므로 내가 너희로 말미암아 기뻐하노니 너희가 善선한 데 智慧지혜롭고 惡악한 데 미련하기를 願원하노라

24-38 近前ˇ以油與酒澆其傷處ˇ裹之ˇ乘以己畜ˇ引至旅館
근 전 ˇ 이 유 여 주 요 기 상 처 ˇ 과 지 ˇ 승 이 기 축 ˇ 인 지 여 관
ˇ而顧恤之(路加福音누가복음 10:34)
ˇ 이 고 휼 지

가까이 가서 기름과 葡萄酒포도주를 그 傷處상처에 붓고 싸매고 自己자기 짐승에 태워 酒幕주막으로 데리고 가서 돌보아 주고

24-39 可愛者乎ˇ勿效惡ˇ宜效善ˇ行善者屬上帝ˇ作惡者未
가 애 자 호 ˇ 물 효 악 ˇ 의 효 선 ˇ 행 선 자 속 상 제 ˇ 작 악 자 미
見上帝也(約翰參書요한3서 1:11)
견 상 제 야

사랑하는 者자여 惡악한 것을 本본받지 말고 善선한 것을 本본받으라 善선을 行행하는 者자는 하나님께 屬속하고 惡악을 行행하는 者자는 하나님을 뵈옵지 못하였느니라

24-40 求主導我出幽囚ˇ我卽稱讚主名ˇ主以恩待我ˇ善人
구 주 도 아 출 유 수 ˇ 아 즉 칭 찬 주 명 ˇ 주 이 은 대 아 ˇ 선 인
必環繞我(詩篇시편 142:7)
필 환 요 아

내 靈魂영혼을 獄옥에서 이끌어 내사 主주의 이름을 感謝감사하게 하소서 主주께서 나에게 갚아 주시리니 義人의인들이

나를 두르리이다

24-41 主必賜及時之雨ˇ春雨秋雨ˇ降於爾地ˇ使爾可收穫穀
주 필 사 급 시 지 우 ˇ 춘 우 추 우 ˇ 강 어 이 지 ˇ 사 이 가 수 확 곡
酒與油(申命記신명기 11:14)
주 여 유

여호와께서 너희의 땅에 이른 비 늦은 비를 적당한 때에 내리시리니 너희가 穀食곡식과 葡萄酒포도주와 기름을 얻을 것이요

24-42 主上帝歟ˇ惟爾爲上帝ˇ所言眞實無妄ˇ旣允賜如此
주 상 제 여 ˇ 유 이 위 상 제 ˇ 소 언 진 실 무 망 ˇ 기 윤 사 여 차
之福於僕(撒母耳下사무엘하 7:28)
지 복 어 복

主주 여호와여 오직 主주는 하나님이시며 主주의 말씀들이 참되시니이다 主주께서 이 좋은 것을 主주의 종에게 말씀하셨사오니

24-43 東方博士俯伏拜嬰兒ˇ啓寶盒ˇ以禮物獻之ˇ卽黃金ˇ
동 방 박 사 부 복 배 영 아 ˇ 계 보 합 ˇ 이 예 물 헌 지 ˇ 즉 황 금 ˇ
乳香ˇ沒藥(瑪太福音마태복음 2:11)
유 향 ˇ 몰 약

東方博士동방박사들이 엎드려 아기께 敬拜경배하고 보배盒합을 열어 黃金황금과 乳香유향과 沒藥몰약을 禮物예물로 드리니라

24-44 上帝使彼無罪者ˇ爲我儕成爲罪ˇ使我儕因彼成爲上
상 제 사 피 무 죄 자 ˇ 위 아 제 성 위 죄 ˇ 사 아 제 인 피 성 위 상
帝之義(哥林多後書고린도후서 5:21)
제 지 의

하나님이 罪죄를 알지도 못하신 이를 우리를 代身대신하여 罪죄로 삼으신 것은 우리로 하여금 그 안에서 하나님의 義의가 되게 하려 하심이라 〈찬송가 152장〉

24-45 今我在身而生ˇ乃以信上帝子而生ˇ彼曾愛我ˇ爲我
금 아 재 신 이 생 ˇ 내 이 신 상 제 자 이 생 ˇ 피 증 애 아 ˇ 위 아
舍己者也(迦拉太書갈라디아서 2:20)
사 기 자 야

이제 내가 肉體육체 가운데 사는 것은 나를 사랑하사 나를 爲위하여 自己자기 自身자신을 버리신 하나님의 아들을 믿는

믿음 안에서 사는 것이라 〈찬송가 288장〉

24-46 夫造宇宙及其中萬物之上帝ˇ乃天地之主宰ˇ不居手造之殿(使徒行傳사도행전 17:24)
부조우주급기중만물지상제ˇ내천지지주재ˇ불거수조지전

宇宙우주와 그 가운데 있는 萬物만물를 지으신 하나님께서는 天地천지의 主宰주재시니 손으로 지은 殿전에 계시지 아니하시고 〈찬송가 291장〉

24-47 我謝我主耶穌基督ˇ助我以力ˇ以我爲忠ˇ任我以傳福音之職(提摩太前書디모데전서 1:12)
아사아주야소기독ˇ조아이력ˇ이아위충ˇ임아이전복음지직

나를 能능하게 하신 그리스도 예수 우리 主주께 내가 感謝감사함은 나를 忠誠충성되이 여겨 내게 職分직분을 맡기심이니 〈찬송가 320장〉

24-48 瑪利亞取至眞至貴香膏一斤ˇ膏耶穌足ˇ以髮拭之ˇ膏香滿室(約翰福音요한복음 12:3)
마리아취지진지귀향고일근ˇ고야소족ˇ이발식지ˇ고향만실

마리아는 至極지극히 비싼 香油향유 곧 純全순전한 나드 한 斤근을 가져다가 예수의 발에 붓고 自己자기 머리털로 그의 발을 닦으니 香油향유 냄새가 집에 가득하더라 〈찬송가 467장〉

24-49 側耳聽我ˇ急速救我ˇ作護我之磐石ˇ爲庇我之保障ˇ將我拯救(詩篇시편 31:2)
측이청아ˇ급속구아ˇ작호아지반석ˇ위비아지보장ˇ장아증구

내게 귀를 기울여 速속히 건지시고 내게 堅固견고한 바위와 救援구원하는 山城산성이 되소서 〈찬송가 513장〉

24-50 收穫時ˇ我語刈者曰ˇ先集稗ˇ束之爲捆以焚之ˇ後斂麥入我倉(瑪太福音마태복음 13:30)
수확시ˇ아어예자왈ˇ선집패ˇ속지위곤이분지ˇ후렴맥입아창

秋收추수 때에 내가 秋收추수꾼들에게 말하기를 가라지는 먼저 거두어 불사르게 단으로 묶고 穀食곡식은 모아 내 庫間

고간에 넣으라 하리라 〈찬송가 587장〉

24-51 主所造者何其多ˇ悉主以智慧造成ˇ偏地所有之物ˇ盡
주 소 조 자 하 기 다 ˇ 실 주 이 지 혜 조 성 ˇ 편 지 소 유 지 물 ˇ 진
皆屬主(詩篇시편 104:24)
개 속 주

여호와여 主주께서 하신 일이 어찌 그리 많은지요 主주께서 智慧지혜로 그들를 다 지으셨으니 主주께서 지으신 것들이 땅에 가득하니이다 〈찬송가 593장〉

24-52 願主俯聽我祈求ˇ側耳聽我籲懇ˇ按主之眞實公義ˇ
원 주 부 청 아 기 구 ˇ 측 이 청 아 유 간 ˇ 안 주 지 진 실 공 의 ˇ
以應允我(詩篇시편 143:1)
이 응 윤 아

여호와여 내 祈禱기도를 들으시며 내 懇求간구에 귀를 기울이시고 主주의 眞實진실과 義의로 내게 應答응답하소서
〈찬송가 631장〉

24-53 凡爾所縛於地者ˇ亦必見縛於天ˇ所釋於地者ˇ亦必
범 이 소 박 어 지 자 ˇ 역 필 견 박 어 천 ˇ 소 석 어 지 자 ˇ 역 필
見釋於天(瑪太福音마태복음 18:18)
견 석 어 천

무엇이든지 너희가 땅에서 매면 하늘에서도 매일 것이요 무엇이든지 땅에서 풀면 하늘에서도 풀리리라

24-54 爾旣與基督同復活ˇ則當求在上之事ˇ基督在彼ˇ坐於
이 기 여 기 독 동 부 활 ˇ 즉 당 구 재 상 지 사 ˇ 기 독 재 피 ˇ 좌 어
上帝右(哥羅西書골로새서 3:1)
상 제 우

그러므로 너희가 그리스도와 함께 다시 살리심을 받았으면 위엣 것을 찾으라 거기는 그리스도께서 하나님 右便우편에 앉아 계시느니라.

24-55 山嶺可移ˇ岡陵可徙ˇ我恩慈永不離爾ˇ我和平之約ˇ
산 령 가 이 ˇ 강 릉 가 사 ˇ 아 은 자 영 불 리 이 ˇ 아 화 평 지 약 ˇ
永立不移(以賽亞이사야 54:10)
영 립 불 이

山산들이 떠나며 언덕들은 옮겨질지라도 나의 慈悲자비는 네게서 떠나지 아니하며 나의 和平화평의 言約언약은 흔들리지 아니하리라

24-56 願主增益爾之愛ˇ致爾彼此相愛ˇ且愛及衆人ˇ如我
원 주 증 익 이 지 애 ˇ 치 이 피 차 상 애 ˇ 차 애 급 중 인 ˇ 여 아
儕之愛爾(帖撒羅尼迦前書데살로니가전서 3:12)
제 지 애 이

主주께서 우리가 너희를 사랑함과 같이 너희도 彼此間피차간과 모든 사람에 對대한 사랑이 더욱 많아 넘치게 하사

24-57 若恒居於我道ˇ是誠爲我徒也ˇ爾亦必識眞理ˇ而眞
이 약 항 거 어 아 도 ˇ 시 성 위 아 도 야 ˇ 이 역 필 식 진 리 ˇ 이 진
理將釋爾(約翰福音요한복음 10:31~32)
리 장 석 이

너희가 내 말에 居거하면 참으로 내 弟子제자가 되고 眞理진리를 알지니 眞理진리가 너희를 自由자유롭게 하리라

24-58 我書此達爾ˇ深信爾必悅從ˇ亦知爾之所行ˇ必過於我
아 서 차 달 이 ˇ 심 신 이 필 열 종 ˇ 역 지 이 지 소 행 ˇ 필 과 어 아
之所言(腓利們書빌레몬서 1:21)
지 소 언

나는 네가 順從순종할 것을 確信확신하므로 네게 썼노니 네가 내게 말한 것보다 더 行행할 줄을 아노라

24-59 父愛子ˇ以己凡所行者示之ˇ且將以大於此者示之ˇ
부 애 자 ˇ 이 기 범 소 행 자 시 지 ˇ 차 장 이 대 어 차 자 시 지 ˇ
使爾奇焉(約翰福音요한복음 5:20)
사 이 기 언

아버지께서 아들을 사랑하사 自己자기의 行행하시는 것을 다 아들에게 보이시고 또 그보다 더 큰 일을 보이사 너희로 奇異기이히 여기게 하시리라

24-60 耶穌謂門徒曰ˇ陷人於罪之事ˇ必不能無ˇ而陷人於罪
야 소 위 문 도 왈 ˇ 함 인 어 죄 지 사 ˇ 필 불 능 무 ˇ 이 함 인 어 죄
者ˇ禍矣(路加福音누가복음 17:1)
자 ˇ 화 의

예수께서 弟子제자들에게 이르시되 失足실족케 하는 것이 없을 수는 없으나 있게 하는 者자에게는 禍화로다

25 자

25-1 乃基督於我儕尙爲罪人時ˇ爲我而死ˇ上帝以此彰其愛
내 기 독 어 아 제 상 위 죄 인 시 ˇ 위 아 이 사 ˇ 상 제 이 차 창 기 애
我之愛(羅瑪書로마서 5:8)
아 지 애

우리가 아직 罪人죄인 되었을 때에 그리스도께서 우리를 爲위하여 죽으심으로 하나님께서 우리에 對대한 自己자기의 사랑을 確證확증하셨느니라

25-2 當常喜樂ˇ祈禱不已ˇ凡事感謝ˇ此上帝因基督耶穌欲
당 상 희 락 ˇ 기 도 불 이 ˇ 범 사 감 사 ˇ 차 상 제 인 기 독 야 소 욕
爾如此者(帖撒羅尼迦前書데살로니가전서 5:16~18)
이 여 차 자

恒常항상 기뻐하라 쉬지 말고 祈禱기도하라 凡事범사에 感謝감사하라 이것이 그리스도 예수 안에서 너희를 向향하신 하나님의 뜻이니라

25-3 飮我所予之水者ˇ永不渴ˇ我所予之水ˇ必在其中成源
음 아 소 여 지 수 자 ˇ 영 불 갈 ˇ 아 소 여 지 수 ˇ 필 재 기 중 성 원
ˇ湧至永生(約翰福音요한복음 4:14)
ˇ 용 지 영 생

내가 주는 물을 마시는 者자는 永遠영원히 목마르지 아니하리니 내가 주는 물은 그 속에서 永生영생하도록 솟아나는 샘물이 되리라

25-4 故我儕當毅然至施恩之寶座前ˇ得矜恤ˇ受恩寵ˇ隨時
고 아 제 당 의 연 지 시 은 지 보 좌 전 ˇ 득 긍 휼 ˇ 수 은 총 ˇ 수 시
得祐助焉(希伯來書히브리서 4:16)
득 우 조 언

그러므로 우리는 矜恤긍휼하심을 받고 때를 따라 돕는 恩惠은혜를 얻기 爲위하여 恩惠은혜의 寶座보좌 앞에 膽大담대히 나아갈 것이니라

25-5 天國又如寶ˇ藏於田ˇ人遇之ˇ則秘之ˇ喜而歸ˇ售其所
천 국 우 여 보 ˇ 장 어 전 ˇ 인 우 지 ˇ 즉 비 지 ˇ 희 이 귀 ˇ 수 기 소
有以購此田(瑪太福音마태복음 13:44)
유 이 구 차 전

天國천국은 마치 밭에 감추인 寶貨보화와 같으니 사람이 이를

發見발견한 後후 숨겨 두고 기뻐하며 돌아가서 自己자기의 所有소유를 다 팔아 그 밭을 사느니라

25-6 凡見子而信之者得永生ˇ而於末日我復活之ˇ此乃遣我
범 견 자 이 신 지 자 득 영 생 ˇ 이 어 말 일 아 부 활 지 ˇ 차 내 견 아
者之意(約翰福音요한복음 6:40)
자 지 의

내 아버지의 뜻은 아들을 보고 믿는 者자마다 永生영생을 얻는 이것이니 마지막 날에 내가 이를 다시 살리리라 하시니라

25-7 爾曹虔誠人ˇ皆當敬愛主ˇ因主保祐眞實人ˇ重報行爲
이 조 건 성 인 ˇ 개 당 경 애 주 ˇ 인 주 보 우 진 실 인 ˇ 중 보 행 위
驕傲之人(詩篇시편 31:23)
교 오 지 인

너희 모든 聖徒성도들아 여호와를 사랑하라 여호와께서 眞實진실한 者자를 保護보호하시고 驕慢교만하게 行행하는 者자에게 嚴重엄중히 갚으시느니라

25-8 若我儕按其旨而有所求ˇ彼必聽我ˇ此我儕在其前所篤
약 아 제 안 기 지 이 유 소 구 ˇ 피 필 청 아 ˇ 차 아 제 재 기 전 소 독
信者也(約翰壹書요한1서 5:14)
신 자 야

그를 向향하여 우리가 가진 바 膽大담대함이 이것이니 그의 뜻대로 무엇을 求구하면 들으심이라

25-9 必崇事主爾之上帝ˇ則降福於爾ˇ使爾飮食充足ˇ除疾
필 숭 사 주 이 지 상 제 ˇ 즉 강 복 어 이 ˇ 사 이 음 식 충 족 ˇ 제 질
病於爾中(出伊及記출애굽기 23:25)
병 어 이 중

네 하나님 여호와를 섬기라 그리하면 여호와가 너희의 糧食양식과 물에 福복을 내리고 너희 中중에서 病병을 除제하리니

25-10 我以親近上帝爲我之福ˇ我惟倚賴主上帝ˇ傳揚主之
아 이 친 근 상 제 위 아 지 복 ˇ 아 유 의 뢰 주 상 제 ˇ 전 양 주 지
一切作爲(詩篇시편 73:28)
일 체 작 위

하나님께 가까이 함이 내게 福복이라 내가 主주 여호와를 나의 避難處피난처로 삼아 主주의 모든 行蹟행적을 傳播전파하리이다

25-11 未奉遣ˇ何能傳乎ˇ如經載云ˇ傳和平告嘉音者ˇ其足
미 봉 견 ˇ 하 능 전 호 ˇ 여 경 재 운 ˇ 전 화 평 고 가 음 자 ˇ 기 족
跡何其美哉(羅瑪書로마서 10:15)
적 하 기 미 재
보내심을 받지 아니하였으면 어찌 傳播전파하리요 記錄기록된 바 아름답도다 좋은 消息소식을 傳전하는 者자들의 발이여 함과 같으니라

25-12 蓋爾爲重値所購ˇ爾身爾靈ˇ皆屬上帝ˇ故當以身以靈
개 이 위 중 치 소 구 ˇ 이 신 이 령 ˇ 개 속 상 제 ˇ 고 당 이 신 이 령
ˇ歸榮上帝(哥林多前書고린도전서 6:20)
ˇ 귀 영 상 제
값으로 산 것이 되었으니 그런즉 너희 몸으로 하나님께 영광을 돌리라

25-13 夫永生者無他ˇ卽知爾爲獨一眞上帝ˇ且知耶穌基督
부 영 생 자 무 타 ˇ 즉 지 이 위 독 일 진 상 제 ˇ 차 지 야 소 기 독
爾所遣者(約翰福音요한복음 17:3)
이 소 견 자
永生영생은 곧 唯一유일하신 참 하나님과 그가 보내신 者자 예수 그리스도를 아는 것이니이다

25-14 我口出言讚美主ˇ惟願凡有血氣者ˇ皆讚美主之聖名ˇ
아 구 출 언 찬 미 주 ˇ 유 원 범 유 혈 기 자 ˇ 개 찬 미 주 지 성 명 ˇ
至於永遠(詩篇시편 145:21)
지 어 영 원
내 입이 여호와의 榮譽영예를 말하며 모든 肉體육체가 그의 거룩하신 이름을 永遠영원히 頌祝송축할지로다

25-15 頌美上帝ˇ我主耶穌基督之父ˇ曾因基督ˇ使我受種種
송 미 상 제 ˇ 아 주 야 소 기 독 지 부 ˇ 증 인 기 독 ˇ 사 아 수 종 종
神福在天(以弗所書에베소서 1:3)
신 복 재 천
讚頌찬송하리로다 하나님 곧 우리 主주 예수 그리스도의 아버지께서 그리스도 안에서 하늘에 屬속한 모든 神靈신령한 福복을 우리에게 주시되

25-16 我惟得罪於主ˇ在主之前行惡ˇ主譴責我乃合理ˇ審鞫
아 유 득 죄 어 주 ˇ 재 주 지 전 행 악 ˇ 주 견 책 아 내 합 리 ˇ 심 국
我乃公義(詩篇시편 51:4)
아 내 공 의

내가 主주께만 犯罪범죄하여 主주의 目前목전에 惡악을 行행하였사오니 主주께서 말씀하실 때에 義의로우시다 하고 主주께서 審判심판하실 때에 純全순전하시다 하리이다

25-17 亞伯拉罕稱其地ˇ曰主自備ˇ至今尙有人云ˇ此處於主
아 백 랍 한 칭 기 지 ˇ 왈 주 자 비 ˇ 지 금 상 유 인 운 ˇ 차 처 어 주
之山可見(創世記창세기 22:14)
지 산 가 견

아브라함이 그 땅 이름을 여호와 이레라 하였으므로 오늘날까지 사람들이 이르기를 여호와의 山산에서 準備준비되리라 하더라

25-18 勸爾獻身爲活祭ˇ卽聖潔之祭ˇ上帝所悅者ˇ是乃爾當
권 이 헌 신 위 활 제 ˇ 즉 성 결 지 제 ˇ 상 제 소 열 자 ˇ 시 내 이 당
然之役也(羅瑪書로마서 12:1)
연 지 역 야

너희를 勸권하노니 너희 몸을 하나님이 기뻐하시는 거룩한 산 祭物제물로 드리라 이는 너희가 드릴 靈的영적 禮拜예배니라

25-19 主曰ˇ人豈能藏匿於隱密ˇ使我不見乎ˇ主曰ˇ我豈不
주 왈 ˇ 인 기 능 장 닉 어 은 밀 ˇ 사 아 불 견 호 ˇ 주 왈 ˇ 아 기 불
充滿天地乎(耶利米예레미아 23:24)
충 만 천 지 호

여호와의 말씀이니라 사람이 내게 보이지 아니하려고 누가 自身자신을 隱密은밀한 곳에 숨길 수 있겠느냐 여호와가 말하노라 나는 天地천지에 充滿충만하지 아니하냐

25-20 蓋主目眷顧義人ˇ傾耳聽其祈禱ˇ惟行惡之人ˇ主則
개 주 목 권 고 의 인 ˇ 경 이 청 기 기 도 ˇ 유 행 악 지 인 ˇ 주 즉
以怒容向之(彼得前書베드로전서 3:12)
이 노 용 향 지

主주의 눈은 義人의인을 向향하시고 그의 귀는 義人의인의 懇求간구에 기울이시되 主주의 얼굴은 惡行악행하는 者자들을 對대하시느니라 하였느니라

25-21 能救人援人ˇ在天在地顯異蹟ˇ行奇事ˇ曾救但以理ˇ
능 구 인 원 인 ˇ 재 천 재 지 현 이 적 ˇ 행 기 사 ˇ 증 구 단 이 리 ˇ
不爲獅所害(但以理다니엘 6:27)
불 위 사 소 해

그는 救援구원도 하시며 건져내기도 하시며 하늘에서든지 땅에서든지 異蹟이적과 奇事기사를 行행하시는 이로서 다니엘을 救援구원하여 사자의 입에서 벗어나게 하셨음이라 하였더라

25-22 上帝以其靈賜我ˇ則我由此而知我恒居上帝內ˇ上帝
상 제 이 기 령 사 아 ˇ 즉 아 유 차 이 지 아 항 거 상 제 내 ˇ 상 제
恒居我內(約翰壹書요한1서 4:13)
항 거 아 내

그의 聖靈성령을 우리에게 주시므로 우리가 그 안에 居거하고 그가 우리 안에 居거하시는 줄을 아느니라

25-23 凡尋求主者ˇ必因主快樂歡欣ˇ慕主救恩者ˇ必常讚
범 심 구 주 자 ˇ 필 인 주 쾌 락 환 흔 ˇ 모 주 구 은 자 ˇ 필 상 찬
云惟主爲大(詩篇시편 40:16)
운 유 주 위 대

主주를 찾는 者자는 다 主주 안에서 즐거워하고 기뻐하게 하시며 主주의 救援구원을 사랑하는 者자는 恒常항상 말하기를 여호와는 偉大위대하시다 하게 하소서

25-24 故我儕勿復相擬議ˇ宜定意勿以躓人礙人之物ˇ置於
고 아 제 물 부 상 의 의 ˇ 의 정 의 물 이 지 인 애 인 지 물 ˇ 치 어
兄弟之前(羅瑪書로마서 14:13)
형 제 지 전

그런즉 우리가 다시는 서로 批判비판하지 말고 도리어 부딪칠 것이나 거칠 것을 兄弟형제 앞에 두지 아니하도록 注意주의하라

25-25 凡認主爲主者ˇ願主賜以恩惠ˇ心懷正直者ˇ願主向
범 인 주 위 주 자 ˇ 원 주 사 이 은 혜 ˇ 심 회 정 직 자 ˇ 원 주 향
之施行仁義(詩篇시편 36:10)
지 시 행 인 의

主주를 아는 者자들에게 主주의 仁慈인자하심을 계속 베푸시며 마음이 正直정직한 者자에게 主주의 公義공의를 베푸소서

25-26 耶穌謂之曰ˇ婦乎ˇ爾信大矣ˇ如爾所願ˇ可爲爾成ˇ
야 소 위 지 왈 ˇ 부 호 ˇ 이 신 대 의 ˇ 여 이 소 원 ˇ 가 위 이 성 ˇ
其女自此得愈(瑪太福音마태복음 15:28)
기 녀 자 차 득 유

이에 예수께서 對答대답하여 이르시되 女子여자여 네 믿음이

크도다 네 所願소원대로 되리라 하시니 그 때로부터 그의 딸이 나으니라

25-27 兄弟乎ˇ昔託主名而言之諸先知ˇ爾當以之爲受苦恒
형 제 호 ˇ 석 탁 주 명 이 언 지 제 선 지 ˇ 이 당 이 지 위 수 고 항
忍之模範(雅各書야고보서 5:10)
인 지 모 범

兄弟형제들아 主주의 이름으로 말한 先知者선지자들을 苦難고난과 오래 참음의 本본으로 삼으라

25-28 主歟ˇ我惟讚美主爲至上ˇ因主救援我ˇ不容我敵因
주 여 ˇ 아 유 찬 미 주 위 지 상 ˇ 인 주 구 원 아 ˇ 불 용 아 적 인
勝我而歡喜(詩篇시편 30:1)
승 아 이 환 희

여호와여 내가 主주를 높일 것은 主주께서 나를 끌어내사 내 怨讐원수로 하여금 나로 말미암아 기뻐하지 못하게 하심이니이다

25-29 我爲爾祈禱ˇ斷乎不息ˇ不然ˇ則獲罪於主ˇ我又以善
아 위 이 기 도 ˇ 단 호 불 식 ˇ 불 연 ˇ 즉 획 죄 어 주 ˇ 아 우 이 선
道正道教爾(撒母耳上사무엘상 12:23)
도 정 도 교 이

나는 너희를 爲위하여 祈禱기도하기를 쉬는 罪죄를 여호와 앞에 決斷결단코 犯범하지 아니하고 善선하고 義의로운 길을 너희에게 가르칠 것인즉

25-30 因主震怒不過片時ˇ主之恩惠ˇ乃一生之久ˇ夜雖哭
인 주 진 노 불 과 편 시 ˇ 주 지 은 혜 ˇ 내 일 생 지 구 ˇ 야 수 곡
泣ˇ晨必歡呼(詩篇시편 30:5)
읍 ˇ 신 필 환 호

그의 怒熖노염은 暫間잠간이요 그의 恩寵은총은 平生평생이로다 저녁에는 울음이 깃들일지라도 아침에는 기쁨이 오리로다

25-31 主使我多遭災患苦難ˇ必使我復蘇ˇ從地幽深之處ˇ必
주 사 아 다 조 재 환 고 난 ˇ 필 사 아 복 소 ˇ 종 지 유 심 지 처 ˇ 필
救我復上(詩篇시편 71:20)
구 아 복 상

우리에게 많고 甚심한 苦難고난을 보이신 主주께서 우리를 다시 살리시며 땅 깊은 곳에서 다시 이끌어 올리시리이다

25-32 如人在主前許願ˇ或發誓自戒則毋食言ˇ必當循口之
여 인 재 주 전 허 원 ˇ 혹 발 서 자 계 즉 무 식 언 ˇ 필 당 순 구 지
所出而行(民數記민수기 30:2)
소 출 이 행

사람이 여호와께 誓願서원하였거나 決心결심하고 誓約서약하였으면 깨뜨리지 말고 그가 입으로 말한 대로 다 履行이행할 것이니라

25-33 我卽遣人請爾ˇ爾來甚善ˇ今我儕咸在上帝前ˇ欲聞
아 즉 견 인 청 이 ˇ 이 래 심 선 ˇ 금 아 제 함 재 상 제 전 ˇ 욕 문
主所命爾者(使徒行傳사도행전 10:33)
주 소 명 이 자

내가 곧 당신에게 사람을 보내었는데 오셨으니 잘하였나이다 이제 우리는 主주께서 當身당신에게 命명하신 모든 것을 듣고자 하여 다 하나님 앞에 있나이다

25-34 我告爾ˇ爾之義若非勝於經士及法利賽人之義ˇ斷不
아 고 이 ˇ 이 지 의 약 비 승 어 경 사 급 법 리 새 인 지 의 ˇ 단 불
能入天國(瑪太福音마태복음 5:20)
능 입 천 국

내가 너희에게 이르노니 너희 義의가 書記官서기관과 바리새人인보다 더 낫지 못하면 決결코 天國천국에 들어가지 못하리라

25-35 爾當遠幼年之嗜慾ˇ追求義與信與愛ˇ並與清心籲主
이 당 원 유 년 지 기 욕 ˇ 추 구 의 여 신 여 애 ˇ 병 여 청 심 유 주
者求和睦(提摩太後書디모데후서 2:22)
자 구 화 목

또한 너는 青年청년의 情慾정욕을 避피하고 主주를 깨끗한 마음으로 부르는 者자들과 함께 義의와 믿음과 사랑과 和平화평을 따르라

25-36 蓋大衛在世時ˇ遵上帝旨而盡其職ˇ其後乃逝ˇ歸於
개 대 위 재 세 시 ˇ 준 상 제 지 이 진 기 직 ˇ 기 후 내 서 ˇ 귀 어
列祖而朽壞(使徒行傳사도행전 13:36)
열 조 이 후 괴

다윗은 當時당시에 하나님의 뜻을 따라 섬기다가 잠들어 그 祖上조상들과 함께 묻혀 썩음을 當당하였으되

25-37 蓋衆由其贏餘取而輸之ˇ此嫠婦不足ˇ而盡輸所有ˇ卽
개 중 유 기 영 여 취 이 수 지 ˇ 차 리 부 부 족 ˇ 이 진 수 소 유 ˇ 즉
其全業也(瑪可福音마가복음 12:44)
기 전 업 야

그들은 다 그 豊足풍족한 中중에서 넣었거니와 이 寡婦과부는 그 가난한 中중에서 自己자기의 모든 所有소유 곧 生活費생활비 全部전부를 넣었느니라 하시니라

25-38 如此之人ˇ我賴我主耶穌基督諭之勸之ˇ當安靜操作
여 차 지 인 ˇ 아 뢰 아 주 야 소 기 독 유 지 권 지 ˇ 당 안 정 조 작
ˇ食己之食(帖撒羅尼加後書데살로니가후서 3:12)
ˇ 식 기 지 식

이런 者자들에게 우리가 命명하고 主주 예수 그리스도 안에서 勸권하기를 조용히 일하여 自己자기 糧食양식을 먹으라 하노라

25-39 死之鋒鋩何在ˇ哈底之勝何在ˇ死之鋒鋩ˇ罪也ˇ罪之
사 지 봉 망 하 재 ˇ 합 저 지 승 하 재 ˇ 사 지 봉 망 ˇ 죄 야 ˇ 죄 지
權勢ˇ律法也(哥林多前書고린도전서 15:55~56)
권 세 ˇ 율 법 야

死亡사망아 너의 勝利승리가 어디 있느냐 死亡사망아 네가 쏘는 것이 어디 있느냐 死亡사망이 쏘는 것은 罪죄요 罪죄의 權能권능은 律法율법이라

25-40 聽訟之時ˇ毋行非義ˇ毋偏護貧人ˇ毋徇庇有勢者ˇ惟
청 송 지 시 ˇ 무 행 비 의 ˇ 무 편 호 빈 인 ˇ 무 순 비 유 세 자 ˇ 유
秉公以鞫人(利未記레위기 19:15)
병 공 이 국 인

너희는 裁判재판할 때에 不義불의를 行행하지 말며 가난한 者자의 便편을 들지 말며 勢力세력 있는 者자라고 두둔하지 말고 公義공의로 사람을 裁判재판할지며

25-41 若爾與基督同死ˇ脫斯世之賤質ˇ何仍遵儀文ˇ似猶活
약 이 여 기 독 동 사 ˇ 탈 사 세 지 천 질 ˇ 하 잉 준 의 문 ˇ 사 유 활
於世俗中(哥羅西書골로새서 2:20)
어 세 속 중

너희가 世上세상의 初等學文초등학문에서 그리스도와 함께 죽었거든 어찌하여 世上세상에 사는 것과 같이 規例규례에 順從순종하느냐

25-42 若言人旣勞碌ˇ莫若以食以飮ˇ安享其樂ˇ我又見其
약 언 인 기 노 록 ˇ 막 약 이 식 이 음 ˇ 안 향 기 락 ˇ 아 우 견 기
權在乎上帝(傳道書전도서 2:24)
권 재 호 상 제

사람이 먹고 마시며 수고하는 것보다 그의 마음을 더 기쁘게 하는 것은 없나니 내가 이것도 본즉 하나님의 손에서 나오는 것이로다

25-43 求主拯救主之百姓ˇ賜福於主之選民ˇ撫養之ˇ扶持
구 주 증 구 주 지 백 성 ˇ 사 복 어 주 지 선 민 ˇ 무 양 지 ˇ 부 지
之至於永遠(詩篇시편 28:9)
지 지 어 영 원

主주의 百姓백성을 救援구원하시며 主주의 產業산업에 福복을 주시고 또 그들의 牧者목자가 되시어 永遠영원토록 그들을 引導인도하소서

25-44 愼毋輕視此小子之一ˇ我告爾ˇ彼之天使在天ˇ常見
신 무 경 시 차 소 자 지 일 ˇ 아 고 이 ˇ 피 지 천 사 재 천 ˇ 상 견
我天父之面(瑪太福音마태복음 18:10)
아 천 부 지 면

삼가 이 작은 者자 中중의 하나도 업신여기지 말라 너희에게 말하노니 그들의 天使천사들이 하늘에서 하늘에 계신 내 아버지의 얼굴을 恒常항상 뵈옵느니라

25-45 試思烏鴉不稼不穡ˇ無倉無庫ˇ而上帝養之ˇ爾較禽
시 사 오 아 불 가 불 색 ˇ 무 창 무 고 ˇ 이 상 제 양 지 ˇ 이 교 금
鳥不愈貴乎(路加福音누가복음 12:24)
조 불 유 귀 호

까마귀를 생각하라 심지도 아니하고 거두지도 아니하며 골房방도 없고 倉庫창고도 없으되 하나님이 기르시나니 너희는 새보다 얼마나 더 貴귀하냐

25-46 當極力恪守遵行ˇ凡錄於摩西律法書之言ˇ不偏於左
당 극 력 각 수 준 행 ˇ 범 록 어 마 서 율 법 서 지 언 ˇ 불 편 어 좌
ˇ不偏於右(約書亞여호수아 23:6)
ˇ 불 편 어 우

그러므로 너희는 크게 힘써 모세의 律法율법 冊책에 記錄기록된 것을 다 지켜 行행하라 그것을 떠나 右우로나 左좌로나 치우치지 말라

25-47 主爲我所倚賴ˇ亦爲贖我者ˇ願我口中言語ˇ心中意念
주 위 아 소 의 뢰 ˇ 역 위 속 아 자 ˇ 원 아 구 중 언 어 ˇ 심 중 의 념
ˇ蒙主悅納(詩篇시편 19:14)
ˇ 몽 주 열 납

나의 磐石반석이시요 나의 救贖者구속자이신 여호와여 내 입의 말과 마음의 默想묵상이 주님 앞에 悅納열납되기를 願원하나이다

25-48 愛主爾之上帝ˇ此乃諸誡之首ˇ且最大者ˇ其次ˇ愛人
애 주 이 지 상 제 ˇ 차 내 제 계 지 수 ˇ 차 최 대 자 ˇ 기 차 ˇ 애 인
如己ˇ亦如之(瑪太福音마태복음 22:37~39)
여 기 ˇ 역 여 지

主주 너의 하나님을 사랑하라 하셨으니 이것이 크고 첫째 되는 誡命계명이요 둘째는 그와 같으니 네 이웃을 네 몸과 같이 사랑하라 〈찬송가 218장〉

25-49 新耶路撒冷ˇ自上帝由天而降ˇ預備齊全ˇ如新婦妝
신 야 로 살 냉 ˇ 자 상 제 유 천 이 강 ˇ 예 비 제 전 ˇ 여 신 부 장
飾以待其夫(約翰啓示錄요한계시록 21:2)
식 이 대 기 부

새 예루살렘이 하나님께로부터 하늘에서 내려오니 그 準備준비한 것이 新婦신부가 男便남편을 爲위하여 丹粧단장한 것 같더라 〈찬송가 236장〉

25-50 愛永不隕ˇ但先知講道之能將廢ˇ言方言之能將止ˇ
애 영 불 운 ˇ 단 선 지 강 도 지 능 장 폐 ˇ 언 방 언 지 능 장 지 ˇ
知識亦將廢(哥林多前書고린도전서 13:8)
지 식 역 장 폐

사랑은 언제까지나 떨어지지 아니하나 豫言예언도 廢폐하고 方言방언도 그치고 知識지식도 廢폐하리라 〈찬송가 601장〉

25-51 願於教會中ˇ因基督耶穌ˇ以榮光歸之ˇ至於世世ˇ永
원 어 교 회 중 ˇ 인 기 독 야 소 ˇ 이 영 광 귀 지 ˇ 지 어 세 세 ˇ 영
無窮盡ˇ阿們(以弗所書에베소서 3:21)
무 궁 진 ˇ 아 문

教會교회 안에서와 그리스도 예수 안에서 榮光영광이 代代대대로 永遠영원 無窮무궁하기를 願원하노라 아멘 〈찬송가 628장〉

25-52 丁稀之家ˇ必增千倍ˇ微弱之族ˇ必成强國ˇ居期ˇ我卽
정 희 지 가 ˇ 필 증 천 배 ˇ 미 약 지 족 ˇ 필 성 강 국 ˇ 계 기 ˇ 아 즉

主必速成之(以賽亞이사야 60:22)
주 필 속 성 지

=至小者必成千ˇ至微者必成强國ˇ屆期ˇ我卽主必速成之
=지 소 자 필 성 천 ˇ 지 미 자 필 성 강 국 ˇ 계 기 ˇ 아 즉 주 필 속 성 지

그 작은 者자가 千천 名명을 이루겠고 그 弱약한 者자가 强國강국을 이룰 것이라 때가 되면 나 여호와가 速속히 이루리라

25-53 若得之ˇ我誠告爾ˇ其爲此一羊喜ˇ較不迷失之九十九
약 득 지 ˇ 아 성 고 이 ˇ 기 위 차 일 양 희 ˇ 교 불 미 실 지 구 십 구
羊喜尤大(瑪太福音마태복음 18:13)
양 희 우 대

眞實진실로 너희에게 이르노니 萬一만일 찾으면 길을 잃지 아니한 아흔 아홉 마리보다 이것을 더 기뻐하리라

26 자

26-1 我所務者ˇ非可見之事ˇ乃不可見之事ˇ蓋可見者暫ˇ
아 소 무 자 ˇ 비 가 견 지 사 ˇ 내 불 가 견 지 사 ˇ 개 가 견 자 잠 ˇ
不可見者永也(哥林多後書고린도후서 4:18)
불 가 견 자 영 야

우리가 注目주목하는 것은 보이는 것이 아니요 보이지 않는 것이니 보이는 것은 잠깐이요 보이지 않는 것은 永遠영원함이라

26-2 豈不知在場爭趨者雖多ˇ得賞者惟一ˇ爾曹爭趨ˇ當奮
기 부 지 재 장 쟁 추 자 수 다 ˇ 득 상 자 유 일 ˇ 이 조 쟁 추 ˇ 당 분
力使爾得賞(哥林多前書고린도전서 9:24)
력 사 이 득 상

運動場운동장에서 달음질하는 者자들이 다 달릴지라도 오직 賞상을 받는 사람은 한 사람인 줄을 너희가 알지 못하느냐 너희도 賞상을 받도록 이와 같이 달음질하라

26-3 爾曹知我主耶穌基督之恩ˇ彼原富ˇ爲爾成貧ˇ使爾因
이 조 지 아 주 야 소 기 독 지 은 ˇ 피 원 부 ˇ 위 이 성 빈 ˇ 사 이 인
其貧而爲富(哥林多後書고린도후서 8:9)
기 빈 이 위 부

우리 主주 예수 그리스도의 恩惠은혜를 너희가 알거니와 富饒부요하신 이로서 너희를 爲위하여 가난하게 되심은 그의

가난함으로 말미암아 너희를 富饒부요하게 하려 하심이라

26-4 爾曹雖不善ˇ尚知以善物予子ˇ何況上帝ˇ不更以聖靈
이 조 수 불 선 ˇ 상 지 이 선 물 여 자 ˇ 하 황 상 제 ˇ 불 갱 이 성 령
予求之者乎(路加福音누가복음 11:11~13)
여 구 지 자 호

너희가 惡악할지라도 좋은 것을 子息자식에게 줄 줄 알거든 하물며 너희 하늘 아버지께서 求구하는 者자에게 聖靈성령을 주시지 않겠느냐 하시니라

26-5 上帝遣其獨生之子降世ˇ使我儕賴之而生ˇ上帝之愛我
상 제 견 기 독 생 지 자 강 세 ˇ 사 아 제 뢰 지 이 생 ˇ 상 제 지 애 아
ˇ在此而顯(約翰壹書요한1서 4:9)
ˇ 재 차 이 현

하나님의 사랑이 우리에게 이렇게 나타난 바 되었으니 하나님이 自己자기의 獨生子독생자를 世上세상에 보내심은 그로 말미암아 우리를 살리려 하심이라

26-6 大室之中ˇ不第有金器銀器ˇ亦有木器瓦器ˇ有爲貴用
대 실 지 중 ˇ 부 제 유 금 기 은 기 ˇ 역 유 목 기 와 기 ˇ 유 위 귀 용
ˇ有爲賤用者(提摩太後書디모데후서 2:20)
ˇ 유 위 천 용 자

큰 집에는 金금 그릇과 銀은 그릇뿐 아니라 나무 그릇과 질그릇도 있어 貴귀하게 쓰는 것도 있고 賤천하게 쓰는 것도 있나니

26-7 耶穌曰ˇ人若愛我ˇ必守我言ˇ我父必愛之ˇ我與父必
야 소 왈 ˇ 인 약 애 아 ˇ 필 수 아 언 ˇ 아 부 필 애 지 ˇ 아 여 부 필
就之ˇ而與之居(約翰福音요한복음 14:23)
취 지 ˇ 이 여 지 거

예수께서 對答대답하여 이르시되 사람이 나를 사랑하면 내 말을 지키리니 내 아버지께서 그를 사랑하실 것이요 우리가 그에게 가서 居處거처를 그와 함께 하리라

26-8 愛中無懼ˇ愛旣全備則去懼ˇ有懼則有憂ˇ凡憂懼者ˇ
애 중 무 구 ˇ 애 기 전 비 즉 거 구 ˇ 유 구 즉 유 우 ˇ 범 우 구 자 ˇ
其愛不得全備(約翰壹書요한1서 4:18)
기 애 부 득 전 비

사랑 안에 두려움이 없고 穩全온전한 사랑이 두려움을 내쫓

나니 두려움에는 刑罰형벌이 있음이라 두려워하는 者자는 사랑 안에서 穩全온전히 이루지 못하였느니라

26-9 我誠告爾ˇ聽我言而信遣我者得永生ˇ不至定罪ˇ乃已
아 성 고 이 ˇ 청 아 언 이 신 견 아 자 득 영 생 ˇ 부 지 정 죄 ˇ 내 이
出死入生也(約翰福音요한복음 5:24)
출 사 입 생 야

내가 眞實진실로 眞實진실로 너희에게 이르노니 내 말을 듣고 또 나 보내신 이를 믿는 者자는 永生영생을 얻었고 審判심판에 이르지 아니하나니 死亡사망에서 生命생명으로 옮겼느니라

26-10 爾當稽考諸經ˇ爾以爲其中有永生之道ˇ而爲我作證
이 당 계 고 제 경 ˇ 이 이 위 기 중 유 영 생 지 도 ˇ 이 위 아 작 증
者ˇ卽此經也(約翰福音요한복음 5:39)
자 ˇ 즉 차 경 야

너희가 聖經성경에서 永生영생을 얻는 줄 생각하고 聖經성경을 硏究연구하거니와 이 聖經성경이 곧 내게 對대하여 證言증언하는 것이니라

26-11 爾曹不復爲外人ˇ不復爲客旅ˇ乃與聖徒爲一邦ˇ爲上
이 조 불 부 위 외 인 ˇ 불 부 위 객 려 ˇ 내 여 성 도 위 일 방 ˇ 위 상
帝一家之人(以弗所書에베소서 2:19)
제 일 가 지 인

너희는 外人외인도 아니요 나그네도 아니요 오직 聖徒성도들과 同一동일한 市民시민이요 하나님의 眷屬권속이라

26-12 人若潔己而去此ˇ則爲貴用之器ˇ聖潔合乎主用ˇ以備
인 약 결 기 이 거 차 ˇ 즉 위 귀 용 지 기 ˇ 성 결 합 호 주 용 ˇ 이 비
作種種善事(提摩太後書디모데후서 2:21)
작 종 종 선 사

그러므로 누구든지 이런 것에서 自己자기를 깨끗하게 하면 貴귀히 쓰는 그릇이 되어 거룩하고 主人주인의 쓰심에 合當합당하며 모든 善선한 일에 豫備예비함이 되리라

26-13 求主俯聽正直垂聽我之呼籲ˇ我口不出詭詐ˇ求主側
구 주 부 청 정 직 수 청 아 지 호 유 ˇ 아 구 불 출 궤 사 ˇ 구 주 측
耳聽我祈求(詩篇시편 17:1)
이 청 아 기 구

여호와여 義의의 呼訴호소를 들으소서 나의 울부짖음에 注意주의하소서 거짓 되지 아니한 입술에서 나오는 나의 祈

禱기도에 귀를 기울이소서

26-14 耶穌聞之曰ˇ爾猶缺一ˇ悉鬻所有以濟貧ˇ則必有財於
야 소 문 지 왈 ˇ 이 유 결 일 ˇ 실 죽 소 유 이 제 빈 ˇ 즉 필 유 재 어
天ˇ且來從我(路加福音누가복음 18:22)
천 ˇ 차 래 종 아

예수께서 이 말을 들으시고 이르시되 네게 아직도 한 가지 不足부족한 것이 있으니 네게 있는 것을 다 팔아 가난한 者자들에게 나눠 주라 그리하면 하늘에서 네게 寶貨보화가 있으리라 그리고 와서 나를 따르라 하시니

26-15 爾以爲聖經所言徒然乎ˇ居於我內之靈ˇ乃使人懷慾
이 이 위 성 경 소 언 도 연 호 ˇ 거 어 아 내 지 령 ˇ 내 사 인 회 욕
以致嫉妒乎(雅各書야고보서 4:5)
이 치 질 투 호

너희는 하나님이 우리 속에 居거하게 하신 聖靈성령이 猜忌시기하기까지 思慕사모한다 하신 말씀을 헛된 줄로 생각하느냐

26-16 愚人心中以爲無上帝ˇ彼悉敗壞ˇ凡其所行ˇ邪惡可憎
우 인 심 중 이 위 무 상 제 ˇ 피 실 패 괴 ˇ 범 기 소 행 ˇ 사 악 가 증
ˇ無一人行善(詩篇시편 14:1)
ˇ 무 일 인 행 선

어리석은 者자는 그의 마음에 이르기를 하나님이 없다 하는도다 그들은 腐敗부패하고 그 行實행실이 可憎가증하니 善선을 行행하는 者자가 없도다

26-17 婦將產則憂ˇ以其期至ˇ然產子後ˇ不復憶其苦ˇ因喜
부 장 산 즉 우 ˇ 이 기 기 지 ˇ 연 산 자 후 ˇ 불 부 억 기 고 ˇ 인 희
有人生於世也(約翰福音요한복음 16:21)
유 인 생 어 세 야

女子여자가 解產해산하게 되면 그 때가 이르렀으므로 근심하나 아기를 낳으면 世上세상에 사람 난 기쁨으로 말미암아 그 苦痛고통을 다시 記憶기억하지 아니하느니라

26-18 爾曹又遺忘勸爾如子之言曰ˇ我子ˇ主懲爾ˇ勿藐視ˇ
이 조 우 유 망 권 이 여 자 지 언 왈 ˇ 아 자 ˇ 주 징 이 ˇ 물 막 시 ˇ
主責爾ˇ勿喪膽(希伯來書히브리서 12:5)
주 책 이 ˇ물 상 담

또 아들들에게 勸권하는 것 같이 너희에게 勸勉권면하신 말

씀도 잊었도다 일렀으되 내 아들아 主주의 懲戒징계하심을 輕경히 여기지 말며 그에게 꾸지람을 받을 때에 落心낙심하지 말라

26-19 蓋上帝之義ˇ顯於此福音ˇ使人由信愈信ˇ如經載云ˇ
개상제지의ˇ현어차복음ˇ사인유신유신ˇ여경재운ˇ
義人因信得生(羅瑪書로마서 1:17)
의인인신득생

福音복음에는 하나님의 義의가 나타나서 믿음으로 믿음에 이르게 하나니 기록된 바 오직 義人의인은 믿음으로 말미암아 살리라 함과 같으니라

26-20 上帝曰ˇ遍地結子之菜蔬ˇ與凡樹所生懷核之果ˇ我
상제왈ˇ편지결자지채소ˇ여범수소생회핵지과ˇ아
俱賜爾以爲食(創世記창세기 1:29)
구사이이위식

하나님이 이르시되 내가 온 地面지면의 씨 맺는 모든 菜蔬채소와 씨 가진 열매 맺는 모든 나무를 너희에게 주노니 너희의 먹을 거리가 되리라

26-21 我必爲其父ˇ彼必爲我之子ˇ彼若犯罪ˇ我必責之ˇ如
아필위기부ˇ피필위아지자ˇ피약범죄ˇ아필책지ˇ여
人之責其子然(撒母耳下사무엘하 7:14)
인지책기자연

나는 그에게 아버지가 되고 그는 내게 아들이 되리니 그가 萬一만일 罪죄를 犯범하면 내가 사람의 매와 人生인생의 채찍으로 懲戒징계하려니와

26-22 爾畢生無人能禦爾ˇ我必祐偕爾ˇ如昔偕摩西然ˇ我
이필생무인능어이ˇ아필우해이ˇ여석해마서연ˇ아
不離爾ˇ不棄爾(約書亞여호수아 1:5)
불리이ˇ불기이

네 平生평생에 너를 能능히 對敵대적할 者자가 없으리니 내가 모세와 함께 있었던 것 같이 너와 함께 있을 것임이니라 내가 너를 떠나지 아니하며 버리지 아니하리니

26-23 上帝豈非選此世之貧者ˇ俾富於信ˇ而嗣上帝所許愛
상제기비선차세지빈자ˇ비부어신ˇ이사상제소허애
己者之國乎(雅各書야고보서 2:5)
기자지국호

하나님이 世上세상에서 가난한 者자를 擇택하사 믿음에 富饒부요하게 하시고 또 自己자기를 사랑하는 者자들에게 約束약속하신 나라를 相續상속으로 받게 하지 아니하셨느냐

26-24 上帝因基督耶穌ˇ向我儕大施仁慈ˇ欲以其恩寵之豐
상 제 인 기 독 야 소 ˇ 향 아 제 대 시 인 자 ˇ 욕 이 기 은 총 지 풍
厚ˇ示於後世(以弗所書에베소서 2:7)
후 ˇ 시 어 후 세

이는 그리스도 예수 안에서 우리에게 慈悲자비하심으로써 그 恩惠은혜의 至極지극히 豐盛풍성함을 오는 여러 世代세대에 나타내려 하심이라

26-25 當以愛而行ˇ如基督愛我儕ˇ爲我儕舍身ˇ獻己於上
당 이 애 이 행 ˇ 여 기 독 애 아 제 ˇ 위 아 제 사 신 ˇ 헌 기 어 상
帝ˇ爲馨香之祭(以弗所書에베소서 5:2)
제 ˇ 위 형 향 지 제

그리스도께서 너희를 사랑하신 것 같이 너희도 사랑 가운데서 行행하라 그는 우리를 爲위하여 自身자신을 버리사 香氣향기로운 祭物제물과 犧牲祭物희생제물로 하나님께 드리셨느니라

26-26 耶穌曰ˇ若我自榮ˇ我榮則虛ˇ榮我者乃我父ˇ卽爾所
야 소 왈 ˇ 약 아 자 영 ˇ 아 영 즉 허 ˇ 영 아 자 내 아 부 ˇ 즉 이 소
言爲爾上帝者(約翰福音요한복음 8:54)
언 위 이 상 제 자

예수께서 對答대답하시되 내가 내게 榮光영광을 돌리면 내 榮光영광이 아무 것도 아니어니와 내게 榮光영광을 돌리시는 이는 내 아버지시니 곧 너희가 너희 하나님이라 稱칭하는 그이시라

26-27 兄弟乎ˇ爾遇諸患難之試ˇ當以爲樂ˇ因知試爾信之患
형 제 호 ˇ 이 우 제 환 난 지 시 ˇ 당 이 위 락 ˇ 인 지 시 이 신 지 환
難ˇ能生忍耐(雅各書야고보서 1:2~3)
난 ˇ 능 생 인 내

내 兄弟형제들아 너희가 여러 가지 試驗시험을 當당하거든 穩全온전히 기쁘게 여기라 이는 너희 믿음의 試鍊시련이 忍耐인내를 만들어 내는 줄 너희가 앎이라

26-28 是以凡賴耶穌而至上帝前者ˇ耶穌能全救之ˇ蓋彼恒
시 이 범 뢰 야 소 이 지 상 제 전 자 ˇ 야 소 능 전 구 지 ˇ 개 피 항
存ˇ爲之祈禱(希伯來書히브리서 7:25)
존 ˇ 위 지 기 도

그러므로 自己자기를 힘입어 하나님께 나아가는 者자들을 穩全온전히 救援구원하실 수 있으니 이는 그가 恒常항상 살아 계셔서 그들을 爲위하여 懇求간구하심이라

26-29 昔在今在後在者全能之主曰ˇ我乃亞勒法ˇ我乃阿梅
석 재 금 재 후 재 자 전 능 지 주 왈 ˇ 아 내 아 륵 법 ˇ 아 내 아 매
迦ˇ乃始乃終(黙示錄/約翰啓示錄요한계시록 1:8)
가 ˇ 내 시 내 종

主주 하나님이 이르시되 나는 알파와 오메가라 이제도 있고 前전에도 있었고 將次장차 올 者자요 全能전능한 者자라 하시더라

26-30 上帝循其感我儕之大力ˇ能爲我儕成就一切ˇ超乎我
상 제 순 기 감 아 제 지 대 력 ˇ 능 위 아 제 성 취 일 체 ˇ 초 호 아
儕所求所思(以弗所書에베소서 3:20)
제 소 구 소 사

우리 가운데서 役事역사하시는 能力능력대로 우리가 求구하거나 생각하는 모든 것에 더 넘치도록 能능히 하실 이에게

26-31 主必不使爾失足ˇ保護爾者ˇ永不寢寐ˇ保護以色列之
주 필 불 사 이 실 족 ˇ 보 호 이 자 ˇ 영 불 침 매 ˇ 보 호 이 색 열 지
主ˇ不寢不寐(詩篇시편 121:3~4)
주 ˇ 불 침 불 매

여호와께서 너를 失足실족하지 아니하게 하시며 너를 지키시는 이가 졸지 아니하시리로다 이스라엘을 지키시는 이는 졸지도 아니하시고 주무시지도 아니하시리로다

26-32 惟載此ˇ使爾信耶穌爲上帝之子基督ˇ旣信ˇ則可因
유 재 차 ˇ 사 이 신 야 소 위 상 제 지 자 기 독 ˇ 기 신 ˇ 즉 가 인
其名而得永生(約翰福音요한복음 20:31)
기 명 이 득 영 생

오직 이것을 記錄기록함은 너희로 예수께서 하나님의 아들 그리스도이심을 믿게 하려 함이요 또 너희로 믿고 그 이름을 힘입어 生命생명을 얻게 하려 함이니라

26-33 物於我無不可用ˇ但不盡有益ˇ物於我無不可用ˇ但
물 어 아 무 불 가 용 ˇ 단 부 진 유 익 ˇ 물 어 아 무 불 가 용 ˇ 단
我不服於一物(哥林多前書고린도전서 6:12)
아 불 복 어 일 물

모든 것이 내게 可가하나 다 有益유익한 것이 아니요 모든 것이 내게 可가하나 내가 무엇에든지 얽매이지 아니하리라

26-34 司提反充滿聖靈ˇ注目仰天ˇ見上帝之榮ˇ又見耶穌
사 제 반 충 만 성 령 ˇ 주 목 앙 천 ˇ 견 상 제 지 영 ˇ 우 견 야 소
立於上帝之右(使徒行傳사도행전 7:55)
립 어 상 제 지 우

스데반이 聖靈성령 充滿충만하여 하늘을 우러러 注目주목하여 하나님의 榮光영광과 및 예수께서 하나님 右便우편에 서신 것을 보고

26-35 求主賜我蒙恩之證據ˇ使憾我者見之羞愧ˇ因知主保
구 주 사 아 몽 은 지 증 거 ˇ 사 감 아 자 견 지 수 괴 ˇ 인 지 주 보
祐我ˇ安慰我(詩篇시편 86:17)
우 아 ˇ 안 위 아

恩寵은총의 標的표적을 내게 보이소서 그러면 나를 미워하는 그들이 보고 부끄러워 하오리니 여호와여 主주는 나를 돕고 慰勞위로하시는 이시니이다

26-36 我遭患難時ˇ上帝卽慰我ˇ使我以上帝慰我之慰ˇ慰
아 조 환 난 시 ˇ 상 제 즉 위 아 ˇ 사 아 이 상 제 위 아 지 위 ˇ 위
諸遭患難之人(哥林多後書고린도후서 1:4)
제 조 환 난 지 인

우리의 모든 患難환난 中중에서 우리를 慰勞위로하사 우리로 하여금 하나님께 받는 慰勞위로로써 모든 患難환난 中중에 있는 者자들을 能능히 慰勞위로하게 하시는 이시로다

26-37 撒該起ˇ謂主曰ˇ主歟ˇ我以所有之半濟貧ˇ若曾訛詐
살 해 기 ˇ 위 주 왈 ˇ 주 여 ˇ 아 이 소 유 지 반 제 빈 ˇ 약 증 와 사
人ˇ則四倍償之(路加福音누가복음 19:8)
인 ˇ 즉 사 배 상 지

삭개오가 서서 主주께 여짜오되 主주여 보시옵소서 내 所有소유의 折半절반을 가난한 者자들에게 주겠사오며 萬一만일 누구의 것을 속여 빼앗은 일이 있으면 네 갑절이나 갚겠나이다

26-38 我盼望希冀ˇ凡事無愧ˇ惟毅然如常ˇ無論生死ˇ必以
아 반 망 희 기 ˇ 범 사 무 괴 ˇ 유 의 연 여 상 ˇ 무 론 생 사 ˇ 필 이
我身丕顯基督(腓立比書빌립보서 1:20)
아 신 비 현 기 독

나의 懇切간절한 企待기대와 所望소망을 따라 아무 일에든지 부끄러워하지 아니하고 지금도 前전과 같이 穩全온전히 膽大담대하여 살든지 죽든지 내 몸에서 그리스도가 尊貴존귀하게 되게 하려 하나니

26-39 我將以我父所許者賜爾ˇ當居於耶路撒冷城ˇ待自上
아 장 이 아 부 소 허 자 사 이 ˇ 당 거 어 야 로 살 냉 성 ˇ 대 자 상
賜爾以權焉(路加福音누가복음 24:49)
사 이 이 권 언

볼지어다 내가 내 아버지께서 約束약속하신 것을 너희에게 보내리니 너희는 위로부터 能力능력으로 입혀질 때까지 이 城성에 머물라 하시니라

26-40 亦自創世之先ˇ因基督選我儕ˇ使我儕以愛在其前爲
역 자 창 세 지 선 ˇ 인 기 독 선 아 제 ˇ 사 아 제 이 애 재 기 전 위
聖潔無玷者(以弗所書에베소서 1:4)
성 결 무 점 자

곧 創世창세 前전에 그리스도 안에서 우리를 擇택하사 우리로 사랑 안에서 그 앞에 거룩하고 欠흠이 없게 하시려고

26-41 我儕終日負苦當暑ˇ彼後至者ˇ工作僅半時ˇ爾竟使之
아 제 종 일 부 고 당 서 ˇ 피 후 지 자 ˇ 공 작 근 반 시 ˇ 이 경 사 지
與我相等乎(瑪太福音마태복음 20:12)
여 아 상 등 호

나중 온 이 사람들은 한 時間시간밖에 일하지 아니하였거늘 그들을 終日종일 수고하며 더위를 견딘 우리와 같게 하였나이다

26-42 爾行軍之日ˇ爾之民飾以聖裝ˇ樂心相從ˇ爾之壯丁
이 행 군 지 일 ˇ 이 지 민 식 이 성 장 ˇ 락 심 상 종 ˇ 이 지 장 정
多於黎明之露(詩篇시편 110:3)
다 어 여 명 지 로

主주의 權能권능의 날에 主주의 百姓백성이 거룩한 옷을 입고 즐거이 獻身헌신하니 새벽 이슬 같은 主주의 靑年청년들이 主주께 나오는도다

26-43 羅得離亞伯蘭後ˇ主諭亞伯蘭曰ˇ爾由所在之處ˇ擧
라 득 리 아 백 란 후 ˇ 주 유 아 백 란 왈 ˇ 이 유 소 재 지 처 ˇ 거
目觀東西南北(創世記창세기 13:14)
목 관 동 서 남 북

롯이 아브람을 떠난 後후에 여호와께서 아브람에게 이르시되 너는 눈을 들어 너 있는 곳에서 北북쪽과 南남쪽 그리고 東동쪽과 西서쪽을 바라보라

26-44 顯我屬彼ˇ使我得義ˇ非由律法ˇ乃由信基督ˇ卽上帝
현 아 속 피 ˇ 사 아 득 의 ˇ 비 유 율 법 ˇ 내 유 신 기 독 ˇ 즉 상 제
因信所賜之義(腓立比書빌립보서 3:9)
인 신 소 사 지 의

그 안에서 發見발견되려 함이니 내가 가진 義의는 律法율법에서 난 것이 아니요 오직 그리스도를 믿음으로 말미암은 것이니 곧 믿음으로 하나님께로부터 난 義의라

26-45 爾莫若以欣喜食爾之餠ˇ以歡心飮爾之酒ˇ因上帝已
이 막 약 이 흔 희 식 이 지 병 ˇ 이 환 심 음 이 지 주 ˇ 인 상 제 이
悅爾之所爲(傳道書전도서 9:7)
열 이 지 소 위

너는 가서 기쁨으로 네 음식물을 먹고 즐거운 마음으로 네 葡萄酒포도주를 마실지어다 이는 하나님이 네가 하는 일들을 벌써 기쁘게 받으셨음이니라

26-46 可愛者乎ˇ旣預知此事ˇ則當愼毋爲惡人之謬所迷ˇ
가 애 자 호 ˇ 기 예 지 차 사 ˇ 즉 당 신 무 위 악 인 지 류 소 미 ˇ
而失爾之堅心(彼得後書베드로후서 3:17)
이 실 이 지 견 심

그러므로 사랑하는 者자들아 너희가 이것을 미리 알았은즉 無法무법한 者자들의 迷惑미혹에 이끌려 너희가 굳센 데서 떨어질까 삼가라

26-47 我則曰ˇ彼衆豈未聞乎ˇ聞之矣ˇ經云ˇ其聲徧於天下
아 즉 왈 ˇ 피 중 기 미 문 호 ˇ 문 지 의 ˇ 경 운 ˇ 기 성 편 어 천 하
ˇ其言至於地極(羅馬書로마서 10:18)
ˇ 기 언 지 어 지 극

그러나 내가 말하노니 그들이 듣지 아니하였느냐 그렇지 아니하니 그 소리가 온 땅에 퍼졌고 그 말씀이 땅 끝까지 이르렀도다 하였느니라

26-48 上帝又選世之卑賤者ˇ被藐視者ˇ人所視爲無有者ˇ
상 제 우 선 세 지 비 천 자 ˇ 피 막 시 자 ˇ 인 소 시 위 무 유 자 ˇ
以廢世之有者(哥林多前書고린도전서 1:28)
이 폐 세 지 유 자

하나님께서 世上세상의 賤천한 것들과 蔑視멸시 받는 것들과 없는 것들을 擇택하사 있는 것들을 廢폐하려 하시나니

26-49 信基督耶穌ˇ受割禮不受割禮皆無益ˇ惟使人行仁愛
신 기 독 야 소 ˇ 수 할 례 불 수 할 례 개 무 익 ˇ 유 사 인 행 인 애
之信德有益(迦拉太書갈라디아서 5:6)
지 신 덕 유 익

그리스도 예수 안에서는 割禮할례나 無割禮무할례나 效力효력이 없으되 사랑으로써 役事역사하는 믿음뿐이니라

26-50 彼雖知上帝ˇ不以上帝尊之ˇ亦不謝之ˇ乃思念虛妄ˇ
피 수 지 상 제 ˇ 불 이 상 제 존 지 ˇ 역 불 사 지 ˇ 내 사 념 허 망 ˇ
心以頑而愈昧(羅瑪書로마서 1:21)
심 이 완 이 유 매

하나님을 알되 하나님을 榮華영화롭게도 아니하며 感謝감사하지도 아니하고 오히려 그 생각이 虛妄허망하여지며 미련한 마음이 어두워졌나니

26-51 願其心受慰ˇ以愛而聯合ˇ廣得智慧ˇ能知上帝卽父及
원 기 심 수 위 ˇ 이 애 이 연 합 ˇ 광 득 지 혜 ˇ 능 지 상 제 즉 부 급
基督之奧妙(哥羅西書골로새서 2:2)
기 독 지 오 묘

이는 그들로 마음에 慰安위안을 받고 사랑 안에서 聯合연합하여 確實확실한 理解이해의 모든 豊盛풍성함과 하나님의 秘密비밀인 그리스도를 깨닫게 하려 함이니

26-52 沙漠變爲池沼ˇ渴地變爲泉源ˇ豺狼棲止之所ˇ變爲
사 막 변 위 지 소 ˇ 갈 지 변 위 천 원 ˇ 시 랑 서 지 지 소 ˇ 변 위
蘆葦叢生之處(以賽亞이사야 35:7)
노 위 총 생 지 처

뜨거운 沙漠사막이 變변하여 못이 될 것이며 메마른 땅이 變변하여 源泉원천이 될 것이며 승냥이의 눕던 곳에 풀과 갈대와 부들이 날 것이며

26-53 爾光亦當如是照於人前ˇ使其見爾之善行ˇ而歸榮於
이 광 역 당 여 시 조 어 인 전 ˇ 사 기 견 이 지 선 행 ˇ 이 귀 영 어

爾在天之父(瑪太福音마태복음 5:16)
이 재 천 지 부

이같이 너희 빛이 사람 앞에 비치게 하여 그들로 너희 착한 行實행실을 보고 하늘에 계신 너희 아버지께 榮光영광을 돌리게 하라

26-54 我裸身出母胎ˇ亦裸身歸土ˇ賜之者主ˇ取之者亦主ˇ
아 나 신 출 모 태 ˇ 역 나 신 귀 토 ˇ 사 지 자 주 ˇ 취 지 자 역 주 ˇ
當頌美主之名(約伯욥기 1:21)
당 송 미 주 지 명

이르되 내가 母胎모태에서 알몸으로 나왔사온즉 또한 알몸이 그리로 돌아가올지라 주신 이도 여호와시요 거두신 이도 여호와시오니 여호와의 이름이 讚頌찬송을 받으실지니이다 하고

26-55 惟主知拯救虔敬之人ˇ脫於苦難ˇ而留不義之人ˇ待
유 주 지 증 구 건 경 지 인 ˇ 탈 어 고 난 ˇ 이 류 불 의 지 인 ˇ 대
審判之日受刑(彼得後書베드로후서 2:9)
심 판 지 일 수 형

主주께서 敬虔경건한 者자는 試驗시험에서 건지실 줄 아시고 不義불의한 者자는 刑罰형벌 아래에 두어 審判심판 날까지 지키시며

26-56 愼所聽ˇ爾以何量量與人ˇ亦必以何量量與爾ˇ且必
신 소 청 ˇ 이 이 하 량 량 여 인 ˇ 역 필 이 하 량 량 여 이 ˇ 차 필
加增賜爾聽者(瑪可福音마가복음 4:24)
가 증 사 이 청 자

너희가 무엇을 듣는가 스스로 삼가라 너희의 헤아리는 그 헤아림으로 너희가 헤아림을 받을 것이며 더 받으리니

26-57 主所造之萬物ˇ在主所治理之寰區者ˇ皆當讚美主ˇ
주 소 조 지 만 물 ˇ 재 주 소 치 리 지 환 구 자 ˇ 개 당 찬 미 주 ˇ
我心當讚美主(詩篇시편 103:22)
아 심 당 찬 미 주

여호와의 지으심을 받고 그가 다스리시는 모든 곳에 있는 너희여 여호와를 頌祝송축하라 내 靈魂영혼아 여호와를 頌祝송축하라 〈찬송가 65장〉

26-58 是以我爲基督ˇ以荏弱ˇ凌辱ˇ患難ˇ窘逐ˇ困苦爲樂ˇ
시 이 아 위 기 독 ˇ 이 임 약 ˇ 능 욕 ˇ 환 난 ˇ 군 축 ˇ 곤 고 위 락 ˇ
蓋我弱時反强矣(哥林多後書고린도후서 12:10)
개 아 약 시 반 강 의

그러므로 내가 그리스도를 爲위하여 弱약한 것들과 凌辱능욕과 窮乏궁핍과 迫害박해와 困苦곤고를 기뻐하노니 이는 내가 弱약한 그 때에 强강함이라

26-59 主之恩德ˇ比諸峻嶺ˇ主之公義ˇ有如深淵ˇ人民牲畜ˇ
주 지 은 덕 ˇ 비 제 준 령 ˇ 주 지 공 의 ˇ 유 여 심 연 ˇ 인 민 생 축 ˇ
皆蒙主之救援(詩篇시편 36:6)
개 몽 주 지 구 원

主주의 義의는 하나님의 山산들과 같고 主주의 判斷판단은 큰 바다와 一般일반이라 여호와여 主주는 사람과 짐승을 保護보호하시나이다

27 자

27-1 主曰ˇ我之道途高於爾之道途ˇ我之思念高於爾之思念
주 왈 ˇ 아 지 도 도 고 어 이 지 도 도 ˇ 아 지 사 념 고 어 이 지 사 념
ˇ如天高於地(以賽亞이사야 55:8~9)
ˇ 여 천 고 어 지

여호와의 말씀이니라 이는 하늘이 땅보다 높음 같이 내 길은 너희의 길보다 높으며 내 생각은 너희의 생각보다 높음이니라

27-2 當斯日爾曹無所問於我ˇ我誠告爾ˇ凡爾託我名求於父
당 사 일 이 조 무 소 문 어 아 ˇ 아 성 고 이 ˇ 범 이 탁 아 명 구 어 부
者ˇ父必賜爾(約翰福音요한복음 16:23)
자 ˇ 부 필 사 이

그 날에는 너희가 아무 것도 내게 묻지 아니하리라 내가 眞實진실로 眞實진실로 너희에게 이르노니 너희가 무엇이든지 아버지께 求구하는 것을 내 이름으로 주시리라

27-3 爾曹重生ˇ非由可壞之種ˇ乃由不可壞之種ˇ卽賴永生
이 조 중 생 ˇ 비 유 가 괴 지 종 ˇ 내 유 불 가 괴 지 종 ˇ 즉 뢰 영 생
上帝恒存之道(彼得前書베드로전서 1:23)
상 제 항 존 지 도

너희가 거듭난 것은 썩어질 씨로 된 것이 아니요 썩지 아니할 씨로 된 것이니 살아 있고 恒常항상 있는 하나님의 말씀으로 되었느니라

27-4 敵爾者愛之ˇ詛爾者祝之ˇ憾爾者善待之ˇ毁謗爾ˇ窘
적 이 자 애 지 ˇ 저 이 자 축 지 ˇ 감 이 자 선 대 지 ˇ 훼 방 이 ˇ 군
逐爾者ˇ爲之祈禱(瑪太福音마태복음 5:44)
축 이 자 ˇ 위 지 기 도

너희 怨讐원수를 사랑하며 너희를 迫害박해하는 者자를 爲위하여 祈禱기도하라

27-5 當求多得恩賜ˇ深知我主耶穌基督ˇ願榮光歸之ˇ自今
당 구 다 득 은 사 ˇ 심 지 아 주 야 소 기 독 ˇ 원 영 광 귀 지 ˇ 자 금
以至永世ˇ阿們(彼得後書베드로후서 3:18)
이 지 영 세 ˇ 아 문

오직 우리 主주 곧 救主구주 예수 그리스도의 恩惠은혜와 그를 아는 知識지식에서 자라 가라 榮光영광이 이제와 永遠영원한 날까지 그에게 있을지어다

27-6 當宣道ˇ無論時之順否ˇ皆專務之ˇ凡事寬容而訓誨ˇ
당 선 도 ˇ 무 론 시 지 순 부 ˇ 개 전 무 지 ˇ 범 사 관 용 이 훈 회 ˇ
以督責ˇ警戒ˇ勸勉(提摩太後書디모데후서 4:2)
이 독 책 ˇ 경 계 ˇ 권 면

너는 말씀을 傳播전파하라 때를 얻든지 못 얻든지 恒常항상 힘쓰라 凡事범사에 오래 참음과 가르침으로 警責경책하며 警戒경계하며 勸권하라

27-7 富與貴由主而來ˇ主治萬物ˇ主有巨能大力ˇ人之昌大
부 여 귀 유 주 이 래 ˇ 주 치 만 물 ˇ 주 유 거 능 대 력 ˇ 인 지 창 대
强盛ˇ皆主所使(歷代上역대상 29:12)
강 성 ˇ 개 주 소 사

富부와 貴귀가 主주께로 말미암고 또 主주는 萬物만물의 主宰주재가 되사 손에 權勢권세와 能力능력이 있사오니 모든 사람을 크게 하심과 强강하게 하심이 主주의 손에 있나이다

27-8 愚者心中以爲無上帝ˇ爲人敗壞ˇ凡其所行邪惡可憎ˇ
우 자 심 중 이 위 무 상 제 ˇ 위 인 패 괴 ˇ 범 기 소 행 사 악 가 증 ˇ
無有一人行善(詩篇시편 53:1)
무 유 일 인 행 선

어리석은 者자는 그의 마음에 이르기를 하나님이 없다 하도다 그들은 腐敗부패하며 可憎가증한 惡악을 行행함이여 善선을 行행하는 者자가 없도다

27-9 凡事謙讓ˇ溫柔ˇ忍耐ˇ以愛相恕ˇ以和平相維繫ˇ務守
범사겸양ˇ온유ˇ인내ˇ이애상서ˇ이화평상유계ˇ무수
聖靈所賜之一心(以弗所書에베소서 4:2~3)
성령소사지일심

모든 謙遜겸손과 溫柔온유로 하고 오래 참음으로 사랑 가운데서 서로 容納용납하고 平安평안의 매는 줄로 聖靈성령이 하나되게 하신 것을 힘써 지키라

27-10 我毅然與爾言ˇ我爲爾多有可誇ˇ我於諸患難中ˇ充於
아의연여이언ˇ아위이다유가과ˇ아어제환난중ˇ충어
安慰ˇ滿於喜樂(哥林多後書고린도후서 7:4)
안위ˇ만어희락

나는 너희를 向향하여 膽大담대한 것도 많고 너희를 爲위하여 자랑하는 것도 많으니 내가 우리의 모든 患難환난 가운데서도 慰勞위로가 가득하고 기쁨이 넘치는도다

27-11 我以仁慈之繩ˇ以惠愛之索ˇ繫之引之ˇ我爲之弛軛於
아이인자지승ˇ이혜애지삭ˇ계지인지ˇ아위지이액어
項ˇ並賜之糈糧(何西阿호세아 11:4)
항ˇ병사지서량

내가 사람의 줄 곧 사랑의 줄로 그들을 이끌었고 그들에게 대하여 그 목에서 멍에를 벗기는 者자 같이 되었으며 그들 앞에 먹을 것을 두었노라

27-12 蓋爾曹因信ˇ以恩得救ˇ此非由己ˇ乃上帝所賜也ˇ亦
개이조인신ˇ이은득구ˇ차비유기ˇ내상제소사야ˇ역
非由功ˇ免人自誇(以弗所書에베소서 2:8~9)
비유공ˇ면인자과

너희는 그 恩惠은혜에 依의하여 믿음으로 말미암아 救援구원을 받았으니 이것은 너희에게서 난 것이 아니요 하나님의 膳物선물이라 行爲행위에서 난 것이 아니니 이는 누구든지 자랑하지 못하게 함이라

27-13 惟愚者之辯問ˇ譜系之談論ˇ律法之爭競ˇ爾當遠之ˇ
유우자지변문ˇ보계지담론ˇ율법지쟁경ˇ이당원지ˇ

此皆虛妄無益者(提多書디도서 3:9)
차 개 허 망 무 익 자

그러나 어리석은 辯論변론과 族譜족보 이야기와 紛爭분쟁과 律法율법에 對대한 다툼은 避피하라 이것은 無益무익한 것이요 헛된 것이니라

27-14 如經載云ˇ我以所選所寶之屋隅要石ˇ置於郇城ˇ凡信
여 경 재 운 ˇ 아 이 소 선 소 보 지 옥 우 요 석 ˇ 치 어 순 성 ˇ 범 신
之者ˇ不致羞愧(彼得前書베드로전서 2:6)
지 자 ˇ 불 치 수 괴

聖經성경에 記錄기록되었으되 보라 내가 擇택한 보배로운 모퉁잇돌을 시온에 두노니 그를 믿는 者자는 부끄러움을 當당하지 아니하리라 하였으니

27-15 阿們ˇ頌讚ˇ榮光ˇ智慧ˇ祝謝ˇ尊貴ˇ威權ˇ能力歸於
아 문 ˇ 송 찬 ˇ 영 광 ˇ 지 혜 ˇ 축 사 ˇ 존 귀 ˇ 위 권 ˇ 능 력 귀 어
我上帝ˇ至於世世ˇ阿們(默示錄/約翰啓示錄요한계시록 7:12)
아 상 제 ˇ 지 어 세 세 ˇ 아 문

이르되 아멘 讚頌찬송과 榮光영광과 智慧지혜와 感謝감사와 尊貴존귀와 權能권능과 힘이 우리 하나님께 世世세세토록 있을지어다 아멘 하더라

27-16 有自譽者ˇ我儕不敢與之匹ˇ與之較ˇ彼以己度己ˇ以
유 자 예 자 ˇ 아 제 불 감 여 지 필 ˇ 여 지 교 ˇ 피 이 기 도 기 ˇ 이
己較己ˇ乃不智也(哥林多後書고린도후서 10:12)
기 교 기 ˇ 내 부 지 야

우리는 自己자기를 稱讚칭찬하는 어떤 者자와 더불어 敢감히 짝하며 比較비교할 수 없노라 그러나 그들이 自己자기로써 自己자기를 헤아리고 自己자기로써 自己자기를 比較비교하니 智慧지혜가 없도다

27-17 盡心盡性盡意盡力愛之ˇ又愛人如己ˇ勝於一切火焚
진 심 진 성 진 의 진 력 애 지 ˇ 우 애 인 여 기 ˇ 승 어 일 체 화 분
之祭ˇ及諸祭祀(瑪可福音마가복음 12:33)
지 제 ˇ 급 제 제 사

마음을 다하고 智慧지혜를 다하고 힘을 다하여 하나님을 사랑하는 것과 또 이웃을 自己자기 自身자신과 같이 사랑하는 것이 全體전체로 드리는 모든 燔祭物번제물과 其他기타 祭

物제물보다 나으니이다

27-18 主自天令爾聞其聲以教訓爾ˇ在地使爾見其烈火ˇ而
주 자 천 령 이 문 기 성 이 교 훈 이 ˇ 재 지 사 이 견 기 열 화 ˇ 이
由火中聽其言(申命記신명기 4:36)
유 화 중 청 기 언

여호와께서 너를 教訓교훈하시려고 하늘에서부터 그의 音聲음성을 네게 듣게 하시며 땅에서는 그의 큰 불을 네게 보이시고 네가 불 가운데서 나오는 그의 말씀을 듣게 하셨느니라

27-19 時將至ˇ今是矣ˇ眞崇拜者ˇ必以靈以誠而拜父ˇ蓋父
시 장 지 ˇ 금 시 의 ˇ 진 숭 배 자 ˇ 필 이 령 이 성 이 배 부 ˇ 개 부
欲人如是拜之也(約翰福音요한복음 4:23)
욕 인 여 시 배 지 야

아버지께 참되게 禮拜예배하는 者자들은 靈영과 眞理진리로 禮拜예배할 때가 오나니 곧 이 때라 아버지께서는 自己자기에게 이렇게 禮拜예배하는 者자들을 찾으시느니라

27-20 爾乃地之鹽ˇ鹽若失其鹹ˇ何以復之ˇ後必無用ˇ惟棄
이 내 지 지 염 ˇ 염 약 실 기 함 ˇ 하 이 부 지 ˇ 후 필 무 용 ˇ 유 기
於外ˇ爲人所踐耳(瑪太福音마태복음 5:13)
어 외 ˇ 위 인 소 천 이

너희는 世上세상의 소금이니 소금이 萬一만일 그 맛을 잃으면 무엇으로 짜게 하리요 後후에는 아무 쓸 데 없어 다만 밖에 버려져 사람에게 밟힐 뿐이니라

27-21 曰ˇ我遭患難ˇ呼求主ˇ蒙主應允ˇ我自示阿勒之深處
왈 ˇ 아 조 환 난 ˇ 호 구 주 ˇ 몽 주 응 윤 ˇ 아 자 시 아 륵 지 심 처
籲禱ˇ主俯聞我聲(約拿요나 2:2)
유 도 ˇ 주 부 문 아 성

이르되 내가 받는 苦難고난으로 말미암아 여호와께 불러 아뢰었더니 主주께서 내게 對答대답하셨고 내가 스올의 뱃속에서 부르짖었더니 主주께서 내 音聲음성을 들으셨나이다

27-22 我儕言此ˇ非以人智所教之言ˇ乃以聖靈所教之言ˇ以
아 제 언 차 ˇ 비 이 인 지 소 교 지 언 ˇ 내 이 성 령 소 교 지 언 ˇ 이
靈而解靈之事(哥林多前書고린도전서 2:13)
령 이 해 령 지 사

우리가 이것을 말하거니와 사람의 智慧지혜가 가르친 말로 아니하고 오직 聖靈성령께서 가르치신 것으로 하니 靈的영적인 일은 靈的영적인 것으로 分別분별하느니라

27-23 聖潔兄弟ˇ共蒙天召者ˇ爾當深思我教之使者與大祭
성 결 형 제 ˇ 공 몽 천 소 자 ˇ 이 당 심 사 아 교 지 사 자 여 대 제
司ˇ卽基督耶穌(希伯來書히브리서 3:1)
사 ˇ 즉 기 독 야 소

그러므로 함께 하늘의 부르심을 받은 거룩한 兄弟형제들아 우리가 믿는 道理도리의 使徒사도이시며 大祭司長대제사장이신 예수를 깊이 생각하라

27-24 所行乃循今世之俗ˇ從在空中掌權之君ˇ卽今誘惑悖
소 행 내 순 금 세 지 속 ˇ 종 재 공 중 장 권 지 군 ˇ 즉 금 유 혹 패
逆不順者之靈(以弗所書에베소서 2:2)
역 불 순 자 지 령

그 때에 너희는 그 가운데서 行행하여 이 世上세상 風潮풍조를 따르고 空中공중의 權勢권세 잡은 者자를 따랐으니 곧 지금 不順從불순종의 아들들 가운데서 役事역사하는 靈영이라

27-25 蓋我所與戰者ˇ非血肉ˇ乃主宰ˇ權勢ˇ轄此暗世之諸
개 아 소 여 전 자 ˇ 비 혈 육 ˇ 내 주 재 ˇ 권 세 ˇ 할 차 암 세 지 제
君ˇ及空中之惡魔(以弗所書에베소서 6:12)
군 ˇ 급 공 중 지 악 마

우리의 씨름은 血혈과 肉육을 相對상대하는 것이 아니요 統治者통치자들과 權勢권세들과 이 어둠의 世上세상 主管者주관자들과 하늘에 있는 惡악의 靈영들을 相對상대함이라

27-26 主之民衆多ˇ孰能判斷其間乎ˇ求主以智慧賜僕ˇ能辨
주 지 민 중 다 ˇ 숙 능 판 단 기 간 호 ˇ 구 주 이 지 혜 사 복 ˇ 능 변
是非ˇ爲民折中(列王上열왕기상 3:9)
시 비 ˇ 위 민 절 중

누가 主주의 이 많은 百姓백성을 裁判재판할 수 있사오리이까 듣는 마음을 종에게 주사 主주의 百姓백성을 裁判재판하여 善惡선악을 分別분별하게 하옵소서

27-27 能愛未見之上帝乎ˇ愛上帝者ˇ亦當愛兄弟ˇ此乃我由
능 애 미 견 지 상 제 호 ˇ 애 상 제 자 ˇ 역 당 애 형 제 ˇ 차 내 아 유

主所受之命也(約翰壹書요한1서 4:20~21)
주 소 수 지 명 야

누구든지 하나님을 사랑하노라 하고 그 兄弟형제를 미워하면 이는 거짓말하는 者자니 보는 바 그 兄弟형제를 사랑하지 아니하는 者자는 보지 못하는 바 하나님을 사랑할 수 없느니라 우리가 이 誡命계명을 主주께 받았나니 하나님을 사랑하는 者자는 또한 그 兄弟형제를 사랑할지니라

27-28 兄弟乎ˇ我勸爾妄爲者警之ˇ怯思者勉之ˇ懦弱者助之
형 제 호 ˇ 아 권 이 망 위 자 경 지 ˇ 겁 사 자 면 지 ˇ 나 약 자 조 지
ˇ向衆人當寬忍(帖撒羅尼迦前書데살로니가전서 5:14)
ˇ 향 중 인 당 관 인

또 兄弟형제들아 너희를 勸勉권면하노니 게으른 者자들을 勸戒권계하며 마음이 弱약한 者자들을 激勵격려하고 힘이 없는 者자들을 붙들어 주며 모든 사람에게 오래 참으라

27-29 善人之口出智慧ˇ其舌乃說公平ˇ主之律法ˇ在其心中
선 인 지 구 출 지 혜 ˇ 기 설 내 설 공 평 ˇ 주 지 율 법 ˇ 재 기 심 중
ˇ其足不至顚蹶(詩篇시편 37:30~31)
ˇ 기 족 부 지 전 궐

義人의인의 입은 智慧지혜로우며 그의 혀는 正義정의를 말하며 그의 마음에는 하나님의 法법이 있으니 그의 걸음은 失足실족함이 없으리로다

27-30 父ˇ我獲罪於天ˇ亦獲罪於爾ˇ不堪復稱爲爾子ˇ請視
부 ˇ 아 획 죄 어 천 ˇ 역 획 죄 어 이 ˇ 불 감 부 칭 위 이 자 ˇ 청 시
我如爾傭人之一(路加福音누가복음 15:18~19)
아 여 이 용 인 지 일

아버지 내가 하늘과 아버지께 罪죄를 지었사오니 只今지금부터는 아버지의 아들이라 일컬음을 勘當감당하지 못하겠나이다 나를 품군의 하나로 보소서 〈찬송가 280장〉

27-31 抹大拉瑪利亞遂往告諸門徒ˇ言其已見主ˇ且以主向
말 대 랍 마 리 아 수 왕 고 제 문 도 ˇ 언 기 이 견 주 ˇ 차 이 주 향
己所言者告之(約翰福音요한복음 20:18)
기 소 언 자 고 지

막달라 마리아가 가서 弟子제자들에게 내가 主주를 보았다 하고 또 主주께서 自己자기에게 이렇게 말씀하셨다 이르니

라 〈찬송가 422장〉

27-32 我所愛者ˇ爾曹在世旣爲賓客羈旅ˇ我勸爾去肉體之
아소애자ˇ이조재세기위빈객기려ˇ아권이거육체지
慾ˇ卽敵靈者也(彼得前書베드로전서 2:11)
욕ˇ즉적령자야

사랑하는 者자들아 居留民거류민과 나그네 같은 너희를 勸권하노니 靈魂영혼을 거슬러 싸우는 肉體육체의 情慾정욕을 制御제어하라 〈찬송가 485장〉

27-33 所種者屬血氣之體ˇ復活者屬靈之體ˇ有屬血氣之體ˇ
소종자속혈기지체ˇ부활자속령지체ˇ유속혈기지체ˇ
亦有屬靈之體(哥林多前書고린도전서 15:44)
역유속령지체

肉육의 몸으로 심고 神靈신령한 몸으로 다시 살아나나니 肉육의 몸이 있은즉 또 神靈신령한 몸도 있느니라 〈찬송가 612〉

27-34 敬畏主乃智慧之發端ˇ遵行主命者ˇ乃爲聰明人ˇ主受
경외주내지혜지발단ˇ준행주명자ˇ내위총명인ˇ주수
讚美ˇ至於永遠(詩篇시편 111:10)
찬미ˇ지어영원

여호와를 敬畏경외함이 곧 智慧지혜의 根本근본이라 그의 誡命계명을 지키는 者자는 다 훌륭한 知覺지각을 가진 者자이니 여호와를 讚揚찬양함이 永遠영원히 繼續계속되리로다

27-35 主必爲爾啓其寶藏ˇ使天隨時降雨於爾土ˇ於凡爾所
주필위이계기보장ˇ사천수시강우어이토ˇ어범이소
作者賜福於爾(申命記신명기 28:12)
작자사복어이

여호와께서 너를 爲위하여 하늘의 아름다운 寶庫보고를 열으사 네 땅에 때를 따라 비를 내리시고 네 손으로 하는 모든 일에 福복을 주시리니

27-36 毋偏斷ˇ毋以貌取人ˇ毋受賄賂ˇ因賄賂蒙智者之目ˇ
무편단ˇ무이모취인ˇ무수회뢰ˇ인회뢰몽지자지목ˇ
以直者之言爲曲(申命記신명기 16:19)
이직자지언위곡

너는 裁判재판을 굽게 하지 말며 사람을 外貌외모로 보지 말며 또 賂物뇌물을 받지 말라 賂物뇌물은 智慧者지혜자의 눈을 어둡게 하고 義人의인의 말을 굽게 하느니라

28 자

28-1 凡稱我曰ˇ主也ˇ主也者ˇ未必盡得入天國ˇ惟遵我天
범 칭 아 왈 ˇ 주 야 ˇ 주 야 자 ˇ 미 필 진 득 입 천 국 ˇ 유 준 아 천
父之旨者ˇ方得入焉(瑪太福音마태복음 7:21)
부 지 지 자 ˇ 방 득 입 언

나더러 主주여 主주여 하는 者자마다 다 天國천국에 들어갈 것이 아니요 다만 하늘에 계신 내 아버지의 뜻대로 行행하는 者자라야 들어가리라

28-2 凡以感謝爲祭者始是敬奉我ˇ行動謹愼之人ˇ我必使之
범 이 감 사 위 제 자 시 시 경 봉 아 ˇ 행 동 근 신 지 인 ˇ 아 필 사 지
得見我之救恩(詩篇시편 50:23)
득 견 아 지 구 은

感謝감사로 祭祀제사를 드리는 者자가 나를 榮華영화롭게 하나니 그의 行爲행위를 옳게 하는 者자에게 내가 하나님의 救援구원을 보이리라

28-3 我民作惡二端ˇ我乃活水之源ˇ彼反棄我而自鑿井ˇ其
아 민 작 악 이 단 ˇ 아 내 활 수 지 원 ˇ 피 반 기 아 이 자 착 정 ˇ 기
井滲漏ˇ不能存水(耶利米예레미아 2:13)
정 삼 루 ˇ 불 능 존 수

내 百姓백성이 두 가지 惡악을 行행하였나니 곧 그들이 生水생수의 根源근원되는 나를 버린 것과 스스로 웅덩이를 판 것인데 그것은 그 물을 가두지 못할 터진 웅덩이들이니라

28-4 若爾中有人智慧不足ˇ當求上帝ˇ上帝乃厚賜人而不責
약 이 중 유 인 지 혜 부 족 ˇ 당 구 상 제 ˇ 상 제 내 후 사 인 이 불 책
人者ˇ必賜所求(雅各書야고보서 1:5)
인 자 ˇ 필 사 소 구

너희 中중에 누구든지 智慧지혜가 不足부족하거든 모든 사람에게 厚후히 주시고 꾸짖지 아니하시는 하나님께 求구하라 그리하면 주시리라

28-5 毋自視爲智者ˇ當敬畏主ˇ遠離惡事ˇ此爲爾治身之良
무 자 시 위 지 자 ˇ 당 경 외 주 ˇ 원 리 악 사 ˇ 차 위 이 치 신 지 량
藥ˇ使爾百骸充髓(箴言잠언 3:7~8)
약 ˇ 사 이 백 해 충 수

스스로 智慧지혜롭게 여기지 말지어다 여호와를 敬畏경외하며 惡악을 떠날지어다 이것이 네 몸에 良藥양약이 되어 네 骨髓

골수를 潤澤윤택하게 하리라

28-6 一人不能事二主ˇ或惡此愛彼ˇ或重此輕彼ˇ爾曹不能
일 인 불 능 사 이 주 ˇ 혹 오 차 애 피 ˇ 혹 중 차 경 피 ˇ 이 조 불 능
事上帝ˇ又事瑪們(瑪們=財利)(瑪太福音마태복음 6:24)
사 상 제 ˇ 우 사 마 문(마문 = 재리)

한 사람이 두 主人주인을 섬기지 못할 것이니 或혹 이를 미워하며 저를 사랑하거나 或혹 이를 重중히 여기며 저를 輕경히 여김이라 너희가 하나님과 財物재물을 兼겸하여 섬기지 못하느니라

28-7 故兄弟更當殷勤ˇ使爾蒙召蒙選之恩ˇ堅定不移ˇ爾若
고 형 제 갱 당 은 근 ˇ 사 이 몽 소 몽 선 지 은 ˇ 견 정 불 이 ˇ 이 약
行此ˇ則永不躓蹶(彼得後書베드로후서 1:10)
행 차 ˇ 즉 영 불 지 궐

그러므로 兄弟형제들아 더욱 힘써 너희 부르심과 擇택하심을 굳게 하라 너희가 이것을 行행한즉 언제든지 失足실족하지 아니하리라

28-8 願上帝所賜之和平ˇ主於爾心ˇ爾曹蒙召ˇ成爲一體ˇ
원 상 제 소 사 지 화 평 ˇ 주 어 이 심 ˇ 이 조 몽 소 ˇ 성 위 일 체 ˇ
亦爲此也ˇ亦感主恩(哥羅西書골로새서 3:15)
역 위 차 야 ˇ 역 감 주 은

그리스도의 平康평강이 너희 마음을 主掌주장하게 하라 너희는 平康평강을 爲위하여 한 몸으로 부르심을 받았나니 너희는 또한 感謝감사하는 者자가 되라

28-9 屆期ˇ上帝必將使之顯現ˇ上帝有洪福ˇ獨一有權者ˇ
계 기 ˇ 상 제 필 장 사 지 현 현 ˇ 상 제 유 홍 복 ˇ 독 일 유 권 자 ˇ
萬王之王ˇ萬主之主(提摩太前書디모데전서 6:15)
만 왕 지 왕 ˇ 만 주 지 주

期約기약이 이르면 하나님이 그의 나타나심을 보이시리니 하나님은 福복되시고 唯一유일하신 主權者주권자이시며 萬王만왕의 王왕이시며 萬主만주의 主주시요

28-10 邑中無夜ˇ不需燈光日光ˇ蓋主卽上帝自照之ˇ其衆僕
읍 중 무 야 ˇ 불 수 등 광 일 광 ˇ 개 주 즉 상 제 자 조 지 ˇ 기 중 복
必爲王至於世世(默示錄/約翰啓示錄요한계시록 22:5)
필 위 왕 지 어 세 세

다시 밤이 없겠고 燈등불과 햇빛이 쓸 데 없으니 이는 主

주 하나님이 그들에게 비치심이라 그들이 世世세세토록 王왕 노릇 하리로다

28-11 非我儕愛上帝ˇ乃上帝愛我儕ˇ遣其子爲我儕作贖罪
비 아 제 애 상 제 ˇ 내 상 제 애 아 제 ˇ 견 기 자 위 아 제 작 속 죄
之祭ˇ愛卽在此也(約翰壹書요한1서 4:10)
지 제 ˇ 애 즉 재 차 야

사랑은 여기 있으니 우리가 하나님을 사랑한 것이 아니요 하나님이 우리를 사랑하사 우리 罪죄를 贖속하기 爲위하여 和睦화목 祭物제물로 그 아들을 보내셨음이라

28-12 拯救我ˇ非由我行義之功ˇ乃由其矜恤ˇ使我受洗重生
증 구 아 ˇ 비 유 아 행 의 지 공 ˇ 내 유 기 긍 휼 ˇ 사 아 수 세 중 생
ˇ賜我聖靈以復新(提多書디도서 3:5)
ˇ 사 아 성 령 이 부 신

우리를 救援구원하시되 우리가 行행한 바 義의로운 行爲행위로 말미암지 아니하고 오직 그의 矜恤긍휼하심을 따라 重生중생의 씻음과 聖靈성령의 새롭게 하심으로 하셨나니

28-13 爾好善惡惡ˇ故上帝卽爾之上帝ˇ以喜樂之膏膏爾ˇ使
이 호 선 오 악 ˇ 고 상 제 즉 이 지 상 제 ˇ 이 희 락 지 고 고 이 ˇ 사
爾得尊ˇ勝於爾侶(希伯來書히브리서 1:9)
이 득 존 ˇ 승 어 이 려

네가 義의를 사랑하고 不法불법을 미워하였으니 그러므로 하나님 곧 너의 하나님이 즐거움의 기름을 네게 부어 네 同類동류들보다 勝승하게 하셨도다 하였고

28-14 智慧庇身ˇ貲財庇身ˇ最有益者仍智慧ˇ因智慧能保全
지 혜 비 신 ˇ 자 재 비 신 ˇ 최 유 익 자 잉 지 혜 ˇ 인 지 혜 능 보 전
有智慧人之生命(傳道書전도서 7:12)
유 지 혜 인 지 생 명

智慧지혜의 그늘 아래에 있음은 돈의 그늘 아래에 있음과 같으나 智慧지혜에 관한 知識지식이 더 有益유익함은 智慧지혜가 그 智慧지혜 있는 者자를 살리기 때문이니라

28-15 十字架之道ˇ在彼淪亡者視爲愚ˇ惟在我儕得救者ˇ則
십 자 가 지 도 ˇ 재 피 륜 망 자 시 위 우 ˇ 유 재 아 제 득 구 자 ˇ 즉
視爲上帝之大能(哥林多前書고린도전서 1:18)
시 위 상 제 지 대 능

十字架십자가의 道도가 滅亡멸망하는 者자들에게는 미련한 것이요 救援구원을 받는 우리에게는 하나님의 能力능력이라

28-16 主謂該隱曰ˇ凡殺該隱者ˇ必受罰七倍ˇ主乃賜該隱以
주 위 해 은 왈 ˇ 범 살 해 은 자 ˇ 필 수 벌 칠 배 ˇ 주 내 사 해 은 이
號ˇ免遇之者殺之(創世記창세기 4:15)
호 ˇ 면 우 지 자 살 지

여호와께서 그에게 이르시되 그렇지 아니하다 가인을 죽이는 者자는 罰벌을 七칠 倍배나 받으리라 하시고 가인에게 標표를 주사 그를 만나는 모든 사람에게서 죽임을 免면하게 하시니라

28-17 爾曹勿復言驕ˇ狂妄勿出爾口ˇ蓋主爲睿智之上帝ˇ人
이 조 물 부 언 교 ˇ 광 망 물 출 이 구 ˇ 개 주 위 예 지 지 상 제 ˇ 인
之所爲ˇ皆主權衡(撒母耳上사무엘상 2:3)
지 소 위 ˇ 개 주 권 형

甚심히 驕慢교만한 말을 다시 하지 말 것이며 傲慢오만한 말을 너희의 입에서 내지 말지어다 여호와는 知識지식의 하나님이시라 行動행동을 달아 보시느니라

28-18 敬畏主者ˇ在世人前倚賴主者ˇ主爲其所積蓄所施行
경 외 주 자 ˇ 재 세 인 전 의 뢰 주 자 ˇ 주 위 기 소 적 축 소 시 행
之恩惠ˇ何其廣大(詩篇시편 31:19)
지 은 혜 ˇ 하 기 광 대

主주를 두려워하는 者자를 爲위하여 쌓아 두신 恩惠은혜 곧 主주께 避피하는 者자를 爲위하여 人生인생 앞에 베푸신 恩惠은혜가 어찌 그리 큰지요

28-19 或勸戒者ˇ當勸戒ˇ其施舍也以誠實ˇ其治理也以殷勤
혹 권 계 자 ˇ 당 권 계 ˇ 기 시 사 야 이 성 실 ˇ 기 치 리 야 이 은 근
ˇ其矜恤也以歡心(羅瑪書로마서 12:8)
ˇ 기 긍 휼 야 이 환 심

或혹 慰勞위로하는 者자면 慰勞위로하는 일로, 救濟구제하는 者자는 誠實성실함으로 다스리는 者자는 부지런함으로, 矜恤긍휼을 베푸는 者자는 즐거움으로 할 것이니라

28-20 爾祈禱時ˇ當入密室ˇ閉門祈禱爾在隱之父ˇ爾父鑒
이 기 도 시 ˇ 당 입 밀 실 ˇ 폐 문 기 도 이 재 은 지 부 ˇ 이 부 감

觀於隱ˇ將顯以報爾(瑪太福音마태복음 6:6)
관 어 은 ˇ 장 현 이 보 이

너는 祈禱기도할 때에 네 골 房방에 들어가 門문을 닫고 隱密은밀한 中중에 계신 네 아버지께 祈禱기도하라 隱密은밀한 中중에 보시는 네 아버지께서 갚으시리라

28-21 世旣以智不識上帝ˇ則上帝喜以宣道之愚ˇ救諸信者ˇ
세 기 이 지 불 식 상 제 ˇ 즉 상 제 희 이 선 도 지 우 ˇ 구 제 신 자 ˇ
此乃上帝之智也(哥林多前書고린도전서 1:21)
차 내 상 제 지 지 야

하나님의 智慧지혜에 있어서는 이 世上세상이 自己자기 智慧지혜로 하나님을 알지 못하므로 하나님께서 傳道전도의 미련한 것으로 믿는 者자들을 救援구원하시기를 기뻐하셨도다

28-22 逾越節前ˇ耶穌知己離世歸父之時已至ˇ旣愛屬己者
유 월 절 전 ˇ 야 소 지 기 리 세 귀 부 지 시 이 지 ˇ 기 애 속 기 자
在世ˇ至終仍愛之(約翰福音요한복음 13:1)
재 세 ˇ 지 종 잉 애 지

逾越節유월절 前전에 예수께서 自己자기가 世上세상을 떠나 아버지께로 돌아가실 때가 이른 줄 아시고 世上세상에 있는 自己자기 사람들을 사랑하시되 끝까지 사랑하시니라

28-23 衆見彼得約翰ˇ毅然而言ˇ素識其爲無學小民ˇ皆異
중 견 피 득 약 한 ˇ 의 연 이 언 ˇ 소 식 기 위 무 학 소 민 ˇ 개 이
之ˇ又知其曾偕耶穌(使徒行傳사도행전 4:13)
지 ˇ 우 지 기 증 해 야 소

그들이 베드로와 요한이 膽大담대하게 말함을 보고 그들을 本來본래 學文학문 없는 凡人범인으로 알았다가 異常이상히 여기며 또 前전에 예수와 함께 있던 줄도 알고

28-24 我流離失所ˇ皆主所知ˇ將我之眼淚ˇ存貯主之囊中ˇ
아 류 리 실 소 ˇ 개 주 소 지 ˇ 장 아 지 안 루 ˇ 존 저 주 지 낭 중 ˇ
此非記於主之冊乎(詩篇시편 56:8)
차 비 기 어 주 지 책 호

나의 流離유리함을 主주께서 計數계수하셨사오니 나의 눈물을 主주의 甁병에 담으소서 이것이 主주의 冊책에 記錄기록되지 아니하였나이까

28-25 我以此告爾ˇ爲使爾因我而安ˇ在世爾必遇患難ˇ然
아 이 차 고 이 ˇ 위 사 이 인 아 이 안 ˇ 재 세 이 필 우 환 난 ˇ 연
爾毋懼ˇ我已勝世矣(約翰福音요한복음 16:33)
이 무 구 ˇ 아 이 승 세 의

이것을 너희에게 이르는 것은 너희로 내 안에서 平安평안을 누리게 하려 함이라 世上세상에서는 너희가 患難환난을 當당하나 膽大담대하라 내가 世上세상을 이기었노라

28-26 我賴基督ˇ言眞而不誑ˇ我內心感於聖靈ˇ爲我作證ˇ
아 뢰 기 독 ˇ 언 진 이 불 광 ˇ 아 내 심 감 어 성 령 ˇ 위 아 작 증 ˇ
我有大憂ˇ痛心不已(羅瑪書로마서 9:1~2)
아 유 대 우 ˇ 통 심 불 이

내가 그리스도 안에서 참말을 하고 거짓말을 아니하노라 나에게 큰 근심이 있는 것과 마음에 그치지 않는 苦痛고통이 있는 것을 내 良心양심이 聖靈성령 안에서 나와 더불어 證言증언하노니

28-27 我未造爾於胎ˇ我已知爾ˇ爾未出母腹ˇ我已區別爾ˇ
아 미 조 이 어 태 ˇ 아 이 지 이 ˇ 이 미 출 모 복 ˇ 아 이 구 별 이 ˇ
立爾爲列邦之先知(耶利米예레미아 1:5)
입 이 위 열 방 지 선 지

내가 너를 母胎모태에 짓기 前전에 너를 알았고 네가 배에서 나오기 前전에 너를 聖別성별하였고 너를 여러 나라의 先知者선지자로 세웠노라 하시기로

28-28 基督已贖我脫律法之詛ˇ以其爲我而服詛ˇ蓋經云ˇ
기 독 이 속 아 탈 율 법 지 저 ˇ 이 기 위 아 이 복 저 ˇ 개 경 운 ˇ
凡懸於木者服詛也(迦拉太書갈라디아서 3:13)
범 현 어 목 자 복 저 야

그리스도께서 우리를 爲위하여 詛呪저주를 받은 바 되사 律法율법의 詛呪저주에서 우리를 贖良속량하셨으니 記錄기록된 바 나무에 달린 者자마다 詛呪저주 아래에 있는 者자라 하였음이라

28-29 主成全爾之所求ˇ使爾得勝ˇ我儕便皆歡呼ˇ倚賴我
주 성 전 이 지 소 구 ˇ 사 이 득 승 ˇ 아 제 변 개 환 호 ˇ 의 뢰 아
上帝之名ˇ竪立旌旗(詩篇시편 20:5)
상 제 지 명 ˇ 수 립 정 기

우리가 너의 勝利승리로 말미암아 凱歌개가를 부르며 우리

하나님의 이름으로 우리의 깃발을 세우리니 여호와께서 네 모든 祈禱기도를 이루어 주시기를 願원하노라

28-30 我又告爾ˇ若爾中有二人契合於地ˇ以求何事ˇ我在
아우고이 ˇ 약이중유이인계합어지 ˇ 이구하사 ˇ 아재
天之父ˇ必爲彼成之(瑪太福音마태복음 18:19)
천지부 ˇ 필위피성지

眞實진실로 다시 너희에게 이르노니 너희 中중의 두 사람이 땅에서 合心합심하여 무엇이든지 求구하면 하늘에 계신 내 아버지께서 그들을 爲위하여 이루게 하시리라

28-31 故取上帝所賜之全身器械ˇ使爾遇難日能禦敵ˇ成就
고취상제소사지전신기계 ˇ 사이우난일능어적 ˇ 성취
諸事後ˇ仍能卓立(以弗所書에베소서 6:13)
제사후 ˇ 잉능탁립

그러므로 하나님의 全身전신 甲冑갑주를 取취하라 이는 惡악한 날에 너희가 能능히 對敵대적하고 모든 일을 行행한 後후에 서기 爲위함이라

28-32 敬畏主者ˇ主憐恤之ˇ如父之憐恤其子ˇ因主知我之
경외주자 ˇ 주련휼지 ˇ 여부지련휼기자 ˇ 인주지아지
性情ˇ念我不過塵土(詩篇시편103:13~14)
성정 ˇ 념아불과진토

아버지가 子息자식을 矜恤긍휼히 여김 같이 여호와께서는 自己자기를 敬畏경외하는 者자를 矜恤긍휼히 여기시나니 이는 그가 우리의 體質체질을 아시며 우리가 단지 먼지뿐임을 記憶기억하심이로다

28-33 上帝救我ˇ爲我所賴ˇ我無所恐懼ˇ主賜我以力ˇ我謳
상제구아 ˇ 위아소뢰 ˇ 아무소공구 ˇ 주사아이력 ˇ 아구
歌頌揚ˇ拯我者惟主(以賽亞이사야 12:2)
가송양 ˇ 증아자유주

보라 하나님은 나의 救援구원이시라 내가 信賴신뢰하고 두려움이 없으리니 主주 여호와는 나의 힘이시며 나의 노래시며 나의 救援구원이심이라

28-34 必使爾歷世歷代ˇ永享綏安ˇ爾因智慧知識ˇ多獲救
필사이력세역대 ˇ 영향수안 ˇ 이인지혜지식 ˇ 다획구
恩ˇ敬畏主爲民之寶(以賽亞이사야 33:6)
은 ˇ 경외주위민지보

네 時代시대에 平安평안함이 있으며 救援구원과 智慧지혜와 知識지식이 豐盛풍성할 것이니 여호와를 敬畏경외함이 네 보배니라

28-35 爾若行善ˇ豈不蒙悅納乎ˇ若不行善ˇ則孽伏於門ˇ必
이 약 행 선 ˇ 기 불 몽 열 납 호 ˇ 약 불 행 선 ˇ 즉 얼 복 어 문 ˇ 필
繫戀爾ˇ爾猶可制之(創世記창세기 4:7)
계 련 이 ˇ 이 유 가 제 지

네가 善선을 行행하면 어찌 낯을 들지 못하겠느냐 善선을 行행하지 아니하면 罪죄가 門문에 엎드려 있느니라 罪죄가 너를 願원하나 너는 罪죄를 다스릴지니라

28-36 必遮護爾如鳥覆雛ˇ使爾在主翼之蔭下ˇ得蒙覆庇ˇ
필 차 호 이 여 조 복 추 ˇ 사 이 재 주 익 지 음 하 ˇ 득 몽 복 비 ˇ
主之誠實乃盾乃甲(詩篇시편 91:4)
주 지 성 실 내 순 내 갑

그가 너를 그의 깃으로 덮으시리니 네가 그의 날개 아래에 避피하리로다 그의 眞實진실함은 防牌방패와 손 防牌방패가 되시나니

28-37 論及世人之行爲ˇ我以主口所出之訓言ˇ自謹自愼ˇ
론 급 세 인 지 행 위 ˇ 아 이 주 구 소 출 지 훈 언 ˇ 자 근 자 신 ˇ
不行强暴人之道途(詩篇시편 17:4)
불 행 강 폭 인 지 도 도

사람의 行事행사로 論논하면 나는 主주의 입술의 말씀을 따라 스스로 삼가서 暴惡포악한 者자의 길을 가지 아니하였사오며

28-38 爾曹早起遲眠ˇ辛苦求食ˇ亦屬徒勞ˇ惟主所喜愛者ˇ
이 조 조 기 지 면 ˇ 신 고 구 식 ˇ 역 속 도 노 ˇ 유 주 소 희 애 자 ˇ
主必使之安然寢寐(詩篇시편 127:2)
주 필 사 지 안 연 침 매

너희가 일찍이 일어나고 늦게 누우며 수고의 떡을 먹음이 헛되도다 그러므로 여호와께서 그의 사랑하시는 者자에게는 잠을 주시는도다

28-39 秋雨之時ˇ當祈主降雨ˇ惟主造電ˇ爲民沛下甘霖ˇ使
추 우 지 시 ˇ 당 기 주 강 우 ˇ 유 주 조 전 ˇ 위 민 패 하 감 림 ˇ 사
田間菜蔬ˇ爲人而生(撒迦利亞스가랴 10:1)
전 간 채 소 ˇ 위 인 이 생

봄비가 올 때에 여호와 곧 구름을 일게 하시는 여호와께 비를 求구하라 무리에게 소낙비를 내려서 밭의 菜蔬채소를 各각 사람에게 주시리라

28-40 耶穌取五餅二魚ˇ仰天祝謝ˇ擘餅予門徒ˇ使陳於衆
야 소 취 오 병 이 어 ˇ 앙 천 축 사 ˇ 벽 병 여 문 도 ˇ 사 진 어 중
前ˇ亦以二魚分予衆(瑪可福音마가복음 6:41)
전 ˇ 역 이 이 어 분 여 중

예수께서 떡 다섯 個개와 물고기 두 마리를 가지사 하늘을 우러러 祝辭축사하시고 떡을 떼어 弟子제자들에게 주어 사람들에게 나누어 주게 하시고 또 물고기 두 마리도 모든 사람에게 나누시매

28-41 主天上之上帝ˇ至大可畏之上帝ˇ凡敬愛主ˇ守主誡者
주 천 상 지 상 제 ˇ 지 대 가 외 지 상 제 ˇ 범 경 애 주 ˇ 수 주 계 자
ˇ主向之踐約施恩(尼希米느헤미야 1:5)
ˇ 주 향 지 천 약 시 은

하늘의 하나님 여호와 크고 두려우신 하나님이여 主주를 사랑하고 主주의 誡命계명을 지키는 者자에게 言約언약을 지키시며 矜恤긍휼을 베푸시는 主주여 懇求간구하나이다

28-42 爾中孰有百羊而亡其一ˇ不姑舍九十九羊於野ˇ而追其
이 중 숙 유 백 양 이 망 기 일 ˇ 불 고 사 구 십 구 양 어 야 ˇ 이 추 기
亡者至於得乎(路加福音누가복음 15:4)
망 자 지 어 득 호

너희 中중에 어느 사람이 羊양 一百일백 마리가 있는데 그 中중에 하나를 잃으면 아흔 아홉 마리를 들에 두고 그 잃은 것을 찾도록 찾아 다니지 하느냐

28-43 得之則喜ˇ負於肩ˇ歸家ˇ集其友與鄰謂之曰ˇ爾與我同
득 지 즉 희 ˇ 부 어 견 ˇ 귀 가 ˇ 집 기 우 여 린 위 지 왈 ˇ 이 여 아 동
樂ˇ以亡羊已得矣(路加福音누가복음 15:5)
락 ˇ 이 망 양 이 득 의

또 찾은즉 즐거워 어깨에 메고 집에 와서 그 벗과 이웃을 불러 모으고 말하되 나와 함께 즐기자 나의 잃은 羊양을 찾았노라 하리라

28-44 宜種公義ˇ則穫仁慈ˇ今值求主之時ˇ無開墾土壤ˇ待
의 종 공 의 ˇ 칙 확 인 자 ˇ 금 치 구 주 지 시 ˇ 무 개 간 토 양 ˇ 대

主來臨ˇ爲爾降恩雨(何西阿호세아 10:12)
주 래 임 ˇ 위 이 강 은 우

너희가 自己자기를 爲위하여 義의를 심고 矜恤긍휼을 거두라 只今지금이 곧 여호와를 찾을 때니 너희 묵은 땅을 起耕기경하라 마침내 여호와께서 臨임하사 義의를 비처럼 너희에게 내리시리라

29 자

29-1 我向山擧目觀望曰ˇ我之救濟ˇ自何而來ˇ我之救濟ˇ
아 향 산 거 목 관 망 왈 ˇ 아 지 구 제 ˇ 자 하 이 래 ˇ 아 지 구 제 ˇ
自創造天地之主而來(詩篇시편 121:1~2)
자 창 조 천 지 지 주 이 래

내가 山산을 向향하여 눈을 들리라 나의 도움이 어디서 올까 나의 도움은 天地천지를 지으신 여호와에게서로다

29-2 凡懲責ˇ受之時不爲樂ˇ乃爲憂ˇ後必爲由懲責得練達
범 징 책 ˇ 수 지 시 불 위 락 ˇ 내 위 우 ˇ 후 필 위 유 징 책 득 련 달
者ˇ結善義平康之果(希伯來書히브리서 12:11)
자 ˇ 결 선 의 평 강 지 과

무릇 懲戒징계가 當時당시에는 즐거워 보이지 않고 슬퍼 보이나 後후에 그로 말미암아 鍊鍛연단 받은 者자들은 義의와 平康평강의 열매를 맺느니라

29-3 爾無論何往ˇ我必祐爾護爾ˇ使爾歸斯地ˇ不遐棄爾ˇ
이 무 론 하 왕 ˇ 아 필 우 이 호 이 ˇ 사 이 귀 사 지 ˇ 불 하 기 이 ˇ
我所許爾者ˇ必踐其言(創世記창세기 28:15)
아 소 허 이 자 ˇ 필 천 기 언

내가 너와 함께 있어 네가 어디로 가든지 너를 지키며 너를 이끌어 이 땅으로 돌아오게 할지라 내가 네게 許諾허락한 것을 다 이루기까지 너를 떠나지 아니하리라 하신지라

29-4 我行於苦難中ˇ主必使我蘇醒ˇ必伸手攻擊我之敵人ˇ
아 행 어 고 난 중 ˇ 주 필 사 아 소 성 ˇ 필 신 수 공 격 아 지 적 인 ˇ
主之右手ˇ必拯救我(詩篇시편 138:7)
주 지 우 수 ˇ 필 증 구 아

내가 患難환난 中중에 다닐지라도 主주께서 나를 살아나게 하시고 主주의 손을 펴사 내 怨讐원수들의 憤怒분노를 막으시며

主주의 오른손이 나를 救援구원하시리이다

29-5 勿以惡報惡ˇ勿以詬報詬ˇ反爲之祝福ˇ蓋知爾之蒙召
물 이 악 보 악 ˇ 물 이 후 보 후 ˇ 반 위 지 축 복 ˇ 개 지 이 지 몽 소
原爲此ˇ使爾得福也(彼得前書베드로전서 3:9)
원 위 차 ˇ 사 이 득 복 야

惡악을 惡악으로 辱욕을 辱욕으로 갚지 말고 도리어 福복을 빌라 이를 爲위하여 너희가 부르심을 받았으니 이는 福복을 이어받게 하려 하심이라

29-6 永生之上帝ˇ爲爾護庇ˇ恒於下土ˇ以臂扶持ˇ逐敵於
영 생 지 상 제 ˇ 위 이 호 비 ˇ 항 어 하 토 ˇ 이 비 부 지 ˇ 축 적 어
爾前ˇ命爾曰ˇ當行殲滅(申命記신명기 33:27)
이 전 ˇ 명 이 왈 ˇ 당 행 섬 멸

永遠영원하신 하나님이 네 處所처소가 되시니 그의 永遠영원하신 팔이 네 아래에 있도다 그가 네 앞에서 對敵대적을 쫓으시며 滅멸하라 하시도다

29-7 夫道成肉軀ˇ居於我儕間ˇ我儕見其榮ˇ誠如父獨生子
부 도 성 육 구 ˇ 거 어 아 제 간 ˇ 아 제 견 기 영 ˇ 성 여 부 독 생 자
之榮ˇ充滿恩寵眞理(約翰福音요한복음 1:14)
지 영 ˇ 충 만 은 총 진 리

말씀이 肉身육신이 되어 우리 가운데 居거하시매 우리가 그의 榮光영광을 보니 아버지의 獨生子독생자의 榮光영광이요 恩惠은혜와 眞理진리가 充滿충만하더라

29-8 人若有世之貲財ˇ見兄弟窮乏而不矜恤施與ˇ焉得謂之
인 약 유 세 지 자 재 ˇ 견 형 제 궁 핍 이 불 긍 휼 시 여 ˇ 언 득 위 지
存愛上帝之心乎(約翰壹書요한1서 3:17)
존 애 상 제 지 심 호

누가 이 世上세상의 財物재물을 가지고 兄弟형제의 窮乏궁핍함을 보고도 도와 줄 마음을 닫으면 하나님의 사랑이 어찌 그 속에 居거하겠느냐

29-9 今肢體雖多ˇ而身則一ˇ目不可謂手云ˇ我不需爾ˇ首
금 지 체 수 다 ˇ 이 신 즉 일 ˇ 목 불 가 위 수 운 ˇ 아 불 수 이 ˇ 수
不可謂足云ˇ我不需爾(哥林多前書고린도전서 12:20~21)
불 가 위 족 운 ˇ 아 불 수 이

이제 肢體지체는 많으나 몸은 하나라 눈이 손더러 내가 너

를 쓸 데가 없다 하거나 또한 머리가 발더러 내가 너를 쓸 데가 없다 하지 못하리라

29-10 當以爾心志更換一新ˇ衣以新人ˇ卽按上帝像以義及
당 이 이 심 지 갱 환 일 신 ˇ 의 이 신 인 ˇ 즉 안 상 제 상 이 의 급
眞理之聖德而造者(以弗所書에베소서 4:23~24)
진 리 지 성 덕 이 조 자

오직 너희의 心靈심령이 새롭게 되어 하나님을 따라 義의와 眞理진리의 거룩함으로 지으심을 받은 새 사람을 입으라

29-11 我心爲何抑鬱ˇ爲何煩惱ˇ當仰望上帝ˇ上帝必覿面施
아 심 위 하 억 울 ˇ 위 하 번 뇌 ˇ 당 앙 망 상 제 ˇ 상 제 필 적 면 시
救ˇ我因而頌揚上帝(詩篇시편 43:5)
구 ˇ 아 인 이 송 양 상 제

내 靈魂영혼아 네가 어찌하여 落心낙심하며 어찌하여 내 속에서 不安불안해 하는가 너는 하나님께 所望소망을 두라 그가 나타나 도우심으로 말미암아 내 하나님을 여전히 讚頌찬송하리로다

29-12 聞我誡而守之者ˇ卽愛我ˇ愛我者ˇ必見愛於我父ˇ我
문 아 계 이 수 지 자 ˇ 즉 애 아 ˇ 애 아 자 ˇ 필 견 애 어 아 부 ˇ 아
亦愛之ˇ且將顯己於彼(約翰福音요한복음 14:21)
역 애 지 ˇ 차 장 현 기 어 피

나의 誡命계명을 지키는 者자라야 나를 사랑하는 者자니 나를 사랑하는 者자는 내 아버지께 사랑을 받을 것이요 나도 그를 사랑하여 그에게 나를 나타내리라

29-13 爾急難時呼籲我ˇ我拯救爾ˇ從雲密雷鳴之處應允爾ˇ
이 급 난 시 호 유 아 ˇ 아 증 구 이 ˇ 종 운 밀 뇌 명 지 처 응 윤 이 ˇ
在米利巴水試驗爾(詩篇시편 81:7)
재 미 리 파 수 시 험 이

네가 苦難고난 中중에 부르짖으매 내가 너를 건졌고 우렛소리의 隱密은밀한 곳에서 네게 應答응답하며 므리바 물 가에서 너를 試驗시험하였도다

29-14 雖有先知之明ˇ能探諸奧妙ˇ得諸知識ˇ信德俱備ˇ能
수 유 선 지 지 명 ˇ 능 탐 제 오 묘 ˇ 득 제 지 식 ˇ 신 덕 구 비 ˇ 능
以移山ˇ若無愛ˇ則無益(哥林多前書고린도전서 13:2)
이 이 산 ˇ 약 무 애 ˇ 칙 무 익

내가 豫言예언하는 能力능력이 있어 모든 秘密비밀과 모든 知識지식을 알고 또 山산을 옮길 만한 모든 믿음이 있을지라도 사랑이 없으면 내가 아무 것도 아니요

29-15 我雖過死陰之幽谷ˇ亦不懼遭害ˇ因主常在我側ˇ主有
아 수 과 사 음 지 유 곡 ˇ 역 불 구 조 해 ˇ 인 주 상 재 아 측 ˇ 주 유
杖有竿ˇ足以安慰我(詩篇시편 23:4)
장 유 간 ˇ 족 이 안 위 아

내가 死亡사망의 음침한 골짜기로 다닐지라도 害해를 두려워하지 않을 것은 主주께서 나와 함께 하심이라 主주의 지팡이와 막대기가 나를 安慰안위하시나이다

29-16 因我視爾爲寶ˇ俾爾爲尊ˇ且眷愛爾ˇ故使人易爾ˇ使
인 아 시 이 위 보 ˇ 비 이 위 존 ˇ 차 권 애 이 ˇ 고 사 인 역 이 ˇ 사
列民代爾ˇ以救爾生命(以賽亞이사야 43:4)
열 민 대 이 ˇ 이 구 이 생 명

네가 내 눈에 보배롭고 尊貴존귀하며 내가 너를 사랑하였은즉 내가 네 代身대신 사람들을 내어 주며 百姓백성들이 네 生命생명을 代身대신하리니

29-17 惑彼之魔ˇ見投於硫黃之火坑ˇ卽投獸與僞先知之處ˇ
혹 피 지 마 ˇ 견 투 어 유 황 지 화 갱 ˇ 즉 투 수 여 위 선 지 지 처 ˇ
晝夜受苦ˇ至於世世(默示錄/約翰啓示錄요한계시록 20:10)
주 야 수 고 ˇ 지 어 세 세

또 그들을 迷惑미혹하는 魔鬼마귀가 불과 硫黃유황 못에 던져지니 거기는 그 짐승과 거짓 先知者선지자도 있어 世世세세토록 밤낮 괴로움을 받으리라

29-18 主曰ˇ我民居伊及ˇ我見其苦ˇ因受督役者虐待而號呼
주 왈 ˇ 아 민 거 이 급 ˇ 아 견 기 고 ˇ 인 수 독 역 자 학 대 이 호 호
ˇ已聞於我ˇ我知其憂(出伊及記출애굽기 3:7)
ˇ 이 문 어 아 ˇ 아 지 기 우

여호와께서 이르시되 내가 애굽에 있는 내 百姓백성의 苦痛고통을 분명히 보고 그들이 그들의 監督者감독자로 말미암아 부르짖음을 듣고 그 근심을 알고

29-19 主爲我之光明ˇ乃我之救主ˇ我尚懼誰耶ˇ主爲我生命
주 위 아 지 광 명 ˇ 내 아 지 구 주 ˇ 아 상 구 수 야 ˇ 주 위 아 생 명
之保障ˇ我尚畏誰耶(詩篇시편 27:1)
지 보 장 ˇ 아 상 외 수 야

여호와는 나의 빛이요 나의 救援구원이시니 내가 누구를 두려워하리요 여호와는 내 生命생명의 能力능력이시니 내가 누구를 무서워하리요

29-20 我遺爾以安ˇ乃以我之安賜爾ˇ我所賜爾者ˇ非若世
아 유 이 이 안 ˇ 내 이 아 지 안 사 이 ˇ 아 소 사 이 자 ˇ 비 약 세
之所賜ˇ爾心勿憂勿懼(約翰福音요한복음 14:27)
지 소 사 ˇ 이 심 물 우 물 구

平安평안을 너희에게 끼치노니 곧 나의 平安평안을 너희에게 주노라 내가 너희에게 주는 것은 世上세상이 주는 것과 같지 아니하니라 너희는 마음에 근심하지도 말고 두려워하지도 말라

29-21 爾當倚主行善ˇ居於世間ˇ存眞養性ˇ當因主歡樂ˇ主
이 당 의 주 행 선 ˇ 거 어 세 간 ˇ 존 진 양 성 ˇ 당 인 주 환 락 ˇ 주
必將爾心之所願賜爾(詩篇시편 37:3~4)
필 장 이 심 지 소 원 사 이

여호와를 依賴의뢰하고 善선을 行행하라 땅에 머무는 동안 그의 誠實성실을 먹을 거리로 삼을지어다 또 여호와를 기뻐하라 그가 네 마음의 所願소원을 네게 이루어 주시리로다

29-22 至愛者乎ˇ我儕旣得如此之應許ˇ則當自潔ˇ除身心
지 애 자 호 ˇ 아 제 기 득 여 차 지 응 허 ˇ 즉 당 자 결 ˇ 제 신 심
之諸垢ˇ畏上帝以成聖(哥林多後書고린도후서 7:1)
지 제 구 ˇ 외 상 제 이 성 성

그런즉 사랑하는 者자들아 이 約束약속을 가진 우리는 하나님을 두려워하는 가운데서 거룩함을 穩全온전히 이루어 肉육과 靈영의 온갖 더러운 것에서 自身자신을 깨끗하게 하자

29-23 遵上帝之旨而憂ˇ生悔改無有後悔者ˇ以致得救ˇ若
준 상 제 지 지 이 우 ˇ 생 회 개 무 유 후 회 자 ˇ 이 치 득 구 ˇ 약
從世俗而憂ˇ則致死矣(哥林多後書고린도후서 7:10)
종 세 속 이 우 ˇ 즉 치 사 의

하나님의 뜻대로 하는 근심은 後悔후회할 것이 없는 救援구원에 이르게 하는 悔改회개를 이루는 것이요 世上세상 근심은 死亡사망을 이루는 것이니라

29-24 上帝非人ˇ萬不食言ˇ非亞當之子ˇ決不後悔ˇ其言豈
상 제 비 인 ˇ 만 불 식 언 ˇ 비 아 당 지 자 ˇ 결 불 후 회 ˇ 기 언 기

有不成ˇ其許豈有不應(民數記민수기 23:19)
유 불 성 ˇ 기 허 기 유 불 응

하나님은 사람이 아니시니 거짓말을 하지 않으시고 人生인생이 아니시니 後悔후회가 없으시도다 어찌 그 말씀하신 바를 行행하지 않으시며 하신 말씀을 實行실행하지 않으시랴

29-25 播於荊棘中者ˇ指人聽道ˇ而此世之思慮ˇ及貨財之
파 어 형 극 중 자 ˇ 지 인 청 도 ˇ 이 차 세 지 사 려 ˇ 급 화 재 지
迷惑ˇ蔽其道則不結實(瑪太福音마태복음 13:22)
미 혹 ˇ 폐 기 도 즉 불 결 실

가시떨기에 뿌려졌다는 것은 말씀을 들으나 世上세상의 念慮염려와 財物재물의 誘惑유혹에 말씀이 막혀 結實결실하지 못하는 者자요

29-26 上帝爲磐石ˇ其工純全ˇ其一切道大公無私ˇ乃誠實
상 제 위 반 석 ˇ 기 공 순 전 ˇ 기 일 체 도 대 공 무 사 ˇ 내 성 실
無妄之上帝ˇ至義至正(申命記신명기 32:4)
무 망 지 상 제 ˇ 지 의 지 정

그는 磐石반석이시니 그가 하신 일이 完全완전하고 그의 모든 길이 正義정의롭고 眞實진실하고 거짓이 없으신 하나님이시니 公義공의로우시고 바르시도다

29-27 當知惟主乃上帝ˇ創造我者乃主ˇ並非自造ˇ我儕爲主
당 지 유 주 내 상 제 ˇ 창 조 아 자 내 주 ˇ 병 비 자 조 ˇ 아 제 위 주
之民ˇ爲主所牧之羊(詩篇시편 100:3)
지 민 ˇ 위 주 소 목 지 양

여호와가 우리 하나님이신 줄 너희는 알지어다 그는 우리를 지으신 이요 우리는 그의 것이니 그의 百姓백성이요 그의 기르시는 羊양이로다

29-28 故我儕旣得不可震之國ˇ則當感恩ˇ虔恭寅畏ˇ以事
고 아 제 기 득 불 가 진 지 국 ˇ 즉 당 감 은 ˇ 건 공 인 외 ˇ 이 사
上帝ˇ此乃上帝所悅者(希伯來書히브리서 12:28)
상 제 ˇ 차 내 상 제 소 열 자

그러므로 우리가 흔들리지 않는 나라를 받았은즉 恩惠은혜를 받자 이로 말미암아 敬虔경건함과 두려움으로 하나님을 기쁘시게 섬길지니

29-29 敎會爲身ˇ彼乃其首ˇ又爲元始ˇ乃首先由死復活者ˇ
교 회 위 신 ˇ 피 내 기 수 ˇ 우 위 원 시 ˇ 내 수 선 유 사 부 활 자 ˇ
如此則於凡事爲首矣(哥羅西書골로새서 1:18)
여 차 즉 어 범 사 위 수 의

그는 몸인 敎會교회의 머리시라 그가 根本근본이시요 죽은 者자들 가운데서 먼저 나신 이시니 이는 親친히 萬物만물의 으뜸이 되려 하심이요

29-30 賜平康之上帝ˇ必速使撒但踐於爾足下ˇ願我主耶穌
사 평 강 지 상 제 ˇ 필 속 사 살 단 천 어 이 족 하 ˇ 원 아 주 야 소
基督之恩ˇ常偕爾曹(羅瑪書로마서 16:20)
기 독 지 은 ˇ 상 해 이 조

平康평강의 하나님께서 속히 사탄을 너희 발 아래에서 傷상하게 하시리라 우리 主주 예수의 恩惠은혜가 너희에게 있을지어다

29-31 我敵歟ˇ毋因我而欣喜ˇ我雖傾仆ˇ仍必復起ˇ我雖坐
아 적 여 ˇ 무 인 아 이 흔 희 ˇ 아 수 경 부 ˇ 잉 필 복 기 ˇ 아 수 좌
於昏暗ˇ有主爲我光明(彌迦미가 7:8)
어 혼 암 ˇ 유 주 위 아 광 명

나의 對敵대적이여 나로 말미암아 기뻐하지 말지어다 나는 엎드러질지라도 일어날 것이요 어두운 데에 앉을지라도 여호와께서 나의 빛이 되실 것임이로다

29-32 凡物於潔者無有不潔ˇ於見污及不信者ˇ一無所潔ˇ
범 물 어 결 자 무 유 불 결 ˇ 어 견 오 급 불 신 자 ˇ 일 무 소 결 ˇ
因其心其志亦已污矣(提多書디도서 1:15)
인 기 심 기 지 역 이 오 의

깨끗한 者자들에게는 모든 것이 깨끗하나 더럽고 믿지 아니하는 者자들에게는 아무 것도 깨끗한 것이 없고 오직 그들의 마음과 良心양심이 더러운지라

29-33 受艱難之試而能忍者福矣ˇ因歷試之後ˇ必得永生之
수 간 난 지 시 이 능 인 자 복 의 ˇ 인 력 시 지 후 ˇ 필 득 영 생 지
冕ˇ卽主所許愛己者(雅各書야고보서 1:12)
면 ˇ 즉 주 소 허 애 기 자

試驗시험을 참는 者자는 福복이 있나니 이는 試鍊시련을 견디어 낸 者자가 主주께서 自己자기를 사랑하는 者자들에게 約束약속하신 生命생명의 冕旒冠면류관을 얻을 것이기 때문이라

29-34 蓋上帝之道ˇ人所視爲愚者ˇ亦智於人ˇ上帝之道ˇ人
개 상 제 지 도 ˇ 인 소 시 위 우 자 ˇ 역 지 어 인 ˇ 상 제 지 도 ˇ 인
所視爲弱者ˇ亦强於人(哥林多前書고린도전서 1:25)
소 시 위 약 자 ˇ 역 강 어 인

하나님의 어리석음이 사람보다 智慧지혜롭고 하나님의 弱약하심이 사람보다 强강하니라

29-35 爾一切衣服ˇ薰以沒藥沈香肉桂ˇ在象牙宮中ˇ有奏
이 일 체 의 복 ˇ 훈 이 몰 약 침 향 육 계 ˇ 재 상 아 궁 중 ˇ 유 주
樂之音ˇ使爾心中歡暢(詩篇시편 45:8)
악 지 음 ˇ 사 이 심 중 환 창

王왕의 모든 옷은 沒藥몰약과 沈香침향과 肉桂육계의 香氣향기가 있으며 象牙宮상아궁에서 나오는 絃樂현악은 王왕을 즐겁게 하도다 〈찬송가 87장〉

29-36 我知何以處貧賤ˇ何以處富厚ˇ隨事隨在ˇ或飽或饑ˇ
아 지 하 이 처 빈 천 ˇ 하 이 처 부 후 ˇ 수 사 수 재 ˇ 혹 포 혹 기 ˇ
或豊或歉ˇ我皆諳練矣(腓立比書빌립보서 4:12)
혹 풍 혹 겸 ˇ 아 개 암 련 의

나는 卑賤비천에 處처할 줄도 알고 豐富풍부에 處처할 줄도 알아 모든 일 곧 배부름과 배고픔과 豐富풍부와 窮乏궁핍에도 處처할 줄 아는 一切일체의 秘訣비결을 배웠노라

29-37 以榮光尊貴權力歸於主ˇ宜也ˇ蓋主創造萬物ˇ萬物受
이 영 광 존 귀 권 력 귀 어 주 ˇ 의 야 ˇ 개 주 창 조 만 물 ˇ 만 물 수
造而有ˇ由主之旨也(約翰啓示錄요한계시록 4:11)
조 이 유 ˇ 개 유 주 지 야

우리 主주 하나님이여 榮光영광과 尊貴존귀와 權能권능을 받으시는 것이 合當합당하오니 主주께서 萬物만물을 지으신지라 萬物만물이 主주의 뜻대로 있었고 또 지으심을 받았나이다 하더라

29-38 掃羅與約拿單生時相愛相悅ˇ死時亦不相離ˇ惟彼二
소 라 여 약 나 단 생 시 상 애 상 열 ˇ 사 시 역 불 상 리 ˇ 유 피 이
人ˇ比鷹捷ˇ較獅愈猛(撒母耳下사무엘하 1:23)
인 ˇ 비 응 첩 ˇ 교 사 유 맹

사울과 요나단이 生前생전에 사랑스럽고 아름다운 者자이러니 죽을 때에도 서로 떠나지 아니하였도다 그들은 禿독수리보다 빠르고 獅子사자보다 强강하였도다

29-39 主亦必救我脫諸惡事ˇ且必祐我得入其天國ˇ願榮光
주 역 필 구 아 탈 제 악 사 ˇ 차 필 우 아 득 입 기 천 국 ˇ 원 영 광
歸之ˇ至於世世ˇ阿們(提摩太後書디모데후서 4:18)
귀 지 ˇ 지 어 세 세 ˇ 아 문

主주께서 나를 모든 惡악한 일에서 건져내시고 또 그의 天國천국에 들어가도록 救援구원하시리니 그에게 榮光영광이 世世無窮세세무궁토록 있을지어다 아멘

29-40 善人由心所積之善發善ˇ惡人由心所積之惡發惡ˇ蓋充
선 인 유 심 소 적 지 선 발 선 ˇ 악 인 유 심 소 적 지 악 발 악 ˇ 개 충
諸心者言諸口也(路加福音누가복음 6:45)
제 심 자 언 제 구 야

善선한 사람은 마음의 쌓은 善선에서 善선을 내고 惡악한 者자는 그 쌓은 惡악에서 惡악을 내나니 이는 마음의 가득한 것을 입으로 말함이니라

30 자

30-1 主又云ˇ我爲爾所懷之意ˇ惟我知之ˇ我意賜爾平康ˇ
주 우 운 ˇ 아 위 이 소 회 지 의 ˇ 유 아 지 지 ˇ 아 의 사 이 평 강 ˇ
不加災害ˇ爾曹終有可望(耶利米예레미아 29:11)
불 가 재 해 ˇ 이 조 종 유 가 망

여호와의 말씀이니라 너희를 向향한 나의 생각을 내가 아나니 平安평안이요 災殃재앙이 아니니라 너희에게 未來미래와 希望희망을 주는 것이니라

30-2 若非主建造房室ˇ匠人勞苦ˇ亦屬枉然ˇ若非主保護城
약 비 주 건 조 방 실 ˇ 장 인 노 고 ˇ 역 속 왕 연 ˇ 약 비 주 보 호 성
池ˇ守者警醒ˇ亦爲無益(詩篇시편 127:1)
지 ˇ 수 자 경 성 ˇ 역 위 무 익

여호와께서 집을 세우지 아니하시면 세우는 者자의 수고가 헛되며 여호와께서 城성을 지키지 아니하시면 把守파수꾼의 깨어 있음이 헛되도다

30-3 我立於門前叩門ˇ有聞我聲而啓門者ˇ我必入其家ˇ我
아 립 어 문 전 고 문 ˇ 유 문 아 성 이 계 문 자 ˇ 아 필 입 기 가 ˇ 아
與彼ˇ彼與我ˇ同席飮食(約翰啓示錄요한계시록 3:20)
여 피 ˇ 피 여 아 ˇ 동 석 음 식

볼지어다 내가 門문 밖에 서서 두드리노니 누구든지 내 音聲음성을 듣고 門문을 열면 내가 그에게로 들어가 그와 더불어 먹고 그는 나와 더불어 먹으리라

30-4 無信不能見悅於上帝ˇ蓋就上帝者ˇ必當信有上帝ˇ且
무 신 불 능 견 열 어 상 제 ˇ 개 취 상 제 자 ˇ 필 당 신 유 상 제 ˇ 차
信上帝必賞求之之人(希伯來書히브리서 11:6)
신 상 제 필 상 구 지 지 인

믿음이 없이는 하나님을 기쁘시게 하지 못하나니 하나님께 나아가는 者자는 반드시 그가 계신 것과 또한 그가 自己자기를 찾는 者자들에게 賞상 주시는 이심을 믿어야 할지니라

30-5 厥後我將以我之靈賦畀萬人ˇ俾爾子女言未來事ˇ老者
궐 후 아 장 이 아 지 령 부 비 만 인 ˇ 비 이 자 녀 언 미 래 사 ˇ 노 자
見夢兆ˇ幼者見異像(約珥요엘 2:28)
견 몽 조 ˇ 유 자 견 이 상

그 後후에 내가 내 靈영을 萬民만민에게 부어 주리니 너희 子女자녀들이 將來장래 일을 말할 것이며 너희 늙은이는 꿈을 꾸며 너희 젊은이는 異像이상을 볼 것이며

30-6 流淚播種者ˇ必歡躍收成ˇ攜穀種以播者ˇ哭泣而往ˇ
유 루 파 종 자 ˇ 필 환 약 수 성 ˇ 휴 곡 종 이 파 자 ˇ 곡 읍 이 왕 ˇ
迨負禾束而歸ˇ必然歡欣(詩篇시편 126:5~6)
태 부 화 속 이 귀 ˇ 필 연 환 흔

눈물을 흘리며 씨를 뿌리는 者자는 기쁨으로 거두리로다 울며 씨를 뿌리러 나가는 者자는 반드시 기쁨으로 그 穀食곡식 단을 가지고 돌아오리로다

30-7 惟由上之智慧ˇ先廉潔ˇ後和平ˇ溫良ˇ柔順ˇ充滿矜恤
유 유 상 지 지 혜 ˇ 선 렴 결 ˇ 후 화 평 ˇ 온 량 ˇ 유 순 ˇ 충 만 긍 휼
ˇ多結善果ˇ不偏視ˇ不僞善(雅各書야고보서 3:17)
ˇ 다 결 선 과 ˇ 불 편 시 ˇ 불 위 선

오직 위로부터 난 智慧지혜는 첫째 聖潔성결하고 다음에 和平화평하고 寬容관용하고 良順양순하며 矜恤긍휼과 善선한 열매가 가득하고 偏見편견과 거짓이 없나니

30-8 爾曹當歌詩稱謝主ˇ彈琴歌頌我上帝ˇ主以雲遮天ˇ爲
이 조 당 가 시 칭 사 주 ˇ 탄 금 가 송 아 상 제 ˇ 주 이 운 차 천 ˇ 위

地備雨ˇ使山生長百草(詩篇시편 147:7~8)
지 비 우 ˇ 사 산 생 장 백 초

感謝감사함으로 여호와께 노래하며 竪琴수금으로 하나님께 讚揚찬양할지어다 그가 구름으로 하늘을 덮으시며 땅을 爲위하여 비를 準備준비하시며 山산에 풀이 자라게 하시며

30-9 爾意如何ˇ人有百羊ˇ迷失其一ˇ豈不姑舍九十九羊於
이 의 여 하 ˇ 인 유 백 양 ˇ 미 실 기 일 ˇ 기 불 고 사 구 십 구 양 어
山ˇ而往求其迷失者乎(瑪太福音마태복음 18:12)
산 ˇ 이 왕 구 기 미 실 자 호

너희 생각에는 어떻겠느뇨 萬一만일 어떤 사람이 羊양 一百일백 마리가 있는데 그 中중에 하나가 길을 잃었으면 그 아흔 아홉 마리를 山산에 두고 가서 길 잃은 羊양을 찾지 않겠느냐

30-10 我儕爲敵之時ˇ賴其子之死ˇ得與上帝復和ˇ今已復
아 제 위 적 지 시 ˇ 뢰 기 자 지 사 ˇ 득 여 상 제 부 화 ˇ 금 이 부
和ˇ不更因其生而得救乎(羅瑪書로마서 5:10)
화 ˇ 불 갱 인 기 생 이 득 구 호

곧 우리가 怨讐원수 되었을 때에 그의 아들의 죽으심으로 말미암아 하나님과 和睦화목하게 되었은즉 和睦화목하게 된 者자로서는 더욱 그의 살아나심으로 말미암아 救援구원을 받을 것이니라

30-11 我儕又因耶穌由信得前進而蒙此恩寵ˇ並得立於其中
아 제 우 인 야 소 유 신 득 전 진 이 몽 차 은 총 ˇ 병 득 립 어 기 중
ˇ且望上帝之榮爲樂(羅瑪書로마서 5:2)
ˇ 차 망 상 제 지 영 위 락

또한 그로 말미암아 우리가 믿음으로 서 있는 이 恩惠은혜에 들어감을 얻었으며 하나님의 榮光영광을 바라고 즐거워하느니라

30-12 彼流血在十字架ˇ成就和平ˇ父遂使萬物ˇ無論在天者
피 유 혈 재 십 자 가 ˇ 성 취 화 평 ˇ 부 수 사 만 물 ˇ 무 론 재 천 자
ˇ在地者ˇ由彼與己復和(哥羅西書골로새서 1:20)
ˇ 재 지 자 ˇ 유 피 여 기 부 화

그의 十字架십자가의 피로 和平화평을 이루사 萬物만물 곧 땅에 있는 것들이나 하늘에 있는 것들이 그로 말미암아 自己자기와 和睦화목하게 되기를 기뻐하심이라

30-13 昔之所謂榮者ˇ今緣此更大之榮ˇ不足爲榮ˇ若將廢者
석 지 소 위 영 자 ˇ 금 연 차 갱 대 지 영 ˇ 부 족 위 영 ˇ 약 장 폐 자
有榮ˇ則永存者更有榮(哥林多後書고린도후서 3:10~11)
유 영 ˇ 즉 영 존 자 갱 유 영

榮光영광되었던 것이 더 큰 榮光영광으로 말미암아 이에 榮光영광될 것이 없으나 없어질 것도 榮光영광으로 말미암았은즉 길이 있을 것은 더욱 榮光영광 가운데 있느니라

30-14 兄弟乎ˇ若人偶有過ˇ爾感於靈者ˇ當以溫柔之心規正
형 제 호 ˇ 약 인 우 유 과 ˇ 이 감 어 령 자 ˇ 당 이 온 유 지 심 규 정
之ˇ又當自愼ˇ恐亦被惑(迦拉太書갈라디아서 6:1)
지 ˇ 우 당 자 신 ˇ 공 역 피 혹

兄弟형제들아 사람이 萬一만일 무슨 犯罪범죄한 일이 드러나거든 神靈신령한 너희는 溫柔온유한 心靈심령으로 그러한 者자를 바로잡고 너 自身자신을 살펴보아 너도 試驗시험을 받을까 두려워하라

30-15 蓋我儕之大祭司ˇ非不能體恤我懦弱ˇ彼曾於凡事被
개 아 제 지 대 제 사 ˇ 비 불 능 체 휼 아 나 약 ˇ 피 증 어 범 사 피
試ˇ與我儕無異ˇ惟無罪(希伯來書히브리서 4:15)
시 ˇ 여 아 제 무 이 ˇ 유 무 죄

우리에게 있는 大祭司長대제사장은 우리의 軟弱연약함을 同情동정하지 못하실 이가 아니요 모든 일에 우리와 똑같이 試驗시험을 받으신 이로되 罪죄는 없으시니라

30-16 試觀父賜我儕何等之愛ˇ使我儕得稱爲上帝之子ˇ世
시 관 부 사 아 제 하 등 지 애 ˇ 사 아 제 득 칭 위 상 제 지 자 ˇ 세
不識我儕ˇ因不識父也(約翰壹書요한1서 3:1)
불 식 아 제 ˇ 인 불 식 부 야

보라 아버지께서 어떠한 사랑을 우리에게 베푸사 하나님의 子女자녀라 일컬음을 받게 하셨는가, 우리가 그러하도다 그러므로 世上세상이 우리를 알지 못함은 그를 알지 못함이라

30-17 試觀空中之鳥ˇ不稼不穡ˇ不積於倉ˇ爾在天之父且養
시 관 공 중 지 조 ˇ 불 가 불 색 ˇ 불 적 어 창 ˇ 이 재 천 지 부 차 양
之ˇ爾曹不更貴於鳥乎(瑪太福音마태복음 6:26)
지 ˇ 이 조 불 갱 귀 어 조 호

空中공중의 새를 보라 심지도 않고 거두지도 않고 倉庫창고에 모아들이지도 아니하되 너희 하늘 아버지께서 기르시나니 너희는 이것들보다 貴귀하지 아니하냐

30-18 有人第以一杯水ˇ飮此小子之一ˇ因其爲門徒ˇ我誠告
유 인 제 이 일 배 수 ˇ 음 차 소 자 지 일 ˇ 인 기 위 문 도 ˇ 아 성 고
爾ˇ此人必不失其賞矣(瑪太福音마태복음 10:42)
이 ˇ 차 인 필 불 실 기 상 의

또 누구든지 弟子제자의 이름으로 이 작은 者자 中중 하나에게 冷水냉수 한 그릇이라도 주는 者자는 내가 眞實진실로 너희에게 이르노니 그 사람이 決斷결단코 賞상을 잃지 아니하리라 하시니라

30-19 賦爾以新心ˇ使爾衷存更新之志ˇ自爾體中去其剛愎
부 이 이 신 심 ˇ 사 이 충 존 갱 신 지 지 ˇ 자 이 체 중 거 기 강 퍅
之心ˇ賜爾以柔順之心(以西結에스겔 36:26)
지 심 ˇ 사 이 이 유 순 지 심

또 새 靈영을 너희 속에 두고 새 마음을 너희에게 주되 너희 肉身육신에서 굳은 마음을 제거하고 부드러운 마음을 줄 것이며

30-20 窮苦人受難之時ˇ主未嘗藐視ˇ未嘗厭棄ˇ未嘗向其
궁 고 인 수 난 지 시 ˇ 주 미 상 막 시 ˇ 미 상 염 기 ˇ 미 상 향 기
掩面ˇ其呼籲時ˇ主曾俯聽(詩篇시편 22:24)
엄 면 ˇ 기 호 유 시 ˇ 주 증 부 청

그는 困苦곤고한 者자의 困苦곤고를 蔑視멸시하거나 싫어하지 아니하시며 그의 얼굴을 그에게서 숨기지 아니하시고 그가 울부짖을 때에 들으셨도다

30-21 我儕蒙恩ˇ各按基督所賜之量ˇ如經云ˇ彼升於高ˇ擕
아 제 몽 은 ˇ 각 안 기 독 소 사 지 량 ˇ 여 경 운 ˇ 피 승 어 고 ˇ 휴
所擄者ˇ以諸恩頒賜與人(以弗所書에베소서 4:7~8)
소 노 자 ˇ 이 제 은 반 사 여 인

우리 各각 사람에게 그리스도의 膳物선물의 分量분량대로 恩惠은혜를 주셨나니 그러므로 이르기를 그가 위로 올라가실 때에 사로잡혔던 者자들을 사로잡으시고 사람들에게 膳物선물을 주셨다 하였도다

30-22 爾當强爾心ˇ壯爾志ˇ蓋爾必導此民得地爲業ˇ卽我
이 당 강 이 심 ˇ 장 이 지 ˇ 개 이 필 도 차 민 득 지 위 업 ˇ 즉 아
昔誓於其祖必賜之之地(約書亞여호수아 1:6)
석 서 어 기 조 필 사 지 지 지

强강하고 膽大담대하라 너는 내가 그들의 祖上조상에게 盟誓맹서하여 그들에게 주리라 한 땅을 이 百姓백성에게 차지하게 하리라

30-23 我卽主召爾ˇ以彰仁義ˇ援爾手以護爾ˇ使爾爲與民
아 즉 주 소 이 ˇ 이 창 인 의 ˇ 원 이 수 이 호 이 ˇ 사 이 위 여 민
立約之中保ˇ爲列邦之光(以賽亞이사야 42:6)
입 약 지 중 보 ˇ 위 열 방 지 광

나 여호와가 義의로 너를 불렀은즉 내가 네 손을 잡아 너를 保護보호하며 너를 세워 百姓백성의 言約언약과 異邦이방의 빛이 되게 하리니

30-24 遂稍進ˇ俯伏祈禱曰ˇ父ˇ若可得免ˇ則使此杯離我ˇ
수 초 진 ˇ 부 복 기 도 왈 ˇ 부 ˇ 약 가 득 면 ˇ 즉 사 차 배 리 아 ˇ
然非從我所欲ˇ乃從爾所欲(瑪太福音마태복음 26:39)
연 비 종 아 소 욕 ˇ 내 종 이 소 욕

조금 나아가사 얼굴을 땅에 대시고 엎드려 祈禱기도하여 이르시되 내 아버지여 萬一만일 할 만하시거든 이 盞잔을 내게서 지나가게 하옵소서 그러나 나의 願원대로 마시옵고 아버지의 願원대로 하옵소서 하시고

30-25 耶穌見之不悅ˇ謂門徒曰ˇ容孩提就我ˇ勿禁之ˇ蓋有
야 소 견 지 불 열 ˇ 위 문 도 왈 ˇ 용 해 제 취 아 ˇ 물 금 지 ˇ 개 유
上帝之國者ˇ正如是人也(瑪可福音마가복음 10:14)
상 제 지 국 자 ˇ 정 여 시 인 야

예수께서 보시고 怒노하시어 이르시되 어린 아이들이 내게 오는 것을 容納용납하고 禁금하지 말라 하나님의 나라가 이런 者자의 것이니라

30-26 遵主爾之上帝所命ˇ敬爾父母ˇ使爾可久居獲福於主
준 주 이 지 상 제 소 명 ˇ 경 이 부 모 ˇ 사 이 가 구 거 획 복 어 주
爾之上帝所賜爾之地(申命記신명기 5:16)
이 지 상 제 소 사 이 지 지

너는 네 하나님 여호와께서 命令명령한 대로 네 父母부모를 恭敬공경하라 그리하면 네 하나님 여호와가 네게 준 땅에

서 네 生命생명이 길고 福복을 누리리라

30-27 我儕懦弱ˇ聖靈助我ˇ蓋我儕不知所當禱者ˇ聖靈以
아 제 나 약 ˇ 성 령 조 아 ˇ 개 아 제 부 지 소 당 도 자 ˇ 성 령 이
不可言之歎息ˇ代我禱也(羅瑪書로마서 8:26)
불 가 언 지 탄 식 ˇ 대 아 도 야

이와 같이 聖靈성령도 우리의 軟弱연약함을 도우시나니 우리는 마땅히 祈禱기도할 바를 알지 못하나 오직 聖靈성령이 말할 수 없는 歎息탄식으로 우리를 爲위하여 親친히 懇求간구하시느니라

30-28 我必使其口讚頌我ˇ我賜平康ˇ賜平康於遠者近者ˇ
아 필 사 기 구 찬 송 아 ˇ 아 사 평 강 ˇ 사 평 강 어 원 자 근 자 ˇ
且我將醫之ˇ此乃主所言(以賽亞이사야 57:19)
차 아 장 의 지 ˇ 차 내 주 소 언

입술의 열매를 創造창조하는 者자 여호와가 말하노라 먼 데 있는 者자에게든지 가까운 데 있는 者자에게든지 平康평강이 있을지어다 平康평강이 있을지어다 내가 그를 고치리라 하셨느니라

30-29 主必將永生之道指示我ˇ在主之前有無限之歡愉ˇ在
주 필 장 영 생 지 도 지 시 아 ˇ 재 주 지 전 유 무 한 지 환 유 ˇ 재
主之右有永遠之安樂(詩篇시편 16:11)
주 지 우 유 영 원 지 안 락

主주께서 生命생명의 길을 내게 보이시리니 主주의 앞에는 充滿충만한 기쁨이 있고 主주의 오른쪽에는 永遠영원한 즐거움이 있나이다

30-30 惟主左右我ˇ剛健我ˇ致福音由我盡傳ˇ俾異邦人皆
유 주 좌 우 아 ˇ 강 건 아 ˇ 치 복 음 유 아 진 전 ˇ 비 이 방 인 개
聞之ˇ且我得救ˇ脫於獅口(提摩太後書디모데후서 4:17)
문 지 ˇ 차 아 득 구 ˇ 탈 어 사 구

主주께서 내 곁에 서서 나에게 힘을 주심은 나로 말미암아 宣布선포된 말씀이 穩全온전히 傳播전파되어 모든 異邦人이방인이 듣게 하려 하심이니 내가 獅子사자의 입에서 건짐을 받았느니라

30-31 彼目流淚ˇ上帝盡拭之ˇ不復有死亡ˇ亦不復有悲哀號
피 목 유 루 ˇ 상 제 진 식 지 ˇ 불 부 유 사 망 ˇ 역 불 부 유 비 애 호

泣疾痛ˇ蓋前事已逝矣(約翰啓示錄요한계시록 21:4)
읍 질 통 ˇ 개 전 사 이 서 의

모든 눈물을 그 눈에서 닦아 주시니 다시는 死亡사망이 없고 哀痛애통하는 것이나 哭곡하는 것이나 아픈 것이 다시 있지 아니하리니 처음 것들이 다 지나갔음이러라

30-32 兄弟乎ˇ爾曹蒙召以得自由ˇ然勿以爾之自由ˇ爲縱
형 제 호 ˇ 이 조 몽 소 이 득 자 유 ˇ 연 물 이 이 지 자 유 ˇ 위 종
欲之機ˇ惟以愛互相服事(迦拉太書갈라디아서 5:13)
욕 지 기 ˇ 유 이 애 호 상 복 사

兄弟형제들아 너희가 自由자유를 爲위하여 부르심을 입었으나 그러나 그 自由자유로 肉體육체의 機會기회를 삼지 말고 오직 사랑으로 서로 종 노릇 하라

30-33 豈不知爾由上帝所受之聖靈ˇ居於爾中ˇ而爾身卽聖
기 부 지 이 유 상 제 소 수 지 성 령 ˇ 거 어 이 중 ˇ 이 이 신 즉 성
靈之殿乎ˇ且爾非屬己(哥林多前書고린도전서 6:19)
령 지 전 호 ˇ 차 이 비 속 기

너희 몸은 너희가 하나님께로부터 받은 바 너희 가운데 계신 聖靈성령의 殿전인 줄을 알지 못하느냐 너희는 너희 自身자신의 것이 아니라

30-34 願賜人有望之上帝ˇ使爾以信而得喜樂ˇ平安充心ˇ
원 사 인 유 망 지 상 제 ˇ 사 이 이 신 이 득 희 락 ˇ 평 안 충 심 ˇ
賴聖靈之大能ˇ希望益甚(羅瑪書로마서 15:13)
뢰 성 령 지 대 능 ˇ 희 망 익 심

所望소망의 하나님이 모든 기쁨과 平康평강을 믿음 안에서 너희에게 充滿충만하게 하사 聖靈성령의 能力능력으로 所望소망이 넘치게 하시기를 願원하노라

30-35 當時耶穌曰ˇ父歟ˇ天地之主ˇ我讚爾ˇ因爾藏斯道於
당 시 야 소 왈 ˇ 부 여 ˇ 천 지 지 주 ˇ 아 찬 이 ˇ 인 이 장 사 도 어
智者達者ˇ而顯之於赤子(瑪太福音마태복음 11:25)
지 자 달 자 ˇ 이 현 지 어 적 자

그 때에 예수께서 對答대답하여 이르시되 天地천지의 主宰주재이신 아버지여 이것을 智慧지혜롭고 슬기 있는 者자들에게는 숨기시고 어린 아이들에게는 나타내심을 感謝감사하나이다

30-36 是以凡爾議人者ˇ無可推諉ˇ蓋爾何以議人ˇ適以罪
시 이 범 이 의 인 자 ˇ 무 가 추 위 ˇ 개 이 하 이 의 인 ˇ 적 이 죄
己ˇ因爾所議者ˇ己亦行之(羅瑪書로마서 2:1)
기 ˇ 인 이 소 의 자 ˇ 기 역 행 지

그러므로 남을 判斷판단하는 사람아, 누구를 막론하고 네가 핑계하지 못할 것은 남을 判斷판단하는 것으로 네가 너를 定罪정죄함이니 判斷판단하는 네가 같은 일을 行행함이니라

30-37 主必使爾爲首ˇ不使爾爲尾ˇ使爾獨居上ˇ不居下ˇ如
주 필 사 이 위 수 ˇ 불 사 이 위 미 ˇ 사 이 독 거 상 ˇ 불 거 하 ˇ 여
爾聽從主爾上帝之誡命(申命記신명기 28:13)
이 청 종 주 이 상 제 지 계 명

여호와께서 너를 머리가 되고 꼬리가 되지 않게 하시며 위에만 있고 아래에 있지 않게 하시리니 오직 너는 내가 오늘 네게 命令명령하는 네 하나님 여호와의 命令명령을 듣고 지켜 行행하며

30-38 耶穌大聲呼曰ˇ以利ˇ以利ˇ拉瑪撒罷克他尼ˇ譯卽我
야 소 대 성 호 왈 ˇ 이 리 ˇ 이 리 ˇ 랍 마 살 파 극 타 니 ˇ 역 즉 아
上帝ˇ我上帝ˇ因何遺棄我(瑪太福音마태복음 27:46)
상 제 ˇ 아 상 제 ˇ 인 하 유 기 아

예수께서 크게 소리질러 이르시되 엘리 엘리 라마 사박다니 하시니 이는 곧 나의 하나님, 나의 하나님, 어찌하여 나를 버리셨나이까 하는 뜻이라 〈찬송가 157장〉

30-39 誰爲軍士ˇ食己之餉乎ˇ誰樹葡萄園ˇ不食其果乎ˇ誰
수 위 군 사 ˇ 식 기 지 향 호 ˇ 수 수 포 도 원 ˇ 불 식 기 과 호 ˇ 수
牧羊羣ˇ不食羊羣之乳乎(哥林多前書고린도전서 9:7)
목 양 군 ˇ 불 식 양 군 지 유 호

누가 自己자기 費用비용으로 軍군 服務복무를 하겠느냐 누가 葡萄포도를 심고 그 열매를 먹지 않겠느냐 누가 羊양 떼를 기르고 그 羊양 떼의 젖을 먹지 않겠느냐

30-40 我誠告爾ˇ凡命此山曰ˇ移去投海ˇ而心中不疑ˇ惟信
아 성 고 이 ˇ 범 명 차 산 왈 ˇ 이 거 투 해 ˇ 이 심 중 불 의 ˇ 유 신
所言必成ˇ則所言可成焉(瑪可福音마가복음 11:23)
소 언 필 성 ˇ 즉 소 언 가 성 언

내가 眞實진실로 너희에게 이르노니 누구든지 이 山산더러 들리어 바다에 던져지라 하며 그 말하는 것이 이루어질

줄 믿고 마음에 疑心의심하지 아니하면 그대로 되리라

30-41 凡爾所爲ˇ或言或行ˇ皆當爲主耶穌之名而爲之ˇ且賴
범이소위ˇ혹언혹행ˇ개당위주야소지명이위지ˇ차뢰
主耶穌感謝上帝卽父(哥羅西書골로새서 3:17)
주야소감사상제즉부

또 무엇을 하든지 말에나 일에나 다 主주 예수의 이름으로 하고 그를 힘입어 하나님 아버지께 感謝감사하라

30-42 萬物所本ˇ萬物所歸者ˇ欲引多子得榮ˇ遂使救之之
만물소본ˇ만물소귀자ˇ욕인다자득영ˇ수사구지지
君ˇ受苦難而得純全ˇ宜也(希伯來書히브리서 2:10)
군ˇ수고난이득순전ˇ의야

그러므로 萬物만물이 그를 爲위하고 또한 그로 말미암은 이가 많은 아들들을 이끌어 榮光영광에 들어가게 하시는 일에 그들의 救援구원의 創始者창시자를 苦難고난을 通통하여 穩全온전하게 하심이 合當합당하도다

30-43 在彼於法匱贖罪蓋上二基路伯間ˇ我臨爾ˇ以所命爾
재피어법궤속죄개상이기로백간ˇ아림이ˇ이소명이
傳於以色列人者諭爾(出伊及記출애굽기 25:22)
전어이색열인자유이

거기서 내가 너와 만나고 贖罪所속죄소 위 곧 證據櫃증거궤 위에 있는 두 그룹 사이에서 내가 이스라엘 子孫자손을 爲위하여 네게 命令명령할 모든 일을 네게 이르리라 〈찬송가 209장〉

30-44 天地之主宰ˇ造人類萬族ˇ本於一脈ˇ使居於遍地ˇ又
천지지주재ˇ조인류만족ˇ본어일맥ˇ사거어편지ˇ우
定其時日ˇ及所居之疆界(使徒行傳사도행전 17:26)
정기시일ˇ급소거지강계

天地천지의 主宰주재께서 人類인류의 모든 族屬족속을 한 血統혈통으로 만드사 온 땅에 살게 하시고 그들의 年代연대를 定정하시며 居住거주의 境界경계를 限定한정하셨으니 〈찬송가 219장〉

30-45 昔我衆亦在其內ˇ逞肉體之慾ˇ隨身心所欲而行ˇ本
석아중역재기내ˇ령육체지욕ˇ수신심소욕이행ˇ본
爲上帝所怒ˇ與他人無異(以弗所書에베소서 2:3)
위상제소노ˇ여타인무이

前전에는 우리도 다 그 가운데서 우리 肉體육체의 慾心욕심을

따라 지내며 肉體육체와 마음의 願원하는 것을 하여 다른 이들과 같이 本質上본질상 震怒진노의 子女자녀이었더니

30-46 旣爲子則爲嗣ˇ卽上帝之嗣ˇ與基督同爲嗣ˇ我儕若
기 위 자 즉 위 사 ˇ 즉 상 제 지 사 ˇ 여 기 독 동 위 사 ˇ 아 제 약
與之同苦ˇ亦必與之同榮(羅瑪書로마서 8:17)
여 지 동 고 ˇ 역 필 여 지 동 영

子女자녀이면 또한 相續者상속자 곧 하나님의 相續者상속자요 그리스도와 함께 한 相續者상속자니 우리가 그와 함께 榮光영광을 받기 爲위하여 苦難고난도 함께 받아야 할 것이니라

30-47 當售所有以施濟ˇ爲己備常新之囊ˇ及不匱之財在天
당 수 소 유 이 시 제 ˇ 위 기 비 상 신 지 낭 ˇ 급 불 궤 지 재 재 천
ˇ卽盜不至ˇ蠹不壞之處(路加福音누가복음 12:33)
ˇ 즉 도 부 지 ˇ 두 불 괴 지 처

너희 所有소유를 팔아 救濟구제하여 낡아지지 아니하는 배낭을 만들라 곧 하늘에 둔 바 다함이 없는 寶物보물이니 거기는 도둑도 가까이 하는 일이 없고 좀도 먹는 일이 없느니라

30-48 腮芬芳如香花畦ˇ如盛以香品之寶盒ˇ脣香如百合花
시 분 방 여 향 화 휴 ˇ 여 성 이 향 품 지 보 합 ˇ 순 향 여 백 합 화
ˇ又彷佛滴以沒藥之汁(雅歌 아가 5:13)
ˇ 우 방 불 적 이 몰 약 지 즙

뺨은 香氣향기로운 꽃밭 같고 香氣향기로운 풀언덕과도 같고 입술은 百合花백합화 같고 沒藥몰약의 汁즙이 뚝뚝 떨어지는구나 〈찬송가 88장〉

31자

31-1 可愛者乎ˇ我儕當彼此相愛ˇ蓋愛由上帝出ˇ凡愛人者
가 애 자 호 ˇ 아 제 당 피 차 상 애 ˇ 개 애 유 상 제 출 ˇ 범 애 인 자
ˇ皆由上帝而生ˇ且識上帝(約翰壹書요한1서 4:7)
ˇ 개 유 상 제 이 생 ˇ 차 식 상 제

사랑하는 者자들아 우리가 서로 사랑하자 사랑은 하나님께 屬속한 것이니 사랑하는 者자마다 하나님으로부터 나서 하나님을 알고

31-2 我子ˇ勿遺忘我之教誨ˇ爾心當謹守我之誡命ˇ因必使
아 자 ˇ 물 유 망 아 지 교 회 ˇ 이 심 당 근 수 아 지 계 명 ˇ 인 필 사
爾得長壽ˇ享遐齡ˇ獲平康(箴言잠언 3:1~2)
이 득 장 수 ˇ 향 하 령 ˇ 획 평 강

내 아들아 나의 法법을 잊어버리지 말고 네 마음으로 나의 命令명령을 지키라 그리하면 그것이 네가 長壽장수하여 많은 해를 누리게 하며 平康평강을 더하게 하리라

31-3 從未有人見上帝ˇ若我儕相愛ˇ則上帝恒居我內ˇ而愛
종 미 유 인 견 상 제 ˇ 약 아 제 상 애 ˇ 즉 상 제 항 거 아 내 ˇ 이 애
上帝之愛ˇ得成全於我心(約翰壹書요한1서 4:12)
상 제 지 애 ˇ 득 성 전 어 아 심

어느 때나 하나님을 본 사람이 없으되 萬一만일 우리가 서로 사랑하면 하나님이 우리 안에 居거하시고 그의 사랑이 우리 안에 穩全온전히 이루어지느니라

31-4 未感於靈者ˇ不受上帝之靈之事ˇ因以之爲愚ˇ且不能
미 감 어 령 자 ˇ 불 수 상 제 지 령 지 사 ˇ 인 이 지 위 우 ˇ 차 불 능
識ˇ蓋此事必以靈而忖度(哥林多前書고린도전서 2:14)
식 ˇ 개 차 사 필 이 령 이 촌 도

肉육에 屬속한 사람은 하나님의 聖靈성령의 일들을 받지 아니하나니 이는 그것들이 그에게는 어리석게 보임이요 또 그는 그것들을 알 수도 없나니 그러한 일은 靈的영적으로 分別분별되기 때문이라

31-5 主人曰ˇ美哉ˇ善且忠之僕ˇ爾於寡者旣忠ˇ我必以多
주 인 왈 ˇ 미 재 ˇ 선 차 충 지 복 ˇ 이 어 과 자 기 충 ˇ 아 필 이 다
者任爾ˇ可進享爾主人之樂(瑪太福音마태복음 25:21)
자 임 이 ˇ 가 진 향 이 주 인 지 락

그 主人주인이 이르되 잘하였도다 착하고 忠誠충성된 종아 네가 적은 일에 忠誠충성하였으매 내가 많은 것을 네게 맡기리니 네 주인의 즐거움에 參與참여할지어다 하고

31-6 所愛之兄弟ˇ因此ˇ爾各人當速於聽ˇ緩於言ˇ遲於怒ˇ
소 애 지 형 제 ˇ 인 차 ˇ 이 각 인 당 속 어 청 ˇ 완 어 언 ˇ 지 어 노 ˇ
蓋人怒則不能成上帝之義(雅各書야고보서 1:19~20)
개 인 노 즉 불 능 성 상 제 지 의

내 사랑하는 兄弟형제들아 너희가 알지니 사람마다 듣기는

速속히 하고 말하기는 더디 하며 성내기도 더디 하라 사람이 성내는 것이 하나님의 義의를 이루지 못함이라

31-7 使爾所行盡合於主ˇ凡事悅主之意而結果ˇ行諸善事ˇ
사 이 소 행 진 합 어 주 ˇ 범 사 열 주 지 의 이 결 과 ˇ 행 제 선 사 ˇ
於上帝之知識ˇ日有長進(哥羅西書골로새서 1:10)
어 상 제 지 지 식 ˇ 일 유 장 진

主주께 合當합당하게 行행하여 凡事범사에 기쁘시게 하고 모든 善선한 일에 열매를 맺게 하시며 하나님을 아는 것에 자라게 하시고

31-8 爾曹由上帝得與基督耶穌連屬ˇ上帝使彼爲我智慧ˇ使
이 조 유 상 제 득 여 기 독 야 소 연 속 ˇ 상 제 사 피 위 아 지 혜 ˇ 사
我因彼稱義ˇ成聖ˇ得贖(哥林多前書고린도전서 1:30)
아 인 피 칭 의 ˇ 성 성 ˇ 득 속

너희는 하나님으로부터 나서 그리스도 예수 안에 있고 예수는 하나님으로부터 나와서 우리에게 知慧지혜와 義의로움과 거룩함과 救援구원함이 되셨으니

31-9 或高ˇ或卑ˇ或他受造之物ˇ皆不能間我於上帝之愛ˇ
혹 고 ˇ 혹 비 ˇ 혹 타 수 조 지 물 ˇ 개 불 능 간 아 어 상 제 지 애 ˇ
卽在我主耶穌基督內者也(羅瑪書로마서 8:39)
즉 재 아 주 야 소 기 독 내 자 야

높음이나 깊음이나 다른 어떤 被造物피조물이라도 우리를 우리 主주 그리스도 예수 안에 있는 하나님의 사랑에서 끊을 수 없으리라

31-10 爾當自省信主否ˇ亦當自試ˇ抑爾不自知ˇ爾若非見棄
이 당 자 성 신 주 부 ˇ 역 당 자 시 ˇ 억 이 불 자 지 ˇ 이 약 비 견 기
者ˇ則耶基督必在爾中乎(哥林多後書고린도후서 13:5)
자 ˇ 즉 야 소 기 독 필 재 이 중 호

너희는 믿음 안에 있는가 너희 自身자신을 試驗시험하고 너희 自身자신을 確證확증하라 예수 그리스도께서 너희 안에 계신 줄을 너희가 스스로 알지 못하느냐 그렇지 않으면 너희는 버림 받은 者자니라

31-11 若上帝之靈ˇ居於爾心ˇ則爾不屬肉體而屬聖靈矣ˇ凡
약 상 제 지 령 ˇ 거 어 이 심 ˇ 즉 이 불 속 육 체 이 속 성 령 의 ˇ 범
無基督靈者ˇ不屬基督也(羅瑪書로마서 8:9)
무 기 독 령 자 ˇ 불 속 기 독 야

萬一만일 너희 속에 하나님의 靈영이 居거하시면 너희가 肉身육신에 있지 아니하고 靈영에 있나니 누구든지 그리스도의 靈영이 없으면 그리스도의 사람이 아니라

31-12 爾曹敬愛主者ˇ皆須惡惡ˇ主必保全敬主虔誠人之生
이 조 경 애 주 자 ˇ 개 수 오 악 ˇ 주 필 보 전 경 주 건 성 인 지 생
命ˇ必救之脫離惡人之手(詩篇시편 97:10)
명 ˇ 필 구 지 탈 리 악 인 지 수

여호와를 사랑하는 너희여 惡악을 미워하라 그가 그의 聖徒성도의 靈魂영혼을 保全보전하사 惡人악인의 손에서 건지시느니라

31-13 爾平康之時ˇ我曾諭爾ˇ乃爾云ˇ我不願聽ˇ自爾幼年
이 평 강 지 시 ˇ 아 증 유 이 ˇ 내 이 운 ˇ 아 불 원 청 ˇ 자 이 유 년
以來ˇ爾不聽我言ˇ此爾故習(耶利米예레미아 22:21)
이 래 ˇ 이 불 청 아 언 ˇ 차 이 고 습

네가 平安평안할 때에 내가 네게 말하였으나 네 말이 나는 듣지 아니하리라 하였나니 네가 어려서부터 내 목소리를 聽從청종하지 아니함이 네 習慣습관이라

31-14 求主自天ˇ自主之居所ˇ俯聽其祈求禱告ˇ爲之伸冤ˇ
구 주 자 천 ˇ 자 주 지 거 소 ˇ 부 청 기 기 구 도 고 ˇ 위 지 신 원 ˇ
赦主之民在主前所犯之罪(歷代下역대하 6:39)
사 주 지 민 재 주 전 소 범 지 죄

主주는 계신 곳 하늘에서 그들의 祈禱기도와 懇求간구를 들으시고 그들의 일을 돌보시오며 主주께 犯罪범죄한 主주의 百姓백성을 容恕용서하옵소서

31-15 如爾以靈祝謝ˇ則彼無識者ˇ旣不知爾何言ˇ焉能於爾
여 이 이 령 축 사 ˇ 즉 피 무 식 자 ˇ 기 부 지 이 하 언 ˇ 언 능 어 이
祝謝之時ˇ應聲曰阿們乎(哥林多前書고린도전서 14:16)
축 사 지 시 ˇ 응 성 왈 아 문 호

그렇지 아니하면 네가 靈영으로 祝福축복할 때에 알지 못하는 處地처지에 있는 者자가 네가 무슨 말을 하는지 알지 못하고 네 感謝감사에 어찌 아멘 하리요

31-16 爾當强爾心壯爾志ˇ勿畏葸ˇ勿懼之ˇ因主爾之上帝與
이 당 강 이 심 장 이 지 ˇ 물 외 사 ˇ 물 구 지 ˇ 인 주 이 지 상 제 여

爾偕往ˇ必不離爾ˇ不棄爾(申命記신명기 31:6)
이 해 왕 ˇ 필 불 리 이 ˇ 불 기 이

너희는 强강하고 膽大담대하라 두려워하지 말라 그들 앞에서 떨지 말라 이는 네 하나님 여호와 그가 너와 함께 가시며 決결코 너를 떠나지 아니하시며 버리지 아니하실 것임이라 하고

31-17 我上帝歟ˇ我欲彈琴讚美主ˇ讚美主之誠實ˇ以色列之
아 상 제 여 ˇ 아 욕 탄 금 찬 미 주 ˇ 찬 미 주 지 성 실 ˇ 이 색 열 지
聖主乎ˇ我欲敲瑟歌頌主(詩篇시편 71:22)
성 주 호 ˇ 아 욕 고 슬 가 송 주

나의 하나님이여 내가 또 琵琶비파로 主주를 讚揚찬양하며 主주의 誠實성실을 讚揚찬양하리이다 이스라엘의 거룩하신 主주여 내가 竪琴수금으로 主주를 讚揚찬양하리이다

31-18 若爾因所食ˇ使兄弟憂ˇ則所行不循愛人之道ˇ基督爲
약 이 인 소 식 ˇ 사 형 제 우 ˇ 즉 소 행 불 순 애 인 지 도 ˇ 기 독 위
之死ˇ爾勿以所食而敗之(羅瑪書로마서 14:15)
지 사 ˇ 이 물 이 소 식 이 패 지

萬一만일 飮食음식으로 말미암아 네 兄弟형제가 근심하게 되면 이는 네가 사랑으로 行행하지 아니함이라 그리스도께서 代身대신하여 죽으신 兄弟형제를 네 飮食음식으로 亡망하게 하지 말라

31-19 亞伯拉罕有信ˇ蒙主命ˇ往將獲以爲業之地ˇ卽遵命而
아 백 랍 한 유 신 ˇ 몽 주 명 ˇ 왕 장 획 이 위 업 지 지 ˇ 즉 준 명 이
出ˇ臨出之時ˇ尙不知所往(希伯來書히브리서 11:8)
출 ˇ 임 출 지 시 ˇ 상 부 지 소 왕

믿음으로 아브라함은 부르심을 받았을 때에 順從순종하여 將來장래의 遺業유업으로 받을 땅에 나아갈새 갈 바를 알지 못하고 나아갔으며

31-20 敬畏主ˇ恪守主約ˇ思以遵行主法度者ˇ主必永遠向其
경 외 주 ˇ 격 수 주 약 ˇ 사 이 준 행 주 법 도 자 ˇ 주 필 영 원 향 기
施恩ˇ向其子孫永行公義(詩篇시편 103:17~18)
시 은 ˇ 향 기 자 손 영 행 공 의

여호와의 仁慈인자하심은 自己자기를 敬畏경외하는 者자에게 永遠영원부터 永遠영원까지 이르며 그의 義의는 子孫자손의 子

孫자손에게 이르리니 곧 그의 言約언약을 지키고 그의 法道법도를 記憶기억하여 行행하는 者자에게로다

31-21 我在母胎ˇ尚未成形ˇ主目已洞鑒我ˇ所定之年日ˇ尚
아 재 모 태 ˇ 상 미 성 형 ˇ 주 목 이 통 감 아 ˇ 소 정 지 년 일 ˇ 상
未有其一ˇ已皆註於主之冊(詩篇시편 136:16)
미 유 기 일 ˇ 이 개 주 어 주 지 책

내 形質형질이 이루어지기 前전에 主주의 눈이 보셨으며 나를 爲위하여 定정한 날이 하루도 되기 前전에 主주의 冊책에 다 記錄기록이 되었나이다

31-22 此世之主迷惑此等不信者之心ˇ基督榮耀福音之光不
차 세 지 주 미 혹 차 등 불 신 자 지 심 ˇ 기 독 영 요 복 음 지 광 부
照之ˇ基督乃上帝之像(哥林多後書고린도후서 4:4)
조 지 ˇ 기 독 내 상 제 지 상

그 中중에 이 世上세상의 神신이 믿지 아니하는 者자들의 마음을 昏迷혼미하게 하여 그리스도의 榮光영광의 福音복음의 光彩광채가 비치지 못하게 함이니 그리스도는 하나님의 形像형상이니라

31-23 在上帝吾父之前ˇ恒念爾曹ˇ以信而行ˇ以愛而勞者ˇ
재 상 제 오 부 지 전 ˇ 항 념 이 조 ˇ 이 신 이 행 ˇ 이 애 이 노 자 ˇ
因望我主耶穌基督而忍耐(帖撒羅尼迦前書데살로니가전서 1:3)
인 망 아 주 야 소 기 독 이 인 내

너희의 믿음의 役事역사와 사랑의 수고와 우리 主주 예수 그리스도에 對대한 所望소망의 忍耐인내를 우리 하나님 아버지 앞에서 끊임없이 記憶기억함이니

31-24 爾旣賴聖靈ˇ而潔己心ˇ致能順眞理ˇ以愛兄弟無僞ˇ
이 기 뢰 성 령 ˇ 이 결 기 심 ˇ 치 능 순 진 리 ˇ 이 애 형 제 무 위 ˇ
則當由清潔之心ˇ彼此切愛(彼得前書베드로전서 1:22)
즉 당 유 청 결 지 심 ˇ 피 차 절 애

너희가 眞理진리를 順從순종함으로 너희 靈魂영혼을 깨끗하게 하여 거짓이 없이 兄弟형제를 사랑하기에 이르렀으니 마음으로 뜨겁게 彼此피차 사랑하라

31-25 蓋天使長大聲呼號ˇ吹上帝之角時ˇ主必由天而降ˇ則
개 천 사 장 대 성 호 호 ˇ 취 상 제 지 각 시 ˇ 주 필 유 천 이 강 ˇ 즉
信基督而死者ˇ必先復活(帖撒羅尼迦前書데살로니가전서 4:16)
신 기 독 이 사 자 ˇ 필 선 부 활

主주께서 號令호령과 天使長천사장의 소리와 하나님의 喇叭나팔로 親친히 하늘로부터 降臨강림하시리니 그리스도 안에서 죽은 者자들이 먼저 일어나고 〈찬송가 180장〉

31-26 天使曰ˇ聖靈將臨爾ˇ至上者之大能將庇爾ˇ是以所生
천 사 왈 ˇ 성 령 장 임 이 ˇ 지 상 자 지 대 능 장 비 이 ˇ 시 이 소 생
之聖者ˇ必稱爲上帝之子(路加福音누가복음 1:35)
지 성 자 ˇ 필 칭 위 상 제 지 자

天使천사가 對答대답하여 이르되 聖靈성령이 네게 臨임하시고 至極지극히 높으신 이의 能力능력이 너를 덮으시리니 이러므로 나실 바 거룩한 이는 하나님의 아들이라 일컬으리라 〈찬송가 622장〉

31-27 我儕當識主ˇ當勉力識主ˇ主必顯祐ˇ如晨光之出ˇ必
아 제 당 식 주 ˇ 당 면 력 식 주 ˇ 주 필 현 우 ˇ 여 신 광 지 출 ˇ 필
臨我若雨ˇ若時雨滋潤土壤(何西阿호세아 6:3)
임 아 약 우 ˇ 약 시 우 자 윤 토 양

그러므로 우리가 여호와를 알자 힘써 여호와를 알자 그의 나타나심은 새벽 빛 같이 어김없나니 비와 같이, 땅을 적시는 늦은 비와 같이 우리에게 臨임하시리라 하니라

31-28 爾昔見棄被惡ˇ無人經歷於爾中ˇ今而後我使爾永爲
이 석 견 기 피 악 ˇ 무 인 경 력 어 이 중 ˇ 금 이 후 아 사 이 영 위
華美ˇ爲人所悅ˇ至於萬代 (以賽亞이사야 60:15)
화 미 ˇ 위 인 소 열 ˇ 지 어 만 대

前전에는 네가 버림을 當당하며 미움을 當당하였으므로 네게로 가는 者자가 없었으나 이제는 내가 너를 永遠영원한 아름다움과 代代대대의 기쁨이 되게 하리니

31-29 我儕一身多肢體ˇ而肢體非同一用ˇ我衆於基督內爲
아 제 일 신 다 지 체 ˇ 이 지 체 비 동 일 용 ˇ 아 중 어 기 독 내 위
一身ˇ互相爲肢體ˇ亦如是(羅瑪書로마서 12:4~5)
일 신 ˇ 호 상 위 지 체 ˇ 역 여 시

우리가 한 몸에 많은 肢體지체를 가졌으나 모든 肢體지체가 같은 機能기능을 가진 것이 아니니 이와 같이 우리 많은 사람이 그리스도 안에서 한 몸이 되어 서로 肢體지체가 되었느니라

31-30 我衆面不蒙帕ˇ如由鏡得觀主榮ˇ亦必化爲此像ˇ由榮
아 중 면 불 몽 파 ˇ 여 유 경 득 관 주 영 ˇ 역 필 화 위 차 상 ˇ 유 영
而愈榮ˇ由主之靈而化也(哥林多後書고린도후서 3:18)
이 유 영 ˇ 유 주 지 령 이 화 야

우리가 다 手巾수건을 벗은 얼굴로 거울을 보는 것 같이 主주의 榮光영광을 보매 그와 같은 形像형상으로 變化변화하여 榮光영광에서 榮光영광에 이르니 곧 主주의 靈영으로 말미암음이니라

31-31 凡其所爲者必不徒勞ˇ所生子女必不夭亡ˇ皆蒙賜福
범 기 소 위 자 필 불 도 노 ˇ 소 생 자 녀 필 불 요 망 ˇ 개 몽 사 복
之人ˇ凡其所生者亦若是(以賽亞이사야 65:23)
지 인 ˇ 범 기 소 생 자 역 약 시

그들의 수고가 헛되지 않겠고 그들이 生産생산한 것이 災難재난을 當당하지 아니하리니 그들은 여호와의 福복된 者자의 子孫자손이요 그들의 後孫후손도 그들과 같을 것임이라

㉜자

32-1 求則予爾ˇ尋則遇之ˇ叩門則爲爾啓之ˇ蓋凡求者必得
구 즉 여 이 ˇ 심 즉 우 지 ˇ 고 문 즉 위 이 계 지 ˇ 개 범 구 자 필 득
ˇ尋者必遇ˇ叩門者必爲之啓(瑪太福音마태복음 7:7~8)
ˇ 심 자 필 우 ˇ 고 문 자 필 위 지 계

求구하라 그리하면 너희에게 주실 것이요 찾으라 그리하면 찾아낼 것이요 門문을 두드리라 그리하면 너희에게 열릴 것이니 求구하는 이마다 받을 것이요 찾는 이는 찾아낼 것이요 두드리는 이에게는 열릴 것이니라

32-2 誰能絶我儕於基督之愛ˇ或患難ˇ或困苦ˇ或窘逐ˇ或
수 능 절 아 제 어 기 독 지 애 ˇ 혹 환 난 ˇ 혹 곤 고 ˇ 혹 군 축 ˇ 혹
饑餓ˇ或裸裎ˇ或艱危ˇ或鋒刃乎(羅瑪書로마서 8:35)
기 아 ˇ 혹 나 정 ˇ 혹 간 위 ˇ 혹 봉 인 호

누가 우리를 그리스도의 사랑에서 끊으리요 患難환난이나 困苦곤고나 迫害박해나 饑饉기근이나 赤身적신이나 危險위험이나 칼이랴

32-3 當諭此世之富者ˇ心勿驕傲ˇ勿恃無定之財ˇ惟恃永生
당 유 차 세 지 부 자 ˇ 심 물 교 오 ˇ 물 시 무 정 지 재 ˇ 유 시 영 생

之上帝ˇ賜我衆百物以享之(提摩太前書디모데전서 6:17)
지 상 제 ˇ 사 아 중 백 물 이 향 지

네가 이 世代세대에서 富부한 者자들을 命명하여 마음을 높이지 말고 定정함이 없는 財物재물에 所望소망을 두지 말고 오직 우리에게 모든 것을 厚후히 주사 누리게 하시는 하나님께 두며

32-4 惟保慰者ˇ卽聖靈ˇ父因我名而遣之者ˇ必將以一切訓
유 보 위 자 ˇ 즉 성 령 ˇ 부 인 아 명 이 견 지 자 ˇ 필 장 이 일 체 훈
爾ˇ且使爾ˇ憶凡我所語爾者(約翰福音요한복음 14:26)
이 ˇ 차 사 이 ˇ 억 범 아 소 어 이 자

保惠師보혜사 곧 아버지께서 내 이름으로 보내실 聖靈성령 그가 너희에게 모든 것을 가르치고 내가 너희에게 말한 모든 것을 생각나게 하리라

32-5 善人之步履ˇ爲主所定ˇ所行之道路ˇ主甚喜悅ˇ雖有
선 인 지 보 리 ˇ 위 주 소 정 ˇ 소 행 지 도 로 ˇ 주 심 희 열 ˇ 수 유
蹉跌ˇ亦不仆倒ˇ因主扶持其手(詩篇시편 37:23~24)
차 질 ˇ 역 부 부 도 ˇ 인 주 부 지 기 수

여호와께서 사람의 걸음을 定정하시고 그의 길을 기뻐하시나니 그는 넘어지나 아주 엎드러지지 아니함은 여호와께서 그의 손으로 붙드심이로다

32-6 試觀我僕ˇ我所扶持ˇ我所選擇ˇ我心所悅者ˇ我將以
시 관 아 복 ˇ 아 소 부 지 ˇ 아 소 선 택 ˇ 아 심 소 열 자 ˇ 아 장 이
我靈賦之ˇ彼以眞法示於列邦(以賽亞이사야 42:1)
아 영 부 지 ˇ 피 이 진 법 시 어 열 방

내가 붙드는 나의 종, 내 마음에 기뻐하는 者자 곧 내가 擇택한 사람을 보라 내가 나의 靈영을 그에게 주었은즉 그가 異邦이방에 正義정의를 베풀리라

32-7 自爾出母胎ˇ甄陶爾救贖爾之主如是云ˇ我乃主創造萬
자 이 출 모 태 ˇ 견 도 이 구 속 이 지 주 여 시 운 ˇ 아 내 주 창 조 만
物ˇ獨我張天ˇ以己力闢地(以賽亞이사야 44:24)
물 ˇ 독 아 장 천 ˇ 이 기 력 벽 지

네 救贖者구속자요 母胎모태에서 너를 지은 나 여호와가 이같이 말하노라 나는 萬物만물을 지은 여호와라 홀로 하늘을 폈으며 나와 함께 한 者자 없이 땅을 펼쳤고

32-8 我塗抹爾之愆尤ˇ如霧消散ˇ塗抹爾之罪惡ˇ如雲滅沒
아 도 말 이 지 건 우 ˇ 여 무 소 산 ˇ 도 말 이 지 죄 악 ˇ 여 운 멸 몰
ˇ爾當歸誠於我ˇ因我救贖爾(以賽亞이사야 44:22)
ˇ 이 당 귀 성 어 아 ˇ 인 아 구 속 이

내가 네 허물을 빽빽한 구름 같이, 네 罪죄를 안개 같이 없이하였으니 너는 내게로 돌아오라 내가 너를 救贖구속하였음이니라

32-9 當憶主爾之上帝以能力賜爾ˇ俾爾獲財ˇ以踐所誓於爾
당 억 주 이 지 상 제 이 능 력 사 이 ˇ 비 이 획 재 ˇ 이 천 소 서 어 이
祖之盟約ˇ有如今日之事(申命記신명기 8:18)
조 지 맹 약 ˇ 유 여 금 일 지 사

네 하나님 여호와를 記憶기억하라 그가 네게 財物재물 얻을 能力능력을 주셨음이라 이같이 하심은 네 祖上조상들에게 盟誓맹서하신 言約언약을 오늘과 같이 이루려 하심이니라

32-10 凡呑噬爾者必被呑噬ˇ凡敵爾者必被擄ˇ掠爾者必被
범 탄 서 이 자 필 피 탄 서 ˇ 범 적 이 자 필 피 노 ˇ 략 이 자 필 피
掠ˇ凡劫爾者我必使之被劫(耶利米예레미아 30:16)
략 ˇ 범 겁 이 자 아 필 사 지 피 겁

너를 먹는 모든 者자는 잡아먹힐 것이며 네 모든 對敵대적은 사로잡혀 갈 것이고 너에게서 奪取탈취해 간 者자는 奪取탈취를 當당할 것이며 너에게서 擄掠노략질한 모든 者자는 擄掠物노략물이 되리라

32-11 我每念爾ˇ則謝我上帝ˇ每祈禱時ˇ常爲爾衆歡然而求
아 매 념 이 ˇ 즉 사 아 상 제 ˇ 매 기 도 시 ˇ 상 위 이 중 환 연 이 구
ˇ緣爾曹自初迄今ˇ共信福音(腓立比書빌립보서 1:3~5)
ˇ 연 이 조 자 초 흘 금 ˇ 공 신 복 음

내가 너희를 생각할 때마다 나의 하나님께 感謝감사하며 懇求간구할 때마다 너희 무리를 爲위하여 기쁨으로 恒常항상 懇求간구함은 너희가 첫날부터 이제까지 福音복음을 爲위한 일에 參與참여하고 있기 때문이라

32-12 其時倉廩有穀種乎ˇ葡萄樹ˇ無花果樹ˇ石榴樹ˇ油果
기 시 창 름 유 곡 종 호 ˇ 포 도 수 ˇ 무 화 과 수 ˇ 석 류 수 ˇ 유 과
樹ˇ俱不實ˇ自是以後ˇ我必降福(哈該학개 2:19)
수 ˇ 구 불 실 ˇ 자 시 이 후 ˇ 아 필 강 복

穀食곡식 種子종자가 아직도 倉庫창고에 있느냐 葡萄포도나무

無花果무화과나무 石榴석류나무 橄欖감람나무에 열매가 맺지 못하였느니라 그러나 오늘부터는 내가 너희에게 福복을 주리라

32-13 我以爾之信爲奉獻之祭祀ˇ卽我舍命流血ˇ以我血爲
아 이 이 지 신 위 봉 헌 지 제 사 ˇ 즉 아 사 명 유 혈 ˇ 이 아 혈 위
灌奠ˇ我亦樂之ˇ且與爾同樂(腓立比書빌립보서 2:17)
관 전 ˇ 아 역 락 지 ˇ 차 여 이 동 락

萬一만일 너희 믿음의 祭物제물과 섬김 위에 내가 나를 奠祭전제로 드릴지라도 나는 기뻐하고 너희 무리와 함께 기뻐하리니

32-14 求主使眞實之言終不離我口ˇ因我仰望主之判斷ˇ我
구 주 사 진 실 지 언 종 불 리 아 구 ˇ 인 아 앙 망 주 지 판 단 ˇ 아
必常守主之律法ˇ至於永遠(詩篇시편 119:43~44)
필 상 수 주 지 율 법 ˇ 지 어 영 원

眞理진리의 말씀이 내 입에서 조금도 떠나지 말게 하소서 내가 主주의 規例규례를 바랐음이니이다 내가 主주의 律法율법을 恒常항상 지키리이다 永遠영원히 지키리이다

32-15 凡美善之恩施ˇ全備之賞賚ˇ皆自上出ˇ由光明之父而
범 미 선 지 은 시 ˇ 전 비 지 상 뢰 ˇ 개 자 상 출 ˇ 유 광 명 지 부 이
降ˇ彼永無變易ˇ無遷移之影(雅各書야고보서 1:17)
강 ˇ 피 영 무 변 역 ˇ 무 천 이 지 영

온갖 좋은 恩賜은사와 穩全온전한 膳物선물이 다 위로부터 빛들의 아버지께로부터 내려오나니 그는 變변함도 없으시고 回轉회전하는 그림자도 없으시니라

32-16 凡較力爭勝者ˇ諸事撙節修持ˇ彼衆行此ˇ欲得易壞之
범 교 력 쟁 승 자 ˇ 제 사 준 절 수 지 ˇ 피 중 행 차 ˇ 욕 득 이 괴 지
冠ˇ我儕行此ˇ欲得不壞之冠(哥林多前書고린도전서 9:25)
관 ˇ 아 제 행 차 ˇ 욕 득 불 괴 지 관

이기기를 다투는 者자마다 모든 일에 節制절제하나니 그들은 썩을 勝利者승리자의 冠관을 얻고자 하되 우리는 썩지 아니할 것을 얻고자 하노라

32-17 兄弟乎ˇ今我將爾曹託上帝ˇ及上帝施恩之道ˇ上帝能
형 제 호 ˇ 금 아 장 이 조 탁 상 제 ˇ 급 상 제 시 은 지 도 ˇ 상 제 능
建爾ˇ賜爾有業於聖徒之中(使徒行傳사도행전 20:32)
건 이 ˇ 사 이 유 업 어 성 도 지 중

只今지금 내가 여러분을 主주와 및 그 恩惠은혜의 말씀에 付託부탁하노니 그 말씀이 여러분을 能능히 든든히 세우사 거룩하게 하심을 입은 모든 者자 가운데 基業기업이 있게 하시리라

32-18 在主院宇得居一日ˇ勝居他處千日ˇ寧立於我上帝殿
재 주 원 우 득 거 일 일 ˇ 승 거 타 처 천 일 ˇ 령 입 어 아 상 제 전
之門閾ˇ不願居惡人之帷幕 (詩篇시편 84:10)
지 문 역 ˇ 불 원 거 악 인 지 유 막

主주의 宮庭궁정에서 한 날이 다른 곳에서 千천날보다 나은즉 惡人악인의 帳幕장막에 居거함보다 내 하나님 門문지기로 있는 것이 좋사오니

32-19 以色列人ˇ聽之哉ˇ主我之上帝獨一無二之主ˇ爾當盡
이 색 열 인 ˇ 청 지 재 ˇ 주 아 지 상 제 독 일 무 이 지 주 ˇ 이 당 진
心盡意盡力ˇ愛主爾之上帝(申命記신명기 6:4~5)
심 진 의 진 력 ˇ 애 주 이 지 상 제

이스라엘아 들으라 우리 하나님 여호와는 오직 唯一유일한 여호와이시니 너는 마음을 다하고 뜻을 다하고 힘을 다하여 네 하나님 여호와를 사랑하라

32-20 我告爾有一罪人悔故ˇ則在天亦爲之喜ˇ較爲九十九
아 고 이 유 일 죄 인 회 고 ˇ 즉 재 천 역 위 지 희 ˇ 교 위 구 십 구
不須悔改之義人ˇ喜尤大也(路加福音누가복음 15:7)
불 수 회 개 지 의 인 ˇ 희 우 대 야

내가 너희에게 이르노니 이와 같이 罪人죄인 한 사람이 悔改회개하면 하늘에서는 悔改회개할 것 없는 義人의인 아흔아홉으로 말미암아 기뻐하는 것보다 더하리라

32-21 當以基督之道ˇ充於爾心ˇ智慧具備ˇ相教相勸ˇ以歌
당 이 기 독 지 도 ˇ 충 어 이 심 ˇ 지 혜 구 비 ˇ 상 교 상 권 ˇ 이 가
章ˇ頌詞ˇ靈賦ˇ中心感恩而頌主(哥羅西書골로새서 3:16)
장 ˇ 송 사 ˇ 영 부 ˇ 중 심 감 은 이 송 주

그리스도의 말씀이 너희 속에 豊盛풍성히 居거하여 모든 智慧지혜로 彼此피차 가르치며 勸勉권면하고 詩시와 讚頌찬송과 神靈신령한 노래를 부르며 感謝감사하는 마음으로 하나님을 讚揚찬양하고

32-22 惟聖靈臨爾後ˇ爾將受能力ˇ爲我作證於耶路撒冷ˇ
유 성 령 임 이 후 ˇ 이 장 수 능 력 ˇ 위 아 작 증 어 야 로 살 냉 ˇ
猶太全地ˇ撒瑪利亞ˇ以至地極(使徒行傳사도행전 1:8)
유 태 전 지 ˇ 살 마 리 아 ˇ 이 지 지 극

오직 聖靈성령이 너희에게 臨임하시면 너희가 權能권능을 받고 예루살렘과 온 유대와 사마리아와 땅 끝까지 이르러 내 證人증인이 되리라 하시니라

32-23 我坐我起ˇ主皆知曉ˇ主從遠處知我意念ˇ我行我寢ˇ
아 좌 아 기 ˇ 주 개 지 효 ˇ 주 종 원 처 지 아 의 념 ˇ 아 행 아 침 ˇ
主皆詳察ˇ我一切道ˇ主皆深曉(詩篇시편 139:2~3)
주 개 상 찰 ˇ 아 일 체 도 ˇ 주 개 심 효

主주께서 내가 앉고 일어섬을 아시고 멀리서도 나의 생각을 밝히 아시오며 나의 모든 길과 내가 눕는 것을 살펴보셨으므로 나의 모든 行爲행위를 익히 아시오니

32-24 我或受苦ˇ乃爲爾得慰得救ˇ使爾能忍我儕同受之苦
아 혹 수 고 ˇ 내 위 이 득 위 득 구 ˇ 사 이 능 인 아 제 동 수 지 고
ˇ我或得慰ˇ亦爲爾得慰得救(哥林多後書고린도후서 1:6)
ˇ 아 혹 득 위 ˇ 역 위 이 득 위 득 구

우리가 患難환난 當당하는 것도 너희가 慰勞위로와 救援구원을 받게 하려는 것이요 우리가 慰勞위로를 받는 것도 너희가 慰勞위로를 받게 하려는 것이니 이 慰勞위로가 너희 속에 役事역사하여 우리가 받는 것 같은 苦難고난을 너희도 견디게 하느니라

32-25 我若駕清晨之翅ˇ飛至海極而居ˇ在彼主之手亦必引
아 약 가 청 신 지 시 ˇ 비 지 해 극 이 거 ˇ 재 피 주 지 수 역 필 인
導我ˇ主之右手亦必扶持我(詩篇시편 139:9~10)
도 아 ˇ 주 지 우 수 역 필 부 지 아

내가 새벽 날개를 치며 바다 끝에 가서 居住거주할지라도 거기서도 主주의 손이 나를 引導인도하시며 主주의 오른손이 나를 붙드시리이다

32-26 我賜境內平康ˇ爾必安寢ˇ無人令爾驚懼ˇ我於爾地
아 사 경 내 평 강 ˇ 이 필 안 침 ˇ 무 인 령 이 경 구 ˇ 아 어 이 지
必翦滅猛獸ˇ不使兵刃經爾地(利未記레위기 26:6)
필 전 멸 맹 수 ˇ 불 사 병 인 경 이 지

내가 그 땅에 平和평화를 줄 것인즉 너희가 누울 때 너희

를 두렵게 할 者자가 없을 것이며 내가 사나운 짐승을 그 땅에서 除제할 것이요 칼이 너희의 땅에 두루 行행하지 아니할 것이며

32-27 我凡事示爾ˇ當如是勸勞ˇ以扶持荏弱之人ˇ當憶我主
아 범 사 시 이 ˇ 당 여 시 권 노 ˇ 이 부 지 임 약 지 인 ˇ 당 억 아 주
耶穌之言云ˇ施較受更爲福(使徒行傳사도행전 20:35)
야 소 지 언 운 ˇ 시 교 수 갱 위 복

凡事범사에 여러분에게 模本모본을 보여준 바와 같이 수고하여 弱약한 사람들을 돕고 또 主주 예수께서 親친히 말씀하신 바 주는 것이 받는 것보다 福복이 있다 하심을 記憶기억하여야 할지니라

32-28 惟眷顧孤寡於患難間ˇ且自守不爲世俗所染ˇ是誠虔
유 권 고 고 과 어 환 난 간 ˇ 차 자 수 불 위 세 속 소 염 ˇ 시 성 건
敬ˇ純潔無疵ˇ於上帝我父前(雅各書야고보서 1:27)
경 ˇ 순 결 무 자 ˇ 어 상 제 아 부 전

하나님 아버지 앞에서 淨潔정결하고 더러움이 없는 敬虔경건은 곧 孤兒고아와 寡婦과부를 그 患難환난 中중에 돌보고 또 自己자기를 지켜 世俗세속에 물들지 아니하는 그것이니라

32-29 使我儕不復爲小子ˇ中人之巧詐詭譎ˇ及其誘惑之法
사 아 제 불 부 위 소 자 ˇ 중 인 지 교 사 궤 휼 ˇ 급 기 유 혹 지 법
ˇ而被諸異教之風ˇ飄蕩搖動(以弗所書에베소서 4:14)
ˇ 이 피 제 이 교 지 풍 ˇ 표 탕 요 동

이는 우리가 이제부터 어린 아이가 되지 아니하여 사람의 속임수와 奸詐간사한 誘惑유혹에 빠져 온갖 教訓교훈의 風潮풍조에 밀려 搖動요동하지 않게 하려 함이라

32-30 惟我僕迦勒緣聽從我ˇ不與衆同心ˇ我必使其得入所
유 아 복 가 륵 연 청 종 아 ˇ 불 여 중 동 심 ˇ 아 필 사 기 득 입 소
往之地ˇ使其後裔得以爲業(民數記민수기 14:24)
왕 지 지 ˇ 사 기 후 예 득 이 위 업

그러나 내 종 갈렙은 그 마음이 그들과 달라서 나를 穩全온전히 따랐은즉 그가 갔던 땅으로 내가 그를 引導인도하여 들이리니 그의 子孫자손이 그 땅을 차지하리라

32-31 然此亦何妨ˇ其意或僞或誠ˇ無論如何ˇ基督究以是而
연 차 역 하 방 ˇ 기 의 혹 위 혹 성 ˇ 무 론 여 하 ˇ 기 독 구 이 시 이

傳矣ˇ我爲之而樂ˇ亦必終樂(腓立比書빌립보서 1:18)
전 의 ˇ 아 위 지 이 락 ˇ 역 필 종 락

그러면 무엇이냐 겉치레로 하나 참으로 하나 무슨 方道방도로 하든지 傳播전파되는 것은 그리스도니 이로써 나는 기뻐하고 또한 기뻐하리라

32-32 有一事我曾求主ˇ今仍祈求ˇ卽使我一生居於主殿ˇ
유 일 사 아 증 구 주 ˇ 금 잉 기 구 ˇ 즉 사 아 일 생 거 어 주 전 ˇ
瞻仰主之榮美ˇ在主殿朝覲主(詩篇시편 27:4)
첨 앙 주 지 영 미 ˇ 재 주 전 조 근 주

내가 여호와께 바라는 한 가지 일 그것을 求구하리니 곧 내가 내 平生평생에 여호와의 집에 살면서 여호와의 아름다움을 바라보며 그의 聖殿성전에서 思慕사모하는 그것이라

32-33 忘上帝者ˇ景象亦若是ˇ僞善者所望ˇ亦若是歸於無
망 상 제 자 ˇ 경 상 역 약 시 ˇ 위 선 자 소 망 ˇ 역 약 시 귀 어 무
有ˇ所賴者必絶ˇ所恃者如蛛網(約伯욥기 8:13~14)
유 ˇ 소 뢰 자 필 절 ˇ 소 시 자 여 주 망

하나님을 잊어버리는 者자의 길은 다 이와 같고 低俗저속한 者자의 希望희망은 무너지리니 그가 믿는 것이 끊어지고 그가 依支의지하는 것이 거미줄 같은즉

32-34 蓋凡上帝所造之物皆善ˇ感恩而受ˇ無一可棄ˇ此物
개 범 상 제 소 조 지 물 개 선 ˇ 감 은 이 수 ˇ 무 일 가 기 ˇ 차 물
因上帝之言ˇ亦因祈禱而潔矣(提摩太前書디모데전서 4:4~5)
인 상 제 지 언 ˇ 역 인 기 도 이 결 의

하나님께서 지으신 모든 것이 善선하매 感謝감사함으로 받으면 버릴 것이 없나니 하나님의 말씀과 祈禱기도로 거룩하여짐이라

32-35 我心爲何抑鬱ˇ爲何煩惱ˇ當仰望上帝ˇ上帝仍必面
아 심 위 하 억 울 ˇ 위 하 번 뇌 ˇ 당 앙 망 상 제 ˇ 상 제 잉 필 면
向我ˇ拯救我ˇ我因而頌揚上帝(詩篇시편 42:5)
향 아 ˇ 증 구 아 ˇ 아 인 이 송 양 상 제

내 靈魂영혼아 네가 어찌하여 落心낙심하며 어찌하여 내 속에서 不安불안해 하는가 너는 하나님께 所望소망을 두라 그가 나타나 도우심으로 말미암아 내가 여전히 讚頌찬송하리로다

32-36 但求主我之上帝ˇ垂念主之僕禱告祈求ˇ垂聽主之僕
단 구 주 아 지 상 제 ˇ 수 념 주 지 복 도 고 기 구 ˇ 수 청 주 지 복
今日於主前呼籲祈禱之言(列王上열왕기상 8:28)
금 일 어 주 전 호 유 기 도 지 언

그러나 내 하나님 여호와여 主주의 종의 祈禱기도와 懇求간구를 돌아보시며 이 종이 오늘 主주 앞에서 부르짖음과 비는 祈禱기도를 들으시옵소서

32-37 求上帝憐恤我ˇ因我之心惟望主蔭庇ˇ願在主翼之蔭
구 상 제 련 휼 아 ˇ 인 아 지 심 유 망 주 음 비 ˇ 원 재 주 익 지 음
下得蒙覆庇ˇ直至害過災消(詩篇시편 57:1)
하 득 몽 복 비 ˇ 직 지 해 과 재 소

하나님이여 내게 恩惠은혜를 베푸소서 내게 恩惠은혜를 베푸소서 내 靈魂영혼이 主주께로 避피하되 主주의 날개 그늘 아래에서 이 災殃재앙들이 지나기까지 避피하리이다

32-38 永久之門戶ˇ崇高而起ˇ尊榮之王ˇ將欲進矣ˇ尊榮之
영 구 지 문 호 ˇ 숭 고 이 기 ˇ 존 영 지 왕 ˇ 장 욕 진 의 ˇ 존 영 지
王誰歟ˇ萬有之主ˇ卽尊榮之王(詩篇시편 24:9~10)
왕 수 여 ˇ 만 유 지 주 ˇ 즉 존 영 지 왕

門문들아 너희 머리를 들지어다 永遠영원한 門문들아 들릴지어다 榮光영광의 王왕이 들어가시리로다 榮光영광의 王왕이 누구시냐 萬軍만군의 여호와께서 곧 榮光영광의 王왕이시로다

32-39 凡其所爲者必不徒勞ˇ所生子女必不夭亡ˇ皆蒙我賜福
범 기 소 위 자 필 불 도 노 ˇ 소 생 자 녀 필 불 요 망 ˇ 개 몽 아 사 복
之人ˇ凡其所生者亦若是(以賽亞이사야 65:23)
지 인 ˇ 범 기 소 생 자 역 약 시

그들의 수고가 헛되지 않겠고 그들이 生産생산한 것이 災難재난을 當당하지 아니하리니 그들은 여호와의 福복된 者자의 子孫자손이요 그들의 後孫후손도 그들과 같을 것임이라

33 자

33-1 聖靈所結之果ˇ卽仁愛ˇ喜樂ˇ和平ˇ忍耐ˇ慈悲ˇ良善
성 령 소 결 지 과 ˇ 즉 인 애 ˇ 희 락 ˇ 화 평 ˇ 인 내 ˇ 자 비 ˇ 량 선
ˇ忠信ˇ溫柔ˇ節制ˇ如此者ˇ無律法禁止
ˇ 충 신 ˇ 온 유 ˇ 절 제 ˇ 여 차 자 ˇ 무 율 법 금 지
(迦拉太書갈라디아서 5:22~23)

오직 聖靈성령의 열매는 사랑과 喜樂희락과 和平화평과 오래
참음과 慈悲자비와 良善양선과 忠誠충성과 溫柔온유와 節制절제니
이같은 것을 禁止금지할 法법이 없느니라

33-2 蓋上帝之言ˇ活潑有力ˇ較兩刃之劍尤利ˇ靈氣與骨髓
개 상 제 지 언 ˇ 활 발 유 력 ˇ 교 양 인 지 검 우 리 ˇ 영 기 여 골 수
ˇ無不剖入ˇ心之意念ˇ無不鑒察(希伯來書히브리서 4:12)
ˇ 무 불 부 입 ˇ 심 지 의 념 ˇ 무 불 감 찰

하나님의 말씀은 살아 있고 活力활력이 있어 左右좌우에 날선
어떤 劍검보다도 銳利예리하여 魂혼과 靈영과 및 關節관절과 骨
髓골수를 찔러 쪼개기까지 하며 또 마음의 생각과 뜻을 判
斷판단하나니

33-3 我爲葡萄樹ˇ爾爲枝ˇ凡在我內而我在彼內者ˇ則結果
아 위 포 도 수 ˇ 이 위 지 ˇ 범 재 아 내 이 아 재 피 내 자 ˇ 즉 결 과
繁矣ˇ蓋爾曹離我ˇ則無能爲也(約翰福音요한복음 15:5)
번 의 ˇ 개 이 조 리 아 ˇ 즉 무 능 위 야

나는 葡萄포도나무요 너희는 가지라 그가 내 안에, 내가 그
안에 居거하면 사람이 열매를 많이 맺나니 나를 떠나서는
너희가 아무 것도 할 수 없음이라

33-4 主爾之上帝駐蹕爾中ˇ乃全能者ˇ必施拯救ˇ必因爾歡
주 이 지 상 제 주 필 이 중 ˇ 내 전 능 자 ˇ 필 시 증 구 ˇ 필 인 이 환
欣喜樂ˇ默然眷愛爾ˇ歡呼踊躍(西番雅스바냐 3:17)
흔 희 락 ˇ 묵 연 권 애 이 ˇ 환 호 용 약

너의 하나님 여호와가 너의 가운데에 계시니 그는 救援구원
을 베푸실 全能者전능자이시라 그가 너로 말미암아 기쁨을
이기지 못하시며 너를 潛潛잠잠히 사랑하시며 너로 말미암
아 즐거이 부르며 기뻐하시리라 하리라

33-5 蓋我儕所望所喜所誇之冕何哉ˇ豈非爾曹於我主耶穌
개 아 제 소 망 소 희 소 과 지 면 하 재 ˇ 기 비 이 조 어 아 주 야 소
基督降臨時ˇ得立於其前乎(帖撒羅尼迦前書데살로니가전서 2:19)
기 독 강 림 시 ˇ 득 립 어 기 전 호

우리의 所望소망이나 기쁨이나 자랑의 冕旒冠면류관이 무엇이
냐 그가 降臨강림하실 때 우리 主주 예수 앞에 너희가 아니냐

33-6 故當畏主ˇ以誠心眞意奉事主ˇ爾祖在河東ˇ在伊及所
고 당 외 주 ˇ 이 성 심 진 의 봉 사 주 ˇ 이 조 재 하 동 ˇ 재 이 급 소

事之諸神ˇ爾當除之ˇ惟崇事主(約書亞여호수아 24:14)
사 지 제 신 ˇ 이 당 제 지 ˇ 유 숭 사 주

그러므로 이제는 여호와를 敬畏경외하며 穩全온전함과 眞實진실함으로 그를 섬기라 너희의 祖上조상들이 江강 저쪽과 애굽에서 섬기던 神신들을 치워 버리고 여호와만 섬기라

33-7 全體賴彼聯絡鞏固ˇ百節諸肢ˇ各隨其用ˇ各按其量ˇ
전 체 뢰 피 연 락 공 고 ˇ 백 절 제 지 ˇ 각 수 기 용 ˇ 각 안 기 량 ˇ
力行相助ˇ使體漸長ˇ而以愛自建(以弗所書에베소서 4:16)
력 행 상 조 ˇ 사 체 점 장 ˇ 이 이 애 자 건

그에게서 온 몸이 各각 마디를 通통하여 도움을 받음으로 連結연결되고 結合결합되어 各각 肢體지체의 分量분량대로 役事역사하여 그 몸을 자라게 하며 사랑 안에서 스스로 세우느니라

33-8 敬畏主極喜悅主命者ˇ此人卽爲有福ˇ其子孫在世必
경 외 주 극 희 열 주 명 자 ˇ 차 인 즉 위 유 복 ˇ 기 자 손 재 세 필
强盛ˇ正直人之後裔ˇ必蒙福祉(詩篇시편 112:1~2)
강 성 ˇ 정 직 인 지 후 예 ˇ 필 몽 복 지

여호와를 敬畏경외하며 그의 誡命계명을 크게 즐거워하는 者자는 福복이 있도다 그 後孫후손이 땅에서 强盛강성함이여 正直정직한 者들의 後孫후손에게 福복이 있으리로다 〈찬송가 551장〉

33-9 山嶺可移ˇ岡陵可徙ˇ我恩慈永不離爾ˇ我和平之約ˇ
산 령 가 이 ˇ 강 릉 가 사 ˇ 아 은 자 영 불 리 이 ˇ 아 화 평 지 약 ˇ
永立不移ˇ此乃矜恤爾之主所言(以賽亞이사야 54:10)
영 립 불 이 ˇ 차 내 긍 휼 이 지 주 소 언

山산들이 떠나며 언덕들은 옮겨질지라도 나의 慈悲자비는 네게서 떠나지 아니하며 나의 和平화평의 言約언약은 흔들리지 아니하리라 너를 矜恤긍휼히 여기시는 여호와께서 말씀하셨느니라

33-10 約書亞謂之曰ˇ勿恐懼ˇ勿膽怯ˇ當强爾心壯爾志ˇ蓋
약 서 아 위 지 왈 ˇ 물 공 구 ˇ 물 담 겁 ˇ 당 강 이 심 장 이 지 ˇ 개
主必如是待爾所攻之一切仇敵(約書亞여호수아 10:25)
주 필 여 시 대 이 소 공 지 일 체 구 적

여호수아가 그들에게 이르되 두려워하지 말며 놀라지 말고 强강하고 膽大담대하라 너희가 맞서서 싸우는 모든 對敵대적에게 여호와께서 다 이와 같이 하시리라 하고

33-11 主必保護爾ˇ免遇一切災禍ˇ必保護爾生命ˇ爾出爾入
주 필 보 호 이 ˇ 면 우 일 체 재 화 ˇ 필 보 호 이 생 명 ˇ 이 출 이 입
ˇ主必保護爾ˇ從今日至於永遠(詩篇시편 121:7~8)
ˇ 주 필 보 호 이 ˇ 종 금 일 지 어 영 원

여호와께서 너를 지켜 모든 患難환난을 免면하게 하시며 또 네 靈魂영혼을 지키시리로다 여호와께서 너의 出入출입을 지금부터 永遠영원까지 지키시리로다

33-12 爾施濟時ˇ勿使左手知右手所爲ˇ如是則爾之施濟隱
이 시 제 시 ˇ 물 사 좌 수 지 우 수 소 위 ˇ 여 시 즉 이 지 시 제 은
矣ˇ爾父鑒觀於隱ˇ將顯以報爾(瑪太福音마태복음 6:3~4)
의 ˇ 이 부 감 관 어 은 ˇ 장 현 이 보 이

너는 救濟구제할 때에 오른손이 하는 것을 왼손이 모르게 하여 네 救濟구제함을 隱密은밀하게 하라 隱密은밀한 中중에 보시는 너의 아버지께서 갚으시리라

33-13 我儕服勞受辱ˇ正爲此也ˇ因我儕仰望永生上帝ˇ彼乃
아 제 복 노 수 욕 ˇ 정 위 차 야 ˇ 인 아 제 앙 망 영 생 상 제 ˇ 피 내
萬人之救主ˇ更爲信者之救主(提摩太前書디모데전서 4:10)
만 인 지 구 주 ˇ 갱 위 신 자 지 구 주

이를 爲위하여 우리가 수고하고 힘쓰는 것은 우리 所望소망을 살아 계신 하나님께 둠이니 곧 모든 사람 特특히 믿는 者자들의 救主구주시라

33-14 謂門徒曰ˇ爾之信安在ˇ衆恐懼且驚訝ˇ相告曰ˇ是何
위 문 도 왈 ˇ 이 지 신 안 재 ˇ 중 공 구 차 경 아 ˇ 상 고 왈 ˇ 시 하
人也ˇ命風與水ˇ而風與水亦順之(路加福音누가복음 8:25)
인 야 ˇ 명 풍 여 수 ˇ 이 풍 여 수 역 순 지

弟子제자들에게 이르시되 너희 믿음이 어디 있느냐 하시니 그들이 두려워하고 놀랍게 여겨 서로 말하되 그가 누구이기에 바람과 물을 命명하매 順從순종하는가 하더라

33-15 兄弟乎ˇ我就爾ˇ若第言方言ˇ而不以默示ˇ或知識ˇ
형 제 호 ˇ 아 취 이 ˇ 약 제 언 방 언 ˇ 이 불 이 묵 시 ˇ 혹 지 식 ˇ
或預言ˇ或教訓勸爾ˇ則於爾何益哉
혹 예 언 ˇ 혹 교 훈 권 이 ˇ 즉 어 이 하 익 재
(哥林多前書고린도전서 14:6)

그런즉 兄弟형제들아 내가 너희에게 나아가서 方言방언으로 말하고 啓示계시나 知識지식이나 預言예언이나 가르치는 것으

로 말하지 아니하면 너희에게 무엇이 有益유익하리요

33-16 求我上帝責之ˇ此來攻我之羣衆ˇ我儕無力捍禦ˇ我儕
구 아 상 제 책 지 ˇ 차 래 공 아 지 군 중 ˇ 아 제 무 력 한 어 ˇ 아 제
不知當何所爲ˇ我目惟盼望主(歷代下역대하 20:12)
부 지 당 하 소 위 ˇ 아 목 유 반 망 주

우리 하나님이여 저희를 懲罰징벌하지 아니하시나이까 우리를 치러 오는 이 큰 무리를 우리가 對敵대적할 能力능력이 없고 어떻게 할 줄도 알지 못하옵고 오직 主주만 바라보나이다 하고

33-17 隱微之事屬主我之上帝ˇ明示之事屬我及我子孫ˇ使
은 미 지 사 속 주 아 지 상 제 ˇ 명 시 지 사 속 아 급 아 자 손 ˇ 사
我守此諸法之諸言ˇ直至永遠(申命記신명기 29:29)
아 수 차 제 법 지 제 언 ˇ 직 지 영 원

감추어진 일은 우리 하나님 여호와께 屬속하였거니와 나타난 일은 永遠영원히 우리와 우리 子孫자손에게 屬속하였나니 이는 우리에게 이 律法율법의 모든 말씀을 行행하게 하심이니라

33-18 凡主之僕與主之民以色列ˇ在此殿祈禱ˇ求主垂聽ˇ願
범 주 지 복 여 주 지 민 이 색 열 ˇ 재 차 전 기 도 ˇ 구 주 수 청 ˇ 원
主在天ˇ在主之居所ˇ垂聽赦免(列王上열왕기상 8:30)
주 재 천 ˇ 재 주 지 거 소 ˇ 수 청 사 면

主주의 종과 主주의 百姓백성 이스라엘이 이 곳을 向향하여 祈禱기도할 때에 主주는 그 懇求간구함을 들으시되 主주께서 계신 곳 하늘에서 들으시고 들으시사 赦사하여 주옵소서

33-19 勿議人ˇ則不見議ˇ爾議人如何ˇ則見議亦若是ˇ爾以
물 의 인 ˇ 즉 불 견 의 ˇ 이 의 인 여 하 ˇ 즉 견 의 역 약 시 ˇ 이 이
何量量諸人ˇ人亦以何量量諸爾(瑪太福音마태복음 7:1~2)
하 량 량 제 인 ˇ 인 역 이 하 량 량 제 이

批判비판을 받지 아니하려거든 批判비판하지 말라 너희가 批判비판하는 그 批判비판으로 너희가 批判비판을 받을 것이요 너희가 헤아리는 그 헤아림으로 너희가 헤아림을 받을 것이니라

33-20 蓋我儕爲上帝所造ˇ在基督內被造者ˇ使我得行善事
개 아 제 위 상 제 소 조 ˇ 재 기 독 내 피 조 자 ˇ 사 아 득 행 선 사

ˇ卽上帝預定我儕所當行者也(以弗所書에베소서 2:10)
ˇ 즉 상 제 예 정 아 제 소 당 행 자 야

우리는 그가 만드신 바라 그리스도 예수 안에서 善선한 일을 위하여 지으심을 받은 者자니 이 일은 하나님이 前전에 豫備예비하사 우리로 그 가운데서 行행하게 하려 하심이니라

33-21 能忍者ˇ所儕以爲有福ˇ爾曹聞約伯之忍ˇ亦知主賜其
능 인 자 ˇ 소 제 이 위 유 복 ˇ 이 조 문 약 백 지 인 ˇ 역 지 주 사 기
終境如何ˇ蓋主最仁慈施憐憫(雅各書야고보서 5:11)
종 경 여 하 ˇ 개 주 최 인 자 시 연 민

보라 忍耐인내하는 者자를 우리가 福복되다 하나니 너희가 욥의 忍耐인내를 들었고 主주께서 주신 結末결말을 보았거니와 主주는 가장 慈悲자비하시고 矜恤긍휼히 여기는 者자시니라

33-22 彼得謂之曰ˇ爾曹各當悔改ˇ奉耶穌基督名領洗禮ˇ
피 득 위 지 왈 ˇ 이 조 각 당 회 개 ˇ 봉 야 소 기 독 명 영 세 례 ˇ
俾罪得赦ˇ如是ˇ必蒙主賜爾聖靈(使徒行傳사도행전 2:38)
비 죄 득 사 ˇ 여 시 ˇ 필 몽 주 사 이 성 령

베드로가 이르되 너희가 悔改회개하여 각각 예수 그리스도의 이름으로 洗禮세례를 받고 罪죄 赦사함을 받으라 그리하면 聖靈성령의 선물을 받으리니

33-23 惟願主降福於爾ˇ護祐爾ˇ願主以主面之榮光照爾ˇ
유 원 주 강 복 어 이 ˇ 호 우 이 ˇ 원 주 이 주 면 지 영 광 조 이 ˇ
賜恩於爾ˇ願主眷顧爾ˇ賜爾平康(民數記민수기 6:24~26)
사 은 어 이 ˇ 원 주 권 고 이 ˇ 사 이 평 강

여호와는 네게 福복을 주시고 너를 지키시기를 願원하며 여호와는 그의 얼굴을 네게 비추사 恩惠은혜 베푸시기를 願원하며 여호와는 그 얼굴을 네게로 向향하여 드사 平康평강 주시기를 願원하노라 할지니라 하라

33-24 西門對曰ˇ師ˇ我儕終夜勞苦ˇ竟無所得ˇ今遵爾言ˇ
서 문 대 왈 ˇ 사 ˇ 아 제 종 야 노 고 ˇ 경 무 소 득 ˇ 금 준 이 언 ˇ
我則下網遂下網ˇ圍魚甚衆ˇ網幾裂(路加福音누가복음 5:5~6)
아 즉 하 망 수 하 망 ˇ 위 어 심 중 ˇ 망 기 열

시몬이 對答대답하여 이르되 先生선생님 우리들이 밤이 새도록 수고하였으되 잡은 것이 없지마는 말씀에 依支의지하여 내가 그물을 내리리이다 하고 그렇게 하니 고기를 잡은

것이 甚심히 많아 그물이 찢어지는지라

33-25 然此諸權ˇ我悉未用ˇ且我書此ˇ非欲爾如是以待我ˇ
연 차 제 권 ˇ 아 실 미 용 ˇ 차 아 서 차 ˇ 비 욕 이 여 시 이 대 아 ˇ
我寧死ˇ不可使我所誇者歸於虛(哥林多前書고린도전서 9:15)
아 령 사 ˇ 불 가 사 아 소 과 자 귀 어 허

그러나 내가 이것을 하나도 쓰지 아니하였고 또 이 말을 쓰는 것은 내게 이같이 하여 달라는 것이 아니라 내가 차라리 죽을지언정 누구든지 내 자랑하는 것을 헛된 데로 돌리지 못하게 하리라

33-26 爾禁食時ˇ毋作憂容ˇ似僞善者ˇ彼變顔色ˇ爲示人以
이 금 식 시 ˇ 무 작 우 용 ˇ 사 위 선 자 ˇ 피 변 안 색 ˇ 위 시 인 이
己之禁食ˇ我誠告爾ˇ彼已得其賞(瑪太福音마태복음 6:16)
기 지 금 식 ˇ 아 성 고 이 ˇ 피 이 득 기 상

禁食금식할 때에 너희는 外飾외식하는 者자들과 같이 슬픈 氣色기색을 보이지 말라 그들은 禁食금식하는 것을 사람에게 보이려고 얼굴을 凶흉하게 하느니라 내가 眞實진실로 너희에게 이르노니 그들은 自己자기 賞상을 이미 받았느니라

34자

34-1 毋畏葸ˇ我必祐爾ˇ勿膽怯ˇ我乃爾之上帝ˇ必堅强爾ˇ
무 외 사 ˇ 아 필 우 이 ˇ 물 담 겁 ˇ 아 내 이 지 상 제 ˇ 필 견 강 이 ˇ
濟助爾我必以施救之右手扶持爾(以賽亞이사야 41:10)
제 조 이 아 필 이 시 구 지 우 수 부 지 이

두려워하지 말라 내가 너와 함께 함이라 놀라지 말라 나는 네 하나님이 됨이라 내가 너를 굳세게 하리라 참으로 너를 도와 주리라 참으로 나의 義의로운 오른손으로 너를 붙들리라

34-2 我儕年壽ˇ不過七十ˇ若强健者可至八十ˇ其中勞苦煩
아 제 년 수 ˇ 불 과 칠 십 ˇ 약 강 건 자 가 지 팔 십 ˇ 기 중 노 고 번
惱甚多ˇ日月甚速ˇ我儕迅逝如飛(詩篇시편 90:10)
뇌 심 다 ˇ 일 월 심 속 ˇ 아 제 신 서 여 비

우리의 年數연수가 七十칠십이요 康健강건하면 八十팔십이라도 그 年數연수의 자랑은 수고와 슬픔뿐이요 迅速신속히 가니 우

리가 날아가나이다

34-3 爾曹當進窄門ˇ蓋引至淪亡ˇ其門濶ˇ其路寬ˇ入之者
이 조 당 진 착 문 ˇ 개 인 지 윤 망 ˇ 기 문 활 ˇ 기 로 관 ˇ 입 지 자
多ˇ引至生ˇ其門窄ˇ其路狹ˇ得之者少(瑪太福音마태복음 7:13~14)
다 ˇ 인 지 생 ˇ 기 문 착 ˇ 기 로 협 ˇ 득 지 자 소

좁은 門문으로 들어가라 滅亡멸망으로 引導인도하는 門문은 크고 그 길이 넓어 그리로 들어가는 者자가 많고 生命생명으로 引導인도하는 門문은 좁고 길이 狹窄협착하여 찾는 者자가 적음이라

34-4 凡爾手所經營之事ˇ當盡力經營ˇ因爾所將往之示阿勒
범 이 수 소 경 영 지 사 ˇ 당 진 력 경 영 ˇ 인 이 소 장 왕 지 시 아 륵
ˇ無經營ˇ無計謀ˇ無知識ˇ無智慧(傳道書전도서 9:10)
ˇ 무 경 영 ˇ 무 계 모 ˇ 무 지 식 ˇ 무 지 혜

네 손이 일을 얻는 대로 힘을 다하여 할지어다 네가 將次장차 들어갈 스올에는 일도 없고 計劃계획도 없고 知識지식도 없고 知慧지혜도 없음이니라

34-5 非爾選我ˇ乃我選爾ˇ且命爾往而結果ˇ而爾果恒存ˇ
비 이 선 아 ˇ 내 아 선 이 ˇ 차 명 이 왕 이 결 과 ˇ 이 이 과 항 존 ˇ
則爾託我名凡求於父者ˇ父必賜爾(約翰福音요한복음 15:16)
즉 이 탁 아 명 범 구 어 부 자 ˇ 부 필 사 이

너희가 나를 擇택한 것이 아니요 내가 너희를 擇택하여 세웠나니 이는 너희로 가서 열매를 맺게 하고 또 너희 열매가 恒常항상 있게 하여 내 이름으로 아버지께 무엇을 求구하든지 다 받게 하려 함이라

34-6 爾妻在室中ˇ如多果之葡萄樹ˇ爾子女如油果樹ˇ皆圍
이 처 재 실 중 ˇ 여 다 과 지 포 도 수 ˇ 이 자 녀 여 유 과 수 ˇ 개 위
繞爾席ˇ敬畏主之人ˇ必如此蒙福(詩篇시편 128:3~4)
요 이 석 ˇ 경 외 주 지 인 ˇ 필 여 차 몽 복

네 집 안방에 있는 네 아내는 결실한 葡萄포도나무 같으며 네 食卓식탁에 둘러 앉은 子息자식들은 어린 橄欖감람나무 같으리로다 여호와를 敬畏경외하는 者자는 이같이 福복을 얻으리로다

34-7 撒母耳曰ˇ主豈悅火焚祭平安祭ˇ不悅人聽從主命乎ˇ
살 모 이 왈 ˇ 주 기 열 화 분 제 평 안 제 ˇ 불 열 인 청 종 주 명 호 ˇ
聽命勝於獻祭ˇ順從勝於牡羊脂(撒母耳上사무엘상 15:22)
청 명 승 어 헌 제 ˇ 순 종 승 어 모 양 지

사무엘이 이르되 여호와께서 燔祭번제와 다른 祭祀제사를 그의 목소리를 聽從청종하는 것을 좋아하심 같이 좋아하시겠나이까 順從순종이 祭祀제사보다 낫고 듣는 것이 숫羊양의 기름보다 나으니

34-8 今則得釋於律法ˇ蓋繫我者ˇ我已脫之若死ˇ使我儕事
금 즉 득 석 어 율 법 ˇ 개 계 아 자 ˇ 아 이 탈 지 약 사 ˇ 사 아 제 사
主不以文之舊者ˇ乃以靈之新者(羅瑪書로마서 7:6)
주 불 이 문 지 구 자 ˇ 내 이 령 지 신 자

이제는 우리가 얽매였던 것에 對대하여 죽었으므로 律法율법에서 벗어났으니 이러므로 우리가 靈영의 새로운 것으로 섬길 것이요 律法율법 條文조문의 묵은 것으로 아니할지니라

34-9 爾曹爲上帝之名勤勞而施仁愛ˇ素供事聖徒ˇ今仍供事
이 조 위 상 제 지 명 근 로 이 시 인 애 ˇ 소 공 사 성 도 ˇ 금 잉 공 사
之ˇ上帝非不義ˇ必不忘爾之工(希伯來書히브리서 6:10)
지 ˇ 상 제 비 불 의 ˇ 필 불 망 이 지 공

하나님은 不義불의하지 아니하사 너희 行爲행위와 그의 이름을 爲위하여 나타낸 사랑으로 이미 聖徒성도를 섬긴 것과 이제도 섬기고 있는 것을 잊어버리지 아니하시느니라

34-10 在主前ˇ卽在普天下之主前ˇ山嶺皆消融如蠟ˇ諸天宣
재 주 전 ˇ 즉 재 보 천 하 지 주 전 ˇ 산 령 개 소 융 여 랍 ˇ 제 천 선
揚主之公義ˇ萬民悉覩主之榮光(詩篇시편 97:5~6)
양 주 지 공 의 ˇ 만 민 실 도 주 지 영 광

山산들이 여호와의 앞 곧 온 땅의 主주 앞에서 밀랍 같이 녹았도다 하늘이 그의 義의를 宣布선포하니 모든 百姓백성이 그의 榮光영광을 보았도다

34-11 小子乎ˇ爾當恒居主內ˇ使我儕至主顯現ˇ在其降臨之
소 자 호 ˇ 이 당 항 거 주 내 ˇ 사 아 제 지 주 현 현 ˇ 재 기 강 림 지
時ˇ得毅然無懼ˇ且可無愧於其前(約翰壹書요한1서 2:28)
시 ˇ 득 의 연 무 구 ˇ 차 가 무 괴 어 기 전

子女자녀들아 이제 그의 안에 居거하라 이는 主주께서 나타내신 바 되면 그가 降臨강림하실 때에 우리로 膽大담대함을 얻어 그 앞에서 부끄럽지 않게 하려 함이라

34-12 我提攜爾ˇ直至爾老ˇ我仍若是ˇ至爾髮白ˇ我猶保抱
아 제 휴 이 ˇ 직 지 이 노 ˇ 아 잉 약 시 ˇ 지 이 발 백 ˇ 아 유 보 포

ˇ我已若是行ˇ必保抱ˇ必提攜ˇ必拯救(以賽亞이사야 46:4)
ˇ아 이 약 시 행 ˇ 필 보 포 ˇ 필 제 휴 ˇ 필 증 구

너희가 老年노년에 이르기까지 내가 그리하겠고 白髮백발이 되기까지 내가 너희를 품을 것이라 내가 지었은즉 내가 업을 것이요 내가 품고 救구하여 내리라

34-13 爾於異邦人中ˇ當擧動皆善ˇ彼素謗爾爲惡ˇ旣見爾之
이 어 이 방 인 중 ˇ 당 거 동 개 선 ˇ 피 소 방 이 위 악 ˇ 기 견 이 지
善行ˇ則在眷顧之時ˇ歸榮於上帝(彼得前書베드로전서 2:12)
선 행 ˇ 즉 재 권 고 지 시 ˇ 귀 영 어 상 제

너희가 異邦人이방인 中중에서 行實행실을 善선하게 가져 너희를 惡行악행한다고 誹謗비방하는 者자들로 하여금 너희 善선한 일을 보고 오시는 날에 하나님께 榮光영광을 돌리게 하려 함이라

34-14 當互相款接ˇ不可吝嗇ˇ各宜按所受之恩賜ˇ交相供事
당 호 상 관 접 ˇ 불 가 인 색 ˇ 각 의 안 소 수 지 은 사 ˇ 교 상 공 사
ˇ如忠信之家宰ˇ司理上帝恩賜者(彼得前書베드로전서 4:9~10)
ˇ 여 충 신 지 가 재 ˇ 사 리 상 제 은 사 자

서로 待接대접하기를 怨望원망 없이 하고 各各각각 恩賜은사를 받은 대로 하나님의 여러 가지 恩惠은혜를 맡은 善선한 廳청지기 같이 서로 奉事봉사하라

34-15 上帝愛我儕之愛ˇ我儕已知且信ˇ上帝卽愛也ˇ恒愛者
상 제 애 아 제 지 애 ˇ 아 제 이 지 차 신 ˇ 상 제 즉 애 야 ˇ 항 애 자
ˇ卽恒居上帝內ˇ上帝亦恒居其內(約翰壹書요한1서 4:16)
ˇ 즉 항 거 상 제 내 ˇ 상 제 역 항 거 기 내

하나님이 우리를 사랑하시는 사랑을 우리가 알고 믿었노니 하나님은 사랑이시라 사랑 안에 居거하는 者자는 하나님 안에 居거하고 하나님도 그의 안에 居거하시느니라

34-16 父不審判人ˇ乃以審判之事ˇ悉委於子ˇ使衆敬子ˇ如
부 불 심 판 인 ˇ 내 이 심 판 지 사 ˇ 실 위 어 자 ˇ 사 중 경 자 ˇ 여
敬父然ˇ不敬子者ˇ卽不敬遣子之父
경 부 연 ˇ 불 경 자 자 ˇ 즉 불 경 견 자 지 부

(約翰福音요한복음 5:22~23)

아버지께서 아무도 審判심판하지 아니하시고 審判심판을 다 아들에게 맡기셨으니 이는 모든 사람으로 아버지를 恭敬공

경하는 것 같이 아들을 恭敬공경하게 하려 하심이라 아들을 恭敬공경치 아니하는 者자는 그를 보내신 아버지를 恭敬공경치 아니하느니라

34-17 上帝許之以福ˇ謂之曰ˇ生育衆多ˇ充盈於地ˇ地爲爾

상 제 허 지 이 복 ˇ 위 지 왈 ˇ 생 육 중 다 ˇ 충 영 어 지 ˇ 지 위 이

所治ˇ並治海魚飛鳥ˇ及地上諸生物(創世記창세기 1:28)

소 치 ˇ 병 치 해 어 비 조 ˇ 급 지 상 제 생 물

하나님이 그들에게 福복을 주시며 하나님이 그들에게 이르시되 生育생육하고 蕃盛번성하여 땅에 充滿충만하라 땅을 征服정복하라 바다의 물고기와 하늘의 새와 땅에 움직이는 모든 生物생물을 다스리라 하시니라

34-18 播於荊棘中者ˇ指人聽道ˇ而斯世之思慮ˇ貨財之迷惑

파 어 형 극 중 자 ˇ 지 인 청 도 ˇ 이 사 세 지 사 려 ˇ 화 재 지 미 혹

ˇ及諸物慾ˇ入而蔽其道ˇ則不結實(瑪可福音마가복음 4:18~19)

ˇ 급 제 물 욕 ˇ 입 이 폐 기 도 ˇ 즉 불 결 실

또 어떤 이는 가시떨기에 뿌려진 者자니 이들은 말씀을 듣기는 하되 世上세상의 念慮염려와 財物재물의 誘惑유혹과 其他기타 慾心욕심이 들어와 말씀을 막아 結實결실하지 못하게 되는 者자요

34-19 惟毋叛主ˇ毋懼其地之居民ˇ我必滅之ˇ易如呑餅ˇ其

유 무 반 주 ˇ 무 구 기 지 지 거 민 ˇ 아 필 멸 지 ˇ 이 여 탄 병 ˇ 기

陰庇已離之ˇ我儕蒙主偕我毋懼之(民數記민수기 14:9)

음 비 이 리 지 ˇ 아 제 몽 주 해 아 무 구 지

다만 여호와를 拒逆거역하지는 말라 또 그 땅 百姓백성을 두려워하지 말라 그들은 우리의 먹이라 그들의 保護者보호자는 그들에게서 떠났고 여호와는 우리와 함께 하시느니라 그들을 두려워하지 말라 하나

34-20 創造爾ˇ甄陶爾ˇ自爾有生以來ˇ救濟爾之主如是云ˇ

창 조 이 ˇ 견 도 이 ˇ 자 이 유 생 이 래 ˇ 구 제 이 지 주 여 시 운 ˇ

我僕雅各ˇ我所選之耶西崙ˇ勿畏懼(以賽亞이사야 44:2)

아 복 아 각 ˇ 아 소 선 지 야 서 륜 ˇ 물 외 구

너를 만들고 너를 母胎모태에서부터 지어 낸 너를 도와 줄 여호와가 이같이 말하노라 나의 종 야곱, 내가 擇택한 여수룬아 두려워하지 말라

34-21 我若遲延ˇ使爾知當如何行事於上帝之家ˇ此家卽永
아 약 지 연 ˇ 사 이 지 당 여 하 행 사 어 상 제 지 가 ˇ 차 가 즉 영
生上帝之教會ˇ眞理之柱與基也(提摩太前書디모데전서 3:15)
생 상 제 지 교 회 ˇ 진 리 지 주 여 기 야

萬一만일 내가 遲滯지체하면 너로 하여금 하나님의 집에서 어떻게 行행하여야 할지를 알게 하려 함이니 이 집은 살아계신 하나님의 教會교회요 眞理진리의 기둥과 터니라

34-22 上帝之道ˇ由爾傳聞ˇ不第在瑪其頓ˇ亞該亞ˇ爾信上
상 제 지 도 ˇ 유 이 전 문 ˇ 부 제 재 마 기 돈 ˇ 아 해 아 ˇ 이 신 상
帝隨在播揚ˇ故不須我儕復有所言
제 수 재 파 양 ˇ 고 불 수 아 제 부 유 소 언
(帖撒羅尼迦前書데살로니가전서 1:8)

主주의 말씀이 너희에게로부터 마게도냐와 아가야에만 들릴 뿐 아니라 하나님을 向향하는 너희 믿음의 所聞소문이 各處각처에 퍼졌으므로 우리는 아무 말도 할 것이 없노라

34-23 我儕在腓立比受害見辱ˇ乃爾所知ˇ然我儕賴我之上
아 제 재 비 립 비 수 해 견 욕 ˇ 내 이 소 지 ˇ 연 아 제 뢰 아 지 상
帝ˇ仍得毅然竭力ˇ傳福音於爾曹
제 ˇ 잉 득 의 연 갈 력 ˇ 전 복 음 어 이 조
(帖撒羅尼迦前書데살로니가전서 2:2)

너희가 아는 바와 같이 우리가 먼저 빌립보에서 苦難고난과 凌辱능욕을 當당하였으나 우리 하나님을 힘입어 많은 싸움 中중에 하나님의 福音복음을 너희에게 傳전하였노라

34-24 乃至耶利哥ˇ耶穌與門徒及羣衆出耶利哥時ˇ有一瞽
내 지 야 리 가 ˇ 야 소 여 문 도 급 군 중 출 야 리 가 시 ˇ 유 일 고
者ˇ乃提買之子巴提買ˇ坐乞道旁(瑪可福音마가복음 10:46)
자 ˇ 내 제 매 지 자 파 제 매 ˇ 좌 걸 도 방

그들이 여리고에 이르렀더니 예수께서 弟子제자들과 許多허다한 무리와 함께 여리고에서 나가실 때에 디매오의 아들인 盲人맹인 거지 바디매오가 길 가에 앉았다가

34-25 禱告主我之上帝ˇ自陳罪愆ˇ曰ˇ主歟ˇ至大可畏之上
도 고 주 아 지 상 제 ˇ 자 진 죄 건 ˇ 왈 ˇ 주 여 ˇ 지 대 가 외 지 상
帝ˇ爲敬愛主謹守主命者ˇ踐約施恩(但以理다니엘 9:4)
제 ˇ 위 경 애 주 근 수 주 명 자 ˇ 천 약 시 은

내 하나님 여호와께 祈禱기도하며 自服자복하여 이르기를 크

시고 두려워할 主주 하나님 主주를 사랑하고 主주의 誡命계명을 지키는 者자를 爲위하여 言約언약을 지키시고 그에게 仁慈인자를 베푸시는 이시여

34-26 當時摩西誓我曰ˇ爾旣順從主我之上帝ˇ故爾足所履
당 시 마 서 서 아 왈 ˇ 이 기 순 종 주 아 지 상 제 ˇ 고 이 족 소 리
之地ˇ必歸爾與爾子孫ˇ永遠爲業(約書亞여호수아 14:9)
지 지 ˇ 필 귀 이 여 이 자 손 ˇ 영 원 위 업

그 날에 모세가 盟誓맹서하여 이르되 네가 내 하나님 여호와께 忠誠충성하였은즉 네 발로 밟는 땅은 永遠영원히 너와 네 子孫자손의 基業기업이 되리라 하였나이다

34-27 惟爾居郇與居耶路撒冷之民ˇ不復哭泣ˇ爾以聲呼籲
유 이 거 순 여 거 야 로 살 냉 지 민 ˇ 불 부 곡 읍 ˇ 이 이 성 호 유
主ˇ主必賜恩於爾ˇ主聞之卽應爾(以賽亞이사야 30:19)
주 ˇ 주 필 사 은 어 이 ˇ 주 문 지 즉 응 이

시온에 居住거주하며 예루살렘에 居住거주하는 百姓백성아 너는 다시 痛哭통곡하지 아니할 것이라 그가 네 부르짖는 소리로 말미암아 네게 恩惠은혜를 베푸시되 그가 들으실 때에 네게 應答응답하시리라

34-28 我提攜爾ˇ直至爾老ˇ我仍若是ˇ至爾髮白ˇ我猶保抱
아 제 휴 이 ˇ 직 지 이 노 ˇ 아 잉 약 시 ˇ 지 이 발 백 ˇ 아 유 보 포
ˇ我已若是行ˇ必保抱ˇ必提攜ˇ必拯救(以賽亞이사야 46:4)
ˇ 아 이 약 시 행 ˇ 필 보 포 ˇ 필 제 휴 ˇ 필 증 구

너희가 老年노년에 이르기까지 내가 그리하겠고 白髮백발이 되기까지 내가 너희를 품을 것이라 내가 지었은즉 내가 업을 것이요 내가 품고 救구하여 내리라

35자

35-1 主赦免我一切罪愆ˇ醫治我一切疾病ˇ救贖我命ˇ免於
주 사 면 아 일 체 죄 건 ˇ 의 치 아 일 체 질 병 ˇ 구 속 아 명 ˇ 면 어
阬坎ˇ以恩寵慈愛爲冠冕ˇ加於我首(詩篇시편 103:3~4)
갱 감 ˇ 이 은 총 자 애 위 관 면 ˇ 가 어 아 수

그가 네 모든 罪惡죄악을 赦사하시며 네 모든 病병을 고치시며 네 生命생명을 破滅파멸에서 贖良속량하시고 仁慈인자와 矜恤

긍휼로 冠관을 씌우시며

35-2 曰ˇ迦利利人ˇ爾曹何立此仰天而望乎ˇ此耶穌離爾升
왈 ˇ 가 리 리 인 ˇ 이 조 하 립 차 앙 천 이 망 호 ˇ 차 야 소 리 이 승
天ˇ爾見其如是升天ˇ後必如是而來(使徒行傳사도행전 1:11)
천 ˇ 이 견 기 여 시 승 천 ˇ 후 필 여 시 이 래

이르되 갈릴리 사람들아 어찌하여 서서 하늘을 쳐다보느냐 너희 가운데서 하늘로 올려지신 이 예수는 하늘로 가심을 본 그대로 오시리라 하였느니라

35-3 彼因我愆尤而被傷殘ˇ緣我罪惡而受折磨ˇ彼遭刑罰ˇ
피 인 아 건 우 이 피 상 잔 ˇ 연 아 죄 악 이 수 절 마 ˇ 피 조 형 벌 ˇ
使我得平康ˇ彼見鞭撻ˇ使我得醫痊(以賽亞이사야 53:5)
사 아 득 평 강 ˇ 피 견 편 달 ˇ 사 아 득 의 전

그가 찔림은 우리의 허물 때문이요 그가 傷상함은 우리의 罪惡죄악 때문이라 그가 懲戒징계를 받으므로 우리는 平和평화를 누리고 그가 채찍에 맞으므로 우리는 나음을 받았도다

35-4 但我所誇者無他ˇ惟誇我主耶穌基督之十字架ˇ我賴之
단 아 소 과 자 무 타 ˇ 유 과 아 주 야 소 기 독 지 십 자 가 ˇ 아 뢰 지
ˇ世向我已釘十字架ˇ我向世亦然(達迦拉太書갈라디아서 6:14)
ˇ 세 향 아 이 정 십 자 가 ˇ 아 향 세 역 연

그러나 내게는 우리 主주 예수 그리스도의 十字架십자가 外외에 決결코 자랑할 것이 없으니 그리스도로 말미암아 世上세상이 나를 對대하여 十字架십자가에 못 박히고 내가 또한 世上세상을 對대하여 그러하니라

35-5 子歟ˇ爾當爲主順從父母ˇ此乃所宜ˇ敬爾父母ˇ此爲
자 여 ˇ 이 당 위 주 순 종 부 모 ˇ 차 내 소 의 ˇ 경 이 부 모 ˇ 차 위
首誡ˇ有應許者ˇ曰ˇ使爾得福ˇ久居於世(以弗所書에베소서 6:1~3)
수 계 ˇ 유 응 허 자 ˇ 왈 ˇ 사 이 득 복 ˇ 구 거 어 세

子女자녀들아 主주 안에서 너희 父母부모에게 順從순종하라 이것이 옳으니라 네 아버지와 어머니를 恭敬공경하라 이것은 約束약속이 있는 첫 誡命계명이니 이로써 네가 잘되고 땅에서 長壽장수하리라

35-6 若死者不復活ˇ則上帝未使基督復活ˇ而我儕證上帝曾
약 사 자 불 부 활 ˇ 즉 상 제 미 사 기 독 부 활 ˇ 이 아 제 증 상 제 증
使之復活ˇ是我儕爲上帝妄證矣(哥林多前書고린도전서 15:15)
사 지 부 활 ˇ 시 아 제 위 상 제 망 증 의

또 우리가 하나님의 거짓 證人증인으로 發見발견되리니 우리가 하나님이 그리스도를 다시 살리셨다고 證言증언하였음이라 萬一만일 죽은 者자가 다시 살아나는 일이 없으면 하나님이 그리스도를 다시 살리지 아니하셨으리라

35-7 主恒導爾以行ˇ在旱乾時ˇ使爾滿志ˇ使爾筋骸堅固ˇ
주항도이이행 ˇ 재한건시 ˇ 사이만지 ˇ 사이근해견고 ˇ
使爾如灌漑之園囿ˇ如永不竭之泉源(以賽亞이사야 58:11)
사이여관개지원유 ˇ 여영불갈지천원
여호와가 너를 恒常항상 引導인도하여 메마른 곳에서도 네 靈魂영혼을 滿足만족하게 하며 네 뼈를 堅固견고하게 하리니 너는 물 댄 동산 같겠고 물이 끊어지지 아니하는 샘 같을 것이라

35-8 爾當知惟主爾之上帝爲上帝ˇ爲可信之上帝ˇ愛主守其
이당지유주이지상제위상제 ˇ 위가신지상제 ˇ 애주수기
誡者ˇ主爲之踐約施恩ˇ至於千代(申命記신명기 7:9)
계자 ˇ 주위지천약시은 ˇ 지어천대
그런즉 너는 알라 오직 네 하나님 여호와는 하나님이시요 信實신실하신 하나님이시라 그를 사랑하고 그의 誡命계명을 지키는 者자에게는 千천 代대까지 그의 言約언약을 履行이행하시며 仁愛인애를 베푸시되

35-9 主上帝卽以色列之聖主曾如是云ˇ爾悔改安居ˇ方可得
주상제즉이색열지성주증여시운 ˇ 이회개안거 ˇ 방가득
救ˇ靜默仰望ˇ方可强盛ˇ惟爾不欲(以賽亞이사야 30:15)
구 ˇ 정묵앙망 ˇ 방가강성 ˇ 유이불욕
主주 여호와 이스라엘의 거룩하신 이가 이같이 말씀하시되 너희가 돌이켜 조용히 있어야 救援구원을 얻을 것이요 潛潛잠잠하고 信賴신뢰하여야 힘을 얻을 것이거늘 너희가 願원하지 아니하고

35-10 曰ˇ蒙眷愛者ˇ勿懼ˇ爾必平安ˇ惟奮勇勉力ˇ彼向我
왈 ˇ 몽권애자 ˇ 물구 ˇ 이필평안 ˇ 유분용면력 ˇ 피향아
言此ˇ我覺堅壯ˇ曰ˇ我主已堅壯我ˇ請主言(但以理다니엘 10:19)
언차 ˇ 아각견장 ˇ 왈 ˇ 아주이견장아 ˇ 청주언
이르되 큰 恩寵은총을 받은 사람이여 두려워하지 말라 平

安평안하라 強健강건하라 強健강건하라 그가 이같이 내게 말하매 내가 곧 힘이 나서 이르되 내 主주께서 나를 強健강건하게 하셨사오니 말씀하옵소서

35-11 心中當尊主卽上帝爲聖ˇ爾心所懷之望ˇ有人以其故
심중당존주즉상제위성ˇ이심소회지망ˇ유인이기고
詰爾ˇ爾當預備ˇ可溫和畏懼以答之(彼得前書베드로전서 3:15)
힐이ˇ이당예비ˇ가온화외구이답지

너희 마음에 그리스도를 主주로 삼아 거룩하게 하고 너희 속에 있는 所望소망에 關관한 理由이유를 묻는 者자에게는 對答대답할 것을 恒常항상 準備준비하되 溫柔온유와 두려움으로 하고

35-12 然虔敬若兼知足ˇ是大益也ˇ我儕無所攜而出世ˇ亦無
연건경약겸지족ˇ시대익야ˇ아제무소휴이출세ˇ역무
所攜而去世ˇ明矣ˇ有衣食卽當知足(提摩太前書디모데전서 6:6~8)
소휴이거세ˇ명의ˇ유의식즉당지족

그러나 自足자족하는 마음이 있으면 敬虔경건은 큰 利益이익이 되느니라 우리가 世上세상에 아무 것도 가지고 온 것이 없으매 또한 아무 것도 가지고 가지 못하리니 우리가 먹을 것과 입을 것이 있은즉 足족한 줄로 알 것이니라

35-13 求上帝鑒察我ˇ知我之心思ˇ試鍊我ˇ知我之意念ˇ見
구상제감찰아ˇ지아지심사ˇ시련아ˇ지아지의념ˇ견
我行動有何邪僻ˇ又導我入永生之路(詩篇시편 139:23~24)
아행동유하사벽ˇ우도아입영생지로

하나님이여 나를 살피사 내 마음을 아시며 나를 試驗시험하사 내 뜻을 아옵소서 내게 무슨 惡악한 行爲행위가 있나 보시고 나를 永遠영원한 길로 引導인도하소서

35-14 主所愛之兄弟ˇ我儕當爲爾恒謝上帝ˇ因上帝自始選
주소애지형제ˇ아제당위이항사상제ˇ인상제자시선
爾ˇ得聖靈以成聖ˇ及信眞道而得救(帖撒羅尼加後書데살로니가후서 2:13)
이ˇ득성서령이성성ˇ급신진도이득구

主주께서 사랑하시는 兄弟형제들아 우리가 恒常항상 너희에 關관하여 마땅히 하나님께 感謝감사할 것은 하나님이 처음부터 너희를 擇택하사 聖靈성령의 거룩하게 하심과 眞理진리

를 믿음으로 救援구원을 받게 하심이니

35-15 求主我之上帝拯救我儕ˇ從異邦中集我以歸ˇ我儕必
구 주 아 지 상 제 증 구 아 제 ˇ 종 이 방 중 집 아 이 귀 ˇ 아 제 필
讚美主之聖名ˇ頌揚主德以爲榮耀(詩篇시편 106:47)
찬 미 주 지 성 명 ˇ 송 양 주 덕 이 위 영 요

여호와 우리 하나님이여 우리를 救援구원하사 여러 나라로부터 모으시고 우리가 主주의 거룩하신 이름을 感謝감사하며 主주의 榮譽영예를 讚揚찬양하게 하소서

35-16 我今求爲人所許乎ˇ或求爲上帝所許乎ˇ抑求悅於人
아 금 구 위 인 소 허 호 ˇ 혹 구 위 상 제 소 허 호 ˇ 억 구 열 어 인
乎ˇ我若求悅人ˇ則不爲上帝之僕矣(迦拉太書갈라디아서 1:10)
호 ˇ 아 약 구 열 인 ˇ 즉 불 위 상 제 지 복 의

이제 내가 사람들에게 좋게 하랴 하나님께 좋게 하랴 사람들에게 기쁨을 求구하랴 내가 至今지금까지 사람들의 기쁨을 求구하였다면 그리스도의 종이 아니니라

35-17 我賴主得力ˇ我惟謳歌頌揚ˇ拯我者惟主ˇ爲我之上帝
아 뢰 주 득 력 ˇ 아 유 구 가 송 양 ˇ 증 아 자 유 주 ˇ 위 아 지 상 제
ˇ我則頌美ˇ爲我父之上帝ˇ我則尊崇(出伊及記출애굽기 15:2)
ˇ 아 즉 송 미 ˇ 위 아 부 지 상 제 ˇ 아 즉 존 숭

여호와는 나의 힘이요 노래시며 나의 救援구원이시로다 그는 나의 하나님이시니 내가 그를 讚頌찬송할 것이요 내 아버지의 하나님이시니 내가 그를 높이리로다

35-18 主人乃譽此不義之司事者ˇ因其所行者巧也ˇ蓋此世
주 인 내 예 차 불 의 지 사 사 자 ˇ 인 기 소 행 자 교 야 ˇ 개 차 세
之子ˇ爲世事而謀ˇ較光明之子尤巧(路加福音누가복음 16:8)
지 자 ˇ 위 세 사 이 모 ˇ 교 광 명 지 자 우 교

主人주인이 이 옳지 않은 廳청지기가 일을 智慧지혜 있게 하였으므로 稱讚칭찬하였으니 이 世代세대의 아들들이 自己자기 時代시대에 있어서는 빛의 아들들보다 더 智慧지혜로움이니라

35-19 主大無倫ˇ能力ˇ尊榮ˇ盛德ˇ威嚴ˇ悉屬主ˇ凡在天地
주 대 무 륜 ˇ 능 력 ˇ 존 영 ˇ 성 덕 ˇ 위 엄 ˇ 실 속 주 ˇ 범 재 천 지
者ˇ咸歸主ˇ國權歸主ˇ主巍巍乎萬有之上(歷代上역대상 29:11)
자 ˇ 함 귀 주 ˇ 국 권 귀 주 ˇ 주 외 외 호 만 유 지 상

여호와여 偉大위대하심과 權能권능과 榮光영광과 勝利승리와 威

嚴위엄이 다 主주께 屬속하였사오니 天地천지에 있는 것이 다 主주의 것이로소이다 여호와여 主權주권도 主주께 屬속하였사오니 主주는 높으사 萬物만물의 머리이심이니이다

35-20 摩西謂利未人曰ˇ爾能不顧己之子女兄弟ˇ今日必得
마 서 위 리 미 인 왈 ˇ 이 능 불 고 기 지 자 녀 형 제 ˇ 금 일 필 득
奉事主之職ˇ並蒙主今日賜福於爾(出伊及記출애굽기 32:29)
봉 사 주 지 직 ˇ 병 몽 주 금 일 사 복 어 이

모세가 이르되 各각 사람이 自己자기의 아들과 自己자기의 兄弟형제를 쳤으니 오늘 여호와께 獻身헌신하게 되었느니라 그가 오늘 너희에게 福복을 내리시리라

35-21 我儕未嘗加害於爾ˇ乃厚待爾ˇ送爾安然以去ˇ願爾亦
아 제 미 상 가 해 어 이 ˇ 내 후 대 이 ˇ 송 이 안 연 이 거 ˇ 원 이 역
若是莫加害我儕ˇ蓋爾蒙主賜福矣(創世記창세기 26:29)
약 시 막 가 해 아 제 ˇ 개 이 몽 주 사 복 의

너는 우리를 害해하지 말라 이는 우리가 너를 犯범하지 아니하고 善선한 일만 네게 行행하여 네가 平安평안히 가게 하였음이니라 이제 너는 여호와께 福복을 받은 者자니라

35-22 當時爾與基督相離ˇ在以色列民中無分ˇ與所應許之
당 시 이 여 기 독 상 리 ˇ 재 이 색 열 민 중 무 분 ˇ 여 소 응 허 지
諸約無與ˇ無有所望ˇ處世而無上帝(以弗所書에베소서 2:12)
제 약 무 여 ˇ 무 유 소 망 ˇ 처 세 이 무 상 제

그 때에 너희는 그리스도 밖에 있었고 이스라엘 나라 밖의 사람이라 約束약속의 言約언약들에 對대하여는 外人외인이요 世上세상에서 所望소망이 없고 하나님도 없는 者자이더니

35-23 彼懸於木ˇ親身負我衆之罪ˇ使我儕旣脫罪若死ˇ則
피 현 어 목 ˇ 친 신 부 아 중 지 죄 ˇ 사 아 제 기 탈 죄 약 사 ˇ 즉
可爲義而生ˇ蓋彼受鞭撻ˇ而爾得痊愈(彼得前書베드로전서 2:24)
가 위 의 이 생 ˇ 개 피 수 편 달 ˇ 이 이 득 전 유

親친히 나무에 달려 그 몸으로 우리 罪죄를 擔當담당하셨으니 이는 우리로 罪죄에 對대하여 죽고 義의에 對대하여 살게 하려 하심이라 그가 채찍에 맞음으로 너희는 나음을 얻었나니

35-24 惟爾敬畏我名者ˇ必蒙義日照臨ˇ煦育之德ˇ在其光
유 이 경 외 아 명 자 ˇ 필 몽 의 일 조 림 ˇ 후 육 지 덕 ˇ 재 기 광

輝ˇ爾得逍遙而出ˇ踊躍有如養肥之犢(瑪拉基말라기 4:2)
휘 ˇ 이 득 소 요 이 출 ˇ 용 약 유 여 양 비 지 독

내 이름을 敬畏경외하는 너희에게는 公義공의로운 해가 떠올라서 治療치료하는 光線광선을 비추리니 너희가 나가서 외양間간에서 나온 송아지 같이 뛰리라

35-25 主上帝賜我以敏捷之舌ˇ使我知以言勉勵困乏之人
주 상 제 사 아 이 민 첩 지 설 ˇ 사 아 지 이 언 면 려 곤 핍 지 인
ˇ每晨激動我耳ˇ使我聽言猶如學者(以賽亞이사야 50:4)
ˇ 매 신 격 동 아 이 ˇ 사 아 청 언 유 여 학 자

主주 여호와께서 學者학자들의 혀를 내게 주사 나로 困苦곤고한 者자를 말로 어떻게 도와 줄 줄을 알게 하시고 아침마다 깨우치시되 나의 귀를 깨우치사 學者학자들 같이 알아듣게 하시도다

35-26 主上帝必除滅死亡ˇ至於永遠ˇ拭淚於一切人之面ˇ
주 상 제 필 제 멸 사 망 ˇ 지 어 영 원 ˇ 식 루 어 일 체 인 지 면 ˇ
在普天之下洗其民之辱ˇ蓋主言之矣(以賽亞이사야 25:8)
재 보 천 지 하 세 기 민 지 욕 ˇ 개 주 언 지 의

死亡사망을 永遠영원히 滅멸하실 것이라 主주 여호와께서 모든 얼굴에서 눈물을 씻기시며 自己자기 百姓백성의 羞恥수치를 온 天下천하에서 除제하시리라 여호와께서 이같이 말씀하셨느니라

35-27 朝時爾云今日必有風雨ˇ因天紅而晦也ˇ僞善者乎ˇ爾
조 시 이 운 금 일 필 유 풍 우 ˇ 인 천 홍 이 회 야 ˇ 위 선 자 호 ˇ 이
能別天色ˇ獨不能知此時之異蹟乎(瑪太福音마태복음 16:3)
능 별 천 색 ˇ 독 불 능 지 차 시 지 이 적 호

아침에 하늘이 붉고 흐리면 오늘은 날이 궂겠다 하나니 너희가 날씨는 分別분별할 줄 알면서 時代시대의 標的표적은 分別분별할 수 없느냐

35-28 世人歟ˇ主曾諭爾何爲善ˇ主向爾所欲無他ˇ惟欲爾行
세 인 여 ˇ 주 증 유 이 하 위 선 ˇ 주 향 이 소 욕 무 타 ˇ 유 욕 이 행
公義ˇ好矜恤ˇ虔敬以奉事爾之上帝(彌迦미가 6:8)
공 의 ˇ 호 긍 휼 ˇ 건 경 이 봉 사 이 지 상 제

사람아 主주께서 善선한 것이 무엇임을 네게 보이셨나니 여호와께서 네게 求하시는 것은 오직 正義정의를 行행하며

仁慈인자를 사랑하며 謙遜겸손하게 네 하나님과 함께 行행하는 것이 아니냐

35-29 萬事皆由上帝而有ˇ上帝又藉耶穌基督使我儕與己復
만 사 개 유 상 제 이 유 ˇ 상 제 우 자 야 소 기 독 사 아 제 여 기 부
和ˇ且以人與上帝復和之職授我(哥林多後書고린도후서 5:18)
화 ˇ 차 이 권 인 여 상 제 부 화 지 직 수 아

모든 것이 하나님께로서 났으며 그가 그리스도로 말미암아 우리를 自己자기와 和睦화목하게 하시고 또 우리에게 和睦화목하게 하는 職分직분을 주셨으니

35-30 使我解脫麻衣ˇ衣被喜樂ˇ使我以榮美之詞歌頌主ˇ永
사 아 해 탈 마 의 ˇ 의 피 희 락 ˇ 사 아 이 영 미 지 사 가 송 주 ˇ 영
不緘黙ˇ主我之上帝ˇ我永遠讚美主(詩篇시편 30:12)
불 함 묵 ˇ 주 아 지 상 제 ˇ 아 영 원 찬 미 주

이는 潛潛잠잠치 아니하고 내 榮光영광으로 主주를 讚頌찬송케 하심이니 여호와 나의 하나님이여 내가 主주께 永永영영히 感謝감사하리이다

36 자

36-1 且我視萬事爲有損ˇ因皆不如得識我主耶穌基督ˇ我爲
차 아 시 만 사 위 유 손 ˇ 인 개 불 여 득 식 아 주 야 소 기 독 ˇ 아 위
彼遺棄諸事ˇ視爲糞土ˇ惟欲得基督(腓立比書빌립보서 3:8)
피 유 기 제 사 ˇ 시 위 분 토 ˇ 유 욕 득 기 독

또한 모든 것을 害해로 여김은 내 主주 그리스도 예수를 아는 知識지식이 가장 高尙고상하기 때문이라 내가 그를 爲위하여 모든 것을 잃어버리고 排泄物배설물로 여김은 그리스도를 얻고

36-2 人生存世猶如幻影ˇ營謀皆是枉然ˇ積蓄不知誰取ˇ主
인 생 존 세 유 여 환 영 ˇ 영 모 개 시 왕 연 ˇ 적 축 부 지 수 취 ˇ 주
歟ˇ如今我何所指望ˇ我所仰望者惟主(詩篇시편 39:6~7)
여 ˇ 여 금 아 하 소 지 망 ˇ 아 소 앙 망 자 유 주

眞實진실로 各각 사람은 그림자 같이 다니고 헛된 일로 騷亂소란하며 財物재물을 쌓으나 누가 거둘는지 알지 못하나이다 主주여 이제 내가 무엇을 바라리요 나의 所望소망은 主주께

있나이다

36-3 上帝歟ˇ何神能比主ˇ主之遺民ˇ有愆尤主卽宥之ˇ有
상 제 여 ˇ 하 신 능 비 주 ˇ 주 지 유 민 ˇ 유 건 우 주 즉 유 지 ˇ 유
罪惡主乃赦之ˇ主以矜憫爲悅ˇ不恒懷怒(彌迦미가 7:18)
죄 악 주 내 사 지 ˇ 주 이 긍 민 위 열 ˇ 불 항 회 노

主주와 같은 神신이 어디 있으리이까 主주께서는 罪惡죄악과 그 基業기업에 남은 者자의 허물을 赦宥사유하시며 仁愛인애를 기뻐하시므로 震怒진노를 오래 품지 아니하시나이다

36-4 故我儕爲其死受洗禮ˇ是與基督同葬ˇ基督以父之榮ˇ
고 아 제 위 기 사 수 세 례 ˇ 시 여 기 독 동 장 ˇ 기 독 이 부 지 영 ˇ
由死復生ˇ我儕從此新生以行ˇ亦如是(羅瑪書로마서 6:4)
유 사 부 생 ˇ 아 제 종 차 신 생 이 행 ˇ 역 여 시

그러므로 우리가 그의 죽으심과 合합하여 洗禮세례를 받음으로 그와 함께 葬事장사되었나니 이는 아버지의 榮光영광으로 말미암아 그리스도를 죽은 者자 가운데서 살리심과 같이 우리로 또한 새 生命생명 가운데서 行행하게 하려 함이라

36-5 此家之人莫大於我ˇ爾旣爲主人之妻ˇ除爾之外無不
차 가 지 인 막 대 어 아 ˇ 이 기 위 주 인 지 처 ˇ 제 이 지 외 무 불
付我ˇ我豈敢作此大惡ˇ獲罪於上帝乎(創世記창세기 39:9)
부 아 ˇ 아 기 감 작 차 대 악 ˇ 획 죄 어 상 제 호

이 집에는 나보다 큰 이가 없으며 主人주인이 아무것도 내게 禁금하지 아니하였어도 禁금한 것은 當身당신 뿐이니 當身당신은 自己자기 아내임이라 그런즉 내가 어찌 이 큰 惡악을 行행하여 하나님께 得罪득죄하리이까

36-6 我儕信基督ˇ若惟在今生有望ˇ則於衆人之中ˇ我儕最
아 제 신 기 독 ˇ 약 유 재 금 생 유 망 ˇ 즉 어 중 인 지 중 ˇ 아 제 최
苦ˇ但基督誠復活ˇ在寢者中爲首起者
고 ˇ 단 기 독 성 부 활 ˇ 재 침 자 중 위 수 기 자
(哥林多前書고린도전서 15:19~20)

萬一만일 그리스도 안에서 우리가 바라는 것이 다만 이 世上세상의 삶뿐이면 모든 사람 가운데 우리가 더욱 불쌍한 者자이리라 그러나 이제 그리스도께서 죽은 者자 가운데서 다시 살아나사 잠자는 者자들의 첫 열매가 되셨도다

36-7 守上帝之誡者ˇ恒居上帝內ˇ上帝亦恒居其內ˇ上帝賜
수상제지계자ˇ항거상제내ˇ상제역항거기내ˇ상제사
我聖靈ˇ我儕由是而知上帝恒居我內(約翰壹書예레미아 3:24)
아성령ˇ아제유시이지상제항거아내

그의 誡命계명을 지키는 者자는 主주 안에 居거하고 主주는 그의 안에 居거하시나니 우리에게 주신 聖靈성령으로 말미암아 그가 우리 안에 居거하시는 줄을 우리가 아느니라

36-8 彼被藐視ˇ被人厭棄ˇ備嘗痛苦ˇ熟悉病患ˇ彼於我儕
피피막시ˇ피인염기ˇ비상통고ˇ숙실병환ˇ피어아제
前ˇ若掩面之人ˇ被人藐視ˇ我儕並未敬之(以賽亞이사야 53:3)
전ˇ약엄면지인ˇ피인막시ˇ아제병미경지

그는 蔑視멸시를 받아 사람들에게 버림 받았으며 艱苦간고를 많이 겪었으며 疾苦질고를 아는 者자라 마치 사람들이 그에게서 얼굴을 가리는 것 같이 蔑視멸시를 當당하였고 우리도 그를 貴귀히 여기지 아니하였도다

36-9 謂亞當曰ˇ爾旣聽婦言ˇ食我所禁食之樹果ˇ地必緣爾
위아당왈ˇ이기청부언ˇ식아소금식지수과ˇ지필연이
見詛ˇ爾必畢生勞苦ˇ始得食地之所產(創世記창세기 3:17)
견저ˇ이필필생노고ˇ시득식지지소산

아담에게 이르시되 네가 네 아내의 말을 듣고 내가 네게 먹지 말라 한 나무의 열매를 먹었은 즉 땅은 너로 말미암아 詛呪저주를 받고 너는 네 平生평생에 수고하여야 그 所產소산을 먹으리라

36-10 靈語諸教會之言ˇ凡有耳者當聽焉ˇ得勝者ˇ我將以上
령어제교회지언ˇ범유이자당청언ˇ득승자ˇ아장이상
帝巴拉第瑣中生命樹之果ˇ賜彼食之
제파랍제쇄중생명수지과ˇ사피식지
(默示錄/約翰啓示錄요한계시록 2:7)

귀 있는 者자는 聖靈성령이 教會교회들에게 하시는 말씀을 들을지어다 이기는 그에게는 내가 하나님의 樂園낙원에 있는 生命생명나무의 열매를 주어 먹게 하리라

36-11 我儕當起ˇ赴伯特利ˇ我遭難時ˇ上帝允我禱ˇ我行於
아제당기ˇ부백특리ˇ아조난시ˇ상제윤아도ˇ아행어
路ˇ上帝祐我ˇ今我欲在彼爲上帝建祭臺(創世記창세기 35:3)
로ˇ상제우아ˇ금아욕재피위상제건제대

우리가 일어나 벧엘로 올라가자 내 患難환난 날에 내게 應答응답하시며 내가 가는 길에서 나와 함께 하신 하나님께 내가 거기서 祭壇제단을 쌓으려 하노라 하매

36-12 是時敬畏主者ˇ彼此相語ˇ爲主所聞ˇ凡敬畏主ˇ想念
시 시 경 외 주 자 ˇ 피 차 상 어 ˇ 위 주 소 문 ˇ 범 경 외 주 ˇ 상 념
主名者ˇ必在主前ˇ被錄於書ˇ爲主所眷念(瑪拉基말라기 3:16)
주 명 자 ˇ 필 재 주 전 ˇ 피 록 어 서 ˇ 위 주 소 권 념

그 때에 여호와를 敬畏경외하는 者자들이 彼此피차에 말하매 여호와께서 그것을 分明분명히 들으시고 여호와를 敬畏경외하는 者자와 그 이름을 尊重존중히 여기는 者자를 爲위하여 여호와 앞에 있는 記念册기념책에 記錄기록하셨느니라

37 자

37-1 勿使仁慈誠實以離爾ˇ當繫於爾項ˇ銘於爾心ˇ爾若如
물 사 인 자 성 실 이 리 이 ˇ 당 계 어 이 항 ˇ 명 어 이 심 ˇ 이 약 여
此ˇ則必在上帝與人前蒙恩寵ˇ視爲明哲(箴言잠언 3:3~4)
차 ˇ 즉 필 재 상 제 여 인 전 몽 은 총 ˇ 시 위 명 철

仁慈인자와 眞理진리가 네게서 떠나지 말게 하고 그것을 네 목에 매며 네 마음판에 새기라 그리하면 네가 하나님과 사람 앞에서 恩寵은총과 貴重귀중히 여김을 받으리라

37-2 凡有愆尤蒙饒恕ˇ有罪孽蒙寬宥者ˇ此人便爲有福ˇ凡
범 유 건 우 몽 요 서 ˇ 유 죄 얼 몽 관 유 자 ˇ 차 인 변 위 유 복 ˇ 범
不爲主所罪ˇ心無虛假者ˇ此人便爲有福(詩篇시편 32:1~2)
불 위 주 소 죄 ˇ 심 무 허 가 자 ˇ 차 인 변 위 유 복

허물의 赦사함을 받고 自身자신의 罪죄가 가려진 者자는 福복이 있도다 마음에 奸詐간사함이 없고 여호와께 定罪정죄를 當당하지 아니하는 者자는 福복이 있도다

37-3 主謂我曰ˇ我賜爾之恩足矣ˇ蓋我之能ˇ益顯於人之弱
주 위 아 왈 ˇ 아 사 이 지 은 족 의 ˇ 개 아 지 능 ˇ 익 현 어 인 지 약
ˇ故我欣然ˇ寧誇我之弱ˇ使基督之能庇我(哥林多後書고린도후서 12:9)
ˇ고 아 흔 연 ˇ 령 과 아 지 약 ˇ 사 기 독 지 능 비 아

나에게 이르시기를 내 恩惠은혜가 네게 足족하도다 이는 내 能力능력이 弱약한 데서 穩全온전하여짐이라 하신지라 그러므로 도리어 크게 기쁨으로 나의 여러 弱약한 것들에 對대

하여 자랑하리니 이는 그리스도의 能力능력이 내게 머물게 하려 함이라

37-4 當除盡舊酵ˇ俾成新團ˇ因爾曹乃如無酵之餅ˇ蓋我儕
당제진구효ˇ비성신단ˇ인이조내여무효지병ˇ개아제
亦有逾越節羔ˇ爲我儕見宰者ˇ卽基督也
역유유월절고ˇ위아제견재자ˇ즉기독야

(哥林多前書고린도전서 5:7)

너희는 누룩 없는 者자인데 새 덩어리가 되기 위하여 묵은 누룩을 내버리라 우리의 逾越節유월절 羊양 곧 그리스도께서 犧牲희생되셨느니라

37-5 我以公平爲繩ˇ以善義爲準ˇ爾以誑詐爲掩蔽之所ˇ雹
아이공평위승ˇ이선의위준ˇ이이광사위엄폐지소ˇ박
必除之ˇ爾以虛僞爲藏身之處ˇ水必沖之(以賽亞이사야 28:17)
필제지ˇ이이허위위장신지처ˇ수필충지

나는 正義정의를 測量측량줄로 삼고 公義공의를 저울錘추로 삼으니 雨雹우박이 거짓의 避難處피난처를 掃蕩소탕하며 물이 그 숨는 곳에 넘칠 것인 즉

37-6 信者將有奇蹟隨之ˇ卽賴我名逐魔ˇ言素所未習之言ˇ
신자장유기적수지ˇ즉뢰아명축마ˇ언소소미습지언ˇ
手能握蛇ˇ飮毒亦無傷ˇ手按病者卽得愈
수능악사ˇ음독역무상ˇ수안병자즉득유

(瑪可福音마가복음 16:17~18)

믿는 者자들에게는 이런 表蹟표적이 따르리니 곧 그들이 내 이름으로 鬼神귀신을 쫓아내며 새 方言방언을 말하며 뱀을 집어올리며 무슨 毒독을 마실지라도 害해를 받지 아니하며 病병든 사람에게 손을 얹은즉 나으리라

37-7 上帝歟ˇ我思主之心意ˇ極爲寶貴ˇ且多不可勝數ˇ我
상제여ˇ아사주지심의ˇ극위보귀ˇ차다불가승수ˇ아
若計核其數ˇ比海沙更多ˇ我醒時仍思念主
약계핵기수ˇ비해사갱다ˇ아성시잉사념주

(詩篇시편 139:17~18)

하나님이여 主주의 생각이 내게 어찌 그리 보배로우신지요 그 數수가 어찌 그리 많은지요 내가 세려고 할지라도 그 數수가 모래보다 많도소이다 내가 깰 때에도 여전히 主주와 함께 있나이다

37-8 信上帝之子者ˇ有此證在其心ˇ不信上帝之子者ˇ則以
신 상 제 지 자 자 ˇ 유 차 증 재 기 심 ˇ 불 신 상 제 지 자 자 ˇ 즉 이
上帝之言爲誑ˇ因不信上帝證其子之證(約翰壹書요한1서 5:10)
상 제 지 언 위 광 ˇ 인 불 신 상 제 증 기 자 지 증

하나님의 아들을 믿는 者자는 自己자기 안에 證據증거가 있고 하나님을 믿지 아니하는 者자는 하나님을 거짓말하는 者자로 만드나니 이는 하나님께서 그 아들에 대하여 證言증언하신 證據증거를 믿지 아니하였음이라

37-9 爾爲奴者ˇ當凡事順從轄爾身之主人ˇ勿效彼取悅於人
이 위 노 자 ˇ 당 범 사 순 종 할 이 신 지 주 인 ˇ 물 효 피 취 열 어 인
者ˇ但在目前服役ˇ乃以誠心ˇ且畏上帝(哥羅西書골로새서 3:22)
자 ˇ 단 재 목 전 복 역 ˇ 내 이 성 심 ˇ 차 외 상 제

종들아 모든 일에 肉身육신의 上典상전들에게 順從순종하되 사람을 기쁘게 하는 者자와 같이 눈가림만 하지 말고 오직 主주를 두려워하여 誠實성실한 마음으로 하라

37-10 旣有若此爲證者ˇ如雲之多ˇ圍繞我儕ˇ則當解諸重負
기 유 약 차 위 증 자 ˇ 여 운 지 다 ˇ 위 요 아 제 ˇ 즉 당 해 제 중 부
ˇ及易纏我之罪ˇ以恒忍ˇ趨我前當趨之場(希伯來書히브리서 12:1)
ˇ 급 역 전 아 지 죄 ˇ 이 항 인 ˇ 추 아 전 당 추 지 장

이러므로 우리에게 구름 같이 둘러싼 許多허다한 證人증인들이 있으니 모든 무거운 것과 얽매이기 쉬운 罪죄를 벗어 버리고 忍耐인내로써 우리 앞에 當당한 競走경주를 하며

37-11 此律法之書ˇ不可離爾口ˇ晝夜思維ˇ至爾謹守遵行凡
차 율 법 지 서 ˇ 불 가 리 이 구 ˇ 주 야 사 유 ˇ 지 이 근 수 준 행 범
載於書ˇ如是必亨通於爾諸道ˇ諸事利達(約書亞여호수아 1:8)
재 어 서 ˇ 여 시 필 형 통 어 이 제 도 ˇ 제 사 리 달

이 律法册율법책을 네 입에서 떠나지 말게 하며 晝夜주야로 그것을 黙想묵상하여 그 안에 記錄기록된 대로 다 지켜 行행하라 그리하면 네 길이 平坦평탄하게 될 것이며 네가 亨通형통하리라

37-12 凡其所行ˇ或理人供役事於上帝之殿ˇ或遵律法ˇ守誡
범 기 소 행 ˇ 혹 리 인 공 역 사 어 상 제 지 전 ˇ 혹 준 율 법 ˇ 수 계
命ˇ以尋求其上帝ˇ皆一心行之ˇ無不亨通(歷代下역대하 31:21)
명 ˇ 이 심 구 기 상 제 ˇ 개 일 심 행 지 ˇ 무 불 형 통

그가 行행하는 모든 일 곧 하나님의 殿전에 隨從수종드는 일

에나 律法율법에나 誡命계명에나 그의 하나님을 찾고 한 마음으로 行행하여 亨通형통하였더라

38 자

38-1 惟爾曹乃蒙選之族ˇ有王位之祭司ˇ成聖之國ˇ屬主之
유 이 조 내 몽 선 지 족ˇ유 왕 위 지 제 사ˇ성 성 지 국ˇ속 주 지
民ˇ主召爾出幽暗ˇ入其妙光ˇ欲爾宣揚其德(彼得前書베드로전서 2:9)
민ˇ주 소 이 출 유 암ˇ입 기 묘 광ˇ욕 이 선 양 기 덕

그러나 너희는 擇택하신 族屬족속이요 王왕 같은 祭司長제사장들이요 거룩한 나라요 그의 所有소유가 된 百姓백성이니 이는 너희를 어두운 데서 불러 내어 그의 奇異기이한 빛에 들어가게 하신 이의 아름다운 德덕을 宣布선포하게 하려 하심이라

38-2 不可不督責爾子ˇ爾若以杖扑之ˇ後必不致於取死ˇ爾
불 가 불 독 책 이 자ˇ이 약 이 장 복 지ˇ후 필 불 치 어 취 사ˇ이
若以杖扑之ˇ可救其生命ˇ必不致墮示阿勒
약 이 장 복 지ˇ가 구 기 생 명ˇ필 불 치 타 시 아 륵
(箴言잠언 23:13~14)

아이를 訓戒훈계하지 아니하려고 하지 말라 채찍으로 그를 때릴지라도 그가 죽지 아니하리라 네가 그를 채찍으로 때리면 그의 靈魂영혼을 스올에서 救援구원하리라

38-3 予人則必予爾ˇ卽以大量搖之使實ˇ充滿外溢ˇ納爾懷
여 인 즉 필 여 이ˇ즉 이 대 량 요 지 사 실ˇ충 만 외 일ˇ납 이 회
中ˇ蓋爾以何量量諸人ˇ則人以何量量諸爾(路加福音누가복음 6:38)
중ˇ개 이 이 하 량 량 제 인ˇ즉 인 이 하 량 량 제 이

주라 그리하면 너희에게 줄 것이니 곧 厚후히 되어 누르고 흔들어 넘치도록 하여 너희에게 안겨 주리라 너희가 헤아리는 그 헤아림으로 너희도 헤아림을 도로 받을 것이니라

38-4 夫聞後ˇ逐日默然不語ˇ則爲允償所許之願ˇ守所立之
부 문 후ˇ축 일 묵 연 불 어ˇ즉 위 윤 상 소 허 지 원ˇ수 소 립 지
戒ˇ夫聞時ˇ旣默然不語ˇ則爲允之償允之守(民數記민수기 30:14)
계ˇ부 문 시ˇ기 묵 연 불 어ˇ즉 위 윤 지 상 윤 지 수

그의 男便남편이 여러 날이 지나도록 말이 없으면 아내의 誓願서원과 스스로 決心결심한 일을 지키게 하는 것이니 이는 그가 그것을 들을 때에 그의 아내에게 아무 말도 아니하였

으므로 지키게 됨이니라

38-5 自野而來ˇ倚其良人者誰乎ˇ我在蘋果樹下ˇ始感爾ˇ
자 야 이 래 ˇ 의 기 량 인 자 수 호 ˇ 아 재 빈 과 수 하 ˇ 시 감 이 ˇ
爾母劬勞生爾原在彼ˇ生爾之母在彼產育爾
이 모 구 노 생 이 원 재 피 ˇ 생 이 지 모 재 피 산 육 이
(所羅門歌 /雅歌아가 8:5)

그의 사랑하는 者자를 依支의지하고 거친 들에서 올라오는 女子여자가 누구인가 너로 말미암아 네 어머니가 苦生고생한 곳 너를 낳은 者자가 애쓴 그 곳 사과나무 아래에서 내가 너를 깨웠노라

38-6 當是時瞽者目必明ˇ聾者耳必啓ˇ跛者必踊躍如鹿ˇ瘖
당 시 시 고 자 목 필 명 ˇ 농 자 이 필 계 ˇ 파 자 필 용 약 여 록 ˇ 음
者必謳歌ˇ蓋有水湧於曠野ˇ有河流於沙漠
자 필 구 가 ˇ 개 유 수 용 어 광 야 ˇ 유 하 류 어 사 막
(以賽亞이사야 35:5~6)

그 때에 盲人맹인의 눈이 밝을 것이며 못 듣는 사람의 귀가 열릴 것이며 그 때에 저는 者자는 사슴 같이 뛸 것이며 말 못하는 者자의 혀는 노래하리니 이는 曠野광야에서 물이 솟겠고 沙漠사막에서 시내가 흐를 것임이라

38-7 我儕避難堅心希望所許之福ˇ旣有此永不可易之二事ˇ
아 제 피 난 견 심 희 망 소 허 지 복 ˇ 기 유 차 영 불 가 역 지 이 사 ˇ
上帝於此事ˇ不能誑言ˇ我儕卽大有勉勵(希伯來書히브리서 6:18)
상 제 어 차 사 ˇ 불 능 광 언 ˇ 아 제 즉 대 유 면 려

이는 하나님이 거짓말을 하실 수 없는 이 두 가지 變변하지 못할 事實사실로 말미암아 앞에 있는 所望소망을 얻으려고 避難處피난처를 찾은 우리에게 큰 安慰안위를 받게 하려 하심이라

38-8 萬有之主如是云ˇ如爾遵行我道ˇ恪守我例ˇ則可理我
만 유 지 주 여 시 운 ˇ 여 이 준 행 아 도 ˇ 각 수 아 례 ˇ 즉 가 리 아
家ˇ守我院ˇ我亦使爾得遊行於此侍立者間(撒迦利亞스가랴 3:7)
가 ˇ 수 아 원 ˇ 아 역 사 이 득 유 행 어 차 시 립 자 간

萬軍만군의 여호와의 말씀에 네가 萬一만일 내 道도를 行행하며 내 規例규례를 지키면 네가 내 집을 다스릴 것이요 내 뜰을 지킬 것이며 내가 또 너로 여기 섰는 者자들 가운데에 往來왕래하게 하리라

38-9 爾摘葡萄園之果ˇ有所遺者毋復摘ˇ隕於地者毋拾之ˇ
이 적 포 도 원 지 과 ˇ 유 소 유 자 무 부 적 ˇ 운 어 지 자 무 습 지 ˇ
當拾於貧民與外邦客旅ˇ我乃主爾之上帝(利未記레위기 19:10)
당 습 어 빈 민 여 외 방 객 려 ˇ 아 내 주 이 지 상 제

네 葡萄園포도원의 열매를 다 따지 말며 네 葡萄園포도원에 떨어진 열매도 줍지 말고 가난한 사람과 居留民거류민을 爲위하여 버려두라 나는 너희의 하나님 여호와이니라

38-10 我在主前承認我之罪惡ˇ不隱瞞我之愆尤ˇ我云不如
아 재 주 전 승 인 아 지 죄 악 ˇ 불 은 만 아 지 건 우 ˇ 아 운 불 여
在主前自認罪愆ˇ主卽赦免我之愆尤罪孽(詩篇시편 32:5)
재 주 전 자 인 죄 건 ˇ 주 즉 사 면 아 지 건 우 죄 얼

내가 이르기를 내 허물을 여호와께 自服자복하리라 하고 主주께 내 罪죄를 아뢰고 내 罪惡죄악을 숨기지 아니하였더니 곧 主주께서 내 罪惡죄악을 赦사하셨나이다

38-11 上帝如磐爲我所倚ˇ庇我如盾ˇ助我獲勝ˇ衛我如鞏固
상 제 여 반 위 아 소 의 ˇ 비 아 여 순 ˇ 조 아 획 승 ˇ 위 아 여 공 고
之城ˇ如避難之所ˇ乃救我者ˇ援我脫於兇暴
지 성 ˇ 여 피 난 지 소 ˇ 내 구 아 자 ˇ 원 아 탈 어 흉 포
(撒母耳下사무엘하 22:3)

내가 避피할 나의 磐石반석의 하나님이시요 나의 防牌방패시요 나의 救援구원의 뿔이시요 나의 높은 望臺망대시요 그에게 避피할 나의 避難處피난처시요 나의 救援者구원자시라 나를 暴力폭력에서 救援구원하셨도다

38-12 惟爾富者禍矣ˇ以爾已得安慰也ˇ爾今飽者禍矣ˇ以爾
유 이 부 자 화 의 ˇ 이 이 이 득 안 위 야 ˇ 이 금 포 자 화 의 ˇ 이 이
將饑也ˇ爾今笑者禍矣ˇ以爾將悲哀哭泣也
장 기 야 ˇ 이 금 소 자 화 의 ˇ 이 이 장 비 애 곡 읍 야
(路加福音누가복음 6:24~25)

그러나 禍화 있을진저 너희 富饒부요한 者자여 너희는 너희의 慰勞위로를 이미 받았도다 禍화 있을진저 너희 지금 배부른 者자여 너희는 주리리로다 禍화 있을진저 너희 지금 웃는 者자여 너희가 哀痛애통하며 울리로다

38-13 爾曹皆爲光明之人ˇ爲白晝之人ˇ我儕不屬於夜ˇ不屬
이 조 개 위 광 명 지 인 ˇ 위 백 주 지 인 ˇ 아 제 불 속 어 야 ˇ 불 속
於暗ˇ是以我儕不可寢如他人ˇ當警醒謹守
어 암 ˇ 시 이 아 제 불 가 침 여 타 인 ˇ 당 경 성 근 수

(帖撒羅尼迦前書데살로니가전서 5:5~6)

너희는 다 빛의 아들이요 낮의 아들이라 우리가 밤이나 어둠에 屬속하지 아니하나니 그러므로 우리는 다른 이들과 같이 자지 말고 오직 깨어 精神정신을 차릴지라

38-14 當是時主必治其民之患處ˇ醫其所受之傷ˇ月光必如
당시시주필치기민지환처ˇ의기소수지상ˇ월광필여
日光ˇ日光必加七倍ˇ一日卽如七日之光輝
일광ˇ일광필가칠배ˇ일일즉여칠일지광휘
(以賽亞이사야 30:26)

여호와께서 자기 百姓백성의 傷處상처를 싸매시며 그들의 맞은 자리를 고치시는 날에는 달빛은 햇빛 같겠고 햇빛은 일곱 倍배가 되어 일곱 날의 빛과 같으리라

38-15 其中所遺ˇ雖僅十分之一ˇ亦歸滅絕ˇ然猶存聖裔ˇ爲
기중소유ˇ수근십분지일ˇ역귀멸절ˇ연유존성예ˇ위
斯地之根本ˇ如栗樹橡樹ˇ雖經斬伐ˇ根本尚存
사지지근본ˇ여율수상수ˇ수경참벌ˇ근본상존
(以賽亞이사야 6:13)

그 中중에 十分십분의 一일이 아직 남아 있을지라도 이것도 荒廢황폐하게 될 것이나 밤나무와 상수리나무가 베임을 當당하여도 그 그루터기는 남아 있는 것 같이 거룩한 씨가 이 땅의 그루터기니라 하시더라

38-16 上帝救我儕召我儕爲聖ˇ非按我之行ˇ乃按其旨其恩ˇ
상제구아제소아제위성ˇ비안아지행ˇ내안기지기은ˇ
此恩卽在萬古之先ˇ因基督耶穌賜我儕者
차은즉재만고지선ˇ인기독야소사아제자
(提摩太後書디모데후서 1:9)

하나님이 우리를 救援구원하사 거룩하신 召命소명으로 부르심은 우리의 行爲행위대로 하심이 아니요 오직 自己자기의 뜻과 永遠영원 前전부터 그리스도 예수 안에서 우리에게 주신 恩惠은혜대로 하심이라

38-17 兄弟乎ˇ我尚有餘言ˇ爾當賴主ˇ恃其大力而剛健ˇ當
형제호ˇ아상유여언ˇ이당뢰주ˇ시기대력이강건ˇ당
衣上帝所賜之全身器械ˇ使爾能敵魔之詭譎(以弗所書에베소서 6:11)
의상제소사지전신기계ˇ사이능적마지궤휼

끝으로 너희가 主주 안에서와 그 힘의 能力능력으로 強健강건

하여지고 魔鬼마귀의 奸計간계를 能능히 對敵대적하기 爲위하여 하나님의 全身전신 甲冑갑주를 입으라

38-18 但人非皆有此知識ˇ至今尙有心念偶像者ˇ彼食祭物ˇ
단 인 비 개 유 차 지 식 ˇ 지 금 상 유 심 념 우 상 자 ˇ 피 식 제 물 ˇ
自覺爲偶像之物ˇ內心暗弱之故ˇ則見汚矣
자 각 위 우 상 지 물 ˇ 내 심 암 약 지 고 ˇ 즉 견 오 의
(哥林多前書고린도전서 8:7)

그러나 이 知識지식은 모든 사람에게 있는 것은 아니므로 어떤 이들은 只今지금까지 偶像우상에 對대한 習慣습관이 있어 偶像우상의 祭物제물로 알고 먹는 故고로 그들의 良心양심이 弱약하여지고 더러워지느니라

39 자

39-1 雅比斯禱以色列之上帝曰ˇ求主賜福於我ˇ廣我境土ˇ
아 비 사 도 이 색 열 지 상 제 왈 ˇ 구 주 사 복 어 아 ˇ 광 아 경 토 ˇ
常眷祐我ˇ免我遭患難ˇ有愁苦ˇ上帝允其所求
상 권 우 아 ˇ 면 아 조 환 난 ˇ 유 수 고 ˇ 상 제 윤 기 소 구
(歷代上역대상 4:10)

야베스가 이스라엘 하나님께 아뢰어 이르되 主주께서 내게 福복을 주시려거든 나의 地域지역을 넓히시고 主주의 손으로 나를 도우사 나로 患難환난을 벗어나 내게 근심이 없게 하옵소서 하였더니 하나님이 그가 求구하는 것을 許諾허락하셨더라

39-2 爾當黙然倚賴主ˇ仰望主ˇ莫因惡人亨通ˇ惡謀成就ˇ
이 당 묵 연 의 뢰 주 ˇ 앙 망 주 ˇ 막 인 악 인 형 통 ˇ 악 모 성 취 ˇ
心懷不平勿發忿ˇ勿動怒ˇ勿心懷不平ˇ以致行惡
심 회 불 평 물 발 분 ˇ 물 동 노 ˇ 물 심 회 불 평 ˇ 이 치 행 악
(詩篇시편 37:7~8)

여호와 앞에 潛潛잠잠하고 참고 기다리라 自己자기 길이 亨通형통하며 惡악한 꾀를 이루는 者자 때문에 不平불평하지 말지어다 忿분을 그치고 怒노를 버리며 不平불평하지 말라 오히려 惡악을 만들 뿐이라

39-3 主願使之受折磨ˇ受苦楚ˇ以己身獻爲贖罪祭後ˇ必得
주 원 사 지 수 절 마 ˇ 수 고 초 ˇ 이 기 신 헌 위 속 죄 제 후 ˇ 필 득

見後裔ˇ壽命綿延ˇ其手所行主之事無不亨通
견후예ˇ수명면연ˇ기수소행주지사무불형통
(以賽亞이사야 53:10)

여호와께서 그에게 傷상함을 받게 하시기를 願원하사 疾苦질고를 當당하게 하셨은즉 그의 靈魂영혼을 贖愆祭物속건제물로 드리기에 이르면 그가 씨를 보게 되며 그의 날은 길 것이요 또 그의 손으로 여호와께서 기뻐하시는 뜻을 成就성취하리로다

39-4 我列祖非仗兵刃得地ˇ亦非恃己之勇力得勝ˇ乃賴主之
아열조비장병인득지ˇ역비시기지용력득승ˇ내뢰주지
右手ˇ主之聖臂ˇ主面上之榮光ˇ因蒙主喜悅
우수ˇ주지성비ˇ주면상지영광ˇ인몽주희열
(詩篇시편 44:3)

그들이 自己자기 칼로 땅을 얻어 차지함이 아니요 그들의 팔이 그들을 救援구원함도 아니라 오직 主주의 오른손과 主주의 팔과 主주의 얼굴의 빛으로 하셨으니 主주께서 그들을 기뻐하신 까닭이니이다

39-5 曳爾解爾之時ˇ勿先慮將如何言ˇ亦勿預籌ˇ至其時ˇ
예이해이지시ˇ물선려장여하언ˇ역물예주ˇ지기시ˇ
凡賜爾以言者ˇ則言之ˇ蓋非爾自言ˇ乃聖靈言也
범사이이언자ˇ즉언지ˇ개비이자언ˇ내성령언야
(瑪可福音마가복음 13:11)

사람들이 너희를 끌어다가 넘겨 줄 때에 무슨 말을 할까 미리 念慮염려하지 말고 무엇이든지 그 때에 너희에게 주시는 그 말을 하라 말하는 이는 너희가 아니요 聖靈성령이시니라

39-6 爾曹學道已久ˇ當爲他人之師ˇ但今復需人以上帝之道
이조학도이구ˇ당위타인지사ˇ단금부수인이상제지도
之開端教爾ˇ爾成爲需乳不需堅實之食者
지개단교이ˇ이성위수유불수견실지식자
(希伯來書히브리서 5:12)

때가 오래 되었으므로 너희가 마땅히 先生선생이 되었을 터인데 너희가 다시 하나님의 말씀의 初步초보에 對대하여 누구에게서 가르침을 받아야 할 處地처지이니 단단한 飮食음식은 못 먹고 젖이나 먹어야 할 者자가 되었도다

39-7 今而後有稱義之冕ˇ爲我而藏ˇ至彼日ˇ按公義審判之
금 이 후 유 칭 의 지 면 ˇ 위 아 이 장 ˇ 지 피 일 ˇ 안 공 의 심 판 지
主ˇ必以賜我ˇ不第賜我ˇ亦賜凡慕主顯現之人
주 ˇ 필 이 사 아 ˇ 부 제 사 아 ˇ 역 사 범 모 주 현 현 지 인
(提摩太後書디모데후서 4:8)

이제 後후로는 나를 爲위하여 義의의 冕旒冠면류관이 豫備예비되었으므로 主주 곧 義의로우신 裁判長재판장이 그 날에 내게 주실 것이며 내게만 아니라 主주의 나타나심을 思慕사모하는 모든 者자에니라

39-8 有一言可信者ˇ我儕若與基督同死ˇ亦必與基督同生ˇ
유 일 언 가 신 자 ˇ 아 제 약 여 기 독 동 사 ˇ 역 필 여 기 독 동 생 ˇ
若同受難ˇ亦必同王ˇ我若不認彼ˇ彼必不認我
약 동 수 난 ˇ 역 필 동 왕 ˇ 아 약 불 인 피 ˇ 피 필 불 인 아
(提摩太後書디모데후서 2:11~12)

미쁘다 이 말이여, 우리가 主주와 함께 죽었으면 또한 함께 살 것이요 참으면 또한 함께 王왕노릇할 것이요 우리가 主주를 否認부인하면 主주도 우리를 否認부인하실 것이라

39-9 洗禮爲其影像ˇ因耶穌基督之復活ˇ今亦救我儕ˇ非在
세 례 위 기 영 상 ˇ 인 야 소 기 독 지 부 활 ˇ 금 역 구 아 제 ˇ 비 재
去肉體之垢穢ˇ乃在救無虧之良心於上帝前
거 육 체 지 구 예 ˇ 내 재 구 무 휴 지 량 심 어 상 제 전
(彼得前書베드로전서 3:21)

물은 예수 그리스도께서 復活부활하심으로 말미암아 이제 너희를 救援구원하는 標표니 곧 洗禮세례라 이는 肉體육체의 더러운 것을 除제하여 버림이 아니요 하나님을 向향한 善선한 良心양심의 懇求간구니라

39-10 蓋萬物藉之而造ˇ無論在天在地ˇ有形無形ˇ有位者ˇ
개 만 물 자 지 이 조 ˇ 무 론 재 천 재 지 ˇ 유 형 무 형 ˇ 유 위 자 ˇ
主治者ˇ執政者ˇ秉權者ˇ皆藉彼而造ˇ亦爲彼而造
주 치 자 ˇ 집 정 자 ˇ 병 권 자 ˇ 개 자 피 이 조 ˇ 역 위 피 이 조
(哥羅西書골로새서 1:16)

萬物만물이 그에게서 創造창조되되 하늘과 땅에서 보이는 것들과 보이지 않는 것들과 혹은 王權왕권들이나 主權주권들이나 統治者통치자들이나 權勢권세들이나 萬物만물이 다 그로 말미암고 그를 爲위하여 創造창조되었고

39-11 當頌美上帝我主耶穌基督之父ˇ緣彼按其鴻慈ˇ使我儕
당송미상제아주야소기독지부ˇ연피안기홍자ˇ사아제
因耶穌基督由死復活得重生ˇ有永生之望
인야소기독유사부활득중생ˇ유영생지망
(彼得前書베드로전서 1:3)

우리 主주 예수 그리스도의 아버지 하나님을 讚頌찬송하리로다 그의 많으신 矜恤긍휼대로 예수 그리스도를 죽은 者자가운데서 復活부활하게 하심으로 말미암아 우리를 거듭나게 하사 산 所望소망이 있게 하시며 〈찬송가 159장〉

39-12 我是倚賴主者ˇ爾曹如何向我云ˇ爾當遁逃爾山ˇ如鳥
아시의뢰주자ˇ이조여하향아운ˇ이당둔도이산ˇ여오
雀之飛去ˇ惡人張弓運矢於弦ˇ暗射心直之人
작지비거ˇ악인장궁운시어현ˇ암사심직지인
(詩篇시편 11:1~2)

내가 여호와께 避피하였거늘 너희가 내 靈魂영혼에게 새 같이 네 山산으로 逃亡도망하라 함은 어찌함인가 惡人악인이 활을 당기고 화살을 시위에 먹임이여 마음이 바른 者자를 어두운 데서 쏘려하는 도다

39-13 爾父卽魔ˇ爾曹由彼而出ˇ爾喜行爾父之所欲ˇ彼自始
이부즉마ˇ이조유피이출ˇ이희행이부지소욕ˇ피자시
爲殺人者ˇ不立於眞理ˇ以其內無眞理ˇ彼言誑
위살인자ˇ불립어진리ˇ이기내무진리ˇ피언광
(約翰福音요한복음 8:44)

너희는 너희 아비 魔鬼마귀에게서 났으니 너희 아비의 慾心욕심대로 너희도 行행하고자 하느니라 그는 처음부터 殺人살인한 者자요 眞理진리가 그 속에 없으므로 眞理진리에 서지 못하고 거짓을 말할 때마다 제 것으로 말하나니 이는 그가 거짓말쟁이요 거짓의 아비가 되었음이라

39-14 我爲爾曹如此懷念ˇ宜也ˇ我在縲絏中ˇ心常念爾ˇ我
아위이조여차회념ˇ의야ˇ아재류설중ˇ심상념이ˇ아
明辯質證福音之時亦然ˇ以爾與我共蒙恩寵也
명변질증복음지시역연ˇ이이여아공몽은총야
(腓立比書빌립보서 1:7)

내가 너희 무리를 爲위하여 이와 같이 생각하는 것이 마땅하니 이는 너희가 내 마음에 있음이며 나의 매임과 福音복음을 辨明변명함과 確定확정함에 너희가 다 나와 함께 恩惠은

혜에 參與참여한 者자가 됨이라

40 자

40-1 爾往招萬民爲我門徒ˇ因父與子與聖靈之名ˇ施之洗禮
이 왕 초 만 민 위 아 문 도 ˇ 인 부 여 자 여 성 령 지 명 ˇ 시 지 세 례
ˇ敎之守凡我所命爾者ˇ且我常偕爾ˇ至於世末
ˇ 교 지 수 범 아 소 명 이 자 ˇ 차 아 상 해 이 ˇ 지 어 세 말
(瑪太福音마태복음 28:19~20)

그러므로 너희는 가서 모든 民族민족을 弟子제자로 삼아 아버지와 아들과 聖靈성령의 이름으로 洗禮세례를 베풀고 내가 너희에게 吩咐분부한 모든 것을 가르쳐 지키게 하라 볼지어다 내가 世上세상 끝날까지 너희와 恒常항상 함께 있으리라 하시니라

40-2 凡爲我之名ˇ接一如此之孩提者ˇ卽接我ˇ凡使此信我
범 위 아 지 명 ˇ 접 일 여 차 지 해 제 자 ˇ 즉 접 아 ˇ 범 사 차 신 아
之一小子ˇ陷於罪者ˇ寧以磨石懸其頸ˇ沈於深海
지 일 소 자 ˇ 함 어 죄 자 ˇ 령 이 마 석 현 기 경 ˇ 침 어 심 해
(瑪太福音마태복음 18:5~6)

또 누구든지 내 이름으로 이런 어린 아이 하나를 迎接영접하면 곧 나를 迎接영접함이니 누구든지 나를 믿는 이 작은 者자 中중 하나를 失足실족하게 하면 차라리 硏子연자 맷돌이 그 목에 달려서 바다에 빠뜨려지는 것이 나으니라

40-3 使耶穌由死復活者之靈ˇ若居於爾心ˇ則使基督由死復
사 야 소 유 사 부 활 자 지 령 ˇ 약 거 어 이 심 ˇ 즉 사 기 독 유 사 부
活者ˇ必以居爾心之聖靈ˇ使爾將死之身復活
활 자 ˇ 필 이 거 이 심 지 성 령 ˇ 사 이 장 사 지 신 부 활
(羅瑪書로마서 8:11)

예수를 죽은 者자 가운데서 살리신 이의 靈영이 너희 안에 居거하시면 그리스도 예수를 죽은 者자 가운데서 살리신 이가 너희 안에 居거하시는 그의 靈영으로 말미암아 너희 죽을 몸도 살리시리라

40-4 主如是云ˇ作之者我ˇ造之者我ˇ定之者我ˇ主我名也
주 여 시 운 ˇ 작 지 자 아 ˇ 조 지 자 아 ˇ 정 지 자 아 ˇ 주 아 명 야
ˇ爾籲我ˇ我必應爾ˇ又以爾所未知神妙之大事示爾
ˇ 이 유 아 ˇ 아 필 응 이 ˇ 우 이 이 소 미 지 신 묘 지 대 사 시 이
(耶利米예레미아 33:2~3)

일을 行행하시는 여호와, 그것을 만들며 成就성취하시는 여호와, 그의 이름을 여호와라 하는 이가 이와 같이 이르시도다 너는 내게 부르짖으라 내가 네게 應答응답하겠고 네가 알지 못하는 크고 隱密은밀한 일을 네게 보이리라

40-5 故毁此誡至微之一ˇ又以是教人者ˇ在天國必稱爲至微
고훼차계지미지일ˇ우이시교인자ˇ재천국필칭위지미
ˇ遵行此誡而以之教人者ˇ在天國必稱爲大也
ˇ준행차계이이지교인자ˇ재천국필칭위대야
(瑪太福音마태복음 5:19)

그러므로 누구든지 이 誡命계명 中중의 至極지극히 작은 것 하나라도 버리고 또 그같이 사람을 가르치는 者자는 天國천국에서 至極지극히 작다 일컬음을 받을 것이요 누구든지 이를 行행하며 가르치는 者자는 天國천국에서 크다 일컬음을 받으리라

40-6 願賜平康之上帝ˇ使爾聖潔無疵ˇ保守爾靈與魂與體ˇ
원사평강지상제ˇ사이성결무자ˇ보수이령여혼여체ˇ
待我主耶穌基督降臨之日ˇ皆得純全ˇ無可指摘
대아주야소기독강림지일ˇ개득순전ˇ무가지적
(帖撒羅尼迦前書데살로니가전서 5:23)

平康평강의 하나님이 親친히 너희를 穩全온전히 거룩하게 하시고 또 너희의 온 靈영과 魂혼과 몸이 우리 主주 예수 그리스도께서 降臨강림하실 때에 欠흠 없게 保全보전되기를 願원하노라

40-7 導爾之師ˇ爾當信從順服ˇ彼爲爾靈魂警醒ˇ知因此必
도이지사ˇ이당신종순복ˇ피위이영혼경성ˇ지인차필
被審判ˇ當使彼樂而無憂以爲之ˇ否則無益於爾
피심판ˇ당사피락이무우이위지ˇ부즉무익어이
(希伯來書히브리서 13:17)

너희를 引導인도하는 者자들에게 順從순종하고 服從복종하라 그들은 너희 靈魂영혼을 爲위하여 警醒경성하기를 自身자신들이 淸算청산할 者자인 것 같이 하느니라 그들로 하여금 즐거움으로 이것을 하게 하고 근심으로 하게 하지 말라 그렇지 않으면 너희에게 有益유익이 없느니라

40-8 心中悲傷者ˇ主與之相近ˇ心中痛悔者ˇ主必拯救ˇ善
심중비상자ˇ주여지상근ˇ심중통회자ˇ주필증구ˇ선

人多遭患難ˇ主由其中救援之ˇ保全其骨使一不折
인 다 조 환 난 ˇ 주 유 기 중 구 원 지 ˇ 보 전 기 골 사 일 불 절
(詩篇시편 34:18~20)

여호와는 마음이 傷상한 者자를 가까이 하시고 衷心충심으로 痛悔통회하는 者자를 救援구원하시는도다 義人의인은 苦難고난이 많으나 여호와께서 그의 모든 苦難고난에서 건지시는도다 그의 모든 뼈를 保護보호하심이여 그 中중에서 하나도 꺾이지 아니하도다

40-9 由爾貲財獻禮物於主ˇ並薦土產之初實者ˇ以此敬主ˇ
유 이 자 재 헌 예 물 어 주 ˇ 병 천 토 산 지 초 실 자 ˇ 이 차 경 주 ˇ
則爾之倉廩必得充盈ˇ爾之壓酒處新酒必流溢
즉 이 지 창 름 필 득 충 영 ˇ 이 지 압 주 처 신 주 필 류 일
(箴言잠언 3:9~10)

네 財物재물과 네 所產物소산물의 처음 익은 열매로 여호와를 恭敬공경하라 그리하면 네 倉庫창고가 가득히 차고 네 葡萄汁포도즙 틀에 새 葡萄汁포도즙이 넘치리라

40-10 主所救贖之民ˇ必返故土ˇ謳歌而至郇邑ˇ永以歡樂
주 소 구 속 지 민 ˇ 필 반 고 토 ˇ 구 가 이 지 순 읍 ˇ 영 이 환 락
爲首之冠冕ˇ旣得欣喜歡樂ˇ則憂愁歎息ˇ盡歸無有
위 수 지 관 면 ˇ 기 득 흔 희 환 락 ˇ 즉 우 수 탄 식 ˇ 진 귀 무 유
(以賽亞이사야 51:11)

여호와께 救贖구속 받은 者자들이 돌아와 노래하며 시온으로 돌아오니 永遠영원한 기쁨이 그들의 머리 위에 있고 슬픔과 歎息탄식이 달아나리이다

41자

41-1 耶穌旣受洗ˇ卽由水而上ˇ天爲之開ˇ見上帝之靈如鴿ˇ
야 소 기 수 세 ˇ 즉 유 수 이 상 ˇ 천 위 지 개 ˇ 견 상 제 지 령 여 합 ˇ
降臨其上ˇ自天有聲云ˇ此乃我愛子ˇ我所喜悅者也
강 림 기 상 ˇ 자 천 유 성 운 ˇ 차 내 아 애 자 ˇ 아 소 희 열 자 야
(瑪太福音마태복음 3: 16~17)

예수께서 洗禮세례를 받으시고 곧 물에서 올라오실새 하늘이 열리고 하나님의 聖靈성령이 비둘기 같이 내려 自己자기 위에 臨임하심을 보시더니 하늘로부터 소리가 있어 말씀하시되 이는 내 사랑하는 아들이요 내 기뻐하는 者자라 하시

니라

41-2 故爾旣承受主耶穌基督ˇ則當從之而行ˇ根深在彼ˇ建
고이기승수주야소기독ˇ즉당종지이행ˇ근심재피ˇ건
造在彼ˇ堅固於信ˇ如爾所學ˇ且信更增益而感謝焉
조재피ˇ견고어신ˇ여이소학ˇ차신갱증익이감사언

(哥羅西書골로새서 2:6~7)

그러므로 너희가 그리스도 예수를 主주로 받았으니 그 안에서 行행하되 그 안에 뿌리를 박으며 세움을 받아 教訓교훈을 받은 대로 믿음에 굳게 서서 感謝감사함을 넘치게 하라

41-3 是以爾若獻禮物於祭臺ˇ在彼爾憶獲罪爾兄弟ˇ則留禮
시이이약헌예물어제대ˇ재피이억획죄이형제ˇ즉류예
物於臺前ˇ先往與兄弟復和ˇ然後可來獻爾禮物
물어대전ˇ선왕여형제부화ˇ연후가래헌이예물

(瑪太福音마태복음 5:23~24)

그러므로 禮物예물을 祭壇제단에 드리려다가 거기서 네 兄弟형제에게 怨望원망들을 만한 일이 있는 것이 생각나거든 禮物예물을 祭壇제단 앞에 두고 먼저 가서 兄弟형제와 和睦화목하고 그 後후에 와서 禮物예물을 드리라

41-4 尼希米又告之曰ˇ爾往哉ˇ食肥飮甘ˇ有未備者ˇ爾分予
니희미우고지왈ˇ이왕재ˇ식비음감ˇ유미비자ˇ이분여
之ˇ此乃我主之聖日ˇ勿憂ˇ因主而樂ˇ實爲爾之護庇
지ˇ차내아주지성일ˇ물우ˇ인주이락ˇ실위이지호비

(尼希米느헤미아 8:10)

느헤미야가 또 그들에게 이르기를 너희는 가서 살진 것을 먹고 단 것을 마시되 準備준비하지 못한 者자에게는 나누어 주라 이 날은 우리 主주의 聖日성일이니 근심하지 말라 여호와로 因인하여 기뻐하는 것이 너희의 힘이니라 하고

41-5 何況基督感於永在之靈ˇ以己無瑕之身ˇ獻於上帝ˇ其
하황기독감어영재지령ˇ이기무하지신ˇ헌어상제ˇ기
血豈不更淨爾心去妄行ˇ使爾奉事永生之上帝乎
혈기불갱정이심거망행ˇ사이봉사영생지상제호

(希伯來書히브리서 9:14)

하물며 永遠영원하신 聖靈성령으로 말미암아 欠흠 없는 自己자기를 하나님께 드린 그리스도의 피가 어찌 너희 良心양심을 죽은 行實행실에서 깨끗하게 하고 살아 계신 하나님을 섬기게 하지 못하겠느냐

41-6 惟詳察全備之律法ˇ卽使人自由之律法ˇ而常守之ˇ非
유 상 찰 전 비 지 율 법 ˇ 즉 사 인 자 유 지 율 법 ˇ 이 상 수 지 ˇ 비
聞而卽忘ˇ乃遵而行之者ˇ此人於其所行之事福矣
문 이 즉 망 ˇ 내 준 이 행 지 자 ˇ 차 인 어 기 소 행 지 사 복 의
(雅各書야고보서 1:25)

自由자유롭게 하는 穩全온전한 律法율법을 들여다보고 있는 者자는 듣고 잊어버리는 者자가 아니요 實踐실천하는 者자니 이 사람은 그 行행하는 일에 福복을 받으리라

41-7 使我儕投入網羅ˇ使我儕背負重擔ˇ使人欺壓我儕ˇ使
사 아 제 투 입 망 라 ˇ 사 아 제 배 부 중 담 ˇ 사 인 기 압 아 제 ˇ 사
我儕陷於水火之中ˇ今主仍使我儕得至豐富之境
아 제 함 어 수 화 지 중 ˇ 금 주 잉 사 아 제 득 지 풍 부 지 경
(詩篇시편 66:11~12)

우리를 끌어 그물에 걸리게 하시며 어려운 짐을 우리 허리에 매어 두셨으며 사람들이 우리 머리를 타고 가게 하셨나이다 우리가 불과 물을 通過통과하였더니 主주께서 우리를 끌어내사 豊富풍부한 곳에 들이셨나이다

41-8 惟當强爾心ˇ壯爾志ˇ謹守遵行ˇ我僕摩西所命爾之全
유 당 강 이 심 ˇ 장 이 지 ˇ 근 수 준 행 ˇ 아 복 마 서 소 명 이 지 전
律法ˇ不偏於左ˇ不偏於右ˇ使爾無論何往ˇ無不利達
율 법 ˇ 불 편 어 좌 ˇ 불 편 어 우 ˇ 사 이 무 론 하 왕 ˇ 무 불 리 달
(約書亞여호수아 1:7)

오직 强강하고 極극히 膽大담대하여 나의 종 모세가 네게 命令명령한 그 律法율법을 다 지켜 行행하고 右우로나 左좌로나 치우치지 말라 그리하면 어디로 가든지 亨通형통하리니

41-9 七日間當守節期在主爾上帝前ˇ於主所選之處ˇ爾之物
칠 일 간 당 수 절 기 재 주 이 상 제 전 ˇ 어 주 소 선 지 처 ˇ 이 지 물
産ˇ爾之操作ˇ旣蒙主爾上帝賜福ˇ則必欣喜歡樂
산 ˇ 이 지 조 작 ˇ 기 몽 주 이 상 제 사 복 ˇ 즉 필 흔 희 환 락
(申命記신명기 16:15)

네 하나님 여호와께서 擇택하신 곳에서 너는 이레 동안 네 하나님 여호와 앞에서 節期절기를 지키고 네 하나님 여호와께서 네 모든 所出소출과 네 손으로 行행한 모든 일에 福복주실 것이니 너는 穩全온전히 즐거워할지니라

41-10 地必爲爾叢生荊棘ˇ爾必食田之蔬ˇ必汗流被面ˇ始可
지 필 위 이 총 생 형 극 ˇ 이 필 식 전 지 소 ˇ 필 한 류 피 면 ˇ 시 가

得食ˇ直至爾歸所自出之土ˇ爾本爲土ˇ必復歸於土
득 식 ˇ 직 지 이 귀 소 자 출 지 토 ˇ 이 본 위 토 ˇ 필 복 귀 어 토
(創世記창세기 3:18~19)

땅이 네게 가시덤불과 엉겅퀴를 낼 것이라 네가 먹을 것은 밭의 菜蔬채소인즉 네가 흙으로 돌아갈 때까지 얼굴에 땀을 흘려야 먹을 것을 먹으리니 네가 그것에서 取취함을 입었음이라 너는 흙이니 흙으로 돌아갈 것이니라 하시니라

41-11 惟上帝之矜恤甚宏ˇ以大愛愛我儕ˇ當我儕陷於罪愆若
유 상 제 지 긍 휼 심 굉 ˇ 이 대 애 애 아 제 ˇ 당 아 제 함 어 죄 건 약
死之時ˇ乃使我儕同基督復活ˇ爾曹以恩得救矣
사 지 시 ˇ 내 사 아 제 동 기 독 부 활 ˇ 이 조 이 은 득 구 의
(以弗所書에베소서 2:4~5)

矜恤긍휼이 豊盛풍성하신 하나님이 우리를 사랑하신 그 큰 사랑을 因인하여 허물로 죽은 우리를 그리스도와 함께 살리셨고(너희는 恩惠은혜로 救援구원을 받은 것이라)

41-12 亦勿以爾之肢體獻於罪ˇ爲不義之器ˇ當獻己於上帝ˇ
역 물 이 이 지 지 체 헌 어 죄 ˇ 위 불 의 지 기 ˇ 당 헌 기 어 상 제 ˇ
如由死復活之人ˇ且以肢體獻於上帝ˇ爲行義之器
여 유 사 부 활 지 인 ˇ 차 이 지 체 헌 어 상 제 ˇ 위 행 의 지 기
(羅瑪書로마서 6:13)

또한 너희 肢體지체를 不義불의의 武器무기로 罪죄에게 내주지 말고 오직 너희 自身자신을 죽은 者자 가운데서 다시 살아난 者자 같이 하나님께 드리며 너희 肢體지체를 義의의 武器무기로 하나님께 드리라

41-13 我聞自天有聲語我曰ˇ爾當筆之於書ˇ今而後信主而
아 문 자 천 유 성 어 아 왈 ˇ 이 당 필 지 어 서 ˇ 금 이 후 신 주 이
死者ˇ乃爲有福ˇ聖靈曰ˇ然ˇ蓋彼息其勞ˇ其功亦隨之
사 자 ˇ 내 위 유 복 ˇ 성 령 왈 ˇ 연 ˇ 개 피 식 기 노 ˇ 기 공 역 수 지
(約翰啓示錄요한계시록 14:13)

또 내가 들으니 하늘에서 音聲음성이 나서 이르되 記錄기록하라 只今지금 以後이후로 主주 안에서 죽는 者자들은 福복이 있도다 하시매 聖靈성령이 이르시대 그러하다 그들이 수고를 그치고 쉬리니 이는 그들의 行행한 일이 따름이라 하시더라 〈찬송가 610장〉

41-14 人若應得善待爾手有力能施ˇ則施之勿緩ˇ人有所求ˇ
인 약 응 득 선 대 이 수 유 력 능 시 ˇ 즉 시 지 물 완 ˇ 인 유 소 구 ˇ
爾家中若有ˇ則勿對之曰且去ˇ明日復來ˇ我將予爾
이 가 중 약 유 ˇ 즉 물 대 지 왈 차 거 ˇ 명 일 복 래 ˇ 아 장 여 이
(箴言잠언 3:27~28)

네 손이 善선을 베풀 힘이 있거든 마땅히 받을 者자에게 베풀기를 아끼지 말며 네게 있거든 이웃에게 이르기를 갔다가 다시 오라 내일 주겠노라 하지 말며

41-15 勿使人因爾年幼而藐視爾ˇ乃當以言ˇ以行ˇ以愛ˇ以
물 사 인 인 이 년 유 이 막 시 이 ˇ 내 당 이 언 ˇ 이 행 ˇ 이 애 ˇ 이
信ˇ以潔ˇ爲信者之模範ˇ專務誦讀勸勉教誨ˇ以待我至
신 ˇ 이 결 ˇ 위 신 자 지 모 범 ˇ 전 무 송 독 권 면 교 회 ˇ 이 대 아 지
(提摩太前書디모데전서 4:12~13)

누구든지 네 年少연소함을 업신여기지 못하게 하고 오직 말과 行實행실과 사랑과 믿음과 貞節정절에 있어서 믿는 者자에게 本본이 되어 내가 이를 때까지 읽는 것과 勸권하는 것과 가르치는 것에 專念전념하라

41-16 主諭撒母耳曰ˇ勿觀其容貌之美ˇ身材之高ˇ此人我所
주 유 살 모 이 왈 ˇ 물 관 기 용 모 지 미 ˇ 신 재 지 고 ˇ 차 인 비 아
棄也ˇ我之所觀ˇ異於人之所觀ˇ人觀外貌ˇ我觀內心
기 야 ˇ 아 지 소 관 ˇ 이 어 인 지 소 관 ˇ 인 관 외 모 ˇ 아 관 내 심
(撒母耳上사무엘상 16:7)

여호와께서 사무엘에게 이르시되 그의 容貌용모와 키를 보지 말라 내가 이미 그를 버렸노라 내가 보는 것은 사람과 같지 아니하니 사람은 外貌외모를 보거니와 나 여호와는 中心중심을 보느니라 하시더라

42자

42-1 聖經皆由上帝默示所作ˇ有益於教誨督責ˇ使人歸正ˇ教
성 경 개 유 상 제 묵 시 소 작 ˇ 유 익 어 교 회 독 책 ˇ 사 인 귀 정 ˇ 교
人學義ˇ使事上帝之人ˇ得以純全練達ˇ能行諸善事
인 학 의 ˇ 사 사 상 제 지 인 ˇ 득 이 순 전 연 달 ˇ 능 행 제 선 사
(提摩太後書디모데후서 3:16~17)

모든 聖經성경은 하나님의 感動감동으로 된 것으로 教訓교훈과 責望책망과 바르게 함과 義의로 教育교육하기에 有益유익하니

이는 하나님의 사람으로 穩全온전하게 하며 모든 善선한 일을 行행할 能力능력을 갖추게 하려 함이라

42-2 主庇祐我如高山ˇ如保障ˇ是解救我者ˇ我上帝如磐ˇ爲
주 비 우 아 여 고 산 ˇ 여 보 장 ˇ 시 해 구 아 자 ˇ 아 상 제 여 반 ˇ 위
我所恃ˇ遮庇我如盾ˇ保佑我得勝ˇ護衛我如鞏固之城
아 소 시 ˇ 차 비 아 여 순 ˇ 보 우 아 득 승 ˇ 호 위 아 여 공 고 지 성
(詩篇시편 18:2)

여호와는 나의 磐石반석이시요 나의 要塞요새시요 나를 건지시는 이시요 나의 하나님이시요 내가 그 안에 避피할 나의 바위시요 나의 防牌방패시요 나의 救援구원의 뿔이시요 나의 山城산성이시로다

42-3 主上帝之神感我ˇ主以膏沐我ˇ使我傳福音於貧者ˇ遣
주 상 제 지 신 감 아 ˇ 주 이 고 목 아 ˇ 사 아 전 복 음 어 빈 자 ˇ 견
我以醫傷心者ˇ告被擄者必得釋ˇ報被囚者必出囹圄
아 이 의 상 심 자 ˇ 고 피 노 자 필 득 석 ˇ 보 피 수 자 필 출 영 어
(以賽亞이사야 61:1)

主주 여호와의 靈영이 내게 내리셨으니 이는 여호와께서 내게 기름을 부으사 가난한 者자에게 아름다운 消息소식을 傳전하게 하려 하심이라 나를 보내사 마음이 傷상한 者자를 고치며 捕虜포로된 者자에게 自由자유를 갇힌 者자에게 놓임을 宣布선포하며

42-4 自耶西之幹將萌一條ˇ自其根將生一枝ˇ主之神必賦之
자 야 서 지 간 장 맹 일 조 ˇ 자 기 근 장 생 일 지 ˇ 주 지 신 필 부 지
ˇ使有智慧明哲ˇ有謀畧才能ˇ有知識ˇ有敬畏主之心
ˇ 사 유 지 혜 명 철 ˇ 유 모 략 재 능 ˇ 유 지 식 ˇ 유 경 외 주 지 심
(以賽亞이사야 11:1~2)

이새의 줄기에서 한 싹이 나며 그 뿌리에서 한 가지가 나서 結實결실할 것이요 그의 위에 여호와의 靈영 곧 知慧지혜와 聰明총명의 靈영이요 謀略모략과 才能재능의 靈영이요 知識지식과 여호와를 敬畏경외하는 靈영이 降臨강림하시리니

42-5 感謝上帝ˇ使我賴我主耶穌基督而得勝ˇ是以我所愛之
감 사 상 제 ˇ 사 아 뢰 아 주 야 소 기 독 이 득 승 ˇ 시 이 아 소 애 지
兄弟ˇ當堅固不搖ˇ常務主事ˇ蓋事主而勞ˇ非徒然也
형 제 ˇ 당 견 고 불 요 ˇ 상 무 주 사 ˇ 개 사 주 이 노 ˇ 비 도 연 야
(哥林多前書고린도전서 15:57~58)

우리 主주 예수 그리스도로 말미암아 우리에게 勝利승리를 주시는 하나님께 感謝감사하노니 그러므로 내 사랑하는 兄弟형제들아 堅實견실하며 흔들리지 말고 恒常항상 主주의 일에 더욱 힘쓰는 者자들이 되라 이는 너희 수고가 主주 안에서 헛되지 않은 줄 앎이라

42-6 今爾勿復憶已往之事ˇ勿追思古昔之事ˇ今我創一新事
금 이 물 부 억 이 왕 지 사 ˇ 물 추 사 고 석 지 사 ˇ 금 아 창 일 신 사
ˇ立卽彰顯ˇ爾必得知ˇ我將備道於曠野ˇ濬川於沙漠
ˇ 립 즉 창 현 ˇ 이 필 득 지 ˇ 아 장 비 도 어 광 야 ˇ 준 천 어 사 막
(以賽亞이사야 43:18~19)

너희는 以前이전 일을 記憶기억하지 말며 옛날 일을 생각하지 말라 보라 내가 새 일을 行행하리니 이제 나타낼 것이라 너희가 그것을 알지 못하겠느냐 반드시 내가 曠野광야에 길을 沙漠사막에 江강을 내리니

42-7 至上之上帝ˇ所施於我之異蹟奇事ˇ我樂以宣之ˇ大哉
지 상 지 상 제 ˇ 소 시 어 아 지 이 적 기 사 ˇ 아 락 이 선 지 ˇ 대 재
其奇事ˇ盛哉其異蹟ˇ其國乃永遠之國ˇ其權至於世世
기 기 사 ˇ 성 재 기 이 적 ˇ 기 국 내 영 원 지 국 ˇ 기 권 지 어 세 세
(但以理다니엘 4:2~3)

至極지극히 높으신 하나님이 내게 行행하신 異蹟이적과 놀라운 일을 내가 알게 하기를 즐겨 하노라 참으로 크도다 그의 異蹟이적이여, 참으로 能능하도다 그의 놀라운 일이여, 그의 나라는 永遠영원한 나라요 그의 統治통치는 代代대대에 이르리로다

42-8 又告我曰ˇ但以理ˇ勿懼ˇ自初日爾專心求明ˇ於爾上
우 고 아 왈 ˇ 단 이 리 ˇ 물 구 ˇ 자 초 일 이 전 심 구 명 ˇ 어 이 상
帝前刻以自苦ˇ爾言升聞於上ˇ我因爾之禱言ˇ奉遣而來
제 전 각 이 자 고 ˇ 이 언 승 문 어 상 ˇ 아 인 이 지 도 언 ˇ 봉 견 이 래
(但以理다니엘 10:12)

그가 내게 이르되 다니엘아 두려워하지 말라 네가 깨달으려 하여 네 하나님 앞에 스스로 謙卑겸비하게 하기로 決心결심하던 첫날부터 네 말이 應答응답 받았으므로 내가 네 말로 말미암아 왔느니라

42-9 然我今日得爲何如人ˇ乃由上帝之恩也ˇ其恩非徒然賜
연 아 금 일 득 위 하 여 인 ˇ 내 유 상 제 지 은 야 ˇ 기 은 비 도 연 사

我ˇ我勤勞過諸使徒ˇ此非我所能ˇ上帝之恩助我也
아 ˇ 아 근 로 과 제 사 도 ˇ 차 비 아 소 능 ˇ 상 제 지 은 조 아 야
(哥林多前書고린도전서 15:10)

그러나 내가 나 된 것은 하나님의 恩惠은혜로 된 것이니 내게 주신 그의 恩惠은혜가 헛되지 아니하여 내가 모든 使徒사도보다 더 많이 수고하였으나 내가 한 것이 아니요 오직 나와 함께 하신 하나님의 恩惠은혜로라

42-10 惟無人云造我之上帝安在ˇ不念上帝能使人夜間歡呼
유 무 인 운 조 아 지 상 제 안 재 ˇ 불 념 상 제 능 사 인 야 간 환 호
ˇ教我世人ˇ勝於地上走獸ˇ賜我智慧ˇ靈於空中飛鳥
ˇ 교 아 세 인 ˇ 승 어 지 상 주 수 ˇ 사 아 지 혜 ˇ 령 어 공 중 비 조
(約伯욥기 35:10~11)

나를 지으신 하나님은 어디 계시냐고 하며 밤에 노래를 주시는 者자가 어디 계시냐고 말하는 者자가 없구나 땅의 짐승들보다도 우리를 더욱 가르치시고 하늘의 새들보다도 우리를 더욱 智慧지혜롭게 하시는 이가 어디 계시냐고 말하는 이도 없구나

42-11 彼雖由弱而被釘十字架ˇ然今由上帝之能而仍生ˇ我儕
피 수 유 약 이 피 정 십 자 가 ˇ 연 금 유 상 제 지 능 이 잉 생 ˇ 아 제
信基督亦弱ˇ惟由上帝向爾所顯之能ˇ亦與彼同生
신 기 독 역 약 ˇ 유 유 상 제 향 이 소 현 지 능 ˇ 역 여 피 동 생
(哥林多後書고린도후서 13:4)

그리스도께서 弱약하심으로 十字架십자가에 못 박히셨으나 하나님의 能力능력으로 살아 계시니 우리도 그 안에서 弱약하나 너희에게 對대하여 하나님의 能力능력으로 그와 함께 살리라

42-12 我因主之大恩ˇ歡欣快樂ˇ主嘗垂鑒我之患難ˇ知我心
아 인 주 지 대 은 ˇ 환 흔 쾌 락 ˇ 주 상 수 감 아 지 환 난 ˇ 지 아 심
之愁苦ˇ使我不囚於敵人之手ˇ俾我足立於寬濶之地
지 수 고 ˇ 사 아 불 수 어 적 인 지 수 ˇ 비 아 족 입 어 관 활 지 지
(詩篇시편 31:7~8)

내가 主주의 仁慈인자하심을 기뻐하며 즐거워할 것은 主주께서 나의 苦難고난을 보시고 患難환난 中중에 있는 내 靈魂영혼을 아셨으며 나를 怨讐원수의 手中수중에 가두지 아니하셨고 내 발을 넓은 곳에 세우셨음이니이다

42-13 耶穌曰ˇ因爾不信也ˇ我誠告爾ˇ爾若有信如一粒芥種
야 소 왈 ˇ 인 이 불 신 야 ˇ 아 성 고 이 ˇ 이 약 유 신 여 일 립 개 종
ˇ卽命此山ˇ由此移彼ˇ亦必移焉ˇ且無一事爾不能作也
ˇ 즉 명 차 산 ˇ 유 차 이 피 ˇ 역 필 이 언 ˇ 차 무 일 사 이 불 능 작 야
(瑪太福音마태복음 17:20)

이르시되 너희 믿음이 작은 까닭이니라 眞實진실로 너희에게 이르노니 萬一만일 너희에게 믿음이 겨자씨 한 알 만큼만 있어도 이 山산을 命명하여 여기서 저기로 옮겨지라 하면 옮겨질 것이요 또 너희가 못할 것이 없으리라

42-14 彼衆有信ˇ則服敵國ˇ行公義ˇ獲所許ˇ箝獅口ˇ滅火燄
피 중 유 신 ˇ 즉 복 적 국 ˇ 행 공 의 ˇ 획 소 허 ˇ 겸 사 구 ˇ 멸 화 염
之勢ˇ避刀之鋒刃ˇ由弱成强ˇ於戰則勇ˇ攻退異邦人
지 세 ˇ 피 도 지 봉 인 ˇ 유 약 성 강 ˇ 어 전 즉 용 ˇ 공 퇴 이 방 인
隊伍(希伯來書히브리서 11:33~34)
대 오

그들은 믿음으로 나라들을 이기기도 하며 義의를 行행하기도 하며 約束약속을 받기도 하며 獅子사자들의 입을 막기도 하며 불의 勢力세력을 滅멸하기도 하며 칼날을 避피하기도 하며 軟弱연약한 가운데서 强강하게 되기도 하며 戰爭전쟁에 勇敢용감하게 되어 異邦이방 사람들의 陳진을 물리치기도 하며

42-15 仰望耶穌ˇ卽始立我信而終成之者ˇ彼思所將得之樂ˇ
앙 망 야 소 ˇ 즉 시 립 아 신 이 종 성 지 자 ˇ 피 사 소 장 득 지 락 ˇ
不以凌辱爲意ˇ受十字架之苦ˇ今坐於上帝寶座之右
불 이 능 욕 위 의 ˇ 수 십 자 가 지 고 ˇ 금 좌 어 상 제 보 좌 지 우
(希伯來書히브리서 12:2)

믿음의 主주요 또 穩全온전하게 하시는 이인 예수를 바라보자 그는 그 앞에 있는 기쁨을 爲위하여 十字架십자가를 참으사 부끄러움을 介意개의치 아니하시더니 하나님 寶座보좌 右便우편에 앉으셨느니라

42-16 由爾所出者ˇ必復建久已荒蕪之所ˇ復築累代傾圮之
유 이 소 출 자 ˇ 필 복 건 구 이 황 무 지 소 ˇ 복 축 루 대 경 비 지
基ˇ爾必稱爲彌補罅隙者ˇ修理道途者ˇ使民得居境內
기 ˇ 이 필 칭 위 미 보 하 극 자 ˇ 수 리 도 도 자 ˇ 사 민 득 거 경 내
(以賽亞이사야 58:12)

네게서 날 者자들이 오래 荒廢황폐된 곳들을 다시 세울 것이며 너는 歷代역대의 破壞파괴된 基礎기초를 쌓으리니 너를

일컬어 무너진데를 補修보수하는 者자라 할 것이며 길을 修築수축하여 居거할 곳이 되게 하는 者자라 하리라

43 자

43-1 勿憂慮ˇ凡事祈禱ˇ籲懇ˇ感謝ˇ以爾之所求者告上帝ˇ
물 우 려ˇ범 사 기 도ˇ유 간ˇ감 사ˇ이 이 지 소 구 자 고 상 제ˇ
則上帝之平康ˇ超於人意者ˇ必因基督耶穌保守爾心爾念
즉 상 제 지 평 강ˇ초 어 인 의 자ˇ필 인 기 독 야 소 보 수 이 심 이 념
(腓立比書빌립보서 4:6~7)

아무 것도 念慮염려하지 말고 다만 모든 일에 祈禱기도와 懇求간구로 너희 求구할 것을 感謝감사함으로 하나님께 아뢰라 그리하면 모든 知覺지각에 뛰어난 하나님의 平康평강이 그리스도 예수 안에서 너희 마음과 생각을 지키시리라

43-2 爾所遇之試ˇ亦爲人之常事ˇ上帝可信ˇ不忍爾受試過
이 소 우 지 시ˇ역 위 인 지 상 사ˇ상 제 가 신ˇ불 인 이 수 시 과
爾力所能當ˇ使爾受試之時ˇ亦爲爾開出路ˇ致爾能當之
이 력 소 능 당ˇ사 이 수 시 지 시ˇ역 위 이 개 출 로ˇ치 이 능 당 지
(哥林多前書고린도전서 10:13)

사람이 勘當감당할 試驗시험 밖에는 너희가 當당한 것이 없나니 오직 하나님은 미쁘사 너희가 勘當감당하지 못할 試驗시험 當당함을 許諾허락하지 아니하시고 試驗시험 當당할 즈음에 또한 避피할 길을 내사 너희로 能능히 勘當감당하게 하시느니라

43-3 人見誘ˇ勿言我爲上帝所誘ˇ蓋上帝不爲惡所誘ˇ亦不
인 견 유ˇ물 언 아 위 상 제 소 유ˇ개 상 제 불 위 악 소 유ˇ역 불
誘人ˇ人而見誘ˇ俱爲己慾所引所惑ˇ慾孕生惡ˇ惡成
유 인ˇ인 이 견 유ˇ구 위 기 욕 소 인 소 혹ˇ욕 잉 생 악ˇ악 성
生死(雅各書야고보서 1:13~15)
생 사

사람이 試驗시험을 받을 때에 내가 하나님께 試驗시험을 받는다 하지 말지니 하나님은 惡악에게 試驗시험을 받지도 아니하시고 親친히 아무도 試驗시험하지 아니하시느니라 오직 各각 사람이 試驗시험을 받는 것은 自己자기 慾心욕심에 끌려 迷惑미혹됨이니 慾心욕심이 孕胎잉태한즉 罪죄를 낳고 罪죄가 長成장성한즉 死亡사망을 낳느니라

43-4 受膏者云我傳命ˇ主曾謂我云ˇ爾乃我之子ˇ我今日生
수 고 자 운 아 전명 ˇ 주 증 위 아 운 ˇ 이 내 아 지 자 ˇ 아 금 일 생
爾ˇ爾求我ˇ我卽將列國賜爾爲業ˇ將地之四極賜爾爲產
이 ˇ 이 구 아 ˇ 아 즉 장 열 국 사 이 위 업 ˇ 장 지 지 사 극 사 이 위 산

(詩篇시편 2:7~8)

내가 여호와의 命令명령을 傳전하노라 여호와께서 내게 이르시되 너는 내 아들이라 오늘 내가 너를 낳았도다 내게 求구하라 내가 異邦이방 나라를 네 遺業유업으로 주리니 네 所有소유가 땅 끝까지 이르리로다

43-5 施恩之上帝ˇ曾因耶穌基督召我儕享其永榮ˇ願彼在爾
시 은 지 상 제 ˇ 증 인 야 소 기 독 소 아 제 향 기 영 영 ˇ 원 피 재 이
暫受苦之後ˇ成全爾ˇ堅固爾ˇ使爾力强ˇ且得立穩有基
잠 수 고 지 후 ˇ 성 전 이 ˇ 견 고 이 ˇ 사 이 력 강 ˇ 차 득 립 온 유 기

(彼得前書베드로전서 5:10)

모든 恩惠은혜의 하나님 곧 그리스도 안에서 너희를 부르사 自己자기의 永遠영원한 榮光영광에 들어가게 하신 이가 暫間잠간 苦難고난을 當당한 너희를 親친히 穩全온전하게 하시며 굳건하게 하시며 强강하게 하시며 터를 堅固견고하게 하시리라

43-6 兄弟乎ˇ我儕尙有言ˇ我儕因我主耶穌基督ˇ求爾勸爾
형 제 호 ˇ 아 제 상 유 언 ˇ 아 제 인 아 주 야 소 기 독 ˇ 구 이 권 이
ˇ旣受我儕之教ˇ如何當行而見悅於上帝ˇ則宜多求進益
ˇ 기 수 아 제 지 교 ˇ 여 하 당 행 이 견 열 어 상 제 ˇ 즉 의 다 구 진 익

(帖撒羅尼迦前書데살로니가전서 4:1)

그러므로 兄弟형제들아 우리가 끝으로 主주 예수 안에서 너희에게 求구하고 勸勉권면하노니 너희가 마땅히 어떻게 行행하며 하나님을 기쁘시게 할 수 있는지를 우리에게 배웠으니 곧 너희가 行행하는 바라 더욱 많이 힘쓰라

43-7 窺探迦南地者中嫩之子約書亞ˇ耶孚尼子迦勒ˇ自裂其
규 탐 가 남 지 자 중 눈 지 자 약 서 아 ˇ 야 부 니 자 가 륵 ˇ 자 열 기
衣ˇ告以色列會衆曰ˇ我所經行窺探之地ˇ乃甚美之地
의 ˇ 고 이 색 열 회 중 왈 ˇ 아 소 경 행 규 탐 지 지 ˇ 내 심 미 지 지

(民數記민수기 14:6~7)

그 땅을 偵探정탐한 者자 中중 눈의 아들여호수아와 여분네의 아들 갈렙이 自己자기들의 옷을 찢고 이스라엘 子孫자손의 온 會衆회중에게 말하여 이르되 우리가 두루 다니며 偵探정탐한 땅은 甚심히 아름다운 땅이라

43-8 有知識當有操守ˇ有操守當有忍耐ˇ有忍耐當有虔敬ˇ
유지식당유조수ˇ유조수당유인내ˇ유인내당유건경ˇ
有虔敬當有愛兄弟之心ˇ有愛兄弟之心ˇ當有愛衆之心
유건경당유애형제지심ˇ유애형제지심ˇ당유애중지심
(彼得後書베드로후서 1:6~7)

知識지식에 節制절제를, 節制절제에 忍耐인내를, 忍耐인내에 敬虔경건을, 敬虔경건에 兄弟형제 友愛우애를, 兄弟형제 友愛우애에 사랑을 더하라

43-9 讚美主ˇ歌頌至上主之名ˇ清晨宣揚主之仁慈ˇ夜間稱
찬미주ˇ가송지상주지명ˇ청신선양주지인자ˇ야간칭
頌主之誠ˇ用十弦之樂器ˇ彈琴敲瑟ˇ奏樂宣揚ˇ斯爲最美
송주지성ˇ용십현지악기ˇ탄금고슬ˇ주악선양ˇ사위최미
(詩篇시편 92:1~3)

至尊者지존자여 十弦琴십현금과 琵琶비파와 竪琴수금으로 여호와께 感謝감사하며 主주의 이름을 讚揚찬양하고 아침마다 主주의 仁慈인자하심을 알리며 밤마다 主주의 誠實성실하심을 베풂이 좋으니이다

43-10 會吏亦當端莊ˇ勿二言ˇ勿嗜酒ˇ勿貪非義之利ˇ以清
회리역당단장ˇ물이언ˇ물기주ˇ물탐비의지리ˇ이청
心守道之奧妙ˇ如此之人先試之ˇ若無可指摘ˇ則可爲
심수도지오묘ˇ여차지인선시지ˇ약무가지적ˇ칙가위
會吏(提摩太前書디모데전서 3:8~10)
회리

이와 같이 執事집사들도 正中정중하고 一口二言일구이언을 하지 아니하고 술에 인박히지 아니하고 더러운 利이를 貪탐하지 아니하고 깨끗한 良心양심에 믿음의 秘密비밀을 가진 者자라야 할지니 이에 이 사람들을 먼저 試驗시험하여 보고 그 後후에 責望책망할 것이 없으면 執事집사의 職分직분을 맡게 할 것이요

43-11 爾向高擧目而觀ˇ思此諸物爲誰所造ˇ惟主使天之萬象
이향고거목이관ˇ사차제물위수소조ˇ유주사천지만상
ˇ按數而顯ˇ皆道其名ˇ蓋以主之大能大力ˇ無不應命也
ˇ안수이현ˇ개도기명ˇ개이주지대능대력ˇ무불응명야
(以賽亞이사야 40:26)

너희는 눈을 높이 들어 누가 이 모든 것을 創造창조하였나 보라 主주께서는 數爻수효대로 萬象만상을 이끌어 내시고 그

들의 모든 이름을 부르시나니 그의 權勢권세가 크고 그의 能力능력이 強강하므로 하나도 빠짐이 없느니라

43-12 蓋經載主云ˇ我聖矣ˇ爾亦當聖ˇ上帝不偏視人ˇ循人
개경재주운ˇ아성의ˇ이역당성ˇ상제불편시인ˇ순인
之所行而鞫之ˇ爾旣稱之爲父ˇ則寄生斯世ˇ當無日不
지소행이국지ˇ이기칭지위부ˇ즉기생사세ˇ당무일불
警懼(彼得前書베드로전서 1:16~17)
경구

記錄기록되었으되 내가 거룩하니 너희도 거룩할지어다 하셨느니라 外貌외모로 보시지 않고 各각 사람의 行爲행위대로 審判심판하시는 이를 너희가 아버지라 부른즉 너희가 나그네로 있을 때를 두려움으로 지내라

44 자

44-1 因有一嬰孩爲我儕而生ˇ有一子賜於我儕ˇ國政爲其所
인유일영해위아제이생ˇ유일자사어아제ˇ국정위기소
肩荷ˇ其名稱爲奇妙ˇ策士ˇ全能之神ˇ永在之父ˇ平康之君
견하ˇ기명칭위기묘ˇ책사ˇ전능지신ˇ영재지부ˇ평강지군
(以賽亞이사야 9:6)

이는 한 아기가 우리에게 났고 한 아들을 우리에게 주신 바 되었는데 그의 어깨에는 政事정사를 메었고 그의 이름은 奇妙者기묘자라 謀士모사라 全能전능하신 하나님이라 永存영존하시는 아버지라 平康평강의 王왕이라 할 것임이라

44-2 使爾卑微ˇ使爾饑餓ˇ以爾與爾祖所未識之瑪拿賜爾食
사이비미ˇ사이기아ˇ이이여이조소미식지마나사이식
ˇ使爾知人不獨恃餠得生ˇ亦恃凡由主口所出之言得生
ˇ사이지인불독시병득생ˇ역시범유주구소출지언득생
(申命記신명기 8:3)

너를 낮추시며 너를 주리게 하시며 또 너도 알지 못하며 네 祖上조상들도 알지 못하던 만나를 네게 먹이신 것은 사람이 떡으로만 사는 것이 아니요 여호와의 입에서 나오는 모든 말씀으로 사는 줄을 네가 알게 하려 하심이니라

44-3 惟爾行事ˇ當與基督福音相稱ˇ則我或來見爾ˇ或在遠
유이행사ˇ당여기독복음상칭ˇ즉아혹래견이ˇ혹재원

方ˇ聞爾之事ˇ可知爾曹一心堅立ˇ同一志爲福音之道
방 ˇ 문 이 지 사 ˇ 가 지 이 조 일 심 견 립 ˇ 동 일 지 위 복 음 지 도
而戰(腓立比書빌립보서 1:27)
이 전

오직 너희는 그리스도의 福音복음에 合當합당하게 生活생활하라 이는 내가 너희에게 가 보나 떠나 있으나 너희가 한마음으로 서서 한 뜻으로 福音복음의 信仰신앙을 爲위하여 協力협력하는 것과

44-4 主歟ˇ我聞主所言ˇ不勝驚懼ˇ主歟ˇ主之作爲求主在此
주 여 ˇ 아 문 주 소 언 ˇ 불 승 경 구 ˇ 주 여 ˇ 주 지 작 위 구 주 재 차
年間復興之ˇ在此年間復彰之ˇ震怒之時ˇ求主以矜憫爲念
년 간 부 흥 지 ˇ 재 차 년 간 부 창 지 ˇ 진 노 지 시 ˇ 구 주 이 긍 민 위 념
(哈巴谷하박국 3:2)

여호와여 내가 主주께 대한 所聞소문을 듣고 놀랐나이다 여호와여 主주는 主주의 일을 이 數年수년 內내에 復興부흥하게 하옵소서 이 數年수년 內내에 나타내시옵소서 震怒진노 中중에라도 矜恤긍휼을 잊지 마옵소서

45 자

45-1 我勸爾ˇ首要者ˇ當爲衆人籲告ˇ祈禱ˇ懇求ˇ感謝ˇ當爲
아 권 이 ˇ 수 요 자 ˇ 당 위 중 인 유 고 ˇ 기 도 ˇ 간 구 ˇ 감 사 ˇ 당 위
君王及一切秉權者祈禱ˇ俾我儕可虔敬端莊ˇ安然無虞
군 왕 급 일 체 병 권 자 기 도 ˇ 비 아 제 가 건 경 단 장 ˇ 안 연 무 우
以度日(提摩太前書디모데전서 2:1~2)
이 도 일

그러므로 내가 첫째로 勸권하노니 모든 사람을 爲위하여 懇求간구와 祈禱기도와 禱告도고와 感謝감사를 하되 임금들과 높은 地位지위에 있는 모든 사람을 爲위하여 하라 이는 우리가 모든 敬虔경건과 端正단정함으로 고요하고 平安평안한 生活생활을 하려 함이라

45-2 爾曹畏主命者ˇ當聽主言ˇ爾兄弟憾爾ˇ緣我名而棄爾ˇ
이 조 외 주 명 자 ˇ 당 청 주 언 ˇ 이 형 제 감 이 ˇ 연 아 명 이 기 이 ˇ
曰ˇ願主彰顯榮光ˇ使我儕得見爾之欣喜ˇ彼如此言ˇ必
왈 ˇ 원 주 창 현 영 광 ˇ 사 아 제 득 견 이 지 흔 희 ˇ 피 여 차 언 ˇ 필

至蒙羞(以賽亞이사야 66:5)
지 몽 수

여호와의 말씀으로 말미암아 떠는 者자들아 그의 말씀을 들을지어다 이르시되 너희 兄弟형제가 너희를 미워하며 내 이름으로 말미암아 너희를 쫓아내며 이르기를 여호와께서는 榮光영광을 나타내사 너희 기쁨을 우리에게 보이시기를 願원하노라 하였으나 그들은 羞恥수치를 當당하리라 하셨느니라

45-3 然我不以此爲意ˇ亦不以我生命爲貴ˇ惟思歡然前趨ˇ
연 아 불 이 차 위 의 ˇ 역 불 이 아 생 명 위 귀 ˇ 유 사 환 연 전 추 ˇ
以盡我程途ˇ及我於主耶穌所受之職ˇ以證上帝恩寵之
이 진 아 정 도 ˇ 급 아 어 주 야 소 소 수 지 직 ˇ 이 증 상 제 은 총 지
福音(使徒行傳사도행전 20:24)
복 음

내가 달려갈 길과 主주 예수께 받은 使命사명 곧 하나님의 恩惠은사의 福音복음을 證言증언하는 일을 마치려 함에는 나의 生命생명조차 조금도 貴귀한 것으로 여기지 아니하노라

45-4 彼若思所出之故鄕ˇ尙有機可返ˇ然彼等慕更美之家鄕
피 약 사 소 출 지 고 향 ˇ 상 유 기 가 반 ˇ 연 피 등 모 갱 미 지 가 향
ˇ卽在天者ˇ故上帝自稱爲彼之上帝不以爲恥ˇ而爲之備邑
ˇ 즉 재 천 자 ˇ 고 상 제 자 칭 위 피 지 상 제 불 이 위 치 ˇ 이 위 지 비 읍
(希伯來書히브리서 11:15~16)

그들이 나온 바 本鄕본향을 생각하였더라면 돌아갈 機會기회가 있었으려니와 그들이 이제는 더 나은 本鄕본향을 思慕사모하니 곧 하늘에 있는 것이라 이러므로 하나님이 그들의 하나님이라 일컬음 받으심을 부끄러워하지 아니하시고 그들을 爲위하여 한 城성을 豫備예비하셨느니라

45-5 三次謂之曰ˇ約拿子西門ˇ爾愛我乎ˇ彼得因耶穌三次
삼 차 위 지 왈 ˇ 약 나 자 서 문 ˇ 이 애 아 호 ˇ 피 득 인 야 소 삼 차
問爾愛我乎ˇ遂憂曰ˇ主ˇ無所不知ˇ主知我愛爾ˇ耶穌
문 이 애 아 호 ˇ 수 우 왈 ˇ 주 ˇ 무 소 부 지 ˇ 주 지 아 애 이 ˇ 야 소
曰ˇ食我羊(約翰福音요한복음 21:17)
왈 ˇ 식 아 양

세 番번째 이르시되 요한의 아들 시몬아 네가 나를 사랑하느냐 하시니 主주께서 세 番번째 네가 나를 사랑하느냐 하시므로 베드로가 근심하여 이르되 主주님 모든 것을 아시오

매 내가 主주님을 사랑하는 줄을 主주님께서 아시나이다 예수께서 이르시되 내 羊양을 먹이라

45-6 貪呑者其術邪惡ˇ專設奸謀ˇ以誑言損害貧民ˇ窮苦者
탐 탄 자 기 술 사 악 ˇ 전 설 간 모 ˇ 이 광 언 손 해 빈 민 ˇ 궁 고 자
訟時而辨理ˇ彼亦如此ˇ英明人設英明之謀ˇ恒心行英
송 시 이 변 리 ˇ 피 역 여 차 ˇ 영 명 인 설 영 명 지 모 ˇ 항 심 행 영
明之事 (以賽亞이사야 32:7~8)
명 지 사

惡악한 者자는 그 그릇이 惡악하여 惡악한 計劃계획을 세워 거짓말로 可憐가련한 者자를 滅멸하며 가난한 者자가 말을 바르게 할지라도 그리함이거니와 尊貴존귀한 者자는 尊貴존귀한 일을 計劃계획하나니 그는 恒常항상 尊貴존귀한 일에 서리라

45-7 求主側耳俯聽僕之祈禱ˇ及欲敬畏主名者諸僕之祈禱ˇ
구 주 측 이 부 청 복 지 기 도 ˇ 급 욕 경 외 주 명 자 제 복 지 기 도 ˇ
求主使僕今日亨通ˇ蒙恩於此人前ˇ當是時ˇ我爲王之
구 주 사 복 금 일 형 통 ˇ 몽 은 어 차 인 전 ˇ 당 시 시 ˇ 아 위 왕 지
酒政(尼希米느헤미아 1:11)
주 정

主주여 求구하오니 귀를 기울이사 종의 祈禱기도와 主주의 이름을 敬畏경외하기를 기뻐하는 종들의 祈禱기도를 들으시고 오늘 종이 亨通형통하여 이 사람들 앞에서 恩惠은혜를 입게 하옵소서 하였나니 그 때에 내가 王왕의 술 官員관원이 되었느니라

46 자

46-1 大哉虔敬之奧妙ˇ無人不以爲然ˇ上帝假人身顯著ˇ因
대 재 건 경 지 오 묘 ˇ 무 인 불 이 위 연 ˇ 상 제 가 인 신 현 저 ˇ 인
靈而稱義ˇ爲天使所見ˇ被傳於異邦人ˇ見信於天下ˇ
령 이 칭 의 ˇ 위 천 사 소 견 ˇ 피 전 어 이 방 인 ˇ 견 신 어 천 하 ˇ
而升於榮光(提摩太前書디모데전서 3:16)
이 승 어 영 광

크도다 敬虔경건의 秘密비밀이여 그렇지 않다 하는 이 없도다 그는 肉身육신으로 나타난 바 되시고 靈영으로 義의롭다 하심을 받으시고 天使천사들에게 보이시고 萬國만국에서 傳播전파

되시고 世上세상에서 믿은 바 되시고 榮光영광 가운데서 올려 지셨느니라

46-2 居天上之主歟ˇ我向主擧目仰望ˇ我目仰望主我之上帝
거 천 상 지 주 여 ˇ 아 향 주 거 목 앙 망 ˇ 아 목 앙 망 주 아 지 상 제
ˇ俟主憐憫我儕ˇ如僕之目望主人之手ˇ如婢之目望主
ˇ 사 주 연 민 아 제 ˇ 여 복 지 목 망 주 인 지 수 ˇ 여 비 지 목 망 주
母之手(詩篇시편 123:1~2)
모 지 수

하늘에 계시는 主주여 내가 눈을 들어 主주께 向향하나이다 上典상전의 손을 바라보는 종들의 눈 같이, 女主人여주인의 손을 바라보는 女여종의 눈 같이 우리의 눈이 여호와 우리 하나님을 바라보며 우리에게 恩惠은혜 베풀어 주시기를 기다리나이다

46-3 爾往集書刪城所有之猶大人ˇ爲我禁食三晝夜ˇ不食不
이 왕 집 서 산 성 소 유 지 유 대 인 ˇ 위 아 금 식 삼 주 야 ˇ 불 식 불
飮ˇ我侍女亦如是禁食ˇ然後我違例入而覲王ˇ我若亡
음 ˇ 아 시 녀 역 여 시 금 식 ˇ 연 후 아 위 례 입 이 근 왕 ˇ 아 약 망
則亡矣(以斯帖에스더 4:16)
즉 망 의

當身당신은 가서 수산에 있는 유다人인을 다 모으고 나를 爲위하여 禁食금식하되 밤낮 三日삼일을 먹지도 말고 마시지도 마소서 나도 나의 侍女시녀와 더불어 이렇게 禁食금식한 後후에 規例규례를 어기고 王왕에게 나아가리니 죽으면 죽으리이다 하니라

47 자

47-1 凡主所視爲正ˇ所視爲善ˇ爾當行之ˇ則可得福ˇ可入而
범 주 소 시 위 정 ˇ 소 시 위 선 ˇ 이 당 행 지 ˇ 즉 가 득 복 ˇ 가 입 이
得主所誓賜爾列祖之美地ˇ主亦必循所許之言ˇ於爾前
득 주 소 서 사 이 열 조 지 미 지 ˇ 주 역 필 순 소 허 지 언 ˇ 어 이 전
驅逐諸敵(申命記신명기 6:18~19)
구 축 제 적

여호와께서 보시기에 正直정직하고 善良선량한 일을 行행하라 그리하면 네가 福복을 받고 그 땅에 들어가서 여호와께서

모든 對敵대적을 네 앞에서 쫓아내시겠다고 네 祖上조상들에게 盟誓맹서하신 아름다운 땅을 차지하리니 여호와의 말씀과 같으니라

47-2 上帝不可見之事ˇ卽其永能ˇ及其爲上帝之眞ˇ目不可
상 제 불 가 견 지 사 ˇ 즉 기 영 능 ˇ 급 기 위 상 제 지 진 ˇ 목 불 가
見ˇ自造天地以來ˇ乃可明知ˇ因觀其所造之物而悟ˇ致
견 ˇ 자 조 천 지 이 래 ˇ 내 가 명 지 ˇ 인 관 기 소 조 지 물 이 오 ˇ 치
人無由推諉(羅瑪書로마서 1:20)
인 무 유 추 위

創世창세로부터 그의 보이지 아니하는 것들 곧 그의 永遠영원하신 能力능력과 神性신성이 그가 만드신 萬物만물에 分明분명히 보여 알려졌나니 그러므로 그들이 핑계하지 못할지니라

48 자

48-1 上帝所悅者ˇ賜以智慧ˇ知識ˇ歡樂ˇ獲罪於上帝者ˇ上
상 제 소 열 자 ˇ 사 이 지 혜 ˇ 지 식 ˇ 환 락 ˇ 획 죄 어 상 제 자 ˇ 상
帝則畀以收斂積蓄之任ˇ終歸於上帝所悅者用ˇ此亦屬
제 즉 비 이 수 렴 적 축 지 임 ˇ 종 귀 어 상 제 소 열 자 용 ˇ 차 역 속
於虛ˇ亦如捕風(傳道書전도서 2:26)
어 허 ˇ 역 여 포 풍

하나님은 그가 기뻐하시는 者자에게는 智慧지혜와 知識지식과 喜樂희락을 주시나 罪人죄인에게는 勞苦노고를 주시고 그가 모아 쌓게 하사 하나님을 기뻐하는 者자에게 그가 주게 하시지만 이것도 헛되어 바람을 잡는 것이로다

48-2 出迎亞撒ˇ謂之曰ˇ亞撒ˇ及猶大人ˇ便雅憫人ˇ須聽我
출 영 아 살 ˇ 위 지 왈 ˇ 아 살 ˇ 급 유 대 인 ˇ 변 아 민 인 ˇ 수 청 아
言ˇ如爾從主ˇ主必祐爾ˇ如爾尋求主ˇ主必爲爾所得ˇ
언 ˇ 여 이 종 주 ˇ 주 필 우 이 ˇ 여 이 심 구 주 ˇ 주 필 위 이 소 득 ˇ
如爾棄主ˇ主必棄爾(歷代下역대하 15:2)
여 이 기 주 ˇ 주 필 기 이

그가 나가서 아사를 맞아 이르되 아사와 및 유다와 베냐민의 무리들아 내 말을 들으라 너희가 여호와와 함께 하면 여호와께서 너희와 함께 하실지라 너희가 萬一만일 그를 찾으면 그가 너희와 만나게 되시려니와 너희가 萬一만일 그를

버리면 그도 너희를 버리시리라

48-3 爾曹中孰有子求餠而予之石乎ˇ求魚而予之蛇乎ˇ爾曹
이 조 중 숙 유 자 구 병 이 여 지 석 호 ˇ 구 어 이 여 지 사 호 ˇ 이 조
雖不善ˇ尙知以善物予爾子ˇ況爾在天之父ˇ不以善物
수 불 선 ˇ 상 지 이 선 물 여 이 자 ˇ 황 이 재 천 지 부 ˇ 불 이 선 물
賜求之者乎(瑪太福音마태복음 7:9~11)
사 구 지 자 호

너희 중에 누가 아들이 떡을 달라 하는데 돌을 주며 生鮮생선을 달라 하는데 뱀을 줄 사람이 있겠느냐 너희가 惡악한 者자라도 좋은 것으로 子息자식에게 줄 줄 알거든 하물며 하늘에 계신 너희 아버지께서 求구하는 者자에게 좋은 것으로 주시지 않겠느냐

48-4 上帝歟ˇ主曾棄絶我儕ˇ將我儕分散ˇ主如此向我儕震
상 제 여 ˇ 주 증 기 절 아 제 ˇ 장 아 제 분 산 ˇ 주 여 차 향 아 제 진
怒ˇ今求主使我儕復興ˇ主使地震動崩裂ˇ地已搖撼ˇ求
노 ˇ 금 구 주 사 아 제 부 흥 ˇ 주 사 지 진 동 붕 렬 ˇ 지 이 요 감 ˇ 구
主彌地之缺陷(詩篇시편 60:1~2)
주 미 지 지 결 함

하나님이여 主주께서 우리를 버려 흩으셨고 憤怒분노하셨사오나 지금은 우리를 回復회복시키소서 主주께서 땅을 震動진동시키사 갈라지게 하셨사오니 그 틈을 기우소서 땅이 흔들림이니이다

48-5 但以理ˇ旣知王詔已頒ˇ則歸其家ˇ其家有樓室ˇ牖向
단 이 리 ˇ 기 지 왕 조 이 반 ˇ 즉 귀 기 가 ˇ 기 가 유 루 실 ˇ 유 향
耶路撒冷而啓ˇ在彼一日三次ˇ屈膝曲跽ˇ禱告祝謝其
야 로 살 냉 이 계 ˇ 재 피 일 일 삼 차 ˇ 굴 슬 곡 기 ˇ 도 고 축 사 기
上帝ˇ與素日無異(但以理다니엘 6:10)
상 제 ˇ 여 소 일 무 이

다니엘이 이 詔書조서에 王왕의 圖章도장이 찍힌 것을 알고도 自己자기 집에 돌아가서는 윗房방에 올라가 예루살렘으로 向향한 窓門창문을 열고 前전에 하던 대로 하루 세 番번씩 무릎을 꿇고 祈禱기도하며 그의 하나님께 感謝감사하였더라

48-6 我子所羅門歟ˇ爾當知爾父之上帝ˇ誠心樂意以事之ˇ
아 자 소 라 문 여 ˇ 이 당 지 이 부 지 상 제 ˇ 성 심 락 의 이 사 지 ˇ
蓋主鑒察諸心ˇ知悉一切意念ˇ爾若求之ˇ必惠臨爾ˇ
개 주 감 찰 제 심 ˇ 지 실 일 체 의 념 ˇ 이 약 구 지 ˇ 필 혜 림 이 ˇ

若遺之ˇ必永棄爾(歷代上역대상 28:9)
약 유 지 ˇ 필 영 기 이

내 아들 솔로몬아 너는 네 아버지의 하나님을 알고 穩全온전한 마음과 기쁜 뜻으로 섬길지어다 여호와께서는 모든 마음을 鑑察감찰하사 모든 意圖의도를 아시나니 네가 萬一만일 그를 찾으면 만날 것이요 萬一만일 네가 그를 버리면 그가 너를 永遠영원히 버리시리라

48-7 以待所望之福ˇ與至大之上帝ˇ我救主耶穌基督之榮顯
이 대 소 망 지 복 ˇ 여 지 대 지 상 제 ˇ 아 구 주 야 소 기 독 지 영 현
ˇ彼爲我儕舍己ˇ以贖我儕出於諸惡ˇ亦潔我儕爲其選
ˇ 피 위 아 제 사 기 ˇ 이 속 아 제 출 어 제 악 ˇ 역 결 아 제 위 기 선
民ˇ熱心爲善(提多書디도서 2:13~14)
민 ˇ 열 심 위 선

福복스러운 所望소망과 우리의 크신 하나님 救主구주 예수 그리스도의 榮光영광이 나타나심을 기다리게 하셨으니 그가 우리를 代身대신하여 自身자신을 주심은 모든 不法불법에서 우리를 贖良속량하시고 우리를 깨끗하게 하사 善선한 일을 열심히 하는 自己자기 百姓백성이 되게 하려 하심이라

48-8 大衛對非利士人曰ˇ爾來迎我ˇ以刃與槍與戟ˇ我來迎
대 위 대 비 리 사 인 왈 ˇ 이 래 영 아 ˇ 이 인 여 창 여 극 ˇ 아 래 영
爾ˇ恃萬有之主之名ˇ爾所侮辱以色列之隊伍ˇ萬有之
이 ˇ 시 만 유 지 주 지 명 ˇ 이 소 모 욕 이 색 열 지 대 오 ˇ 만 유 지
主卽其上帝也(撒母耳上사무엘상 17:45)
주 즉 기 상 제 야

다윗이 블레셋 사람에게 이르되 너는 칼과 槍창과 短槍단창으로 내게 나아 오거니와 나는 萬軍만군의 여호와의 이름 곧 네가 侮辱모욕하는 이스라엘 軍隊군대의 하나님의 이름으로 네게 나아가노라

49자

49-1 主之靈臨我ˇ因主膏我ˇ俾我傳福音於貧者ˇ遣我醫傷
주 지 령 임 아 ˇ 인 주 고 아 ˇ 비 아 전 복 음 어 빈 자 ˇ 견 아 의 상
心之人告被虜者得釋ˇ瞽者得明ˇ受壓制者得自由ˇ宣
심 지 인 고 피 노 자 득 석 ˇ 고 자 득 명 ˇ 수 압 제 자 득 자 유 ˇ 선

上帝賜恩之禧年(路加福音누가복음 4:18~19)
상 제 사 은 지 희 년

主주의 聖靈성령이 내게 臨임하셨으니 이는 가난한 者자에게 福音복음을 傳전하게 하시려고 내게 기름을 부으시고 나를 보내사 捕虜포로 된 者자에게 自由자유를 눈 먼 者자에게 다시 보게 함을 傳播전파하며 눌린 者자를 自由자유롭게 하고 主주의 恩惠은혜의 해를 傳播전파하게 하려 하심이라 하였더라

49-2 上帝諭所羅門曰ˇ我立爾爲我民之王ˇ爾乃有此心ˇ爾
상 제 유 소 라 문 왈 ˇ 아 립 이 위 아 민 지 왕 ˇ 이 내 유 차 심 ˇ 이
不求貨財ˇ産業ˇ尊榮ˇ滅敵命ˇ亦不求長壽ˇ惟求智慧
불 구 화 재 ˇ 산 업 ˇ 존 영 ˇ 멸 적 명 ˇ 역 불 구 장 수 ˇ 유 구 지 혜
聰明ˇ能判斷於民中(歷代下역대하 1:11)
총 명 ˇ 능 판 단 어 민 중

하나님이 솔로몬에게 이르시되 이런 마음이 네게 있어서 富부나 財物재물이나 榮光영광이나 怨讐원수의 生命생명 滅멸하기를 求구하지 아니하며 長壽장수도 求구하지 아니하고 오직 내가 네게 다스리게 한 내 百姓백성을 裁判재판하기 爲위하여 智慧지혜와 知識지식을 求구하였으니

49-3 兄弟ˇ我不欲爾不知ˇ我在亞西亞遭難ˇ被迫特甚ˇ勢不
형 제 ˇ 아 불 욕 이 부 지 ˇ 아 재 아 서 아 조 난 ˇ 피 박 특 심 ˇ 세 불
可當ˇ致絶保生命之望ˇ自擬必死ˇ致我不恃己ˇ惟恃使
가 당 ˇ 치 절 보 생 명 지 망 ˇ 자 의 필 사 ˇ 치 아 불 시 기 ˇ 유 시 사
死者復活之上帝(哥林多後書고린도후서 1:8~9)
사 자 부 활 지 상 제

兄弟형제들아 우리가 아시아에서 當당한 患難환난을 너희가 모르기를 願원하지 아니하노니 힘에 겹도록 甚심한 苦難고난을 當당하여 살 所望소망까지 끊어지고 우리는 우리 自身자신이 死刑사형 宣告선고를 받은 줄 알았으니 이는 우리로 自己자기를 依支의지하지 말고 오직 죽은 者자를 다시 살리시는 하나님만 依支의지하게 하심이라

49-4 可愛者乎ˇ爾今遇火鍊試爾ˇ勿異之以爲遭非常之事ˇ
가 애 자 호 ˇ 이 금 우 화 련 시 이 ˇ 물 이 지 이 위 조 비 상 지 사 ˇ
反當喜樂ˇ因與基督共受苦也ˇ使爾於其榮光顯現之時
반 당 희 락 ˇ 인 여 기 독 공 수 고 야 ˇ 사 이 어 기 영 광 현 현 지 시

ˇ亦可歡欣踴躍(彼得前書베드로전서 4:12~13)
ˇ 역 가 환 흔 용 약

사랑하는 者자들아 너희를 鍊鍛연단하려고 오는 불 試驗시험을 異常이상한 일 當당하는 것 같이 異常이상히 여기지 말고 오히려 너희가 그리스도의 苦難고난에 參與참여하는 것으로 즐거워하라 이는 그의 榮光영광을 나타내실 때에 너희로 즐거워하고 기뻐하게 하려 함이라

49-5 哈拿衷懷憂戚ˇ哭泣禱主ˇ許願曰ˇ萬有之主ˇ如垂顧婢
합 나 충 회 우 척 ˇ 곡 읍 도 주 ˇ 허 원 왈 ˇ 만 유 지 주 ˇ 여 수 고 비
之苦ˇ念婢不忘ˇ賜婢生男ˇ則必使之歸主ˇ至於畢生ˇ
지 고 ˇ 념 비 불 망 ˇ 사 비 생 남 ˇ 즉 필 사 지 귀 주 ˇ 지 어 필 생 ˇ
薙髮之刀ˇ不加其首(撒母耳上사무엘상 1:10~11)
치 발 지 도 ˇ 불 가 기 수

한나가 마음이 괴로워서 여호와께 祈禱기도하고 痛哭통곡하며 誓願서원하여 이르되 萬軍만군의 여호와여 萬一만일 主주의 女여종의 苦痛고통을 돌보시고 나를 記憶기억하사 主주의 女여종을 잊지 아니하시고 主주의 女여종에게 아들을 주시면 내가 그의 平生평생에 그를 여호와께 드리고 삭도를 그의 머리에 대지 아니하겠나이다

50 자

50-1 旣知人得稱義非由行律法ˇ乃由信耶穌基督ˇ故我儕亦
기 지 인 득 칭 의 비 유 행 율 법 ˇ 내 유 신 야 소 기 독 ˇ 고 아 제 역
信耶穌基督ˇ欲由信基督稱義ˇ不由行律法ˇ蓋無人由
신 야 소 기 독 ˇ 욕 유 신 기 독 칭 의 ˇ 불 유 행 율 법 ˇ 개 무 인 유
行律法得稱義也(迦拉太書갈라디아서 2:16)
행 율 법 득 칭 의 야

사람이 義의롭게 되는 것은 律法율법의 行爲행위로 말미암음이 아니요 오직 예수 그리스도를 믿음으로 말미암는 줄 알므로 우리도 그리스도 예수를 믿나니 이는 우리가 律法율법의 行爲행위로써가 아니고 그리스도를 믿음으로써 義의롭다 함을 얻으려 함이라 律法율법의 行爲행위로써는 義의롭다 함을 얻을 肉體육체가 없느니라

50-2 爾藉使者毁謗主云ˇ我率戰車衆多ˇ登山巓ˇ至利巴嫩
이자사자훼방주운ˇ아솔전차중다ˇ등산전ˇ지리파눈
山旁ˇ伐柏香木之高者ˇ柏樹之美者ˇ我已至其境之極
산방ˇ벌백향목지고자ˇ백수지미자ˇ아이지기경지극
處ˇ至其茂密之樹林(以賽亞이사야 37:24)
처ˇ지기무밀지수림

네가 네 종을 通통해서 主주를 譭謗훼방하여 이르기를 내가 나의 許多허다한 兵車병거를 거느리고 山산들의 꼭대기에 올라가며 레바논의 깊은 곳에 이르렀으니 높은 柏香木백향목과 아름다운 香향나무를 베고 또 그 제일 높은 곳에 들어가 살진 땅의 수풀에 이를 것이며

50-3 我與基督同釘於十字架ˇ而我仍生ˇ非我生ˇ乃基督在
아여기독동정어십자가ˇ이아잉생ˇ비아생ˇ내기독재
我內而生ˇ且今我在身而生ˇ乃以信上帝子而生ˇ彼曾
아내이생ˇ차금아재신이생ˇ내이신상제자이생ˇ피증
愛我ˇ爲我舍己者也(迦拉太書갈라디아서 2:20)
애아ˇ위아사기자야

내가 그리스도와 함께 十字架십자가에 못 박혔나니 그런즉 이제는 내가 사는 것이 아니요 오직 내 안에 그리스도께서 사시는 것이라 이제 내가 肉體육체 가운데 사는 것은 나를 사랑하사 나를 爲위하여 自己자기 自身자신을 버리신 하나님의 아들을 믿는 믿음 안에서 사는 것이라

51 자

51-1 我必取爾出於列邦ˇ集爾來自各國ˇ導爾旋歸故土ˇ以
아필취이출어열방ˇ집이래자각국ˇ도이선귀고토ˇ이
淸水灑於爾身ˇ使爾爲潔ˇ凡爾汚穢之事ˇ及拜偶像之
청수쇄어이신ˇ사이위결ˇ범이오예지사ˇ급배우상지
邪ˇ我悉滌除ˇ使爾爲潔(以西結에스겔 36:24~25)
사ˇ아실척제ˇ사이위결

내가 너희를 여러 나라 가운데에서 引導인도하여 내고 여러 民族민족 가운데에서 모아 데리고 故國고국 땅에 들어가서 맑은 물을 너희에게 뿌려서 너희로 淨潔정결하게 하되 곧 너희 모든 더러운 것에서와 모든 偶像우상 崇拜숭배에서 너희를

淨潔정결하게 할 것이며

51-2 我行於爾前ˇ使曲爲直ˇ爲爾毁銅門ˇ斷鐵楗ˇ必以暗中
아 행 어 이 전 ˇ 사 곡 위 직 ˇ 위 이 훼 동 문 ˇ 단 철 건 ˇ 필 이 암 중
之貨財ˇ及藏於密處之寶物賜爾ˇ使爾知題爾名者ˇ乃
지 화 재 ˇ 급 장 어 밀 처 지 보 물 사 이 ˇ 사 이 지 제 이 명 자 ˇ 내
我卽主以色列之上帝(以賽亞이사야 45:2~3)
아 즉 주 이 색 열 지 상 제

내가 너보다 앞서 가서 險험한 곳을 平坦평탄하게 하며 놋門문을 쳐서 부수며 쇠빗장을 꺾고 네게 黑暗흑암 中중의 寶貨보화와 隱密은밀한 곳에 숨은 財物재물을 주어 네 이름을 부르는 者자가 나 여호와 이스라엘의 하나님인 줄을 네가 알게 하리라

51-3 人若言我愛上帝而惡兄弟ˇ乃爲言誑者ˇ不愛所見之兄
인 약 언 아 애 상 제 이 오 형 제 ˇ 내 위 언 광 자 ˇ 불 애 소 견 지 형
弟ˇ焉能愛未見之上帝乎ˇ愛上帝者ˇ亦當愛兄弟ˇ此乃
제 ˇ 언 능 애 미 견 지 상 제 호 ˇ 애 상 제 자 ˇ 역 당 애 형 제 ˇ 차 내
我由主所受之命也(約翰壹書요한1서 4:20~21)
아 유 주 소 수 지 명 야

누구든지 하나님을 사랑하노라 하고 그 兄弟형제를 미워하면 이는 거짓말하는 者자니 보는 바 그 兄弟형제를 사랑하지 아니하는 者자는 보지 못하는 바 하나님을 사랑할 수 없느니라 우리가 이 誡命계명을 主주께 받았나니 하나님을 사랑하는 者자는 또한 그 兄弟형제를 사랑할지니라

51-4 蓋異邦人無律法ˇ而自然行律法之事ˇ雖無律法ˇ而自
개 이 방 인 무 율 법 ˇ 이 자 연 행 율 법 지 사 ˇ 수 무 율 법 ˇ 이 자
爲律法ˇ卽以行事彰明律法銘於其心ˇ是非之心ˇ亦爲
위 율 법 ˇ 즉 이 행 사 창 명 율 법 명 어 기 심 ˇ 시 비 지 심 ˇ 역 위
之證ˇ其意念互相褒貶(羅瑪書로마서 2:14~15)
지 증 ˇ 기 의 념 호 상 포 폄

律法율법 없는 異邦人이방인이 本性본성으로 律法율법의 일을 行행할 때는 이 사람은 律法율법이 없어도 自己자기가 自己자기에게 律法율법이 되나니 이런 이들은 그 良心양심이 證據증거가 되어 그 생각들이 서로 或혹은 訟事송사하며 或혹은 辨明변명하여 그 마음에 새긴 律法율법의 行爲행위를 나타내느니라

52 자

52-1 萬有之主曰ˇ爾以所當納之什一ˇ悉入於倉庫ˇ使我室有
만유지주왈ˇ이이소당납지십일ˇ실입어창고ˇ사아실유
糧ˇ以是試我ˇ觀我果否爲爾啓天之窗ˇ使福傾注於爾曹
량ˇ이시시아ˇ관아과부위이계천지창ˇ사복경주어이조
ˇ豐盈富餘ˇ不可勝數(瑪拉基말라기 3:10)
ˇ풍영부여ˇ불가승수

萬軍만군의 여호와가 이르노라 너희의 穩全온전한 十一條십일조를 倉庫창고에 들여 나의 집에 糧食양식이 있게 하고 그것으로 나를 試驗시험하여 내가 하늘 門문을 열고 너희에게 福복을 쌓을 곳이 없도록 붓지 아니하나 보라

52-2 故爾當去一切暴狠ˇ詭譎ˇ僞善ˇ娼嫉ˇ及諸毁謗ˇ當慕
고이당거일체폭한ˇ궤휼ˇ위선ˇ창질ˇ급제훼방ˇ당모
純眞之道ˇ如甫生嬰兒之慕乳然ˇ使爾由此而漸長ˇ若爾
순진지도ˇ여보생영아지모유연ˇ사이유차이점장ˇ약이
果嘗主之仁慈ˇ則當如是(彼得前書베드로전서 2:1~3)
과상주지인자ˇ즉당여시

그러므로 모든 惡毒악독과 모든 欺瞞기만과 外飾외식과 猜忌시기와 모든 誹謗비방하는 말을 버리고 갓난 아기들 같이 純全순전하고 神靈신령한 젖을 思慕사모하라 이는 그로 말미암아 너희로 救援구원에 이르도록 자라게 하려 함이라 너희가 主주의 仁慈인자하심을 맛보았으면 그리하라

52-3 有人獨處無子ˇ無兄弟ˇ然亦勞碌不已ˇ雖得多財ˇ目中
유인독처무자ˇ무형제ˇ연역노록불이ˇ수득다재ˇ목중
不以爲足ˇ亦不自問曰ˇ我不自享所得ˇ我勞碌究爲誰耶
불이위족ˇ역부자문왈ˇ아불자향소득ˇ아노록구위수야
ˇ此亦屬於虛ˇ徒勞無益(傳道書전도서 4:8)
ˇ차역속어허ˇ도노무익

어떤 사람은 아들도 없고 兄弟형제도 없이 홀로 있으나 그의 모든 수고에는 끝이 없도다 또 비록 그의 눈은 富饒부요를 足족하게 여기지 아니하면서 이르기를 내가 누구를 爲위하여는 이같이 수고하고 나를 爲위하여는 幸福행복을 누리지 못하게 하는가 하여도 이것도 헛되어 不幸불행한 勞苦노고로다

52-4 我將使爾成爲大族ˇ賜福於爾ˇ使爾名大揚ˇ俾爾恒享厚
아장사이성위대족ˇ사복어이ˇ사이명대양ˇ비이항향후

福ˇ爲爾祝福者ˇ我必降之以福ˇ詛爾者我必降之以禍ˇ
복 ˇ위 이 축 복 자 ˇ 아 필 강 지 이 복 ˇ 저 이 자 아 필 강 지 이 화 ˇ
天下萬族ˇ必因爾獲福(創世記창세기 12:2~3)
천 하 만 족 ˇ 필 인 이 획 복

내가 너로 큰 民族민족을 이루고 네게 福복을 주어 네 이름을 昌大창대하게 하리니 너는 福복이 될지라 너를 祝福축복하는 者자에게는 내가 福복을 내리고 너를 詛呪저주하는 者자에게는 내가 詛呪저주하리니 땅의 모든 族屬족속이 너로 말미암아 福복을 얻을 것이라 하신지라

52-5 爲此ˇ上帝升之無上ˇ賜之以名ˇ超乎諸名之上ˇ使在天
위 차 ˇ 상 제 승 지 무 상 ˇ 사 지 이 명 ˇ 초 호 제 명 지 상 ˇ 사 재 천
在地在地下者ˇ聞耶穌名ˇ無膝不屈ˇ無口不稱耶穌基
재 지 재 지 하 자 ˇ 문 야 소 명 ˇ 무 슬 불 굴 ˇ 무 구 불 칭 야 소 기
督爲主ˇ歸榮於上帝卽父(腓立比書빌립보서 2:9~11)
독 위 주 ˇ 귀 영 어 상 제 즉 부

이러므로 하나님이 그를 至極지극히 높여 모든 이름 위에 뛰어난 이름을 주사 하늘에 있는 者자들과 땅에 있는 者자들과 땅 아래에 있는 者자들로 모든 무릎을 예수의 이름에 꿇게 하시고 모든 입으로 예수 그리스도를 主주라 是認시인하여 하나님 아버지께 榮光영광을 돌리게 하셨느니라

52-6 不覺己目中有梁木ˇ則何能語兄弟曰ˇ兄弟乎ˇ容我去
불 각 기 목 중 유 량 목 ˇ 즉 하 능 어 형 제 왈 ˇ 형 제 호 ˇ 용 아 거
爾目中之草芥乎ˇ僞善者乎ˇ先去爾目中梁木ˇ方可明
이 목 중 지 초 개 호 ˇ 위 선 자 호 ˇ 선 거 이 목 중 량 목 ˇ 방 가 명
見以去兄弟目中之草芥(路加福音누가복음 6:42)
견 이 거 형 제 목 중 지 초 개

너는 네 눈 속에 있는 들보를 보지 못하면서 어찌하여 兄弟형제에게 말하기를 兄弟형제여 나로 네 눈 속에 있는 티를 빼게 하라 할 수 있느냐 外飾외식하는 者자여 먼저 네 눈 속에서 들보를 빼어라 그 後후에야 네가 밝히 보고 兄弟형제의 눈 속에 있는 티를 빼리라

53 자

53-1 我又觀日下之事ˇ見疾趨者未必先至ˇ有力者未必得勝
아 우 관 일 하 지 사ˇ견 질 추 자 미 필 선 지ˇ유 력 자 미 필 득 승
ˇ智者未必得食ˇ哲者未必得財ˇ有識者未必蒙恩ˇ凡衆
ˇ지 자 미 필 득 식ˇ철 자 미 필 득 재ˇ유 식 자 미 필 몽 은ˇ범 중
所遇ˇ或隨時會ˇ或屬偶然(傳道書전도서 9:11)
소 우ˇ혹 수 시 회ˇ혹 속 우 연

내가 다시 해 아래에서 보니 빠른 競走者경주자들이라고 先着선착하는 것이 아니며 勇士용사들이라고 戰爭전쟁에 勝利승리하는 것이 아니며 智慧者지혜자들이라고 음식물을 얻는 것도 아니며 明哲者명철자들이라고 財物재물을 얻는 것도 아니며 知識人지식인들이라고 恩寵은총을 입는 것이 아니니 이는 時期시기와 機會기회는 그들 모두에게 臨임함이니라

53-2 主可尋得ˇ爾當求之ˇ主離不遠ˇ爾當籲之ˇ惡人當離
주 가 심 득ˇ이 당 구 지ˇ주 리 불 원ˇ이 당 유 지ˇ악 인 당 리
其途ˇ不義者當屛除其謀ˇ歸誠於主ˇ主必矜恤之ˇ當
기 도ˇ불 의 자 당 병 제 기 모ˇ귀 성 어 주ˇ주 필 긍 휼 지ˇ당
歸誠於我上帝ˇ蓋上帝廣行赦宥(以賽亞이사야 55:6~7)
귀 성 어 아 상 제ˇ개 상 제 광 행 사 유

너희는 여호와를 만날 만한 때에 찾으라 가까이 계실 때에 그를 부르라 惡人악인은 그의 길을 不義불의한 者자는 그의 생각을 버리고 여호와께로 돌아오라 그리하면 그가 矜恤긍휼히 여기시리라 우리 하나님께로 돌아오라 그가 너그럽게 容恕용서하시리라

53-3 我儕傳基督ˇ以諸智慧勸戒各人ˇ教誨各人ˇ欲使各人
아 제 전 기 독ˇ이 제 지 혜 권 계 각 인ˇ교 회 각 인ˇ욕 사 각 인
因信基督耶穌ˇ得以成全而立於其前ˇ爲此我竭力勤勞
인 신 기 독 야 소ˇ득 이 성 전 이 립 어 기 전ˇ위 차 아 갈 력 근 로
ˇ循其在我心運用之大力(哥羅西書골로새서 1:28~29)
ˇ순 기 재 아 심 운 용 지 대 력

우리가 그를 傳播전파하여 各각 사람을 勸권하고 모든 智慧지혜로 各각 사람을 가르침은 各각 사람을 그리스도 안에서 完全완전한 者자로 세우려 함이니 이를 爲위하여 나도 내 속에서 能力능력으로 役事역사하시는 이의 役事역사를 따라 힘을 다하여 수고하노라

53-4 當頌美主爾之上帝以爾爲悅ˇ使爾登其國之位ˇ在主爾
당 송 미 주 이 지 상 제 이 이 위 열 ˇ 사 이 등 기 국 지 위 ˇ 재 주 이
之上帝前爲王ˇ爾上帝愛以色列ˇ使永遠堅定ˇ立爾爲
지 상 제 전 위 왕 ˇ 이 상 제 애 이 색 열 ˇ 사 영 원 견 정 ˇ 립 이 위
其王ˇ秉公行義ˇ以聽其訟(歷代下역대하 9:8)
기 왕 ˇ 병 공 행 의 ˇ 이 청 기 송

當身당신의 하나님 여호와를 頌祝송축할지로다 하나님이 當身당신을 기뻐하시고 그 자리에 올리사 當身당신의 하나님 여호와를 爲위하여 王왕이 되게 하셨도다 當身당신의 하나님이 이스라엘을 사랑하사 永遠영원히 堅固견고하게 하시려고 當身당신을 세워 그들의 王왕으로 삼아 正義정의와 公義공의를 行행하게 하셨도다 하고

53-5 魔復攜之至極高之山ˇ以天下萬國及其榮示之ˇ曰ˇ爾
마 부 휴 지 지 극 고 지 산 ˇ 이 천 하 만 국 급 기 영 시 지 ˇ 왈 ˇ 이
若俯伏拜我ˇ我以此一切賜爾ˇ耶穌曰ˇ撒但退ˇ經載
약 부 복 배 아 ˇ 아 이 차 일 체 사 이 ˇ 야 소 왈 ˇ 살 단 퇴 ˇ 경 재
云ˇ當拜主爾之上帝ˇ獨崇事焉(瑪太福音마태복음 4:8~10)
운 ˇ 당 배 주 이 지 상 제 ˇ 독 숭 사 언

魔鬼마귀가 또 그를 데리고 至極지극히 높은 山산으로 가서 天下천하 萬國만국과 그 榮光영광을 보여 이르되 萬一만일 내게 엎드려 敬拜경배하면 이 모든 것을 네게 주리라 이에 예수께서 말씀하시되 사탄아 물러가라 記錄기록되었으되 主주 너의 하나님께 敬拜경배하고 다만 그를 섬기라 하였느니라

54 자

54-1 愛乃寬忍慈悲ˇ愛不嫉妒ˇ愛不矜誇ˇ不驕傲ˇ不妄爲ˇ
애 내 관 인 자 비 ˇ 애 불 질 투 ˇ 애 불 긍 과 ˇ 불 교 오 ˇ 불 망 위 ˇ
不圖己利不遽怒ˇ不念惡ˇ不喜非義ˇ乃喜眞理ˇ凡事
불 도 기 리 불 거 노 ˇ 불 념 악 ˇ 불 희 비 의 ˇ 내 희 진 리 ˇ 범 사
包容ˇ凡事存信ˇ凡事冀望ˇ凡事忍耐(哥林多前書고린도전서 13:4~7)
포 용 ˇ 범 사 존 신 ˇ 범 사 기 망 ˇ 범 사 인 내

사랑은 오래 참고 사랑은 溫柔온유하며 猜忌시기하지 아니하며 사랑은 자랑하지 아니하며 驕慢교만하지 아니하며 無禮무례히 行행하지 아니하며 自己자기의 有益유익을 求구하지 아니하며 성내지 아니하며 惡악한 것을 생각하지 아니하며 不義

불의를 기뻐하지 아니하며 眞理진리와 함께 기뻐하고 모든 것을 참으며 모든 것을 믿으며 모든 것을 바라며 모든 것을 견디느니라

54-2 爾曹可陳爾之理ˇ前來彼此議論ˇ斯事誰自古示之ˇ誰自
이 조 가 진 이 지 리 ˇ 전 래 피 차 의 논 ˇ 사 사 수 자 고 시 지 ˇ 수 자
昔告之ˇ非我乎ˇ我乃主ˇ我之外別無上帝ˇ我乃秉公義
석 고 지 ˇ 비 아 호 ˇ 아 내 주 ˇ 아 지 외 별 무 상 제 ˇ 아 내 병 공 의
施拯救之上帝ˇ我之外無他(以賽亞이사야 45:21)
시 증 구 지 상 제 ˇ 아 지 외 무 타

너희는 알리며 陳述진술하고 또 함께 議論의논하여 보라 이 일을 옛부터 듣게 한 者자가 누구냐 以前이전부터 그것을 알게 한 者자가 누구냐 나 여호와가 아니냐 나 外외에 다른 神신이 없나니 나는 公義공의를 行행하며 救援구원을 베푸는 하나님이라 나 外외에 다른 이가 없느니라

54-3 主之律法純全ˇ可以蘇醒人心ˇ主之法度眞實ˇ可以使
주 지 율 법 순 전 ˇ 가 이 소 성 인 심 ˇ 주 지 법 도 진 실 ˇ 가 이 사
愚人有智慧ˇ主之命令正直ˇ可以快樂人之心志ˇ主之
우 인 유 지 혜 ˇ 주 지 명 령 정 직 ˇ 가 이 쾌 락 인 지 심 지 ˇ 주 지
誡命純潔ˇ可以明亮人之眼目(詩篇시편 19:7~8)
계 명 순 결 ˇ 가 이 명 량 인 지 안 목

여호와의 律法율법은 完全완전하여 靈魂영혼을 蘇醒소성시키며 여호와의 證據증거는 確實확실하여 愚鈍우둔한 者자를 智慧지혜롭게 하며 여호와의 教訓교훈은 正直정직하여 마음을 기쁘게 하고 여호와의 誡命계명은 純潔순결하여 눈을 밝게 하시도다

54-4 求主使我男子幼年剛强ˇ如栽培之樹木ˇ使我女子容貌
구 주 사 아 남 자 유 년 강 강 ˇ 여 재 배 지 수 목 ˇ 사 아 여 자 용 모
美麗ˇ如殿角雕刻之石柱ˇ使我倉庫豐盈ˇ百穀充足ˇ使
미 려 ˇ 여 전 각 조 각 지 석 주 ˇ 사 아 창 고 풍 영 ˇ 백 곡 충 족 ˇ 사
我羊羣在我郊野ˇ孳生千萬(詩篇시편 144:12~13)
아 양 군 재 아 교 야 ˇ 자 생 천 만

우리 아들들은 어리다가 長成장성한 나무들과 같으며 우리 딸들은 宮殿궁전의 樣式양식대로 아름답게 다듬은 모퉁잇돌들과 같으며 우리의 庫間고간에는 百穀백곡이 가득하며 우리의 羊양은 들에서 千千천천과 萬萬만만으로 蕃盛번성하며

54-5 又曰ˇ我儕何以譬上帝之國ˇ將以何譬譬之ˇ猶芥種一
우 왈 ˇ 아 제 하 이 비 상 제 지 국 ˇ 장 이 하 비 비 지 ˇ 유 개 종 일
粒ˇ種於地時ˇ爲世間百種之至微者ˇ旣種卽發ˇ大於
립 ˇ 종 어 지 시 ˇ 위 세 간 백 종 지 지 미 자 ˇ 기 종 즉 발 ˇ 대 어
百蔬ˇ且生大枝ˇ飛鳥可棲其蔭下(瑪可福音마가복음 4:30~32)
백 소 ˇ 차 생 대 지 ˇ 비 조 가 서 기 음 하

또 이르시되 우리가 하나님의 나라를 어떻게 比較비교하며 또 무슨 譬喩비유로 나타낼까 겨자씨 한 알과 같으니 땅에 심길 때에는 땅 위의 모든 씨보다 작은 것이로되 심긴 後후에는 자라서 모든 풀보다 커지며 큰 가지를 내나니 空中공중의 새들이 그 그늘에 깃들일 만큼 되느니라

54-6 我目必顧之ˇ施之以恩ˇ使返斯地ˇ我將建之不復毁ˇ植
아 목 필 고 지 ˇ 시 지 이 은 ˇ 사 반 사 지 ˇ 아 장 건 지 불 부 훼 ˇ 식
之不復拔ˇ我必賦以識我之心ˇ俾知我乃主ˇ一心歸誠
지 불 부 발 ˇ 아 필 부 이 식 아 지 심 ˇ 비 지 아 내 주 ˇ 일 심 귀 성
於我ˇ彼爲我之民ˇ我爲其上帝(耶利米예레미야 24:6~7)
어 아 ˇ 피 위 아 지 민 ˇ 아 위 기 상 제

내가 그들을 돌아보아 좋게 하여 다시 이 땅으로 引導인도하여 세우고 헐지 아니하며 심고 뽑지 아니하겠고 내가 여호와인 줄 아는 마음을 그들에게 주어서 그들이 全心전심으로 내게 돌아오게 하리니 그들은 내 百姓백성이 되겠고 나는 그들의 하나님이 되리라

54-7 天下萬國ˇ聞我降福於斯民ˇ亦必欣喜ˇ揄揚我名ˇ頌美
천 하 만 국 ˇ 문 아 강 복 어 사 민 ˇ 역 필 흔 희 ˇ 유 양 아 명 ˇ 송 미
我ˇ歸榮於我ˇ因我降福於耶路撒冷ˇ賜以平康ˇ必畏懼
아 ˇ 귀 영 어 아 ˇ 인 아 강 복 어 야 로 살 냉 ˇ 사 이 평 강 ˇ 필 외 구
戰慄畏懼戰慄或作託異驚駭(耶利米예레미야 33:9)
전 율 외 구 전 율 혹 작 탁 이 경 해

이 城邑성읍이 世界세계 列邦열방 앞에서 내게 기쁜 이름이 될 것이며 讚頌찬송과 榮光영광이 될 것이요 그들은 나의 이 百姓백성에게 베푼 모든 福복을 들을 것이요 나의 이 城邑성읍에 베푼 모든 福복과 모든 平康평강을 因인하여 두려워하며 떨리라

56 자

56-1 曰ˇ我乃主爾之上帝ˇ爾若聽從我言ˇ行我所悅ˇ循我誡
왈 ˇ 아 내 주 이 지 상 제 ˇ 이 약 청 종 아 언 ˇ 행 아 소 열 ˇ 순 아 계
命ˇ謹守我之一切法度ˇ則我所加於伊及人之諸疾ˇ不
명 ˇ 근 수 아 지 일 체 법 도 ˇ 즉 아 소 가 어 이 급 인 지 제 질 ˇ 불
以之加於爾ˇ蓋我卽主乃醫爾者也(出伊及記출애굽기 15:26)
이 지 가 어 이 ˇ 개 아 즉 주 내 의 이 자 야

이르시되 너희가 너희 하나님 나 여호와의 말을 들어 順從순종하고 내가 보기에 義의를 行행하며 내 誡命계명에 귀를 기울이며 내 모든 規例규례를 지키면 내가 애굽 사람에게 내린 모든 疾病질병 中중 하나도 너희에게 내리지 아니하리니 나는 너희를 治療치료하는 여호와임이라

56-2 主又諭基甸曰ˇ民猶過衆ˇ令民下至水濱ˇ在彼我爲爾
주 우 유 기 전 왈 ˇ 민 유 과 중 ˇ 령 민 하 지 수 빈 ˇ 재 피 아 위 이 장
將試之ˇ我所指示者曰ˇ此人可偕爾往ˇ則可往ˇ我所指
행 시 지 ˇ 아 소 지 시 자 왈 ˇ 차 인 가 해 이 왕 ˇ 즉 가 왕 ˇ 아 소 지
示者曰ˇ此人不可偕爾往ˇ則不可往(士師記사사기 7:4)
시 자 왈 ˇ 차 인 불 가 해 이 왕 ˇ 즉 불 가 왕

여호와께서 또 기드온에게 이르시되 百姓백성이 아직도 많으니 그들을 引導인도하여 물 가로 내려가라 거기서 내가 너를 爲위하여 그들을 試驗시험하리라 내가 누구를 가리켜 네게 이르기를 이 사람이 너와 함께 가리라 하면 그는 너와 함께 갈 것이요 내가 누구를 가리켜 네게 이르기를 이 사람은 너와 함께 가지 말 것이니라 하면 그는 가지 말 것이니라 하신지라

57 자

57-1 時耶穌自迦利利至約但ˇ就約翰ˇ欲受其洗ˇ約翰辭之
시 야 소 자 가 리 리 지 약 단 ˇ 취 약 한 ˇ 욕 수 기 세 ˇ 약 한 사 지
曰ˇ我應受洗於爾ˇ爾反就我乎ˇ耶穌謂之曰ˇ今姑許
왈 ˇ 아 응 수 세 어 이 ˇ 이 반 취 아 호 ˇ 야 소 위 지 왈 ˇ 금 고 허
我ˇ因我儕當如是以盡諸義ˇ約翰乃許之
아 ˇ 인 아 제 당 여 시 이 진 제 의 ˇ 약 한 내 허 지
(瑪太福音마태복음 3:13~15)

이 때에 예수께서 갈릴리로부터 요단 江강에 이르러 요한에게 洗禮세례를 받으려 하시니 요한이 말려 이르되 내가 當身당신에게서 洗禮세례를 받아야 할 터인데 當身당신이 내게로 오시나이까 예수께서 對答대답하여 이르시되 이제 許諾허락하라 우리가 이와 같이 하여 모든 義의를 이루는 것이 合當합당하니라 하시니 이에 요한이 許諾허락하는지라

58 자

58-1 如是ˇ兄弟乎ˇ我儕非負肉體之債ˇ致我從肉體而行ˇ
여시ˇ형제호ˇ아제비부육체지채ˇ치아종육체이행ˇ
爾曹若從肉體而行ˇ必死ˇ若以聖靈而滅身之邪行ˇ必
이조약종육체이행ˇ필사ˇ약이성령이멸신지사행ˇ필
生ˇ蓋凡爲上帝之靈所導者ˇ是爲上帝之子
생ˇ개범위상제지령소도자ˇ시위상제지자
(羅瑪書로마서 8:12~14)

그러므로 兄弟형제들아 우리가 빚진 者자로되 肉身육신에게 져서 肉身육신대로 살 것이 아니니라 너희가 肉身육신대로 살면 반드시 죽을 것이로되 靈영으로써 몸의 行實행실을 죽이면 살리니 무릇 하나님의 靈영으로 引導인도함을 받는 사람은 곧 하나님의 아들이라

58-2 求主在天ˇ在主之居所垂聽ˇ循外邦人呼籲於主者而行
구주재천ˇ재주지거소수청ˇ순외방인호유어주자이행
ˇ使地上萬民ˇ皆知主之名而敬畏主ˇ與主之民以色列
ˇ사지상만민ˇ개지주지명이경외주ˇ여주지민이색열
人無異ˇ又知我所建之殿ˇ稱爲主之殿(列王上열왕기상 8:43)
인무이ˇ우지아소건지전ˇ칭위주지전

主주는 계신 곳 하늘에서 들으시고 異邦人이방인이 主주께 부르짖는 대로 이루사 땅의 萬民만민이 主주의 이름을 알고 主주의 百姓백성 이스라엘처럼 敬畏경외하게 하시오며 또 내가 建築건축한 이 聖殿성전을 主주의 이름으로 일컫는 줄을 알게 하옵소서

58-3 宜以基督耶穌之心爲心ˇ彼具上帝之體ˇ卽配上帝不以
의이기독야소지심위심ˇ피구상제지체ˇ즉배상제불이

爲僭ˇ然猶虛己ˇ誕降人身ˇ以僕自處ˇ形體似人ˇ性情
위참ˇ연유허기ˇ탄강인신ˇ이복자처ˇ형체사인ˇ성정

似人ˇ自卑而順服至死ˇ甚而死於十字架
사인ˇ자비이순복지사ˇ심이사어십자가

(腓立比書빌립보서 2:5~8)

너희 안에 이 마음을 품으라 곧 그리스도 예수의 마음이니 그는 根本근본 하나님의 本體본체시나 하나님과 同等동등됨을 取취할 것으로 여기지 아니하시고 오히려 自己자기를 비워 종의 形體형체를 가지사 사람들과 같이 되셨고 사람의 貌樣모양으로 나타나사 自己자기를 낮추시고 죽기까지 服從복종하셨으니 곧 十字架십자가에 죽으심이라

58-4 主使斯民昌盛ˇ使之大樂ˇ彼於主前欣喜ˇ如秋穫之欣
주사사민창성ˇ사지대락ˇ피어주전흔희ˇ여추확지흔

喜ˇ如分掠物之歡樂ˇ蓋民所負之重軛ˇ所加於其肩之
희ˇ여분략물지환락ˇ개민소부지중액ˇ소가어기견지

任ˇ並督之之杖ˇ主悉折斷ˇ如罰米甸之日(以賽亞이사야 9:3~4)
임ˇ병독지지장ˇ주실절단ˇ여벌미전지일

主주께서 이 나라를 昌盛창성하게 하시며 그 즐거움을 더하게 하셨으므로 秋收추수하는 즐거움과 奪取物탈취물을 나눌 때의 즐거움 같이 그들이 主주 앞에서 즐거워하오니 이는 그들이 무겁게 멘 멍에와 그들의 어깨의 채찍과 그 壓制者압제자의 막대기를 主주께서 꺾으시되 미디안의 날과 같이 하셨음이니이다

58-5 我儕若言己與上帝心交ˇ而仍行於暗中ˇ則言誑而不遵
아제약언기여상제심교ˇ이잉행어암중ˇ즉언광이불준

眞理ˇ若行於光明ˇ如上帝處光明然ˇ則彼此心交ˇ而上
진리ˇ약행어광명ˇ여상제처광명연ˇ즉피차심교ˇ이상

帝之子耶穌基督之血ˇ滌除我之諸罪(約翰壹書요한1서 1:6~7)
제지자야소기독지혈ˇ척제아지제죄

萬一만일 우리가 하나님과 사귐이 있다 하고 어둠에 行행하면 거짓말을 하고 眞理진리를 行행하지 아니함이거니와 그가 빛 가운데 계신 것 같이 우리도 빛 가운데 行행하면 우리가 서로 사귐이 있고 그 아들 예수의 피가 우리를 모든 罪죄에서 깨끗하게 하실 것이요

58-6 愛父母過於愛我者ˇ不堪爲我徒ˇ愛子女過於愛我者ˇ不
애 부 모 과 어 애 아 자 ˇ 불 감 위 아 도 ˇ 애 자 녀 과 어 애 아 자 ˇ 불
堪爲我徒ˇ不負其十字架而從我者ˇ不堪爲我徒ˇ得生命
감 위 아 도 ˇ 불 부 기 십 자 가 이 종 아 자 ˇ 불 감 위 아 도 ˇ 득 생 명
者ˇ反喪之ˇ爲我而喪生命者ˇ反得之(瑪太福音마태복음 10:37~39)
자 ˇ 반 상 지 ˇ 위 아 이 상 생 명 자 ˇ 반 득 지

아버지나 어머니를 나보다 더 사랑하는 者자는 내게 合當합당하지 아니하고 아들이나 딸을 나보다 더 사랑하는 者자도 내게 合當합당하지 아니하며 또 自己자기 十字架십자가를 지고 나를 따르지 않는 者자도 내게 合當합당하지 아니하니라 自己자기 목숨을 얻는 者자는 잃을 것이요 나를 爲위하여 自己자기 목숨을 잃는 者자는 얻으리라

58-7 爾告之曰ˇ主上帝曰ˇ我指己永生而誓ˇ我不以惡人死
이 고 지 왈 ˇ 주 상 제 왈 ˇ 아 지 기 영 생 이 서 ˇ 아 불 이 악 인 사
亡爲悅ˇ惟以惡人悛悔其惡行ˇ而得生存爲悅ˇ以色列
망 위 열 ˇ 유 이 악 인 전 회 기 악 행 ˇ 이 득 생 존 위 열 ˇ 이 색 열
家歟ˇ悛改ˇ悛改ˇ離爾惡行ˇ何爲自取死亡(以西結에스겔 33:11)
가 여 ˇ 전 개 ˇ 전 개 ˇ 리 이 악 행 ˇ 하 위 자 취 사 망

너는 그들에게 말하라 主주 여호와의 말씀이니라 나의 삶을 두고 盟誓맹서하노니 나는 惡人악인이 죽는 것을 기뻐하지 아니하고 惡人악인이 그의 길에서 돌이켜 떠나 사는 것을 기뻐하노라 이스라엘 族屬족속아 돌이키고 돌이키라 너희 惡악한 길에서 떠나라 어찌 죽고자 하느냐 하셨다 하라

58-8 夜已深ˇ晝已近ˇ當解暗昧之行ˇ衣光明之甲冑ˇ惟端莊
야 이 심 ˇ 주 이 근 ˇ 당 해 암 매 지 행 ˇ 의 광 명 지 갑 주 ˇ 유 단 장
以行如在晝日ˇ勿饕餮沈湎ˇ勿色欲邪蕩ˇ勿爭鬪娼嫉ˇ
이 행 여 재 주 일 ˇ 물 도 철 침 면 ˇ 물 색 욕 사 탕 ˇ 물 쟁 투 창 질 ˇ
惟衣被主耶穌基督ˇ爾爲身慮ˇ勿致縱慾
유 의 피 주 야 소 기 독 ˇ 이 위 신 려 ˇ 물 치 종 욕
(羅瑪書로마서 13:12~14)

밤이 깊고 낮이 가까웠으니 그러므로 우리가 어둠의 일을 벗고 빛의 甲갑옷을 입자 낮에와 같이 端正단정히 行행하고 放蕩방탕하거나 술 醉취하지 말며 淫亂음란하거나 好色호색하지 말며 다투거나 猜忌시기하지 말고 오직 主주 예수 그리스도로 옷 입고 情慾정욕을 爲위하여 肉身육신의 일을 圖謀도모하지 말라

59 자

59-1 爾中爲父者ˇ孰有子求餠而予之石乎ˇ求魚而予之蛇以
이중위부자ˇ숙유자구병이여지석호ˇ구어이여지사이
代魚乎ˇ抑求卵而予以蠍乎ˇ爾曹雖不善ˇ尙知以善物
대어호ˇ억구란이여이헐호ˇ이조수불선ˇ상지이선물
予子ˇ何況上帝ˇ不更以聖靈予求之者乎(路加福音누가복음 11:11~13)
여자ˇ하황상제ˇ불갱이성령여구지자호

너희 중에 아버지 된 者자로서 누가 아들이 生鮮생선을 달라 하는데 生鮮생선 代身대신에 뱀을 주며 알을 달라 하는데 全蠍전갈을 주겠느냐 너희가 惡악할지라도 좋은 것을 子息자식에게 줄 줄 알거든 하물며 너희 하늘 아버지께서 求구하는 者자에게 聖靈성령을 주시지 않겠느냐 하시니라

59-2 昔上帝命光由暗而照ˇ今照於我心ˇ以光照人ˇ使其知
석상제명광유암이조ˇ금조어아심ˇ이광조인ˇ사기지
上帝之榮ˇ卽在基督面所顯者也ˇ但我有此寶藏於土器
상제지영ˇ즉재기독면소현자야ˇ단아유차보장어토기
ˇ使人知此莫大之能ˇ非由我ˇ乃由上帝也
ˇ사인지차막대지능ˇ비유아ˇ내유상제야
(哥林多後書고린도후서 4:6~7)

어두운 데에 빛이 비치라 말씀하셨던 그 하나님께서 예수 그리스도의 얼굴에 있는 하나님의 榮光영광을 아는 빛을 우리 마음에 비추셨느니라 우리가 이 보배를 질그릇에 가졌으니 이는 甚심히 큰 能力능력은 하나님께 있고 우리에게 있지 아니함을 알게 하려 함이라

59-3 使爾經歷曠野ˇ廣大可畏ˇ有毒火蛇與蠍ˇ乾旱無水之
사이경력광야ˇ광대가외ˇ유독화사여헐ˇ건한무수지
地ˇ又爲爾使水出自堅磐ˇ又在曠野ˇ以爾祖不識之瑪
지ˇ우위이사수출자견반ˇ우재광야ˇ이이조불식지마
拿飼爾ˇ使爾自卑ˇ以試驗爾ˇ使爾終必享福(申命記신명기 8:15~16)
나사이ˇ사이자비ˇ이시험이ˇ사이종필향복

너를 引導인도하여 그 廣大광대하고 위험한 曠野광야 곧 불뱀과 全蠍전갈이 있고 물이 없는 乾燥건조한 땅을 지나게 하셨으며 또 너를 爲위하여 단단한 盤石반석에서 물을 내셨으며 네 祖上조상들도 알지 못하던 만나를 曠野광야에서 네게 먹이셨나니 이는 다 너를 낮추시며 너를 試驗시험하사 마침내

네게 福복을 주려 하심이었느니라

59-4 故爾旣爲上帝所選聖潔蒙愛之人ˇ則當懷矜憫ˇ仁慈ˇ
고 이 기 위 상 제 소 선 성 결 몽 애 지 인 ˇ 즉 당 회 긍 민 ˇ 인 자 ˇ
謙遜ˇ溫柔ˇ忍耐ˇ倘彼此有釁ˇ當相恕相赦ˇ基督已赦
겸 손 ˇ 온 유 ˇ 인 내 ˇ 당 피 차 유 흔 ˇ 당 상 서 상 사 ˇ 기 독 이 사
爾ˇ爾亦當如是ˇ此外加之以愛ˇ乃全善之綱領
이 ˇ 이 역 당 여 시 ˇ 차 외 가 지 이 애 ˇ 내 전 선 지 강 령
(哥羅西書골로새서 3:12~14)

그러므로 너희는 하나님이 擇택하사 거룩하고 사랑 받는 者자처럼 矜恤긍휼과 慈悲자비와 謙遜겸손과 溫柔온유와 오래 참음을 옷 입고 누가 누구에게 불만이 있거든 서로 容納용납하여 彼此피차 容恕용서하되 主주께서 너희를 容恕용서하신 것 같이 너희도 그리하고 이 모든 것 위에 사랑을 더하라 이는 穩全온전하게 매는 띠니라

60자

60-1 因此主以色列之上帝云ˇ我曾有言ˇ爾之家與爾祖之家
인 차 주 이 색 열 지 상 제 운 ˇ 아 증 유 언 ˇ 이 지 가 여 이 조 지 가
ˇ永行在於我前供祭司之職ˇ今我言ˇ斷乎不然ˇ凡尊
ˇ 영 행 어 재 아 전 공 제 사 지 직 ˇ 금 아 언 ˇ 단 호 불 연 ˇ 범 존
重我者ˇ我必使之得尊重ˇ藐視我者必致愧怍
중 아 자 ˇ 아 필 사 지 득 존 중 ˇ 막 시 아 자 필 치 괴 작
(撒母耳上사무엘상 2:30)

그러므로 이스라엘의 하나님 나 여호와가 말하노라 내가 前전에 네 집과 네 祖上조상의 집이 내 앞에 永遠영원히 行행하리라 하였으나 이제 나 여호와가 말하노니 決斷결단코 그렇게 하지 아니하리라 나를 尊重존중히 여기는 者자를 내가 尊重존중히 여기고 나를 蔑視멸시하는 者자를 내가 輕蔑경멸하리라

61자

61-1 持守所奉使我有望之道ˇ堅定不移ˇ蓋許我儕之主ˇ誠
지 수 소 봉 사 아 유 망 지 도 ˇ 견 정 불 이 ˇ 개 허 아 제 지 주 ˇ 성
信者也ˇ當彼此相顧ˇ激發愛心ˇ鼓勵行善ˇ勿停止會
신 자 야 ˇ 당 피 차 상 고 ˇ 격 발 애 심 ˇ 고 려 행 선 ˇ 물 정 지 회

集ˇ效彼停止者ˇ當彼此勸勉ˇ見其日伊邇ˇ更當如是
집ˇ효피정지자ˇ당피차권면ˇ견기일이이ˇ갱당여시

(希伯來書히브리서 10:23~25)

또 約束약속하신 이는 미쁘시니 우리가 믿는 道理도리의 所望소망을 움직이지 말며 굳게 잡고 서로 돌아보아 사랑과 善行선행을 激勵격려하며 모이기를 廢폐하는 어떤 사람들의 習慣습관과 같이 하지 말고 오직 勸권하여 그 날이 가까움을 볼수록 더욱 그리하자

61-2 主必爲爾啓其寶藏ˇ使天隨時降雨於爾土ˇ於凡爾所作
주필위이계기보장ˇ사천수시강우어이토ˇ어범이소작
者賜福於爾ˇ諸邦之人ˇ必稱貸於爾ˇ而爾無庸稱貸ˇ主
자사복어이ˇ제방지인ˇ필칭대어이ˇ이이무용칭대ˇ주
必使爾爲首ˇ不使爾爲尾ˇ使爾獨居上ˇ不居下
필사이위수ˇ불사이위미ˇ사이독거상ˇ불거하

(申命記신명기 28:12~13)

여호와께서 너를 爲위하여 하늘의 아름다운 寶庫보고를 열으사 네 땅에 때를 따라 비를 내리시고 네 손으로 하는 모든 일에 福복을 주시리니 네가 많은 民族민족에게 꾸어줄지라도 너는 꾸지 아니할 것이요 여호와께서 너로 머리가 되고 꼬리가 되지 않게 하시며 위에만 있고 아래에 있지 않게 하시리니

62 자

62-1 基督耶穌臨世ˇ以救罪人ˇ此言可信ˇ人當悅納者ˇ罪
기독야소임세ˇ이구죄인ˇ차언가신ˇ인당열납자ˇ죄
人中我本元惡ˇ然我蒙矜恤ˇ乃因耶穌基督欲先於我身
인중아본원악ˇ연아몽긍휼ˇ내인야소기독욕선어아신
顯其一切恒忍ˇ使後之信主得永生者ˇ以我爲模範
현기일절항인ˇ사후지신주득영생자ˇ이아위모범

(前書提摩太디모데전서 1:15~16)

미쁘다 모든 사람이 받을 만한 이 말이여 그리스도 예수께서 罪人죄인을 救援구원하시려고 世上세상에 臨임하셨다 하였도다 罪人죄인 中중에 내가 魁首괴수니라 그러나 내가 矜恤긍휼을 입은 까닭은 예수 그리스도께서 내게 먼저 一切일체 오래 참으심을 보이사 後후에 主주를 믿어 永生영생 얻는 者자들에

게 本본이 되게 하려 하심이라

62-2 今雅各歟ˇ以色列歟ˇ創造爾甄陶爾之主如是云ˇ毋畏
금아각여ˇ이색열여ˇ창조이견도이지주여시운ˇ무외
懼ˇ我救贖爾ˇ我呼爾名ˇ爾乃屬我ˇ爾經水中ˇ我護爾
구ˇ아구속이ˇ아호이명ˇ이내속아ˇ이경수중ˇ아호이
ˇ爾涉江河ˇ水不沖沒ˇ爾行火中ˇ必不被燒ˇ烈焰不
ˇ이섭강하ˇ수불충몰ˇ이행화중ˇ필부피소ˇ열염불
焚爾(以賽亞이사야 43:1~2)
분이

야곱아 너를 創造창조하신 여호와께서 지금 말씀하시느니라 이스라엘아 너를 지으신 이가 말씀하시느니라 너는 두려워하지 말라 내가 너를 救贖구속하였고 내가 너를 指名지명하여 불렀나니 너는 내 것이라 네가 물 가운데로 지날 때에 내가 너와 함께 할 것이라 江강을 건널 때에 물이 너를 沈沒침몰하지 못할 것이며 네가 불 가운데로 지날 때에 타지도 아니할 것이요 불꽃이 너를 사르지도 못하리니

62-3 曠野與無水之地將欣喜ˇ荒墟之區將歡樂ˇ發榮如玫瑰
광야여무수지지장흔희ˇ황허지구장환락ˇ발영여매괴
花ˇ必發榮欣喜ˇ欣喜歡呼ˇ必得利巴嫩之榮耀ˇ迦密與
화ˇ필발영흔희ˇ흔희환호ˇ필득리파눈지영요ˇ가밀여
沙崙之榮美ˇ人必仰瞻主之榮光ˇ我上帝之華嚴
사륜지영미ˇ인필앙첨주지영광ˇ아상제지화엄

(以賽亞이사야 35:1~2)

曠野광야와 메마른 땅이 기뻐하며 沙漠사막이 百合花백합화 같이 피어 즐거워하며 茂盛무성하게 피어 기쁜 노래로 즐거워하며 레바논의 榮光영광과 갈멜과 사론의 아름다움을 얻을 것이라 그것들이 여호와의 榮光영광 곧 우리 하나님의 아름다움을 보리로다

63자

63-1 其時爾祈禱ˇ主必應允ˇ爾呼籲ˇ主必云ˇ我在此ˇ如
기시이기도ˇ주필응윤ˇ이호유ˇ주필운ˇ아재차ˇ여
爾於爾中除壓人之軛ˇ不指摘ˇ不妄言ˇ向饑餓者發仁
이어이중제압인지액ˇ부지적ˇ불망언ˇ향기아자발인

心ˇ使困苦者得滿其志ˇ則爾光必發於暗ˇ爾暗必變如
심 ˇ 사 곤 고 자 득 만 기 지 ˇ 즉 이 광 필 발 어 암 ˇ 이 암 필 변 여
日午(以賽亞이사야 58:9~10)
일 오

네가 부를 때에는 나 여호와가 應答응답하겠고 네가 부르짖을 때에는 내가 여기 있다 하리라 萬一만일 네가 너희 中중에서 멍에와 손가락질과 虛妄허망한 말을 除제하여 버리고 주린 者자에게 네 心情심정이 動동하며 괴로워하는 者자의 心情심정을 滿足만족하게 하면 네 빛이 黑暗흑암 中중에서 떠올라 네 어둠이 낮과 같이 될 것이며

64자

64-1 主使我之燈照耀ˇ主我之上帝ˇ使我之幽暗變爲光明
주 사 아 지 등 조 요 ˇ 주 아 지 상 제 ˇ 사 아 지 유 암 변 위 광 명
ˇ我倚賴主ˇ殺入敵軍ˇ仰仗上帝ˇ踰越敵城ˇ上帝之
ˇ 아 의 뢰 주 ˇ 살 입 적 군 ˇ 앙 장 상 제 ˇ 유 월 적 성 ˇ 상 제 지
道無不純全ˇ主之言語最爲精粹ˇ凡倚賴主者ˇ主必捍
도 무 불 순 전 ˇ 주 지 언 어 최 위 정 수 ˇ 범 의 뢰 주 자 ˇ 주 필 한
衛如盾(詩篇시편 18:28~30)
위 여 순

主주께서 나의 燈등불을 켜심이여 여호와 내 하나님이 내 黑暗흑암을 밝히시리이다 내가 主주를 依賴의뢰하고 敵軍적군을 向향해 달리며 내 하나님을 依支의지하고 담을 뛰어넘나이다 하나님의 道도는 完全완전하고 여호와의 말씀은 純粹순수하니 그는 自己자기에게 避피하는 모든 者자의 防牌방패시로다

65자

65-1 僕能殺獅熊ˇ此未受割禮之非利士人侮辱永生上帝之
복 능 살 사 웅 ˇ 차 미 수 할 례 지 비 리 사 인 모 욕 영 생 상 제 지
軍旅ˇ亦必與獅熊無異ˇ大衛又曰ˇ主旣救我於獅熊之
군 려 ˇ 역 필 여 사 웅 무 이 ˇ 대 위 우 왈 ˇ 주 기 구 아 어 사 웅 지
爪ˇ亦必救我於此非利士人之手ˇ掃羅曰ˇ往哉ˇ願主
조 ˇ 역 필 구 아 어 차 비 리 사 인 지 수 ˇ 소 라 왈 ˇ 왕 재 ˇ 원 주
祐爾(撒母耳上사무엘상 17:36~37)
우 이

主주의 종이 獅子사자와 곰도 쳤은즉 살아 계시는 하나님의 軍隊군대를 侮辱모욕한 이 割禮할례 받지 않은 블레셋 사람이리이까 그가 그 짐승의 하나와 같이 되리이다 또 다윗이 이르되 여호와께서 나를 獅子사자의 발톱과 곰의 발톱에서 건져내셨은 즉 나를 이 블레셋 사람의 손에서도 건져내시리이다 사울이 다윗에게 이르되 가라 여호와께서 너와 함께 계시기를 願원하노라

65-2 耶穌出ˇ仍往油果山ˇ門徒從之ˇ旣至ˇ謂門徒曰ˇ爾
야소출ˇ잉왕유과산ˇ문도종지ˇ기지ˇ위문도왈ˇ이
當祈禱ˇ免入誘惑ˇ遂離之ˇ約投石之遠ˇ屈膝祈禱ˇ
당기도ˇ면입유혹ˇ수리지ˇ약투석지원ˇ굴슬기도ˇ
曰ˇ父歟ˇ爾若肯ˇ則使此杯離我ˇ雖然ˇ非欲我意得成
왈ˇ부여ˇ이약긍ˇ즉사차배리아ˇ수연ˇ비욕아의득성
ˇ惟欲爾意得成也(路加福音누가복음 22:39~42)
ˇ유욕이의득성야

예수께서 나가사 習慣습관을 따라 橄欖山감람산에 가시매 弟子제자들도 따라갔더니 그 곳에 이르러 그들에게 이르시되 誘惑유혹에 빠지지 않게 祈禱기도하라 하시고 그들을 떠나 돌 던질 만큼 가서 무릎을 꿇고 祈禱기도하여 이르시되 아버지여 萬一만일 아버지의 뜻이거든 이 盞잔을 내게서 옮기시옵소서 그러나 내 願원대로 마시옵고 아버지의 願원대로 되기를 願원하나이다 하시니

66자

66-1 試觀空中之鳥ˇ不稼不穡ˇ不積於倉ˇ爾在天之父且養
시관공중지조ˇ불가불색ˇ불적어창ˇ이재천지부차양
之ˇ爾曹不更貴於鳥乎ˇ爾曹孰能以思慮延命一刻乎ˇ
지ˇ이조불갱귀어조호ˇ이조숙능이사려연명일각호ˇ
爾何爲衣服憂慮乎ˇ試觀野地之百合花ˇ如何而長ˇ不
이하위의복우려호ˇ시관야지지백합화ˇ여하이장ˇ불
勞不紡(瑪太福音마태복음 6:26~28)
노불방

空中공중의 새를 보라 심지도 않고 거두지도 않고 倉庫창고에 모아들이지도 아니하되 너희 하늘 아버지께서 기르시나니

너희는 이것들보다 貴귀하지 아니하냐 너희 中중에 누가 念慮염려함으로 그 키를 한 자라도 더할 수 있겠느냐 또 너희가 어찌 衣服의복을 爲위하여 念慮염려하느냐 들의 百合花백합화가 어떻게 자라는가 생각하여 보라 수고도 아니하고 길쌈도 아니하느니라

66-2 兄弟乎ˇ我因上帝之憐憫ˇ勸爾獻身爲活祭ˇ卽聖潔之
형 제 호 ˇ 아 인 상 제 지 연 민 ˇ 권 이 헌 신 위 활 제 ˇ 즉 성 결 지
祭ˇ上帝所悅者ˇ是乃爾當然之役也ˇ勿效乎此世ˇ爾心
제 ˇ 상 제 소 열 자 ˇ 시 내 이 당 연 지 역 야 ˇ 물 효 호 차 세 ˇ 이 심
維新而自化ˇ使爾明辨上帝之旨ˇ其旨至善可悅且純全
유 신 이 자 화 ˇ 사 이 명 변 상 제 지 지 ˇ 기 지 지 선 가 열 차 순 전
者也(羅瑪書로마서 12:1~2)
자 야

그러므로 兄弟형제들아 내가 하나님의 모든 慈悲자비하심으로 너희를 勸권하노니 너희 몸을 하나님이 기뻐하시는 거룩한 산 祭物제물로 드리라 이는 너희가 드릴 靈的영적 禮拜예배니라 너희는 이 世代세대를 本본받지 말고 오직 마음을 새롭게 함으로 變化변화를 받아 하나님의 善선하시고 기뻐하시고 穩全온전하신 뜻이 무엇인지 分別분별하도록 하라

68 자

68-1 約書亞以此諸言ˇ錄於上帝律法之書ˇ以大石立於彼ˇ
약 서 아 이 차 제 언 ˇ 록 어 상 제 율 법 지 서 ˇ 이 대 석 립 어 피 ˇ
在主聖所之橡樹下ˇ約書亞謂民衆曰ˇ凡主諭我諸言ˇ
재 주 성 소 지 상 수 하 ˇ 약 서 아 위 민 중 왈 ˇ 범 주 유 아 제 석 언 ˇ
此石皆聞之ˇ可對我儕作證ˇ如爾違主爾之上帝ˇ有此石
차 석 개 문 지 ˇ 가 대 아 제 작 증 ˇ 여 이 위 주 이 지 상 제 ˇ 유 차 석
對爾作證(約書亞여호수아 24:26~27)
대 이 작 증

이 모든 말씀을 하나님의 律法册율법책에 記錄기록하고 큰 돌을 가져다가 거기 여호와의 聖所성소 곁에 있는 상수리나무 아래에 세우고 모든 百姓백성에게 이르되 보라 이 돌이 우리에게 證據증거가 되리니 이는 여호와께서 우리에게 하신 모든 말씀을 이 돌이 들었음이니라 그런즉 너희가 너희의

하나님을 否認부인하지 못하도록 이 돌이 證據증거가 되리라
하고

68-2 勿愛斯世及斯世之物ˇ人若愛斯世ˇ則愛父之愛ˇ不在
물 애 사 세 급 사 세 지 물 ˇ 인 약 애 사 세 ˇ 즉 애 부 지 애 ˇ 부 재
其內ˇ蓋凡在世ˇ如肉體之慾ˇ眼目之慾ˇ及一生之驕
기 내 ˇ 개 범 재 세 ˇ 여 육 체 지 욕 ˇ 안 목 지 욕 ˇ 급 일 생 지 교
奢ˇ皆非由父ˇ乃由世也ˇ世與世之慾皆將逝ˇ惟遵行
사 ˇ 개 비 유 부 ˇ 내 유 세 야 ˇ 세 여 세 지 욕 개 장 서 ˇ 유 준 행
上帝之旨者永存(約翰壹書요한1서 2:15~17)
상 제 지 지 자 영 존

이 世上세상이나 世上세상에 있는 것들을 사랑하지 말라 누구든지 世上세상을 사랑하면 아버지의 사랑이 그 안에 있지 아니하니 이는 世上세상에 있는 모든 것이 肉身육신의 情慾정욕과 眼目안목의 情慾정욕과 이生생의 자랑이니 다 아버지께로부터 온 것이 아니요 世上세상으로부터 온 것이라 이 世上세상도 그 情慾정욕도 지나가되 오직 하나님의 뜻을 行행하는 者자는 永遠영원히 居거하느니라

69자

69-1 我雖能言世人及天使之言ˇ若無愛ˇ則如鳴鉦響鈸ˇ雖
아 수 능 언 세 인 급 천 사 지 언 ˇ 약 무 애 ˇ 즉 여 명 정 향 발 ˇ 수
有先知之明ˇ能探諸奧妙ˇ得諸知識ˇ信德俱備ˇ能以移
유 선 지 지 명 ˇ 능 탐 제 오 묘 ˇ 득 제 지 식 ˇ 신 덕 구 비 ˇ 능 이 이
山ˇ若無愛ˇ則無益ˇ雖傾所有以濟貧ˇ又舍身被焚ˇ若
산 ˇ 약 무 애 ˇ 즉 무 익 ˇ 수 경 소 유 이 제 빈 ˇ 우 사 신 피 분 ˇ 약
無愛則於我無益(哥林多前書고린도전서 13:1~3)
무 애 즉 어 아 무 익

내가 사람의 方言방언과 天使천사의 말을 할지라도 사랑이 없으면 소리 나는 구리와 울리는 꽹과리가 되고 내가 豫言예언하는 能力능력이 있어 모든 秘密비밀과 모든 知識지식을 알고 또 山산을 옮길 만한 모든 믿음이 있을지라도 사랑이 없으면 내가 아무 것도 아니요 내가 내게 있는 모든 것으로 救濟구제하고 또 내 몸을 불사르게 내줄지라도 사랑이 없으면 내게 아무 有益유익이 없느니라

70 자

70-1 爾於衆民中選才德兼備ˇ敬畏上帝ˇ眞實無妄ˇ不貪財
이 어 중 민 중 선 재 덕 겸 비 ˇ 경 외 상 제 ˇ 진 실 무 망 ˇ 불 탐 재
利者ˇ立之爲千夫長ˇ百夫長ˇ五十夫長ˇ十夫長ˇ以
리 자 ˇ 립 지 위 천 부 장 ˇ 백 부 장 ˇ 오 십 부 장 ˇ 십 부 장 ˇ 이
治理斯民ˇ又隨時審鞫民ˇ凡有大事則陳於爾前ˇ小事
치 리 사 민 ˇ 우 수 시 심 국 민 ˇ 범 유 대 사 즉 진 어 이 전 ˇ 소 사
則彼自鞫之ˇ如是ˇ彼等與爾分任ˇ則爾事簡易矣
즉 피 자 국 지 ˇ 여 시 ˇ 피 등 여 이 분 임 ˇ 즉 이 사 간 이 의
(出伊及記출애굽기 18:21~22)

너는 또 온 百姓백성 가운데서 能力능력 있는 사람들 곧 하나님을 두려워하며 眞實진실하며 不義불의한 利益이익을 미워하는 者자를 살펴서 百姓백성 위에 세워 千夫長천부장과 百夫長백부장과 五十夫長오십부장과 十夫長십부장을 삼아 그들이 때를 따라 百姓백성을 裁判재판하게 하라 큰 일은 모두 네게 가져갈 것이요 작은 일은 모두 그들이 스스로 裁判재판할 것이니 그리하면 그들이 너와 함께 擔當담당할 것인즉 일이 네게 쉬우리라

70-2 我於其中尋一人ˇ可補牆垣ˇ可立於擊破之處以堵禦ˇ
아 어 기 중 심 일 인 ˇ 可 補 牆 垣 ˇ 가 립 어 격 파 지 처 이 도 어 ˇ
於我前爲國祈求ˇ免我殲滅之ˇ亦不尋得ˇ故我震怒降
어 아 전 위 국 기 구 ˇ 면 아 섬 멸 지 ˇ 역 부 심 득 ˇ 고 아 진 노 강
災斯衆ˇ以我烈怒之火而滅之ˇ依其行爲ˇ施報於其身
재 사 중 ˇ 이 아 열 노 지 화 이 멸 지 ˇ 의 기 행 위 ˇ 시 보 어 기 신
ˇ此主上帝所言(以西結에스겔 22:30~31)
ˇ 차 내 주 소 언

이 땅을 爲위하여 城성을 쌓으며 城성 무너진 데를 막아 서서 나로 하여금 滅멸하지 못하게 할 사람을 내가 그 가운데에서 찾다가 찾지 못하였으므로 내가 내 憤怒분노를 그들 위에 쏟으며 내 震怒진노의 불로 滅멸하여 그들 行爲행위대로 그들 머리에 報應보응하였느니라 主주 여호와의 말씀이니라

71 자

71-1 路得曰ˇ莫迫我離爾ˇ歸而不從爾ˇ爾往何所ˇ我亦往
로 득 왈 ˇ 막 박 아 리 이 ˇ 귀 이 부 종 이 ˇ 이 왕 하 소 ˇ 아 역 왕

ˇ爾宿何所ˇ我亦宿ˇ爾民卽我民ˇ爾上帝卽我上帝ˇ
ˇ이숙하소ˇ아역숙ˇ이민즉아민ˇ이상제즉아상제ˇ
爾死於何處ˇ我亦死於彼ˇ葬於彼ˇ惟有一死ˇ能使我
이사어하처ˇ아역사어피ˇ장어피ˇ유유일사ˇ능사아
離爾ˇ不然ˇ願主從重降禍於我(路得룻기 1:16~17)
리이ˇ불연ˇ원주종중강화어아

룻이 이르되 내게 어머니를 떠나며 어머니를 따르지 말고 돌아가라 强勸강권하지 마옵소서 어머니께서 가시는 곳에 나도 가고 어머니께서 머무시는 곳에서 나도 머물겠나이다 어머니의 百姓백성이 나의 百姓백성이 되고 어머니의 하나님이 나의 하나님이 되시리니 어머니께서 죽으시는 곳에서 나도 죽어 거기 묻힐 것이라 萬一만일 내가 죽는 일 外외에 어머니를 떠나면 여호와께서 내게 罰벌을 내리시고 더 내리시기를 願원하나이다 하는지라

71-2 我必使之同心合轍ˇ常敬畏我ˇ致彼與其子孫ˇ皆可蒙福
아필사지동심합철ˇ상경외아ˇ치피여기자손ˇ개가몽복
ˇ我與之必立永約ˇ不復棄之ˇ施以恩惠ˇ使彼存敬畏我
ˇ아여지필입영약ˇ불부기지ˇ시이은혜ˇ사피존경외아
之心ˇ不復背逆我ˇ我必欣然施之以恩盡心盡意ˇ誠實
지심ˇ불부배역아ˇ아필흔연시지이은진심진의ˇ성실
無妄ˇ植之於斯地 (耶利米예레미야 32:39~41)
무망ˇ식지어사지

내가 그들에게 한 마음과 한 길을 주어 自己자기들과 自己자기 後孫후손의 福복을 爲위하여 恒常항상 나를 敬畏경외하게 하고 내가 그들에게 福복을 주기 爲위하여 그들을 떠나지 아니하리라 하는 永遠영원한 言約언약을 그들에게 세우고 나를 敬畏경외함을 그들의 마음에 두어 나를 떠나지 않게 하고 내가 기쁨으로 그들에게 福복을 주되 分明분명히 나의 마음과 精誠정성을 다하여 그들을 이 땅에 심으리라

73자

73-1 郇邑之民ˇ誠心籲主ˇ爲郇邑之城垣ˇ當流淚如河ˇ晝
순읍지민ˇ성심유주ˇ위순읍지성원ˇ당유루여하ˇ주
夜不停ˇ目淚不息ˇ夜間初更之時當起ˇ切切哀告於主
야부정ˇ목루불식ˇ야간초경지시당기ˇ절절애고어주

前ˇ傾心吐膽ˇ猶若傾水ˇ爾之嬰孩ˇ偃仆街首ˇ饑餓困
전ˇ경심토담ˇ유약경수ˇ이지영해ˇ언부가수ˇ기아곤
憊ˇ當爲其生命ˇ向主擧手祈禱(耶利米哀歌예레미아애가 2:18~19)
비ˇ당위기생명ˇ향주거수기도

그들의 마음이 主주를 向향하여 부르짖기를 딸 시온의 城壁성벽아 너는 밤낮으로 눈물을 江강처럼 흘릴지어다 스스로 쉬지 말고 네 눈瞳子동자를 쉬게 하지 말지어다 초저녁에 일어나 부르짖을지어다 네 마음을 主주의 얼굴 앞에 물 쏟듯 할지어다 각 길 어귀에서 주려 氣盡기진한 네 어린 子女자녀들의 生命생명을 爲위하여 主주를 向향하여 손을 들지어다 하였도다

76자

76-1 有播種者ˇ出而播種ˇ播時有遺道旁者ˇ爲人所踐ˇ空中
유파종자ˇ출이파종ˇ파시유유도방자ˇ위인소천ˇ공중
鳥盡食之ˇ有遺磽地者ˇ萌而卽槁ˇ因無潤澤也ˇ有遺
조진식지ˇ유유교지자ˇ맹이즉고ˇ인무윤택야ˇ유유
荊棘中者ˇ荊棘同長而蔽之ˇ有遺沃壤者ˇ生而結實百
형극중자ˇ형극동장이폐지ˇ유유옥양자ˇ생이결실백
倍ˇ言竟ˇ呼曰ˇ凡有耳能聽者當聽焉(路加福音누가복음 8:5~8)
배ˇ언경ˇ호왈ˇ범유이능청자당청언

씨를 뿌리는 者자가 그 씨를 뿌리러 나가서 뿌릴새 더러는 길 가에 떨어지매 밟히며 空中공중의 새들이 먹어버렸고 더러는 바위 위에 떨어지매 싹이 났다가 濕氣습기가 없으므로 말랐고 더러는 가시떨기 속에 떨어지매 가시가 함께 자라서 氣運기운을 막았고 더러는 좋은 땅에 떨어지매 나서 百倍백배의 結實결실을 하였느니라 이 말씀을 하시고 외치시되 들을 귀 있는 者자는 들을지어다

77자

77-1 我心當讚美主ˇ我臟腑當讚美主名ˇ我心當讚美主ˇ勿
아심당찬미주ˇ아장부당찬미주명ˇ아심당찬미주ˇ물
忘主一切恩惠ˇ主赦免我一切罪愆ˇ醫治我一切疾病ˇ
망주일체은혜ˇ주사면아일체죄건ˇ의치아일체질병ˇ

救贖我命ˇ免於阬坎ˇ以恩寵慈愛爲冠冕ˇ加於我首ˇ
구 속 아 명 ˇ 면 어 갱 감 ˇ 이 은 총 자 애 위 관 면 ˇ 가 어 아 수 ˇ

使我口飽餐美食ˇ使我如鷹老而復少(詩篇시편 103:1~5)
사 아 구 포 찬 미 식 ˇ 사 아 여 응 노 이 복 소

내 靈魂영혼아 여호와를 頌祝송축하라 내 속에 있는 것들아 다 그의 거룩한 이름을 頌祝송축하라 내 靈魂영혼아 여호와를 頌祝송축하며 그의 모든 恩澤은택을 잊지 말지어다 그가 네 모든 罪惡죄악을 赦사하시며 네 모든 病병을 고치시며 네 生命생명을 破滅파멸에서 贖良속량하시고 仁慈인자와 矜恤긍휼로 冠관을 씌우시며 좋은 것으로 네 所願소원을 滿足만족하게 하사 네 青春청춘을 禿독수리 같이 새롭게 하시는도다

79자

79-1 願爾懷我於心如佩印ˇ如佩印於臂ˇ因愛强如死ˇ由愛
원 이 회 아 어 심 여 패 인 ˇ 여 패 인 어 비 ˇ 인 애 강 여 사 ˇ 유 애

而生之妒心ˇ酷如示阿勒ˇ愛情之烈ˇ如火如巨焰ˇ大
이 생 지 투 심 ˇ 혹 여 시 아 륵 ˇ 애 정 지 열 ˇ 여 화 여 거 염 ˇ 대

水不能滅之ˇ江河不能沖之ˇ人雖以家之全業易愛ˇ亦
수 불 능 멸 지 ˇ 강 하 불 능 충 지 ˇ 인 수 이 가 지 전 업 역 애 ˇ 역

必被藐視ˇ我儕有小妹ˇ尚未長成ˇ待聘之日
필 피 막 시 ˇ 아 제 유 소 매 ˇ 상 미 장 성 ˇ 대 빙 지 일

(所羅門歌/雅歌아가 8:6~7)

너는 나를 圖章도장 같이 마음에 품고 圖章도장 같이 팔에 두라 사랑은 죽음 같이 强강하고 嫉妬질투는 스올 같이 殘忍잔인하며 불길 같이 일어나니 그 氣勢기세가 여호와의 불과 같으니라 많은 물도 이 사랑을 끄지 못하겠고 洪水홍수라도 삼키지 못하나니 사람이 그의 온 家産가산을 다 주고 사랑과 바꾸려 할지라도 오히려 蔑視멸시를 받으리라

85자

85-1 以色列人ˇ聽之哉ˇ主我之上帝獨一無二之主ˇ爾當盡
이 색 열 인 ˇ 청 지 재 ˇ 주 아 지 상 제 독 일 무 이 지 주 ˇ 이 당 진

心盡意盡力ˇ愛主爾之上帝ˇ我今日所命爾斯言ˇ當存
심 진 의 진 력 ˇ 애 주 이 지 상 제 ˇ 아 금 일 소 명 이 사 언 ˇ 당 존

於心ˇ當勤誨爾子ˇ或坐於室ˇ或行於路ˇ或寢或興ˇ
어 심 ˇ 당 근 회 이 자 ˇ 혹 좌 어 실 ˇ 혹 행 어 로 ˇ 혹 침 혹 흥 ˇ
恒以此爲訓ˇ繫於臂爲記ˇ戴於額爲飾ˇ書於室之門柱
항 이 차 위 훈 ˇ 계 어 비 위 기 ˇ 대 어 액 위 식 ˇ 서 어 실 지 문 주
及邑門(申命記신명기 6:4~9)
급 읍 문

이스라엘아 들으라 우리 하나님 여호와는 오직 唯一유일한 여호와이시니 너는 마음을 다하고 뜻을 다하고 힘을 다하여 네 하나님 여호와를 사랑하라 오늘 내가 네게 命명하는 이 말씀을 너는 마음에 새기고 네 子女자녀에게 부지런히 가르치며 집에 앉았을 때에든지 길을 갈 때에든지 누워 있을 때에든지 일어날 때에든지 이 말씀을 講論강론할 것이며 너는 또 그것을 네 손목에 매어 記號기호를 삼으며 네 眉間미간에 붙여 標표로 삼고 또 네 집 門楔柱문설주와 바깥 門문에 記錄기록할지니라

85-2 主爾之上帝必賜福於凡爾手所作ˇ爾身之所生ˇ畜之
주 이 지 상 제 필 사 복 어 범 이 수 소 작 ˇ 이 신 지 소 생 ˇ 축 지
所出ˇ土之所產ˇ俱使蕃衍豐裕ˇ主將復悅爾ˇ賜福於
소 출 ˇ 토 지 소 산 ˇ 구 사 번 연 풍 유 ˇ 주 장 부 열 이 ˇ 사 복 어
爾ˇ如昔悅爾祖然ˇ爾若聽從主爾上帝之言ˇ守此律法
이 ˇ 여 석 열 이 조 연 ˇ 이 약 청 종 주 이 상 제 지 언 ˇ 수 차 율 법
書所載主之誡命律例ˇ盡心盡意歸主爾之上帝ˇ則有
서 소 재 주 지 계 명 율 례 ˇ 진 심 진 의 귀 주 이 지 상 제 ˇ 즉 유
如此(申命記신명기 30:9~10)
여 차

네가 네 하나님 여호와의 말씀을 聽從청종하여 이 律法册율법책에 記錄기록된 그의 命令명령과 規例규례를 지키고 네 마음을 다하며 뜻을 다하여 여호와 네 하나님께 돌아오면 네 하나님 여호와께서 네 손으로 하는 모든 일과 네 몸의 所生소생과 네 家畜가축의 새끼와 네 土地토지 所産소산을 많게 하시고 네게 福복을 주시되 곧 여호와께서 네 祖上조상들을 기뻐하신 것과 같이 너를 다시 기뻐하사 네게 福복을 주시리라

109 자

109-1 彼必爲我民ˇ我必爲其上帝ˇ我必使之同心合轍ˇ常敬
피 필 위 아 민 ˇ 아 필 위 기 상 제 ˇ 아 필 사 지 동 심 합 철 ˇ 상 경
畏我ˇ致彼與其子孫ˇ皆可蒙福ˇ我與之必立永約ˇ不
외 아 ˇ 치 피 여 기 자 손 ˇ 개 가 몽 복 ˇ 아 여 지 필 입 영 약 ˇ 불
復棄之ˇ施以恩惠ˇ使彼存敬畏我之心ˇ不復背逆我ˇ
부 기 지 ˇ 시 이 은 혜 ˇ 사 피 존 경 외 아 지 심 ˇ 불 부 배 역 아 ˇ
我必欣然施之以恩ˇ盡心盡意ˇ誠實無妄ˇ植之於斯地
아 필 흔 연 시 지 이 은 ˇ 진 심 진 의 ˇ 성 실 무 망 ˇ 식 지 어 사 지
ˇ主如是云ˇ我旣以此大災降於斯民ˇ厥後我亦必以所
ˇ 주 여 시 운 ˇ 아 기 이 차 대 재 강 어 사 민 ˇ 궐 후 아 역 필 이 소
許之諸福降之(耶利米예레미아 32:38~42)
허 지 제 복 강 지

그들은 내 百姓백성이 되겠고 나는 그들의 하나님이 될 것이며 내가 그들에게 한 마음과 한 道도를 주어 自己자기들과 自己자기 後孫후손의 福복을 爲위하여 恒常항상 나를 敬畏경외하게 하고 내가 그들에게 福복을 주기 爲위하여 그들을 떠나지 아니하리라 하는 永永영영한 言約언약을 그들에게 세우고 나를 敬畏경외함을 그들의 마음에 두어 나를 떠나지 않게 하고 내가 기쁨으로 그들에게 福복을 주되 丁寧정녕히 나의 마음과 精神정신을 다하여 그들을 이 땅에 심으리라 나 여호와가 이같이 말하노라 내가 이 百姓백성에게 이 큰 災殃재앙을 내린 것 같이 許諾허락한 모든 福복을 그들에게 내리리라

*** 주 祈禱文(기도문) ***

9是以爾祈禱ˇ當如是云ˇ***在天吾父ˇ願爾名聖ˇ10爾國臨格ˇ爾
旨得成在地如在天焉ˇ11所需之糧ˇ今日賜我ˇ12免我之債ˇ如我
亦免負我之債者ˇ13勿使我遇試ˇ惟拯我於惡ˇ(或作惟拯我於惡者)蓋國
與權與榮ˇ皆爾所有ˇ至於世世ˇ阿們ˇ*** (瑪太福音마태복음 第6章9~13節)

그러므로 너희는 이렇게 祈禱기도하라 하늘에 계신 우리 아버지여 이름이 거룩히 여김을 받으시오며 나라가 臨임하시오며 뜻이 하늘에서 이루어진 것 같이 땅에서도 이루어지이다 오늘 우리에게 日用일용할 糧食양식을 주시옵고 우리가 우리에게 罪죄 지은 者자를 赦사하여 준 것 같이 우리 罪죄를 赦사하여 주시옵고 우리를 試驗시험에 들게 하지 마시옵고 다만 惡악에서 救구하시옵소서(나라와 權勢권세와 榮光영광이 아버지께 永遠영원히 있사옵나이다 아멘)

***십계명(출애굽기 20:1~17) ***

1上帝諭此諸誡(誡原文作言)曰ˇ2我乃主爾之上帝ˇ曾導爾出伊及
爾爲奴之地ˇ3我之外毋敬別神ˇ(原文作毋於我前有別神或作毋敬
別神以配我) 4毋爲己作偶像ˇ上天下地ˇ與地下水中百物ˇ毋作其
像ˇ5毋跪拜ˇ毋崇事ˇ蓋我卽主爾之上帝ˇ乃忌邪之上帝ˇ(乃忌邪
之上帝或作不容人崇奉別神)惡我者ˇ我必討其罪ˇ以及子孫ˇ至三
四代ˇ6愛我者ˇ守我誡者ˇ我賜之恩ˇ至千代ˇ7毋妄稱主爾上帝之
名ˇ因妄稱主名者ˇ主必不以之爲無罪ˇ(必不以之爲無罪或作斷無
不罰)8當記憶安息日ˇ守爲聖日ˇ9六日間ˇ可操作作爾百工ˇ10第
七日ˇ爲主爾上帝之安息日ˇ是日ˇ爾與子女奴婢牲畜ˇ並居爾邑
之外邦客旅ˇ無論何工ˇ皆不可作ˇ11蓋六日間ˇ主創造天地與海ˇ
及其中之萬物ˇ至第七日乃安息ˇ故主降福於安息日ˇ定爲聖日ˇ
12當敬爾父母ˇ使爾可久居(久居或作享遐齡)於主爾上帝所賜爾
之地ˇ13毋殺人ˇ14毋姦淫ˇ15毋偸竊ˇ16毋妄證以陷人ˇ17毋貪人
之宅ˇ毋貪人之妻ˇ與奴婢牛驢ˇ及其凡所有者ˇ○

1하나님이 이 모든 말씀으로 말씀하여 이르시되

2나는 너를 애굽 땅, 종 되었던 집에서 引導인도하여 낸 네 하나님 여호와니라

3너는 나 外외에는 다른 神신들을 네게 두지 말라

4너를 爲위하여 새긴 偶像우상을 만들지 말고 또 위로 하늘에 있는 것이나 아래로 땅에 있는 것이나 땅 아래 물 속에 있는 것의 어떤 形像형상도 만들지 말며

5그것들에게 절하지 말며 그것들을 섬기지 말라 나 네 하나님 여호와는 嫉妬질투하는 하나님인즉 나를 미워하는 者자의 罪죄를 갚되 아버지로부터 아들에게로 三四삼사 代대까지 이르게 하거니와

6나를 사랑하고 내 誡命계명을 지키는 者자에게는 千代천대까지 恩惠은혜를 베푸느니라

7너는 네 하나님 여호와의 이름을 妄靈망령되게 부르지 말라 여호와는 그의 이름을 妄靈망령되게 부르는 者자를 罪죄 없다 하지 아니하리라

8安息日안식일을 記憶기억하여 거룩하게 지키라

9엿새 동안은 힘써 네 모든 일을 行행할 것이나

10일곱째 날은 네 하나님 여호와의 安息日안식일인즉 너나 네 아들이나 네 딸이나 네 男남종이나 네 女여종이나 네 家畜가축이나 네 門문안에 머무는 客객이라도 아무 일도 하지 말라

11이는 엿새 동안에 나 여호와가 하늘과 땅과 바다와 그 가운데 모든 것을 만들고 일곱째 날에 쉬었음이라 그러므로 나 여호와가 安息日안식일을 福복되게 하여 그 날을 거룩하게 하였느니라

12네 父母부모를 恭敬공경하라 그리하면 네 하나님 여호와가 네게 준 땅에서 네 生命생명이 길리라

13殺人살인하지 말라

14姦淫간음하지 말라

15도둑질하지 말라

16네 이웃에 對대하여 거짓 證據증거하지 말라

17네 이웃의 집을 貪탐내지 말라 네 이웃의 아내나 그의 男남종이나 그의 女여종이나 그의 소나 그의 나귀나 무릇 네 이웃의 所有소유를 貪탐내지 말라

교 독 문

목 차

교 독 문

1. 시편 1편

1不從惡人之計謀ˇ不登罪人之道途ˇ不坐褻慢人之座位
1 부 종 악 인 지 계 모 ˇ 부 등 죄 인 지 도 도 ˇ 부 좌 설 만 인 지 좌 위

福복있는 사람은 惡人악인들의 꾀를 따르지 아니하며 罪人죄인들의 길에 서지 아니하며 傲慢오만한 者자들의 자리에 앉지 아니하고

2惟喜悅主之律法ˇ晝夜思維ˇ似此之人ˇ卽爲有福
2 유 희 열 주 지 율 법 ˇ 주 야 사 유 ˇ 사 차 지 인 ˇ 즉 위 유 복

오직 여호와의 律法율법을 즐거워하여 그의 律法율법을 晝夜주야로 黙想묵상하는도다

3彼如樹木ˇ植於溪旁ˇ臨時結果ˇ其葉不枯ˇ所爲之事ˇ無不
3 피 여 수 목 ˇ 식 어 계 방 ˇ 임 시 결 과 ˇ 기 엽 불 고 ˇ 소 위 지 사 ˇ 무 불
亨通
형 통

그는 시냇가에 심은 나무가 철을 따라 열매를 맺으며 그 잎사귀가 마르지 아니함 같으니 그가 하는 모든 일이 다 亨通형통하리로다

4維彼惡人ˇ決不如此ˇ乃如糠粃隨風吹散
4 유 피 악 인 ˇ 결 불 여 차 ˇ 내 여 강 비 수 풍 취 산

惡人악인들은 그렇지 아니함이여 오직 바람에 나는 겨와 같도다

5因此當審判時ˇ惡人必不能立ˇ罪人在善人會中ˇ亦復若是
5 인 차 당 심 판 시 ˇ 악 인 필 불 능 입 ˇ 죄 인 재 선 인 회 중 ˇ 역 부 약 시

그러므로 惡人악인들은 審判심판을 견디지 못하며 罪人죄인들이 義人의인들의 모임에 들지 못하리로다

6蓋主喜悅善人之道ˇ惡人之道ˇ必至滅亡
6 개 주 희 열 선 인 지 도 ˇ 악 인 지 도 ˇ 필 지 멸 망

(다같이)무릇 義人의인들의 길은 여호와께서 認定인정하시나 惡人악인들의 길은 亡망하리로다(1-6)

2. 시편 2편

1異邦因何紛然鬧亂ˇ列國因何徒然謀算
1 이 방 인 하 분 연 료 란 ˇ 열 국 인 하 도 연 모 산
어찌하여 異邦이방 나라들이 憤怒분노하며 民族민족들이 헛된 일을 꾸미는가

2世間君王興起ˇ侯伯會議ˇ欲抗逆主ˇ抗逆主所立之受膏者
2 세 간 군 왕 흥 기 ˇ 후 백 회 의 ˇ 욕 항 역 주 ˇ 항 역 주 소 입 지 수 고 자
世上세상의 君王군왕들이 나서며 官員관원들이 서로 꾀하여 여호와와 그의 기름 부음 받은 者자를 對敵대적하며

3曰ˇ不如斷其繫我之繩ˇ脫其縛我之索
3 왈 ˇ 불 여 단 기 계 아 지 승 ˇ 탈 기 박 아 지 소
우리가 그들의 맨 것을 끊고 그의 結縛결박을 벗어 버리자 하는도다

4坐於天上者必笑ˇ主必哂笑之
4 좌 어 천 상 자 필 소 ˇ 주 필 신 소 지
하늘에 계신 이가 웃으심이여 主주께서 그들을 비웃으시리로다

5惟時主必施威譴責之ˇ發怒震驚之
5 유 시 주 필 시 위 견 책 지 ˇ 발 노 진 경 지
그 때에 忿분을 發발하며 震怒진노하사 그들을 놀라게 하여 이르시기를

6曰ˇ我已沐之以膏ˇ立之爲王在我聖郇山
6 왈 ˇ 아 이 목 지 이 고 ˇ 입 지 위 왕 재 아 성 순 산
내가 나의 王왕을 내 거룩한 山산 시온에 세웠다 하시리로다

7受膏者云我傳命ˇ主曾謂我云ˇ爾乃我之子ˇ我今日生爾
7 수 고 자 운 아 전 명 ˇ 주 증 위 아 운 ˇ 이 내 아 지 자 ˇ 아 금 일 생 이
내가 여호와의 命令명령을 傳전하노라 여호와께서 내게 이르시되 너는 내 아들이라 오늘날 내가 너를 낳았도다

8爾求我ˇ我卽將列國賜爾爲業ˇ將地之四極賜爾爲産
8 이 구 아 ˇ 아 즉 장 열 국 사 이 위 업 ˇ 장 지 지 사 극 사 이 위 산
내게 求구하라 내가 異邦이방 나라를 네 遺業유업으로 주리니 네 所有소유가 땅 끝까지 이르리로다

3. 시편 4편

1爲我伸寃之上帝ˇ我呼籲時ˇ望主應允ˇ我遭窘困ˇ主常使
1위아신원지상제ˇ아호유시ˇ망주응윤ˇ아조군곤ˇ주상사
我得寬舒ˇ今求主憐恤我ˇ俯聽我禱告
아득관서ˇ금구주련휼아ˇ부청아도고

내 義의의 하나님이여 내가 부를 때에 應答응답하소서 困難곤난 中중에 나를 너그럽게 하셨사오니 내게 恩惠은혜를 베푸사 나의 祈禱기도를 들으소서

2爾曹衆人ˇ藐視我之尊榮ˇ喜愛虛假ˇ尋求詭詐ˇ將至何時ˇ
2이조중인ˇ막시아지존영ˇ희애허가ˇ심구궤사ˇ장지하시ˇ
細拉
세랍

人生인생들아 어느 때까지 나의 榮光영광을 바꾸어 辱욕되게 하며 헛된 일을 좋아하고 거짓을 求구하려는가

3爾曹須知主選擇虔誠人歸己ˇ我呼籲主ˇ主必應允
3이조수지주선택건성인귀기ˇ아호유주ˇ주필응윤

여호와께서 自己자기를 爲위하여 敬虔경건한 者자를 擇택하신줄 너희가 알지어다 내가 그를 부를 때에 여호와께서 들으시리로다

4爾曹當警懼ˇ不可犯罪ˇ在牀時ˇ心宜思念ˇ亦宜緘默ˇ細拉
4이조당경구ˇ불가범죄ˇ재상시ˇ심의사념ˇ역의함묵ˇ세랍

너희는 떨며 犯罪범죄하지 말지어다 자리에 누워 心中심중에 말하고 潛潛잠잠할지어다

5當獻虔誠爲祭ˇ又當仰賴主
5당헌건성위제ˇ우당앙뢰주

義의의 祭祀제사를 드리고 여호와를 依支의지할지어다

6有多人云ˇ惟願得福ˇ主歟ˇ我惟願主面之榮光照臨我儕
6유다인운ˇ유원득복ˇ주여ˇ아유원주면지영광조임아제

여러 사람의 말이 우리에게 善선을 보일 者자 누구뇨 하오니 여호와여 主주의 얼굴을 들어 우리에게 비추소서

7嘉穀美酒豐盈ˇ彼皆歡樂ˇ主使我心中歡樂更勝
7가곡미주풍영ˇ피개환락ˇ주사아심중환락갱승

主주께서 내 마음에 두신 기쁨은 그들의 穀食곡식과 새 葡萄酒포도주가 豐盛풍성할 때보다 더하니이다

8我得安然偃臥ˇ惟主令我坦然而居
8 아 득 안 연 언 와 ˇ 유 주 령 아 탄 연 이 거
내가 平安평안히 눕고 자기도 하리니 나를 安全안전히 살게 하시는 이는 오직 여호와시니이다.(1-8)

4. 시편 5편

1求主俯聽我之語言ˇ眷顧我之歎息
1 구 주 부 청 아 지 어 언 ˇ 권 고 아 지 탄 식
여호와여 나의 말에 귀를 기울이사 나의 心情심정을 헤아려 주소서

2我王我上帝ˇ俯聽我籲懇之聲ˇ因我向主禱告
2 아 왕 아 상 제 ˇ 부 청 아 유 간 지 성 ˇ 인 아 향 주 도 고
나의 王왕, 나의 하나님이여 내가 부르짖는 소리를 들으소서 내가 主주께 祈禱기도하나이다

3求主清晨俯聽我聲ˇ清晨我向主陳詞禱告ˇ遂卽盼望
3 구 주 청 신 부 청 아 성 ˇ 청 신 아 향 주 진 사 도 고 ˇ 수 즉 반 망
여호와여 아침에 主주께서 나의 소리를 들으시리니 아침에 내가 主주께 祈禱기도하고 바라리이다

4因主爲上帝ˇ不喜悅惡事ˇ不容惡人與主同居
4 인 주 위 상 제 ˇ 불 희 열 악 사 ˇ 불 용 악 인 여 주 동 거
主주는 罪惡죄악을 기뻐하는 神신이 아니시니 惡악이 主주와 함께 머물지 못하며

5狂傲人不能立於主之前ˇ作惡者皆爲主所惡
5 광 오 인 불 능 입 어 주 지 전 ˇ 작 악 자 개 위 주 소 오
傲慢오만한 者자들이 主주의 目前목전에 서지 못하리이다 主주는 모든 行惡者행악자를 미워하시며

6出狂言者ˇ主必滅絶ˇ殘忍詭詐者ˇ主必厭棄
6 출 광 언 자 ˇ 주 필 멸 절 ˇ 잔 인 궤 사 자 ˇ 주 필 염 기
거짓말하는 者자들을 滅亡멸망시키시리이다 여호와께서는 피 흘리기를 즐기는 者자와 속이는 者자를 싫어하시나이다

7惟我蒙主之大恩慈ˇ進主之殿敬畏主ˇ向主之聖殿下拜
7 유 아 몽 주 지 대 은 자 ˇ 진 주 지 전 경 외 주 ˇ 향 주 지 성 전 하 배
오직 나는 主주의 豊盛풍성한 사랑을 힘입어 主주의 집에 들어가 主주를 敬畏경외함으로 聖殿성전을 向향하여 禮拜예배하리이다

8求主因我之仇敵ˇ以仁慈引導我ˇ使我能前進行主之直道
8 구 주 인 아 지 구 적 ˇ 이 인 자 인 도 아 ˇ 사 아 능 전 진 행 주 지 직 도
여호와여 나의 怨讐원수들로 말미암아 主주의 義의로 나를 引導인도 하시고 主주의 길을 내 目前목전에 곧게 하소서(1-8)

5. 시편 8편

1主我之主歟ˇ主之威名宣揚在地ˇ主之榮耀顯現在天
1 주 아 지 주 여 ˇ 주 지 위 명 선 양 재 지 ˇ 주 지 영 요 현 현 재 천
여호와 우리 主주여 主주의 이름이 온 땅에 어찌 그리 아름다운지요 主주의 榮光영광이 하늘을 덮었나이다

2因有抗逆主者ˇ主使初生之嬰兒與哺乳之幼孩ˇ亦極力頌美
2 인 유 항 역 주 자 ˇ 주 사 초 생 지 영 아 여 포 유 지 유 해 ˇ 역 극 력 송 미
ˇ使敵人與報仇者皆緘口無言
ˇ 사 적 인 여 보 구 자 개 함 구 무 언
主주의 對敵대적으로 말미암아 어린 아이들과 젖먹이들의 입으로 權能권능을 세우심이여 이는 怨讐원수들과 報復者보복자들을 潛潛잠잠하게 하려 하심이니이다

3我觀主手所造之天ˇ與主所設之星月
3 아 관 주 수 소 조 지 천 ˇ 여 주 소 설 지 성 월
主주의 손가락으로 만드신 主주의 하늘과 主주께서 베풀어 두신 달과 별들을 내가 보오니

4世人爲誰ˇ主竟垂念之ˇ人子爲誰ˇ主竟眷顧之
4 세 인 위 수 ˇ 주 경 수 념 지 ˇ 인 자 위 수 ˇ 주 경 권 고 지
사람이 무엇이기에 主주께서 그를 생각하시며 人子인자가 무엇이기에 主주께서 그를 돌보시나이까

5主使之稍遜於天使ˇ又加以尊貴榮耀
5 주 사 지 초 손 어 천 사 ˇ 우 가 이 존 귀 영 요
그를 하나님보다 조금 못하게 하시고 榮華영화와 尊貴존귀로 冠관을 씌우셨나이다

6將主所創造者ˇ悉歸其治理ˇ使萬物皆服其足下
6 장 주 소 창 조 자 ˇ 실 귀 기 치 리 ˇ 사 만 물 개 복 기 족 하
主주의 손으로 만드신 것을 다스리게 하시고 萬物만물을 그의 발 아래 두셨으니

7如諸牛羊野獸
7 여 제 우 양 야 수
곧 모든 소와 羊양과 들짐승이며

8空中鳥ˇ海中魚ˇ並游泳於海中之百物
8 공 중 조 ˇ 해 중 어 ˇ 병 유 영 어 해 중 지 백 물
空中공중의 새와 바다의 물고기와 바닷길에 다니는 것이니이다

9主我主之威名ˇ在普天下宣揚
9 주 아 주 지 위 명 ˇ 재 보 천 하 선 양
(다같이) 여호와 우리 主주여 主주의 이름이 온 땅에 어찌 그리 아름다운지요.(1-9)

6. 시편 10편

12求主興起ˇ求上帝大顯威能ˇ莫忘窮人
12 구 주 흥 기 ˇ 구 상 제 대 현 위 능 ˇ 막 망 궁 인
여호와여 일어나옵소서 하나님이여 손을 드옵소서 가난한 者자들을 잊지 마옵소서

13惡人因何輕慢主ˇ彼心中以爲主不尋究
13 악 인 인 하 경 만 주 ˇ 피 심 중 이 위 주 불 심 구
어찌하여 惡人악인이 하나님을 蔑視멸시하여 그의 마음에 이르기를 主주는 鑑察감찰하지 아니하리라 하나이까

14其實主已觀察ˇ殘忍毒害ˇ主皆明見ˇ報應在主手ˇ貧民可以倚賴主ˇ孤子必蒙主救助
14 기 실 주 이 관 찰 ˇ 잔 인 독 해 ˇ 주 개 명 견 ˇ 보 응 재 주 수 ˇ 빈 민 가 이 의 뢰 주 ˇ 고 자 필 몽 주 구 조
主주께서는 보셨나이다 主주는 災殃재앙과 怨恨원한을 鑑察감찰하시고 主주의 손으로 갚으려 하시오니 외로운 者자가 主주를 依支의지하나이다 主주는 벌써부터 孤兒고아를 도우시는 이시니이다

15願主挫折惡人之勢力ˇ(勢力原文作臂)追究其惡ˇ窮盡無遺
15 원 주 좌 절 악 인 지 세 력 ˇ (세 력 원 문 작 비) 추 구 기 악 ˇ 궁 진 무 유
惡人악인의 팔을 꺾으소서 惡악한 者자의 惡악을 더 以上이상 찾아낼 수 없을 때까지 찾으소서

16主永遠爲王ˇ異邦人必滅絶於主之國中
16 주 영 원 위 왕 ˇ 이 방 인 필 멸 절 어 주 지 국 중

여호와께서는 永遠無窮영원무궁하도록 王왕이시니 異邦이방 나라들이 主주의 땅에서 滅亡멸망하였나이다

17主歟ˇ窮苦人所求者ˇ主常垂聽ˇ堅固其心ˇ側耳聽其祈禱
17 주 여 ˇ 궁 고 인 소 구 자 ˇ 주 상 수 청 ˇ 견 고 기 심 ˇ 측 이 청 기 기 도

여호와여 主주는 謙遜겸손한 者자의 所願소원을 들으셨사오니 그들의 마음을 準備준비하시며 귀를 기울여 들으시고

18主爲孤子與受屈之人伸寃ˇ使世之人不復橫行霸道
18 주 위 고 자 여 수 굴 지 인 신 원 ˇ 사 세 지 인 불 부 횡 행 패 도

孤兒고아와 壓制압제 當당하는 者자를 爲위하여 審判심판하사 世上세상에 屬속한 者자가 다시는 威脅위협하지 못하게 하시리이다

7. 시편 13편

1主不記念我ˇ將至何時ˇ至永遠乎ˇ主掩面不顧我ˇ將至何時
1 주 불 기 념 아 ˇ 장 지 하 시 ˇ 지 영 원 호 ˇ 주 엄 면 불 고 아 ˇ 장 지 하 시

여호와여 어느 때까지니이까 나를 永遠영원히 잊으시나이까 主주의 얼굴을 나에게서 어느 때까지 숨기시겠나이까

2我心中籌畫ˇ終日憂慮ˇ將至何時ˇ我仇敵自高欺壓我ˇ將至何時
2 아 심 중 주 획 ˇ 종 일 우 려 ˇ 장 지 하 시 ˇ 아 구 적 자 고 기 압 아 ˇ 장 지 하 시

내가 나의 靈魂영혼이 煩悶번민하고 終日종일토록 마음에 근심하기를 어느 때까지 하오며 내 怨讐원수가 나를 치며 자랑하기를 어느 때까지 하리이까

3求主我之上帝垂顧我ˇ應允我ˇ使我目光明ˇ以免我沈睡至死
3 구 주 아 지 상 제 수 고 아 ˇ 응 윤 아 ˇ 사 아 목 광 명 ˇ 이 면 아 침 수 지 사

여호와 내 하나님이여 나를 생각하사 應答응답하시고 나의 눈을 밝히소서 두렵건대 내가 死亡사망의 잠을 잘까 하오며

4免我仇人云ˇ我已勝之ˇ免我敵人樂我傾跌
4 면 아 구 인 운 ˇ 아 이 승 지 ˇ 면 아 적 인 락 아 경 질

두렵건대 나의 怨讐원수가 이르기를 내가 그를 이겼다 할까 하오며 내가 흔들릴 때에 나의 對敵대적들이 기뻐할까 하나이다

5我惟倚賴主之恩慈ˇ蒙主救援ˇ我心歡樂
5 아 유 의 뢰 주 지 은 자 ˇ 몽 주 구 원 ˇ 아 심 환 락
나는 오직 主주의 사랑을 依支의지하였사오니 내 마음은 主주의 救援구원을 기뻐하리이다

6我惟歌頌主ˇ因主恩待我
6 아 유 가 송 주 ˇ 인 주 은 대 아
(다같이) 내가 여호와를 讚頌찬송하리니 이는 主주께서 내게 恩德은덕을 베푸심이로다(1-6)

8. 시편 14편

1愚人心中以爲無上帝ˇ彼悉敗壞ˇ凡其所行ˇ邪惡可憎ˇ無一人行善
1 우 인 심 중 이 위 무 상 제 ˇ 피 실 패 괴 ˇ 범 기 소 행 ˇ 사 악 가 증 ˇ 무 일 인 행 선
어리석은 者자는 그의 마음에 이르기를 하나님이 없다 하는도다 그들은 腐敗부패하고 그 行實행실이 可憎가증하니 善선을 行행하는 者자가 없도다

2主自天鑒察世人ˇ見有明道尋求上帝之人否
2 주 자 천 감 찰 세 인 ˇ 견 유 명 도 심 구 상 제 지 인 부
여호와께서 하늘에서 人生인생을 굽어살피사 知覺지각이 있어 하나님을 찾는 者자가 있는가 보려 하신즉

3竟悉背逆ˇ皆陷汚穢ˇ無行善之人ˇ卽一人亦無有
3 경 실 배 역 ˇ 개 함 오 예 ˇ 무 행 선 지 인 ˇ 즉 일 인 역 무 유
다 치우쳐 함께 더러운 者자가 되고 善선을 行행하는 者자가 없으니 하나도 없도다

4一切作惡者ˇ果皆無知乎ˇ彼衆呑食我民ˇ猶如飮食ˇ並不禱告主
4 일 체 작 악 자 ˇ 과 개 무 지 호 ˇ 피 중 탄 식 아 민 ˇ 유 여 음 식 ˇ 병 불 도 고 주
罪惡죄악을 行행하는 者자는 다 無知무지하냐 그들이 떡 먹듯이 내 百姓백성을 먹으면서 여호와를 부르지 아니하는도다

5彼衆必大警懼ˇ因上帝保佑善類
5 피 중 필 대 경 구 ˇ 인 상 제 보 우 선 류
그러나 거기서 그들은 두려워하고 두려워하였으니 하나님이 義

人의인의 世代세대에 계심이로다

6窮苦人之計謀ˇ任爾藐視ˇ主乃保護之
6 궁 고 인 지 계 모 ˇ 임 이 막 시 ˇ 주 내 보 호 지

너희가 가난한 者자의 計劃계획을 부끄럽게 하나 오직 여호와는 그의 避難處피난처가 되시도다

7惟願以色列由郇得救ˇ主救回被擄之子民ˇ雅各便歡欣ˇ以色列卽喜樂
7 유 원 이 색 열 유 순 득 구 ˇ 주 구 회 피 노 지 자 민 ˇ 아 각 변 환 흔 ˇ 이 색 열 즉 희 락

이스라엘의 救援구원이 시온에서 나오기를 願원하도다 여호와께서 그의 百姓백성을 捕虜포로된 곳에서 돌이키실 때에 야곱이 즐거워하고 이스라엘이 기뻐하리로다

9. 시편 15편

1主歟ˇ誰可居主之帷幕ˇ誰可居主之聖山
1 주 여 ˇ 수 가 거 주 지 유 막 ˇ 수 가 거 주 지 성 산

여호와여 主주의 帳幕장막에 머무를 者자 누구오며 主주의 聖山성산에 사는 者자 누구오니이까

2卽是行爲正直作事公義ˇ本誠心以發直言者
2 즉 시 행 위 정 직 작 사 공 의 ˇ 본 성 심 이 발 직 언 자

正直정직하게 行행하며 公義공의를 實踐실천하며 그의 마음에 眞實진실을 말하며

3口無讒言ˇ不虐待友朋ˇ不毁謗鄰里
3 구 무 참 언 ˇ 불 학 대 우 붕 ˇ 불 훼 방 린 리

그의 혀로 남을 허물하지 아니하고 그의 이웃에게 惡악을 行행하지 아니하며 그의 이웃을 誹謗비방하지 아니하며

4厭惡匪類ˇ尊崇敬畏主者ˇ旣立誓願ˇ雖受損害ˇ亦不變更
4 염 오 비 류 ˇ 존 숭 경 외 주 자 ˇ 기 립 서 원 ˇ 수 수 손 해 ˇ 역 불 변 경

그의 눈은 妄靈망령된 者자를 蔑視멸시하며 여호와를 두려워하는 者자들을 尊待존대하며 그의 마음에 誓願서원한 것은 害해로울지라도 變변하지 아니하며

5貸金不取利ˇ不受賄賂ˇ陷害無辜ˇ凡如此行者ˇ必永不動搖
5 대 금 불 취 리 ˇ 불 수 회 뇌 ˇ 함 해 무 고 ˇ 범 여 차 행 자 ˇ 필 영 부 동 요
利子이자를 받으려고 돈을 꾸어 주지 아니하며 賂物뇌물을 받고 無罪무죄한 者자를 害해하지 아니하는 者자이니 이런 일을 行행하는 者자는 永遠영원히 흔들리지 아니하리이다

10. 시편 16편

1求上帝保護我ˇ因我惟主是賴
1 구 상 제 보 호 아 ˇ 인 아 유 주 시 뢰
하나님이여 나를 保護보호하소서 내가 主주께 避피하나이다

2我心向主云ˇ惟主乃我之主ˇ我之福不在主以外
2 아 심 향 주 운 ˇ 유 주 내 아 지 주 ˇ 아 지 복 부 재 주 이 외
내가 여호와께 아뢰되 主주는 나의 主주시오니 主주 밖에는 나의 福복이 없다 하였나이다

3世間聖潔人ˇ盡美盡善ˇ我甚喜悅之
3 세 간 성 결 인 ˇ 진 미 진 선 ˇ 아 심 희 열 지
땅에 있는 聖徒성도는 尊貴존귀한 者자니 나의 모든 즐거움이 저희에게 있도다

4樂從別神者ˇ必多愁苦ˇ彼衆所奠血祭祀者ˇ我不祭奠ˇ我
4 락 종 별 신 자 ˇ 필 다 수 고 ˇ 피 중 소 전 혈 제 사 자 ˇ 아 불 제 전 ˇ 아
口中亦不題其名號
구 중 역 부 제 기 명 호
다른 神신에게 禮物예물을 드리는 者자는 괴로움이 더할 것이라 나는 저희가 드리는 피의 奠祭전제를 드리지 아니하며 내 입술로 그 이름도 부르지 아니하리로다

5我以主爲我之生業ˇ爲我之福杯ˇ我所得之分ˇ主爲我持守
5 아 이 주 위 아 지 생 업 ˇ 위 아 지 복 배 ˇ 아 소 득 지 분 ˇ 주 위 아 지 수
여호와는 나의 産業산업과 나의 盞잔의 所得소득이시니 나의 分분깃을 지키시나이다

6以繩爲我所量之地分ˇ在至美之處ˇ我之産業最佳
6 이 승 위 아 소 량 지 지 분 ˇ 재 지 미 지 처 ˇ 아 지 산 업 최 가
내게 줄로 재어 준 區域구역은 아름다운 곳에 있음이여 나의 基業기업이 實실로 아름답도다

7我稱謝主ˇ因主訓誨我ˇ夜間使我心中自警
7 아 칭 사 주 ˇ 인 주 훈 회 아 ˇ 야 간 사 아 심 중 자 경
나를 訓戒훈계하신 여호와를 頌祝송축할지라 밤마다 내 良心양심이 나를 敎訓교훈하도다

8我常顧主在我之前ˇ主在我之右ˇ我必不至動搖
8 아 상 고 주 재 아 지 전 ˇ 주 재 아 지 우 ˇ 아 필 부 지 동 요
내가 여호와를 恒常항상 내 앞에 모심이여 그가 내 오른쪽에 계시므로 내가 흔들리지 아니하리로다(1-8)

11. 시편 17편

1求主俯聽正直ˇ垂聽我之呼籲ˇ我口不出詭詐ˇ求主側耳聽我祈求
1 구 주 부 청 정 직 ˇ 수 청 아 지 호 유 ˇ 아 구 불 출 궤 사 ˇ 구 주 측 이 청 아 기 구
여호와여 義의의 呼訴호소를 들으소서 나의 울부짖음에 注意주의하소서 거짓되지 아니한 입술에서 나오는 나의 祈禱기도에 귀를 기울이소서

2惟願判斷我之是非ˇ出於主前ˇ主目鑒察正直
2 유 원 판 단 아 지 시 비 ˇ 출 어 주 전 ˇ 주 목 감 찰 정 직
主주께서 나를 判斷판단하시며 主주의 눈으로 公平공평함을 살피소서

3主已試驗我心ˇ夜間觀察我ˇ熬鍊我ˇ曾未見我心有邪念ˇ口有過言
3 주 이 시 험 아 심 ˇ 야 간 관 찰 아 ˇ 오 련 아 ˇ 증 미 견 아 심 유 사 념 ˇ 구 유 과 언
主주께서 내 마음을 試驗시험하시고 밤에 내게 오시어서 나를 鑑察감찰하셨으나 欠흠을 찾지 못하셨사오니 내가 決心결심하고 입으로 犯罪범죄하지 아니하리이다

4論及世人之行爲ˇ我以主口所出之訓言ˇ自謹自愼ˇ不行强暴人之道途
4 론 급 세 인 지 행 위 ˇ 아 이 주 구 소 출 지 훈 언 ˇ 자 근 자 신 ˇ 불 행 강 폭 인 지 도 도
사람의 行事행사로 論논하면 나는 主주의 입술의 말씀을 따라 스스로 삼가서 暴惡포악한 者자의 길을 가지 아니하였사오며

5求主扶我步履於主之道中ˇ俾我足不至顚蹶
5 구 주 부 아 보 리 어 주 지 도 중 ˇ 비 아 족 부 지 전 궐
나의 걸음이 主주의 길을 굳게 지키고 失足실족하지 아니하였나이다

6上帝歟ˇ我呼籲主ˇ願主應允ˇ側耳聽我言語
6 상 제 여 ˇ 아 호 유 주 ˇ 원 주 응 윤 ˇ 측 이 청 아 언 어
하나님이여 내게 應答응답하시겠으므로 내가 불렀사오니 내게 귀를 기울여 내 말을 들으소서

7求主格外施恩ˇ仰賴主者ˇ主常以右手救其脫於仇敵
7 구 주 격 외 시 은 ˇ 앙 뢰 주 자 ˇ 주 상 이 우 수 구 기 탈 어 구 적
主주께 避피하는 者자들을 그 일어나 치는 者자들에게서 오른손으로 救援구원하시는 主주여 主주의 奇異기이한 사랑을 나타내소서

12. 시편 19편

1諸天述說上帝之榮耀ˇ穹蒼傳揚其手所作
1 제 천 술 설 상 제 지 영 요 ˇ 궁 창 전 양 기 수 소 작
하늘이 하나님의 榮光영광을 宣布선포하고 穹蒼궁창이 그 손으로 하신 일을 나타내는도다

2此日傳於彼日ˇ此夜傳於彼夜ˇ3無言無語ˇ亦無聲音可聞
2 차 일 전 어 피 일 ˇ 차 야 전 어 피 야 ˇ 3 무 언 무 어 ˇ 역 무 성 음 가 문
날은 날에게 말하고 밤은 밤에게 知識지식을 傳전하니 言語언어도 없고 말씀도 없으며 들리는 소리도 없으나

4聲音卻流通全地ˇ言語卻傳至地極
4 성 음 각 유 통 전 지 ˇ 언 어 각 전 지 지 극
그의 소리가 온 땅에 通통하고 그의 말씀이 世上세상 끝까지 이르도다(1-4상)

7主之律法純全ˇ可以蘇醒人心ˇ主之法度眞實ˇ可以使愚人有智慧
7 주 지 율 법 순 전 ˇ 가 이 소 성 인 심 ˇ 주 지 법 도 진 실 ˇ 가 이 사 우 인 유 지 혜
여호와의 律法율법은 完全완전하여 靈魂영혼을 蘇醒소성시키며 여호와의 證據증거는 確實확실하여 愚鈍우둔한 者자를 智慧지혜롭게 하며

8主之命令正直ˇ可以快樂人之心志ˇ主之誡命純潔ˇ可以明
8 주 지 명 령 정 직 ˇ 가 이 쾌 락 인 지 심 지 ˇ 주 지 계 명 순 결 ˇ 가 이 명

亮人之眼目
량 인 지 안 목

여호와의 教訓교훈은 正直정직하여 마음을 기쁘게 하고 여호와의 誡命계명은 純潔순결하여 눈을 밝게 하도다

9主之道理清淨ˇ存至永遠ˇ主之律例ˇ極確實且至公義
9 주 지 도 리 청 정 ˇ 존 지 영 원 ˇ 주 지 율 례 ˇ 극 확 실 차 지 공 의

여호와를 敬畏경외하는 道도는 淨潔정결하여 永遠영원까지 이르고 여호와의 法법도 眞實진실하여 다 義의로우니

10較金寶貴ˇ較極多之精金更加寶貴ˇ甘勝於蜜ˇ較蜂房之蜜尤甘
10 교 금 보 귀 ˇ 교 극 다 지 정 금 갱 가 보 귀 ˇ 감 승 어 밀 ˇ 교 봉 방 지 밀 우 감

(다같이) 金금 곧 많은 純金순금보다 더 思慕사모할 것이며 꿀과 송이꿀보다 더 달도다(7-10)

13. 시편 23편

1主乃我之牧者ˇ使我不至窮乏
1 주 내 아 지 목 자 ˇ 사 아 부 지 궁 핍

여호와는 나의 牧者목자시니 내게 不足부족함이 없으리로다

2使我臥於草地ˇ引我至可安歇之水濱
2 사 아 와 어 초 지 ˇ 인 아 지 가 안 헐 지 수 빈

그가 나를 푸른 풀밭에 누이시며 쉴 만한 물 가로 引導인도하시는도다

3使我心蘇醒ˇ爲己之名引導我行義路
3 사 아 심 소 성 ˇ 위 기 지 명 인 도 아 행 의 로

내 靈魂영혼을 蘇生소생시키시고 自己자기 이름을 爲위하여 義의의 길로 引導인도하시는도다

4我雖過死陰之幽谷ˇ亦不懼遭害ˇ因主常在我側ˇ主有杖有竿ˇ足以安慰我
4 아 수 과 사 음 지 유 곡 ˇ 역 불 구 조 해 ˇ 인 주 상 재 아 측 ˇ 주 유 장 유 간 ˇ 족 이 안 위 아

내가 死亡사망의 陰沈음침한 골짜기로 다닐지라도 害해를 두려워하지 않을 것은 主주께서 나와 함께 하심이라 主주의 지팡이와 막대

기가 나를 安慰안위하시나이다

5在我敵人前ˇ爲我備設筵席ˇ以膏沐我首ˇ使我之杯滿溢
5 재 아 적 인 전 ˇ 위 아 비 설 연 석 ˇ 이 고 목 아 수 ˇ 사 아 지 배 만 일
主주께서 내 怨讐원수의 目前목전에서 내게 床상을 차려 주시고 기름을 내 머리에 부으셨으니 내 盞잔이 넘치나이다

6我一生惟有恩寵慈惠隨我ˇ我必永久居於主之殿
6 아 일 생 유 유 은 총 자 혜 수 아 ˇ 아 필 영 구 거 어 주 지 전
내 平生평생에 善선하심과 仁慈인자하심이 반드시 나를 따르리니 내가 여호와의 집에 永遠영원히 살리로다(1-6)

14. 시편 24편

1地與地上萬物ˇ世界與居世界之人ˇ悉屬主
1 지 여 지 상 만 물 ˇ 세 계 여 거 세 계 지 인 ˇ 실 속 주
땅과 거기에 充滿충만한 것과 世界세계와 그 가운데에 사는 者자들은 다 여호와의 것이로다

2主安地基在海中ˇ奠地在河邊
2 주 안 지 기 재 해 중 ˇ 전 지 재 하 변
여호와께서 그 터를 바다 위에 세우심이여 江강들 위에 建設건설하셨도다

3誰能登主之山ˇ誰能立於主之聖所
3 수 능 등 주 지 산 ˇ 수 능 입 어 주 지 성 소
여호와의 山산에 오를 者자가 누구며 그의 거룩한 곳에 설 者자가 누구인가

4卽手潔心淸不起妄念ˇ不立僞誓之人
4 즉 수 결 심 청 불 기 망 념 ˇ 불 입 위 서 지 인
곧 손이 깨끗하며 마음이 淸潔청결하며 뜻을 虛誕허탄한 데에 두지 아니하며 거짓 盟誓맹서하지 아니하는 者자로다

5若此之人ˇ必蒙主賜福ˇ救之之上帝ˇ稱之爲義
5 약 차 지 인 ˇ 필 몽 주 사 복 ˇ 구 지 지 상 제 ˇ 칭 지 위 의
그는 여호와께 福복을 받고 救援구원의 하나님께 義의를 얻으리니

6此乃尋求主之族類ˇ乃雅各之後裔ˇ欲求見主面之人ˇ細拉
6 차 내 심 구 주 지 족 류 ˇ 내 아 각 지 후 예 ˇ 욕 구 견 주 면 지 인ˇ세 랍

이는 여호와를 찾는 族屬족속이요 야곱의 하나님의 얼굴을 求구하는 者자로다

7永久之門戶ˇ崇高而起ˇ尊榮之王ˇ將欲進矣
7 영 구 지 문 호 ˇ 숭 고 이 기 ˇ 존 영 지 왕 ˇ 장 욕 진 의

門문들아 너희 머리를 들지어다 永遠영원한 門문들아 들릴지어다 榮光영광의 王왕이 들어가시리로다

8尊榮之王誰歟ˇ卽有大能大力ˇ戰無不勝之主
8 존 영 지 왕 수 여 ˇ 즉 유 대 능 대 력 ˇ 전 무 불 승 지 주

榮光영광의 王왕이 누구시냐 强강하고 能능한 여호와시요 戰爭전쟁에 能능한 여호와시로다

9永久之門戶ˇ崇高而起ˇ尊榮之王ˇ將欲進矣
9 영 구 지 문 호 ˇ 숭 고 이 기 ˇ 존 영 지 왕 ˇ 장 욕 진 의

門문들아 너희 머리를 들지어다 永遠영원한 門문들아 들릴지어다 榮光영광의 王왕이 들어가시리로다

10尊榮之王誰歟ˇ萬有之主ˇ卽尊榮之王ˇ細拉
10 존 영 지 왕 수 여 ˇ 만 유 지 주 ˇ 즉 존 영 지 왕 ˇ 세 랍

榮光영광의 王왕이 누구시냐 萬軍만군의 여호와께서 곧 榮光영광의 王왕이시로다

15. 시편 27편

1主爲我之光明ˇ乃我之救主ˇ我尙懼誰耶ˇ主爲我生命之保障ˇ我尙畏誰耶
1 주 위 아 지 광 명 ˇ 내 아 지 구 주 ˇ 아 상 구 수 야 ˇ 주 위 아 생 명 지 보 장 ˇ 아 상 외 수 야

여호와는 나의 빛이요 나의 救援구원이시니 내가 누구를 두려워하리요 여호와는 내 生命생명의 能力능력이시니 내가 누구를 무서워하리요

2作惡之類ˇ卽我之仇人ˇ前來攻我ˇ欲食我肉ˇ彼皆傾跌顚仆
2 작 악 지 류 ˇ 즉 아 지 구 인 ˇ 전 래 공 아 ˇ 욕 식 아 육 ˇ 피 개 경 질 전 부

惡人악인들이 내 살을 먹으려고 내게로 왔으나 나의 對敵대적들, 나의 怨讐원수들인 그들은 失足실족하여 넘어졌도다

3雖有軍兵列營以攻我ˇ我心亦不懼ˇ雖遭爭戰ˇ我亦安然
3 수 유 군 병 열 영 이 공 아 ˇ 아 심 역 불 구 ˇ 수 조 쟁 전 ˇ 아 역 안 연

軍隊군대가 나를 對敵대적하여 陣진칠지라도 내 마음이 두렵지 아니하며 戰爭전쟁이 일어나 나를 치려 할지라도 나는 如前여전히 泰然태연하리로다

4有一事我曾求主ˇ今仍祈求ˇ卽使我一生居於主殿ˇ瞻仰主
4 유 일 사 아 증 구 주 ˇ 금 잉 기 구 ˇ 즉 사 아 일 생 거 어 주 전 ˇ 첨 앙 주
之榮美ˇ在主殿朝覲主
지 영 미 ˇ 재 주 전 조 근 주

내가 여호와께 바라는 한가지 일 그것을 求구하리니 곧 내가 내 平生평생에 여호와의 집에 살면서 여호와의 아름다움을 바라보며 그의 聖殿성전에서 思慕사모하는 그것이라

5我遇患難時ˇ主藏我在主之帷幔中ˇ將我藏在主幕之隱密處
5 아 우 환 난 시 ˇ 주 장 아 재 주 지 유 만 중 ˇ 장 아 장 재 주 막 지 은 밀 처
ˇ使我高立於山巖之上
ˇ 사 아 고 입 어 산 암 지 상

여호와께서 患難환난 날에 나를 그의 草幕초막 속에 秘密비밀히 지키시고 그의 帳幕장막 隱密은밀한 곳에 나를 숨기시며 높은 바위 위에 두시리로다

6現今我能昂首高於圍我之敵人ˇ我必在主之幕中歡呼獻祭ˇ
6 현 금 아 능 앙 수 고 어 위 아 지 적 인 ˇ 아 필 재 주 지 막 중 환 호 헌 제 ˇ
在主前謳歌奏樂
재 주 전 구 가 주 악

이제 내 머리가 나를 둘러싼 내 怨讐원수 위에 들리리니 내가 그의 帳幕장막에서 즐거운 祭祀제사를 드리겠고 노래하며 여호와를 讚頌찬송하리로다(1-6)

16. 시편 28편

1主歟ˇ我賴主如磐ˇ我呼籲主ˇ求主莫不垂聽ˇ主若不應允
1 주 여 ˇ 아 뢰 주 여 반 ˇ 아 호 유 주 ˇ 구 주 막 불 수 청 ˇ 주 약 불 응 윤
我ˇ我卽與入墓者無異
아 ˇ 아 즉 여 입 묘 자 무 이

여호와여 내가 主주께 부르짖으오니 나의 磐石반석이여 내게 귀를 막지 마소서 主주께서 내게 潛潛잠잠하시면 내가 무덤에 내려가는

者자와 같을까 하나이다

2我呼籲主ˇ向主之聖殿擧手ˇ求主垂聽我懇求之聲
2 아 호 유 주 ˇ 향 주 지 성 전 거 수 ˇ 구 주 수 청 아 간 구 지 성

내가 主주의 至聖所지성소를 向향하여 나의 손을 들고 主주께 부르짖을 때에 나의 懇求간구하는 소리를 들으소서

3莫將我與惡人並爲非者一同除滅ˇ彼與鄰里言則和平ˇ心則奸險
3 막 장 아 여 악 인 병 위 비 자 일 동 제 멸 ˇ 피 여 린 리 언 즉 화 평 ˇ 심 즉 간 험

惡人악인과 惡악을 行행하는 者자들과 함께 나를 끌어내지 마옵소서 그들은 그 이웃에게 和平화평을 말하나 그들의 마음에는 惡毒악독이 있나이다(1-3)

5彼衆不明主所行與主手所作ˇ主必毁滅之ˇ不再建立
5 피 중 불 명 주 소 행 여 주 수 소 작 ˇ 주 필 훼 멸 지 ˇ 부 재 건 립

그들은 여호와께서 行행하신 일과 손으로 지으신 것을 생각하지 아니하므로 여호와께서 그들을 破壞파괴하고 建設건설하지 아니하시리로다

6當讚美主ˇ因俯聽我籲懇之聲
6 당 찬 미 주 ˇ 인 부 청 아 유 간 지 성

여호와를 讚頌찬송함이여 내 懇求간구하는 소리를 들으심이로다

7主賜我以力ˇ衛我如盾ˇ我心惟主是賴ˇ遂得拯救ˇ因此我心喜樂ˇ謳歌頌揚主
7 주 사 아 이 력 ˇ 위 아 여 순 ˇ 아 심 유 주 시 뢰 ˇ 수 득 증 구 ˇ 인 차 아 심 희 락 ˇ 구 가 송 양 주

여호와는 나의 힘과 나의 防牌방패이시니 내 마음이 그를 依支의지하여 도움을 얻었도다(5-7상)

8主以力賜己之民ˇ又爲保障救護所立之受膏王
8 주 이 력 사 기 지 민 ˇ 우 위 보 장 구 호 소 립 지 수 고 왕

(다같이) 여호와는 그들의 힘이시요 그 기름 부음 받은 者자의 救援구원의 要塞요새이시로다(8)

17. 시편 29편

1惟爾諸天使ˇ當將榮耀權能歸於主
1 유 이 제 천 사 ˇ 당 장 영 요 권 능 귀 어 주
너희 權能권능 있는 者자들아 榮光영광과 能力능력을 여호와께 돌리고 돌릴지어다

2當將主名之榮耀歸於主ˇ在榮華聖所敬拜主
2 당 장 주 명 지 영 요 귀 어 주 ˇ 재 영 화 성 소 경 배 주
여호와께 그의 이름에 合當합당한 榮光영광을 돌리며 거룩한 옷을 입고 여호와께 禮拜예배할지어다

3主之聲發在水上ˇ有榮耀之主行雷ˇ主在大水之上
3 주 지 성 발 재 수 상 ˇ 유 영 요 지 주 행 뢰 ˇ 주 재 대 수 지 상
여호와의 소리가 물 위에 있도다 榮光영광의 하나님이 우렛소리를 내시니 여호와는 많은 물 위에 계시도다

4主之聲極其震大ˇ主之聲極有威嚴
4 주 지 성 극 기 진 대 ˇ 주 지 성 극 유 위 엄
여호와의 소리가 힘 있음이여 여호와의 소리가 威嚴위엄차도다

5主之聲震析柏香木ˇ主震折利巴嫩之柏香木
5 주 지 성 진 석 백 향 목 ˇ 주 진 절 리 파 눈 지 백 향 목
여호와의 소리가 柏香木백향목을 꺾으심이여 여호와께서 레바논 柏香木백향목을 꺾어 부수시도다

6使之跳躍如牛犢ˇ使利巴嫩與西連山跳躍如野牛犢
6 사 지 도 약 여 우 독 ˇ 사 리 파 눈 여 서 련 산 도 약 여 야 우 독
그 나무를 송아지 같이 뛰게 하심이여 레바논과 시룐으로 들송아지 같이 뛰게 하시도다

7從主之聲中ˇ閃出火燄
7 종 주 지 성 중 ˇ 섬 출 화 염
여호와의 소리가 火焰화염을 가르시도다

8主之聲震動曠野ˇ主震動迦低斯之曠野
8 주 지 성 진 동 광 야 ˇ 주 진 동 가 저 사 지 광 야
여호와의 소리가 曠野광야를 震動진동하심이여 여호와께서 가데스 曠野광야를 震動진동시키시도다

9主之聲驚動牝鹿ˇ震拔林中樹木ˇ在主殿中皆讚美主之榮耀
9 주 지 성 경 동 빈 록 ˇ 진 발 림 중 수 목 ˇ 재 주 전 중 개 찬 미 주 지 영 요
여호와의 소리가 암사슴을 落胎낙태하게 하시고 森林삼림을 말갛게 벗기시니 그의 聖殿성전에서 그의 모든 것들이 말하기를 榮光영광이라 하도다

10洪水犯濫ˇ主坐寶座掌權ˇ主必坐寶座爲王ˇ至於永遠
10 홍 수 범 람 ˇ 주 좌 보 좌 장 권 ˇ 주 필 좌 보 좌 위 왕 ˇ 지 어 영 원
여호와께서 洪水홍수 때에 坐定좌정하셨음이여 여호와께서 永遠영원하도록 王왕으로 坐定좌정하시도다

11主以力賜己之民ˇ又賜以平康之福
11 주 이 력 사 기 지 민 ˇ 우 사 이 평 강 지 복
여호와께서 自己자기 百姓백성에게 힘을 주심이여 여호와께서 自己자기 百姓백성에게 平康평강의 福복을 주시리로다

18. 시편 31편

1我惟倚賴主ˇ求主使我永不至羞愧ˇ以主之公義救援我
1 아 유 의 뢰 주 ˇ 구 주 사 아 영 부 지 수 괴 ˇ 이 주 지 공 의 구 원 아
여호와여 내가 主주께 避피하오니 나를 永遠영원히 부끄럽게 하지 마시고 主주의 公義공의로 나를 건지소서

2側耳聽我ˇ急速救我ˇ作護我之磐石ˇ爲庇我之保障ˇ將我拯救
2 측 이 청 아 ˇ 급 속 구 아 ˇ 작 호 아 지 반 석 ˇ 위 비 아 지 보 장 ˇ 장 아 증 구
내게 귀를 기울여 速속히 건지시고 내게 堅固견고한 바위와 救援구원하는 山城산성이 되소서

3主原我之靠山ˇ我之保障ˇ求主爲主之名引我導我
3 주 원 아 지 고 산 ˇ 아 지 보 장 ˇ 구 주 위 주 지 명 인 아 도 아
主주는 나의 磐石반석과 山城산성이시니 그러므로 主주의 이름을 생각하셔서 나를 引導인도하시고 指導지도하소서

4護庇我者惟主ˇ求主救我脫離仇敵爲我暗設之網羅
4 호 비 아 자 유 주 ˇ 구 주 구 아 탈 리 구 적 위 아 암 설 지 망 라
그들이 나를 爲위하여 秘密비밀히 친 그물에서 빼내소서 主주는 나의 山城산성이시니이다

5主乃至誠實之上帝ˇ我以靈魂託付主手ˇ主必救贖我
5 주 내 지 성 실 지 상 제 ˇ 아 이 영 혼 탁 부 주 수 ˇ 주 필 구 속 아
내가 나의 靈영을 주의 손에 付託부탁하나이다 眞理진리의 하나님 여호와여 나를 贖良속량하셨나이다

6信奉虛假之人ˇ爲我所憎惡ˇ我惟主是賴
6 신 봉 허 가 지 인 ˇ 위 아 소 증 오 ˇ 아 유 주 시 뢰
내가 虛誕허탄한 거짓을 崇尚숭상하는 者자들을 미워하고 여호와를 依支의지하나이다

7我因主之大恩ˇ歡欣快樂ˇ主嘗垂鑒我之患難ˇ知我心之愁苦
7 아 인 주 지 대 은 ˇ 환 흔 쾌 락 ˇ 주 상 수 감 아 지 환 난 ˇ 지 아 심 지 수 고
내가 主주의 仁慈인자하심을 기뻐하며 즐거워할 것은 主주께서 나의 苦難고난을 보시고 患難환난 中중에 있는 내 靈魂영혼을 아셨으며

8使我不囚於敵人之手ˇ俾我足立於寬濶之地
8 사 아 불 수 어 적 인 지 수 ˇ 비 아 족 입 어 관 활 지 지
나를 怨讐원수의 手中수중에 가두지 아니하셨고 내 발을 넓은 곳에 세우셨음이니이다

19. 시편 32편

1凡有愆尤蒙饒恕ˇ有罪孽蒙寬宥者ˇ此人便爲有福
1 범 유 건 우 몽 요 서 ˇ 유 죄 얼 몽 관 유 자 ˇ 차 인 변 위 유 복
허물의 赦사함을 얻고 自身자신의 罪죄가 가려진 者자는 福복이 있도다

2凡不爲主所罪ˇ心無虛假者ˇ此人便爲有福
2 범 불 위 주 소 죄 ˇ 심 무 허 가 자 ˇ 차 인 변 위 유 복
마음에 奸詐간사함이 없고 여호와께 定罪정죄를 當당하지 않은 者자는 福복이 있도다

3我緘默未認己罪ˇ終日哀號ˇ筋骨衰殘
3 아 함 묵 미 인 기 죄 ˇ 종 일 애 호 ˇ 근 골 쇠 잔
내가 입을 열지 아니할 때에 終日종일 呻吟신음하므로 내 뼈가 衰쇠하였도다

4主之手晝夜加重責於我ˇ我之精液枯涸ˇ猶如夏日之旱乾ˇ
4 주 지 수 주 야 가 중 책 어 아 ˇ 아 지 정 액 고 학 ˇ 유 여 하 일 지 한 건 ˇ

細拉
세 랍

主주의 손이 晝夜주야로 나를 누르시오니 내 津液진액이 빠져서 여름 가뭄에 마름같이 되었나이다(1-4)

5我在主前承認我之罪惡ˇ不隱瞞我之愆尤ˇ我云不如在主前
5 아 재 주 전 승 인 아 지 죄 악 ˇ 불 은 만 아 지 건 우 ˇ 아 운 불 여 재 주 전
自認罪愆ˇ主卽赦免我之愆尤罪孽ˇ細拉
자 인 죄 건 ˇ 주 즉 사 면 아 지 건 우 죄 얼 ˇ 세 랍

主주께 내 罪죄를 아뢰고 내 罪惡죄악을 숨기지 아니하였더니 곧 主주께서 내 罪惡죄악을 赦사하셨나이다(셀라)

6因此凡虔誠人ˇ當在可蒙主恩之時ˇ祈求主ˇ洪水氾濫ˇ必
6 인 차 범 건 성 인 ˇ 당 재 가 몽 주 은 지 시 ˇ 기 구 주 ˇ 홍 수 범 람 ˇ 필
不臨及其身
불 임 급 기 신

이로 말미암아 모든 敬虔경건한 者자는 主주를 만날 機會기회를 얻어서 主주께 祈禱기도할지라 眞實진실로 洪水홍수가 氾濫범람할지라도 그에게 미치지 못하리이다

7主護庇我ˇ保佑我脫離急難ˇ使我四面得救ˇ因而歡呼ˇ細拉
7 주 호 비 아 ˇ 보 우 아 탈 리 급 난 ˇ 사 아 사 면 득 구 ˇ 인 이 환 호 ˇ 세 랍

主주는 나의 隱身處은신처이오니 患難환난에서 나를 保護보호하시고 救援구원의 노래로 나를 두루시리이다(셀라)

11爾曹善人ˇ當因主歡欣快樂ˇ凡心中正直之人ˇ皆當歡呼
11 이 조 선 인 ˇ 당 인 주 환 흔 쾌 락 ˇ 범 심 중 정 직 지 인 ˇ 개 당 환 호

너희 義人의인들아 여호와를 기뻐하며 즐거워할지어다 마음이 正直정직한 너희들아 다 즐거이 외칠지어다(11)

20. 시편 33편

1爾曹善人ˇ當因主歡樂ˇ正直人讚美主ˇ理所當然
1 이 조 선 인 ˇ 당 인 주 환 락 ˇ 정 직 인 찬 미 주 ˇ 리 소 당 연

너희 義人의인들아 여호와를 즐거워하라 讚頌찬송은 正直정직한 者자들이 마땅히 할 바로다

2彈琴讚美主ˇ用十弦樂器歌頌主
2 탄 금 찬 미 주 ˇ 용 십 현 악 기 가 송 주

竪琴수금으로 여호와께 感謝감사하고 열 줄 琵琶비파로 讚頌찬송할지어다

3唱新歌歌頌主ˇ精心奏樂ˇ懽然而呼
3 창 신 가 가 송 주 ˇ 정 심 주 악 ˇ 환 연 이 호
새 노래로 그를 노래하며 즐거운 소리로 아름답게 演奏연주할지어다

4因主之言正直ˇ主之一切行爲皆誠實
4 인 주 지 언 정 직 ˇ 주 지 일 체 행 위 개 성 실
여호와의 말씀은 正直정직하며 그가 行행하시는 일은 다 眞實진실하시도다

5主喜悅仁義公正ˇ主之恩惠充滿世界
5 주 희 열 인 의 공 정 ˇ 주 지 은 혜 충 만 세 계
그는 公義공의와 正義정의를 사랑하심이여 世上세상에는 여호와의 仁慈인자하심이 充滿충만하도다

6諸天藉主命受造ˇ天上萬象ˇ亦由主口之氣而成
6 제 천 자 주 명 수 조 ˇ 천 상 만 상 ˇ 역 유 주 구 지 기 이 성
여호와의 말씀으로 하늘이 지음이 되었으며 그 萬象만상을 그의 입 氣運기운으로 이루었도다

7主將海水聚集如壘ˇ以海洋爲衆水之府庫
7 주 장 해 수 취 집 여 루 ˇ 이 해 양 위 중 수 지 부 고
그가 바닷물을 모아 무더기 같이 쌓으시며 깊은 물을 庫間곳간에 두시도다

8全地之人ˇ皆當敬畏主ˇ凡居世間者ˇ皆當畏懼主
8 전 지 지 인 ˇ 개 당 경 외 주 ˇ 범 거 세 간 자 ˇ 개 당 외 구 주
온 땅은 여호와를 두려워하며 세상의 모든 居民거민들은 그를 敬畏경외할지어다

21. 시편 34편

1我常讚美主ˇ頌美主之言常在我口中
1 아 상 찬 미 주 ˇ 송 미 주 지 언 상 재 아 구 중
내가 여호와를 恒常항상 頌祝송축함이여 내 입술로 恒常항상 主주를 讚揚찬양하리이다

2我賴主爲榮ˇ謙遜(謙遜或作困苦)人聞之而喜樂
2 아 뢰 주 위 영 ˇ 겸 손 (겸 손 혹 작 곤 고) 인 문 지 이 희 락
내 靈魂영혼이 여호와로 자랑하리니 困苦곤고한 者자들이 이를 듣고 기뻐하리로다

3爾我皆當稱主爲大ˇ同頌主名爲高
3 이 아 개 당 칭 주 위 대 ˇ 동 송 주 명 위 고
나와 함께 여호와를 廣大광대하시다 하며 함께 그의 이름을 높이세

4我曾祈求主ˇ主應允我ˇ拯救我ˇ脫離一切可懼之事
4 아 증 기 구 주 ˇ 주 응 윤 아 ˇ 증 구 아 ˇ 탈 리 일 체 가 구 지 사
내가 여호와께 懇求간구하매 내게 應答응답하시고 내 모든 두려움에서 나를 건지셨도다(1-4)

6窮苦人呼籲ˇ主卽垂聽ˇ救之於一切患難
6 궁 고 인 호 유 ˇ 주 즉 수 청 ˇ 구 지 어 일 체 환 난
이 困苦곤고한 者자가 부르짖으매 여호와께서 들으시고 그의 모든 患難환난에서 救援구원하셨도다

7敬畏主之人ˇ四圍有主之使者列營拯救
7 경 외 주 지 인 ˇ 사 위 유 주 지 사 자 열 영 증 구
여호와의 天使천사가 主주를 敬畏경외하는 者자를 둘러 陣진치고 그들을 건지시는도다

8爾曹試觀主ˇ卽知主爲至善ˇ倚賴主者ˇ乃爲有福
8 이 조 시 관 주 ˇ 즉 지 주 위 지 선 ˇ 의 뢰 주 자 ˇ 내 위 유 복
너희는 여호와의 善선하심을 맛보아 알지어다 그에게 避피하는 者자는 福복이 있도다

9爾曹歸主之聖潔人ˇ皆當敬畏主ˇ凡敬畏主者ˇ必無缺乏
9 이 조 귀 주 지 성 결 인 ˇ 개 당 경 외 주 ˇ 범 경 외 주 자 ˇ 필 무 결 핍
너희 聖徒성도들아 여호와를 敬畏경외하라 그를 敬畏경외하는 者자에게는 不足부족함이 없도다

10壯獅有時窮乏ˇ飢餓ˇ惟尋求主者ˇ福無所缺
10 장 사 유 시 궁 핍 ˇ 기 아 ˇ 유 심 구 주 자 ˇ 복 무 소 결
(다같이) 젊은 獅子사자는 窮乏궁핍하여 주릴지라도 여호와를 찾는 者자는 모든 좋은 것에 不足부족함이 없으리로다(6-10)

22. 시편 37편

1爲非者得意ˇ爾莫懷不平ˇ作惡者亨通ˇ爾休生嫉妒
1 위 비 자 득 의 ˇ 이 막 회 불 평 ˇ 작 악 자 형 통 ˇ 이 휴 생 질 투

惡악을 行행하는 者자들 때문에 不平불평하지 말며 不義불의를 行행하는 者자들을 猜忌시기하지 말지어다

2因彼必將如草之疾芟ˇ如蔬之速槁
2 인 피 필 장 여 초 지 질 삼 ˇ 여 소 지 속 고

그들은 풀과 같이 速속히 베임을 當당할 것이며 푸른 菜蔬채소 같이 衰殘쇠잔할 것임이로다

3爾當倚主行善ˇ居於世間ˇ存眞養性
3 이 당 의 주 행 선 ˇ 거 어 세 간 ˇ 존 진 양 성

여호와를 依賴의뢰하고 善선을 行행하라 땅에 머무는 동안 그의 誠實성실을 먹을 거리로 삼을지어다

4當因主歡樂ˇ主必將爾心之所願賜爾
4 당 인 주 환 락 ˇ 주 필 장 이 심 지 소 원 사 이

또 여호와를 기뻐하라 그가 네 마음의 所願소원을 네게 이루어 주시리로다

5爾將爾之事仰託主ˇ倚賴主ˇ主必成全
5 이 장 이 지 사 앙 탁 주 ˇ 의 뢰 주 ˇ 주 필 성 전

네 길을 여호와께 맡기라 그를 依支의지하면 그가 이루시고

6主必彰顯爾之是ˇ如光之明ˇ表白爾之義ˇ如日中天
6 주 필 창 현 이 지 시 ˇ 여 광 지 명 ˇ 표 백 이 지 의 ˇ 여 일 중 천

네 義의를 빛 같이 나타내시며 네 公義공의를 正午정오의 빛 같이 하시리로다

7爾當黙然倚賴主ˇ仰望主ˇ莫因惡人亨通ˇ惡謀成就ˇ心懷不平
7 이 당 묵 연 의 뢰 주 ˇ 앙 망 주 ˇ 막 인 악 인 형 통 ˇ 악 모 성 취 ˇ 심 회 불 평

여호와 앞에 潛潛잠잠하고 참고 기다리라 自己자기 길이 亨通형통하며 惡악한 꾀를 이루는 者자 때문에 不平불평하지 말지어다

8勿發忿ˇ勿動怒ˇ勿心懷不平ˇ以致行惡
8 물 발 분 ˇ 물 동 노 ˇ 물 심 회 불 평 ˇ 이 치 행 악

(다같이) 忿분을 그치고 怒노를 버리며 不平불평하지 말라 오히려 惡악을 만들 뿐이라(1-8)

23. 시편 43편

1求上帝在不仁不義之民中ˇ爲我伸冤ˇ拯救我脫離奸詐邪惡之人
1구상제재불인불의지민중ˇ위아신원ˇ증구아탈리간사사악지인

하나님이여 나를 判斷판단하시되 敬虔경건하지 아니한 나라에 對대하여 내 訟事송사를 辯護변호하시며 奸詐간사하고 不義불의한 者자에게서 나를 건지소서

2上帝素嘗護庇我ˇ今因何遺棄我ˇ因何使我受仇敵凌虐ˇ時常悲哀
2상제소상호비아ˇ금인하유기아ˇ인하사아수구적능학ˇ시상비애

主주는 나의 힘이 되신 하나님이시거늘 어찌하여 나를 버리셨나이까 내가 어찌하여 怨讐원수의 抑壓억압으로 말미암아 슬프게 다니나이까

3願主發榮光與眞理ˇ引我導我至主之聖山ˇ至主之居所
3원주발영광여진리ˇ인아도아지주지성산ˇ지주지거소

主주의 빛과 主주의 眞理진리를 보내시어 나를 引導인도하시고 主주의 거룩한 山산과 主주께서 계시는 곳에 이르게 하소서

4我卽至上帝祭臺旁ˇ在使我喜樂之上帝前ˇ彈琴讚揚主我之上帝
4아즉지상제제대방ˇ재사아희락지상제전ˇ탄금찬양주아지상제

그런즉 내가 하나님의 祭壇제단에 나아가 나의 큰 기쁨의 하나님께 이르리이다 하나님이여 나의 하나님이여 내가 竪琴수금으로 主주를 讚揚찬양하리이다

5我心爲何抑鬱ˇ爲何煩惱ˇ當仰望上帝ˇ上帝必覿面施救ˇ我因而頌揚上帝
5아심위하억울ˇ위하번뇌ˇ당앙망상제ˇ상제필적면시구ˇ아인이송양상제

내 靈魂영혼아 네가 어찌하여 落心낙심하며 어찌하여 내 속에서 不

安불안해 하는가 너는 하나님께 所望소망을 두라 그가 나타나 도우심으로 말미암아 내 하나님을 如前여전히 讚頌찬송하리로다

24. 시편 46편

1上帝護庇我儕ˇ賜力於我儕ˇ當患難時ˇ極顯救濟
1 상 제 호 비 아 제 ˇ 사 력 어 아 제 ˇ 당 환 난 시 ˇ 극 현 구 제

하나님은 우리의 避難處피난처시요 힘이시니 患難환난 中중에 만날 큰 도움이시라

2所以地雖震陷ˇ山雖崩倒海中ˇ我儕亦無恐懼ˇ3任憑海波
2 소 이 지 수 진 함 ˇ 산 수 붕 도 해 중 ˇ 아 제 역 무 공 구 ˇ 3 임 빙 해 파
澎湃翻騰
팽 배 번 등

그러므로 땅이 變변하든지 山산이 흔들려 바다 가운데 빠지든지 바닷물이 솟아나고 뛰놀든지

任憑山岳因海濤洶湧而搖撼ˇ細拉
임 빙 산 악 인 해 도 흉 용 이 요 감 ˇ 세 랍

그것이 넘침으로 山산이 흔들릴지라도 우리는 두려워하지 아니하리로다(셀라)

4有一河支派分流ˇ使上帝之城喜樂ˇ此城卽至上主所居之聖地
4 유 일 하 지 파 분 류 ˇ 사 상 제 지 성 희 락 ˇ 차 성 즉 지 상 주 소 거 지 성 지

한 시내가 있어 나뉘어 흘러 하나님의 城성 곧 至尊지존하신 이의 聖所성소를 기쁘게 하도다

5上帝在其中ˇ使之不動搖ˇ至於淸晨主必保護
5 상 제 재 기 중 ˇ 사 지 부 동 요 ˇ 지 어 청 신 주 필 보 호

하나님이 그 城성 中중에 계시매 城성이 흔들리지 아니할 것이라 새벽에 하나님이 도우시리로다(1-5)

9至地之極ˇ止息戰爭ˇ折弓斷槍ˇ以火焚燬車輛
9 지 지 지 극 ˇ 지 식 전 쟁 ˇ 절 궁 단 창 ˇ 이 화 분 훼 차 량

그가 땅 끝까지 戰爭전쟁을 쉬게 하심이여 활을 꺾고 槍창을 끊으며 수레를 불사르시는도다

10爾當休息ˇ當知惟我爲上帝ˇ列邦必敬崇我ˇ全地必敬崇我
10 이 당 휴 식 ˇ 당 지 유 아 위 상 제 ˇ 열 방 필 경 숭 아 ˇ 전 지 필 경 숭 아

이르시기를 너희는 가만히 있어 내가 하나님 됨을 알지어다 내가 뭇 나라 中중에서 높임을 받으리라 내가 世界세계 中중에서 높임을 받으리라 하시도다

11萬有之主保祐我儕ˇ雅各之上帝護庇我儕ˇ細拉
11 만 유 지 주 보 우 아 제 ˇ 아 각 지 상 제 호 비 아 제 ˇ 세 랍
萬軍만군의 여호와께서 우리와 함께 하시니 야곱의 하나님은 우리의 避難處피난처시로다(9-11)

25. 시편 47편

1列國乎ˇ爾當鼓掌ˇ以喜樂之聲ˇ向上帝歡呼頌揚
1 열 국 호 ˇ 이 당 고 장 ˇ 이 희 락 지 성 ˇ 향 상 제 환 호 송 양
너희 萬民만민들아 손바닥을 치고 즐거운 소리로 하나님께 외칠지어다

2因主至上ˇ有威可畏ˇ爲治理普天下至大之王
2 인 주 지 상 ˇ 유 위 가 외 ˇ 위 치 리 보 천 하 지 대 지 왕
至尊지존하신 여호와는 두려우시고 온 땅에 큰 王왕이 되심이로다

3使列邦歸降我儕ˇ使萬民服於我足下
3 사 열 방 귀 항 아 제 ˇ 사 만 민 복 어 아 족 하
여호와께서 萬民만민을 우리에게, 나라들을 우리 발 아래에 服從복종하게 하시며

4爲我儕選立基業ˇ卽雅各之榮耀ˇ主所喜悅者ˇ細拉
4 위 아 제 선 립 기 업 ˇ 즉 아 각 지 영 요 ˇ 주 소 희 열 자 ˇ 세 랍
우리를 爲위하여 基業기업을 擇택하시나니 곧 사랑하신 야곱의 榮華영화로다

5上帝上升ˇ有歡呼之聲ˇ主上升ˇ角聲大作
5 상 제 상 승 ˇ 유 환 호 지 성 ˇ 주 상 승 ˇ 각 성 대 작
하나님께서 즐거운 喊聲함성 中중에 올라가심이여 여호와께서 喇叭나팔 소리 中중에 올라가시도다

6爾曹須歌頌ˇ須歌頌上帝ˇ須謳歌ˇ須謳歌我儕之王
6 이 조 수 가 송 ˇ 수 가 송 상 제 ˇ 수 구 가 ˇ 수 구 가 아 제 지 왕
讚頌찬송하라 하나님을 讚頌찬송하라 讚頌찬송하라 우리 王왕을 讚頌찬송하라

7上帝乃全地之主ˇ當謳歌頌美
7 상 제 내 전 지 지 주 ˇ 당 구 가 송 미

하나님은 온 땅의 王왕이심이라 智慧지혜의 詩시로 讚頌찬송할지어다

8上帝主宰列國ˇ上帝坐於聖座
8 상 제 주 재 열 국 ˇ 상 제 좌 어 성 좌

하나님이 뭇 百姓백성을 다스리시며 하나님이 그의 거룩한 寶座보좌에 앉으셨도다

9列邦君侯聚集ˇ皆成爲亞伯拉罕上帝之子民ˇ因護庇全地者
9 열 방 군 후 취 집 ˇ 개 성 위 아 백 랍 한 상 제 지 자 민 ˇ 인 호 비 전 지 자
乃上帝ˇ惟上帝尊爲至上
내 상 제 ˇ 유 상 제 존 위 지 상

뭇 나라의 高官고관들이 모임이여 아브라함의 하나님의 百姓백성이 되도다 世上세상의 모든 防牌방패는 하나님의 것임이여 그는 높임을 받으시리로다

26. 시편 50편

7我民須聽ˇ我將有言ˇ以色列乎ˇ我警戒爾ˇ我乃上帝ˇ即爾
7 아 민 수 청 ˇ 아 장 유 언 ˇ 이 색 열 호 ˇ 아 경 계 이 ˇ 아 내 상 제 ˇ 즉 이
之上帝
지 상 제

내 百姓백성아 들을지어다 내가 말하리라 이스라엘아 내가 네게 證言증언하리라 나는 하나님 곧 네 하나님이로다

8我不因爾未曾獻祭譴責爾ˇ爾所獻之火焚祭ˇ常在我前
8 아 불 인 이 미 증 헌 제 견 책 이 ˇ 이 소 헌 지 화 분 제 ˇ 상 재 아 전

나는 네 祭物제물 때문에 너를 責望책망하지는 아니하리니 네 燔祭번제가 恒常항상 내 앞에 있음이로다

9我不從爾家取牡牛ˇ亦不從爾牢取牡羊
9 아 부 종 이 가 취 모 우 ˇ 역 부 종 이 뢰 취 모 양

내가 네 집에서 수소나 네 우리에서 숫염소를 가져가지 아니하리니

10因林中之百獸屬我ˇ千山之牲畜亦屬我
10 인 림 중 지 백 수 속 아 ˇ 천 산 지 생 축 역 속 아

이는 森林삼림의 짐승들과 뭇 山산의 家畜가축이 다 내 것이며

11山上之飛禽皆我所知ˇ曠野之走獸ˇ亦皆屬我
11 산 상 지 비 금 개 아 소 지 ˇ 광 야 지 주 수 ˇ 역 개 속 아
山산의 모든 새들도 내가 아는 것이며 들의 짐승도 내 것임이로다

12我如饑餓ˇ無庸告爾ˇ因世間與盈於世間者ˇ皆屬於我
12 아 여 기 아 ˇ 무 용 고 이 ˇ 인 세 간 여 영 어 세 간 자 ˇ 개 속 어 아
내가 假令가령 주려도 네게 이르지 아니할 것은 世界세계와 거기에 充滿충만한 것이 내 것임이로다

13我豈食牡牛之肉乎ˇ我豈飮牡羊之血乎
13 아 기 식 모 우 지 육 호 ˇ 아 기 음 모 양 지 혈 호
내가 수소의 고기를 먹으며 염소의 피를 마시겠느냐

14當以感謝上帝爲祭ˇ在至上主前ˇ酬爾所許之願
14 당 이 감 사 상 제 위 제 ˇ 재 지 상 주 전 ˇ 수 이 소 허 지 원
感謝감사로 하나님께 祭祀제사를 드리며 至尊지존하신 이에게 네 誓願서원을 갚으며

15爾在患難時禱告我ˇ我必救爾ˇ爾當尊奉我
15 이 재 환 난 시 도 고 아 ˇ 아 필 구 이 ˇ 이 당 존 봉 아
다같이 患難환난 날에 나를 부르라 내가 너를 건지리니 네가 나를 榮華영화롭게 하리로다(7-15)

27. 시편 51편

1求上帝按主之恩惠矜恤我ˇ以主大憐憫ˇ塗抹我之愆尤
1 구 상 제 안 주 지 은 혜 긍 휼 아 ˇ 이 주 대 연 민 ˇ 도 말 아 지 건 우
하나님이여 主주의 仁慈인자를 따라 내게 恩惠은혜를 베푸시며 主주의 많은 矜恤긍휼을 따라 내 罪惡죄악을 지워주소서

2將我之過惡洗滌潔淨ˇ消除我之罪孽
2 장 아 지 과 악 세 척 결 정 ˇ 소 제 아 지 죄 얼
나의 罪惡죄악을 말갛게 씻으시며 나의 罪죄를 깨끗이 除제하소서

3我自知我之愆尤ˇ我之罪孽ˇ常在我目前
3 아 자 지 아 지 건 우 ˇ 아 지 죄 얼 ˇ 상 재 아 목 전
무릇 나는 내 罪過죄과를 아오니 내 罪죄가 恒常항상 내 앞에 있나이다

4我惟得罪於主ˇ在主之前行惡ˇ主譴責我乃合理ˇ審鞫我乃
4 아 유 득 죄 어 주 ˇ 재 주 지 전 행 악 ˇ 주 견 책 아 내 합 리 ˇ 심 국 아 내
公義
공 의

내가 主주께만 犯罪범죄하여 主주의 目前목전에 惡악을 行행하였사오니 主주께서 말씀하실 때에 義의로우시다 하고 主주께서 審判심판하실 때에 純全순전하시다 하리이다

5我方生於世ˇ卽有過惡ˇ孕於母胎ˇ己有罪孼
5 아 방 생 어 세 ˇ 즉 유 과 악 ˇ 잉 어 모 태 ˇ 기 유 죄 얼

내가 罪惡죄악 中중에 出生출생하였음이여 어머니가 罪죄 中중에서 나를 孕胎잉태하였나이다(1-5)

7求主以牛膝草潔淨我ˇ我卽盡淨ˇ洗滌我ˇ我乃比雪尤白
7 구 주 이 우 슬 초 결 정 아 ˇ 아 즉 진 정 ˇ 세 척 아 ˇ 아 내 비 설 우 백

牛膝草우슬초로 나를 淨潔정결하게 하소서 내가 淨정하리이다 나의 罪죄를 씻기소서 내가 눈보다 희리이다(7)

10求上帝爲我造潔淨之心ˇ爲我新作正直之志ˇ(志或作神下同)
10 구 상 제 위 아 조 결 정 지 심 ˇ 위 아 신 작 정 직 지 지 ˇ (지 혹 작 신 하 동)

하나님이여 내 속에 淨정한 마음을 創造창조하시고 내 안에 正直정직한 靈영을 새롭게 하소서

28. 시편 63편

1上帝我之上帝ˇ我在乾旱疲乏無水之地尋求主ˇ我心身渴想
1 상 제 아 지 상 제 ˇ 아 재 건 한 피 핍 무 수 지 지 심 구 주 ˇ 아 심 신 갈 상
主ˇ切慕主
주 ˇ 절 모 주

하나님이여 主주는 나의 하나님이시라 내가 懇切간절히 主주를 찾되 물이 없어 마르고 荒廢황폐한 땅에서 내 靈魂영혼이 主주를 渴望갈망하며 내 肉體육체가 主주를 仰慕앙모하나이다

2我願瞻仰主之威權榮耀ˇ如昔日在聖所朝見主
2 아 원 첨 앙 주 지 위 권 영 요 ˇ 여 석 일 재 성 소 조 견 주

내가 主주의 權能권능과 榮光영광을 보기 위하여 이와 같이 聖所성소에서 主주를 바라보았나이다

3主之恩寵ˇ比生命尤美ˇ我必以口脣讚美主
3 주 지 은 총 ˇ 비 생 명 우 미 ˇ 아 필 이 구 순 찬 미 주

主주의 仁慈인자하심이 生命생명보다 나으므로 내 입술이 主주를 讚揚찬양할 것이라

4我在世之時ˇ常稱頌主ˇ敬奉主名ˇ擧手祈禱
4 아 재 세 지 시 ˇ 상 칭 송 주 ˇ 경 봉 주 명 ˇ 거 수 기 도

이러므로 나의 平生평생에 主주를 頌祝송축하며 主주의 이름으로 말미암아 나의 손을 들리이다

5我心快足ˇ猶如飽飫肥甘ˇ我之口脣ˇ歡然頌美ˇ6我在床時
5 아 심 쾌 족 ˇ 유 여 포 어 비 감 ˇ 아 지 구 순 ˇ 환 연 송 미 ˇ 6 아 재 상 시
記念主
기 념 주

骨髓골수와 기름진 것을 먹음과 같이 나의 靈魂영혼이 滿足만족할 것이라 나의 입이 기쁜 입술로 主주를 讚頌찬송하되 내가 나의 寢床침상에서 主주를 記憶기억하며

在深更時思慕主ˇ7因主拯救我
재 심 경 시 사 모 주 ˇ 7 인 주 증 구 아

새벽에 主주의 말씀을 작은 소리로 읊조릴 때에 하오리니 主주는 나의 도움이 되셨음이라

我在主翼之蔭下ˇ歡呼頌揚
아 재 주 익 지 음 하 ˇ 환 호 송 양

(다같이) 내가 主주의 날개 그늘에서 즐거이 부르리이다

29. 시편 65편

1居郇山之上帝歟ˇ人黙然仰賴主ˇ讚美主ˇ固所當然ˇ所許
1 거 순 산 지 상 제 여 ˇ 인 묵 연 앙 뢰 주 ˇ 찬 미 주 ˇ 고 소 당 연 ˇ 소 허
之願ˇ亦當敬酬於主前
지 원 ˇ 역 당 경 수 어 주 전

하나님이여 讚頌찬송이 시온에서 主주를 기다리오며 사람이 誓願서원을 主주께 履行이행하리이다

2垂聽禱告之主ˇ凡有血氣者ˇ皆來歸向主
2 수 청 도 고 지 주 ˇ 범 유 혈 기 자 ˇ 개 래 귀 향 주

祈禱기도를 들으시는 主주여 모든 肉體육체가 主주께 나아오리이다

3我之過惡ˇ多至難堪ˇ我之愆尤ˇ主必赦免
3 아 지 과 악 ˇ 다 지 난 감 ˇ 아 지 건 우 ˇ 주 필 사 면

罪惡죄악이 나를 이기었사오니 우리의 罪過죄과를 主주께서 赦사하시리이다

4主所選擇ˇ容至主前ˇ居於主之庭院者ˇ此人有福矣
4 주 소 선 택 ˇ 용 지 주 전 ˇ 거 어 주 지 정 원 자 ˇ 차 인 유 복 의

主주께서 擇택하시고 가까이 오게 하사 主주의 뜰에 居거하게 하신 사람은 福복이 있나이다

9主眷念下土ˇ降雨滋潤ˇ使出産豐盛ˇ上帝之河水甚滿足ˇ
9 주 권 념 하 토 ˇ 강 우 자 윤 ˇ 사 출 산 풍 성 ˇ 상 제 지 하 수 심 만 족 ˇ
俾地繁生百穀以備人用
비 지 번 생 백 곡 이 비 인 용

땅을 眷顧권고하사 물을 대어 甚심히 潤澤윤택케 하시며 하나님의 江강에 물이 가득하게 하시고 이같이 땅을 豫備예비하신 後후에 저희에게 穀食곡식을 주시나이다

13牧地蓋以羊羣ˇ平原鋪徧禾稼ˇ人皆歡欣ˇ踊躍歌唱
13 목 지 개 이 양 군 ˇ 평 원 포 편 화 가 ˇ 인 개 환 흔 ˇ 용 약 가 창

草場초장에는 羊양떼가 입혔고 골짜기에는 穀食곡식이 덮였으매 저희가 다 즐거이 외치고 또 노래하나이다

30. 시편 67편

1願上帝憐憫我儕ˇ賜福於我儕ˇ以面上之光輝照臨我儕ˇ細拉
1 원 상 제 연 민 아 제 ˇ 사 복 어 아 제 ˇ 이 면 상 지 광 휘 조 임 아 제 ˇ 세 랍

하나님은 우리에게 恩惠은혜를 베푸사 福복을 주시고 그의 얼굴 빛을 우리에게 비추사

2願主之道得明在世ˇ主之救恩得知在萬族中
2 원 주 지 도 득 명 재 세 ˇ 주 지 구 은 득 지 재 만 족 중

주의 道도를 땅 위에 主주의 救援구원을 모든 나라에게 알리소서

3上帝歟ˇ列邦皆當讚美主ˇ萬邦皆當頌揚主
3 상 제 여 ˇ 열 방 개 당 찬 미 주 ˇ 만 방 개 당 송 양 주

하나님이여 民族민족들이 主주를 讚頌찬송하게 하시며 모든 民族민족들이 主주를 讚頌찬송하게 하소서

4萬邦皆當歡欣歌頌ˇ因主必按公義審判列邦ˇ引導世間萬民
4 만 방 개 당 환 흔 가 송 ˇ 인 주 필 안 공 의 심 판 열 방 ˇ 인 도 세 간 만 민

ˇ細拉
ˇ 세 랍
온 百姓백성은 기쁘고 즐겁게 노래할지니 主주는 民族민족들을 公平공평히 審判심판하시며 땅 위의 나라들을 다스리실 것임이니이다(셀라)

5列邦皆當讚美主ˇ萬邦皆當頌揚主
5 열 방 개 당 찬 미 주 ˇ 만 방 개 당 송 양 주
하나님이여 民族민족들이 主주를 讚頌찬송하게 하시며 모든 民族민족으로 主주를 讚頌찬송하게 하소서

6地土出産豐盛ˇ上帝我上帝ˇ賜福於我儕
6 지 토 출 산 풍 성 ˇ 상 제 아 상 제 ˇ 사 복 어 아 제
땅이 그의 所産소산을 내어 주었으니 하나님 곧 우리 하나님이 우리에게 福복을 주시리로다

7上帝賜福於我儕ˇ地之四極ˇ皆敬畏主
7 상 제 사 복 어 아 제 ˇ 지 지 사 극 ˇ 개 경 외 주
하나님이 우리에게 福복을 주시리니 땅의 모든 끝이 하나님을 敬畏경외하리로다

31. 시편 68편

1願上帝興起ˇ使仇人潰散ˇ使敵人從主前遁逃
1 원 상 제 흥 기 ˇ 사 구 인 궤 산 ˇ 사 적 인 종 주 전 둔 도
하나님이 일어나시니 怨讐원수들은 흩어지며 主주를 미워하는 者자들은 主주 앞에서 逃亡도망하리이다

2主必驅之ˇ如煙被驅於風ˇ惡人在上帝前滅亡ˇ似蠟被消於火
2 주 필 구 지 ˇ 여 연 피 구 어 풍 ˇ 악 인 재 상 제 전 멸 망 ˇ 사 랍 피 소 어 화
煙氣연기가 불려 가듯이 그들을 몰아내소서 불 앞에서 밀이 녹음같이 惡人악인이 하나님 앞에서 亡망하게 하소서

3惟有善人ˇ必得喜樂ˇ在上帝前踊躍暢快歡欣
3 유 유 선 인 ˇ 필 득 희 락 ˇ 재 상 제 전 용 약 창 쾌 환 흔
義人의인은 기뻐하여 하나님 앞에서 뛰놀며 기뻐하고 즐거워할지어다

4爾曹當向上帝歌詩ˇ歌頌上帝之名
4 이 조 당 향 상 제 가 시 ˇ 가 송 상 제 지 명
하나님께 노래하며 그의 이름을 讚揚찬양하라

上帝乘輦行野ˇ當爲上帝修路
상 제 승 련 행 야 ˇ 당 위 상 제 수 로
하늘을 타고 曠野광야에 行행하시던 이를 爲위하여 大路대로를 修築수축하라

上帝之名稱爲自有ˇ當在上帝前踊躍
상 제 지 명 칭 위 자 유 ˇ 당 재 상 제 전 용 약
그의 이름은 여호와이시니 그의 앞에서 뛰놀지어다

5上帝在聖所ˇ作孤兒之父ˇ爲寡婦伸冤
5 상 제 재 성 소 ˇ 작 고 아 지 부 ˇ 위 과 부 신 원
그의 거룩한 處所처소에 계신 하나님은 孤兒고아의 아버지시며 寡婦과부의 裁判長재판장이시라

6上帝使孤獨者有室家
6 상 제 사 고 독 자 유 실 가
하나님이 孤獨고독한 者자들은 家族가족과 함께 살게 하시며

使囚禁者離禍就福
사 수 금 자 리 화 취 복
갇힌 者자들은 이끌어 내사 亨通형통하게 하시느니라

惟使悖逆之人ˇ居於乾旱之地
유 사 패 역 지 인 ˇ 거 어 건 한 지 지
오직 拒逆거역하는 者자들의 居處거처는 메마른 땅이로다

7上帝歟ˇ昔日引導子民ˇ經行曠野ˇ細拉
7 상 제 여 ˇ 석 일 인 도 자 민 ˇ 경 행 광 야 ˇ 세 랍
(다같이) 하나님이여 主주께서 가난한 者자를 爲위하여 主주의 恩澤은택을 準備준비하셨나이다

32. 시편 71편

1我惟主是賴ˇ求主使我永不羞愧
1 아 유 주 시 뢰 ˇ 구 주 사 아 영 불 수 괴
여호와여 내가 主주께 避피하오니 내가 永遠영원히 羞恥수치를 當당하게 하지 마소서

2求主以主之公義拯濟我ˇ解救我ˇ側耳聽我ˇ將我救援
2 구 주 이 주 지 공 의 증 제 아 ˇ 해 구 아 ˇ 측 이 청 아 ˇ 장 아 구 원
主주의 義의로 나를 건지시며 나를 풀어 주시며 主주의 귀를 내게 기울이사 나를 救援구원하소서

3求主作我避難之磐ˇ得常藉以藏身ˇ主降旨救我
3 구 주 작 아 피 난 지 반 ˇ 득 상 자 이 장 신 ˇ 주 강 지 구 아
主주는 내가 恒常항상 避피하여 숨을 바위가 되소서 主주께서 나를 救援구원하라 命令명령하셨으니

因主爲我之高山ˇ爲我之保障
인 주 위 아 지 고 산 ˇ 위 아 지 보 장
이는 主주께서 나의 磐石반석이시요 나의 要塞요새이심이니이다

4求我上帝救我脫離惡人之手ˇ從行不義與强橫人之掌中拯救我
4 구 아 상 제 구 아 탈 리 악 인 지 수 ˇ 종 행 불 의 여 강 횡 인 지 장 중 증 구 아
나의 하나님이여 나를 惡人악인의 손 곧 不義불의한 者자와 凶惡흉악한 者자의 掌中장중에서 避피하게 하소서

5我所仰望者惟有主ˇ主上帝歟ˇ我自幼時ˇ卽倚恃主
5 아 소 앙 망 자 유 유 주 ˇ 주 상 제 여 ˇ 아 자 유 시 ˇ 즉 의 시 주
主주 여호와여 主주는 나의 所望소망이시요 내가 어릴 때부터 信賴신뢰한 이시라

6我一出母胎ˇ卽託賴主ˇ自離母腹ˇ卽蒙主引導
6 아 일 출 모 태 ˇ 즉 탁 뢰 주 ˇ 자 리 모 복 ˇ 즉 몽 주 인 도
내가 母胎모태에서부터 主주를 依支의지하였으며 나의 어머니의 배에서부터 主주께서 나를 擇택하셨사오니

我時常頌揚主
아 시 상 송 양 주
나는 恒常항상 主주를 讚頌찬송하리이다

33. 시편 72편

1求上帝以主之判斷賜教於王ˇ以主之公義ˇ賜示於王之子
1 구 상 제 이 주 지 판 단 사 교 어 왕 ˇ 以 主 之 公 義 ˇ 사 시 어 왕 지 자
하나님이여 主주의 判斷力판단력을 王왕에게 주시고 主주의 公義공의를 王왕의 아들에게 주소서

2彼必(或作願彼)按公義判斷主之民ˇ以平正判斷主民之窮困人
2 피 필 (혹 작 원 피) 안 공 의 판 단 주 지 민 ˇ 이 평 정 판 단 주 민 지 궁 곤 인
그가 主주의 百姓백성을 公義공의로 裁判재판하며 主주의 가난한 者자를 正義정의로 裁判재판하리니

3因施行公義ˇ山岡必使民安享平康ˇ邱陵亦必如此
3 인 시 행 공 의 ˇ 산 강 필 사 민 안 향 평 강 ˇ 구 릉 역 필 여 차
義의로 말미암아 山산들이 百姓백성에게 平康평강을 주며 작은 山산들도 그리하리로다

4必爲民中困苦人伸冤ˇ拯救貧窮之人ˇ懲罰暴虐之輩
4 필 위 민 중 곤 고 인 신 원 ˇ 증 구 빈 궁 지 인 ˇ 징 벌 폭 학 지 배
그가 가난한 百姓백성의 抑鬱억울함을 풀어 주며 窮乏궁핍한 者자의 子孫자손을 救援구원하며 壓迫압박하는 者자를 꺾으리로다

5人必敬畏主ˇ日久月長ˇ直至萬代
5 인 필 경 외 주 ˇ 일 구 월 장 ˇ 직 지 만 대
그들이 해가 있을 동안에도 主주를 두려워하며 달이 있을 동안에도 代代대대로 그리하리로다

6彼降恩澤ˇ如雨降於刈草之地ˇ如甘霖之滋潤田土
6 피 강 은 택 ˇ 여 우 강 어 예 초 지 지 ˇ 여 감 림 지 자 윤 전 토
그는 벤 풀 위에 내리는 비 같이, 땅을 적시는 소낙비 같이 내리리니

7彼在位時ˇ善人必興盛ˇ人享太平ˇ如月之恒
7 피 재 위 시 ˇ 선 인 필 흥 성 ˇ 인 향 태 평 ˇ 여 월 지 항
그의 날에 義人의인이 興旺흥왕하여 平康평강의 豊盛풍성함이 달이 다할 때까지 이르리로다

8從此海至彼海ˇ自大河直至地極ˇ悉歸其統轄
8 종 차 해 지 피 해 ˇ 자 대 하 직 지 지 극 ˇ 실 귀 기 통 할
그가 바다에서부터 바다까지와 江강에서부터 땅 끝까지 다스리리니

9居於曠野者必跪於其前ˇ其仇敵必伏於塵埃
9 거 어 광 야 자 필 궤 어 기 전 ˇ 기 구 적 필 복 어 진 애
(다같이) 모든 王왕이 그의 앞에 仆伏부복하며 모든 民族민족이 다 그를 섬기리로다

34. 시편 81편

1爾曹當向賜力於我之上帝大聲頌揚ˇ向雅各之主歡呼
1 이 조 당 향 사 력 어 아 지 상 제 대 성 송 양 ˇ 향 아 각 지 주 환 호
우리의 能力능력이 되시는 하나님을 向향하여 기쁘게 노래하며 야곱의 하나님을 向향하여 즐거이 소리칠지어다

2謳歌擊鼓ˇ彈名琴ˇ敲美瑟
2 구 가 격 고 ˇ 탄 명 금 ˇ 고 미 슬
詩시를 읊으며 小鼓소고를 치고 아름다운 竪琴수금에 琵琶비파를 아우를지어다

3當吹角ˇ在月朔ˇ在月望ˇ在我守節筵之日
3 당 취 각 ˇ 재 월 삭 ˇ 재 월 망 ˇ 재 아 수 절 연 지 일
초하루와 보름과 우리의 名節명절에 喇叭나팔을 불지어다

4此乃以色列中之常例ˇ爲雅各之上帝所定之禮儀
4 차 내 이 색 열 중 지 상 례 ˇ 위 아 각 지 상 제 소 정 지 예 의
이는 이스라엘의 律例율례요 야곱의 하나님의 規例규례로다

5主往攻伊及之時ˇ曾爲約瑟族立此法度
5 주 왕 공 이 급 지 시 ˇ 증 위 약 슬 족 입 차 법 도
하나님이 애굽 땅을 치러 나아가시던 때에 요셉의 族屬족속 中중에 이를 證據증거로 세우셨도다

惟時我聞我所不知之言
유 시 아 문 아 소 부 지 지 언
거기서 내가 알지 못하던 말씀을 들었나니

6主云ˇ彼時我使爾肩不再負擔
6 주 운 ˇ 피 시 아 사 이 견 부 재 부 담
이르시되 내가 그의 어깨에서 짐을 벗기고

使爾手不再擕筐
사 이 수 부 재 휴 광
그의 손에서 광주리를 놓게 하였도다

7爾急難時呼籲我ˇ我拯救爾
7 이 급 난 시 호 유 아 ˇ 아 증 구 이
네가 苦難고난 中중에 부르짖으매 내가 너를 건졌고

從雲密雷鳴之處應允爾ˇ在米利巴水試驗爾ˇ細拉
종 운 밀 뇌 명 지 처 응 윤 이 ˇ 재 미 리 파 수 시 험 이 ˇ 세 랍

우렛소리의 隱密은밀한 곳에서 네게 應答응답하며 므리바 물 가에서 너를 試驗시험하였도다

8我民乎ˇ我警戒爾ˇ爾須敬聽ˇ以色列乎ˇ惟願爾聽從我
8 아 민 호 ˇ 아 경 계 이 ˇ 이 수 경 청 ˇ 이 색 열 호 ˇ 유 원 이 청 종 아

내 百姓백성이여 들으라 내가 네게 證言증언하리라 이스라엘이여 내게 듣기를 願원하노라

9不可崇奉別神ˇ異邦之神ˇ不可叩拜
9 불 가 숭 봉 별 신 ˇ 이 방 지 신 ˇ 불 가 고 배

너희 中중에 다른 神신을 두지 말며 異邦이방 神신에게 절하지 말지어다

10我乃主爾之上帝ˇ曾引爾出自伊及ˇ爾張爾口ˇ我卽使之充滿
10 아 내 주 이 지 상 제 ˇ 증 인 이 출 자 이 급 ˇ 이 장 이 구 ˇ 아 즉 사 지 충 만

나는 너를 애굽 땅에서 引導인도하여 낸 여호와 네 하나님이니 네 입을 크게 열라 내가 채우리라 하였으나

11第我民不聽從我言ˇ以色列人不肯歸順我
11 제 아 민 불 청 종 아 언 ˇ 이 색 열 인 불 긍 귀 순 아

내 百姓백성이 내 소리를 듣지 아니하며 이스라엘이 나를 願원하지 아니하였도다

35. 시편 84편

1萬有之主歟ˇ主之居所ˇ何其可愛
1 만 유 지 주 여 ˇ 주 지 거 소 ˇ 하 기 가 애

萬軍만군의 여호와여 主주의 帳幕장막이 어찌 그리 사랑스러운지요

2我靈深羨切慕主之院宇
2 아 령 심 이 절 모 주 지 원 우

내 靈魂영혼이 여호와의 宮庭궁정을 思慕사모하여 衰弱쇠약함이여

我身心切願向永生上帝歡呼
아 신 심 절 원 향 영 생 상 제 환 호

내 마음과 肉體육체가 살아 계시는 하나님께 부르짖나이다

3萬有之主我王我上帝歟
3 만 유 지 주 아 왕 아 상 제 여

나의 王왕, 나의 하나님, 萬軍만군의 여호와여

我願居主之祭臺旁ˇ雀鳥有巢ˇ可以棲止ˇ燕子有窩ˇ可以育雛
아 원 거 주 지 제 대 방 ˇ 작 조 유 소 ˇ 가 이 서 지 ˇ 연 자 유 와 ˇ 가 이 육 추

主주의 祭壇제단에서 참새도 제 집을 얻고 제비도 새끼 둘 보금자리를 얻었나이다

4得居主之宮中ˇ時常頌揚主者ˇ此人卽爲有福ˇ細拉
4 득 거 주 지 궁 중 ˇ 시 상 송 양 주 자 ˇ 차 인 즉 위 유 복 ˇ 세 랍

主주의 집에 사는 者자들은 福복이 있나니 그들이 恒常항상 主주를 讚頌찬송하리이다

5恃主得力ˇ心願趨道赴主殿者ˇ此人卽爲有福
5 시 주 득 력 ˇ 심 원 추 도 부 주 전 자 ˇ 차 인 즉 위 유 복

主주께 힘을 얻고 그 마음에 시온의 大路대로가 있는 者자는 福복이 있나이다

6彼雖經過巴迦谷ˇ(巴迦谷或作流淚谷)
6 피 수 경 과 파 가 곡 ˇ (파 가 곡 혹 작 유 루 곡)

그들이 눈물 골짜기로 지나갈 때에

亦以爲有泉源ˇ且有甘雨ˇ普降福澤
역 이 위 유 천 원 ˇ 차 유 감 우 ˇ 보 강 복 택

그 곳에 많은 샘이 있을 것이며 이른 비가 福복을 채워 주나이다

10在主院宇得居一日ˇ勝居他處千日
10 재 주 원 우 득 거 일 일 ˇ 승 거 타 처 천 일

主주의 宮庭궁정에서의 한 날이 다른 곳에서의 千천 날보다 나은즉

寧立於我上帝殿之門閾ˇ不願居惡人之帷幕
령 입 어 아 상 제 전 지 문 역 ˇ 불 원 거 악 인 지 유 막

惡人악인의 帳幕장막에 사는 것보다 내 하나님의 聖殿성전 門문지기로 있는 것이 좋사오니

12萬有之主歟ˇ仰賴者ˇ卽爲有福
12 만 유 지 주 여 ˇ 앙 뢰 자 ˇ 즉 위 유 복

萬軍만군의 여호와여 主주께 依支의지하는 者자는 福복이 있나이다

36. 시편 90편

1主歷世歷代護庇我儕ˇ(護庇我儕原文作爲我儕之居所)
1 주 력 세 력 대 호 비 아 제 ˇ (호 비 아 제 원 문 작 위 아 제 지 거 소)
主주여 主주는 代代대대에 우리의 居處거처가 되셨나이다

2山岡未曾生出ˇ地與世界主未曾造成ˇ從萬世之始至萬世之終ˇ惟主乃上帝
2 산 강 미 증 생 출 ˇ 지 여 세 계 주 미 증 조 성 ˇ 종 만 세 지 시 지 만 세 지 종 ˇ 유 주 내 상 제
山산이 생기기 前전, 땅과 世界세계도 主주께서 造成조성하시기 前전 곧 永遠영원부터 永遠영원까지 主주는 하나님이시니이다

3主使人歸入塵土ˇ卽命之曰ˇ世人乎ˇ爾曹當歸
3 주 사 인 귀 입 진 토 ˇ 즉 명 지 왈 ˇ 세 인 호 ˇ 이 조 당 귀
主주께서 사람을 티끌로 돌아가게 하시고 말씀하시기를 너희 人生인생들은 돌아가라 하셨사오니

4在主目中ˇ千年如已過之昨日ˇ又如夜間之一更
4 재 주 목 중 ˇ 천 년 여 이 과 지 작 일 ˇ 우 여 야 간 지 일 경
主주의 目前목전에는 千年천년이 지나간 어제 같으며 밤의 한 瞬間순간 같을 뿐임이니이다

5主使人逝世如水之流ˇ亦使之如睡ˇ青年如草ˇ速然凋殘
5 주 사 인 서 세 여 수 지 류 ˇ 역 사 지 여 수 ˇ 청 년 여 초 ˇ 속 연 조 잔
主주께서 저희를 洪水홍수처럼 쓸어 가시나이다 저희는 暫間잠간 자는것 같으며 아침에 돋는 풀 같으니이다

6清晨生發ˇ隨卽衰殘ˇ至暮刈割ˇ便皆枯槁
6 청 신 생 발 ˇ 수 즉 쇠 잔 ˇ 지 모 예 할 ˇ 변 개 고 고
풀은 아침에 꽃이 피어 자라다가 저녁에는 벤바 되어 마르나이다

7我儕因主震怒ˇ幾至消亡ˇ因主施威ˇ皆甚驚惶
7 아 제 인 주 진 노 ˇ 기 지 소 망 ˇ 인 주 시 위 ˇ 개 심 경 황
우리는 主주의 怒노에 消滅소멸되며 主주의 忿분내심에 놀라나이다

8主將我儕罪愆ˇ列於主前ˇ將我隱惡ˇ陳於主面光之中
8 주 장 아 제 죄 건 ˇ 열 어 주 전 ˇ 장 아 은 악 ˇ 진 어 주 면 광 지 중
主주께서 우리의 罪惡죄악을 主주의 앞에 놓으시며 우리의 隱密은밀한 罪죄를 主주의 얼굴 빛 가운데 두셨사오니

9因主震怒ˇ致我儕日月速然而逝ˇ我儕度年ˇ疾如轉念
9 인 주 진 노 ˇ 치 아 제 일 월 속 연 이 서 ˇ 아 제 도 년 ˇ 질 여 전 념

우리의 모든 날이 主주의 憤怒분노 中중에 지나가며 우리의 平生평생이 一息일식間간에 다하였나이다

10我儕年壽ˇ不過七十ˇ若强健者可至八十ˇ其中勞苦煩惱
10 아 제 년 수 ˇ 불 과 칠 십 ˇ 약 강 건 자 가 지 팔 십 ˇ 기 중 노 고 번 뇌
甚多ˇ日月甚速ˇ我儕迅逝如飛
심 다 ˇ 일 월 심 속 ˇ 아 제 신 서 여 비

우리의 年數연수가 七十칠십이요 康健강건하면 八十팔십이라도 그 年數연수의 자랑은 수고와 슬픔 뿐이요 迅速신속히 가니 우리가 날아가나이다

11何人能識主怒之威嚴ˇ誰能依敬畏主之道ˇ明曉主之盛怒
11 하 인 능 식 주 노 지 위 엄 ˇ 수 능 의 경 외 주 지 도 ˇ 명 효 주 지 성 노

누가 主주의 怒노의 能力능력을 알며 누가 主주를 두려워하여야 할 대로 主주의 震怒진노를 알리이까

12求主指示我以計數自己年日ˇ以便生智慧之心
12 구 주 지 시 아 이 계 수 자 기 년 일 ˇ 이 변 생 지 혜 지 심

우리에게 우리 날 計數계수함을 가르치사 智慧지혜의 마음을 얻게 하소서

37. 시편 91편

1居於至上主之隱秘處者
1 거 어 지 상 주 지 은 비 처 자

至尊者지존자의 隱密은밀한 곳에 居住거주하며

卽安居於全能主之蔭下ˇ(或作居於至上主之隱秘處卽安居
즉 안 거 어 전 능 주 지 음 하 ˇ (혹 작 거 어 지 상 주 지 은 비 처 즉 안 거
於全能主之蔭下者此人便爲有福)
어 전 능 주 지 음 하 자 차 인 변 위 유 복)

全能者전능자의 그늘 아래에 사는 者자여

2我論主云ˇ主爲我之避所ˇ我之保障ˇ我之上帝ˇ爲我所倚
2 아 론 주 운 ˇ 주 위 아 지 피 소 ˇ 아 지 보 장 ˇ 아 지 상 제 ˇ 위 아 소 의
賴者
뢰 자

나는 여호와를 向향하여 말하기를 그는 나의 避難處피난처요 나의 要塞요새요 내가 依賴의뢰하는 하나님이라 하리니

3主必救爾免投羅雀者之羅網ˇ免染毒害之瘟疫
3 주 필 구 이 면 투 라 작 자 지 라 망 ˇ 면 염 독 해 지 온 역

이는 그가 너를 새 사냥꾼의 올무에서와 甚심한 傳染病전염병에서 건지실 것임이로다

4必遮護爾如鳥覆雛ˇ使爾在主翼之蔭下ˇ得蒙覆庇
4 필 차 호 이 여 조 복 추 ˇ 사 이 재 주 익 지 음 하 ˇ 득 몽 복 비

그가 너를 그의 깃으로 덮으시리니 네가 그의 날개 아래에 避피하리로다

主之誠實乃盾乃甲
주 지 성 실 내 순 내 갑

그의 眞實진실함은 防牌방패와 손 防牌방패가 되나니

7雖在爾左有千人仆斃ˇ在爾右有萬人死亡
7 수 재 이 좌 유 천 인 부 폐 ˇ 재 이 우 유 만 인 사 망

千人천인이 네 왼쪽에서, 萬名만명이 네 오른쪽에서 엎드러지나

災病卻不臨及爾身
재 병 각 불 림 급 이 신

이 災殃재앙이 네게 가까이 하지 못하리로다

11主爲爾命天使
11 주 위 이 명 천 사

그가 너를 爲위하여 그의 天使천사들을 命令명령하사

在爾所行之途保護爾
재 이 소 행 지 도 보 호 이

네 모든 길에 너를 지키게 하심이라

14因其敬愛我ˇ我必解救之ˇ因其知我名ˇ我必護庇之
14 인 기 경 애 아 ˇ 아 필 해 구 지 ˇ 인 기 지 아 명 ˇ 아 필 호 비 지

(다같이) 하나님이 이르시되 그가 나를 사랑한즉 내가 그를 건지리라 그가 내 이름을 안즉 내가 저를 높이리라

38. 시편 92편

3用十弦之樂器ˇ彈琴敲瑟ˇ奏樂宣揚ˇ斯爲最美讚美主ˇ歌頌至上主之名
3 용 십 현 지 악 기 ˇ 탄 금 고 슬 ˇ 주 악 선 양 ˇ 사 위 최 미 찬 미 주 ˇ 가
송 지 상 주 지 명

至尊者지존자여 十絃琴십현금과 琵琶비파와 竪琴수금으로 여호와께 感謝감사하며 主주의 이름을 讚揚찬양하고

2清晨宣揚主之仁慈ˇ夜間稱頌主之誠信
2 청 신 선 양 주 지 인 자 ˇ 야 간 칭 송 주 지 성 신
아침마다 主주의 仁慈인자하심을 알리며 밤마다 主주의 誠實성실하심을 베풂이 좋으니이다

4主之作爲ˇ使我喜樂
4 주 지 작 위 ˇ 사 아 희 락
여호와여 主주께서 行행하신 일로 나를 기쁘게 하셨으니

我因主手所成者ˇ不勝歡呼
아 인 주 수 소 성 자 ˇ 불 승 환 호
主주의 손이 行행하신 일로 말미암아 내가 높이 외치리이다

12善人興發如巴勒瑪樹ˇ榮華茂盛ˇ如利巴嫩之柏香木
12 선 인 흥 발 여 파 륵 마 수 ˇ 영 화 무 성 ˇ 여 리 파 눈 지 백 향 목
義人의인은 棕櫚종려나무 같이 蕃盛번성하며 레바논의 柏香木백향목 같이 成長성장하리로다

13植於主之殿前ˇ興發於我上帝之院內
13 식 어 주 지 전 전 ˇ 흥 발 어 아 상 제 지 원 내
이는 여호와의 집에 심겼음이여 우리 하나님의 뜰 안에서 蕃盛번성하리로다

14雖老仍可興旺ˇ依舊榮茂豐盛
14 수 노 잉 가 흥 왕 ˇ 의 구 영 무 풍 성
그는 늙어도 如前여전히 結實결실하며 津液진액이 豊足풍족하고 빛이 靑靑청청하니

15如此足以表明主甚正直ˇ我所倚賴如磐石之主ˇ決無不義
15 여 차 족 이 표 명 주 심 정 직 ˇ 아 소 의 뢰 여 반 석 지 주 ˇ 결 무 불 의
여호와의 正直정직하심과 나의 바위 되심과 그에게는 不義불의가 없음이 宣布선포되리로다.

39. 시편 95편

1爾曹皆來與我歌頌主
1 이 조 개 래 여 아 가 송 주

오라 우리가 여호와께 노래하며

向我全能之救主ˇ大聲歡呼
향 아 전 능 지 구 주 ˇ 대 성 환 호

우리의 救援구원의 磐石반석을 向향하여 즐거이 외치자

2至於主前感謝
2 지 어 주 전 감 사

우리가 感謝감사함으로 그 앞에 나아가며

向主欣然唱詩
향 주 흔 연 창 시

詩시를 지어 즐거이 그를 노래하자

3主乃至大之神
3 주 내 지 대 지 신

여호와는 크신 하나님이시오

至大之王ˇ超乎諸神之上
지 대 지 왕 ˇ 초 호 제 신 지 상

모든 神신들보다 크신 王왕이시기 때문이로다

4地底幽深之處ˇ爲主所掌
4 지 저 유 심 지 처 ˇ 위 주 소 장

땅의 깊은 곳이 그의 손 안에 있으며

山之高峯ˇ亦屬主有
산 지 고 봉 ˇ 역 속 주 유

山산들의 높은 곳도 그의 것이로다

5海屬於主ˇ乃主創造
5 해 속 어 주 ˇ 내 주 창 조

바다가 그의 것이라 그가 만드셨고

陸地亦爲主手造成
육 지 역 위 주 수 조 성

陸地육지도 그의 손이 지으셨도다

6爾曹皆來與我屈膝
6 이 조 개 래 여 아 굴 슬

오라 우리가 굽혀 敬拜경배하며

俯伏叩拜造我儕之主
부 복 고 배 조 아 제 지 주

우리를 지으신 여호와 앞에 무릎을 꿇자

7惟主爲我儕之上帝ˇ我儕爲主所牧養之民ˇ爲主手下之羊
7 유 주 위 아 제 지 상 제 ˇ 아 제 위 주 소 목 양 지 민 ˇ 위 주 수 하 지 양
(다같이) 그는 우리의 하나님이시오 우리는 그가 기르시는 百姓백성이며 그의 손이 돌보시는 羊양이기 때문이라.

40. 시편 96편

1爾曹當向主唱新詩ˇ普天下人皆當歌唱
1 이 조 당 향 주 창 신 시 ˇ 보 천 하 인 개 당 가 창
새노래로 여호와께 노래하라 온 땅이여 여호와께 노래할지어다

2當向主歌唱ˇ讚美主名ˇ日日宣揚主之救恩
2 당 향 주 가 창 ˇ 찬 미 주 명 ˇ 일 일 선 양 주 지 구 은
여호와께 노래하여 그의 이름을 頌祝송축하며 그의 救援구원을 날마다 傳播전파할지어다

3在列國中稱述主之榮耀ˇ在萬民間傳揚主之奇蹟
3 재 열 국 중 칭 술 주 지 영 요 ˇ 재 만 민 간 전 양 주 지 기 적
그의 榮光영광을 百姓백성들 가운데에, 그의 奇異기이한 行蹟행적을 萬民만민 가운데에 宣布선포할지어다

5異邦所敬諸神ˇ悉屬虛無ˇ創造穹蒼者惟主
5 이 방 소 경 제 신 ˇ 실 속 허 무 ˇ 창 조 궁 창 자 유 주
萬國만국의 모든 神신들은 偶像우상들이지만 여호와께서는 하늘을 지으셨음이로다

6在主前有光輝威嚴
6 재 주 전 유 광 휘 위 엄
尊貴존귀와 威嚴위엄이 그의 앞에 있으며

在主之聖所ˇ顯權能榮耀
재 주 지 성 소 ˇ 현 권 능 영 요
能力능력과 아름다움이 그의 聖所성소에 있도다

9當在至聖至美之所敬拜主
9 당 재 지 성 지 미 지 소 경 배 주
아름답고 거룩한 것으로 여호와께 禮拜예배할지어다

普天下人ˇ爾曹皆當敬畏主
보천하인ˇ이조개당경외주

온 땅이여 그 앞에서 떨지어다

11在主前天必歡喜ˇ地必快樂ˇ海及其中萬物ˇ悉發大聲
11 재주전천필환희ˇ지필쾌락ˇ해급기중만물ˇ실발대성

하늘은 기뻐하고 땅은 즐거워하며 바다와 거기에 充滿충만한 것이 외치고

12田野與其中所有之物ˇ皆必喜樂
12 전야여기중소유지물ˇ개필희락

밭과 그 가운데에 있는 모든 것은 즐거워할지로다

惟時林中樹木ˇ盡皆歡呼
유시림중수목ˇ진개환호

그 때 숲의 모든 나무들이 여호와 앞에서 즐거이 노래하리니

13因主必來審鞫普天下
13 인주필래심국보천하

(다같이) 그가 臨임하시되 땅을 審判심판하러 臨임하실 것임이라

按正直審鞫世界ˇ依誠實判斷萬民
안정직심국세계ˇ의성실판단만민

그가 義의로 世界세계를 審判심판하시며 그의 眞實진실하심으로 百姓백성을 審判심판하시리로다

41. 시편 97편

1主執掌王權ˇ全地須歡樂ˇ衆島當忻喜
1 주집장왕권ˇ전지수환락ˇ중도당흔희

여호와께서 다스리시나니 땅은 즐거워하며 허다한 섬은 기뻐할지어다

2黑雲密雲ˇ在主之四圍ˇ公正仁義ˇ爲主寶座之根基
2 흑운밀운ˇ재주지사위ˇ공정인의ˇ위주보좌지근기

구름과 黑暗흑암이 그를 둘렀고 義의와 公平공평이 그의 寶座보좌의 基礎기초로다

3烈火在主前飛騰ˇ焚燬主四圍之仇敵
3 열화재주전비등ˇ분훼주사위지구적

불이 그의 앞에서 나와 四方사방의 對敵대적들을 불사르시는도다

4主之電光普照世界ˇ大地見而震動
4 주 지 전 광 보 조 세 계 ˇ 대 지 견 이 진 동

그의 번개가 世界세계를 비추니 땅이 보고 떨었도다

5在主前ˇ卽在普天下之主前ˇ山嶺皆消融如蠟
5 재 주 전 ˇ 즉 재 보 천 하 지 주 전 ˇ 산 령 개 소 융 여 랍

山산들이 여호와의 앞 곧 온 땅의 主주 앞에서 밀랍 같이 녹았도
다

6諸天宣揚主之公義ˇ萬民悉覩主之榮光
6 제 천 선 양 주 지 공 의 ˇ 만 민 실 도 주 지 영 광

하늘이 그의 義의를 宣布선포하니 모든 百姓백성이 그의 榮光영광을
보았도다

7凡崇拜偶像ˇ倚賴虛無之神以自誇者ˇ皆必羞愧ˇ諸神乎ˇ
7 범 숭 배 우 상 ˇ 의 뢰 허 무 지 신 이 자 과 자 ˇ 개 필 수 괴 ˇ 제 신 호 ˇ
爾曹皆當敬拜主
이 조 개 당 경 배 주

彫刻조각한 神像신상을 섬기며 虛無허무한 것으로 자랑하는 者자는 다
羞恥수치를 當당할 것이라 너희 神신들아 여호와께 敬拜경배할지어다

8因主之審判ˇ郇城聞之ˇ卽甚歡欣ˇ猶大城邑ˇ(城邑原文作
8 인 주 지 심 판 ˇ 순 성 문 지 ˇ 즉 심 환 흔 ˇ 유 대 성 읍 ˇ (성 읍 원 문 작
諸女)亦皆喜樂
제 녀) 역 개 희 락

여호와여 시온이 主주의 審判심판을 듣고 기뻐하며 유다의 딸들이
즐거워하였나이다

9惟主至上ˇ治理全地ˇ惟主至高ˇ超乎諸神之上
9 유 주 지 상 ˇ 치 리 전 지 ˇ 유 주 지 고 ˇ 초 호 제 신 지 상

여호와여 主주는 온 땅 위에 至尊지존하시고 모든 神신들보다 위에
계시니이다

10爾曹敬愛主者ˇ皆須惡惡ˇ主必保全敬主虔誠人之生命ˇ
10 이 조 경 애 주 자 ˇ 개 수 오 악 ˇ 주 필 보 전 경 주 건 성 인 지 생 명 ˇ
必救之脫離惡人之手
필 구 지 탈 리 악 인 지 수

여호와를 사랑하는 너희여 惡악을 미워하라 그가 그의 聖徒성도의
靈魂영혼을 保全보전하사 惡人악인의 손에서 건지시느니라

11善人必蒙光輝普照ˇ心正之人ˇ必得喜樂
11 선 인 필 몽 광 휘 보 조 ˇ 심 정 지 인 ˇ 필 득 희 락
義人의인을 爲위하여 빛을 뿌리고 마음이 正直정직한 者자를 爲위하여 기쁨을 뿌리시는도다

12爾曹義人ˇ當因主歡喜ˇ當頌揚主之聖名
12 이 조 의 인 ˇ 당 인 주 환 희 ˇ 당 송 양 주 지 성 명
義人의인이여 너희는 여호와로 말미암아 기뻐하며 그의 거룩한 이름에 感謝감사할지어다

42. 시편 98편

1爾曹當向主唱新詩ˇ因主施行奇事
1 이 조 당 향 주 창 신 시 ˇ 인 주 시 행 기 사
새 노래로 여호와께 讚頌찬송하라 그는 奇異기이한 일을 行행하사

以右手以聖臂而獲大勝
이 우 수 이 성 비 이 획 대 승
그의 오른손과 거룩한 팔로 自己자기를 爲위하여 救援구원을 베푸셨음이로다

2主施行拯救ˇ令人知曉
2 주 시 행 증 구 ˇ 령 인 지 효
여호와께서 그의 救援구원을 알게 하시며

在萬國人目前ˇ顯彰公義
재 만 국 인 목 전 ˇ 현 창 공 의
그의 公義공의를 뭇 나라의 目前목전에서 明白명백히 나타내셨도다

3主向以色列族施恩慈與誠實ˇ以踐前言
3 주 향 이 색 열 족 시 은 자 여 성 실 ˇ 이 천 전 언
그가 이스라엘의 집에 베푸신 仁慈인자와 誠實성실을 記憶기억하셨으므로

四極之人ˇ共見我上帝之拯救
사 극 지 인 ˇ 공 견 아 상 제 지 증 구
땅 끝까지 이르는 모든 것이 우리 하나님의 救援구원을 보았도다

4普天下人ˇ爾當向主歡呼
4 보 천 하 인 ˇ 이 당 향 주 환 호
온 땅이여 여호와께 즐거이 소리칠지어다

發聲歌唱奏樂頌揚
발 성 가 창 주 악 송 양

소리 내어 즐겁게 노래하며 讚頌찬송할지어다

5彈琴歌頌主
5 탄 금 가 송 주

竪琴수금으로 여호와를 노래하라

以琴兼以歌聲
이 금 겸 이 가 성

竪琴수금과 音聲음성으로 노래할지어다

6用箛聲角聲ˇ在治理萬物之主前ˇ歡呼頌揚
6 용 고 성 각 성 ˇ 재 치 리 만 물 지 주 전 ˇ 환 호 송 양

喇叭나팔과 號角호각 소리로 王왕이신 여호와 앞에 즐겁게 소리칠지어다

7海與海中之萬物ˇ世界與世之居民ˇ皆當大聲稱頌主
7 해 여 해 중 지 만 물 ˇ 세 계 여 세 지 거 민 ˇ 개 당 대 성 칭 송 주

바다와 거기 充滿충만한 것과 世界세계와 그 中중에 居住거주하는 者자는 다 외칠지어다

8在主前ˇ江湖聲如拍手ˇ山嶺音似歡呼
8 재 주 전 ˇ 강 호 성 여 박 수 ˇ 산 령 음 사 환 호

(다같이) 여호와 앞에서 큰 물은 拍手박수할지어다 山嶽산악이 함께 즐겁게 노래할지어다

43. 시편 99편

1主執掌王權ˇ萬民悚懼
1 주 집 장 왕 권 ˇ 만 민 송 구

여호와께서 다스리시니 萬民만민이 떨 것이요

主坐於基路伯上ˇ大地動搖
주 좌 어 기 로 백 상 ˇ 대 지 동 요

여호와께서 그룹 사이에 坐定좌정하시니 땅이 흔들릴 것이로다

2主在郇城ˇ極大無比ˇ在萬民之上ˇ惟主至高
2 주 재 순 성 ˇ 극 대 무 비 ˇ 재 만 민 지 상 ˇ 유 주 지 고

시온에 계시는 여호와는 偉大위대하시고 모든 民族민족보다 높으시도다

3人當頌揚主大而可畏之名ˇ主之名至聖
3 인 당 송 양 주 대 이 가 외 지 명 ˇ 주 지 명 지 성
主주의 크고 두려운 이름을 讚頌찬송할지니 그는 거룩하심이로다

4主爲大君喜悅公義ˇ亦當頌揚其權力ˇ主堅定正理
4 주 위 대 군 희 열 공 의 ˇ 역 당 송 양 기 권 력 ˇ 주 견 정 정 리
能力능력 있는 王왕은 正義정의를 사랑하느니라 主주께서 公義공의를 堅固견고하게 세우시고

向雅各家施行公平仁義
향 아 각 가 시 행 공 평 인 의
主주께서 야곱에게 正義정의와 公義공의를 行행하시나이다

5爾曹當讚美主我之上帝爲至上ˇ俯拜在主之足凳前
5 이 조 당 찬 미 주 아 지 상 제 위 지 상 ˇ 부 배 재 주 지 족 등 전
너희는 여호와 우리 하나님을 높여 그의 발등床상 앞에서 敬拜경배할지어다

主爲至聖
주 위 지 성
그는 거룩하시도다

6在主之祭司中ˇ有摩西亞倫ˇ在禱告主名之人中ˇ有撒母耳
6 재 주 지 제 사 중 ˇ 유 마 서 아 륜 ˇ 재 도 고 주 명 지 인 중 ˇ 유 살 모 이
그의 祭司長제사장들 中중에는 모세와 아론이 있고 그의 이름을 부르는 者자들 中중에는 사무엘이 있도다

彼禱告主ˇ主常應允
피 도 고 주 ˇ 주 상 응 윤
그들이 여호와께 懇求간구하매 應答응답하셨도다

7在雲柱中施以教諭
7 재 운 주 중 시 이 교 유
여호와께서 구름 기둥 가운데서 그들에게 말씀하시니

令遵守主之法度ˇ及所賜之典章
령 준 수 주 지 법 도 ˇ 급 소 사 지 전 장
그들은 그가 그들에게 주신 證據증거와 律例율례를 지켰도다

8主我之上帝ˇ常應允之
8 주 아 지 상 제 ˇ 상 응 윤 지
여호와 우리 하나님이여 主주께서는 그들에게 應答응답하셨고

爲其赦罪之上帝ˇ然若有過犯ˇ主亦懲罰之
위기사죄지상제ˇ연약유과범ˇ주역징벌지
그들의 行행한 대로 갚기는 하셨으나 그들을 容恕용서하신 하나님이시니이다

9爾曹皆當讚美主我之上帝爲至上ˇ在主之聖山叩拜
9이조개당찬미주아지상제위지상ˇ재주지성산고배
너희는 여호와 우리 하나님을 높이고 그 聖山성산에서 禮拜예배할지어다

因主我之上帝爲至聖
인주아지상제위지성
여호와 우리 하나님은 거룩하심이로다

44. 시편 100편

1普天下人ˇ皆當向主歡呼
1보천하인ˇ개당향주환호
온 땅이여 여호와께 즐거운 讚頌찬송을 부를지어다

2欣然奉事主ˇ至主前歡樂歌唱
2흔연봉사주ˇ지주전환락가창
기쁨으로 여호와를 섬기며 노래하면서 그의 앞에 나아갈지어다

3當知惟主乃上帝ˇ創造我者乃主
3당지유주내상제ˇ창조아자내주
여호와가 우리 하나님이신 줄 너희는 알지어다

並非自造ˇ(並非自造或作我儕乃歸主者)我儕爲主之民ˇ爲主所牧之羊
병비자조ˇ(병비자조혹작아제내귀주자)아제위주지민ˇ위주소목지양
그는 우리를 지으신 이요 우리는 그의 것이니 그의 百姓백성이요 그의 기르시는 羊양이로다

4當進主之門稱謝ˇ入主之院讚美
4당진주지문칭사ˇ입주지원찬미
感謝감사함으로 그의 門문에 들어가며 讚頌찬송함으로 그의 宮庭궁정에 들어가서

稱謝主ˇ頌美主之名
칭 사 주 ˇ 송 미 주 지 명
그에게 感謝감사하며 그의 이름을 頌祝송축할지어다

5主爲至善ˇ主之恩惠ˇ永遠長存
5 주 위 지 선 ˇ 주 지 은 혜 ˇ 영 원 장 존
여호와는 善선하시니 그의 仁慈인자하심이 永遠영원하고

主之誠實ˇ萬代恒有
주 지 성 실 ˇ 만 대 항 유
그의 誠實성실하심이 代代대대에 이르리로다

45. 시편 103편

1我心當讚美主
1 아 심 당 찬 미 주
내 靈魂영혼아 여호와를 頌祝송축하라

我臟腑當讚美主名
아 장 부 당 찬 미 주 명
내 속에 있는 것들아 다 그의 거룩한 이름을 頌祝송축하라

2我心當讚美主ˇ勿忘主一切恩惠
2 아 심 당 찬 미 주 ˇ 물 망 주 일 체 은 혜
내 靈魂영혼아 여호와를 頌祝송축하며 그의 모든 恩澤은택을 잊지 말지어다

3主赦免我一切罪愆ˇ醫治我一切疾病
3 주 사 면 아 일 체 죄 건 ˇ 의 치 아 일 체 질 병
그가 네 모든 罪惡죄악을 赦사하시며 네 모든 病병을 고치시며

4救贖我命ˇ免於阬坎ˇ以恩寵慈愛爲冠冕ˇ加於我首
4 구 속 아 명 ˇ 면 어 갱 감 ˇ 이 은 총 자 애 위 관 면 ˇ 가 어 아 수
네 生命생명을 破滅파멸에서 贖良속량하시고 仁慈인자와 矜恤긍휼로 冠관을 씌우시며

5使我口飽餐美食ˇ使我如鷹老而復少
5 사 아 구 포 찬 미 식 ˇ 사 아 여 응 노 이 복 소
좋은 것으로 네 所願소원을 滿足만족하게 하사 네 靑春청춘을 禿독수리 같이 새롭게 하시는도다

8主發慈愛矜憐ˇ不遽動怒ˇ大施恩寵
8 주 발 자 애 긍 련 ˇ 불 거 동 노 ˇ 대 시 은 총
여호와는 矜恤긍휼이 많으시고 恩惠은혜로우시며 怒노하기를 더디하시고 仁慈인자하심이 豊富풍부하시도다

9不常久責備ˇ不永遠懷怒
9 불 상 구 책 비 ˇ 불 영 원 회 노
자주 警責경책하지 아니하시며 怒노를 永遠영원히 품지 아니하시리로다

10未嘗按我之罪惡待我ˇ未嘗依我之過犯報我
10 미 상 안 아 지 죄 악 대 아 ˇ 미 상 의 아 지 과 범 보 아
우리의 罪죄를 따라 우리를 處罰처벌하지는 아니하시며 우리의 罪惡죄악을 따라 우리에게 그대로 갚지는 아니하셨으니

11敬畏主者ˇ主加倍賜恩ˇ如天離地之高
11 경 외 주 자 ˇ 주 가 배 사 은 ˇ 여 천 리 지 지 고
이는 하늘이 땅에서 높음 같이 그를 敬畏경외하는 者자에게 그의 仁慈인자하심이 크심이로다

12主除我愆尤ˇ如東極離西極之遠
12 주 제 아 건 우 ˇ 여 동 극 리 서 극 지 원
東동이 西서에서 먼 것 같이 우리의 罪過죄과를 우리에게서 멀리 옮기셨으며

13敬畏主者ˇ主憐恤之ˇ如父之憐恤其子
13 경 외 주 자 ˇ 주 련 휼 지 ˇ 여 부 지 련 휼 기 자
아버지가 子息자식을 矜恤긍휼히 여김 같이 여호와께서는 自己자기를 敬畏경외하는 者자를 矜恤긍휼히 여기시나니

14因主知我之性情ˇ念我不過塵土
14 인 주 지 아 지 성 정 ˇ 념 아 불 과 진 토
(다같이) 이는 그가 우리의 體質체질을 아시며 우리가 단지 먼지뿐임을 記憶기억하심이로다

46. 시편 104편

1我心當讚美主ˇ主我之上帝
1 아 심 당 찬 미 주 ˇ 주 아 지 상 제
내 靈魂영혼아 여호와를 頌祝송축하라 여호와 나의 하나님이여

至大無倫ˇ衣以尊榮威嚴
지 대 무 륜 ˇ 의 이 존 영 위 엄

主주는 甚심히 偉大위대하시며 尊貴존귀와 權威권위로 옷 입으셨나이다

2披光輝如袍ˇ鋪穹蒼如幔
2 피 광 휘 여 포 ˇ 포 궁 창 여 만

主주께서 옷을 입음 같이 빛을 입으시며 하늘을 揮帳휘장 같이 치시며

3在水中安定殿閣之棟梁ˇ以雲爲車輦
3 재 수 중 안 정 전 각 지 동 량 ˇ 이 운 위 거 련

물에 自己자기 樓閣누각의 들보를 얹으시며 구름으로 自己자기 수레를 삼으시고

駕風翅而行ˇ4以風爲使者ˇ以火爲役者
가 풍 시 이 행 ˇ 4 이 풍 위 사 자 ˇ 이 화 위 역 자

바람 날개로 다니시며 바람을 自己자기 使臣사신으로 삼으시고 불꽃으로 自己자기 使役者사역자를 삼으시며

5將地立於基上ˇ使之永不動搖
5 장 지 입 어 기 상 ˇ 사 지 영 불 동 요

땅에 基礎기초를 놓으사 永遠영원히 흔들리지 아니하게 하셨나이다

9主定界限ˇ使水不過
9 주 정 계 한 ˇ 사 수 불 과

主주께서 물의 境界경계를 定정하여 넘치지 못하게 하시며

不復淹沒地面
불 부 엄 몰 지 면

다시 돌아와 땅을 덮지 못하게 하셨나이다

10主使泉源發於谷內ˇ流於山間
10 주 사 천 원 발 어 곡 내 ˇ 류 어 산 간

여호와께서 샘을 골짜기에서 솟아나게 하시고 山산 사이에 흐르게 하사

11以飮田野之諸獸ˇ野驢亦解其渴
11 이 음 전 야 지 제 수 ˇ 야 려 역 해 기 갈

각종 들짐승에게 마시게 하시니 들나귀들도 解渴해갈하며

12空中飛鳥ˇ棲止其旁
12 공 중 비 조 ˇ 서 지 기 방

空中공중의 새들도 그 가에서 깃들이며

和鳴於樹枝之上
화 명 어 수 지 지 상
나뭇가지 사이에서 지저귀는도다

13主從上宮滋潤山岡
13 주 종 상 궁 자 윤 산 강
그가 그의 樓閣누각에서부터 山산에 물을 부어 주시니

因主之作爲ˇ地土豐裕
인 주 지 작 위 ˇ 지 토 풍 유
主주께서 하시는 일의 結實결실이 땅을 滿足만족시켜 주는도다

47. 시편 105편

1爾曹當稱頌主ˇ呼籲主名ˇ將主之作爲傳揚列國
1 이 조 당 칭 송 주 ˇ 호 유 주 명 ˇ 장 주 지 작 위 전 양 열 국
여호와께 感謝감사하고 그의 이름을 불러 아뢰며 그가 하는 일을 萬民만민 中중에 알게 할지어다

2謳歌奏樂以頌主ˇ述說傳揚主之奇蹟
2 구 가 주 악 이 송 주 ˇ 술 설 전 양 주 지 기 적
그에게 노래하며 그를 讚揚찬양하며 그의 모든 奇異기이한 일들을 말할지어다

3當賴主聖名爲榮ˇ凡求主者ˇ心宜歡欣
3 당 뢰 주 성 명 위 영 ˇ 범 구 주 자 ˇ 심 의 환 흔
그의 거룩한 이름을 자랑하라 여호와를 求구하는 者자들은 마음이 즐거울지로다

4當尋求主ˇ尋求主之大能ˇ常求朝見主面
4 당 심 구 주 ˇ 심 구 주 지 대 능 ˇ 상 구 조 견 주 면
여호와와 그의 能力능력을 求구할지어다 그의 얼굴을 恒常항상 求구할지어다

5主之僕人亞伯拉罕之後裔ˇ主所選雅各之子孫ˇ6爾曹當追
5 주 지 복 인 아 백 랍 한 지 후 예 ˇ 주 소 선 아 각 지 자 손 ˇ 6 이 조 당 추
念主所行之奇事ˇ追念主之異蹟ˇ並主口宣之判語
념 주 소 행 지 기 사 ˇ 추 념 주 지 이 적 ˇ 병 주 구 선 지 판 어
그의 종 아브라함의 後孫후손 곧 擇택하신 야곱의 子孫자손 너희는

그가 行행하신 奇蹟기적과 그의 異蹟이적과 그의 입의 判斷판단을 記憶기억할지어다

7主乃我儕之上帝ˇ主之律法ˇ流行全地
7 주 내 아 제 지 상 제 ˇ 주 지 율 법 ˇ 유 행 전 지
그는 여호와 우리 하나님이시라 그의 判斷판단이 온 땅에 있도다

8永遠記念所立之約ˇ所定之命ˇ萬世不忘
8 영 원 기 념 소 립 지 약 ˇ 소 정 지 명 ˇ 만 세 불 망
그는 그의 言約언약 곧 千천 代대에 命令명령하신 말씀을 永遠영원히 記憶기억하셨으니

9卽與亞伯拉罕所立之約ˇ向以撒所發之誓
9 즉 여 아 백 랍 한 소 립 지 약 ˇ 향 이 살 소 발 지 서
이것은 아브라함과 맺은 言約언약이고 이삭에게 하신 맹세이며

10爲雅各定爲長久之命ˇ與以色列立爲永遠之約
10 위 아 각 정 위 장 구 지 명 ˇ 여 이 색 열 립 위 영 원 지 약
야곱에게 세우신 律例율례 곧 이스라엘에게 하신 永遠영원한 言約언약이라

11曰ˇ我必賜爾以迦南地ˇ爲爾應得之産業
11 왈 ˇ 아 필 사 이 이 가 남 지 ˇ 위 이 응 득 지 산 업
이르시기를 내가 가나안 땅을 네게 주어 너희에게 割當할당된 所有소유가 되게 하리라 하셨도다

48. 시편 106편

4主向民施恩ˇ求主亦垂念我
4 주 향 민 시 은 ˇ 구 주 역 수 념 아
여호와여 主주의 百姓백성에게 베푸시는 恩惠은혜로 나를 記憶기억하시며

主施行拯救ˇ求主亦眷顧我
주 시 행 증 구 ˇ 구 주 역 권 고 아
主주의 救援구원으로 나를 돌보사

5俾我與主所選者同享福祉ˇ與主之百姓同喜樂
5 비 아 여 주 소 선 자 동 향 복 지 ˇ 여 주 지 백 성 동 희 락
내가 主주의 擇택하신 者자가 亨通형통함을 보고 主주의 나라의 기쁨을 나누어 가지게 하사

與主之子民同誇耀
여 주 지 자 민 동 과 요
主주의 遺産유산을 자랑하게 하소서

6我儕與列祖ˇ俱是犯罪
6 아 제 여 열 조 ˇ 구 시 범 죄
우리가 우리의 祖上조상들처럼 犯罪범죄하여

行邪作惡
행 사 작 악
邪惡사악을 行행하며 惡악을 지었나이다

7我儕列祖在伊及ˇ不明悟主之奇蹟
7 아 제 열 조 재 이 급 ˇ 불 명 오 주 지 기 적
우리의 祖上조상들이 애굽에 있을 때 主주의 奇異기이한 일들을 깨닫지 못하며

不記憶主之大恩ˇ在紅海邊肆行叛逆
불 기 억 주 지 대 은 ˇ 재 홍 해 변 사 행 반 역
主주의 크신 仁慈인자를 記憶기억하지 아니하고 바다 곧 紅海홍해에서 拒逆거역하였나이다

8主仍因己之名拯救之
8 주 잉 인 기 지 명 증 구 지
그러나 여호와께서는 自己자기의 이름을 爲위하여 그들을 救援구원하셨으니

以彰顯大能
이 창 현 대 능
그의 큰 權能권능을 萬人만인이 알게 하려 하심이로다

9叱喝紅海ˇ海水立涸ˇ使之履深水如履曠野
9 질 갈 홍 해 ˇ 해 수 립 학 ˇ 사 지 리 심 수 여 리 광 야
이에 紅海홍해를 꾸짖으시니 곧 마르니 그들을 引導인도하여 바다 건너가기를 마치 曠野광야를 지나감 같게 하사

10救之脫於仇人ˇ贖之脫於敵人之手
10 구 지 탈 어 구 인 ˇ 속 지 탈 어 적 인 지 수
그들을 그 미워하는 者자의 손에서 救援구원하시며 그 怨讐원수의 손에서 救援구원하셨고

11仇敵被水淹沒ˇ靡有孑遺
11 구 적 피 수 엄 몰 ˇ 미 유 혈 유
그들의 對敵대적들은 물로 덮으시매 그들 中중에서 하나도 살아 남지 못하였도다

12民始信服主言ˇ歌詩頌揚主
12 민 시 신 복 주 언 ˇ 가 시 송 양 주
이에 그들이 그의 말씀을 믿고 그를 讚揚찬양하는 노래를 불렀도다

49. 시편 108편

1上帝歟ˇ我心已定ˇ我靈亦定
1 상 제 여 ˇ 아 심 이 정 ˇ 아 령 역 정
하나님이여 내 마음을 定정하였사오니

我將唱詩ˇ我必歌頌
아 장 창 시 ˇ 아 필 가 송
내가 노래하며 내 心靈심령으로 讚揚찬양하리로다

2我琴我瑟當醒
2 아 금 아 슬 당 성
琵琶비파야, 竪琴수금아, 깰지어다

我黎明卽醒
아 여 명 즉 성
내가 새벽을 깨우리로다

3主歟ˇ我在列邦中讚揚主
3 주 여 ˇ 아 재 열 방 중 찬 양 주
여호와여 내가 萬民만민 中중에서 主주께 感謝감사하고

在萬民中歌頌主
재 만 민 중 가 송 주
뭇 나라 中중에서 主주를 讚揚찬양하오리니

4因主之恩慈ˇ高於穹蒼
4 인 주 지 은 자 ˇ 고 어 궁 창
主주의 仁慈인자하심이 하늘보다 높으시며

主之眞誠ˇ及乎雲霄
주 지 진 성 ˇ 급 호 운 소

主주의 眞實진실은 穹蒼궁창에까지 이르나이다

5願上帝崇高過天
5 원 상 제 숭 고 과 천

하나님이여 主주는 하늘 위에 높이 들리시며

願主之榮耀遍滿全地
원 주 지 영 요 편 만 전 지

主주의 榮光영광이 온 世界세계 위에 높으시기를 願원하나이다

6求主以右手施救應允我ˇ使主所喜愛之人得解救
6 구 주 이 우 수 시 구 응 윤 아 ˇ 사 주 소 희 애 지 인 득 해 구

(다같이) 主주께서 사랑하시는 者자들를 건지시기 爲위하여 우리에게 應答응답하사 오른손으로 救援구원하소서

50. 시편 116편

1我敬愛主ˇ因主俯聽我聲ˇ俯聽我懇求
1 아 경 애 주 ˇ 인 주 부 청 아 성 ˇ 부 청 아 간 구

여호와께서 내 音聲음성과 내 懇求간구를 들으시므로 내가 그를 사랑하는도다

2主側耳聽允我ˇ我惟畢生呼籲主
2 주 측 이 청 윤 아 ˇ 아 유 필 생 호 유 주

그의 귀를 내게 기울이셨으므로 내가 平生평생에 祈禱기도하리로다

3死亡纏繞我如繩索ˇ示阿勒之患難ˇ臨及我身ˇ我遭遇急難困苦
3 사 망 전 요 아 여 승 삭 ˇ 시 아 륵 지 환 난 ˇ 림 급 아 신 ˇ 아 조 우 급 난 곤 고

死亡사망의 줄이 나를 두르고 스올의 苦痛고통이 내게 이르므로 내가 患難환난과 슬픔을 만났을 때에

4我禱告主名ˇ曰ˇ求主救我生命
4 아 도 고 주 명 ˇ 왈 ˇ 구 주 구 아 생 명

내가 여호와의 이름으로 祈禱기도하기를 여호와여 主주께 求구하오니 내 靈魂영혼을 건지소서 하였도다

5主遂施恩慈ˇ行公義ˇ我上帝常以憐憫爲懷
5 주 수 시 은 자 ˇ 행 공 의 ˇ 아 상 제 상 이 연 민 위 회

여호와는 恩惠은혜로우시며 義의로우시며 우리 하나님은 矜恤긍휼이

많으시도다

6主庇祐愚懦者ˇ我受困苦ˇ主曾拯救我
6 주 비 우 우 나 자 ˇ 아 수 곤 고 ˇ 주 증 증 구 아
여호와께서는 純眞순진한 者자를 지키시나니 내가 어려울 때에 나를 救援구원하셨도다

7我心可以轉而爲安ˇ因主以恩待我
7 아 심 가 이 전 이 위 안 ˇ 인 주 이 은 대 아
내 靈魂영혼아 네 平安평안함으로 돌아갈지어다 여호와께서 너를 厚待후대하심이로다

8主乃救我生命ˇ免我死亡ˇ俾我眼不流淚ˇ俾我足不顚蹶
8 주 내 구 아 생 명 ˇ 면 아 사 망 ˇ 비 아 안 불 유 루 ˇ 비 아 족 불 전 궐
主주께서 내 靈魂영혼을 死亡사망에서, 내 눈을 눈물에서, 내 발을 넘어짐에서 건지셨나이다

12主賜我多恩ˇ我將何以報主
12 주 사 아 다 은 ˇ 아 장 하 이 보 주
내게 주신 모든 恩惠은혜를 내가 여호와께 무엇으로 報答보답할까

13我必恭敬擧杯ˇ感謝救恩ˇ禱告主名
13 아 필 공 경 거 배 ˇ 감 사 구 은 ˇ 도 고 주 명
내가 救援구원의 盞잔을 들고 여호와의 이름을 부르며

14我在主之民前ˇ向主酬我所許之願
14 아 재 주 지 민 전 ˇ 향 주 수 아 소 허 지 원
여호와의 모든 百姓백성 앞에서 나는 나의 誓願서원을 여호와께 갚으리로다

15敬主之虔誠人死亡ˇ在主目中最爲珍惜
15 경 주 지 건 성 인 사 망 ˇ 재 주 목 중 최 위 진 석
그의 敬虔경건한 者자들의 죽음은 여호와께서 보시기에 貴重귀중한 것이로다

51. 시편 118편

1爾曹當稱頌主ˇ因主至善ˇ主之恩惠ˇ永遠長存
1 이 조 당 칭 송 주 ˇ 인 주 지 선 ˇ 주 지 은 혜 ˇ 영 원 장 존
여호와께 感謝감사하라 그는 善선하시며 그의 仁慈인자하심이 永遠영

원함이로다

2以色列人ˇ當云主之恩惠ˇ永遠長存
2 이 색 열 인 ˇ 당 운 주 지 은 혜 ˇ 영 원 장 존
이제 이스라엘은 말하기를 그의 仁慈인자하심이 永遠영원하다 할지로다

3亞倫之家ˇ當云主之恩惠ˇ永遠長存
3 아 륜 지 가 ˇ 당 운 주 지 은 혜 ˇ 영 원 장 존
이제 아론의 집은 말하기를 그의 仁慈인자하심이 永遠영원하다 할지로다

4敬畏主者ˇ當云主之恩惠ˇ永遠長存
4 경 외 주 자 ˇ 당 운 주 지 은 혜 ˇ 영 원 장 존
이제 여호와를 敬畏경외하는 者자는 말하기를 그의 仁慈인자하심이 永遠영원하다 할지로다

5我急難時呼籲主ˇ主應允我ˇ使我得至寬濶之地
5 아 급 난 시 호 유 주 ˇ 주 응 윤 아 ˇ 사 아 득 지 관 활 지 지
내가 苦痛고통 中중에 여호와께 부르짖었더니 여호와께서 應答응답하시고 나를 넓은 곳에 세우셨도다

6主保護我ˇ我無所恐懼ˇ世人能以何害加於我乎
6 주 보 호 아 ˇ 아 무 소 공 구 ˇ 세 인 능 이 하 해 가 어 아 호
여호와는 내 便편이시라 내가 두려워하지 아니하리니 사람이 내게 어찌할까

7主保護我ˇ救助我
7 주 보 호 아 ˇ 구 조 아
여호와께서 내 便편이 되사 나를 돕는 者자들 中중에 계시니

使我得見仇敵遭報
사 아 득 견 구 적 조 보
그러므로 나를 미워하는 者자들에게 報應보응하시는 것을 내가 보리로다

8仰賴主勝如倚恃世人ˇ 9仰賴主勝如倚恃侯伯
8 앙 뢰 주 승 여 의 시 세 인 ˇ 9 앙 뢰 주 승 여 의 시 후 백
여호와께 避피하는 것이 사람을 信賴신뢰하는 것보다 나으며 여호와께 避피하는 것이 高官고관들을 信賴신뢰하는 것보다 낫도다

10列邦之人環繞我ˇ我倚賴主名ˇ必翦滅之
10 열 방 지 인 환 요 아 ˇ 아 의 뢰 주 명 ˇ 필 전 멸 지
뭇 나라가 나를 에워쌌으니 내가 여호와의 이름으로 그들을 끊으리로다

13爾推我欲使我傾仆ˇ主必將我扶持
13 이 추 아 욕 사 아 경 부 ˇ 주 필 장 아 부 지
너는 나를 밀쳐 넘어뜨리려 하였으나 여호와께서는 나를 도우셨도다

14主賜力於我ˇ我必歌詩頌揚ˇ拯救我者惟有主
14 주 사 력 어 아 ˇ 아 필 가 시 송 양 ˇ 증 구 아 자 유 유 주
여호와는 나의 能力능력과 讚頌찬송이시요 또 나의 救援구원이 되셨도다

52. 시편 119편

9年少者如何方能自潔品行ˇ總須自守ˇ遵依主言
9 년 소 자 여 하 방 능 자 결 품 행 ˇ 총 수 자 수 ˇ 준 의 주 언
青年청년이 무엇으로 그의 行實행실을 깨끗하게 하리이까 主주의 말씀만 지킬 따름이니이다

10我一心尋求主ˇ願主使我不違背主之誡命
10 아 일 심 심 구 주 ˇ 원 주 사 아 불 위 배 주 지 계 명
내가 全心전심으로 主주를 찾았사오니 主주의 誡命계명에서 떠나지 말게 하소서

11我以主言藏在我心ˇ以免獲罪於主
11 아 이 주 언 장 재 아 심 ˇ 이 면 획 죄 어 주
내가 主주께 犯罪범죄하지 아니하려 하여 主주의 말씀을 내 마음에 두었나이다

12惟願主受讚美ˇ求主將主之典章訓誨我
12 유 원 주 수 찬 미 ˇ 구 주 장 주 지 전 장 훈 회 아
讚頌찬송을 받으실 主주 여호와여 主주의 律例율례들을 내게 가르치소서

15我默念主之命令ˇ敬觀主之道
15 아 묵 념 주 지 명 령 ˇ 경 관 주 지 도
내가 主주의 法度법도들을 작은 소리로 읊조리며 主주의 길들에 注

意주의하며

16喜悅主之典章ˇ不忘主之語言
16 희 열 주 지 전 장 ˇ 불 망 주 지 어 언
主주의 律例율례들을 즐거워하며 主주의 말씀을 잊지 아니하리이다

92我若非喜悅主之律法ˇ在苦難中早已死亡
92 아 약 비 희 열 주 지 율 법 ˇ 재 고 난 중 조 이 사 망
主주의 法법이 나의 즐거움이 되지 아니하였더면 내가 내 苦難고난
中중에 滅亡멸망하였으리이다

93我永遠不忘主之命令ˇ因主以此使我蘇醒
93 아 영 원 불 망 주 지 명 령 ˇ 인 주 이 차 사 아 소 성
내가 主주의 法度법도들을 永遠영원히 잊지 아니하오니 主주께서 이
것들 때문에 나를 살게 하심이니이다

94我乃屬主ˇ求主救我ˇ因我尋求主之命令
94 아 내 속 주 ˇ 구 주 구 아 ˇ 인 아 심 구 주 지 명 령
나는 主주의 것이오니 나를 救援구원하소서 내가 主주의 法度법도들
만을 찾았나이다

95惡人窺伺我欲將我滅絕ˇ我惟思維主之法度
95 악 인 규 사 아 욕 장 아 멸 절 ˇ 아 유 사 유 주 지 법 도
惡人악인들이 나를 滅멸하려고 엿보오나 나는 主주의 證據증거들만을
생각하겠나이다

96我觀一切完全者ˇ皆有窮盡ˇ惟主之誡命ˇ廣大無邊
96 아 관 일 체 완 전 자 ˇ 개 유 궁 진 ˇ 유 주 지 계 명 ˇ 광 대 무 변
내가 보니 모든 完全완전한 것이 다 끝이 있어도 主주의 誡命계명들
은 심히 넓으니이다

97主之律法ˇ我甚喜悅ˇ惟此律法終日思念
97 주 지 율 법 ˇ 아 심 희 열 ˇ 유 차 율 법 종 일 사 념
내가 主주의 法법을 어찌 그리 사랑하는지요 내가 그것을 終日종일
작은 소리로 읊조리나이다

53. 시편 121편

1我向山擧目觀望曰ˇ我之救濟ˇ自何而來
1 아 향 산 거 목 관 망 왈 ˇ 아 지 구 제 ˇ 자 하 이 래

내가 山산을 向향하여 눈을 들리라 나의 도움이 어디서 올까

2我之救濟ˇ自創造天地之主而來
2 아 지 구 제 ˇ 자 창 조 천 지 지 주 이 래
나의 도움은 天地천지를 지으신 여호와에게서로다

3主必不使爾失足ˇ保護爾者ˇ永不寢寐
3 주 필 불 사 이 실 족 ˇ 보 호 이 자 ˇ 영 불 침 매
여호와께서 너를 失足실족하지 아니하게 하시며 너를 지키시는 이가 졸지 아니하시리로다

4保護以色列之主ˇ不寢不寐
4 보 호 이 색 열 지 주 ˇ 불 침 불 매
이스라엘을 지키시는 이는 졸지도 아니하시고 주무시지도 아니하시리로다

5主必保護爾ˇ主必在爾右蔭庇爾
5 주 필 보 호 이 ˇ 주 필 재 이 우 음 비 이
여호와는 너를 지키시는 이시라 여호와께서 네 오른쪽에서 네 그늘이 되시나니

6白晝之日不傷爾ˇ夜間之月不害爾
6 백 주 지 일 불 상 이 ˇ 야 간 지 월 불 해 이
낮의 해가 너를 傷상하게 하지 아니하며 밤의 달도 너를 害해치지 아니하리로다

7主必保護爾ˇ免遇一切災禍ˇ必保護爾生命
7 주 필 보 호 이 ˇ 면 우 일 체 재 화 ˇ 필 보 호 이 생 명
여호와께서 너를 지켜 모든 患難환난을 免면하게 하시며 또 네 靈魂영혼을 지키시리로다

8爾出爾入ˇ主必保護爾ˇ從今日至於永遠
8 이 출 이 입 ˇ 주 필 보 호 이 ˇ 종 금 일 지 어 영 원
여호와께서 너의 出入출입을 只今지금부터 永遠영원까지 지키시리로다

54. 시편 126편

1主使被擄之郇民歸故土ˇ(或作主使郇復興)此時我儕有如作夢
1 주 사 피 노 지 순 민 귀 고 토 ˇ (혹 작 주 사 순 부 흥) 차 시 아 제 유 여 작 몽

여호와께서 시온의 捕虜포로를 돌려 보내실 때에 우리는 꿈꾸는 것 같았도다

2我儕滿口歡笑ˇ滿舌歌唱
2아제만구환소ˇ만설가창
그 때에 우리 입에는 웃음이 가득하고 우리 혀에는 讚揚찬양이 찼었도다

斯時列邦人曰ˇ主爲此民施行大事
사시열방인왈ˇ주위차민시행대사
그 때에 뭇 나라 가운데에서 말하기를 여호와께서 그들을 爲위하여 큰 일을 行행하셨다 하였도다

3主爲我儕施行大事ˇ我儕便皆歡欣
3주위아제시행대사ˇ아제변개환흔
여호와께서 우리를 爲위하여 큰 일을 行행하셨으니 우리는 기쁘도다

4我儕被擄之人ˇ求主皆使之歸ˇ有如河水ˇ流往南方ˇ(有如河水流往南方或作如南方枯涸之溪河復有水流)
4아제피노지인ˇ구주개사지귀ˇ유여하수ˇ류왕남방ˇ(유여하수류왕남방혹작여남방고학지계하복유수류)
여호와여 우리의 捕虜포로를 南方남방 시내들 같이 돌려 보내소서

5流淚播種者ˇ必歡躍收成
5유루파종자ˇ필환약수성
눈물을 흘리며 씨를 뿌리는 者자는 기쁨으로 거두리로다

6攜穀種以播者ˇ哭泣而往ˇ迨負禾束而歸ˇ必然歡欣
6휴곡종이파자ˇ곡읍이왕ˇ태부화속이귀ˇ필연환흔
(다같이) 울며 씨를 뿌리러 나가는 者자는 반드시 기쁨으로 그 穀食곡식 단을 가지고 돌아오리로다

55. 시편 127편

1若非主建造房室ˇ匠人勞苦ˇ亦屬枉然
1약비주건조방실ˇ장인노고ˇ역속왕연
여호와께서 집을 세우지 아니하시면 세우는 者자의 수고가 헛되며

若非主保護城池ˇ守者警醒ˇ亦爲無益
약비주보호성지ˇ수자경성ˇ역위무익
여호와께서 城성을 지키지 아니하시면 파수꾼의 깨어 있음이 헛

되도다

2爾曹早起遲眠ˇ辛苦求食ˇ亦屬徒勞
2 이 조 조 기 지 면 ˇ 신 고 구 식 ˇ 역 속 도 노
너희가 일찍이 일어나고 늦게 누우며 수고의 떡을 먹음이 헛되도다

惟主所喜愛者ˇ主必使之安然寢寐
유 주 소 희 애 자 ˇ 주 필 사 지 안 연 침 매
그러므로 여호와께서 그의 사랑하시는 者자에게는 잠을 주시는도다

3子女乃主所賜之業
3 자 녀 내 주 소 사 지 업
보라 子息자식들은 여호와의 基業기업이요

胎之所產ˇ皆主賞賚
태 지 소 산 ˇ 개 주 상 뢰
태의 열매는 그의 賞給상급이로다

4壯年所生之男子ˇ如勇士手中之箭
4 장 년 소 생 지 남 자 ˇ 여 용 사 수 중 지 전
젊은 者자의 子息자식은 壯士장사의 手中수중의 화살 같으니

5人多男子ˇ猶箭充滿箭囊ˇ卽爲有福
5 인 다 남 자 ˇ 유 전 충 만 전 낭 ˇ 즉 위 유 복
이것이 그의 화살통에 가득한 자는 福복되도다

6彼在城門與仇敵言論ˇ必不至於愧恥
6 피 재 성 문 여 구 적 언 론 ˇ 필 부 지 어 괴 치
(다같이) 그들이 城門성문에서 그들의 怨讐원수와 談判담판할 때에 羞恥수치를 當당하지 아니하리로다

56. 시편 128편

1敬畏主遵行主道者ˇ此等人卽爲有福
1 경 외 주 준 행 주 도 자 ˇ 차 등 인 즉 위 유 복
여호와를 敬畏경외하며 그의 길을 걷는 者자마다 福복이 있도다

2爾食以己手勤勞所得者ˇ卽爲有福ˇ必處佳境
2 이 식 이 기 수 근 로 소 득 자 ˇ 즉 위 유 복 ˇ 필 처 가 경
네가 네 손이 수고한 대로 먹을 것이라 네가 福복되고 亨通형통하

리로다

3爾妻在室中ˇ如多果之葡萄樹
3 이 처 재 실 중 ˇ 여 다 과 지 포 도 수
네 집 안房방에 있는 네 아내는 結實결실한 葡萄포도나무 같으며

爾子女如油果樹ˇ皆圍繞爾席
이 자 녀 여 유 과 수 ˇ 개 위 요 이 석
네 食卓식탁에 둘러 앉은 子息자식들은 어린 橄欖감람나무 같으리로다

4敬畏主之人ˇ必如此蒙福
4 경 외 주 지 인 ˇ 필 여 차 몽 복
여호와를 敬畏경외하는 者자는 이같이 福복을 얻으리로다

5主必從郇山降福於爾
5 주 필 종 순 산 강 복 어 이
여호와께서 시온에서 네게 福복을 주실지어다

必使爾終身目覩耶路撒冷受福ˇ6俾爾得見子又生子
필 사 이 종 신 목 도 야 로 살 냉 수 복 ˇ 6 비 이 득 견 자 우 생 자
너는 平生평생에 예루살렘의 繁榮번영을 보며 네 子息자식의 子息자식을 볼지어다

惟願以色列人得享平康
유 원 이 색 열 인 득 향 평 강
이스라엘에게 平康평강이 있을지로다

57. 시편 130편

1主歟ˇ我在深淵呼籲主
1 주 여 ˇ 아 재 심 연 호 유 주
여호와여 내가 깊은 곳에서 主주께 부르짖었나이다

2求主俯聽我聲ˇ側耳聽我懇求之聲
2 구 주 부 청 아 성 ˇ 측 이 청 아 간 구 지 성
主주여 내 소리를 들으시며 나의 부르짖는 소리에 귀를 기울이소서

3主若究察罪愆ˇ主歟ˇ何人能立
3 주 약 구 찰 죄 건 ˇ 주 여 ˇ 하 인 능 입
여호와여 主주께서 罪惡죄악을 지켜보실진대 主주여 누가 서리이까

4惟主常施赦免ˇ使人敬畏
4 유 주 상 시 사 면 ˇ 사 인 경 외
그러나 赦宥사유하심이 主주께 있음은 主주를 敬畏경외하게 하심이니이다

5我盼望主ˇ我心盼望ˇ且仰候主之應許
5 아 반 망 주 ˇ 아 심 반 망 ˇ 차 앙 후 주 지 응 허
나 곧 내 靈魂영혼은 여호와를 기다리며 나는 主주의 말씀을 바라는도다

6我心盼慕主ˇ比更夫盼天明尤切ˇ比更夫盼天明尤切
6 아 심 반 모 주 ˇ 비 갱 부 반 천 명 우 절 ˇ 비 갱 부 반 천 명 우 절
把守파수꾼이 아침을 기다림보다 내 靈魂영혼이 主주를 더 기다리나니 참으로 把守파수꾼이 아침을 기다림보다 더하도다

7以色列人歟ˇ爾當仰望主ˇ因主常行仁慈ˇ大施救贖
7 이 색 열 인 여 ˇ 이 당 앙 망 주 ˇ 인 주 상 행 인 자 ˇ 대 시 구 속
이스라엘아 여호와를 바랄지어다 여호와께서는 仁慈인자하심과 豊盛풍성한 贖良속량이 있음이라

8必救贖以色列人ˇ脫離一切罪孽
8 필 구 속 이 색 열 인 ˇ 탈 리 일 체 죄 얼
(다같이) 그가 이스라엘을 그의 모든 罪惡죄악에서 贖良속량하시리로다

58. 시편 133편

1兄弟和睦同居ˇ何其善ˇ何其美
1 형 제 화 목 동 거 ˇ 하 기 선 ˇ 하 기 미
보라 兄弟형제가 聯合연합하여 同居동거함이 어찌 그리 善선하고 아름다운고

2譬如寶膏ˇ沐亞倫之首ˇ流至鬚髯ˇ流至衣襟
2 비 여 보 고 ˇ 목 아 륜 지 수 ˇ 류 지 수 염 ˇ 류 지 의 금
머리에 있는 보배로운 기름이 鬚髯수염 곧 아론의 鬚髯수염에 흘러서 그의 옷깃까지 내림 같고

3又如甘露降於黑門ˇ降於郇山ˇ在彼主降福ˇ在彼主賜永生
3 우 여 감 로 강 어 흑 문 ˇ 강 어 순 산 ˇ 재 피 주 강 복 ˇ 재 피 주 사 영 생

헐몬의 이슬이 시온의 山산들에 내림 같도다 거기서 여호와께서 福복을 命令명령하셨나니 곧 永生영생이로다

59. 시편 136편

1爾曹當稱謝主ˇ因主至善ˇ主之恩慈ˇ永遠常存
1 이 조 당 칭 사 주 ˇ 인 주 지 선 ˇ 주 지 은 자 ˇ 영 원 상 존
여호와께 感謝감사하라 그는 善선하시며 그 仁慈인자하심이 永遠영원함이로다

2當稱謝超乎萬神之上帝ˇ主之恩慈ˇ永遠常存
2 당 칭 사 초 호 만 신 지 상 제 ˇ 주 지 은 자 ˇ 영 원 상 존
神신들 中중에 뛰어난 하나님께 感謝감사하라 그 仁慈인자하심이 永遠영원함이로다

3當稱謝萬主之主ˇ主之恩慈ˇ永遠常存
3 당 칭 사 만 주 지 주 ˇ 주 지 은 자 ˇ 영 원 상 존
主주들 中중에 뛰어난 主주께 感謝감사하라 그 仁慈인자하심이 永遠영원함이로다

4惟主行大奇蹟ˇ主之恩慈ˇ永遠常存
4 유 주 행 대 기 적 ˇ 주 지 은 자 ˇ 영 원 상 존
홀로 큰 奇異기이한 일들을 行행하시는 이에게 感謝감사하라 그 仁慈인자하심이 永遠영원함이로다

5以智慧造天ˇ主之恩慈ˇ永遠常存
5 이 지 혜 조 천 ˇ 주 지 은 자 ˇ 영 원 상 존
智慧지혜로 하늘을 지으신 이에게 感謝감사하라 그 仁慈인자하심이 永遠영원함이로다

6闢地在水上ˇ主之恩慈ˇ永遠常存
6 벽 지 재 수 상 ˇ 주 지 은 자 ˇ 영 원 상 존
땅을 물 위에 펴신 이에게 感謝감사하라 그 仁慈인자하심이 永遠영원함이로다

7造成大光ˇ主之恩慈ˇ永遠常存
7 조 성 대 광 ˇ 주 지 은 자 ˇ 영 원 상 존
큰 빛들을 지으신 이에게 感謝감사하라 그 仁慈인자하심이 永遠영원

함이로다

8造日以司白晝ˇ主之恩慈ˇ永遠常存
8 조 일 이 사 백 주 ˇ 주 지 은 자 ˇ 영 원 상 존
해로 낮을 主管주관하게 하신 이에게 感謝감사하라 그 仁慈인자하심이 永遠영원함이로다

9造月造星以司黑夜ˇ主之恩慈ˇ永遠常存
9 조 월 조 성 이 사 흑 야 ˇ 주 지 은 자 ˇ 영 원 상 존
달과 별들로 밤을 主管주관하게 하신 이에게 感謝감사하라 그 仁慈인자하심이 永遠영원이로다

10擊殺伊及人之諸長子ˇ主之恩慈ˇ永遠常存
10 격 살 이 급 인 지 제 장 자 ˇ 주 지 은 자 ˇ 영 원 상 존
애굽의 長子장자를 치신 이에게 感謝감사하라 그 仁慈인자하심이 永遠영원함이로다

11導以色列人出於伊及民中ˇ主之恩慈ˇ永遠常存
11 도 이 색 열 인 출 어 이 급 민 중 ˇ 주 지 은 자 ˇ 영 원 상 존
이스라엘을 그들 中중에서 引導인도하여 내신 이에게 感謝감사하라 그 仁慈인자하심이 永遠영원함이로다

12施展大能ˇ彰顯大力ˇ主之恩慈ˇ永遠常存
12 시 전 대 능 ˇ 창 현 대 력 ˇ 주 지 은 자 ˇ 영 원 상 존
强강한 손과 펴신 팔로 引導인도하여 내신 이에게 感謝감사하라 그 仁慈인자하심이 永遠영원함이로다

60. 시편 139편

1主鑒察我ˇ認識我
1 주 감 찰 아 ˇ 인 식 아
여호와여 主주께서 나를 살펴 보셨으므로 나를 아시나이다

2我坐我起ˇ主皆知曉ˇ主從遠處知我意念
2 아 좌 아 기 ˇ 주 개 지 효 ˇ 주 종 원 처 지 아 의 념
主주께서 내가 앉고 일어섬을 아시고 멀리서도 나의 생각을 밝히 아시오며

3我行我寢ˇ主皆詳察ˇ我一切道ˇ主皆深曉
3 아 행 아 침 ˇ 주 개 상 찰 ˇ 아 일 체 도 ˇ 주 개 심 효

나의 모든 길과 내가 눕는 것을 살펴 보셨으므로 나의 모든 行爲행위를 익히 아시오니

4主歟ˇ我舌所發之言ˇ主無不周知
4 주 여 ˇ 아 설 소 발 지 언 ˇ 주 무 불 주 지
여호와여 내 혀의 말을 알지 못하시는 것이 하나도 없으시니이다

7我往何處以避主之神ˇ我逃何處以避主之面
7 아 왕 하 처 이 피 주 지 신 ˇ 아 도 하 처 이 피 주 지 면
내가 主주의 靈영을 떠나 어디로 가며 主주의 앞에서 어디로 避피하리이까

8我若上升於天ˇ主乃在彼ˇ我若下榻於示阿勒ˇ主亦在彼
8 아 약 상 승 어 천 ˇ 주 내 재 피 ˇ 아 약 하 탑 어 시 아 륵 ˇ 주 역 재 피
내가 하늘에 올라갈지라도 거기 계시며 스올에 내 자리를 펼지라도 거기 계시니이다

9我若駕清晨之翅ˇ飛至海極而居
9 아 약 가 청 신 지 시 ˇ 비 지 해 극 이 거
내가 새벽 날개를 치며 바다 끝에 가서 居住거주할지라도

10在彼主之手亦必引導我ˇ主之右手亦必扶持我
10 재 피 주 지 수 역 필 인 도 아 ˇ 주 지 우 수 역 필 부 지 아
거기서도 主주의 손이 나를 引導인도하시며 主주의 오른손이 나를 붙드시리이다

23求上帝鑒察我ˇ知我之心思ˇ試鍊我ˇ知我之意念
23 구 상 제 감 찰 아 ˇ 지 아 지 심 사 ˇ 시 련 아 ˇ 지 아 지 의 념
하나님이여 나를 살피사 내 마음을 아시며 나를 試驗시험하사 내 뜻을 아옵소서

24見我行動有何邪僻ˇ又導我入永生之路
24 견 아 행 동 유 하 사 벽 ˇ 우 도 아 입 영 생 지 로
내게 무슨 惡악한 行爲행위가 있나 보시고 나를 永遠영원한 길로 引導인도하소서

61. 시편 142편

1我發聲呼籲主ˇ發聲懇切求主
1 아 발 성 호 유 주 ˇ 발 성 간 절 구 주

내가 소리 내어 여호와께 부르짖으며 소리 내어 여호와께 懇求간구하는도다

2我在主前ˇ傾吐我苦情ˇ我在主前陳我患難
2 아 재 주 전 ˇ 경 토 아 고 정 ˇ 아 재 주 전 진 아 환 난

내가 내 寃痛원통함을 그의 앞에 吐露토로하며 내 憂患우환을 그의 앞에 陳述진술하는도다

3我喪膽之時ˇ主知我之道途ˇ在我所行之路ˇ仇敵爲我暗設
3 아 상 담 지 시 ˇ 주 지 아 지 도 도 ˇ 재 아 소 행 지 로 ˇ 구 적 위 아 암 설
網羅
망 라

내 靈영이 내 속에서 傷상할 때에도 主주께서 내 길을 아셨나이다 내가 가는 길에 그들이 나를 잡으려고 올무를 숨겼나이다

4求主向我右觀視ˇ無人認識我ˇ我無處避難ˇ無人問我安危
4 구 주 향 아 우 관 시 ˇ 무 인 인 식 아 ˇ 아 무 처 피 난 ˇ 무 인 문 아 안 위

오른쪽을 살펴 보소서 나를 아는 이도 없고 나의 避難處피난처도 없고 내 靈魂영혼을 돌보는 이도 없나이다

5我呼籲主ˇ我云ˇ主乃護衛我者ˇ我在世間時ˇ以主爲生業
5 아 호 유 주 ˇ 아 운 ˇ 주 내 호 위 아 자 ˇ 아 재 세 간 시 ˇ 이 주 위 생 업

여호와여 내가 主주께 부르짖어 말하기를 主주는 나의 避難處피난처시요 살아 있는 사람들의 땅에서 나의 分분깃이시라 하였나이다

6求主俯聽我哀求ˇ我卑微特甚ˇ逼迫我者皆强於我ˇ求主救
6 구 주 부 청 아 애 구 ˇ 아 비 미 특 심 ˇ 핍 박 아 자 개 강 어 아 ˇ 구 주 구
我使我脫離
아 사 아 탈 리

나의 부르짖음을 들으소서 나는 甚심히 卑賤비천하니이다 나를 逼迫핍박하는 者자들에게서 나를 건지소서 그들은 나보다 强강하니이다

7求主導我出幽囚ˇ我卽稱讚主名ˇ主以恩待我ˇ善人必環繞我
7 구 주 도 아 출 유 수 ˇ 아 즉 칭 찬 주 명 ˇ 주 이 은 대 아 ˇ 선 인 필 환 요 아

내 靈魂영혼을 獄옥에서 이끌어 내사 主주의 이름을 感謝감사하게 하소서 主주께서 나에게 갚아 주시리니 義人의인들이 나를 두르리이다

62. 시편 143편

1願主俯聽我祈求ˇ側耳聽我籲懇ˇ按主之眞實公義ˇ以應允我
1 원 주 부 청 아 기 구 ˇ 측 이 청 아 유 간 ˇ 안 주 지 진 실 공 의 ˇ 이 응 윤 아
여호와여 내 祈禱기도를 들으시며 내 懇求간구에 귀를 기울이시고 主주의 眞實진실과 義의로 내게 應答응답하소서

2求主莫追詰追詰或作審鞫)僕人ˇ因在主前無人得稱爲義
2 구 주 막 추 힐 (추 힐 혹 작 심 국) 복 인 ˇ 인 재 주 전 무 인 득 칭 위 의
主주의 종에게 審判심판을 行행하지 마소서 主주의 눈 앞에는 義의로운 人生인생이 하나도 없나이다

3仇敵逼迫我ˇ欲將我命置於塵埃ˇ使我如久亡之人ˇ居於幽暗
3 구 적 핍 박 아 ˇ 욕 장 아 명 치 어 진 애 ˇ 사 아 여 구 망 지 인 ˇ 거 어 유 암
怨讐원수가 내 靈魂영혼을 逼迫핍박하며 내 生命생명을 땅에 엎어서 나로 죽은 지 오랜 者자 같이 나를 暗黑암흑 속에 두었나이다

4我喪膽消魂ˇ中心驚駭
4 아 상 담 소 혼 ˇ 중 심 경 해
그러므로 내 心靈심령이 속에서 傷상하며 내 마음이 내 속에서 慘憺참담하니이다

5我追想昔日ˇ思維主之一切所作ˇ默念主手所爲
5 아 추 상 석 일 ˇ 사 유 주 지 일 체 소 작 ˇ 묵 념 주 수 소 위
내가 옛날을 記憶기억하고 主주의 모든 行행하신 것을 읊조리며 主주의 손이 行행하는 일을 생각하고

6我向主擧手ˇ我心羨慕主ˇ如旱地之盼雨ˇ細拉
6 아 향 주 거 수 ˇ 아 심 이 모 주 ˇ 여 한 지 지 반 우 ˇ 세 랍
主주를 向향하여 손을 펴고 내 靈魂영혼이 마른 땅 같이 主주를 思慕사모하나이다

7求主速然應允我ˇ我心神憔悴
7 구 주 속 연 응 윤 아 ˇ 아 심 신 초 췌
여호와여 速속히 내게 應答응답하소서 내 靈영이 疲困피곤하니이다

11求主爲主之名ˇ使我蘇醒ˇ按主之公義ˇ使我脫離苦難
11 구 주 위 주 지 명 ˇ 사 아 소 성 ˇ 안 주 지 공 의 ˇ 사 아 탈 리 고 난
여호와여 主주의 이름을 爲위하여 나를 살리시고 主주의 義의로 내 靈魂영혼을 患難환난에서 끌어내소서

12我爲主之僕ˇ求主施恩ˇ誅殺我仇敵ˇ滅絶一切逼迫我之人
12 아 위 주 지 복 ˇ 구 주 시 은 ˇ 주 살 아 구 적 ˇ 멸 절 일 체 핍 박 아 지 인
主주의 仁慈인자하심으로 나의 怨讐원수들을 끊으시고 내 靈魂영혼을 괴롭게 하는 者자를 다 滅멸하소서 나는 主주의 종이니이다

63. 시편 145편

1皇皇我上帝ˇ我必頌揚主爲至上ˇ我必永遠讚美主名
1 황 황 아 상 제 ˇ 아 필 송 양 주 위 지 상 ˇ 아 필 영 원 찬 미 주 명
王왕이신 나의 하나님이여 내가 主주를 높이고 永遠영원히 主주의 이름을 頌祝송축하리이다

2我日日讚美主ˇ永遠頌揚主名
2 아 일 일 찬 미 주 ˇ 영 원 송 양 주 명
내가 날마다 主주를 頌祝송축하며 永遠영원히 主주의 이름을 頌祝송축하리이다

3主爲至大ˇ極當頌揚ˇ主之大德深妙莫測
3 주 위 지 대 ˇ 극 당 송 양 ˇ 주 지 대 덕 심 묘 막 측
여호와는 偉大위대하시니 크게 讚揚찬양할 것이라 그의 偉大위대하심을 測量측량하지 못하리로다

4世世頌美主之作爲ˇ代代傳揚主之大能
4 세 세 송 미 주 지 작 위 ˇ 대 대 전 양 주 지 대 능
代代대대로 主주께서 行행하시는 일을 크게 讚揚찬양하며 主주의 能능한 일을 宣布선포하리로다

5我黙念主之榮耀威嚴ˇ黙念主之奇蹟
5 아 묵 념 주 지 영 요 위 엄 ˇ 묵 념 주 지 기 적
主주의 尊貴존귀하고 榮光영광스러운 威嚴위엄과 主주의 奇異기이한 일들을 나는 작은 소리로 읊조리리이다

6主所行之事ˇ至大可畏ˇ人人皆當稱頌ˇ我必宣揚主至大之攻能
6 주 소 행 지 사 ˇ 지 대 가 외 ˇ 인 인 개 당 칭 송 ˇ 아 필 선 양 주 지 대 지 공 능
사람들은 主주의 두려운 일의 權能권능을 말할 것이요 나도 主주의 偉大위대하심을 宣布선포하리이다

7人當極力讚主所施之大恩ˇ永遠記念ˇ並歌頌主之公義
7 인 당 극 력 찬 주 소 시 지 대 은 ˇ 영 원 기 념 ˇ 병 가 송 주 지 공 의
그들이 主주의 크신 恩惠은혜를 記念기념하여 말하며 主주의 義의를 노래하리이다

8惟主發慈愛ˇ施憐憫ˇ時常容忍ˇ大賜恩惠
8 유 주 발 자 애 ˇ 시 연 민 ˇ 시 상 용 인 ˇ 대 사 은 혜
여호와는 恩惠은혜로우시며 矜恤긍휼이 많으시며 怒노하기를 더디하시며 仁慈인자하심이 크시도다

9主施恩於萬民ˇ憐恤所創造之萬物
9 주 시 은 어 만 민 ˇ 련 휼 소 창 조 지 만 물
여호와께서는 모든 것을 善待선대하시며 그 지으신 모든 것에 矜恤긍휼을 베푸시는도다

10主所創造之萬物ˇ皆讚美主ˇ主所選之虔誠人ˇ悉讚美主
10 주 소 창 조 지 만 물 ˇ 개 찬 미 주 ˇ 주 소 선 지 건 성 인 ˇ 실 찬 미 주
여호와여 主주께서 지으신 모든 것들이 主주께 感謝감사하며 主주의 聖徒성도들이 主주를 頌祝송축하리이다

64. 시편 148편

1阿勒盧亞ˇ爾曹當從天上頌揚主ˇ在高處當頌揚主
1 아 륵 노 아 ˇ 이 조 당 종 천 상 송 양 주 ˇ 재 고 처 당 송 양 주
할렐루야 하늘에서 여호와를 讚揚찬양하며 높은 데서 그를 讚揚찬양할지어다

2主之諸使者ˇ皆當頌揚主ˇ主之衆軍ˇ皆當頌揚主
2 주 지 제 사 자 ˇ 개 당 송 양 주 ˇ 주 지 중 군 ˇ 개 당 송 양 주
그의 모든 天使천사여 讚揚찬양하며 모든 軍隊군대여 그를 讚揚찬양할지어다

3日月ˇ當頌揚主ˇ發光之列星ˇ當頌揚主
3 일 월 ˇ 당 송 양 주 ˇ 발 광 지 열 성 ˇ 당 송 양 주
해와 달아 그를 讚揚찬양하며 밝은 별들아 다 그를 讚揚찬양할지어다

4諸天上之天ˇ當頌揚主ˇ天上之雲漢ˇ當頌揚主
4 제 천 상 지 천 ˇ 당 송 양 주 ˇ 천 상 지 운 한 ˇ 당 송 양 주
하늘의 하늘도 그를 讚揚찬양하며 하늘 위에 있는 물들도 그를 讚揚찬양할지어다

5此皆當頌揚主名ˇ因主一發命便皆造成
5 차 개 당 송 양 주 명 ˇ 인 주 일 발 명 변 개 조 성
그것들이 여호와의 이름을 讚揚찬양함은 그가 命令명령하시므로 지음을 받았음이로다

6此皆爲主設立ˇ直至永遠ˇ主已定命ˇ不許踰越
6 차 개 위 주 설 립 ˇ 직 지 영 원 ˇ 주 이 정 명 ˇ 불 허 유 월
그가 또 그것들을 永遠영원히 세우시고 廢폐하지 못할 命令명령을 定정하셨도다

13此皆當頌揚主名ˇ惟主名爲至上ˇ主之榮耀ˇ上顯在天ˇ下
13 차 개 당 송 양 주 명 ˇ 유 주 명 위 지 상 ˇ 주 지 영 요 ˇ 상 현 재 천 ˇ 하
彰在地
창 재 지
여호와의 이름을 讚揚찬양할지어다 그의 이름이 홀로 높으시며 그의 榮光영광이 땅과 하늘 위에 뛰어나심이로다

14主使選民力量强盛ˇ敬畏主之一切虔誠人ˇ卽與主相近之
14 주 사 선 민 역 량 강 성 ˇ 경 외 주 지 일 체 건 성 인 ˇ 즉 여 주 상 근 지
以色列民ˇ皆因此頌揚ˇ阿勒盧亞
이 색 열 민 ˇ 개 인 차 송 양 ˇ 아 륵 노 아
그가 그의 百姓백성의 뿔을 높이셨으니 그는 모든 聖徒성도 곧 그를 가까이 하는 百姓백성 이스라엘 子孫자손의 讚揚찬양 받을 이시로다 할렐루야

65. 시편 149편

1阿勒盧亞ˇ當唱新詩歌頌主ˇ在虔誠人之會中頌揚主
1 아 륵 노 아 ˇ 당 창 신 시 가 송 주 ˇ 재 건 성 인 지 회 중 송 양 주
할렐루야 새 노래로 여호와께 노래하며 聖徒성도의 모임 가운데에서 讚揚찬양할지어다

2以色列人ˇ當因造之之主歡欣ˇ郇城之居民ˇ當因其大君喜樂
2 이 색 열 인 ˇ 당 인 조 지 지 주 환 흔 ˇ 순 성 지 거 민 ˇ 당 인 기 대 군 희 락
이스라엘은 自己자기를 지으신 이로 말미암아 즐거워하며 시온의 住民주민은 그들의 王왕으로 말미암아 즐거워할지어다

3當手舞足蹈頌揚主名ˇ擊鼓彈琴歌頌主
3 당 수 무 족 도 송 양 주 명 ˇ 격 고 탄 금 가 송 주

춤추며 그의 이름을 讚揚찬양하며 小鼓소고와 竪琴수금으로 그를 讚揚찬양할지어다

4因主喜愛己民ˇ救拔謙卑之人ˇ使之尊榮
4 인 주 희 애 기 민 ˇ 구 발 겸 비 지 인 ˇ 사 지 존 영
여호와께서는 自己자기 百姓백성을 기뻐하시며 謙遜겸손한 者자를 救援구원으로 아름답게 하심이로다

5虔誠人得榮光皆喜樂ˇ在牀榻歡呼
5 건 성 인 득 영 광 개 희 락 ˇ 재 상 탑 환 호
聖徒성도들은 榮光영광 中중에 즐거워하며 그들의 寢牀침상에서 기쁨으로 노래할지어다

6口中有讚美上帝之言ˇ手中執兩刃之刀
6 구 중 유 찬 미 상 제 지 언 ˇ 수 중 집 양 인 지 도
그들의 입에는 하나님에 對대한 讚揚찬양이 있고 그들의 손에는 두날 가진 칼이 있도다

7以報仇在列邦ˇ行刑在各國
7 이 보 구 재 열 방 ˇ 행 형 재 각 국
이것으로 뭇 나라에 報讐보수하며 民族민족들을 罰벌하며

8以縲絏拘其君王ˇ以鐵索繫其貴臣
8 이 류 설 구 기 군 왕 ˇ 이 철 삭 계 기 귀 신
그들의 王왕들은 사슬로, 그들의 貴人귀인은 鐵철고랑으로 結縛결박하고

9以定律懲治之ˇ凡敬主之虔誠人ˇ俱如此得榮耀ˇ阿勒盧亞
9 이 정 율 징 치 지 ˇ 범 경 주 지 건 성 인 ˇ 구 여 차 득 영 요 ˇ 아 륵 노 아
(다같이) 記錄기록한 判決판결대로 그들에게 施行시행할지로다 이런 榮光영광은 그의 모든 聖徒성도에게 있도다 할렐루야

66. 시편 150편

1阿勒盧亞ˇ爾曹當在主之聖殿頌揚主ˇ當在主榮耀之穹蒼頌揚主
1 아 륵 노 아 ˇ 이 조 당 재 주 지 성 전 송 양 주 ˇ 당 재 주 영 요 지 궁 창 송 양 주
할렐루야 그의 聖所성소에서 하나님을 讚揚찬양하며

2當因主大能之事頌揚主ˇ因主之大德無邊頌揚主
2 당 인 주 대 능 지 사 송 양 주 ˇ 인 주 지 대 덕 무 변 송 양 주
그의 權能권능의 穹蒼궁창에서 그를 讚揚찬양할지어다

3吹角頌揚主ˇ彈琴敲瑟頌揚主
3 취 각 송 양 주 ˇ 탄 금 고 슬 송 양 주
그의 能능하신 行動행동을 讚揚찬양하며

4擊鼓舞蹈頌揚主ˇ揮絃品簫頌揚主
4 격 고 무 도 송 양 주 ˇ 휘 현 품 소 송 양 주
그의 至極지극히 偉大위대하심을 따라 讚揚찬양할지어다

5用大聲之鐃頌揚主ˇ用和聲之鈸頌揚主
5 용 대 성 지 뇨 송 양 주 ˇ 용 화 성 지 발 송 양 주
喇叭나팔 소리로 讚揚찬양하며 琵琶비파와 竪琴수금으로 讚揚찬양할지어다 小鼓소고 치며 춤 추어 讚揚찬양하며 絃樂현악과 퉁소로 讚揚찬양할지어다 큰 소리 나는 제금으로 讚揚찬양하며 높은 소리 나는 제금으로 讚揚찬양할지어다

6凡有血氣者ˇ皆當頌揚主ˇ阿勒盧亞
6 범 유 혈 기 자 ˇ 개 당 송 양 주 ˇ 아 륵 노 아
(다같이) 呼吸호흡이 있는 者자마다 여호와를 讚揚찬양할지어다 할렐루야

67. 잠언 3장

13得智慧得明哲者ˇ此人則爲有福
13 득 지 혜 득 명 철 자 ˇ 차 인 즉 위 유 복
智慧지혜를 얻은 者자와 明哲명철을 얻은 者자는 福복이 있나니

14積智慧勝於積銀ˇ智慧利大ˇ勝於精金
14 적 지 혜 승 어 적 은 ˇ 지 혜 리 대 ˇ 승 어 정 금
이는 智慧지혜를 얻는 것이 銀은을 얻는 것보다 낫고 그 이익이 精金정금보다 나음이니라

15貴於珍珠ˇ爾一切財寶ˇ不足與之比
15 귀 어 진 주 ˇ 이 일 체 재 보 ˇ 부 족 여 지 비
智慧지혜는 眞珠진주보다 貴귀하니 네가 思慕사모하는 모든 것으로도 이에 比較비교할 수 없도다

16右手操持長壽ˇ左手操持富貴
16 우 수 조 지 장 수 ˇ 좌 수 조 지 부 귀
그의 오른손에는 長壽장수가 있고 그의 왼손에는 富貴부귀가 있나니

17其道安樂ˇ其徑平康
17 기 도 안 락 ˇ 기 경 평 강
그 길은 즐거운 길이요 그의 지름길은 다 平康평강이니라

18持守智慧者ˇ如得生命之樹ˇ執持智慧者ˇ悉有福
18 지 수 지 혜 자 ˇ 여 득 생 명 지 수 ˇ 집 지 지 혜 자 ˇ 실 유 복
智慧지혜는 그 얻은 者자에게 生命생명 나무라 智慧지혜를 가진 者자는 福복되도다

19主以智慧奠地ˇ以明哲建天
19 주 이 지 혜 전 지 ˇ 이 명 철 건 천
여호와께서는 智慧지혜로 땅에 터를 놓으셨으며 明哲명철로 하늘을 堅固견고히 세우셨고

20以知識裂地脈以出泉源ˇ使高空滴露
20 이 지 식 열 지 맥 이 출 천 원 ˇ 사 고 공 적 로
그의 知識지식으로 깊은 바다를 갈라지게 하셨으며 空中공중에서 이슬이 내리게 하셨느니라

21我子ˇ當守智慧智謀ˇ必常在爾目中
21 아 자 ˇ 당 수 지 혜 지 모 ˇ 필 상 재 이 목 중
내 아들아 完全완전한 智慧지혜와 謹愼근신을 지키고 이것들이 네 눈 앞에서 떠나지 말게 하라

26蓋爾賴主ˇ主必護爾ˇ免爾之足陷入網羅
26 개 이 뢰 주 ˇ 주 필 호 이 ˇ 면 이 지 족 함 입 망 라
대저 여호와는 네가 依支의지할 이시니라 네 발을 지켜 걸리지 않게 하시리라

68. 이사야 40장(1)

3有聲呼曰ˇ在曠野備主之路ˇ(或作曠野有聲呼曰當備主之
3 유 성 호 왈 ˇ 재 광 야 비 주 지 로 ˇ (혹 작 광 야 유 성 호 왈 당 비 주 지
路)在沙漠地爲我上帝修直其道
로) 재 사 막 지 위 아 상 제 수 직 기 도
외치는 者자의 소리여 이르되 너희는 曠野광야에서 여호와의 길을

豫備예비하라 沙漠사막에서 우리 하나님의 大路대로를 平坦평탄하게 하라

4一切窪地(一切窪地或作諸谷)必高起ˇ一切山岡必卑下ˇ屈
4 일 체 와 지 (일 체 와 지 혹 작 제 곡) 필 고 기 ˇ 일 체 산 강 필 비 하 ˇ 굴
曲必直ˇ崎嶇必平
곡 필 직 ˇ 기 구 필 평

골짜기마다 돋우어지며 山산마다, 언덕마다 낮아지며 고르지 아니한 곳이 平坦평탄하게 되며 險험한 곳이 平地평지가 될 것이요

5主之榮光必顯ˇ凡有血氣者必得瞻望ˇ蓋主口已言之矣
5 주 지 영 광 필 현 ˇ 범 유 혈 기 자 필 득 첨 망 ˇ 개 주 구 이 언 지 의

여호와의 榮光영광이 나타나고 모든 肉體육체가 그것을 함께 보리라 이는 여호와의 입이 말씀하셨느니라

6有聲曰ˇ爾當宣告ˇ問曰ˇ我當何所宣告ˇ曰ˇ凡有血氣者如
6 유 성 왈 ˇ 이 당 선 고 ˇ 문 왈 ˇ 아 당 하 소 선 고 ˇ 왈 ˇ 범 유 혈 기 자 여
草ˇ其榮如田野之花
초 ˇ 기 영 여 전 야 지 화

말하는 者자의 소리여 이르되 외치라 對答대답하되 내가 무엇이라 외치리이까 하니 이르되 모든 肉體육체는 풀이요 그의 모든 아름다움은 들의 꽃과 같으니

7草枯花彫ˇ因主之氣吹噓其上ˇ斯民誠如草矣
7 초 고 화 조 ˇ 인 주 지 기 취 허 기 상 ˇ 사 민 성 여 초 의

풀은 마르고 꽃이 시듦은 여호와의 氣運기운이 그 위에 붊이라 이 百姓백성은 實실로 풀이로다

8草枯花彫ˇ惟我上帝之言ˇ永存不朽
8 초 고 화 조 ˇ 유 아 상 제 지 언 ˇ 영 존 불 후

풀은 마르고 꽃은 시드나 우리 하나님의 말씀은 永遠영원히 서리라 하라

69. 이사야 40장(2)

26爾向高擧目而觀ˇ思此諸物爲誰所造ˇ惟主使天之萬象ˇ
26 이 향 고 거 목 이 관 ˇ 사 차 제 물 위 수 소 조 ˇ 유 주 사 천 지 만 상 ˇ
按數而顯ˇ皆道其名ˇ蓋以主之大能大力ˇ無不應命也
안 수 이 현 ˇ 개 도 기 명 ˇ 개 이 주 지 대 능 대 력 ˇ 무 불 응 명 야

너희는 눈을 높이 들어 누가 이 모든 것을 創造창조하였나 보라 主주께서는 數爻수효대로 萬象만상을 이끌어 내시고 그들의 모든 이름을 부르시나니 그의 權勢권세가 크고 그의 能力능력이 強강하므로 하나도 빠짐이 없느니라

27雅各乎ˇ爾何言主不鑒察我事ˇ(主不鑒察我事或作我之事
27 아 각 호 ˇ 이 하 언 주 불 감 찰 아 사 ˇ (주 불 감 찰 아 사 혹 작 아 지 사
可隱於主)以色列乎ˇ爾何言我上帝不伸我冤
가 은 어 주) 이 색 열 호 ˇ 이 하 언 아 상 제 불 신 아 원

야곱아 어찌하여 네가 말하며 이스라엘아 네가 이르기를 내 길은 여호와께 숨겨졌으며 내 訟事송사는 내 하나님에게서 벗어난다 하느냐

28爾豈未之知ˇ豈未之聞ˇ主永生之上帝ˇ創造地極ˇ並不疲
28이 기 미 지 지 ˇ 기 미 지 문 ˇ 주 영 생 지 상 제 ˇ 창 조 지 극 ˇ 병 불 피
倦ˇ其明哲莫測
권 ˇ 기 명 철 막 측

너는 알지 못하였느냐 듣지 못하였느냐 永遠영원하신 하나님 여호와, 땅 끝까지 創造창조하신 이는 疲困피곤하지 않으시며 困憊곤비하지 않으시며 明哲명철이 限한이 없으시며

29賜力於倦者ˇ使弱者增膂力
29 사 력 어 권 자 ˇ 사 약 자 증 려 력

疲困피곤한 者자에게는 能力능력을 주시며 無能무능한 者자에게는 힘을 더하시나니

30少者不免疲倦困乏ˇ壯者不免躓蹶顚仆
30 소 자 불 면 피 권 곤 핍 ˇ 장 자 불 면 지 궐 전 부

少年소년이라도 疲困피곤하며 困憊곤비하며 壯丁장정이라도 넘어지며 쓰러지되

31惟仰望主者ˇ必增新膂力ˇ如鷹羽脫而重生ˇ(如鷹羽脫而
31 유 앙 망 주 자 ˇ 필 증 신 려 력 ˇ 여 응 우 탈 이 중 생 ˇ (여 응 우 탈 이
重生或作如鷹張翼飛翔)趨則不困ˇ行則不倦
중 생 혹 작 여 응 장 익 비 상) 추 즉 불 곤 ˇ 행 즉 불 권

오직 여호와를 仰望앙망하는 者자는 새 힘을 얻으리니 禿독수리가 날개치며 올라감 같을 것이요 다같이 달음박질하여도 困憊곤비하지 아니하겠고 걸어가도 疲困피곤하지 아니하리로다

70. 이사야 42장

1試觀我僕ˇ我所扶持ˇ我所選擇ˇ我心所悅者ˇ我將以我靈
1 시 관 아 복 ˇ 아 소 부 지 ˇ 아 소 선 택 ˇ 아 심 소 열 자 ˇ 아 장 이 아 영
賦之ˇ彼以眞法示於列邦
부 지 ˇ 피 이 진 법 시 어 열 방

내가 붙드는 나의 종, 내 마음에 기뻐하는 者자 곧 내가 擇택한 사람을 보라 내가 나의 靈영을 그에게 주었은즉 그가 異邦이방에 正義정의를 베풀리라

2彼不諠譁ˇ不揚聲ˇ不使其聲聞於街衢
2 피 불 훤 화 ˇ 불 양 성 ˇ 불 사 기 성 문 어 가 구

그는 외치지 아니하며 목소리를 높이지 아니하며 그 소리를 거리에 들리게 하지 아니하며

3已傷之葦不折ˇ燼餘之炷不滅ˇ必循實理以傳眞法
3 이 상 지 위 불 절 ˇ 신 여 지 주 불 멸 ˇ 필 순 실 리 이 전 진 법

傷상한 갈대를 꺾지 아니하며 꺼져가는 燈등불을 끄지 아니하고 眞實진실로 正義정의를 施行시행할 것이며

4不衰微ˇ不困憊ˇ(不困憊或作不喪膽)迨設眞法於世ˇ諸島
4 불 쇠 미 ˇ 불 곤 비 ˇ (불 곤 비 혹 작 불 상 담) 태 설 진 법 어 세 ˇ 제 도
居民俱仰望其訓
거 민 구 앙 망 기 훈

그는 衰쇠하지 아니하며 落膽낙담하지 아니하고 世上세상에 正義정의를 세우기에 이르리니 섬들이 그 敎訓교훈을 仰望앙망하리라

6我卽主召爾ˇ以彰仁義ˇ援爾手以護爾ˇ使爾爲與民立約之
6 아 즉 주 소 이 ˇ 이 창 인 의 ˇ 원 이 수 이 호 이 ˇ 사 이 위 여 민 입 약 지
中保ˇ爲列邦之光
중 보 ˇ 위 열 방 지 광

나 여호와가 義의로 너를 불렀은즉 내가 네 손을 잡아 너를 保護보호하며 너를 세워 百姓백성의 言約언약과 異邦이방의 빛이 되게 하리니

7明(明原文作啓)盲者之目ˇ使被囚者出獄ˇ使居幽暗者得出
7 명(명 원 문 작 계) 맹 자 지 목 ˇ 사 피 수 자 출 옥 ˇ 사 거 유 암 자 득 출
囹圄
령 어

네가 눈먼 者자들의 눈을 밝히며 갇힌 者자를 監獄감옥에서 이끌어 내며 黑暗흑암에 앉은 者자를 監房감방에서 나오게 하리라

71. 이사야 55장

1凡爾渴者ˇ當來就水ˇ無金者亦來ˇ爾曹悉來購而食ˇ雖無
1 범 이 갈 자 ˇ 당 래 취 수 ˇ 무 금 자 역 래 ˇ 이 조 실 래 구 이 식 ˇ 수 무
金亦可來購ˇ雖不予以價值ˇ亦可沽酒與乳
금 역 가 래 구 ˇ 수 불 여 이 가 치 ˇ 역 가 고 주 여 유

오호라 너희 모든 목마른 者자들아 물로 나아오라 돈 없는 者자도 오라 너희는 와서 사 먹되 돈 없이, 값 없이 와서 葡萄酒포도주와 젖을 사라

2爾胡爲以金(以金原文作權銀)購不足爲食之物ˇ胡爲以勞
2 이 호 위 이 금 (이 금 원 문 작 권 은) 구 부 족 위 식 지 물 ˇ 호 위 이 노
而得者易不能使爾得飽之物ˇ爾聽從我ˇ可食嘉肴ˇ享豐美ˇ
이 득 자 역 불 능 사 이 득 포 지 물 ˇ 이 청 종 아 ˇ 가 식 가 효 ˇ 향 풍 미 ˇ
而中心歡暢
이 중 심 환 창

너희가 어찌하여 糧食양식이 아닌 것을 爲위하여 銀은을 달아 주며 배부르게 하지 못할 것을 爲위하여 수고하느냐 내게 듣고 들을지어다 그리하면 너희가 좋은 것을 먹을 것이며 너희 自身자신들이 기름진 것으로 즐거움을 얻으리라

3爾其傾耳就我而聽ˇ爾心則可蘇醒ˇ(爾心則可蘇醒或作則
3 이 기 경 이 취 아 이 청 ˇ 이 심 즉 가 소 성 ˇ (이 심 즉 가 소 성 혹 작 즉
可得生)我與爾立永約ˇ以所許大衛之恒恩(恒恩或作實惠)賜爾
가 득 생) 아 여 이 입 영 약 ˇ 이 소 허 대 위 지 항 은 (항 은 혹 작 실 혜) 사 이

너희는 귀를 기울이고 내게로 나아와 들으라 그리하면 너희의 靈魂영혼이 살리라 내가 너희를 爲위하여 永遠영원한 言約언약을 맺으리니 곧 다윗에게 許諾허락한 確實확실한 恩惠은혜이니라

6先知曰ˇ主可尋得ˇ爾當求之ˇ主離不遠ˇ爾當籲之
6 선 지 왈 ˇ 주 가 심 득 ˇ 이 당 구 지 ˇ 주 리 불 원 ˇ 이 당 유 지

너희는 여호와를 만날 만한 때에 찾으라 가까이 계실 때에 그를 부르라

7惡人當離其途ˇ不義者當屛除其謀ˇ(其謀或作私念)歸誠於
7 악 인 당 리 기 도 ˇ 불 의 자 당 병 제 기 모 ˇ (기 모 혹 작 사 념) 귀 성 어
主ˇ主必矜恤之ˇ當歸誠於我上帝ˇ蓋上帝廣行赦宥
주 ˇ 주 필 긍 휼 지 ˇ 당 귀 성 어 아 상 제 ˇ 개 상 제 광 행 사 유

惡人악인은 그의 길을, 不義불의한 者자는 그의 생각을 버리고 여호와께로 돌아오라 그리하면 그가 矜恤긍휼히 여기시리라

(다같이) 우리 하나님께로 돌아오라 그가 너그럽게 容恕용서하시리라

72. 이사야 58장

6釋凶惡之繩ˇ解欺壓之索ˇ釋受虐者ˇ折一切壓人之軛ˇ如
6 석 흉 악 지 승 ˇ 해 기 압 지 삭 ˇ 석 수 학 자 ˇ 절 일 체 압 인 지 액 ˇ 여
是之禁食ˇ始爲我所悅
시 지 금 식 ˇ 시 위 아 소 열

내가 기뻐하는 禁食금식은 凶惡흉악의 結縛결박을 풀어 주며 멍에의 줄을 끌러 주며 壓制압제 當당하는 者자를 自由자유하게 하며 모든 멍에를 꺾는 것이 아니겠느냐

7分餠於饑者ˇ納流離之貧民於己家ˇ見裸者則衣之ˇ勿掩面
7 분 병 어 기 자 ˇ 납 유 리 지 빈 민 어 기 가 ˇ 견 나 자 즉 의 지 ˇ 물 엄 면
不顧爾之骨肉
불 고 이 지 골 육

또 주린 者자에게 네 糧食양식을 나누어 주며 流離유리하는 貧民빈민을 집에 들이며 헐벗은 者자를 보면 입히며 또 네 骨肉골육을 避피하여 스스로 숨지 아니하는 것이 아니겠느냐

8則爾之光明ˇ必發如晨光ˇ爾速得醫治ˇ爾之仁義ˇ護爾於
8 즉 이 지 광 명 ˇ 필 발 여 신 광 ˇ 이 속 득 의 치 ˇ 이 지 인 의 ˇ 호 이 어
前ˇ主之榮光ˇ護爾於後
전 ˇ 주 지 영 광 ˇ 호 이 어 후

그리하면 네 빛이 새벽 같이 비칠 것이며 네 治癒치유가 急速급속할 것이며 네 公義공의가 네 앞에 行행하고 여호와의 榮光영광이 네 뒤에 護衛호위하리니

9其時爾祈禱ˇ主必應允ˇ爾呼籲ˇ主必云ˇ我在此ˇ如爾於爾
9 기 시 이 기 도 ˇ 주 필 응 윤 ˇ 이 호 유 ˇ 주 필 운 ˇ 아 재 차 ˇ 여 이 어 이
中除壓人之軛ˇ不指摘ˇ不妄言
중 제 압 인 지 액 ˇ 부 지 적 ˇ 불 망 언

네가 부를 때에는 나 여호와가 應答응답하겠고 네가 부르짖을 때에는 내가 여기 있다 하리라 萬一만일 네가 너희 中중에서 멍에와 손가락질과 虛妄허망한 말을 除제하여 버리고

10向饑餓者發仁心ˇ使困苦者得滿其志ˇ則爾光必發於暗ˇ
10 향 기 아 자 발 인 심 ˇ 사 곤 고 자 득 만 기 지 ˇ 즉 이 광 필 발 어 암 ˇ

爾暗必變如日午
이 암 필 변 여 일 오

주린 者자에게 네 心情심정이 動동하며 괴로워하는 者자의 心情심정을 滿足만족하게 하면 네 빛이 黑暗흑암 中중에서 떠올라 네 어둠이 낮과 같이 될 것이며

11主恒導爾以行ˇ在旱乾時ˇ使爾滿志ˇ使爾筋骸堅固ˇ使爾
11 주 항 도 이 이 행 ˇ 재 한 건 시 ˇ 사 이 만 지 ˇ 사 이 근 해 견 고 ˇ 사 이
如灌漑之園囿ˇ如永不竭之泉源
여 관 개 지 원 유 ˇ 여 영 불 갈 지 천 원

여호와가 너를 恒常항상 引導인도하여 메마른 곳에서도 네 靈魂영혼을 滿足만족하게 하며 네 뼈를 堅固견고하게 하리니

(다같이) 너는 물 댄 동산 같겠고 물이 끊어지지 아니하는 샘 같을 것이라

73. 이사야 65장

17我造新天新地ˇ昔所有者ˇ不復記誌ˇ不復戀之於心
17 아 조 신 천 신 지 ˇ 석 소 유 자 ˇ 불 부 기 지 ˇ 불 부 련 지 어 심

보라 내가 새 하늘과 새 땅을 創造창조하나니 以前이전 것은 記憶기억되거나 마음에 생각나지 아니할 것이라

18爾當因我所造者ˇ永遠歡欣喜樂ˇ我造耶路撒冷ˇ使人欣
18 이 당 인 아 소 조 자 ˇ 영 원 환 흔 희 락 ˇ 아 조 야 로 살 냉 ˇ 사 인 흔
喜ˇ造其居民ˇ令人歡忭
희 ˇ 조 기 거 민 ˇ 령 인 환 변

너희는 내가 創造창조하는 것으로 말미암아 永遠영원히 기뻐하며 즐거워할지니라 보라 내가 예루살렘을 즐거운 城성으로 創造창조하며 그 百姓백성을 기쁨으로 삼고

19我爲耶路撒冷歡樂ˇ爲我民欣喜ˇ哭泣與哀號之聲ˇ不復
19 아 위 야 로 살 냉 환 락 ˇ 위 아 민 흔 희 ˇ 곡 읍 여 애 호 지 성 ˇ 불 부
聞其中
문 기 중

내가 예루살렘을 즐거워하며 나의 百姓백성을 기뻐하리니 우는 소리와 부르짖는 소리가 그 가운데에서 다시는 들리지 아니할 것이며

25狼與羔同食ˇ獅囓草如牛ˇ蛇以塵爲食ˇ遍我聖山ˇ不傷人
19 아 위 야 로 살 냉 환 락 ˇ 위 아 민 흔 희 ˇ 곡 읍 여 애 호 지 성 ˇ 불 상 인
ˇ不害人ˇ此乃主所言
ˇ 불 해 인 ˇ 차 내 주 소 언

이리와 어린 어린 羊양이 함께 먹을 것이며 獅子사자가 소처럼 짚을 먹을 것이며 뱀은 흙을 양식으로 삼을 것이니 나의 聖山성산에서는 害해함도 없겠고 傷상함도 없으리라 여호와께서 말씀하시니라

74. 마태복음 5장

3虛心者(虛心者原文作貧於心者)福矣ˇ因天國乃其國也
3 허 심 자 (허 심 자 원 문 작 빈 어 심 자) 복 의 ˇ 인 천 국 내 기 국 야

心靈심령이 가난한 者자는 福복이 있나니 天國천국이 그들의 것임이요

4哀慟者福矣ˇ因其將受慰也
4 애 통 자 복 의 ˇ 인 기 장 수 위 야

哀痛애통하는 者자는 福복이 있나니 그들이 慰勞위로를 받을 것임이요

5溫良者福矣ˇ因其將得地也
5 온 량 자 복 의 ˇ 인 기 장 득 지 야

溫柔온유한 者자는 福복이 있나니 그들이 땅을 基業기업으로 받을 것임이요

6慕義如饑渴者福矣ˇ因其將得飽也
6 모 의 여 기 갈 자 복 의 ˇ 인 기 장 득 포 야

義의에 주리고 목마른 者자는 福복이 있나니 그들이 배부를 것임이요

7矜恤者福矣ˇ因其將見矜恤也
7 긍 휼 자 복 의 ˇ 인 기 장 견 긍 휼 야

矜恤긍휼히 여기는 者자는 福복이 있나니 그들이 矜恤긍휼히 여김을 받을 것임이요

8清心者福矣ˇ因其將見上帝也
8 청 심 자 복 의 ˇ 인 기 장 견 상 제 야

마음이 清潔청결한 者자는 福복이 있나니 그들이 하나님을 볼 것임이요

9使人和睦者福矣ˇ因其將稱爲上帝之子也
9 사 인 화 목 자 복 의 ˇ 인 기 장 칭 위 상 제 지 자 야

和平화평하게 하는 者자는 福복이 있나니 그들이 하나님의 아들이라 일컬음을 받을 것임이요

10爲義而被窘逐者福矣ˇ因天國乃其國也
10 위 의 이 피 군 축 자 복 의 ˇ 인 천 국 내 기 국 야
義의를 爲위하여 迫害박해를 받은 者자는 福복이 있나니 天國천국이 그들의 것임이라

11人爲我而詬詈爾ˇ窘逐爾ˇ造諸惡言ˇ誹謗爾ˇ則爾福矣
11 인 위 아 이 후 리 이 ˇ 군 축 이 ˇ 조 제 악 언 ˇ 비 방 이 ˇ 즉 이 복 의
나로 말미암아 너희를 辱욕하고 迫害박해하고 거짓으로 너희를 거슬러 모든 惡악한 말을 할 때에는 너희에게 福복이 있나니 기뻐하고 즐거워하라 하늘에서 너희의 賞상이 큼이라 너희 前전에 있던 先知者선지자들도 이같이 迫害박해하였느니라

75. 마태복음 6장

25故我告爾ˇ勿爲生命憂慮何以食ˇ何以飮ˇ勿爲身體憂慮何以衣ˇ生命不重於糧乎ˇ身體不重於衣乎
25 고 아 고 이 ˇ 물 위 생 명 우 려 하 이 식 ˇ 하 이 음 ˇ 물 위 신 체 우 려 하 이 의 ˇ 생 명 부 중 어 량 호 ˇ 신 체 부 중 어 의 호
그러므로 내가 너희에게 이르노니 목숨을 爲위하여 무엇을 먹을까 무엇을 마실까 몸을 爲위하여 무엇을 입을까 念慮염려하지 말라 목숨이 飮食음식보다 重중하지 아니하며 몸이 衣服의복보다 重중하지 아니하냐

26試觀空中之鳥ˇ不稼不穡ˇ不積於倉ˇ爾在天之父且養之ˇ爾曹不更貴於鳥乎
26 시 관 공 중 지 조 ˇ 불 가 불 색 ˇ 불 적 어 창 ˇ 이 재 천 지 부 차 양 지 ˇ 이 조 불 갱 귀 어 조 호
空中공중의 새를 보라 심지도 않고 거두지도 않고 倉庫창고에 모아들이지도 아니하되 너희 하늘 아버지께서 기르시나니 너희는 이것들보다 貴귀하지 아니하냐

27爾曹孰能以思慮延命一刻(延命一刻或作使身長一尺)乎
27 이 조 숙 능 이 사 려 연 명 일 각 (연 명 일 각 혹 작 사 신 장 일 척) 호
너희 中중에 누가 念慮염려함으로 그 키를 한 자라도 더할 수 있겠느냐

28爾何爲衣服憂慮乎ˇ試觀野地之百合花ˇ如何而長ˇ不勞
28 이 하 위 의 복 우 려 호 ˇ 시 관 야 지 지 백 합 화 ˇ 여 하 이 장 ˇ 불 노
不紡
불 방
또 너희가 어찌 衣服의복을 爲위하여 念慮염려하느냐 들의 百合花백합
화가 어떻게 자라는가 생각하여 보라 수고도 아니하고 길쌈도 아
니하느니라

31故勿慮云ˇ何以食ˇ何以飮ˇ何以衣
31 고 물 려 운 ˇ 하 이 식 ˇ 하 이 음 ˇ 하 이 의
그러므로 念慮염려하여 이르기를 무엇을 먹을까 무엇을 마실까 무
엇을 입을까 하지 말라

32此皆異邦人所求ˇ爾需此諸物ˇ爾在天之父ˇ已知之矣
32 차 개 이 방 인 소 구 ˇ 이 수 차 제 물 ˇ 이 재 천 지 부 ˇ 이 지 지 의
이는 다 異邦人이방인들이 求구하는 것이라 너희 하늘 아버지께서
이 모든 것이 너희에게 있어야 할 줄을 아시느니라

33爾當先求上帝之國與其義ˇ則此諸物ˇ必加於爾也
33 이 당 선 구 상 제 지 국 여 기 의 ˇ 즉 차 제 물 ˇ 필 가 어 이 야
그런즉 너희는 먼저 그의 나라와 그의 義의를 求구하라 그리하면
이 모든 것을 너희에게 더하시리라

76. 요한복음 1장

1太初有道ˇ(道或作言下同)道與上帝同在ˇ道卽上帝
1 태 초 유 도 ˇ (도 혹 작 언 하 동) 도 여 상 제 동 재 ˇ 도 즉 상 제
太初태초에 말씀이 계시니라 이 말씀이 하나님과 함께 계셨으니
이 말씀은 곧 하나님이시니라

2是道ˇ太初與上帝同在ˇ3萬物以道而造ˇ凡受造者ˇ無一非
2 시 도 ˇ 태 초 여 상 제 동 재 ˇ 3 만 물 이 도 이 조 ˇ 범 수 조 자 ˇ 무 일 비
以之而造
이 지 이 조
그가 太初태초에 하나님과 함께 계셨고 萬物만물이 그로 말미암아 지
은 바 되었으니 지은 것이 하나도 그가 없이는 된 것이 없느니라

4生命在道中ˇ生命者人之光也
4 생 명 재 도 중 ˇ 생 명 자 인 지 광 야

그 안에 生命생명이 있었으니 이 生命생명은 사람들의 빛이라

5光照於暗ˇ而暗弗識之
5 광 조 어 암 ˇ 이 암 불 식 지

빛이 어둠에 비치되 어둠이 깨닫지 못하더라

9是爲眞光ˇ普照凡生於世之人者也ˇ(或作是爲眞光臨世普照萬人者也)
9 시 위 진 광 ˇ 보 조 범 생 어 세 지 인 자 야 ˇ (혹 작 시 위 진 광 림 세 보 조 만 인 자 야)

참 빛 곧 世上세상에 와서 각 사람에게 비추는 빛이 있었나니

10彼在世ˇ世以之而造
10 피 재 세 ˇ 세 이 지 이 조

그가 世上세상에 계셨으며 世上세상은 그로 말미암아 지은 바 되었으되

而世不識之ˇ 11彼臨屬己者ˇ而屬己之民不受之
이 세 불 식 지 ˇ 11 피 림 속 기 자 ˇ 이 속 기 지 민 불 수 지

世上세상이 그를 알지 못하였고 自己자기 땅에 오매 自己자기 百姓백성이 迎接영접하지 아니하였으나

12凡受之者ˇ卽信其名者ˇ賜之以權ˇ爲上帝之子ˇ(或作凡受之者賜之以權爲上帝之子卽信其名者也)
12 범 수 지 자 ˇ 즉 신 기 명 자 ˇ 사 지 이 권 ˇ 위 상 제 지 자 ˇ(혹 작 범 수 지 자 사 지 이 권 위 상 제 지 자 즉 신 기 명 자 야)

迎接영접하는 者자 곧 그 이름을 믿는 者자들에게는 하나님의 子女자녀가 되는 權勢권세를 주셨으니

13若是者ˇ非由血氣ˇ非由情慾ˇ非由人意而生ˇ乃由上帝而生
13 약 시 자 ˇ 비 유 혈 기 ˇ 비 유 정 욕 ˇ 비 유 인 의 이 생 ˇ 내 유 상 제 이 생

이는 血統혈통으로나 肉情육정으로나 사람의 뜻으로 나지 아니하고 오직 하나님께로부터 난 者자들이니라

14夫道成肉軀ˇ居於我儕間ˇ我儕見其榮ˇ誠如父獨生子之榮ˇ充滿恩寵眞理
14 부 도 성 육 구 ˇ 거 어 아 제 간 ˇ 아 제 견 기 영 ˇ 성 여 부 독 생 자 지 영 ˇ 충 만 은 총 진 리

말씀이 肉身육신이 되어 우리 가운데 居거하시매 우리가 그의 榮光영광을 보니 아버지의 獨生子독생자의 榮光영광이요 恩惠은혜와 眞理진리가 充滿충만하더라

77. 요한복음 3장

16蓋上帝愛世ˇ至以獨生子賜之ˇ使凡信之者ˇ免沈淪而得
16 개 상 제 애 세 ˇ 지 이 독 생 자 사 지 ˇ 사 범 신 지 자 ˇ 면 침 륜 이 득
永生
영 생

하나님이 世上세상을 이처럼 사랑하사 獨生子독생자를 주셨으니 이는 그를 믿는 者자마다 滅亡멸망하지 않고 永生영생을 얻게 하려 하심이라

17且上帝遣子臨世ˇ非爲罪世ˇ乃爲使世因之得救
17 차 상 제 견 자 림 세 ˇ 비 위 죄 세 ˇ 내 위 사 세 인 지 득 구

하나님이 그 아들을 世上세상에 보내신 것은 世上세상을 審判심판하려 하심이 아니요 그로 말미암아 世上세상이 救援구원을 받게 하려 하심이라

18信之者不定罪ˇ不信之者已定罪ˇ以其不信上帝獨生子之名
18 신 지 자 부 정 죄 ˇ 불 신 지 자 이 정 죄 ˇ 이 기 불 신 상 제 독 생 자 지 명

그를 믿는 者자는 審判심판을 받지 아니하는 것이요 믿지 아니하는 者자는 하나님의 獨生子독생자의 이름을 믿지 아니하므로 벌써 審判심판을 받은 것이니라

19夫光臨世ˇ而人因所行者惡ˇ愛暗而不愛光ˇ定罪之故ˇ卽
19 부 광 림 세 ˇ 이 인 인 소 행 자 악 ˇ 애 암 이 불 애 광 ˇ 정 죄 지 고 ˇ 즉
在此也
재 차 야

그 定罪정죄는 이것이니 곧 빛이 世上세상에 왔으되 사람들이 自己자기 行爲행위가 惡악하므로 빛보다 어둠을 더 사랑한 것이니라

20蓋凡作不善者ˇ惡光而不就光ˇ恐其所行被責
20 개 범 작 불 선 자 ˇ 오 광 이 불 취 광 ˇ 공 기 소 행 피 책

惡악을 行행하는 者자마다 빛을 미워하여 빛으로 오지 아니하나니 이는 그 行爲행위가 드러날까 함이요

21惟循眞理而行者就光ˇ以彰其所行ˇ乃遵上帝而行也
21 유 순 진 리 이 행 자 취 광 ˇ 이 창 기 소 행 ˇ 내 준 상 제 이 행 야

眞理진리를 따르는 者자는 빛으로 오나니 이는 그 行爲행위가 하나님 안에서 行행한 것임을 나타내려 함이라 하시니라

78. 요한복음 14장

1爾曹心勿憂ˇ當信上帝ˇ亦當信我
1 이 조 심 물 우 ˇ 당 신 상 제 ˇ 역 당 신 아
너희는 마음에 근심하지 말라 하나님을 믿으니 또 나를 믿으라

2我父家多第宅ˇ否則我必告爾ˇ我往爲爾備居處ˇ(否則我必
2 아 부 가 다 제 택 ˇ 부 즉 아 필 고 이 ˇ 아 왕 위 이 비 거 처 ˇ (부 즉 아 필
告爾我往爲爾備居處或作否則我豈告爾我往爲爾備居處乎)
고 이 아 왕 위 이 비 거 처 혹 작 부 즉 아 기 고 이 아 왕 위 이 비 거 처 호)
내 아버지 집에 居거할 곳이 많도다 그렇지 않으면 너희에게 일렀으리라

3我旣往爲爾備居處ˇ必復來接爾歸我ˇ我所在ˇ使爾亦在
3 아 기 왕 위 이 비 거 처 ˇ 필 부 래 접 이 귀 아 ˇ 아 소 재 ˇ 사 이 역 재
내가 너희를 爲위하여 居處거처를 豫備예비하러 가노니 가서 너희를 爲위하여 居處거처를 豫備예비하면 내가 다시 와서 너희를 내게로 迎接영접하여 나 있는 곳에 너희도 있게 하리라

4我往之所ˇ爾知之ˇ其途亦知之
4 아 왕 지 소 ˇ 이 지 지 ˇ 기 도 역 지 지
내가 어디로 가는지 그 길을 너희가 아느니라

5多瑪曰ˇ主往之所ˇ我儕不知ˇ何能知其途乎
5 다 마 왈 ˇ 주 왕 지 소 ˇ 아 제 부 지 ˇ 하 능 지 기 도 호
도마가 이르되 主주여 主주께서 어디로 가시는지 우리가 알지 못하거늘 그 길을 어찌 알겠사옵나이까

6耶穌曰ˇ我卽途也ˇ眞理也ˇ生命也ˇ非由我ˇ無人能就父
6 야 소 왈 ˇ 아 즉 도 야 ˇ 진 리 야 ˇ 생 명 야 ˇ 비 유 아 ˇ 무 인 능 취 부
예수께서 이르시되 내가 곧 길이요 眞理진리요 生命생명이니 나로 말미암지 않고는 아버지께로 올 者자가 없느니라

79. 요한복음 15장

5我爲葡萄樹ˇ爾爲枝ˇ凡在我內而我在彼內者ˇ則結果繁矣
5 아 위 포 도 수 ˇ 이 위 지 ˇ 범 재 아 내 이 아 재 피 내 자 ˇ 즉 결 과 번 의
ˇ蓋爾曹離我ˇ則無能爲也
ˇ 개 이 조 리 아 ˇ 즉 무 능 위 야
나는 葡萄포도나무요 너희는 가지라 그가 내 안에, 내가 그 안에

居거하면 사람이 열매를 많이 맺나니 나를 떠나서는 너희가 아무 것도 할 수 없음이라

6人不在我內ˇ則如枝被擲於外而槁ˇ人拾之ˇ投火而焚
6 인 부 재 아 내 ˇ 즉 여 지 피 척 어 외 이 고 ˇ 인 습 지 ˇ 투 화 이 분
사람이 내 안에 居거하지 아니하면 가지처럼 밖에 버려져 마르나니 사람들이 그것을 모아다가 불에 던져 사르느니라

7爾若在我內ˇ我言亦在爾內ˇ則凡所欲者可求ˇ必爲爾成之
7 이 약 재 아 내 ˇ 아 언 역 재 이 내 ˇ 즉 범 소 욕 자 가 구 ˇ 필 위 이 성 지
너희가 내 안에 居거하고 내 말이 너희 안에 居거하면 무엇이든지 願원하는 대로 求구하라 그리하면 이루리라

8若爾結果繁盛ˇ則我父因此得榮ˇ而爾曹誠我門徒矣
8 약 이 결 과 번 성 ˇ 즉 아 부 인 차 득 영 ˇ 이 이 조 성 아 문 도 의
너희가 열매를 많이 맺으면 내 아버지께서 榮光영광을 받으실 것이요 너희는 내 弟子제자가 되리라

9如父愛我ˇ我亦愛爾ˇ爾當居於我之愛
9 여 부 애 아 ˇ 아 역 애 이 ˇ 이 당 거 어 아 지 애
아버지께서 나를 사랑하신 것 같이 나도 너희를 사랑하였으니 나의 사랑 안에 居거하라

10爾若守我誡ˇ則居於我之愛ˇ如我守父之誡ˇ而居於父之愛
10 이 약 수 아 계 ˇ 즉 거 어 아 지 애 ˇ 여 아 수 부 지 계 ˇ 이 거 어 부 지 애
내가 아버지의 誡命계명을 지켜 그의 사랑 안에 居거하는 것 같이 너희도 내 誡命계명을 지키면 내 사랑 안에 居거하리라

11我以此告爾ˇ致我之喜恒存於爾內ˇ且使爾之喜充足
11 아 이 차 고 이 ˇ 치 아 지 희 항 존 어 이 내 ˇ 차 사 이 지 희 충 족
(다같이) 내가 이것을 너희에게 이름은 내 기쁨이 너희 안에 있어 너희 기쁨을 充滿충만하게 하려 함이라

80. 고린도후서 4장

7但我有此寶藏於土器ˇ使人知此莫大之能ˇ非由我ˇ乃由上帝也
7 단 아 유 차 보 장 어 토 기 ˇ 사 인 지 차 막 대 지 능 ˇ 비 유 아 ˇ 내 유 상 제 야

우리가 이 보배를 질그릇에 가졌으니 이는 甚심히 큰 能力능력은 하나님께 있고 우리에게 있지 아니함을 알게 하려 함이라

8我諸事(諸事或作隨在)遇患難而不窮迫ˇ遇顚沛而不失望
8 아 제 사 (제 사 혹 작 수 재) 우 환 난 이 불 궁 박 ˇ 우 전 패 이 불 실 망
우리가 四方사방으로 우겨쌈을 當당하여도 싸이지 아니하며 답답한 일을 當당하여도 落心낙심하지 아니하며

9遇窘逐而不見棄ˇ被傾仆而不致亡
9 우 군 축 이 불 견 기 ˇ 피 경 부 이 불 치 망
迫害박해를 받아도 버린 바 되지 아니하며 거꾸러뜨림을 當당하여도 亡망하지 아니하고

10我身常冒死如主耶穌ˇ(原文作我身常負主耶穌之死)使耶穌之生亦顯在我身
10 아 신 상 모 사 여 주 야 소 ˇ (원 문 작 아 신 상 부 주 야 소 지 사) 사 야 소 지 생 역 현 재 아 신
우리가 恒常항상 예수의 죽음을 몸에 짊어짐은 예수의 生命생명이 또한 우리 몸에 나타나게 하려 함이라

11我生常爲耶穌冒死ˇ使耶穌之生ˇ顯於我將死之身
11 아 생 상 위 야 소 모 사 ˇ 사 야 소 지 생 ˇ 현 어 아 장 사 지 신
우리 살아 있는 者자가 恒常항상 예수를 爲위하여 죽음에 넘겨짐은 예수의 生命생명이 또한 우리 죽을 肉體육체에 나타나게 하려 함이라

81. 에베소서 4장

1我爲主被囚者勸爾ˇ旣蒙召ˇ行事則當與蒙召之恩相稱
1 아 위 주 피 수 자 권 이 ˇ 기 몽 소 ˇ 행 사 즉 당 여 몽 소 지 은 상 칭
그러므로 主주 안에서 갇힌 내가 너희를 勸권하노니 너희가 부르심을 받은 일에 合當합당하게 行행하여

2凡事謙讓ˇ溫柔ˇ忍耐ˇ以愛相恕
2 범 사 겸 양 ˇ 온 유 ˇ 인 내 ˇ 이 애 상 서
모든 謙遜겸손과 溫柔온유로 하고 오래 참음으로 사랑 가운데서 서로 容納용납하고

3以和平相維繫ˇ務守聖靈所賜之一心
3 이 화 평 상 유 계 ˇ 무 수 성 령 소 사 지 일 심

平安평안의 매는 줄로 聖靈성령이 하나 되게 하신 것을 힘써 지키라

4體一ˇ靈一ˇ誠如爾蒙召所望者惟一
4 체 일 ˇ 령 일 ˇ 성 여 이 몽 소 소 망 자 유 일
몸이 하나요 聖靈성령도 한 분이시니 이와 같이 너희가 부르심의 한 所望소망 안에서 부르심을 받았느니라

5主一ˇ信一ˇ洗禮一
5 주 일 ˇ 신 일 ˇ 세 례 일
主주도 한 분이시요 믿음도 하나요 洗禮세례도 하나요

6上帝一ˇ爲萬有之父ˇ宰萬有ˇ貫萬有ˇ亦在爾衆內
6 상 제 일 ˇ 위 만 유 지 부 ˇ 재 만 유 ˇ 관 만 유 ˇ 역 재 이 중 내
하나님도 한 분이시니 곧 萬有만유의 아버지시라

(다같이) 萬有만유 위에 계시고 萬有만유를 統一통일하시고 萬有만유 가운데 계시도다

82. 빌립보서 2장

5宜以基督耶穌之心爲心
5 의 이 기 독 야 소 지 심 위 심
너희 안에 이 마음을 품으라 곧 그리스도 예수의 마음이니

6彼具上帝之體ˇ卽配上帝不以爲僭
6 피 구 상 제 지 체 ˇ 즉 배 상 제 불 이 위 참
그는 根本근본 하나님의 本體본체시나 하나님과 同等동등됨을 取취할 것으로 여기지 아니하시고

7然猶虛己ˇ誕降人身ˇ以僕自處ˇ(誕降人身以僕自處原文作取僕之狀)形體似人ˇ性情似人
7 연 유 허 기 ˇ 탄 강 인 신 ˇ 이 복 자 처 ˇ (탄 강 인 신 이 복 자 처 원 문 작 취 복 지 상) 형 체 사 인 ˇ 성 정 사 인
오히려 自己자기를 비워 종의 形體형체를 가지사 사람들과 같이 되셨고 사람의 貌樣모양으로 나타나사

8自卑而順服至死ˇ甚而死於十字架
8 자 비 이 순 복 지 사 ˇ 심 이 사 어 십 자 가
自己자기를 낮추시고 죽기까지 服從복종하셨으니 곧 十字架십자가에 죽으심이라

9爲此ˇ上帝升之無上ˇ賜之以名ˇ超乎諸名之上
9 위 차 ˇ 상 제 승 지 무 상 ˇ 사 지 이 명 ˇ 초 호 제 명 지 상
이러므로 하나님이 그를 至極지극히 높여 모든 이름 위에 뛰어난 이름을 주사

10使在天在地在地下者ˇ聞耶穌名ˇ無膝不屈
10 사 재 천 재 지 재 지 하 자 ˇ 문 야 소 명 ˇ 무 슬 불 굴
하늘에 있는 者자들과 땅에 있는 者자들과 땅 아래에 있는 者자들로 모든 무릎을 예수의 이름에 꿇게 하시고

11無口不稱耶穌基督爲主ˇ歸榮於上帝卽父
11 무 구 불 칭 야 소 기 독 위 주 ˇ 귀 영 어 상 제 즉 부
(다같이) 모든 입으로 예수 그리스도를 主주라 是認시인하여 하나님 아버지께 榮光영광을 돌리게 하셨느니라

83. 빌립보서 4장

4爾當常因主而喜樂ˇ我復言爾曹當喜樂
4 이 당 상 인 주 이 희 락 ˇ 아 부 언 이 조 당 희 락
主주 안에서 恒常항상 기뻐하라 내가 다시 말하노니 기뻐하라

5爾當使衆知爾之溫良ˇ主已近矣
5 이 당 사 중 지 이 지 온 량 ˇ 주 이 근 의
너희 寬容관용을 모든 사람에게 알게 하라 主주께서 가까우시니라

6勿憂慮ˇ凡事祈禱ˇ籲懇ˇ感謝ˇ以爾之所求者告上帝
6 물 우 려 ˇ 범 사 기 도 ˇ 유 간 ˇ 감 사 ˇ 이 이 지 소 구 자 고 상 제
아무 것도 念慮염려하지 말고 다만 모든 일에 祈禱기도와 懇求간구로 너희 求구할 것을 感謝감사함으로 하나님께 아뢰라

7則上帝之平康ˇ超於人意者ˇ必因基督耶穌保守爾心爾念
7 즉 상 제 지 평 강 ˇ 초 어 인 의 자 ˇ 필 인 기 독 야 소 보 수 이 심 이 념
그리하면 모든 知覺지각에 뛰어난 하나님의 平康평강이 그리스도 예수 안에서 너희 마음과 생각을 지키시리라

8兄弟乎ˇ我更有餘言ˇ凡眞實者ˇ凡端莊者ˇ凡公義者ˇ凡淸潔者ˇ凡可愛者ˇ凡可稱者ˇ有何德ˇ有何譽ˇ俱當念之
8 형 제 호 ˇ 아 갱 유 여 언 ˇ 범 진 실 자 ˇ 범 단 장 자 ˇ 범 공 의 자 ˇ 범 청 결 자 ˇ 범 가 애 자 ˇ 범 가 칭 자 ˇ 유 하 덕 ˇ 유 하 예 ˇ 구 당 념 지
끝으로 兄弟형제들아 무엇에든지 참되며 무엇에든지 敬虔경건하며

무엇에든지 옳으며 무엇에든지 淨潔정결하며 무엇에든지 사랑 받을 만하며 무엇에든지 稱讚칭찬 받을 만하며 무슨 德덕이 있든지 무슨 기림이 있든지 이것들을 생각하라

9爾所學所受所聞所見於我者ˇ皆當行之ˇ則平康之上帝必偕爾
9 이 소 학 소 수 소 문 소 견 어 아 자 ˇ 개 당 행 지 ˇ 즉 평 강 지 상 제 필 해 이
너희는 내게 배우고 받고 듣고 본 바를 行행하라
(다같이) 그리하면 平康평강의 하나님이 너희와 함께 계시리라

84. 히브리서 11장

1夫信使人以所望者爲實ˇ(爲實或作爲必得)爲未見者之據
1 부 신 사 인 이 소 망 자 위 실 ˇ (위 실 혹 작 위 필 득) 위 미 견 자 지 거
믿음은 바라는 것들의 實狀실상이요 보이지 않는 것들의 證據증거니

2古人因信而得美稱
2 고 인 인 신 이 득 미 칭
先進선진들이 이로써 證據증거를 얻었느니라

3我儕因信ˇ則知諸世界以上帝命而造ˇ致所見之物ˇ非由有
3 아 제 인 신 ˇ 칙 지 제 세 계 이 상 제 명 이 조 ˇ 치 소 견 지 물 ˇ 비 유 유
形者出
형 자 출
믿음으로 모든 世界세계가 하나님의 말씀으로 지어진 줄을 우리가 아나니 보이는 것은 나타난 것으로 말미암아 된 것이 아니니라

4亞伯有信ˇ獻祭於上帝ˇ較該隱爲美ˇ故蒙上帝嘉其所獻而
4 아 백 유 신 ˇ 헌 제 어 상 제 ˇ 교 해 은 위 미 ˇ 고 몽 상 제 가 기 소 헌 이
證其爲義ˇ是以雖死仍似有言
증 기 위 의 ˇ 시 이 수 사 잉 사 유 언
믿음으로 아벨은 가인보다 더 나은 祭祀제사를 하나님께 드림으로 義의로운 者자라 하시는 證據증거를 얻었으니 하나님이 그 禮物예물에 對대하여 證言증언하심이라 그가 죽었으나 그 믿음으로써 지금도 말하느니라

5以諾有信ˇ得不死而接於天ˇ上帝旣接之ˇ人不復見之ˇ未
5 이 락 유 신 ˇ 득 불 사 이 접 어 천 ˇ 상 제 기 접 지 ˇ 인 불 부 견 지 ˇ 미
接之先ˇ已得見悅於上帝之證
접 지 선 ˇ 이 득 견 열 어 상 제 지 증

믿음으로 에녹은 죽음을 보지 않고 옮겨졌으니 하나님이 그를 옮기심으로 다시 보이지 아니하였느니라 그는 옮겨지기 前전에 하나님을 기쁘시게 하는 者자라 하는 證據증거를 받았느니라

6無信不能見悅於上帝ˇ蓋就上帝者ˇ必當信有上帝ˇ且信上帝必賞求之之人
6 무 신 불 능 견 열 어 상 제 ˇ 개 취 상 제 자 ˇ 필 당 신 유 상 제 ˇ 차 신 상 제 필 상 구 지 지 인

믿음이 없이는 하나님을 기쁘시게 하지 못하나니 하나님께 나아가는 者자는 반드시 그가 계신 것과 또한 그가 自己자기를 찾는 者자들에게 賞상 주시는 이심을 믿어야 할지니라

85. 요한1서 4장

7可愛者乎ˇ我儕當彼此相愛ˇ蓋愛由上帝出ˇ凡愛人者ˇ皆由上帝而生ˇ且識上帝
7 가 애 자 호 ˇ 아 제 당 피 차 상 애 ˇ 개 애 유 상 제 출 ˇ 범 애 인 자 ˇ 개 유 상 제 이 생 ˇ 차 식 상 제

사랑하는 者자들아 우리가 서로 사랑하자 사랑은 하나님께 屬속한 것이니 사랑하는 者자마다 하나님으로부터 나서 하나님을 알고

8不愛人者ˇ則不識上帝ˇ蓋上帝卽愛也
8 불 애 인 자 ˇ 즉 불 식 상 제 ˇ 개 상 제 즉 애 야

사랑하지 아니하는 者자는 하나님을 알지 못하나니 이는 하나님은 사랑이심이라

9上帝遣其獨生之子降世ˇ使我儕賴之而生ˇ上帝之愛我ˇ在此而顯
9 상 제 견 기 독 생 지 자 강 세 ˇ 사 아 제 뢰 지 이 생 ˇ 상 제 지 애 아 ˇ 재 차 이 현

하나님의 사랑이 우리에게 이렇게 나타난 바 되었으니 하나님이 自己자기의 獨生子독생자를 世上세상에 보내심은 그로 말미암아 우리를 살리려 하심이라

10非我儕愛上帝ˇ乃上帝愛我儕ˇ遣其子爲我儕作贖罪之祭ˇ愛卽在此也
10 비 아 제 애 상 제 ˇ 내 상 제 애 아 제 ˇ 견 기 자 위 아 제 작 속 죄 지 제 ˇ 애 즉 재 차 야

사랑은 여기 있으니 우리가 하나님을 사랑한 것이 아니요 하나

님이 우리를 사랑하사 우리 罪죄를 贖속하기 爲위하여 和睦화목 祭物제물로 그 아들을 보내셨음이라

11可愛者乎ˇ上帝旣如此愛我ˇ則我儕亦當相愛
11 가 애 자 호 ˇ 상 제 기 여 차 애 아 ˇ 즉 아 제 역 당 상 애
사랑하는 者자들아 하나님이 이같이 우리를 사랑하셨은 즉 우리도 서로 사랑하는 것이 마땅하도다

12從未有人見上帝ˇ若我儕相愛ˇ則上帝恒居我內ˇ而愛上
12 종 미 유 인 견 상 제 ˇ 약 아 제 상 애 ˇ 즉 상 제 항 거 아 내 ˇ 이 애 상
帝之愛ˇ得成全於我心
제 지 애 ˇ 득 성 전 어 아 심
어느 때나 하나님을 본 사람이 없으되 萬一만일 우리가 서로 사랑하면 하나님이 우리 안에 居거하시고 그의 사랑이 우리 안에 穩全온전히 이루어지느니라

86. 요한계시록 14장

1我見羔立於郇山ˇ偕之者十四萬四千人ˇ皆有羔父之名ˇ書於
1 아 견 고 립 어 순 산 ˇ 해 지 자 십 사 만 사 천 인 ˇ 개 유 고 부 지 명 ˇ 서 어
其額
기 액
또 내가 보니 보라 어린 羊양이 시온 山산에 섰고 그와 함께 十四萬십사만 四千사천이 서 있는데 그들의 이마에는 어린 羊양의 이름과 그 아버지의 이름을 쓴 것이 있더라

2我聞自天有聲ˇ如衆水澎湃之聲ˇ如巨雷轟震之聲ˇ又聞鼓
2 아 문 자 천 유 성 ˇ 여 중 수 팽 배 지 성 ˇ 여 거 뢰 굉 진 지 성 ˇ 우 문 고
琴者鼓琴之聲
금 자 고 금 지 성
내가 하늘에서 나는 소리를 들으니 많은 물 소리와도 같고 큰 우렛소리와도 같은데 내가 들은 소리는 거문고 타는 者자들이 그 거문고를 타는 것 같더라

3在寶座前ˇ亦於四活物及諸長老前謳歌ˇ所謳者似新歌ˇ此
3 재 보 좌 전 ˇ 역 어 사 활 물 급 제 장 로 전 구 가 ˇ 소 구 자 사 신 가 ˇ 차
歌無人能學ˇ惟自世蒙贖之十四萬四千人能之
가 무 인 능 학 ˇ 유 자 세 몽 속 지 십 사 만 사 천 인 능 지
그들이 寶座보좌 앞과 네 生物생물과 長老장로들 앞에서 새 노래를

부르니 땅에서 贖良속량함을 받은 十四萬십사만 四千사천 밖에는 能능히 이 노래를 배울 者자가 없더라

4彼未汚己以色ˇ蓋持守貞潔ˇ羔無論何往ˇ彼皆從之ˇ彼乃
4 피 미 오 기 이 색 ˇ 개 지 수 정 결 ˇ 고 무 론 하 왕 ˇ 피 개 종 지 ˇ 피 내
被贖於人中ˇ爲初實之果ˇ在上帝及羔前
피 속 어 인 중 ˇ 위 초 실 지 과 ˇ 재 상 제 급 고 전

이 사람들은 女子여자와 더불어 더럽히지 아니하고 純潔순결한 者자라 어린 羊양이 어디로 引導인도하든지 따라가는 者자며 사람 가운데에서 贖良속량함을 받아 처음 익은 열매로 하나님과 어린 羊양에게 屬속한 者자들이니

5其口無詭詐ˇ無瑕可摘在上帝寶座前
5 기 구 무 궤 사 ˇ 무 하 가 적 재 상 제 보 좌 전

그 입에 거짓말이 없고 欠흠이 없는 者자들이더라

87. 요한계시록 21장

1我見有新天新地ˇ蓋前之天地已逝ˇ海亦不復有
1 아 견 유 신 천 신 지 ˇ 개 전 지 천 지 이 서 ˇ 해 역 불 부 유

또 내가 새 하늘과 새 땅을 보니 처음 하늘과 처음 땅이 없어졌고 바다도 다시 있지 않더라

2我約翰見聖城新耶路撒冷ˇ自上帝由天而降ˇ預備齊全ˇ如
2 아 약 한 견 성 성 신 야 로 살 냉 ˇ 자 상 제 유 천 이 강 ˇ 예 비 제 전 ˇ 여
新婦妝飾以待其夫
신 부 장 식 이 대 기 부

또 내가 보매 거룩한 城성 새 예루살렘이 하나님께로부터 하늘에서 내려오니 그 準備준비한 것이 新婦신부가 男便남편을 爲위하여 丹粧단장한 것 같더라

3我聞大聲自天出曰ˇ上帝之幕在人間ˇ上帝將與人偕居ˇ人
3 아 문 대 성 자 천 출 왈 ˇ 상 제 지 막 재 인 간 ˇ 상 제 장 여 인 해 거 ˇ 인
將爲上帝之民ˇ上帝在人間ˇ爲其上帝
장 위 상 제 지 민 ˇ 상 제 재 인 간 ˇ 위 기 상 제

내가 들으니 寶座보좌에서 큰 音聲음성이 나서 이르되 보라 하나님의 帳幕장막이 사람들과 함께 있으매 하나님이 그들과 함께 계시리니 그들은 하나님의 百姓백성이 되고

4彼目流淚ˇ上帝盡拭之ˇ不復有死亡ˇ亦不復有悲哀號泣疾
4 피 목 유 루 ˇ 상 제 진 식 지 ˇ 불 부 유 사 망 ˇ 역 불 부 유 비 애 호 읍 질
痛ˇ蓋前事已逝矣
통 ˇ 개 전 사 이 서 의

하나님은 親친히 그들과 함께 계셔서 모든 눈물을 그 눈에서 닦아 주시니 다시는 死亡사망이 없고 哀痛애통하는 것이나 哭곡하는 것이나 아픈 것이 다시 있지 아니하리니 처음 것들이 다 지나갔음이러라

5坐寶座者曰ˇ我以萬物更新
5 좌 보 좌 자 왈 ˇ 아 이 만 물 갱 신

寶座보좌에 앉으신 이가 이르시되 보라 내가 萬物만물을 새롭게 하노라

88. 세례(침례)(1)

1居天上之主歟ˇ我向主擧目仰望
1 거 천 상 지 주 여 ˇ 아 향 주 거 목 앙 망

하늘에 계시는 主주여 내가 눈을 들어 主주께 向향하나이다

2我目仰望主我之上帝ˇ俟主憐憫我儕
2 아 목 앙 망 주 아 지 상 제 ˇ 사 주 연 민 아 제

여호와 우리 하나님을 바라보며 우리에게 恩惠은혜 베풀어 주시기를 기다리나이다(시 123:1,2하)

8乃基督於我儕尙爲罪人時ˇ爲我而死ˇ上帝以此彰其愛我之愛
8 내 기 독 어 아 제 상 위 죄 인 시 ˇ 위 아 이 사 ˇ 상 제 이 차 창 기 애 아 지 애

우리가 아직 罪人죄인 되었을 때에 그리스도께서 우리를 爲위하여 죽으심으로 하나님께서 우리에 對대한 自己자기의 사랑을 確證확증하셨느니라

9今我儕因基督之血ˇ旣得稱義ˇ不更可賴之而免怒乎
9 금 아 제 인 기 독 지 혈 ˇ 기 득 칭 의 ˇ 불 갱 가 뢰 지 이 면 노 호

그러면 이제 우리가 그의 피로 말미암아 義의롭다 하심을 받았으니 더욱 그로 말미암아 震怒진노하심에서 救援구원을 받을것이니(롬 5:8-9)

4故基督以父之榮ˇ由死復生ˇ我儕從此新生以行ˇ亦如是
4 고 기 독 이 부 지 영 ˇ 유 사 부 생 ˇ 아 제 종 차 신 생 이 행 ˇ 역 여 시

이는 아버지의 榮光영광으로 말미암아 그리스도를 죽은 者자 가운

데서 살리심과 같이 우리로 또한 새 生命생명 가운데서 行행하게 하려 함이라(롬 6:4하)

6故爾旣承受主耶穌基督ˇ則當從之而行
6 고 이 기 승 수 주 야 소 기 독 ˇ 즉 당 종 지 이 행
그러므로 너희가 그리스도 예수를 主주로 받았으니

7根深在彼ˇ建造在彼ˇ堅固於信ˇ如爾所學ˇ且信更增益而感謝焉
7 근 심 재 피 ˇ 건 조 재 피 ˇ 견 고 어 신 ˇ 여 이 소 학 ˇ 차 신 갱 증 익 이 감 사 언
그 안에서 行행하되 그 안에 뿌리를 박으며 세움을 받아 다같이 敎訓교훈을 받은 대로 믿음에 굳게 서서 感謝감사함을 넘치게 하라 (골 2:6-7)

89. 세례(침례)(2)

3豈不知我儕爲基督耶穌受洗禮者ˇ乃爲其死(爲其死或作效其死下同)受洗禮
3 기 부 지 아 제 위 기 독 야 소 수 세 례 자 ˇ 내 위 기 사 (위 기 사 혹 작 효 기 사 하 동) 수 세 례
무릇 그리스도 예수와 合합하여 洗禮세례를 받은 우리는 그의 죽으심과 合합하여 洗禮세례를 받은 줄을 알지 못하느냐

4故我儕爲其死受洗禮ˇ是與基督同葬ˇ基督以父之榮ˇ由死復生ˇ我儕從此新生以行ˇ亦如是
4 고 아 제 위 기 사 수 세 례 ˇ 시 여 기 독 동 장 ˇ 기 독 이 부 지 영 ˇ 유 사 부 생 ˇ 아 제 종 차 신 생 이 행 ˇ 역 여 시
그러므로 우리가 그의 죽으심과 合합하여 洗禮세례를 받음으로 그와 함께 葬事장사되었나니 이는 아버지의 榮光영광으로 말미암아 그리스도를 죽은 者자 가운데서 살리심과 같이 우리로 또한 새 生命생명 가운데서 行행하게 하려 함이라

5我儕若效其死狀ˇ亦必效其復活
5 아 제 약 효 기 사 상 ˇ 역 필 효 기 부 활
萬一만일 우리가 그의 죽으심과 같은 貌樣모양으로 聯合연합한 者자가 되었으면 또한 그의 復活부활과 같은 貌樣모양으로 聯合연합한 者자도 되리라

6蓋知我儕舊日之我ˇ(舊日之我原文作本體之舊人)與之同
6 개 지 아 제 구 일 지 아 ˇ (구 일 지 아 원 문 작 본 체 지 구 인) 여 지 동
釘十字架ˇ以滅罪身ˇ使我儕不復爲罪所役
정 십 자 가 ˇ 이 멸 죄 신 ˇ 사 아 제 불 부 위 죄 소 역
우리가 알거니와 우리의 옛 사람이 예수와 함께 十字架십자가에 못 박힌 것은 罪죄의 몸이 죽어 다시는 우리가 罪죄에게 종 노릇 하지 아니하려 함이니

7蓋死者已釋於罪也
7 개 사 자 이 석 어 죄 야
이는 죽은 者자가 罪죄에서 벗어나 義의롭다 하심을 얻었음이라

8若我誠與基督同死ˇ則信必與其同生
8 약 아 성 여 기 독 동 사 ˇ 즉 신 필 여 기 동 생
만일 우리가 그리스도와 함께 죽었으면 또한 그와 함께 살 줄을 믿노니

9且知基督旣由死復活ˇ則不復死ˇ死不復轄之
9 차 지 기 독 기 유 사 부 활 ˇ 즉 불 부 사 ˇ 사 불 부 할 지
이는 그리스도께서 죽은 者자 가운데서 살아나셨으매 다시 죽지 아니하시고

(다같이) 死亡사망이 다시 그를 主掌주장하지 못할 줄을 앎이로라(롬 6:3~9)

90. 세례(침례)(3)

3耶穌曰ˇ我誠告爾ˇ人非重生ˇ不能見上帝之國
3 야 소 왈 ˇ 아 성 고 이 ˇ 인 비 중 생 ˇ 불 능 견 상 제 지 국
예수께서 對答대답하여 이르시되 眞實진실로 眞實진실로 네게 이르노니 사람이 거듭나지 아니하면 하나님의 나라를 볼 수 없느니라

4尼哥底母曰ˇ人旣老ˇ何能重生ˇ豈能再入母腹而生乎
4 니 가 저 모 왈 ˇ 인 기 노 ˇ 하 능 중 생 ˇ 기 능 재 입 모 복 이 생 호
니고데모가 이르되 사람이 늙으면 어떻게 날 수 있사옵나이까 두 番번째 母胎모태에 들어갔다가 날 수 있사옵나이까

5耶穌曰ˇ我誠告爾ˇ人非由水及聖靈而生ˇ不能進上帝之國
5 야 소 왈 ˇ 아 성 고 이 ˇ 인 비 유 수 급 성 령 이 생 ˇ 불 능 진 상 제 지 국
예수께서 對答대답하시되 眞實진실로 眞實진실로 네게 이르노니 사람

이 물과 聖靈성령으로 나지 아니하면 하나님의 나라에 들어갈 수 없느니라

6由肉軀生者肉軀也ˇ由靈生者靈也
6 유 육 구 생 자 육 구 야 ˇ 유 령 생 자 령 야
肉육으로 난 것은 肉육이요 靈영으로 난 것은 靈영이니

7我言爾曹必當重生ˇ毋以爲奇
7 아 언 이 조 필 당 중 생 ˇ 무 이 위 기
내가 네게 거듭나야 하겠다 하는 말을 놀랍게 여기지 말라(요 3:3~7)

3豈不知我儕爲基督耶穌受洗禮者ˇ乃爲其死(爲其死或作效其死下同)受洗禮
3 기 부 지 아 제 위 기 독 야 소 수 세 례 자 ˇ 내 위 기 사 (위 기 사 혹 작 효 기 사 하 동) 수 세 례
무릇 그리스도 예수와 合합하여 洗禮세례를 받은 우리는 그의 죽으심과 合합하여 洗禮세례를 받은 줄을 알지 못하느냐

4故我儕爲其死受洗禮ˇ是與基督同葬ˇ基督以父之榮ˇ由死復生ˇ我儕從此新生以行ˇ亦如是
4 고 아 제 위 기 사 수 세 례 ˇ 시 여 기 독 동 장 ˇ 기 독 이 부 지 영 ˇ 유 사 부 생 ˇ 아 제 종 차 신 생 이 행 ˇ 역 여 시
그러므로 우리가 그의 죽으심과 合합하여 洗禮세례를 받음으로 그와 함께 葬事장사되었나니 이는 아버지의 榮光영광으로 말미암아 그리스도를 죽은 者자 가운데서 살리심과 같이
(다같이) 우리로 또한 새 生命생명 가운데서 行행하게 하려 함이라(롬 6:3~4)

91. 성찬(1)

35耶穌曰ˇ我卽生命之糧ˇ就我者必不饑ˇ信我者永不渴
35 야 소 왈 ˇ 아 즉 생 명 지 량 ˇ 취 아 자 필 불 기 ˇ 신 아 자 영 불 갈
예수께서 이르시되 나는 生命생명의 떡이니 내게 오는 者자는 決결코 주리지 아니할 터이요 나를 믿는 者자는 永遠영원히 목마르지 아니하리라(요 6:35)

51我乃生命之糧ˇ由天降者ˇ人食此糧則永生ˇ我所賜之糧ˇ卽我之肉ˇ我爲使世人得生而舍之
51 아 내 생 명 지 량 ˇ 유 천 강 자 ˇ 인 식 차 량 즉 영 생 ˇ 아 소 사 지 량 ˇ 즉 아 지 육 ˇ 아 위 사 세 인 득 생 이 사 지

나는 하늘에서 내려온 살아 있는 떡이니 사람이 이 떡을 먹으면 永生영생하리라 내가 줄 떡은 곧 世上세상의 生命생명을 爲위한 내 살이니라 하시니라(요 6:51)

54食我肉ˇ飮我血者ˇ有永生ˇ而在末日ˇ我必復活之
54 식 아 육 ˇ 음 아 혈 자 ˇ 유 영 생 ˇ 이 재 말 일 ˇ 아 필 부 활 지
내 살을 먹고 내 피를 마시는 者자는 永生영생을 가졌고 마지막 날에 내가 그를 다시 살리리니

55蓋我肉乃眞食ˇ我血乃眞飮也
55 개 아 육 내 진 식 ˇ 아 혈 내 진 음 야
내 살은 참된 糧食양식이요 내 피는 참된 飮料음료로다

56食我肉ˇ飮我血者ˇ則彼在我內ˇ我在彼內
56 식 아 육 ˇ 음 아 혈 자 ˇ 즉 피 재 아 내 ˇ 아 재 피 내
내 살을 먹고 내 피를 마시는 者자는 내 안에 居거하고 나도 그의 안에 居거하나니

57永生之父遣我ˇ我因父而生ˇ凡食我者ˇ因我而生亦若此
57 영 생 지 부 견 아 ˇ 아 인 부 이 생 ˇ 범 식 아 자 ˇ 인 아 이 생 역 약 차
살아 계신 아버지께서 나를 보내시매 내가 아버지로 말미암아 사는 것 같이 나를 먹는 그 사람도 나로 말미암아 살리라(요 6:54~57)

34我以新誡示爾ˇ卽爾相愛是也ˇ爾當相愛如我愛爾然
34 아 이 신 계 시 이 ˇ 즉 이 상 애 시 야 ˇ 이 당 상 애 여 아 애 이 연
새 誡命계명을 너희에게 주노니 서로 사랑하라 내가 너희를 사랑한 것 같이 너희도 서로 사랑하라

35爾若相愛ˇ則衆由此可識爾爲我之門徒
35 이 약 상 애 ˇ 즉 중 유 차 가 식 이 위 아 지 문 도
너희가 서로 사랑하면 이로써 모든 사람이 너희가 내 弟子제자인 줄 알리라(요 13:34~35)

92. 성찬(2)

14屆時耶穌席坐ˇ十二使徒偕之
14 계 시 야 소 석 좌 ˇ 십 이 사 도 해 지
때가 이르매 예수께서 使徒사도들과 함께 앉으사 이르시되

15耶穌謂之曰ˇ我受害之先ˇ甚願偕爾曹食此逾越節筵
15 야 소 위 지 왈 ˇ 아 수 해 지 선 ˇ 심 원 해 이 조 식 차 유 월 절 연
내가 苦難고난을 받기 前전에 너희와 함께 이 逾越節유월절 먹기를 願원하고 願원하였노라(눅 22:14~15)

18我告爾ˇ我不復飮葡萄樹所産ˇ直待上帝之國臨焉
18 아 고 이 ˇ 아 불 부 음 포 도 수 소 산 ˇ 직 대 상 제 지 국 임 언
내가 너희에게 이르노니 내가 이제부터 하나님의 나라가 臨임할 때까지 葡萄포도나무에서 난 것을 다시 마시지 아니하리라 하시고

19又取餠祝謝ˇ擘而予之ˇ曰ˇ此乃我體ˇ爲爾捐者ˇ爾當行
19 우 취 병 축 사 ˇ 벽 이 여 지 ˇ 왈 ˇ 차 내 아 체 ˇ 위 이 연 자 ˇ 이 당 행
此以記我
차 이 기 아
또 떡을 가져 感謝감사 祈禱기도 하시고 떼어 그들에게 주시며 이르시되 이것은 너희를 爲위하여 주는 내 몸이라 너희가 이를 行행하여 나를 記念기념하라 하시고

20餐後ˇ取杯亦如此ˇ曰ˇ此杯乃新約ˇ以我血所立ˇ爲爾流
20 찬 후 ˇ 취 배 역 여 차 ˇ 왈 ˇ 차 배 내 신 약 ˇ 이 아 혈 소 립 ˇ 위 이 류
者也
자 야
저녁 먹은 後후에 盞잔도 그와 같이 하여 이르시되 이 盞잔은 내 피로 세우는 새 言約언약이니 곧 너희를 爲위하여 붓는 것이라(눅 22:18~20)

93. 새해(1)

25主在古初創立地之根基ˇ天亦爲主手所造
25 주 재 고 초 창 립 지 지 근 기 ˇ 천 역 위 주 수 소 조
주께서 옛적에 땅의 基礎기초를 놓으셨사오며 하늘도 主주의 손으로 지으신 바니이다

26天地亦必滅亡ˇ惟主永存ˇ天地如衣服漸敝ˇ主更易天地ˇ
26 천 지 역 필 멸 망 ˇ 유 주 영 존 ˇ 천 지 여 의 복 점 폐 ˇ 주 갱 역 천 지 ˇ
如更易衣服ˇ天地亦必改變
여 갱 역 의 복 ˇ 천 지 역 필 개 변
天地천지는 없어지려니와 主주는 永存영존하시겠고 그것들은 다 옷같이 낡으리니 衣服의복같이 바꾸시면 바뀌려니와 主주는 한결같으

시고 主주의 年代연대는 無窮무궁하리이다(시 102:25~27)

18今爾勿復憶已往之事ˇ勿追思古昔之事
18 금 이 물 부 억 이 왕 지 사 ˇ 물 추 사 고 석 지 사
너희는 以前이전 일을 記憶기억하지 말며 옛날 일을 생각하지 말라

19今我創一新事ˇ立卽彰顯ˇ爾必得知ˇ我將備道於曠野ˇ濬
19 금 아 창 일 신 사 ˇ 립 즉 창 현 ˇ 이 필 득 지 ˇ 아 장 비 도 어 광 야 ˇ 준
川於沙漠
천 어 사 막
보라 내가 새 일을 行행하리니 이제 나타낼 것이라(사 43:18~19)

22當去爾前行ˇ脫爾舊人ˇ卽被惑人之嗜慾見壞者
22 당 거 이 전 행 ˇ 탈 이 구 인 ˇ 즉 피 혹 인 지 기 욕 견 괴 자
너희는 誘惑유혹의 慾心욕심을 따라 썩어져 가는 舊習구습을 따르는
옛 사람을 벗어 버리고

23當以爾心志更換一新ˇ24衣以新人ˇ卽按上帝像以義及眞
23 당 이 이 심 지 갱 환 일 신 ˇ 24 의 이 신 인 ˇ 즉 안 상 제 상 이 의 급 진
理之聖德而造者
리 지 성 덕 이 조 자
오직 너희의 心靈심령이 새롭게 되어 하나님을 따라 義의와 眞理진
리의 거룩함으로 지으심을 받는 새 사람을 입으라(엡 4:22~24)

17是故人在基督ˇ則爲新造之人ˇ舊事已逝ˇ一切更新
17 시 고 인 재 기 독 ˇ 즉 위 신 조 지 인 ˇ 구 사 이 서 ˇ 일 체 갱 신
그런즉 누구든지 그리스도 안에 있으면 새로운 被造物피조물이라
이전 것은 지나갔으니 보라 새 것이 되었도다(고후 5:17)

34我以新誡示爾ˇ卽爾相愛是也ˇ爾當相愛如我愛爾然
34 아 이 신 계 시 이 ˇ 즉 이 상 애 시 야 ˇ 이 당 상 애 여 아 애 이 연
새 誡命계명을 너희에게 주노니 서로 사랑하라 내가 너희를 사랑
한것같이 너희도 서로 사랑하라(요 13:34)

94. 새해(2)

3頌美上帝ˇ我主耶穌基督之父ˇ曾因基督ˇ使我受種種神福
3 송 미 상 제 ˇ 아 주 야 소 기 독 지 부 ˇ 증 인 기 독 ˇ 사 아 수 종 종 신 복
在天
재 천
讚頌찬송하리로다 하나님 곧 우리 主주 예수 그리스도의 아버지께

서 그리스도 안에서 하늘에 屬속한 모든 神靈신령한 福복을 우리에게 주시되

4亦自創世之先ˇ因基督選我儕ˇ使我儕以愛在其前爲聖潔無玷者
4 역 자 창 세 지 선 ˇ 인 기 독 선 아 제 ˇ 사 아 제 이 애 재 기 전 위 성 결 무 점 자

곧 創世창세 前전에 그리스도 안에서 우리를 擇택하사 우리로 사랑 안에서 그 앞에 거룩하고 欠흠이 없게 하시려고

5又按其旨ˇ預定我儕由耶穌基督得爲其子
5 우 안 기 지 ˇ 예 정 아 제 유 야 소 기 독 득 위 기 자

그 기쁘신 뜻대로 우리를 豫定예정하사 예수 그리스도로 말미암아 自己자기의 아들들이 되게 하셨으니

6使人頌其恩寵之榮ˇ卽緣其愛子所賜我儕之恩寵
6 사 인 송 기 은 총 지 영 ˇ 즉 연 기 애 자 소 사 아 제 지 은 총

이는 그가 사랑하시는 者자 안에서 우리에게 거저 주시는 바 그의 恩惠은혜의 榮光영광을 讚頌찬송하게 하려는 것이라

7我儕賴彼以其流血蒙救贖ˇ得罪赦ˇ循上帝豐厚之恩寵
7 아 제 뢰 피 이 기 유 혈 몽 구 속 ˇ 득 죄 사 ˇ 순 상 제 풍 후 지 은 총

우리는 그리스도 안에서 그의 恩惠은혜의 豊盛풍성함을 따라 그의 피로 말미암아 贖良속량 곧 罪죄 赦사함을 받았느니라

8卽以諸智慧明哲廣施於我者ˇ9且示我以其旨之奧妙
8 즉 이 제 지 혜 명 철 광 시 어 아 자 ˇ 9 차 시 아 이 기 지 지 오 묘

이는 그가 모든 智慧지혜와 聰明총명을 우리에게 넘치게 하사 그 뜻의 秘密비밀을 우리에게 알리신 것이요(엡 1:3~9상)

10使萬物或在天或在地者ˇ悉歸於一首ˇ卽基督
10 사 만 물 혹 재 천 혹 재 지 자 ˇ 실 귀 어 일 수 ˇ 즉 기 독

하늘에 있는 것이나 땅에 있는 것이 다 그리스도 안에서 統一통일되게 하려 하심이라

11惟隨己意行萬事之主ˇ循其旨預定我儕因基督而得嗣業
11 유 수 기 의 행 만 사 지 주 ˇ 순 기 지 예 정 아 제 인 기 독 이 득 사 업

모든 일을 그의 뜻의 決定결정대로 일하시는 이의 計劃계획을 따라 우리가 豫定예정을 입어 그 안에서 基業기업이 되었으니

12使上帝之榮ˇ因我儕先仰賴基督者得頌讚
12 사 상 제 지 영 ˇ 인 아 제 선 앙 뢰 기 독 자 득 송 찬
이는 우리가 그리스도 안에서 前전부터 바라던 그의 榮光영광의 讚頌찬송이 되게 하려 하심이라(엡 1:10~12)

95. 가정주일

1我雖能言世人及天使之言ˇ若無愛ˇ則如鳴鉦響鈸
1 아 수 능 언 세 인 급 천 사 지 언 ˇ 약 무 애 ˇ 즉 여 명 정 향 발
내가 사람의 方言방언과 天使천사의 말을 할지라도 사랑이 없으면 소리 나는 구리와 울리는 꽹과리가 되고

2雖有先知之明ˇ能探諸奧妙ˇ得諸知識ˇ信德俱備ˇ能以移山ˇ若無愛ˇ則無益
2 수 유 선 지 지 명 ˇ 능 탐 제 오 묘 ˇ 득 제 지 식 ˇ 신 덕 구 비 ˇ 능 이 이 산 ˇ 약 무 애 ˇ 즉 무 익
내가 豫言예언하는 能力능력이 있어 모든 秘密비밀과 모든 知識지식을 알고 또 山산을 옮길 만한 모든 믿음이 있을지라도 사랑이 없으면 내가 아무것도 아니요

3雖傾所有以濟貧ˇ又舍身被焚ˇ若無愛則於我無益
3 수 경 소 유 이 제 빈 ˇ 우 사 신 피 분 ˇ 약 무 애 즉 어 아 무 익
내가 내게 있는 모든 것으로 救濟구제하고 또 내 몸을 불사르게 내줄지라도 사랑이 없으면 내게 아무 有益유익이 없느니라

4愛乃寬忍慈悲ˇ愛不嫉妒ˇ愛不矜誇ˇ不驕傲
4 애 내 관 인 자 비 ˇ 애 불 질 투 ˇ 애 불 긍 과 ˇ 불 교 오
사랑은 오래참고 사랑은 溫柔온유하며 猜忌시기하지 아니하며 사랑은 자랑하지 아니하며 驕慢교만하지 아니하며

5不妄爲ˇ不圖己利ˇ不遽怒ˇ不念惡ˇ6不喜非義ˇ乃喜眞理
5 불 망 위 ˇ 불 도 기 리 ˇ 불 거 노 ˇ 불 념 악 ˇ 6 불 희 비 의 ˇ 내 희 진 리
無禮무례히 行행하지 아니하며 自己자기의 有益유익을 求구하지 아니하며 성내지 아니하며 惡악한 것을 생각하지 아니하며 不義불의를 기뻐하지 아니하며

7凡事包容ˇ凡事存信ˇ凡事冀望ˇ凡事忍耐
7 범 사 포 용 ˇ 범 사 존 신 ˇ 범 사 기 망 ˇ 범 사 인 내
眞理진리와 함께 기뻐하고 모든 것을 참으며 모든 것을 믿으며 모

든 것을 바라며 모든 것을 견디느니라

8愛永不隕ˇ但先知講道之能將廢ˇ言方言之能將止ˇ知識亦
8 애 영 불 운 ˇ 단 선 지 강 도 지 능 장 폐 ˇ 언 방 언 지 능 장 지 ˇ 지 식 역
將廢
장 폐
사랑은 언제까지나 떨어지지 아니하되 豫言예언도 廢폐하고 方言방언도 그치고 知識지식도 廢폐하리라(고전 13:1~8)

13今有信ˇ有望ˇ有愛ˇ此三者皆存ˇ其中至大者ˇ愛也
13 금 유 신 ˇ 유 망 ˇ 유 애 ˇ 차 삼 자 개 존 ˇ 기 중 지 대 자 ˇ 애 야
(다같이) 그런즉 믿음, 所望소망, 사랑, 이 세가지는 恒常항상 있을 것인데 그 중의 第一제일은 사랑이라(고전 13:13)

96. 어린이주일

3子女乃主所賜之業ˇ胎之所産ˇ皆主賞賚
3 자 녀 내 주 소 사 지 업 ˇ 태 지 소 산 ˇ 개 주 상 뢰
보라 子息자식들은 여호와의 基業기업이요 태의 열매는 그의 賞給상급이로다

4壯年所生之男子ˇ如勇士手中之箭
4 장 년 소 생 지 남 자 ˇ 여 용 사 수 중 지 전
젊은 者자의 子息자식은 壯士장사의 手中수중의 화살 같으니

5人多男子ˇ猶箭充滿箭囊ˇ卽爲有福
5 인 다 남 자 ˇ 유 전 충 만 전 낭 ˇ 즉 위 유 복
이것이 그의 화살 筒통에 가득한 者자는 福복되도다(시 127:3-5상)

3曰ˇ我誠告爾ˇ爾若不改變ˇ不成如此孩提ˇ則不得入天國
3 왈ˇ 아 성 고 이 ˇ 이 약 불 개 변 ˇ 불 성 여 차 해 제 ˇ 즉 부 득 입 천 국
이르시되 眞實진실로 너희에게 이르노니 너희가 돌이켜 어린 아이들과 같이 되지 아니하면 決斷결단코 天國천국에 들어가지 못하리라

4故凡自謙似此孩提者ˇ彼在天國爲至大
4 고 범 자 겸 사 차 해 제 자 ˇ 피 재 천 국 위 지 대
그러므로 누구든지 이 어린 아이와 같이 自己자기를 낮추는 사람이 天國천국에서 큰 者자니라

5凡爲我之名ˇ接一如此之孩提者ˇ卽接我
5 범 위 아 지 명 ˇ 접 일 여 차 지 해 제 자 ˇ 즉 접 아

또 누구든지 내 이름으로 이런 어린 아이 하나를 迎接영접하면 곧 나를 迎接영접함이니(마태 18:3~5)

4父歟ˇ爾勿激子怒ˇ必以主之訓警戒而教養之
4부여ˇ이물격자노ˇ필이주지훈경계이교양지
또 아비들아 너희 子女자녀를 노엽게 하지 말고 오직 主주의 教訓교훈과 訓戒훈계로 養育양육하라(엡 6:4)

6教子以當行之道ˇ則至老不離
6교자이당행지도ˇ즉지노불리
마땅히 行행할 길을 아이에게 가르치라
(다같이) 그리하면 늙어도 그것을 떠나지 아니하리라(잠 22:6)

97. 청년주일

1爾在幼時ˇ患難之日未來ˇ爾所不悅之年未至ˇ當及時記憶造爾之主
1이재유시ˇ환난지일미래ˇ이소불열지년미지ˇ당급시기억조이지주
너는 青年청년의 때에 너의 創造主창조주를 記憶기억하라 곧 困苦곤고한 날이 이르기 前전에 나는 아무 樂낙이 없다고 할 해들이 가깝기 前전에

2不待日月衆星晦其光ˇ雨後又作雲之時
2부대일월중성회기광ˇ우후우작운지시
해와 빛과 달과 별들이 어둡기 前전에 비 뒤에 구름이 다시 일어나기 前전에 그리하라(전 12:1~2)

9少者乎ˇ爾幼時可欣喜ˇ爾在幼年心可歡悅ˇ行爾心所欲行之道ˇ視爾目所欲視者
9소자호ˇ이유시가흔희ˇ이재유년심가환열ˇ행이심소욕행지도ˇ시이목소욕시자
青年청년이여 네 어린 때를 즐거워하며 네 青年청년의 날들을 마음에 기뻐하여 마음에 願원하는 길들과 네 눈이 보는 대로 行행하라

惟當知上帝ˇ必為此一切審鞫爾
유당지상제ˇ필위차일체심국이
그러나 하나님이 이 모든 일로 말미암아 너를 審判심판하실 줄 알라(전 11:9)

7敬畏主ˇ是爲智慧之本ˇ愚昧人藐視智慧與訓誨
7 경 외 주 ˇ 시 위 지 혜 지 본 ˇ 우 매 인 막 시 지 혜 여 훈 회

여호와를 敬畏경외하는 것이 知識지식의 根本근본이거늘 미련한 者자는 智慧지혜와 訓戒훈계를 蔑視멸시하느니라(잠 1:7)

9年少者如何方能自潔品行ˇ總須自守ˇ遵依主言
9 년 소 자 여 하 방 능 자 결 품 행 ˇ 총 수 자 수 ˇ 준 의 주 언

靑年청년이 무엇으로 그의 行實행실을 깨끗하게 하리이까 主주의 말씀만 지킬 따름이니라(시 119:9)

22爾當遠幼年之嗜慾ˇ追求義與信與愛ˇ並與淸心籲主者求和睦
22 이 당 원 유 년 지 기 욕 ˇ 추 구 의 여 신 여 애 ˇ 병 여 청 심 유 주 자 구 화 목

또한 너는 靑年청년의 情慾정욕을 避피하고 主주를 깨끗한 마음으로 부르는 者자들과 함께 義의와 믿음과 사랑과 和平화평을 따르라(딤후 2:22)

3爾行軍之日ˇ爾之民飾以聖裝ˇ樂心相從ˇ爾之壯丁多於黎明之露
3 이 행 군 지 일 ˇ 이 지 민 식 이 성 장 ˇ 락 심 상 종 ˇ 이 지 장 정 다 어 여 명 지 로

主주의 權能권능의 날에 主주의 百姓백성이 거룩한 옷을 입고 즐거이 獻身헌신하니 새벽 이슬 같은 主주의 靑年청년들이 主주께 나오는도다(시 110:3)

98. 어버이주일

12當敬爾父母ˇ使爾可久居(久居或作享遐齡)於主爾上帝所賜爾之地
12 당 경 이 부 모 ˇ 사 이 가 구 거 (구 거 혹 작 향 하 령) 어 주 이 상 제 소 사 이 지 지

네 父母부모를 恭敬공경하라 그리하면 네 하나님 여호와가 네게 준 땅에서 네 生命생명이 길리라(출 20:12)

8我子ˇ當聽父訓ˇ勿棄母教
8 아 자 ˇ 당 청 부 훈 ˇ 물 기 모 교

내 아들아 네 아비의 訓戒훈계를 들으며 네 어미의 法법을 떠나지 말라

9視爲爾首之華冠ˇ項之金索
9 시 위 이 수 지 화 관 ˇ 항 지 금 삭
이는 네 머리의 아름다운 冠관이요 네 목의 金금 사슬이니라(잠 1:8~9)

22當聽生爾之父ˇ勿輕忽爾之老母
22 당 청 생 이 지 부 ˇ 물 경 홀 이 지 노 모
너를 낳은 아비에게 聽從청종하고 네 늙은 어미를 輕경히 여기지 말지니라(잠 23:22)

25爾當使爾父母歡悅ˇ使生爾者喜樂
25 이 당 사 이 부 모 환 열 ˇ 사 생 이 자 희 락
네 父母부모를 즐겁게 하며 너를 낳은 어미를 기쁘게 하라(잠 23:25)

1子歟ˇ爾當爲主順從父母ˇ此乃所宜
1 자 여 ˇ 이 당 위 주 순 종 부 모 ˇ 차 내 소 의
子女자녀들아 主주 안에서 너희 父母부모에게 順從순종하라 이것이 옳으니라

2敬爾父母ˇ此爲首誡ˇ有應許者ˇ3曰ˇ使爾得福ˇ久居於世
2 경 이 부 모 ˇ 차 위 수 계 ˇ 유 응 허 자 ˇ 3 왈 ˇ 사 이 득 복 ˇ 구 거 어 세
네 아버지와 어머니를 恭敬공경하라 이것은 約束약속이 있는 첫 誡命계명이니 이로써 네가 잘 되고 땅에서 長壽장수하리라(엡 6:1-3)

99. 나라사랑(1)

8全地之人ˇ皆當敬畏主ˇ凡居世間者ˇ皆當畏懼主
8 전 지 지 인 ˇ 개 당 경 외 주 ˇ 범 거 세 간 자 ˇ 개 당 외 구 주
온 땅은 여호와를 두려워하며 世上세상의 모든 居民거민들은 그를 敬畏경외할지어다(시 33:8)

10列國設謀ˇ爲主所敗ˇ異邦定計ˇ爲主所破
10 열 국 설 모 ˇ 위 주 소 패 ˇ 이 방 정 계 ˇ 위 주 소 파
여호와께서 나라들의 計劃계획을 廢폐하시며 民族민족들의 思想사상을 無效무효하게 하시도다

11惟主之謀猷ˇ永立不廢ˇ主之心意ˇ世代長存
11 유 주 지 모 유 ˇ 영 입 불 폐 ˇ 주 지 심 의 ˇ 세 대 장 존
여호와의 計劃계획은 永遠영원히 서고 그의 생각은 代代대대에 이르리로다

12以主爲上帝者ˇ其國有福ˇ蒙主選爲子民者ˇ其邦有福
12 이 주 위 상 제 자 ˇ 기 국 유 복 ˇ 몽 주 선 위 자 민 자 ˇ 기 방 유 복
여호와를 自己자기 하나님으로 삼은 나라 곧 하나님의 基業기업으로 選擇선택된 百姓백성은 福복이 있도다

13主從天上觀視ˇ鑒察一切世人
13 주 종 천 상 관 시 ˇ 감 찰 일 체 세 인
여호와께서 하늘에서 굽어보사 모든 人生인생을 살피심이여

14主從所居之處ˇ俯視凡居於世間之人
14 주 종 소 거 지 처 ˇ 부 시 범 거 어 세 간 지 인
곧 그가 居거하시는 곳에서 世上세상의 모든 居民거민들을 굽어살피시는도다(시 33:10-14)

16君王兵多ˇ未必得勝ˇ勇士力大ˇ難自解救
16 군 왕 병 다 ˇ 미 필 득 승 ˇ 용 사 력 대 ˇ 난 자 해 구
많은 軍隊군대로 救援구원 얻은 王왕이 없으며 勇士용사가 힘이 세어도 스스로 救援구원하지 못하는도다(시 33:16)

18敬畏主仰望主恩者ˇ主目眷顧之
18 경 외 주 앙 망 주 은 자 ˇ 주 목 권 고 지
여호와는 그를 敬畏경외하는 者자 곧 그의 仁慈인자하심을 바라는 者자를 살피사

19救其生命ˇ脫於死亡ˇ在饑荒時ˇ保存其身
19 구 기 생 명 ˇ 탈 어 사 망 ˇ 재 기 황 시 ˇ 보 존 기 신
그들의 靈魂영혼을 死亡사망에서 건지시며 그들이 굶주릴 때에 그들을 살리시는도다

20我儕心中仰望主ˇ惟主保祐我儕ˇ護庇我儕
20 아 제 심 중 앙 망 주 ˇ 유 주 보 우 아 제 ˇ 호 비 아 제
우리 靈魂영혼이 여호와를 바람이여 그는 우리의 도움과 防牌방패시로다(시 33:18~20)

22主歟ˇ我儕惟仰望主ˇ但願主之恩惠ˇ臨及我身
22 주 여 ˇ 아 제 유 앙 망 주 ˇ 단 원 주 지 은 혜 ˇ 임 급 아 신
여호와여 우리가 主주께 바라는 대로 主주의 仁慈인자하심을 우리에게 베푸소서(시 33:22)

100. 나라사랑(2)

1阿勒盧亞ˇ我心當頌揚主
1 아 륵 노 아 ˇ 아 심 당 송 양 주
할렐루야 내 靈魂영혼아 여호와를 讚揚찬양하라

2我生存之時ˇ必頌揚主ˇ歌頌我上帝ˇ至於終身
2 아 생 존 지 시 ˇ 필 송 양 주 ˇ 가 송 아 상 제 ˇ 지 어 종 신
나의 生前생전에 여호와를 讚揚찬양하며 나의 平生평생에 내 하나님을 讚頌찬송하리로다

3爾曹休倚君王ˇ休賴世人ˇ彼皆不能施救
3 이 조 휴 의 군 왕 ˇ 휴 뢰 세 인 ˇ 피 개 불 능 시 구
貴人귀인들을 依支의지하지 말며 도울 힘이 없는 人生인생도 依支의지하지 말지니

4其氣一斷ˇ卽歸塵埃ˇ其計謀卽日泯滅
4 기 기 일 단 ˇ 즉 귀 진 애 ˇ 기 계 모 즉 일 민 멸
그의 호흡이 끊어지면 흙으로 돌아가서 그 날에 그의 생각이 消滅소멸하리로다

5蒙雅各之上帝扶助ˇ仰望主其上帝者ˇ斯人便爲有福
5 몽 아 각 지 상 제 부 조 ˇ 앙 망 주 기 상 제 자 ˇ 사 인 변 위 유 복
야곱의 하나님을 自己자기의 도움으로 삼으며 여호와 自己자기 하나님에게 自己자기의 所望소망을 두는 者자는 福복이 있도다

6主造天地與海及其間之萬物ˇ守誠實至於永遠
6 주 조 천 지 여 해 급 기 간 지 만 물 ˇ 수 성 실 지 어 영 원
여호와는 天地천지와 바다와 그 中중의 萬物만물을 지으시며 永遠영원히 眞實진실함을 지키시며

7主爲受屈者伸寃ˇ賜食於餓者
7 주 위 수 굴 자 신 원 ˇ 사 식 어 아 자
억눌린 사람들을 爲위해 正義정의로 審判심판하시며 주린 者자들에게 먹을 것을 주시는 이시로다

使捆縛(捆縛或作俘囚)者得釋ˇ8主使目盲者能視ˇ主使拳曲者能直
사 곤 박 (곤 박 혹 작 부 수) 자 득 석 ˇ 8 주 사 목 맹 자 능 시 ˇ 주 사 권 곡 자 능 직

여호와께서는 갇힌 者자들에게 自由자유로 주시는 도다 여호와께서 盲人맹인들의 눈을 여시며 여호와께서 卑屈비굴한 者자들을 일으키시며

主喜愛善人ˇ9主保護客旅ˇ扶助孤寡ˇ使惡人之道路彎曲
주 희 애 선 인 ˇ 9 주 보 호 객 려 ˇ 부 조 고 과 ˇ 사 악 인 지 도 로 만 곡

여호와께서 義人의인들을 사랑하시며 여호와께서 나그네들을 保護보호하시며 孤兒고아와 寡婦과부를 붙드시고 惡人악인들의 길은 굽게 하시는도다(시 146:1~9)

101. 나라사랑(3)

1我欲歌頌主ˇ緣主大顯威嚴ˇ以馬與乘者投於海
1 아 욕 가 송 주 ˇ 연 주 대 현 위 엄 ˇ 이 마 여 승 자 투 어 해

내가 여호와를 讚頌찬송하리니 그는 높고 榮華영화로우심이요 말과 그 탄 者자를 바다에 던지셨음이로다

2我賴主得力ˇ我惟謳歌頌揚ˇ拯我者惟主ˇ爲我之上帝ˇ我
2 아 뢰 주 득 력 ˇ 아 유 구 가 송 양 ˇ 증 아 자 유 주 ˇ 위 아 지 상 제 ˇ 아
則頌美ˇ爲我父之上帝ˇ我則尊崇
즉 송 미 ˇ 위 아 부 지 상 제 ˇ 아 즉 존 숭

여호와는 나의 힘이요 노래시며 나의 救援구원이시로다 그는 나의 하나님이시니 내가 그를 讚頌찬송할 것이요(출 15:1하- 2상)

6主之右手ˇ施力顯榮ˇ主之右手ˇ擊破仇敵
6 주 지 우 수 ˇ 시 력 현 영 ˇ 주 지 우 수 ˇ 격 파 구 적

여호와여 主주의 오른손이 權能권능으로 榮光영광을 나타내시니이다 여호와여 主주의 오른손이 怨讐원수를 부수이니다(출 15:6)

1主使被擄之郇民歸故土ˇ(或作主使郇復興)此時我儕有如
1 주 사 피 노 지 순 민 귀 고 토 ˇ (혹 작 주 사 순 부 흥) 차 시 아 제 유 여
作夢
작 몽

여호와께서 시온의 捕虜포로를 돌려 보내실 때에 우리는 꿈꾸는 것 같았도다

2我儕滿口歡笑ˇ滿舌歌唱ˇ斯時列邦人曰ˇ主爲此民施行大事
2 아 제 만 구 환 소 ˇ 만 설 가 창 ˇ 사 시 열 방 인 왈 ˇ 주 위 차 민 시 행 대 사

그 때에 우리 입에 웃음이 가득하고 우리 혀에는 讚揚찬양이 찼었

도다 그때 뭇 나라 가운데에서 말하기를 여호와께 그들을 爲위하여 큰 일을 行행하셨다 하였도다

3主爲我儕施行大事ˇ我儕便皆歡欣
3 주 위 아 제 시 행 대 사 ˇ 아 제 변 개 환 흔
여호와께서 우리를 爲위하여 큰 일을 行행하셨으니 우리는 기쁘도다(시 126:1-3)

2行於幽暗之民ˇ得見大光ˇ居於死陰下者ˇ蒙光照臨
2 행 어 유 암 지 민 ˇ 득 견 대 광 ˇ 거 어 사 음 하 자 ˇ 몽 광 조 림
黑暗흑암에 行행하던 百姓백성이 큰 빛을 보고 死亡사망의 그늘진 땅에 居住거주하던 者자에게 빛이 비치도다

3主使斯民昌盛ˇ25以色列我素所得者ˇ(我素所得者或作我之子民)咸必蒙福
3 주 사 사 민 창 성 ˇ 25 이 색 열 아 소 소 득 자 ˇ (아 소 소 득 자 혹 작 아 지 자 민) 함 필 몽 복
(다같이) 主주께서 이 나라를 昌盛창성하게 하시며 나의 基業기업 이스라엘이여, 福복이 있을지어다 하실 것임이라(사 9:2~3상, 19:25하)

102. 나라사랑(4)

22我必使之在斯地ˇ在以色列山岡ˇ成爲一族ˇ爲一王所治理ˇ不復爲二族ˇ不復分爲二國
22 아 필 사 지 재 사 지 ˇ 재 이 색 열 산 강 ˇ 성 위 일 족 ˇ 위 일 왕 소 치 리 ˇ 불 부 위 이 족 ˇ 불 부 분 위 이 국
그 땅 이스라엘 모든 山산에서 그들이 한 나라를 이루어서 한 임금이 모두 다스리게 하리니 그들이 다시는 두 民族민족이 되지 아니하며 두 나라로 나누이지 아니할지라

23不復因其偶像ˇ及其可憎之事ˇ(事或作物)與其一切愆尤ˇ自汚其身
23 불 부 인 기 우 상 ˇ 급 기 가 증 지 사 ˇ (사 혹 작 물) 여 기 일 체 건 우 ˇ 자 오 기 신
그들이 그 偶像우상들과 可憎가증한 物件물건과 그 모든 罪惡죄악으로 더 以上이상 自身자신들을 더럽히지 아니하리라

彼散居各地ˇ素在彼犯罪愆ˇ我必救之出於彼ˇ我必潔之可
피 산 거 각 지 ˇ 소 재 피 범 죄 건 ˇ 아 필 구 지 출 어 피 ˇ 아 필 결 지 가

爲我民ˇ我爲其上帝
위 아 민 ˇ 아 위 기 상 제

내가 그들을 그 犯罪범죄한 모든 處所처소에서 救援구원하여 淨潔정결하게 한즉 그들은 내 百姓백성이 되고 나는 그들의 하나님이 되리라(겔 37:22~23)

4主必審鞫列國ˇ平治諸邦ˇ使以刀作犁ˇ以戈作鐮ˇ國與國
4 주 필 심 국 열 국 ˇ 평 치 제 방 ˇ 사 이 도 작 리 ˇ 이 과 작 렴 ˇ 국 여 국
不以刃相攻ˇ不復學習戰事
불 이 인 상 공 ˇ 불 부 학 습 전 사

그가 列邦열방 사이에 判斷판단하시며 많은 百姓백성을 判決판결하시리니 무리가 그들의 칼을 쳐서 보습을 만들고 그들의 槍창을 쳐서 낫을 만들 것이며 이 나라와 저 나라가 다시는 칼을 들고 서로 치지 아니하며 다시는 戰爭전쟁을 練習연습하지 아니하리라 (사 2:4)

10我將滅絶以法蓮之車ˇ及耶路撒冷之馬ˇ爭戰之弓ˇ亦必
10 아 장 멸 절 이 법 련 지 거 ˇ 급 야 로 살 냉 지 마 ˇ 쟁 전 지 궁 ˇ 역 필
滅絶
멸 절

내가 에브라임의 兵車병거와 예루살렘의 말을 끊겠고 戰爭전쟁하는 활도 끊으리니

彼將以和平命於異邦人
피 장 이 화 평 명 어 이 방 인

그가 異邦이방 사람에게 和平화평을 傳전할 것이요

彼所統轄者ˇ(彼所統轄者或作彼之權衡)將自海至海ˇ自大
피 소 통 할 자 ˇ (피 소 통 할 자 혹 작 피 지 권 형) 장 자 해 지 해 ˇ 자 대
河至於地極
하 지 어 지 극

그의 統治통치는 바다에서 바다까지 이르고 유브라데 江강에서 땅끝까지 이르리라(슥 9:10)

1兄弟和睦同居ˇ何其善ˇ何其美
1 형 제 화 목 동 거 ˇ 하 기 선 ˇ 하 기 미

보라 兄弟형제가 聯合연합하여 同居동거함이 어찌 그리 善선하고 아름다운고

2譬如寶膏ˇ沐亞倫之首ˇ流至鬚髯ˇ流至衣襟
2 비 여 보 고 ˇ 목 아 륜 지 수 ˇ 류 지 수 염 ˇ 류 지 의 금

머리에 있는 보배로운 기름이 鬚髯수염 곧 아론의 鬚髯수염에 흘러
서 그의 옷깃까지 내림 같고

3又如甘露降於黑門ˇ降於郇山ˇ在彼主降福ˇ在彼主賜永生
3 우 여 감 로 강 어 흑 문 ˇ 강 어 순 산 ˇ 재 피 주 강 복 ˇ 재 피 주 사 영 생
헐몬의 이슬이 시온의 山산들에 내림 같도다 거기서 여호와께서
福복을 命令명령하셨나니 곧 永生영생이로다(시 133:1~3)

103. 나라사랑(5)

15我非求爾取彼離世ˇ惟求保其不陷於惡
15 아 비 구 이 취 피 리 세 ˇ 유 구 보 기 불 함 어 악
내가 비옵는 것은 그들을 世上세상에서 데려가시기를 爲위함이 아
니요 다만 惡악에 빠지지 않게 保全보전하시기를 爲위함이니이다

16彼不屬世ˇ如我之不屬世然
16 피 불 속 세 ˇ 여 아 지 불 속 세 연
내가 世上세상에 屬속하지 아니함같이 그들도 世上세상에 屬속하지
아니하였사옵나이다

17願以爾眞理ˇ使彼成聖ˇ爾言卽眞理也
17 원 이 이 진 리 ˇ 사 피 성 성 ˇ 이 언 즉 진 리 야
그들을 眞理진리로 거룩하게 하옵소서 아버지의 말씀은 眞理진리니
이다

18爾遣我於世ˇ我亦遣彼於世
18 이 견 아 어 세 ˇ 아 역 견 피 어 세
아버지께서 나를 世上세상에 보내신 것같이 나도 그들을 世上세상에
보내었고

19我爲彼成聖ˇ使彼以眞理成聖
19 아 위 피 성 성 ˇ 사 피 이 진 리 성 성
또 그들을 爲위하여 내가 나를 거룩하게 하오니 이는 그들도 眞
理진리로 거룩함을 얻게 하려 함이니이다(요 17:15~19)

21使皆爲一ˇ父歟ˇ如爾在我內ˇ我在爾內致彼在父與我(父
21 사 개 위 일 ˇ 부 여 ˇ 여 이 재 아 내 ˇ 아 재 이 내 치 피 재 부 여 아 (부
與我原文作我儕)內爲一ˇ使世信爾遣我
여 아 원 문 작 아 제) 내 위 일 ˇ 사 세 신 이 견 아

아버지여, 아버지께서 내 안에, 내가 아버지 안에 있는 것같이 그들도 다 하나가 되어 우리 안에 있게 하사 世上세상으로 아버지께서 나를 보내신 것을 믿게 하옵소서

22爾所賜我之榮ˇ我已賜彼ˇ使彼爲一ˇ如父與我(父與我原
22 이 소 사 아 지 영 ˇ 아 이 사 피 ˇ 사 피 위 일 ˇ 여 부 여 아 (부 여 아 원
文作我儕)爲一然
문 작 아 제) 위 일 연

내게 주신 榮光영광을 내가 그들에게 주었사오니
(다같이) 이는 우리가 하나가 된 것같이 그들로 하나가 되게 하려 함이니이다(요 17:21~22)

104. 종교개혁주일

1主賜我以力ˇ我敬愛主
1 주 사 아 이 력 ˇ 아 경 애 주

나의 힘이신 여호와여 내가 主주를 사랑하나이다

2主庇祐我如高山ˇ如保障ˇ是解救我者
2 주 비 우 아 여 고 산 ˇ 여 보 장 ˇ 시 해 구 아 자

여호와는 나의 磐石반석이시오 나의 要塞요새시요 나를 건지시는 이시오

我上帝如磐ˇ爲我所恃ˇ遮庇我如盾ˇ保佑我得勝ˇ護衛我如
아 상 제 여 반 ˇ 위 아 소 시 ˇ 차 비 아 여 순 ˇ 보 우 아 득 승 ˇ 호 위 아 여
鞏固之城
공 고 지 성

나의 하나님이시오 내가 그 안에 避피할 나의 바위시오 나의 防牌방패시오 나의 救援구원의 뿔이시오 나의 山城산성이시로다(시 18:1~2)

28耶穌曰ˇ未若聽上帝之道而守之者爲有福
28 야 소 왈 ˇ 미 약 청 상 제 지 도 이 수 지 자 위 유 복

예수께서 이르시되 오히려 하나님의 말씀을 듣고 지키는 者자가 福복이 있느니라 하시니라(눅 11:28)

16我不以基督福音爲恥ˇ因此福音ˇ乃上帝之大能以救諸信
16 아 불 이 기 독 복 음 위 치 ˇ 인 차 복 음 ˇ 내 상 제 지 대 능 이 구 제 신
者ˇ先猶太人ˇ後希拉人
자 ˇ 선 유 태 인 ˇ 후 희 랍 인

내가 福音복음을 부끄러워하지 아니하노니 이 福音복음은 모든 믿는 者자에게 救援구원을 주시는 하나님의 能力능력이 됨이라 먼저 유대 人인에게요 그리고 헬라人인에게로다

17蓋上帝之義ˇ顯於此福音ˇ使人由信愈信ˇ如經載云ˇ義人因信得生
17 개 상 제 지 의 ˇ 현 어 차 복 음 ˇ 사 인 유 신 유 신 ˇ 여 경 재 운 ˇ 의 인 인 신 득 생

福音복음에는 하나님의 義의가 나타나서 믿음으로 믿음에 이르게 하나니 기록된 바 오직 義人의인은 믿음으로 말미암아 살리라 함과 같으니라(롬 1:16~17)

31爾若恒居於我道ˇ是誠爲我徒也
31 이 약 항 거 어 아 도 ˇ 시 성 위 아 도 야

너희가 내 말에 居거하면 참으로 내 弟子제자가 되고

32爾亦必識眞理ˇ而眞理將釋爾
32 이 역 필 식 진 리 ˇ 이 진 리 장 석 이

眞理진리를 알지니 眞理진리가 너희를 自由자유롭게 하리라(요 8:31-하-32)

57感謝上帝ˇ使我賴我主耶穌基督而得勝
57 감 사 상 제 ˇ 사 아 뢰 아 주 야 소 기 독 이 득 승

우리 主주 예수 그리스도로 말미암아 우리에게 勝利승리를 주시는 하나님께 感謝감사하노니

58是以我所愛之兄弟ˇ當堅固不搖ˇ常務主事
58 시 이 아 소 애 지 형 제 ˇ 당 견 고 불 요 ˇ 상 무 주 사

그러므로 내 사랑하는 兄弟형제들아 堅實견실하며 흔들이지 말고 (다같이) 恒常항상 主주의 일에 더욱 힘쓰는 者자들이 되라(고전 15:57~58상)

105. 감사절(1)

1爾曹當稱頌主ˇ因主至善ˇ主之恩惠ˇ永遠常存
1 이 조 당 칭 송 주 ˇ 인 주 지 선 ˇ 주 지 은 혜 ˇ 영 원 상 존

여호와께 感謝감사하라 그는 善선하시며 그 仁慈인자하심이 永遠영원함이로다(시 107:1)

1爾曹當稱頌主ˇ呼籲主名ˇ將主之作爲傳揚列國
1 이 조 당 칭 송 주 ˇ 호 유 주 명 ˇ 장 주 지 작 위 전 양 열 국

여호와께 感謝감사하고 그의 이름을 불러 아뢰며 그가 하는 일을 萬民만민 中중에 알게 할지어다(시 105:1)

4彼在曠野荒墟ˇ迷失路途ˇ不遇人居之城邑
4 피 재 광 야 황 허 ˇ 미 실 로 도 ˇ 불 우 인 거 지 성 읍
그들이 曠野광야 沙漠사막 길에서 彷徨방황하며 居住거주할 城邑성읍을 찾지 못하고

5又饑又渴ˇ心甚疲憊
5 우 기 우 갈 ˇ 심 심 피 비
주리고 목이 말라 그들의 靈魂영혼이 그들 안에서 疲困피곤하였도다

6在急難時哀求主ˇ主乃救之脫於禍患
6 재 급 난 시 애 구 주 ˇ 주 내 구 지 탈 어 화 환
이에 그들이 근심 中중에 여호와께 부르짖으매

7引之行平坦之道ˇ至有人居之城邑
7 인 지 행 평 탄 지 도 ˇ 지 유 인 거 지 성 읍
그들의 苦痛고통에서 건지시고 또 바른 길로 引導인도하사 居住거주할 城邑성읍에 이르게 하셨도다

8如此之人ˇ當稱頌主之恩惠ˇ將主之奇事ˇ傳述於人
8 여 차 지 인 ˇ 당 칭 송 주 지 은 혜 ˇ 장 주 지 기 사 ˇ 전 술 어 인
여호와의 仁慈인자하심과 人生인생에게 行행하신 奇蹟기적으로 말미암아 그를 讚頌찬송할지로다

9因主使渴者滿飮ˇ使饑者飽飫美物
9 인 주 사 갈 자 만 음 ˇ 사 기 자 포 어 미 물
그가 思慕사모하는 靈魂영혼에게 滿足만족을 주시며 주린 靈魂영혼에게 좋은 것으로 채워주심이로다(시 107:4~9)

106. 감사절(2)

1阿勒盧亞ˇ歌頌我上帝ˇ斯爲至妙ˇ頌揚實爲至美ˇ理所當然
1 아 륵 노 아 ˇ 가 송 아 상 제 ˇ 사 위 지 묘 ˇ 송 양 실 위 지 미 ˇ 리 소 당 연
할렐루야 우리 하나님을 讚揚찬양하는 일이 善선함이여 讚頌찬송하는 일이 아름답고 마땅하도다

2主重建耶路撒冷ˇ以色列族被驅散之人ˇ咸復集之以歸
2 주 중 건 야 로 살 냉 ˇ 이 색 열 족 피 구 산 지 인 ˇ 함 복 집 지 이 귀

여호와께서 예루살렘을 세우시며 이스라엘의 흩어진 者자들을 모으시며

3主醫治心中憂傷之人ˇ裹傳其患處
3 주 의 치 심 중 우 상 지 인 ˇ 과 부 기 환 처

傷心상심한 者자들을 고치시며 그들의 傷處상처를 싸매시는도다

4主計衆星之數ˇ一一稱道其名
4 주 계 중 성 지 수 ˇ 일 일 칭 도 기 명

그가 별들의 數爻수효를 세시고 그것들을 다 이름대로 부르시는도다

5我主至大ˇ能力無邊ˇ主之智慧ˇ無窮無盡
5 아 주 지 대 ˇ 능 력 무 변 ˇ 주 지 지 혜 ˇ 무 궁 무 진

우리 主주는 偉大위대하시며 能力능력이 많으시며 그의 智慧지혜가 無窮무궁하시도다

6主扶起謙卑之人ˇ降卑惡人至於塵埃
6 주 부 기 겸 비 지 인 ˇ 강 비 악 인 지 어 진 애

여호와께서 謙遜겸손한 者자들은 붙드시고 惡人악인들은 땅에 엎드러뜨리시는도다

7爾曹當歌詩稱謝主ˇ(或作爾當稱讚報答主)彈琴歌頌我上帝
7 이 조 당 가 시 칭 사 주 ˇ (혹 작 이 당 칭 찬 보 답 주) 탄 금 가 송 아 상 제

感謝감사함으로 여호와께 노래하며 竪琴수금으로 하나님께 讚揚찬양할지어다

8主以雲遮天ˇ爲地備雨ˇ使山生長百草
8 주 이 운 차 천 ˇ 위 지 비 우 ˇ 사 산 생 장 백 초

그가 구름으로 하늘 덮으시며 땅을 爲위하여 비를 準備준비하시며 山산에 풀이 자라게 하시며

9賜食於走獸ˇ賜食於唬鳴之小鴉
9 사 식 어 주 수 ˇ 사 식 어 호 명 지 소 아

들짐승과 우는 까마귀 새끼에게 먹을 것을 주시는도다

10馬有大力ˇ非主所悅ˇ人能疾行ˇ非主所喜
10 마 유 대 력 ˇ 비 주 소 열 ˇ 인 능 질 행 ˇ 비 주 소 희

여호와는 말이 힘이 세다 하여 기뻐하지 아니하시며 사람의 다리가 억세다 하여 기뻐하지 아니하시고

11惟喜悅敬畏主者與盼望主恩之人
11 유 희 열 경 외 주 자 여 반 망 주 은 지 인
(다같이) 여호와는 自己자기를 敬畏경외하는 者자들과 그의 仁慈인자
하심을 바라는 者자들을 기뻐하시는도다(시 147:1~11)

107. 임직식(1)

37語門徒曰ˇ穡多工少
37 어 문 도 왈 ˇ 색 다 공 소
이에 弟子제자들에게 이르시되 秋收추수할 것은 많되 일꾼이 적으니

38故當求穡主ˇ遣工以斂其穡焉
38 고 당 구 색 주 ˇ 견 공 이 렴 기 색 언
그러므로 秋收추수하는 主人주인에게 請청하여 秋收추수할 일꾼들을
보내 주소서 하라 하시니라(마 9:37~38)

6上帝使我能爲新約之役ˇ非循儀文ˇ乃循聖靈ˇ蓋儀文致死
6 상 제 사 아 능 위 신 약 지 역 ˇ 비 순 의 문 ˇ 내 순 성 령 ˇ 개 의 문 치 사
ˇ聖靈致生
ˇ 성 령 치 생
그가 또한 우리를 새 言約언약의 일꾼 되기에 滿足만족하게 하셨으
니 律法율법 條文조문으로 하지 아니하고 오직 靈영으로 함이니 律
法율법 條文조문은 죽이는 것이요 靈영은 살리는 것이니라(고후 3:6)

12我謝我主耶穌基督ˇ助我以力ˇ以我爲忠ˇ任我以傳福音
12 아 사 아 주 야 소 기 독 ˇ 조 아 이 력 ˇ 이 아 위 충 ˇ 임 아 이 전 복 음
之職
지 직
나를 能능하게 하신 그리스도 예수 우리 主주께 내가 感謝감사함은
나를 忠誠충성되이 여겨 내게 職分직분을 맡기심이니

14我主之恩寵愈增ˇ俾我從基督耶穌ˇ信之愛之
14 아 주 지 은 총 유 증 ˇ 비 아 종 기 독 야 소 ˇ 신 지 애 지
우리 主주의 恩惠은혜가 그리스도 예수 안에 있는 믿음과 사랑과
함께 넘치도록 豊盛풍성하였도다(딤전 1:12,14)

23主人曰ˇ美哉ˇ善且忠之僕ˇ爾於寡者旣忠ˇ我必以多者任
23 주 인 왈 ˇ 미 재 ˇ 선 차 충 지 복 ˇ 이 어 과 자 기 충 ˇ 아 필 이 다 자 임
爾ˇ可進享爾主人之樂
이 ˇ 가 진 향 이 주 인 지 락

그 主人주인이 이르되 잘하였도다 착하고 忠誠충성된 종아 네가 적은 일에 忠誠충성하였으매 내가 많은 것을 네게 맡기리니 네 主人주인의 즐거움에 참여할지어다 하고(마 25:23)

2所求於家宰者ˇ惟欲其忠也
2 소 구 어 가 재 자 ˇ 유 욕 기 충 야
(다같이) 그리고 맡은 者자들에게 求구할 것은 忠誠충성이니라(고전 4:2)

108. 임직식(2)

7我儕蒙恩ˇ各按基督所賜之量
7 아 제 몽 은 ˇ 각 안 기 독 소 사 지 량
우리 各각 사람에게 그리스도의 膳物선물의 分量분량대로 恩惠은혜로 주셨나니(엡 4:7)

11其所賜者ˇ有使徒ˇ有先知ˇ有傳福音者ˇ有牧會者ˇ及訓蒙者
11 기 소 사 자 ˇ 유 사 도 ˇ 유 선 지 ˇ 유 전 복 음 자 ˇ 유 목 회 자 ˇ 급 훈 몽 자
그가 어떤 사람은 使徒사도로, 어떤 사람은 先知者선지자로, 어떤 사람은 福音복음 傳전하는 者자로, 어떤 사람은 牧師목사와 教師교사로 삼으셨으니

12以成全聖徒ˇ爲供敎會之役ˇ爲建基督之身
12 이 성 전 성 도 ˇ 위 공 교 회 지 역 ˇ 위 건 기 독 지 신
이는 聖徒성도를 穩全온전하게 하여 奉仕봉사의 일을 하게 하며 그리스도의 몸을 세우려 하심이라

13至於我衆共此一信ˇ共知上帝之子ˇ得爲完人ˇ共分量充滿ˇ如基督充滿之分量然
13 지 어 아 중 공 차 일 신 ˇ 공 지 상 제 지 자 ˇ 득 위 완 인 ˇ 공 분 량 충 만 ˇ 여 기 독 충 만 지 분 량 연
우리가 다 하나님의 아들을 믿는 것과 아는 일에 하나가 되어 穩全온전한 사람을 이루어 그리스도의 長成장성한 分量분량이 充滿충만한 데까지 이르리니(엡 4:11~13)

15當以愛心言眞實ˇ凡事日漸增長ˇ及於爲元首者ˇ卽基督也
15 당 이 애 심 언 진 실 ˇ 범 사 일 점 증 장 ˇ 급 어 위 원 수 자 ˇ 즉 기 독 야
오직 사랑 안에서 참된 것을 하여 凡事범사에 그에게까지 자랄지

라(엡 4:15상)

16全體賴彼聯絡鞏固ˇ百節諸肢ˇ各隨其用ˇ各按其量ˇ力行
16 전 체 뢰 피 연 락 공 고 ˇ 백 절 제 지 ˇ 각 수 기 용 ˇ 각 안 기 량 ˇ 력 행
相助ˇ使體漸長ˇ而以愛自建
상 조 ˇ 사 체 점 장 ˇ 이 이 애 자 건

그에게서 온 몸이 各각 마디를 通통하여 도움을 받음으로 連結연결되고 結合결합되어 各각 肢體지체의 分量분량대로 役事역사하여 그 몸을 자라게 하며 사랑안에서 스스로 세우느니라(엡 4:16)

109. 현당예배

2侍立主殿者ˇ侍立我上帝殿院者ˇ爾曹皆當頌揚
2 시 립 주 전 자 ˇ 시 립 아 상 제 전 원 자 ˇ 이 조 개 당 송 양

여호와의 집 우리 여호와의 聖殿성전 곧 우리 하나님의 聖殿성전 뜰에 서 있는 너희여 여호와를 讚頌찬송하라

3惟主至善ˇ應當頌揚ˇ主名至美ˇ應當歌頌
3 유 주 지 선 ˇ 응 당 송 양 ˇ 주 명 지 미 ˇ 응 당 가 송

여호와는 善선하시며 그의 이름이 아름다우니 그의 이름을 讚揚찬양하라(시 135:2~3)

2我爲主建造殿宇ˇ永爲主之居所
2 아 위 주 건 조 전 우 ˇ 영 위 주 지 거 소

내가 主주를 爲위하여 居거하실 聖殿성전을 建築건축하였사오니 主주께서 永遠영원히 계실 處所처소로소이다 하고(대하 6:2)

7我儕欲赴主之聖所ˇ俯伏在主之足凳下
7 아 제 욕 부 주 지 성 소 ˇ 부 복 재 주 지 족 등 하

우리가 그의 계신 곳으로 들어가서 그의 발凳床등상 앞에서 엎드려 禮拜예배하리로다(시 132:7)

7永久之門戶ˇ崇高而起ˇ尊榮之王ˇ將欲進矣
7 영 구 지 문 호 ˇ 숭 고 이 기 ˇ 존 영 지 왕 ˇ 장 욕 진 의

門문들아 너희 머리를 들지어다 永遠영원한 門문들아 들릴지어다 榮光영광의 王왕이 들어가시리로다(시 24:7)

19惟求主我之上帝ˇ垂念僕之所祈所禱
19 유 구 주 아 지 상 제 ˇ 수 념 복 지 소 기 소 도

그러나 나의 하나님 여호와여 主주의 종의 祈禱기도와 懇求간구를 돌아보시며

俯聽僕在主前呼籲祈禱之言
부 청 복 재 주 전 호 유 기 도 지 언

主주의 종이 主주 앞에서 부르짖는 것과 비는 祈禱기도를 들으시옵소서(대하 6:19)

7我必導之至我聖山
7 아 필 도 지 지 아 성 산

내가 곧 그들을 나의 聖山성산으로 引導인도하여

使其於祈禱我之殿ˇ忻然歡樂
사 기 어 기 도 아 지 전 ˇ 흔 연 환 락

祈禱기도하는 내 집에서 그들을 기쁘게 할 것이며

彼之火焚祭與平安祭ˇ獻於我之祭臺上ˇ必蒙悅納
피 지 화 분 제 여 평 안 제 ˇ 헌 어 아 지 제 대 상 ˇ 필 몽 열 납

그들의 燔祭번제와 犧牲희생을 나의 祭壇제단에서 기꺼이 받게 되리니

蓋我之殿必稱爲萬民祈禱之殿
개 아 지 전 필 칭 위 만 민 기 도 지 전

이는 내집은 萬民만민이 祈禱기도하는 집이라 일컬음이 될 것임이라(사 56:7)

20惟主在其聖殿ˇ普天下之人ˇ當在主前肅然靜默
20 유 주 재 기 성 전 ˇ 보 천 하 지 인 ˇ 당 재 주 전 숙 연 정 묵

(다같이) 오직 여호와는 그 聖殿성전에 계시니 온 땅은 그 앞에서 潛潛잠잠할지니라 하시니라(합 2:20)

110. 선교주일

23普天下人ˇ皆當歌頌主ˇ日日宣揚主之救恩
23 보 천 하 인 ˇ 개 당 가 송 주 ˇ 일 일 선 양 주 지 구 은

온 땅이여 여호와께 노래하며 그의 救援구원을 날마다 宣布선포할지어다

24在列國中稱述主之榮耀ˇ在萬民間傳揚主之奇蹟
24 재 열 국 중 칭 술 주 지 영 요 ˇ 재 만 민 간 전 양 주 지 기 적

그의 榮光영광을 모든 民族민족 中중에, 그의 奇異기이한 行蹟행적을 萬

民만민 中중에 宣布선포할지어다

25因主至大ˇ極當頌揚ˇ在諸神之上ˇ顯威可畏
25 인 주 지 대 ˇ 극 당 송 양 ˇ 재 제 신 지 상 ˇ 현 위 가 외
여호와는 偉大위대하시니 極盡극진히 讚揚찬양할 것이요 모든 神신보다 敬畏경외할 것이여(대상 16:23~25)

21耶穌復曰ˇ願爾曹平安ˇ如父遣我ˇ我亦遣爾
21 야 소 부 왈 ˇ 원 이 조 평 안 ˇ 여 부 견 아 ˇ 아 역 견 이
예수께서 또 이르시되 너희에게 平康평강이 있을지어다 아버지께서 나를 보내신 것같이 나도 너희를 보내노라(요 20:21)

19爾往招萬民爲我門徒ˇ因父與子與聖靈之名ˇ施之洗禮ˇ
19 이 왕 초 만 민 위 아 문 도 ˇ 인 부 여 자 여 성 령 지 명 ˇ 시 지 세 례 ˇ
(或作施之洗禮以歸父與子與聖靈之名)
(혹 작 시 지 세 례 이 귀 부 여 자 여 성 령 지 명)
그러므로 너희는 가서 모든 民族민족을 弟子제자로 삼아 아버지와 아들과 聖靈성령의 이름으로 洗禮세례를 베풀고

20教之守凡我所命爾者ˇ且我常偕爾ˇ至於世末ˇ阿們
20 교 지 수 범 아 소 명 이 자 ˇ 차 아 상 해 이 ˇ 지 어 세 말 ˇ 아 문
내가 너희에게 吩咐분부한 모든 것을 가르쳐 지키게 하라 볼지어다 내가 世上세상 끝날까지 너희와 恒常항상 함께 있으리라 하시니라(마 28:19~20)

8惟聖靈臨爾後ˇ爾將受能力ˇ爲我作證於耶路撒冷ˇ猶太全地ˇ撒瑪利亞ˇ以至地極
8 유 성 령 임 이 후 ˇ 이 장 수 능 력 ˇ 위 아 작 증 어 야 로 살 냉 ˇ 유 태 전 지 ˇ 살 마 리 아 ˇ 이 지 지 극
오직 聖靈성령이 너희에게 臨임하시면 너희가 權能권능을 받고 다같이 예루살렘과 온 유대와 사마리와 땅 끝까지 이르러 내 證人증인이 되리라 하시니라(행 1:8)

111. 성서주일

33求主將主典章之道教誨我ˇ我必終身遵守
33 구 주 장 주 전 장 지 도 교 회 아 ˇ 아 필 종 신 준 수
여호와여 主주의 律例율례들의 道도를 내게 가르치소서 내가 끝까지 지키리이다

34求主使我明通ˇ我卽遵行主之律法ˇ一心敬守
34 구 주 사 아 명 통 ˇ 아 즉 준 행 주 지 율 법 ˇ 일 심 경 수

나로 하여금 깨닫게 하여 주소서 내가 主주의 法법을 遵行준행하며 全心전심으로 지키리이다(시 119:33~34)

103主言之滋味ˇ甘而可口ˇ(甘而可口或作在我腭覺得甚甘)
103 주 언 지 자 미 ˇ 감 이 가 구 ˇ (감 이 가 구 혹 작 재 아 악 각 득 심 감)
在我口甘勝於蜜
재 아 구 감 승 어 밀

主주의 말씀의 맛이 내게 어찌 그리 단지요 내 입에 꿀보다 더 다니이다

104我守主之命令ˇ便有智慧ˇ因此我恨惡一切邪道
104 아 수 주 지 명 령 ˇ 변 유 지 혜 ˇ 인 차 아 한 오 일 체 사 도

主주의 法度법도들로 말미암아 내가 明哲명철하게 되었으므로 모든 거짓 行爲행위를 미워하나이다

105主之言語ˇ乃我足前之燈ˇ我路間之光
105 주 지 언 어 ˇ 내 아 족 전 지 등 ˇ 아 로 간 지 광

主주의 말씀은 내발에 燈등이요 내 길에 빛이니이다

106主之法律ˇ至公至義ˇ我發誓遵守ˇ我必按誓而行
106 주 지 법 률 ˇ 지 공 지 의 ˇ 아 발 서 준 수 ˇ 아 필 안 서 이 행

主주의 義의로운 規例규례들을 지키기로 盟誓맹서하고 굳게 定정하였나이다(시 119:103~106)

39爾當稽考諸經ˇ爾以爲其中有永生之道ˇ而爲我作證者ˇ
39 이 당 계 고 제 경 ˇ 이 이 위 기 중 유 영 생 지 도 ˇ 이 위 아 작 증 자 ˇ
卽此經也
즉 차 경 야

너희가 聖經성경에서 永生영생을 얻는 줄 생각하고 聖經성경을 硏究연구하거니와 이 聖經성경이 곧 내게 對대하여 證言증언하는 것이니라 (요 5:39)

16聖經皆由上帝黙示所作ˇ有益於敎誨督責ˇ使人歸正ˇ敎
16 성 경 개 유 상 제 묵 시 소 작 ˇ 유 익 어 교 회 독 책 ˇ 사 인 귀 정 ˇ 교
人學義
인 학 의

모든 聖經성경은 하나님의 感動감동으로 된 것으로 敎訓교훈과 責望책망과 바르게 함과 義의로 敎育교육하기에 有益유익하니

17使事上帝之人ˇ得以純全練達ˇ能行諸善事
17 사 사 상 제 지 인 ˇ 득 이 순 전 연 달 ˇ 능 행 제 선 사
이는 하나님의 사람으로 穩全온전하게 하며 모든 善선한 일을 行행할 能力능력을 갖추게 하려 함이라(딤후 3:16~17)

112. 교회교육주일

1此誡命律例法度ˇ主爾之上帝所命我教爾者
1 차 계 명 율 례 법 도 ˇ 주 이 지 상 제 소 명 아 교 이 자
이는 곧 너희의 하나님 여호와께서 너희에게 가르치라고 命명하신 命令명령과 規例규례와 法度법도라

爾當遵行於爾所往得以爲業之地ˇ2使爾與子孫畢生敬畏主爾之上帝
이 당 준 행 어 이 소 왕 득 이 위 업 지 지 ˇ 2 사 이 여 자 손 필 생 경 외 주 이 지 상 제
너희가 건너가서 차지할 땅에서 行행할 것이니 곧 나와 네 아들과 네 孫子손자들이 平生평생에 네 하나님 여호와를 敬畏경외하며

守其一切律例誡命ˇ卽我所命爾者
수 기 일 체 율 례 계 명 ˇ 즉 아 소 명 이 자
내가 너희에게 命명한 그 모든 規例규례와 命令명령을 지키게 하기 爲위한 것이며

致爾壽命緜長ˇ3以色列人當聽ˇ此一切爾皆當謹守遵行
치 이 수 명 면 장 ˇ 3 이 색 열 인 당 청 ˇ 차 일 체 이 개 당 근 수 준 행
또 네 날을 長久장구하게 하기 爲위한 것이라 이스라엘아 듣고 삼가 그것을 行행하라

如此則可於流乳與蜜之地享福昌熾ˇ如主爾祖之上帝所許爾者
여 차 즉 가 어 류 유 여 밀 지 지 향 복 창 치 ˇ 여 주 이 조 지 상 제 소 허 이 자
그리하면 네가 福복을 받고 네 祖上조상들의 하나님 여호와께 네게 許諾허락하심같이 젖과 꿀이 흐르는 땅에서 네가 크게 蕃盛번성하리라

4以色列人ˇ聽之哉ˇ主我之上帝獨一無二之主
4 이 색 열 인 ˇ 청 지 재 ˇ 주 아 지 상 제 독 일 무 이 지 주
이스라엘아 들으라 우리 하나님 여호와는 오직 唯一유일한 여호와이시니 너는 마음을 다하고 뜻을 다하고 힘을 다하여 네 하나님

여호와를 사랑하라(신 6:1~5)

113. 자연과 환경

1太初上帝創造天地
1 태 초 상 제 창 조 천 지
太初태초에 하나님이 天地천지를 創造창조하시니라(창 1:1)

31上帝視所造者甚善
31 상 제 시 소 조 자 심 선
하나님이 지으신 그 모든 것을 보시니 보시기에 甚심히 좋더라 (창 1:31상)

1諸天述說上帝之榮耀ˇ穹蒼傳揚其手所作
1 제 천 술 설 상 제 지 영 요 ˇ 궁 창 전 양 기 수 소 작
하늘이 하나님의 榮光영광을 宣布선포하고 穹蒼궁창이 그의 손으로 하신 일을 나타내는도다(시 19:1)

1地與地上萬物ˇ世界與居世界之人ˇ悉屬主
1 지 여 지 상 만 물 ˇ 세 계 여 거 세 계 지 인 ˇ 실 속 주
땅과 거기에 充滿충만한 것과 世界세계와 그 가운데에 사는 者자들은 다 여호와의 것이로다(시 24:1)

19萬物甚慕且望上帝衆子之顯現
19 만 물 심 모 차 망 상 제 중 자 지 현 현
被造物피조물이 苦待고대하는 바는 하나님의 아들들이 나타나는 것이니(롬 8:19)

21萬物終必得釋於敗毁ˇ不復爲其奴ˇ得享上帝衆子自由之榮
21 만 물 종 필 득 석 어 패 훼 ˇ 불 부 위 기 노 ˇ 득 향 상 제 중 자 자 유 지 영
그 바라는 것은 被造物피조물도 썩어짐의 종 노릇 한 데서 解放해방되어 하나님의 子女자녀들의 榮光영광의 自由자유에 이르는 것이니라

22我儕知萬物共歎劬勞ˇ直至於今
22 아 제 지 만 물 공 탄 구 로 ˇ 직 지 어 금
被造物피조물이 다 이제까지 함께 歎息탄식하며 함께 苦痛고통을 겪고 있는 것을 우리가 아느니라

23不第此也ˇ卽我儕已得聖靈之初果者ˇ中心自歎ˇ望得義
23 부 제 차 야 ˇ 즉 아 제 이 득 성 령 지 초 과 자 ˇ 중 심 자 탄 ˇ 망 득 의

子之位ˇ卽我身之贖也
자 지 위 ˇ 즉 아 신 지 속 야

그뿐 아니라 또한 우리 곧 聖靈성령의 처음 익은 열매를 받은 우리까지도 속으로 嘆息탄식하여 養子양자 될 것 곧 우리 몸의 贖良속량을 기다리느니라(롬 8:21~23)

9在我聖山之徧處ˇ悉不爲害ˇ不傷人ˇ蓋知主之道ˇ(道或作
9 재 아 성 산 지 편 처 ˇ 실 불 위 해 ˇ 불 상 인 ˇ 개 지 주 지 도 ˇ (도 혹 작
知識)徧滿於世ˇ如水充滿於海ˇ
지 식) 편 만 어 세 ˇ 여 수 충 만 어 해

내 거룩한 山산 모든 곳에서 害해 됨도 없고 傷상함도 없을 것이니 다같이 이는 물이 바다를 덮음같이 여호와를 아는 知識지식이 世上세상에 充滿충만할 것임이니라(사 11:9)

114. 이웃사랑

6上帝以大力奠定山陵ˇ以全能爲帶束繫
6 상 제 이 대 력 전 정 산 릉 ˇ 이 전 능 위 대 속 계

主주는 主주의 힘으로 山산을 세우시며 權能권능으로 띠를 띠시며

7平海濤之勢ˇ靖波浪之聲ˇ止息列邦之喧鬧
7 평 해 도 지 세 ˇ 정 파 랑 지 성 ˇ 지 식 열 방 지 훤 료

바다의 설렘과 물결의 흔들림과 萬民만민의 騷擾소요까지 鎭靜진정하시나이다

8居地極之人ˇ皆因主之異蹟敬畏主ˇ使日出之處ˇ日入之所
8 거 지 극 지 인 ˇ 개 인 주 지 이 적 경 외 주 ˇ 사 일 출 지 처 ˇ 일 입 지 소
ˇ人皆歡呼
ˇ 인 개 환 호

땅 끝에 사는 者자가 主주의 徵兆징조를 두려워하나이다 主주께서 아침 되는 것과 저녁 되는 것을 즐거워하게 하시며

9主眷念下土ˇ降雨滋潤ˇ使出産豊盛ˇ上帝之河水甚滿足ˇ
9 주 권 념 하 토 ˇ 강 우 자 윤 ˇ 사 출 산 풍 성 ˇ 상 제 지 하 수 심 만 족 ˇ
俾地繁生百穀以備人用
비 지 번 생 백 곡 이 비 인 용

땅을 돌보사 물을 대어 甚심히 潤澤윤택하게 하시며 하나님의 江강에 물이 가득하게 하시고 이같이 땅을 豫備예비하신 後후에 그들에게 穀食곡식을 주시나이다

10主灌漑隴畝ˇ灑匀土塊ˇ降甘霖以滋潤ˇ使多生禾苗
10 주 관 개 롱 무 ˇ 쇄 균 토 괴 ˇ 강 감 림 이 자 윤 ˇ 사 다 생 화 묘

主주께서 밭고랑에 물을 넉넉히 대사 그 이랑을 平平평평하게 하시며 또 단비로 부드럽게 하시고 그 싹에 福복을 주시나이다

11主賜恩澤ˇ使年歲豐登ˇ主無論何往ˇ悉降恩膏
11 주 사 은 택 ˇ 사 연 세 풍 등 ˇ 주 무 론 하 왕 ˇ 실 강 은 고

主주의 恩澤은택으로 한 해를 冠관 씌우시니 主주의 길에는 기름 방울이 떨어지며

12草野均霑膏澤ˇ山岳無不歡呼
12 초 야 균 점 고 택 ˇ 산 악 무 불 환 호

들의 草場초장에도 떨어지니 작은 山산들이 기쁨으로 띠를 띠었나이다

13牧地蓋以羊羣ˇ平原鋪徧禾稼ˇ人皆歡欣ˇ踊躍歌唱
13 목 지 개 이 양 군 ˇ 평 원 포 편 화 가 ˇ 인 개 환 흔 ˇ 용 약 가 창

草場초장은 羊양 떼로 옷 입었고 골짜기는 穀食곡식으로 덮였으매 그들이 다 즐거이 외치고 또 노래하나이다(시 65:6-13)

115. 구주 강림(1)

10爾曹當由門經行經行ˇ爲民備道ˇ將路道修築修築ˇ盡除其石ˇ爲列國樹纛
10 이 조 당 유 문 경 행 경 행 ˇ 위 민 비 도 ˇ 장 로 도 수 축 수 축 ˇ 진 제 기 석 ˇ 위 열 국 수 독

城門성문으로 나아가라 나아가라 百姓백성이 올 길을 닦으라 큰 길을 修築수축하고 修築수축하라 돌을 除제하라 萬民만민을 爲위하여 旗幟기치를 들라

11主宣告地極曰ˇ當告郇邑云ˇ爾之救主來臨ˇ賞賚偕之至ˇ事功在其前
11 주 선 고 지 극 왈 ˇ 당 고 순 읍 운 ˇ 이 지 구 주 래 임 ˇ 상 뢰 해 지 지 ˇ 사 공 재 기 전

여호와께서 땅 끝까지 宣布선포하시되 너희는 딸 시온에게 이르라 보라 네 救援구원이 이르렀느니라 보라 賞給상급이 그에게 있고 報應보응이 그 앞에 있느니라 하셨느니라

12人必稱爾民爲聖民ˇ主所贖者ˇ稱爾爲復選不棄之邑
12 인 필 칭 이 민 위 성 민 ˇ 주 소 속 자 ˇ 칭 이 위 복 선 불 기 지 읍
사람들이 너를 일컬어 거룩한 百姓백성이라 여호와께서 救贖구속하신 者자라 하겠고 또 너를 일컬어 찾은 바 된 者자요 버림 받지 아니한 城邑성읍이라 하리라(사 62:10~12)

4如先知以賽亞書載云ˇ野有聲呼曰ˇ備主道ˇ直其徑
4 여 선 지 이 새 아 서 재 운 ˇ 야 유 성 호 왈 ˇ 비 주 도 ˇ 직 기 경
先知者선지자 이사야의 冊책에 쓴 曠野광야에서 외치는 者자의 소리가 있어 이르되 너희는 主주의 길을 準備준비하라 그의 오실 길을 곧게 하라

5諸谷必塡ˇ岡陵必卑ˇ屈曲使直ˇ崎嶇使平
5 제 곡 필 전 ˇ 강 릉 필 비 ˇ 굴 곡 사 직 ˇ 기 구 사 평
모든 골짜기가 메워지고 모든 山산과 작은 山산이 낮아지고 굽은 것이 곧아지고 險험한 길이 平坦평탄하여질 것이요

6凡有血氣者ˇ必得見上帝之拯救云
6 범 유 혈 기 자 ˇ 필 득 견 상 제 지 증 구 운
(다같이) 모든 肉體육체가 하나님의 救援구원하심을 보리라 함과 같으니라(눅 3:4~6)

116. 구주 강림(2)

1自耶西之幹將萌一條ˇ自其根將生一枝
1 자 야 서 지 간 장 맹 일 조 ˇ 자 기 근 장 생 일 지
이 새의 줄기에서 한 싹이 나며 그 뿌리에서 한 가지가 나서 結實결실할 것이요

2主之神必賦(賦或作感)之ˇ使有智慧明哲ˇ有謀畧才能ˇ有知識ˇ有敬畏主之心
2 주 지 신 필 부 (부 혹 작 감) 지 ˇ 사 유 지 혜 명 철 ˇ 유 모 략 재 능 ˇ 유 지 식 ˇ 유 경 외 주 지 심
그의 위에 여호와의 곧 智慧지혜와 聰明총명의 靈영이요 謀略모략과 才能재능의 靈영이요 知識지식과 여호와를 敬畏경외하는 靈영이 降臨강림하시리니

3以敬畏主爲悅ˇ行審鞫不待目見ˇ行判斷不待耳聞
3 이 경 외 주 위 열 ˇ 행 심 국 부 대 목 견 ˇ 행 판 단 부 대 이 문

그가 여호와를 敬畏경외함으로써 즐거움을 삼을 것이며 그의 눈에 보이는 대로 審判심판하지 아니하며 그의 귀에 들리는 대로 判斷판단하지 아니하며

4必秉公義審鞫貧民ˇ循正直判斷世之謙虛人ˇ(世之謙虛人或作國中窮乏人)
4 필 병 공 의 심 국 빈 민 ˇ 순 정 직 판 단 세 지 겸 허 인 ˇ (세 지 겸 허 인 혹 작 국 중 궁 핍 인)

公義공의로 가난한 者자를 審判심판하며 正直정직으로 世上세상의 謙遜겸손한 者자를 判斷판단할 것이며

以口中之言責世ˇ若擊之以杖ˇ以詞氣殺滅惡人
이 구 중 지 언 책 세 ˇ 약 격 지 이 장 ˇ 이 사 기 살 멸 악 인

그의 입의 막대기로 世上세상을 치며 그의 입술의 氣運기운으로 惡人악인을 죽일 것이며

5以公義爲繫腰之紳ˇ以誠信爲束身之帶
5 이 공 의 위 계 요 지 신 ˇ 이 성 신 위 속 신 지 대

公義공의로 그의 허리띠를 삼으며 誠實성실로 그의 몸의 띠를 삼으리라

6當是時狼與羔羊同居ˇ豹與山羊同臥ˇ牛犢壯獅及肥畜同處ˇ幼童可牽引
6 당 시 시 랑 여 고 양 동 거 ˇ 표 여 산 양 동 와 ˇ 우 독 장 사 급 비 축 동 처 ˇ 유 동 가 견 인

그 때에 이리가 어린 羊양과 함께 살며 豹표범이 어린 염소와 함께 누우며 송아지와 어린 獅子사자와 살진 짐승이 함께 있어 어린 아이에게 끌리며

7牛熊同食ˇ其子共伏ˇ獅將囓草若牛
7 우 웅 동 식 ˇ 기 자 공 복 ˇ 사 장 설 초 약 우

암소와 곰이 함께 먹으며 그것들의 새끼가 함께 엎드리며 獅子사자가 소처럼 풀을 먹을 것이며

8嬰孩(或作哺乳之孩)將玩於蝮穴ˇ方斷乳者置手於虺窟
8 영 해 (혹 작 포 유 지 해) 장 완 어 복 혈 ˇ 방 단 유 자 치 수 어 훼 굴

젖 먹는 아이가 毒蛇독사의 구멍에서 장난하며 젖 뗀 어린 아이가 毒蛇독사의 窟굴에 손을 넣을 것이라

9在我聖山之徧處ˇ悉不爲害ˇ不傷人ˇ蓋知主之道ˇ(道或作知識)徧滿於世ˇ如水充滿於海
9 재 아 성 산 지 편 처 ˇ 실 불 위 해 ˇ 불 상 인 ˇ 개 지 주 지 도 ˇ (도 혹 작 지 식) 편 만 어 세 ˇ 여 수 충 만 어 해

내 거룩한 山산 모든 곳에서 害해 됨도 없고 傷상함도 없을 것이니 이는 물이 바다를 덮음같이 여호와를 아는 知識지식이 世上세상에 充滿충만할 것임이니라

10當是時耶西根所生者ˇ必立爲萬民之纛ˇ異邦之族咸歸之其所在將爲有榮
10 당 시 시 야 서 근 소 생 자 ˇ 필 립 위 만 민 지 독 ˇ 이 방 지 족 함 귀 지 기 소 재 장 위 유 영

그 날에 이새의 뿌리에서 한 싹이 나서 萬民만민의 旗幟기치로 설 것이요 列邦열방이 그에게로 돌아오리니 그가 居거한 곳이 榮華영화로우리라(사 11:1~10)

117. 구주 강림(3)

1曠野與無水之地將欣喜ˇ荒墟之區將歡樂ˇ發榮如玫瑰花
1 광 야 여 무 수 지 지 장 흔 희 ˇ 황 허 지 구 장 환 락 ˇ 발 영 여 매 괴 화

曠野광야와 메마른 땅이 기뻐하며 沙漠사막이 百合花백합화같이 피어 즐거워하며

2必發榮欣喜ˇ欣喜歡呼ˇ必得利巴嫩之榮耀ˇ迦密與沙崙之榮美
2 필 발 영 흔 희 ˇ 흔 희 환 호 ˇ 필 득 리 파 눈 지 영 요 ˇ 가 밀 여 사 륜 지 영 미

茂盛무성하게 피어 기쁜 노래로 즐거워하며 레바논의 榮光영광과 갈멜과 사론의 아름다움을 얻을 것이라

人必仰瞻主之榮光ˇ我上帝之華嚴
인 필 앙 첨 주 지 영 광 ˇ 아 상 제 지 화 엄

그것들이 여호와의 榮光영광 곧 우리 하나님의 아름다움을 보리로다

3爾當使手倦者堅固ˇ膝弱者壯健
3 이 당 사 수 권 자 견 고 ˇ 슬 약 자 장 건

너희는 弱약한 손을 强강하게 하며 떨리는 무릎을 굳게 하며

4告膽怯者曰ˇ安爾心ˇ毋畏懼ˇ爾之上帝必至以復仇ˇ必至
4 고 담 겁 자 왈 ˇ 안 이 심 ˇ 무 외 구 ˇ 이 지 상 제 필 지 이 복 구 ˇ 필 지

以報復ˇ(爾之上帝必至以復仇必至以報復或作視哉爾之上
이 보 복 ˇ (이 지 상 제 필 지 이 복 구 필 지 이 보 복 혹 작 시 재 이 지 상
帝臨矣復仇之時已屆上帝報復之日已至)上帝親臨以救爾
제 림 의 복 구 지 시 이 계 상 제 보 복 지 일 이 지) 상 제 친 임 이 구 이
怯겁내는 者자들에게 굳세어라, 두려워하지 말라, 보라 너희 하나
님이 오사 報復보복하시며 갚아 주실 것이라 하나님이 오사 너희
를 救구하시리라 하라

5當是時瞽者目必明ˇ聾者耳必啓
5 당 시 시 고 자 목 필 명 ˇ 농 자 이 필 계
그 때에 盲人맹인의 눈이 밝을 것이며 못 듣는 사람의 귀가 열릴
것이며

6跛者必踴躍如鹿ˇ瘖者必謳歌ˇ蓋有水湧於曠野ˇ有河流於
6 파 자 필 용 약 여 록 ˇ 음 자 필 구 가 ˇ 개 유 수 용 어 광 야 ˇ 유 하 류 어
沙漠
사 막
그 때에 저는 者자는 사슴같이 뛸 것이며 말 못하는 者자의 혀는
노래하리니 이는 曠野광야에서 물이 솟겠고 沙漠사막에서 시내가 흐
를 것임이라

7沙漠變爲池沼ˇ渴地變爲泉源ˇ豺狼棲止之所ˇ變爲蘆葦叢
7 사 막 변 위 지 소 ˇ 갈 지 변 위 천 원 ˇ 시 랑 서 지 지 소 ˇ 변 위 노 위 총
生之處
생 지 처
뜨거운 沙漠사막이 變변하여 못이 될 것이며 메마른 땅이 變변하여
源泉원천이 될 것이며 승냥이의 눕던 곳에 풀과 갈대와 부들이 날
것이며

8在彼有通衢大路ˇ稱爲聖途ˇ不潔者不能經歷ˇ路爲主之民
8 재 피 유 통 구 대 로 ˇ 칭 위 성 도 ˇ 불 결 자 불 능 경 력 ˇ 로 위 주 지 민
而修備
이 수 비
거기에 大路대로가 있어 그 길을 거룩한 길이라 일컫는 바 되리니
다같이 깨끗하지 못한 者자는 지나가지 못하겠고 오직 救贖구속함
을 입은 者자들을 爲위하여 있게 될 것이라(사 35:1~8상)

118. 구주 강림(4)

1我爲郇不自靜默ˇ爲耶路撒冷祈禱不息ˇ迨其福祉發如光輝
1 아 위 순 부 자 정 묵 ˇ 위 야 로 살 냉 기 도 불 식 ˇ 태 기 복 지 발 여 광 휘
ˇ救恩耀如明燈ˇ(明燈或作已燃之火炬)
ˇ 구 은 요 여 명 등 ˇ (명 등 혹 작 이 연 지 화 거)

나는 시온의 義의가 빛같이, 예루살렘의 救援구원이 횃불같이 나타나도록 시온을 爲위하여 潛潛잠잠하지 아니하며 예루살렘을 爲위하여 쉬지 아니할 것인즉

2列民將瞻爾之福祉ˇ諸王將觀爾之榮耀ˇ爾必得新名爲主口
2 열 민 장 첨 이 지 복 지 ˇ 제 왕 장 관 이 지 영 요 ˇ 이 필 득 신 명 위 주 구
所稱
소 칭

異邦이방 나라들이 네 公義공의를, 뭇 王왕이 다 네 榮光영광을 볼 것이요 너는 여호와의 입으로 定정하실 새 이름으로 일컬음이 될 것이며

3爾必如華冠在主之手ˇ如王冕在爾上帝之掌
3 이 필 여 화 관 재 주 지 수 ˇ 여 왕 면 재 이 상 제 지 장

너는 또 여호와의 손의 아름다운 冠관, 네 하나님의 손의 王冠왕관이 될 것이라(사 62:1-3)

1願主裂天而降ˇ願山嶽震動於主前
1 원 주 열 천 이 강 ˇ 원 산 악 진 동 어 주 전

願원하건대 主주는 하늘을 가르고 降臨강림하시고 主주 앞에선 山산들이 震動진동하기를

2使主之仇敵知主之名ˇ使列邦戰慄於主前ˇ如火焚枯柴ˇ如
2 사 주 지 구 적 지 주 지 명 ˇ 사 열 방 전 율 어 주 전 ˇ 여 화 분 고 시 ˇ 여
火使水騰沸
화 사 수 등 비

불이 섶을 사르며 불이 물을 끓임 같게 하사 主주의 怨讐원수들이 主주의 이름을 알게 하시며 異邦이방 나라들로 主주 앞에서 떨게 하옵소서

3昔(昔或作願)主行可畏之事ˇ出我望外ˇ降臨自天ˇ山嶽震
3 석 (석 혹 작 원) 주 행 가 외 지 사 ˇ 출 아 망 외 ˇ 강 림 자 천 ˇ 산 악 진
動於主前
동 어 주 전

主주께서 降臨강림하사 우리가 생각하지 못한 두려운 일을 行행하시던 그 때에 山산들이 主주 앞에서 震動진동하였사오니

4自亘古以來ˇ人未聽焉ˇ耳未曾聞ˇ目未曾覩ˇ在主之外ˇ有
4 자 긍 고 이 래 ˇ 인 미 청 언 ˇ 이 미 증 문 ˇ 목 미 증 도 ˇ 재 주 지 외 ˇ 유
何神能爲望之者行主所行之事
하 신 능 위 망 지 자 행 주 소 행 지 사

다같이 主주 外외에는 自己자기를 仰望앙망하는 者자를 爲위하여 이런 일을 行행한 神신을 예부터 들은 者자도 없고 귀로 들은 者자도 없고 눈으로 본 者자도 없었나이다(사 64:1~4)

119. 聖誕節성탄절(1)

5主之榮光必顯ˇ凡有血氣者必得瞻望ˇ蓋主口已言之矣
5 주 지 영 광 필 현 ˇ 범 유 혈 기 자 필 득 첨 망 ˇ 개 주 구 이 언 지 의

여호와의 榮光영광이 나타나고 모든 肉體육체가 그것을 함께 보리라 이는 여호와의 입이 말씀하셨느니라(사 40:5)

2惟爾伯利恒 以法他ˇ雖在猶大郡中(郡中原文作諸千中千
2 유 이 백 리 항 　 이 법 타 ˇ 수 재 유 대 군 중 (군 중 원 문 작 제 천 중 천
者卽千家也)爲小ˇ然將有君自爾出ˇ爲我治理以色列民ˇ其
자 즉 천 가 야) 위 소 ˇ 연 장 유 군 자 이 출 ˇ 위 아 치 리 이 색 열 민 ˇ 기
源(源原文作出)自亘古自太初已有
원 (원 원 문 작 출) 자 긍 고 자 태 초 이 유

베들레헴 에브라다야 너는 유다 族屬족속 中중에 작을지라도 이스라엘을 다스릴 者자가 네게서 내게로 나올 것이라 그의 根本근본은 上古상고에, 永遠영원에 있느니라(미 5:2)

6因有一嬰孩爲我儕而生ˇ有一子賜於我儕ˇ國政爲其所肩荷
6 인 유 일 영 해 위 아 제 이 생 ˇ 유 일 자 사 어 아 제 ˇ 국 정 위 기 소 견 하
ˇ其名稱爲奇妙ˇ策士ˇ全能之神ˇ永在之父ˇ平康之君
ˇ 기 명 칭 위 기 묘 ˇ 책 사 ˇ 전 능 지 신 ˇ 영 재 지 부 ˇ 평 강 지 군

이는 한 아이가 우리에게 났고 한 아들을 우리에게 주신 바 되었는데 그의 어깨에는 政事정사를 메었고 그의 이름은 奇妙者기묘자라, 謀士모사라, 全能전능하신 하나님이라 永存영존하시는 아버지라, 平康평강의 王왕이라 할 것임이라

7其權增益ˇ平康無盡ˇ必坐於大衛之位而治其國ˇ秉公行義
7 기 권 증 익 ˇ 평 강 무 진 ˇ 필 좌 어 대 위 지 위 이 치 기 국 ˇ 병 공 행 의

ˇ使其國保定鞏固ˇ自今直至永世ˇ萬有之主必由熱中而行此
ˇ사기국보정공고ˇ자금직지영세ˇ만유지주필유열중이행차

그 政事정사와 平康평강의 더함이 無窮무궁하며 또 다윗의 王座왕좌와 그 의 나라에 君臨군림하여 그 나라를 굳게 세우고 只今지금 以後이후로 永遠영원히 正義정의와 公義공의로 그것을 保存보존하실 것이라(사 9:6~7상)

10天使謂之曰ˇ勿懼ˇ我報爾大喜ˇ關乎衆民者也
10 천사위지왈ˇ물구ˇ아보이대희ˇ관호중민자야

天使천사가 이르되 무서워하지 말라 보라 내가 온 百姓백성에게 미칠 큰 기쁨의 좋은 소식을 너희에게 傳전하노라

11今日於大衛邑ˇ爲爾生救主ˇ卽主基督
11 금일어대위읍ˇ위이생구주ˇ즉주기독

오늘 다윗의 동네에 너희를 爲위하여 救主구주가 나셨으니 곧 그리스도 主주시니라(눅 2:10~11)

120. 聖誕節성탄절(2)

68當頌美以色列之上帝ˇ因眷顧其民而救贖之
68 당송미이색열지상제ˇ인권고기민이구속지

讚頌찬송하리로다 主주 이스라엘의 하나님이여 그 百姓백성을 돌보사 贖良속량하시며

69爲我儕挺生大能之救主ˇ(大能之救主原文作拯救之角)於其僕大衛家
69 위아제연생대능지구주ˇ(대능지구주원문작증구지각)어기복대위가

우리를 爲위하여 救援구원의 뿔을 그 종 다윗의 집에 일으키셨으니

70如託古聖先知所言
70 여탁고성선지소언

이것은 主주께서 예로부터 거룩한 先知者선지자의 입으로 말씀하신 바와 같이

71救我脫於仇敵及諸惡我者之手
71 구아탈어구적급제오아자지수

우리 怨讐원수에게서와 우리를 미워하는 모든 者자의 손에서 救援구원하시는 일이라

72矜恤我祖ˇ念其聖約
72 긍 휼 아 조 ˇ 념 기 성 약
우리 祖上조상을 矜恤긍휼히 여기시며 그 거룩한 言約언약을 記憶기억하셨으니

73卽與我祖亞伯拉罕所矢之誓
73 즉 여 아 조 아 백 랍 한 소 시 지 서
곧 우리 祖上조상 아브라함에게 하신 盟誓맹서라

74云ˇ賜我得拯於敵手ˇ75畢生在主前以聖以義ˇ無懼而事之
74 운 ˇ 사 아 득 증 어 적 수 ˇ 75 필 생 재 주 전 이 성 이 의 ˇ 무 구 이 사 지
우리가 怨讐원수의 손에서 건지심을 받고 終身종신토록 主주의 앞에서 聖潔성결과 義의로 두려움이 없이 섬기게 하리라 하셨도다(눅 1:68~75)

78因我上帝之矜恤ˇ使晨光自上臨我
78 인 아 상 제 지 긍 휼 ˇ 사 신 광 자 상 림 아
이는 우리 하나님의 矜恤긍휼로 因인함이라 이로써 돋는 해가 위로부터 우리에게 臨임하여

79以照居幽暗及死地陰翳之人ˇ又引我履平康之道
79 이 조 거 유 암 급 사 지 음 예 지 인 ˇ 우 인 아 리 평 강 지 도
어둠과 죽음의 그늘에 앉은 者자에게 비치고 우리 발을 平康평강의 길로 引導인도하시리로다(눅 1:78~79)

14故主自以異兆顯示於爾ˇ將有處女孕懷生子ˇ人稱其名以瑪內利ˇ(以瑪內利譯卽上帝偕我之義)
14 고 주 자 이 이 조 현 시 어 이 ˇ 장 유 처 녀 잉 회 생 자 ˇ 인 칭 기 명 이 마 내 리 ˇ (이 마 내 리 역 즉 상 제 해 아 지 의)
그러므로 主주께서 親친히 徵兆징조를 너희에게 주실 것이라 보라 處女처녀가 孕胎잉태하여 아들을 낳을 것이요 그의 이름을 임마누엘이라 하리라(사 7:14)

121. 主顯節주현절(1)

5主歟ˇ主之仁慈ˇ直至穹蒼ˇ主之眞誠及於雲霄
5 주 여 ˇ 주 지 인 자 ˇ 직 지 궁 창 ˇ 주 지 진 성 급 어 운 소
여호와여 主주의 仁慈인자하심이 하늘에 있고 主주의 眞實진실하심이 空中공중에 사무쳤으며

6主之恩德ˇ比諸峻嶺ˇ主之公義ˇ有如深淵ˇ人民牲畜ˇ皆蒙
6 주 지 은 덕 ˇ 비 제 준 령 ˇ 주 지 공 의 ˇ 유 여 심 연 ˇ 인 민 생 축 ˇ 개 몽
主之救援
주 지 구 원

主주의 義의는 하나님의 山산들과 같고 主주의 審判심판은 큰 바다와 같으니이다 여호와여 主주는 사람과 짐승을 救구하여 주시나이다

7上帝之恩惠ˇ何其寶貴ˇ世人必在主翼之蔭下ˇ得蒙覆庇
7 상 제 지 은 혜 ˇ 하 기 보 귀 ˇ 세 인 필 재 주 익 지 음 하 ˇ 득 몽 복 비

하나님이여 主주의 仁慈인자하심이 어찌 그리 보배로우신지요 사람들이 主주의 날개 그늘 아래에 避피하나이다

8得沾潤主室內之豐美ˇ主所賜之樂如江如河ˇ令之足飮
8 득 첨 윤 주 실 내 지 풍 미 ˇ 주 소 사 지 락 여 강 여 하 ˇ 령 지 족 음

그들이 主주의 집에 있는 살진 것으로 豊足풍족할 것이라 主주께서 主주의 福樂복락의 江강물을 마시게 하시리이다

9生命之根源ˇ在主之所ˇ我儕倚賴主之光ˇ得以觀光
9 생 명 지 근 원 ˇ 재 주 지 소 ˇ 아 제 의 뢰 주 지 광 ˇ 득 이 관 광

眞實진실로 生命생명의 源泉원천이 主주께 있사오니 主주의 빛 안에서 우리가 빛을 보리이다

10凡認主爲主者ˇ願主賜以恩惠ˇ心懷正直者ˇ願主向之施
10 범 인 주 위 주 자 ˇ 원 주 사 이 은 혜 ˇ 심 회 정 직 자 ˇ 원 주 향 지 시
行仁義
행 인 의

主주를 아는 者자들에게 主주의 仁慈인자하심을 계속 베푸시며 마음이 正直정직한 者자에게 主주의 公義공의를 베푸소서(시 36:5-10)

122. 主顯節주현절(2)

1我一心讚美主ˇ在諸神前奏樂頌揚主
1 아 일 심 찬 미 주 ˇ 재 제 신 전 주 악 송 양 주

내가 全心전심으로 主주께 感謝감사하며 神신들 앞에서 主주께 讚頌찬송하리이다

2我必向主之聖殿叩拜ˇ因主之仁慈誠實ˇ稱讚主名
2 아 필 향 주 지 성 전 고 배 ˇ 인 주 지 인 자 성 실 ˇ 칭 찬 주 명

내가 主주의 聖殿성전을 向향하여 禮拜예배하며 主주의 仁慈인자하심과

誠實성실하심으로 말미암아 主주의 이름에 感謝감사하오리니

主使聖名與主之應許爲大ˇ超乎一切
주 사 성 명 여 주 지 응 허 위 대 ˇ 초 호 일 체

이는 主주께서 主주의 말씀을 主주의 모든 이름보다 높게 하셨음이라(시 138:1~2)

4主歟ˇ世上列王ˇ聞主口中之言ˇ卽皆稱讚主
4 주 여 ˇ 세 상 열 왕 ˇ 문 주 구 중 지 언 ˇ 즉 개 칭 찬 주

여호와여 世上세상의 모든 王왕들이 主주께 感謝감사할 것은 그들이 主주의 입의 말씀을 들을이오며

5皆歌頌主之道ˇ因主之榮耀至大
5 개 가 송 주 지 도 ˇ 인 주 지 영 요 지 대

그들이 여호와의 道도를 노래할 것은 여호와의 榮光영광이 크심이니이다

6主雖至高ˇ仍垂顧卑微之人ˇ又從遠處鑒察驕傲之人
6 주 수 지 고 ˇ 잉 수 고 비 미 지 인 ˇ 우 종 원 처 감 찰 교 오 지 인

여호와께서는 높이 계셔도 낮은 者자를 굽어 살피시며 멀리서 驕慢교만한 者자를 아심이니이다(시 138:4~6)

8關係於我之事ˇ主爲我成全ˇ主歟ˇ主之恩慈ˇ永遠常存ˇ主
8 관 계 어 아 지 사 ˇ 주 위 아 성 전 ˇ 주 여 ˇ 주 지 은 자 ˇ 영 원 상 존 ˇ 주

手所創造者ˇ求主莫遺棄
수 소 창 조 자 ˇ 구 주 막 유 기

여호와께서 나를 爲위하여 報償보상해 주시리이다 여호와여 主주의 仁慈인자하심이 永遠영원하오니 主주의 손으로 지으신 것을 버리지 마옵소서(시 138:8)

123. 主顯節주현절(3)

8聖哉ˇ聖哉ˇ上帝全能之主ˇ昔在今在後在者
8 성 재 ˇ 성 재 ˇ 상 제 전 능 지 주 ˇ 석 재 금 재 후 재 자

거룩하다 거룩하다 거룩하다 主주 하나님 곧 全能전능하신 이여 前전에도 계셨고 이제도 계시고 將次장차 오실 이시라(계 4:8하)

3主全能之上帝歟ˇ爾之所爲ˇ大哉奇哉ˇ諸聖(諸聖有作萬世
3 주 전 능 지 상 제 여 ˇ 이 지 소 위 ˇ 대 재 기 재 ˇ 제 성 (제 성 유 작 만 세

有作萬民)之王歟ˇ爾之道至公至眞
유 작 만 민) 지 왕 여 ˇ 이 지 도 지 공 지 진

主주 하나님 곧 全能전능하신 이시여 하시는 일이 크고 놀라우시도다 萬國만국의 王왕이시여 主주의 길이 義의롭고 참되시도다

4誰敢不敬畏主ˇ不歸榮於主之名ˇ惟主爲聖ˇ萬民皆至崇拜
4 수 감 불 경 외 주 ˇ 불 귀 영 어 주 지 명 ˇ 유 주 위 성 ˇ 만 민 개 지 숭 배
於主前ˇ蓋主之義鞫(義鞫或作義行)已顯著矣
어 주 전 ˇ 개 주 지 의 국 (의 국 혹 작 의 행) 이 현 저 의

主주여 누가 主주의 이름을 두려워하지 아니하며 榮華영화롭게 하지 아니하오리이까 오직 主주만 거룩하시니이다 主주의 義의로우신 일이 나타났으매 萬國만국이 와서 主주께 敬拜경배 하리이다(계 15:3하-4)

11以榮光尊貴權力歸於主ˇ宜也ˇ(原文作主歟爾當受榮光尊
11 이 영 광 존 귀 권 력 귀 어 주 ˇ 의 야 ˇ (원 문 작 주 여 이 당 수 영 광 존
貴權力)蓋主創造萬物ˇ萬物受造而有ˇ皆由主之旨也
귀 권 력) 개 주 창 조 만 물 ˇ 만 물 수 조 이 유 ˇ 개 유 주 지 지 야

우리 主주 하나님이여 榮光영광과 尊貴존귀와 權能권능을 받으시는 것이 合當합당하오니 主주께서 萬物만물을 지으신지라 萬物만물이 主주의 뜻대로 있었고 또 지으심을 받았나이다(계 4:11)

13願頌讚ˇ尊貴ˇ榮光ˇ權力歸於坐寶座者及羔ˇ至於世世
13 원 송 찬 ˇ 존 귀 ˇ 영 광 ˇ 권 력 귀 어 좌 보 좌 자 급 고 ˇ 지 어 세 세

寶座보좌에 앉으신 이와 어린 羊양에게 讚頌찬송과 尊貴존귀와 榮光영광과 權能권능을 世世세세토록 돌릴지어다 (계 5:13하)

12阿們ˇ頌讚ˇ榮光ˇ智慧ˇ祝謝ˇ尊貴ˇ威權ˇ能力歸於我上
12 아 문 ˇ 송 찬 ˇ 영 광 ˇ 지 혜 ˇ 축 사 ˇ 존 귀 ˇ 위 권 ˇ 능 력 귀 어 아 상
帝ˇ至於世世ˇ阿們
제 ˇ 지 어 세 세 ˇ 아 문

아멘 讚頌찬송과 榮光영광과 智慧지혜와 感謝감사와 尊貴존귀와 權能권능과 힘이 우리 하나님께 世世세세토록 있을지어다 아멘 (계 7:12)

124. 사순절(1)

1我上帝ˇ我上帝因何遺棄我ˇ因何遠離不救我ˇ不聽我籲懇
1 아 상 제 ˇ 아 상 제 인 하 유 기 아 ˇ 인 하 원 리 불 구 아 ˇ 불 청 아 유 간
之言
지 언

내 하나님이여 내 하나님이여 어찌 나를 버리셨나이까 어찌 나를 멀리 하여 돕지 아니하시오며 내 呻吟신음 소리를 듣지 아니하시나이까

2我上帝歟ˇ我白晝呼籲ˇ主不垂聽ˇ我夜間呼籲ˇ不得寂靜ˇ(寂靜或作安寧)
2 아 상 제 여 ˇ 아 백 주 호 유 ˇ 주 불 수 청 ˇ 아 야 간 호 유 ˇ 부 득 적 정 ˇ (적 정 혹 작 안 녕)

내 하나님이여 내가 낮에도 부르짖고 밤에도 潛潛잠잠하지 아니하오나 應答응답하지 아니하시나이다

3惟主至聖ˇ坐寶座受以色列之讚揚
3 유 주 지 성 ˇ 좌 보 좌 수 이 색 열 지 찬 양

이스라엘의 讚頌찬송 中중에 계시는 主주여 主주는 거룩하시니이다

4我儕列祖皆倚賴主ˇ倚賴主卽蒙救援
4 아 제 열 조 개 의 뢰 주 ˇ 의 뢰 주 즉 몽 구 원

우리 祖上조상들이 主주께 依賴의뢰하고 依賴의뢰하였으므로 그들을 건지셨나이다

5呼籲主得脫患難ˇ仰賴主不至羞慚
5 호 유 주 득 탈 환 난 ˇ 앙 뢰 주 부 지 수 참

그들이 主주께 부르짖어 救援구원을 얻고 主주께 依賴의뢰하여 羞恥수치를 當당하지 아니하셨나이다(시 22:1-5)

11求主莫遠離我ˇ因急難將近我身ˇ無人施救
11 구 주 막 원 리 아 ˇ 인 급 난 장 근 아 신 ˇ 무 인 시 구

나를 멀리 하지 마옵소서 患難환난이 가까우나 도울 者자 없나이다(시 22:11)

16惡人黨羽環攻我ˇ刺穿我手我足
16 악 인 당 우 환 공 아 ˇ 자 천 아 수 아 족

惡악한 무리가 나를 둘러 내 手足수족을 찔렀나이다

17我之諸骨ˇ我皆可數ˇ彼衆注目笑視我ˇ18分我外服ˇ鬮我裏衣
17 아 지 제 골 ˇ 아 개 가 수 ˇ 피 중 주 목 소 시 아 ˇ 18 분 아 외 복 ˇ 구 아 리 의

내가 내 모든 뼈를 셀 수 있나이다 그들이 나를 注目주목하여 보고 내 겉옷을 나누며 속옷을 제비 뽑나이다

19求主莫遠離我ˇ我惟恃主爲我之力ˇ求主速臨救援我ˇ拯
19 구 주 막 원 리 아 ˇ 아 유 시 주 위 아 지 력 ˇ 구 주 속 임 구 원 아 ˇ 증
救我脫離刀劍
구 아 탈 리 도 검
여호와여 멀리 하지 마옵소서 나의 힘이시여 速속히 나를 도우소서(시22:16 하-19)

21救我脫離猛獅之口ˇ脫離野牛之角ˇ望主應允我
21 구 아 탈 리 맹 사 지 구 ˇ 탈 리 야 우 지 각 ˇ 망 주 응 윤 아
나를 獅子사자의 입에서 救구하소서 主주께서 내게 應答응답하시고 들소의 뿔에서 救援구원하셨나이다

22我必在我兄弟前傳揚主名ˇ必在會中讚美主
22 아 필 재 아 형 제 전 전 양 주 명 ˇ 필 재 회 중 찬 미 주
내가 主주의 이름을 兄弟형제에게 宣布선포하고 會中회중 가운데에서 主주를 讚頌찬송하리이다

23曰ˇ敬畏主者當讚美主ˇ雅各之子孫ˇ皆當將榮耀歸於主ˇ
23 왈 ˇ 경 외 주 자 당 찬 미 주 ˇ 아 각 지 자 손 ˇ 개 당 장 영 요 귀 어 주 ˇ
以色列之後裔ˇ俱當敬畏主
이 색 열 지 후 예 ˇ 구 당 경 외 주
여호와를 두려워하는 너희여 그를 讚頌찬송할지어다 야곱의 모든 子孫자손이여 그에게 榮光영광을 돌릴지어다 너희 이스라엘 모든 子孫자손이여 그를 敬畏경외할지어다(시 22:21~23)

125. 사순절(2)

1上帝歟ˇ我心切慕主ˇ猶如渴鹿思慕溪水
1 상 제 여 ˇ 아 심 절 모 주 ˇ 유 여 갈 록 사 모 계 수
하나님이여 사슴이 시냇물을 찾기에 渴急갈급함 같이 내 靈魂영혼이 主주를 찾기에 渴急갈급하니이다

2我心渴想永生上帝ˇ何時得至上帝前朝覲
2 아 심 갈 상 영 생 상 제 ˇ 하 시 득 지 상 제 전 조 근
내 靈魂영혼이 하나님 곧 살아 계시는 하나님을 渴望갈망하나니 내가 어느 때에 나아가서 하나님의 얼굴을 뵈올까

3我晝夜以淚爲飮食ˇ因人對我曰ˇ爾之上帝安在
3 아 주 야 이 루 위 음 식 ˇ 인 인 대 아 왈 ˇ 이 지 상 제 안 재

사람들이 終日종일 내게 하는 말이 네 하나님이 어디 있느뇨 하오니 내 눈물이 晝夜주야로 내 飮食음식이 되었도다(시 42:1-3)

5我心爲何抑鬱ˇ爲何煩惱ˇ當仰望上帝ˇ上帝仍必面向我ˇ
5 아 심 위 하 억 울 ˇ 위 하 번 뇌 ˇ 당 앙 망 상 제 ˇ 상 제 잉 필 면 향 아 ˇ
拯救我ˇ我因而頌揚上帝
증 구 아 ˇ 아 인 이 송 양 상 제

내 靈魂영혼아 네가 어찌하여 落心낙심하며 어찌하여 내 속에서 不安불안해 하는가 너는 하나님께 所望소망을 두라 그가 나타나 도우심으로 말미암아 내가 如前여전히 讚頌찬송하리로다 (시 42:5)

8主日間仍復施恩ˇ夜間我歌頌主ˇ祈求賜我生命之上帝
8 주 일 간 잉 복 시 은 ˇ 야 간 아 가 송 주 ˇ 기 구 사 아 생 명 지 상 제

낮에는 여호와께서 그의 仁慈인자하심을 베푸시고 밤에는 그의 讚頌찬송이 내게 있어 生命생명의 하나님께 祈禱기도하리로다

9我向上帝云ˇ我倚主如磐ˇ因何忘我ˇ因何使我受仇敵凌虐
9 아 향 상 제 운 ˇ 아 의 주 여 반 ˇ 인 하 망 아 ˇ 인 하 사 아 수 구 적 능 학
ˇ時常悲哀
ˇ 시 상 비 애

내 磐石반석이신 하나님께 말하기를 어찌하여 나를 잊으셨나이까 내가 어찌하여 怨讐원수의 壓制압제로 말미암아 슬프게 다니나이까 하리로다

10我仇敵詆毁我ˇ如刃刺骨ˇ終日向我云ˇ爾之上帝安在
10 아 구 적 저 훼 아 ˇ 여 인 자 골 ˇ 종 일 향 아 운 ˇ 이 지 상 제 안 재

내 뼈를 찌르는 칼 같이 내 對敵대적이 나를 誹謗비방하여 늘 내게 말하기를 네 하나님이 어디 있느냐 하도다

11我心爲何抑鬱ˇ爲何煩惱ˇ當仰望上帝ˇ上帝必覿面施救ˇ
11 아 심 위 하 억 울 ˇ 위 하 번 뇌 ˇ 당 앙 망 상 제 ˇ 상 제 필 적 면 시 구 ˇ
我因而頌揚上帝
아 인 이 송 양 상 제

내 靈魂영혼아 네가 어찌하여 落心낙심하며 어찌하여 내 속에서 不安불안해 하는가 너는 하나님께 所望소망을 두라 나는 그가 나타나 도우심으로 말미암아 내 하나님을 如前여전히 讚頌찬송하리로다(시 42:8~11)

126. 사순절(3)

1主歟ˇ我心中仰望主
1 주 여 ˇ 아 심 중 앙 망 주

여호와여 나의 靈魂영혼이 主주를 우러러보나이다

2我上帝歟ˇ我倚賴主ˇ求主莫使我羞愧ˇ莫使我敵因勝我而喜樂
2 아 상 제 여 ˇ 아 의 뢰 주 ˇ 구 주 막 사 아 수 괴 ˇ 막 사 아 적 인 승 아 이 희 락

나의 하나님이여 내가 主주께 依支의지하였사오니 나를 부끄럽지 않게 하시고 나의 怨讐원수들이 나를 이겨 凱歌개가를 부르지 못하게 하소서

3一切仰望主者必不羞愧ˇ惟無故背叛主者必羞愧
3 일 체 앙 망 주 자 필 불 수 괴 ˇ 유 무 고 배 반 주 자 필 수 괴

主주를 바라는 者자들은 羞恥수치를 當당하지 아니하려니와 까닭 없이 속이는 者자들은 羞恥수치를 當당하리이다

4求主以主之道指示我ˇ以主之路教訓我
4 구 주 이 주 지 도 지 시 아 ˇ 이 주 지 로 교 훈 아

여호와여 主주의 道도를 내게 보이시고 主주의 길을 내게 가르치소서

5使我踐行主之眞理ˇ又訓誨我ˇ因主乃救我之上帝ˇ我終日惟仰望主
5 사 아 천 행 주 지 진 리 ˇ 우 훈 회 아 ˇ 인 주 내 구 아 지 상 제 ˇ 아 종 일 유 앙 망 주

主주의 眞理진리로 나를 指導지도하시고 教訓교훈하소서 主주는 내 救援구원의 하나님이시니 내가 終日종일 主주를 기다리나이다

6求主記念主從亘古以來ˇ常發憐憫施恩惠
6 구 주 기 념 주 종 긍 고 이 래 ˇ 상 발 연 민 시 은 혜

여호와여 主주의 矜恤긍휼하심과 仁慈인자하심이 永遠영원부터 있었사오니 主주여 이것들을 記憶기억하옵소서

7主歟ˇ莫記念我幼年之罪惡愆尤ˇ但求依主之恩惠ˇ因主之仁慈眷念我
7 주 여 ˇ 막 기 념 아 유 년 지 죄 악 건 우 ˇ 단 구 의 주 지 은 혜 ˇ 인 주 지 인 자 권 념 아

여호와여 내 젊은 時節시절의 罪죄와 허물을 記憶기억하지 마시고

主주의 仁慈인자하심을 따라 主주께서 나를 記憶기억하시되 主주의 善선하심으로 하옵소서

8主至善至正ˇ因此指引罪人歸於正道
8 주 지 선 지 정 ˇ 인 차 지 인 죄 인 귀 어 정 도
여호와는 善선하시고 正直정직하시니 그러므로 그의 道도로 罪人죄인들을 敎訓교훈하시리로다

9謙遜(或作困苦)之人ˇ主按公義引導ˇ以己道訓誨之
9 겸 손 (혹 작 곤 고) 지 인 ˇ 주 안 공 의 인 도 ˇ 이 기 도 훈 회 지
溫柔온유한 者자를 正義정의로 指導지도하심이여 溫柔온유한 者자에게 그의 道도를 가르치시리로다

10謹守主約及主之法度者ˇ主凡事待以恩惠誠實
10 근 수 주 약 급 주 지 법 도 자 ˇ 주 범 사 대 이 은 혜 성 실
(다같이) 여호와의 모든 길은 그의 言約언약과 證據증거를 지키는 者자에게 仁慈인자와 眞理진리로다(시 25:1~10)

127. 사순절(4)

12以主爲上帝者ˇ其國有福ˇ蒙主選爲子民者ˇ其邦有福
12 이 주 위 상 제 자 ˇ 기 국 유 복 ˇ 몽 주 선 위 자 민 자 ˇ 기 방 유 복
여호와를 自己자기 하나님으로 삼은 나라 곧 하나님의 基業기업으로 選擇선택된 百姓백성은 福복이 있도다

13主從天上觀視ˇ鑒察一切世人
13 주 종 천 상 관 시 ˇ 감 찰 일 체 세 인
여호와께서 하늘에서 굽어보사 모든 人生인생을 살피심이여

14主從所居之處ˇ俯視凡居於世間之人
14 주 종 소 거 지 처 ˇ 부 시 범 거 어 세 간 지 인
곧 그가 居거하시는 곳에서 世上세상의 모든 居民거민들을 굽어살피시는도다

15人心本皆爲主所造ˇ凡人之行爲ˇ俱在主洞鑒之中
15 인 심 본 개 위 주 소 조 ˇ 범 인 지 행 위 ˇ 구 재 주 통 감 지 중
그는 그들 모두의 마음을 지으시며 그들이 하는 일을 굽어살피시는 이로다

16君王兵多ˇ未必得勝ˇ勇士力大ˇ難自解救
16 군 왕 병 다 ˇ 미 필 득 승 ˇ 용 사 력 대 ˇ 난 자 해 구
많은 軍隊군대로 救援구원 얻은 王왕이 없으며 勇士용사가 힘이 세어도 스스로 救援구원하지 못하는도다(시 33:12~16)

20我儕心中仰望主ˇ惟主保祐我儕ˇ護庇我儕
20 아 제 심 중 앙 망 주 ˇ 유 주 보 우 아 제 ˇ 호 비 아 제
우리 靈魂영혼이 여호와를 바람이여 그는 우리의 도움과 防牌방패시로다

21我心因主歡喜ˇ我惟仰賴主之聖名
21 아 심 인 주 환 희 ˇ 아 유 앙 뢰 주 지 성 명
우리 마음이 그를 즐거워함이여 우리가 그의 聖號성호를 依支의지하였기 때문이로다

22主歟ˇ我儕惟仰望主ˇ但願主之恩惠ˇ臨及我身
22 주 여 ˇ 아 제 유 앙 망 주 ˇ 단 원 주 지 은 혜 ˇ 임 급 아 신
여호와여 우리가 主주께 바라는 대로 主주의 仁慈인자하심을 우리에게 베푸소서(시 33:20~22)

128. 사순절(5)

1我心惟黙然仰望上帝ˇ我由主得蒙拯救
1 아 심 유 묵 연 앙 망 상 제 ˇ 아 유 주 득 몽 증 구
나의 靈魂영혼이 潛潛잠잠히 하나님만 바람이여 나의 救援구원이 그에게서 나오는도다

2我惟賴上帝如磐ˇ主乃拯救我者ˇ護庇我者ˇ我必不至動搖
2 아 유 뢰 상 제 여 반 ˇ 주 내 증 구 아 자 ˇ 호 비 아 자 ˇ 아 필 부 지 동 요
오직 그만이 나의 磐石반석이시요 나의 救援구원이시요 나의 要塞요새이시니 내가 크게 흔들리지 아니하리로다

3爾曹逼迫一人ˇ爾衆欲毁之ˇ如將傾之牆ˇ如將倒之壁ˇ何時方休
3 이 조 핍 박 일 인 ˇ 이 중 욕 훼 지 ˇ 여 장 경 지 장 ˇ 여 장 도 지 벽 ˇ 하 시 방 휴
넘어지는 담과 흔들리는 울타리 같이 사람을 죽이려고 너희가 一齊일제히 攻擊공격하기를 언제까지 하려느냐

4彼此商議ˇ欲將其從高位推墜ˇ皆喜誑詐ˇ口中祝福ˇ心內
4피차상의ˇ욕장기종고위추추ˇ개희광사ˇ구중축복ˇ심내
咒詛ˇ細拉
주저ˇ세랍

그들이 그를 그의 높은 자리에서 떨어뜨리기만 꾀하고 거짓을 즐겨 하니 입으로는 祝福축복이요 속으로는 詛呪저주로다

5我惟一心黙然仰望上帝ˇ因我所望者獨在上帝
5아유일심묵연앙망상제ˇ인아소망자독재상제

나의 靈魂영혼아 潛潛잠잠히 하나님만 바라라 무릇 나의 所望소망이 그로부터 나오는도다

6我惟賴上帝如磐ˇ上帝乃拯救我者ˇ護庇我者ˇ我必不至動搖
6아유뢰상제여반ˇ상제내증구아자ˇ호비아자ˇ아필부지동요

오직 그만이 나의 磐石반석이시요 나의 救援구원이시요 나의 要塞요새이시니 내가 흔들리지 아니하리로다

7我仰賴上帝得拯救ˇ得榮耀ˇ倚賴上帝如堅固之磐ˇ我在上
7아앙뢰상제득증구ˇ득영요ˇ의뢰상제여견고지반ˇ아재상
帝得蒙蔭庇
제득몽음비

나의 救援구원과 榮光영광이 하나님께 있음이여 내 힘의 磐石반석과 避難處피난처도 하나님께 있도다

8惟爾衆民ˇ當時常仰賴上帝ˇ在上帝前傾吐衷懷ˇ因護庇我
8유이중민ˇ당시상앙뢰상제ˇ재상제전경토충회ˇ인호비아
儕者乃上帝ˇ細拉
제자내상제ˇ세랍

百姓백성들아 時時시시로 그를 依支의지하고 그의 앞에 마음을 吐토하라 하나님은 우리의 避難處피난처시로다(시 62:1~8)

129. 종려주일

9郇邑(邑原文女下同)歟ˇ當欣喜不勝
9순읍(읍원문녀하동)여ˇ당흔희불승

시온의 딸아 크게 기뻐할지어다

耶路撒冷邑歟ˇ當歡呼
야로살냉읍여ˇ당환호

예루살렘의 딸아 즐거이 부를지어다

爾王臨爾ˇ秉公義ˇ施救援
이 왕 림 이 ˇ 병 공 의 ˇ 시 구 원

보라 네 王왕이 네게 臨임하시나니 그는 公義공의로우시며 救援구원을 베푸시며

謙和而乘驢ˇ卽驢之小者牝驢之子
겸 화 이 승 려 ˇ 즉 려 지 소 자 빈 려 지 자

謙遜겸손하여서 나귀를 타시나니 나귀의 작은 것 곧 나귀 새끼니라

10我將滅絕以法蓮之車ˇ及耶路撒冷之馬
10 아 장 멸 절 이 법 련 지 거 ˇ 급 야 로 살 냉 지 마

내가 에브라임의 병거와 예루살렘의 말을 끊겠고

爭戰之弓ˇ亦必滅絕ˇ彼將以和平命於異邦人
쟁 전 지 궁 ˇ 역 필 멸 절 ˇ 피 장 이 화 평 명 어 이 방 인

戰爭전쟁하는 활도 끊으리니 그가 異邦이방 사람에게 和平화평을 傳전할 것이요

彼所統轄者ˇ(彼所統轄者或作彼之權衡)將自海至海
피 소 통 할 자 ˇ (피 소 통 할 자 혹 작 피 지 권 형) 장 자 해 지 해

그의 統治통치는 바다에서 바다까지 이르고

自大河至於地極
자 대 하 지 어 지 극

유브라데 江강에서 땅 끝까지 이르리라(슥 9:9~10)

9前行後從之衆呼曰
9 전 행 후 종 지 중 호 왈

앞에서 가고 뒤에서 따르는 무리가 소리 높여 이르되

荷散拿(譯卽求救之義)大衛之裔
하 산 나 (역 즉 구 구 지 의) 대 위 지 예

호산나 다윗의 子孫자손이여 讚頌찬송하리로다

託主名而來者ˇ當稱頌ˇ在至上之處ˇ當稱荷散拿
탁 주 명 이 래 자 ˇ 당 칭 송 ˇ 재 지 상 지 처 ˇ 당 칭 하 산 나

(다같이) 主주의 이름으로 오시는 이여 가장 높은 곳에서 호산나 하더라(마 21:9)

130. 고난주간(1)

29明日ˇ約翰見耶穌就己ˇ乃曰ˇ觀上帝之羔ˇ負世之罪者
29 명 일 ˇ 약 한 견 야 소 취 기 ˇ 내 왈 ˇ 관 상 제 지 고 ˇ 부 세 지 죄 자

이튿날 요한이 예수께서 自己자기에게 나아오심을 보고 이르되 보라 世上세상 罪죄를 지고 가는 하나님의 어린 羊양이로다(요 1:29)

1當是日必有泉源ˇ爲大衛家及耶路撒冷居民而開ˇ得以滌罪去汚
1 당 시 일 필 유 천 원 ˇ 위 대 위 가 급 야 로 살 냉 거 민 이 개 ˇ 득 이 척 죄 거 오

그 날에 罪죄와 더러움을 씻는 샘이 다윗의 族屬족속과 예루살렘 住民주민을 爲위하여 열리리라(슥 13:1)

9因此我心歡欣ˇ我神(我神或作我體之榮)喜樂ˇ我身軀亦享安康
9 인 차 아 심 환 흔 ˇ 아 신 (아 신 혹 작 아 체 지 영) 희 락 ˇ 아 신 구 역 향 안 강

이러므로 나의 마음이 기쁘고 나의 靈영도 즐거워하며 내 肉體육체도 安全안전히 살리니

10主必不將我靈魂遺棄於示阿勒ˇ主必不使敬主虔誠人朽壞
10 주 필 부 장 아 영 혼 유 기 어 시 아 륵 ˇ 주 필 불 사 경 주 건 성 인 후 괴

이는 主주께서 내 靈魂영혼을 스올에 버리지 아니하시며 主주의 거룩한 者자를 滅亡멸망시키지 않으실 것임이니이다

11主必將永生之道指示我ˇ在主之前有無限之歡愉ˇ在主之右有永遠之安樂
11 주 필 장 영 생 지 도 지 시 아 ˇ 재 주 지 전 유 무 한 지 환 유 ˇ 재 주 지 우 유 영 원 지 안 락

主주께서 生命생명의 길을 내게 보이시리니 主주의 앞에는 充滿충만한 기쁨이 있고 主주의 오른쪽에는 永遠영원한 즐거움이 있나이다(시 16:9-11)

12大呼曰ˇ以威權ˇ富厚ˇ智慧ˇ能力ˇ尊貴ˇ榮光ˇ頌讚ˇ歸於見殺之羔宜也ˇ(或作大呼曰見殺之羔堪受威權富厚智慧能力尊貴榮光頌讚)
12 대 호 왈 ˇ 이 위 권 ˇ 부 후 ˇ 지 혜 ˇ 능 력 ˇ 존 귀 ˇ 영 광 ˇ 송 찬 ˇ 귀 어 견 살 지 고 의 야 ˇ (혹 작 대 호 왈 견 살 지 고 감 수 위 권 부 후 지 혜 능 력 존 귀 영 광 송 찬)

(다같이) 큰 音聲음성으로 이르되 죽임을 當당하신 어린 羊양은 能力능력과 富부와 智慧지혜와 힘과 尊貴존귀와 榮光영광과 讚頌찬송을 받으시기에 合當합당하도다 하더라(계 5:12)

131. 고난주간(2)

1我儕所傳者(我儕所傳者或作所傳於我儕者)有誰信之ˇ主之
1 아 제 소 전 자 (아 제 소 전 자 혹 작 소 전 어 아 제 자) 유 수 신 지 ˇ 주 지
聖臂ˇ顯示於誰
성 비 ˇ 현 시 어 수

우리가 傳전한 것을 누가 믿었느냐 여호와의 팔이 누구에게 나타났느냐

2彼(彼即主之僕救主)於主前ˇ生發若芽ˇ亦若根株出於燥土
2 피 (피 즉 주 지 복 구 주) 어 주 전 ˇ 생 발 약 아 ˇ 역 약 근 주 출 어 조 토

그는 主주 앞에서 자라나기를 軟연한 筍순 같고 마른 땅에서 나온 뿌리 같아서

無佳色美容ˇ不足使我瞻望ˇ無所可觀ˇ不足使我羨慕
무 가 색 미 용 ˇ 부 족 사 아 첨 망 ˇ 무 소 가 관 ˇ 부 족 사 아 이 모

고운 貌樣모양도 없고 風彩풍채도 없은즉 우리가 보기에 欽慕흠모할 만한 아름다운 것이 없도다

3彼被藐視ˇ被人厭棄ˇ備嘗痛苦ˇ熟悉病患
3 피 피 막 시 ˇ 피 인 염 기 ˇ 비 상 통 고 ˇ 숙 실 병 환

그는 蔑視멸시를 받아 사람들에게 버림 받았으며 艱苦간고를 많이 겪었으며 疾苦질고를 아는 者자라 (사 53:1-3상)

4彼仍任我之恙ˇ負我之憂ˇ我反以爲上帝懲罰之ˇ譴責之ˇ
4 피 잉 임 아 지 양 ˇ 부 아 지 우 ˇ 아 반 이 위 상 제 징 벌 지 ˇ 견 책 지 ˇ
加之困苦
가 지 곤 고

그는 實실로 우리의 疾苦질고를 지고 우리의 슬픔을 當당하였거늘 우리는 생각하기를 그는 懲罰징벌을 받아 하나님께 맞으며 苦難고난을 當당한다 하였노라

5彼因我愆尤而被傷殘ˇ緣我罪惡而受折磨ˇ彼遭刑罰ˇ使我
5 피 인 아 건 우 이 피 상 잔 ˇ 연 아 죄 악 이 수 절 마 ˇ 피 조 형 벌 ˇ 사 아
得平康ˇ彼見鞭撻ˇ使我得醫痊
득 평 강 ˇ 피 견 편 달 ˇ 사 아 득 의 전

그가 찔림은 우리의 허물 때문이요 그가 傷상함은 우리의 罪惡죄악 때문이라 그가 懲戒징계를 받으므로 우리는 平和평화를 누리고 그가 채찍에 맞으므로 우리는 나음을 받았도다

6我俱迷亡若羊ˇ各行其道ˇ主以我衆之罪愆ˇ任於其身ˇ(主
6 아 구 미 망 약 양 ˇ 각 행 기 도 ˇ 주 이 아 중 지 죄 건 ˇ 임 어 기 신 ˇ (주
以我衆之罪愆任於其身或作主使彼因我衆之罪愆身遭苦難)
이 아 중 지 죄 건 임 어 기 신 혹 작 주 사 피 인 아 중 지 죄 건 신 조 고 난)

우리는 다 羊양 같아서 그릇 行행하여 각기 제 길로 갔거늘 여호와께서는 우리 모두의 罪惡죄악을 그에게 擔當담당시키셨도다(사 53:4~6)

132. 고난주간(3)

24時耶穌謂門徒曰ˇ凡欲從我者當克己ˇ負十字架而從我
24 시 야 소 위 문 도 왈 ˇ 범 욕 종 아 자 당 극 기 ˇ 부 십 자 가 이 종 아

이는 예수께서 弟子제자들에게 이르시되 누구든지 나를 따라오려거든 自己자기를 否認부인하고 自己자기 十字架십자가를 지고 나를 따를 것이니라(마 16:24)

21爾曹見召ˇ乃爲此也ˇ蓋基督亦爲爾曹受苦ˇ遺模於爾ˇ使
21 이 조 견 소 ˇ 내 위 차 야 ˇ 개 기 독 역 위 이 조 수 고 ˇ 유 모 어 이 ˇ 사
爾踐其蹟以行
이 천 기 적 이 행

이를 爲위하여 너희가 부르심을 받았으니 그리스도도 너희를 爲위하여 苦難고난을 받으사 너희에게 本본을 끼쳐 그 자취를 따라오게 하려 하셨느니라

22彼未行惡ˇ口無詭譎ˇ 23被詬不反詬
22 피 미 행 악 ˇ 구 무 궤 휼 ˇ 23 피 후 불 반 후

그는 罪죄를 犯범하지 아니하시고 그 입에 거짓도 없으시며 辱욕을 當당하시되 맞대어 辱욕하지 아니하시고

受苦不出厲言ˇ惟以己託於公義審判之主
수 고 불 출 려 언 ˇ 유 이 기 탁 어 공 의 심 판 지 주

苦難고난을 當당하시되 威脅위협하지 아니하시고 오직 公義공의로 審判심판하시는 이에게 付託부탁하시며

24彼懸於木ˇ親身負我衆之罪
24 피 현 어 목 ˇ 친 신 부 아 중 지 죄
親친히 나무에 달려 그 몸으로 우리 罪죄를 擔當담당하셨으니

使我儕旣脫罪若死ˇ則可爲義而生
사 아 제 기 탈 죄 약 사 ˇ 즉 가 위 의 이 생
이는 우리로 罪죄에 對대하여 죽고 義의에 對대하여 살게 하려 하심이라

蓋彼受鞭撻ˇ而爾得痊愈
개 피 수 편 달 ˇ 이 이 득 전 유
그가 채찍에 맞음으로 너희는 나음을 얻었나니

25爾素如迷失之羊ˇ今歸於爾靈之牧者ˇ爾靈之監督
25 이 소 여 미 실 지 양 ˇ 금 귀 어 이 령 지 목 자 ˇ 이 령 지 감 독
너희가 前전에는 羊양과 같이 길을 잃었더니 이제는 너희 靈魂영혼의 牧者목자와 監督감독되신 이에게 돌아왔느니라(벧전 2:21-25)

133. 부활절(1)

24然其受難死後ˇ上帝釋而復活ˇ因死不能久拘之
24 연 기 수 난 사 후 ˇ 상 제 석 이 부 활 ˇ 인 사 불 능 구 구 지
하나님께서 그를 死亡사망의 苦痛고통에서 풀어 살리셨으니 이는 그가 死亡사망에 매여 있을 수 없었음이라(행 2:24)

57感謝上帝ˇ使我賴我主耶穌基督而得勝
57 감 사 상 제 ˇ 사 아 뢰 아 주 야 소 기 독 이 득 승
우리 主주 예수 그리스도로 말미암아 우리에게 勝利승리를 주시는 하나님께 感謝감사하노니

58是以我所愛之兄弟ˇ當堅固不搖ˇ常務主事
58 시 이 아 소 애 지 형 제 ˇ 당 견 고 불 요 ˇ 상 무 주 사
그러므로 내사랑하는 兄弟형제들아 堅實견실하며 흔들리지 말고 恒常항상 主주의 일에 더욱 힘쓰는 者자들이 되라(고전 15:57~58상)

36言時ˇ耶穌忽立其中ˇ曰ˇ願爾平安
36 언 시 ˇ 야 소 홀 립 기 중 ˇ 왈 ˇ 원 이 평 안
이 말을 할 때에 예수께서 親친히 그들 가운데 서서 이르시되 너희에게 平康평강이 있을지어다 하시니

37門徒驚駭恐懼ˇ疑所見者爲鬼神
37 문 도 경 해 공 구 ˇ 의 소 견 자 위 귀 신
그들이 놀라고 무서워하여 그 보는 것을 靈영으로 생각하는지라

38耶穌曰ˇ何懼而心疑乎
38 야 소 왈 ˇ 하 구 이 심 의 호
예수께서 이르시되 어찌하여 두려워하며 어찌하여 마음에 疑心의심이 일어나느냐

39視我手足ˇ卽知是我也ˇ試捫且視ˇ鬼神無骨肉ˇ爾視我有之
39 시 아 수 족 ˇ 즉 지 시 아 야 ˇ 시 문 차 시 ˇ 귀 신 무 골 육 ˇ 이 시 아 유 지
내 손과 발을 보고 나인 줄 알라 또 나를 만져 보라 靈영은 살과 뼈가 없으되 너희 보는 바와 같이 나는 있느니라(눅 24:36~39)

134. 부활절(2)

3昔我以所受者授爾ˇ其最要者ˇ卽基督爲我儕之罪而死ˇ應經所載
3 석 아 이 소 수 자 수 이 ˇ 기 최 요 자 ˇ 즉 기 독 위 아 제 지 죄 이 사 ˇ 응 경 소 재
내가 받은 것을 먼저 너희에게 傳전하였노니 이는 聖經성경대로 그리스도께서 우리 罪죄를 爲위하여 죽으시고

4且葬ˇ至第三日復活ˇ亦應經所載ˇ 5現於磯法
4 차 장 ˇ 지 제 삼 일 부 활 ˇ 역 응 경 소 재 ˇ 5 현 어 기 법
葬事장사 지낸 바 되셨다가 聖經성경대로 사흘 만에 다시 살아나사
게바에게 보이시고

又現於十二使徒ˇ6後現於五百餘兄弟ˇ同時見之
우 현 어 십 이 사 도 ˇ 6 후 현 어 오 백 여 형 제 ˇ 동 시 견 지
後후에 열두 弟子제자에게와 그 後후에 五百餘오백여 兄弟형제에게 一時일시에 보이셨나니

其中太半猶存ˇ亦有已逝(逝原文作寢)者ˇ7後現於雅各
기 중 태 반 유 존 ˇ 역 유 이 서 (서 원 문 작 침) 자 ˇ 7 후 현 어 아 각
그 中중에 只今지금까지 大多數대다수는 살아 있고 어떤 사람은 잠들었으며 그 後후에 야고보에게 보이셨으며

又後現於諸使徒ˇ8終則現於我ˇ我如未及産期而生者然
우 후 현 어 제 사 도 ˇ 8 종 즉 현 어 아 ˇ 아 여 미 급 산 기 이 생 자 연

그 後후에 모든 使徒사도에게와 맨 나중에 滿朔만삭되지 못하여 난 者자 같은 내게도 보이셨느니라(고전 15:3~8)

14若基督未復活ˇ則我之傳徒然ˇ爾之信亦徒然
14 약 기 독 미 부 활 ˇ 즉 아 지 전 도 연 ˇ 이 지 신 역 도 연

그리스도께서 萬一만일 다시 살아나지 못하셨으면 우리가 傳播전파하는 것도 헛것이요 또 너희 믿음도 헛것이며(고전 15:14)

19我儕信基督ˇ若惟在今生有望ˇ則於衆人之中ˇ我儕最苦
19 아 제 신 기 독 ˇ 약 유 재 금 생 유 망 ˇ 즉 어 중 인 지 중 ˇ 아 제 최 고

萬一만일 그리스도 안에서 우리가 바라는 것이 다만 이 世上세상의 삶뿐이면 모든 사람 가운데 우리가 더욱 불쌍한 者자이리라

20但基督誠復活ˇ在寢者中爲首起者
20 단 기 독 성 부 활 ˇ 재 침 자 중 위 수 기 자

그러나 이제 그리스도께서 죽은 者자 가운데서 다시 살아나사 잠자는 者자들의 첫 열매가 되셨도다(고전 15:19~20)

135. 성령 강림(1)

2主之神必賦(賦或作感)之ˇ使有智慧明哲ˇ有謀畧才能ˇ有知識ˇ有敬畏主之心
2 주 지 신 필 부 (부 혹 작 감) 지 ˇ 사 유 지 혜 명 철 ˇ 유 모 략 재 능 ˇ 유 지 식 ˇ 유 경 외 주 지 심

그이 위에 여호와의 靈영 곧 智慧지혜와 聰明총명의 靈영이요 謀略모략과 才能재능의 靈영이요 知識지식과 여호와를 敬畏경외하는 靈영이 降臨강림하시리니(사 11:2)

10惟上帝以其靈ˇ示之於我ˇ蓋聖靈窮察萬事ˇ及上帝之深奥
10 유 상 제 이 기 령 ˇ 시 지 어 아 ˇ 개 성 령 궁 찰 만 사 ˇ 급 상 제 지 심 오

오직 하나님이 聖靈성령으로 이것을 우리에게 보이셨으니 聖靈성령은 모든 것 곧 하나님의 깊은 것까지도 通達통달하시느니라(고전 2:10)

16我將求父ˇ父必別以保慰者(保慰者原文作巴拉基利土下同)賜爾
16 아 장 구 부 ˇ 부 필 별 이 보 위 자 (보 위 자 원 문 작 파 랍 기 리 토 하 동) 사 이

내가 아버지께 求구하겠으니 그가 또 다른 保惠師보혜사를 너희에게 주사

偕爾永居ˇ17卽眞理之靈
해 이 영 거 ˇ 17 즉 진 리 지 령
永遠영원토록 너희와 함께 있게 하리니 그는 眞理진리의 靈영이라 (요 14:16~17상)

26惟保慰者ˇ卽聖靈ˇ父因我名而遣之者ˇ必將以一切訓爾
26 유 보 위 자 ˇ 즉 성 령 ˇ 부 인 아 명 이 견 지 자 ˇ 필 장 이 일 체 훈 이
保惠師보혜사 곧 아버지께서 내 이름으로 보내실 聖靈성령 그가 너희에게 모든 것을 가르치고

且使爾ˇ憶凡我所語爾者
차 사 이 ˇ 억 범 아 소 어 이 자
내가 너희에게 말한 모든 것을 생각나게 하리라(요 14:26)

8惟聖靈臨爾後ˇ爾將受能力
8 유 성 령 임 이 후 ˇ 이 장 수 능 력
오직 聖靈성령이 너희에게 臨임하시면 너희가 權能권능을 받고

爲我作證於耶路撒冷ˇ猶太全地ˇ撒瑪利亞ˇ以至地極
위 아 작 증 어 야 로 살 냉 ˇ 유 태 전 지 ˇ 살 마 리 아 ˇ 이 지 지 극
예루살렘과 온 유대와 사마리아와 땅 끝까지 이르러 내 證人증인이 되리라 하시니라(행 1:8)

136. 성령 강림(2)

28厥後我將以我之靈賦畀萬人ˇ俾爾子女言未來事ˇ老者見夢兆ˇ幼者見異像
28 궐 후 아 장 이 아 지 령 부 비 만 인 ˇ 비 이 자 녀 언 미 래 사 ˇ 노 자 견 몽 조 ˇ 유 자 견 이 상
그 後후에 내가 내 靈영을 萬民만민에게 부어 주리니 너희 子女자녀들이 將來장래 일을 말할 것이며 너희 늙은이는 꿈을 꾸며 너희 젊은이는 異像이상을 볼 것이며

29當是時我亦以我之靈賦畀僕婢
29 당 시 시 아 역 이 아 지 령 부 비 복 비
그 때에 내가 또 내 靈영을 男남종과 女여종에게 부어 줄 것이며

30我將顯異蹟於天上地下ˇ必有血ˇ有火ˇ有煙柱
30 아 장 현 이 적 어 천 상 지 하 ˇ 필 유 혈 ˇ 유 화 ˇ 유 연 주
내가 異蹟이적을 하늘과 땅에 베풀리니 곧 피와 불과 煙氣연기 기둥

이라

31日變晦冥ˇ月爲血色ˇ主之日大而可畏ˇ未至之先ˇ必有此事
31 일 변 회 명 ˇ 월 위 혈 색 ˇ 주 지 일 대 이 가 외 ˇ 미 지 지 선 ˇ 필 유 차 사
여호와의 크고 두려운 날이 이르기 前전에 해가 어두워지고 달이 핏빛 같이 變변하려니와

32凡籲主名者ˇ必得救援
32 범 유 주 명 자 ˇ 필 득 구 원
누구든지 여호와의 이름을 부르는 者자는 救援구원을 얻으리니

循主所言ˇ在郇山ˇ在耶路撒冷ˇ人必得救
순 주 소 언 ˇ 재 순 산 ˇ 재 야 로 살 냉 ˇ 인 필 득 구
이는 나 여호와의 말대로 시온 山산과 예루살렘에서 避피할 者자가 있을 것임이요

得救者ˇ卽主所召之遺民
득 구 자 ˇ 즉 주 소 소 지 유 민
남은 者자 中중에 나 여호와의 부름을 받을 者자가 있을 것임이니라(욜 2:28~32)

137. 삼위일체

16耶穌旣受洗ˇ卽由水而上ˇ天爲之開ˇ見上帝之靈如鴿ˇ降臨其上
16 야 소 기 수 세 ˇ 즉 유 수 이 상 ˇ 천 위 지 개 ˇ 견 상 제 지 령 여 합 ˇ 강 림 기 상
예수께서 洗禮세례를 받으시고 곧 물에서 올라오실새 하늘이 열리고 하나님의 聖靈성령이 비둘기 같이 내려 自己자기 위에 臨임하심을 보시더니

17自天有聲云ˇ此乃我愛子ˇ我所喜悅者也
17 자 천 유 성 운 ˇ 차 내 아 애 자 ˇ 아 소 희 열 자 야
하늘로부터 소리가 있어 말씀하시되 이는 내 사랑하는 아들이요 내 기뻐하는 者자라 하시니라(마 3:16~17)

19爾往招萬民爲我門徒ˇ因父與子與聖靈之名ˇ施之洗禮ˇ
19 이 왕 초 만 민 위 아 문 도 ˇ 인 부 여 자 여 성 령 지 명 ˇ 시 지 세 례 ˇ
(或作施之洗禮以歸父與子與聖靈之名)
(혹 작 시 지 세 례 이 귀 부 여 자 여 성 령 지 명)

그러므로 너희는 가서 모든 民族민족을 弟子제자로 삼아 아버지와 아들과 聖靈성령의 이름으로 洗禮세례를 베풀고

20敎之守凡我所命爾者ˇ且我常偕爾ˇ至於世末ˇ阿們
20 교 지 수 범 아 소 명 이 자 ˇ 차 아 상 해 이 ˇ 지 어 세 말 ˇ 아 문

내가 너희에게 吩咐분부한 모든 것을 가르쳐 지키게 하라 볼지어다 내가 世上세상 끝날까지 너희와 恒常항상 함께 있으리라 하시니라(마 28:19~20)

4體一ˇ靈一ˇ誠如爾蒙召所望者惟一
4 체 일 ˇ 령 일 ˇ 성 여 이 몽 소 소 망 자 유 일

몸이 하나요 聖靈성령도 한 분이시니 이와 같이 너희가 부르심의 한 所望소망 안에서 부르심을 받았느니라

5主一ˇ信一ˇ洗禮一ˇ 6上帝一
5 주 일 ˇ 신 일 ˇ 세 례 일 ˇ 6 상 제 일

主주도 한 분이시요 믿음도 하나요 洗禮세례도 하나요 하나님도 한 분이시니

爲萬有之父ˇ宰萬有ˇ貫萬有ˇ亦在爾衆內
위 만 유 지 부 ˇ 재 만 유 ˇ 관 만 유 ˇ 역 재 이 중 내

곧 萬有만유의 아버지시라 萬有만유 위에 계시고 萬有만유를 統一통일하시고 萬有만유 가운데 계시도다(엡 4:4~6)

심방성구

목 차

심방성구

1. 축하

(1) 임신과 출산

- 사라가 잉태하여 이삭을 낳음 ……… 창 21:1-3
- 평생을 여호와께 헌신하기로 서약한 한나 ……… 삼상 1:28
- 예수를 잉태할 것을 알림 ……… 마 1:18-21
- 출생을 기뻐함 ……… 요 16:21
- 여호와의 도를 가르치라 ……… 신 31:12-13
- 엘가나가 사무엘을 낳고 제사드림 ……… 삼상 1:21
- 여호와께 바칠 자녀 ……… 말 2:15
- 첫아들은 주의 거룩한 자임 ……… 눅 2:23-24

(2) 생일

① 어린이

- 만복을 누리는 자가 되기를 바람 ……… 창 12:2-3
- 큰 잔치를 베풂 ……… 창 21:8
- 건강하게 성장함을 기뻐함 ……… 눅 2:40
- 하나님의 마음에 합한 자가 되기를 바람 ……… 행 13:22

② 어른

- 육신으로 낳았으나 신령한 몸을 가짐 ……… 고전 15:14
- 의인의 축복 ……… 갈 3:27

③ 환갑

- 나그네 인생 ……… 창 47:8-9

- 건강 장수의 축복 ········· 수 14:10-11
- 여호와의 지키심 ········· 시 121:1-8
- 장수와 평강 ········· 잠 3:1-2
- 노인을 공경 ········· 레 19:32
- 백발은 영화의 면류관 ········· 잠 16:31
- 노인의 면류관 ········· 잠 17:6

(3) 교육

① 자녀교육

- 자녀를 훈계함 ········· 시 34:11
- 여호와의 도를 부지런히 가르침 ········· 신 6:4-9
- 말씀으로 자란 사람 ········· 삼상 3:1-4
- 믿음의 계승 ········· 딤후 1:5
- 성경으로 교육해야함 ········· 딤후 3:15-17

② 입학

- 목자를 따름 ········· 시 23:1-6
- 지식의 근원 ········· 잠 1:7-8
- 심은 대로 거둠 ········· 고후 9:6
- 심는 자의 축복 ········· 갈 6:7-8
- 어려서부터 배울 것 ········· 딤후 3:15-17

③ 진학

- 주의 성장 ········· 눅 2:40-52
- 학문과 함께 신앙도 지님 ········· 롬 1:16-17
- 심은 대로 거둠같이 많이 배울것 ········· 고후 9:6

④ 졸업

- 꿈을 가짐 ······ 창 28:10-22
- 어디로 가든지 하나님이 함께 하심 ······ 수 1:5-9
- 그리스도를 따름 ······ 마 11:29
- 배운 자의 도리 ······ 롬 15:1-2
- 인생의 목표 ······ 빌 3:4-16

(4) 약혼과 혼인

- 부모의 허락 ······ 창 24;1-4
- 하나님의 뜻에 순응함 ······ 창 24:56-58
- 본인들의 의사를 존중함 ······ 창 24:56-58
- 하나님께서 주신 짝 ······ 마 19:4-6
- 결혼은 하나님의 은혜 ······ 창 1:27-28
- 여자를 남자의 배필로 정함 ······ 창 2:18-24
- 여자 남자가 한 몸을 이룸 ······ 마 19:5
- 여호와를 섬기는 가정 ······ 시 128:1-6
- 아내와 남편의 삶 ······ 엡 5:22-23
- 혼인의 신성함, 이상적인 결혼 ······ 살전 4:3-6

(5) 사업

① 개업

- 물질적인 복을 받을 때 ······ 신 6:10-13
- 하늘의 창고를 여심 ······ 신 28:8-14
- 시작은 미약함 ······ 욥 8:5-7
- 내 손이 수고한 대로 거둠 ······ 시 128:2

- 경영주는 하나님이심 ········ 잠 16:3
- 십일조를 드릴 것 ········ 말 3:10

② 사업 확장

- 나중이 처음보다 나아짐 ········ 욥 42:12
- 부지런한 손은 부하게 됨 ········ 잠 10:4

③ 취업

- 아버지의 경영 ········ 잠 16:1-9
- 포도원의 품꾼이 됨 ········ 마 20:1-16
- 부지런하여 게으르지 말 것 ········ 롬 12:11
- 맡은 일에 충성할 것 ········ 고전 4:2

④ 승진

- 종에서 가정 총무로 오름 ········ 창 39:4
- 시절을 좇아 과실을 맺음 ········ 시 1:3
- 승진됨 ········ 단 1:5-6; 5:29
- 충성과 축복 ········ 마 25:21
- 맡은 자의 충성 ········ 고전 4:2

2. 애도

(1) 임종

① 신자

- 생명의 길 ········ 시 16:10-11
- 여호와는 나를 영접하심 ········ 시 27:8-10
- 우리의 날을 계수함 ········ 시 90:10-12
- 영원한 생명 ········ 요 3:16
- 내 아버지의 집 ········ 요 14:1-2

- 아버지의 집 ············ 고후 5:1-4
- 의의 면류관을 바람 ············ 딤후 4:6-8
- 꽃이 지고 풀이 마르는 때 ············ 약 1:10-11

② 불신자

- 호흡이 있을 때 주를 찬송해야 함 ············ 시 146:1-4
- 창조자를 기억해야 함 ············ 사 45:6-7
- 풀과 같은 인생 ············ 벧전 1:24-25

③ 입관과 영결

- 조상의 뒤를 좇음 ············ 창 15:15
- 아침 풀꽃과 같은 인생 ············ 시 90:1-10
- 영원한 집 ············ 고후 5:1-10
- 확신한 위로 ············ 살전 4:13-18
- 하나님의 보호를 받음 ············ 계 7:13-17
- 새 옷을 입음 ············ 계 19:8

④ 하관

- 흙으로 돌아가는 길 ············ 창 3:19
- 영원한 곳으로 감 ············ 전 12:5
- 부활의 주를 따라감 ············ 요 11:25-26
- 내 아버지의 집 ············ 요 14:1-2
- 주와 함께 사는 곳 ············ 고후 5:1, 8

(2) 문상

① 신자의 사망

- 하나님의 초대 ············ 창 5:24
- 영혼의 안식 ············ 사 57:2

• 본향에 가는 것임 ········· 히 11:16
• 육신의 수고가 끝남 ········· 계 14:13

② 부모(노인)의 별세

• 세상의 나그네길의 험악함 ········· 창 47:9
• 육신의 생애는 아침 안개와 같음 ········· 약 4:13-14
• 육신의 생애는 들의 꽃과 같음 ········· 벧전 1:24

③ 어린이의 죽음

• 부모의 신앙적인 위로 ········· 삼하 12:15-23
• 천국 백성의 적격자 ········· 마 18:3-5

④ 남편의 별세

• 신앙 생활에 치중케 함 ········· 눅 2:36-38
• 소망을 하늘에 두게 함 ········· 히 6:19-20

⑤ 교역자의 별세

• 하나님과 동행하다가 불려감 ········· 창 5:24
• 그리스도와 같이 있게 됨 ········· 빌 1:23
• 주를 위해 바친 몸으로 삶 ········· 딤후 4:6

(3) 추도

① 일반적인 추도

• 사망은 인생의 공도임 ········· 왕상 2:1-3
• 내 길을 즐거워할 것 ········· 잠 23:26
• 세상 끝날에 주의 재림을 기다림 ········· 살전 4:13-18
• 나그네 인생 ········· 벧전 2:11-12

② 자녀의 추도

• 부모도 따라감 ········· 삼하 12:23

- 죽음이 출생보다 나음 ………… 전 7:1

③ 부모의 추도

- 지극한 효성의 슬픔 ………… 창 50:10
- 아버지 집에 가 계신 것을 기억함 ………… 요 14:1-3
- 슬픔과 이별과 신앙의 위로 ………… 행 20:35-37

④ 교역자 추도

- 바울의 신앙을 본받고 계승할 것 ………… 고전 11:1-2
- 남이 모르는 기쁨과 부요의 생활 ………… 고후 6:10
- 교회를 위해 염려하던 생활 ………… 고후 11:28
- 그의 영적 사역을 기억함 ………… 갈 4:19

3. 환자

(1) 병이 생기는 원인

- 하나님의 영광을 위함 ………… 요 11:4
- 연단받은 소망 ………… 롬 5:1-6
- 하나님의 징계 ………… 신 28:58-62
- 불경건한 생활 ………… 고전 11:30
- 과로 ………… 빌 2:25-30

(2) 병문안

① 신자

- 하나님은 나의 목자이심 ………… 시 23:1
- 병자를 찾으시는 주 ………… 마 4:23-24
- 병을 짊어지신 주 ………… 마 8:16-17
- 하나님의 영광을 위한 것임 ………… 요 11:4

- 주의 종을 모시고 기도할 것 ········· 약 5:14

② 불신자

- 주가 손으로 만지심 ········· 마 8:15
- 병자에게 필요하신 예수 ········· 마 9:12
- 다 나에게로 오라 ········· 마 11:28-30
- 가나안 여인의 딸의 병 ········· 마 15:21-28
- 열병을 꾸짖으시는 예수 ········· 눅 4:39

4. 신앙생활의 권면

(1) 초신자

- 말씀을 따라 살 것 ········· 출 15:26
- 예수를 믿는 자는 영생을 얻음 ········· 요 3:16
- 성도의 교제 ········· 고후 6:14
- 옛사람을 벗고 새사람을 입을 것 ········· 엡 4:22-24
- 예수의 모양을 좇을 것 ········· 골 3:9-10
- 처음부터 끝까지 잘 믿을 것 ········· 히 3:14

(2) 믿음이 흔들리는 자

- 네가 어디 있느냐 ········· 창 3:8-9
- 열심과 순종 ········· 시 32:5-11
- 너는 내 것이라 ········· 사 43:1-7
- 우리의 연약함을 친히 담당하심 ········· 마 8:7
- 성령이 우리의 연약함을 도우심 ········· 롬 8:26

(3) 기도 생활에 게으른 자

- 생산적 기도 ········ 에 4:16
- 기도의 자세 ········ 시 4:3-5
- 진실한 기도 ········ 시 145:18-21
- 기도는 여호와의 명령임 ········ 사 55:6
- 쉬지 말고 기도할 것 ········ 살전 5:17

(4) 죄에 빠진 자

- 중심의 진실 ········ 시 51:6
- 빛과 소금 ········ 마 5:13-14
- 하나님의 흠 없는 자녀 ········ 빌 2:15-16
- 믿음으로 세상을 이길 것 ········ 요일 5:4-5

(5) 회개하기 원하는 자

- 회개하면 마음이 소성케 됨 ········ 사 57:15
- 회개의 열매를 맺을 것 ········ 마 3:8
- 죄인을 회개시키려고 예수가 오심 ········ 마 9:13
- 회개하면 하나님이 기뻐하심 ········ 눅 15:7
- 사죄 후에 성령을 받음 ········ 행 2:38
- 열심을 내어 회개할 것 ········ 계 3:19

(6) 열심히 없는 자

- 열심의 옷을 입을 것 ········ 사 59:17
- 거룩한 이름을 위해 열심을 낼 것 ········ 겔 39:25
- 참된 열심히 많은 사람을 격동시킴 ········ 고후 9:2

- 좋은 일을 열심히 사모할 것 ………… 갈 4:18

(7) 교회를 부인하는 자

- 반석 위에 세운 교회 ………… 마 16:18
- 그리스도의 피로 산 교회 ………… 행 20:28
- 교회를 핍박하는 것은 큰 죄임 ………… 갈 1:13
- 그리스도의 몸 ………… 엡 1:23
- 살아 계신 하나님의 교회 ………… 딤전 3:15

(8) 교회 출석을 게을리하는 자

- 안식일을 지키는 자의 복 ………… 사 58:13-14
- 믿음의 터 위에 굳게 섬 ………… 고전 16:13
- 주일에 예수의 부활을 봄 ………… 요 20:19-23
- 누가 너희를 막더냐 ………… 갈 5:7
- 처음 받은 은혜를 보존 ………… 히 3:14
- 때를 따라 은혜를 받을 것 ………… 히 4:16
- 모이기를 힘쓰라 ………… 히 10:25

(9) 교우간에 불화한 자

- 화평케 하는 자가 바로 하나님의 아들임 ………… 마 5:9
- 예물을 드리기에 앞서 형제의 화목을 도모함 ………… 마 5:23-24
- 힘써서 뭇 사람과 평화할 것 ………… 롬 12:18-21
- 싸우면 피차간에 멸망이 있을 뿐임 ………… 갈 5:14-15
- 혐의가 있거든 용서할 것 ………… 골 3:12-17

(10) 신앙의 동요가 있는 자

- 의인의 요동을 허락하지 않음 ········· 시 55:22
- 불신자는 하나님의 진노를 받음 ········· 요 3:36
- 너희를 요동케 하는 자가 누구냐 ········· 갈 5:10
- 풍조에 밀려 요동하지 않게 할 것 ········· 엡 4:14
- 환난 가운데 요동하지 않게 할 것 ········· 살전 3:3
- 믿음의 터 위에 굳게 설 것 ········· 골 2:23

5. 직업에 따른 심방

(1) 관리

- 받는 요를 족한 줄 알 것 ········· 눅 3:14
- 잘 믿는 관원들도 많음 ········· 요 12:42
- 바울의 친구이기도 한 아시아인 ········· 행 19:31
- 백성들의 종으로 여김 ········· 빌 2:5-11
- 오직 양 무리의 본이 되라 ········· 벧전 5:3

(2) 법관

- 법은 빛이라 ········· 잠 6:23
- 하나님을 모르는 사법자 ········· 렘 2:8
- 신령한 재판관이신 예수 ········· 요 8:1-11
- 너의 법대로 재판하라 ········· 행 16:19-40
- 법보다 귀한 은혜 ········· 롬 6:14-15
- 법은 선한 것 ········· 딤전 1:8

(3) 정치가

- 애굽의 대정치가가 된 요셉 ········· 창 41:40-41

- 바사의 대정치가가 된 모르드개 .... 에 10:3
- 바벨론의 대정치가가 된 다니엘 .... 단 6:28
- 선하고 의로운 공회 의원 요셉 .... 눅 23:50
- 양심적인 정치가 니고데모 .... 요 7:50-51
- 모든 권세는 하나님으로부터 옴 .... 롬 13:1-7
- 맡은 자에게 구할 것은 충성임 .... 고전 4:2

(4) 경제인

- 부귀와 재물은 하나님께 있음 .... 잠 8:18
- 일용할 양식이 귀함잠 .... 잠 30:8
- 재물이 있는 곳에 마음도 있음 .... 마 6:21
- 십일조의 의무 .... 말 3:8-10
- 재물을 선용할 것 .... 눅 10:35

(5) 농부

- 노아가 농업을 시작함 .... 창 9:20
- 추수할 것이 많은 농장 .... 마 9:34-38
- 씨 뿌리는 농부 .... 마 13:3
- 하나님은 포도원 농부이심 .... 요 15:1
- 곡식을 자라게 하시는 하나님 .... 고전 3:6-7
- 심은 대로 거둠 .... 갈 6:7
- 수고한 농부가 먼저 곡식을 받음 .... 딤후 2:6

(6) 노동자

- 인간은 땀을 흘리는 노동자임 .... 창 3:19

- 부지런한 손은 부유하게 됨 ······ 잠 10:4
- 일을 잘 하는 품꾼 ······ 마 20:1-16
- 하나님도 예수님도 일하심 ······ 요 5:17
- 부지런하며 게으르지 말 것 ······ 롬 12:11
- 우리는 그리스도의 일꾼임 ······ 고전 4:1-2

(7) 교육자

- 권위 있게 가르치는 선생 ······ 마 7:29
- 예수께 와서 배울 것 ······ 마 11:29
- 지혜와 권능의 교수 ······ 마 13:54
- 하나뿐이신 선생 그리스도 ······ 마 23:8
- 사랑의 봉사자로서의 선생 ······ 요 13:13-14

(8) 선원·어부

- 파도에 죽게 된 제자들 ······ 마 8:23-27
- 풍파를 잠잠케 함 ······ 마 14:31-33
- 사람 낚는 어부 ······ 마 4:19
- 예수의 부르심을 받은 갈릴리의 어부들 ······ 막 1:17
- 신기한 어부 예수 ······ 눅 5:1-11
- 많은 고기를 낚으시는 어부 예수 ······ 요 21:3-11

(9) 군인

- 강포하지 말 것 ······ 눅 3:14
- 그리스도의 일꾼 ······ 빌 2:25
- 누가 우리를 대적할까 ······ 롬 8:31

- 그리스도 예수의 정병 ········ 딤후 2:1-4
- 선한 싸움을 싸울 것 ········ 딤후 4:7

6. 불신자 전도

(1) 뒤로 미루는 자

- 들에 핀 풀꽃 같은 인생 ········ 시 90:1-10
- 내일 일을 자랑하지 말 것 ········ 잠 27:1
- 젊어서 창조자를 기억할 것 ········ 전 12:1
- 어둠이 오기 전에 행할 것 ········ 요 12:35
- 인생은 단 한 번 죽고 심판은 반드시 있음 ········ 히 9:27
- 생명은 안개와 같음 ········ 약 4:14
- 임박한 진노를 피할 것 ········ 마 3:7-12
- 최후의 부르짖음도 들으심 ········ 눅 23:39-43

(2) 돈을 번 후 믿겠다고 하는 자

- 사람이 떡으로만 살지 말 것 ········ 마 4:4
- 하나님과 겸해서는 못 섬김 ········ 마 6:24
- 생명과는 바꿀 수 없음 ········ 막 8:36-37

(3) 회의적인 자

- 하나님 외에는 다른 신이 없음 ········ 신 4:35
- 어리석은 자는 무신론을 주장함 ········ 시 14:1
- 하나님을 경외함이 지식의 근본임 ········ 잠 1:7
- 양심으로 신을 알게 함 ········ 롬 1:19
- 미혹된 마음으로 거짓을 믿음 ········ 살후 2:11

(4) 부정적인 자

- 여호와의 율법은 완전하며 확실함 ········· 시 19:7
- 하나님의 말씀은 폐하지 않음 ········· 마 24:35
- 성경의 기록이 다 응함 ········· 눅 24:44
- 예수는 만유의 주이심 ········· 행 10:36
- 마음을 열어야 성경을 깨달음 ········· 눅 24:45
- 하나님께 속한 자가 말씀을 들음 ········· 요 8:47
- 성경은 하나님의 감동으로 쓰여짐 ········· 딤후 3:16
- 지옥에 멸하실 자를 두려워할 것 ········· 마 10:28
- 죽은 후에는 지옥 형벌이 있음 ········· 눅 12:5

(5) 미신, 약습에 빠진 자

① 우상 숭배자

- 우상을 만들고 절하지 말 것 ········· 출 20:4-5
- 우상 숭배자를 피해야 함 ········· 고전 10:14
- 우상을 멀리할 것 ········· 눅 12:5

② 미신에 빠진 자

- 점괘는 부질없는 것임 ········· 겔 13:6-9
- 신앙 탈선으로 미움받음 ········· 딤전 6:10
- 미혹된 길에서 돌아서라 ········· 약 5:20
- 미혹에 끌려 떨어질까 삼가라 ········· 벧후 3:17

(6) 두려워하는 자

① 핍박으로 고민하는 자

- 핍박받은 주 ……… 사 53:4-9
- 의를 위해 핍박을 받는 자는 복이 있음 ……… 마 5:10-12
- 예수가 먼저 미움을 받으셨음 ……… 요 15:18

② 신앙 생활이 어려운 자

- 찾는 자가 적은 생명의 길 ……… 마 7:14
- 주의 짐은 가벼움 ……… 마 11:30
- 하나님은 환난당하는 자를 위로하심 ……… 고후 1:4
- 계명은 결코 짐이 아님 ……… 요일 5:3

7. 위로 심방

(1) 재난을 당한 자

- 여호와의 구원을 보라 ……… 출 14:10-22
- 시련의 의미 ……… 욥 1:20-22
- 십자가를 지고 좇으라 ……… 마 16:21-28
- 능히 감당하게 하심 ……… 고전 10:13

(2) 시험에 빠진 자

- 예수도 세 번이나 시험받으심 ……… 마 4:1-11
- 예수를 깨우라 ……… 마 8:23-27
- 시험을 참는 자에게만 복이 있음 ……… 약 1:2
- 믿음의 시련은 금보다 귀함 ……… 벧전 1:6-7
- 믿음을 굳게 연단함 ……… 벧전 5:10

(3) 핍박받는 자

- 핍박받는 주 ……… 사 53:4-9

- 환난 중에도 즐거워함 ········· 롬 5:1-4
- 시련으로 면류관을 얻음 ········· 약 1:12

(4) 근심과 염려에 빠진 자

- 마음의 근심은 심령을 상하게 함 ········· 잠 15:13
- 심령의 염려는 뼈가 말라짐 ········· 잠 17:22
- 내일 일을 위하여 염려하지 말 것 ········· 마 6:34
- 마음에 근심하지 말 것 ········· 요 14:1
- 모든 염려를 주께 맡겨 버릴 것 ········· 벧전 5:7

8. 가정환경에 따른 심방

(1) 집을 새로 지은 자

- 여호와가 집을 세우시면 견고함 ········· 시 127:1
- 반석 위에 세운 집 ········· 마 7:24-25
- 집 지은 자가 집보다 존귀함 ········· 히 3:3

(2) 이사한 자

- 남방으로 이사한 아브라함 ········· 창 20:1
- 민족적 이사인 출애굽 ········· 출 13:1-6
- 주의 말씀대로 이사함 ········· 행 7:1-7
- 이사는 하나님의 섭리임 ········· 행 7:3-4
- 기업 얻을 땅으로 이사함 ········· 히 11:8-10

(3) 세입자

- 새들도 제 집이 있음 ········· 시 84:3

- 처소를 예비하러 가신 주 ············ 요 14:1-3
- 바울도 셋방살이함 ············ 행 28:30
- 하나님이 지으신 것만이 영원한 집임 ············ 고후 5:1-3

(4) 사업에 실패한 자

- 욥의 경우를 생각할 것 ············ 욥 1:21-22
- 여호와께 의탁하면 성취됨 ············ 시 37:5
- 두려워 말며 낙심하지 말 것 ············ 사 7:4
- 실패의 원인을 반성하고 회개할 것 ············ 눅 15:13-21
- 선행하다가 낙심하지 말 것 ············ 살후 3:13

(5) 가난한 자

- 가난한 자에게 먹을 것을 주심 ············ 레 19:9-10
- 여호와는 가난하게도, 부유하게도 하심 ············ 삼상 2:7
- 가난한 듯한 부자 ············ 잠 13:7
- 먼저 영혼이 부요해야 함 ············ 마 6:25-34
- 가난한 자에게 복음을 전파함 ············ 마 11:5

(6) 고아

- 고아를 위해 신원하시는 하나님 ············ 신 10:18
- 고아를 위한 분깃 및 기업 ············ 신 14:28-29
- 고아를 억울하게 하는 자는 저주받음 ············ 신 27:19
- 고아를 도우시는 주 ············ 시 10:14
- 하나님은 고아의 아버지 ············ 시 68:5
- 고아를 구원하시는 하나님 ············ 시 146:9

(7) 과부

- 과부를 위해 신원하시는 하나님 ········· 신 10:18
- 과부의 마음을 기쁘게 함 ········· 욥 29:13
- 과부를 구원하시는 하나님 ········· 시 146:9
- 과부는 내게 의지하라 ········· 렘 49:11

(8) 화평한 가정

- 꾸어 주는 가정 ········· 신 15:4-6
- 안과 밖의 복 ········· 신 28:1-6
- 경건한 가정 ········· 시 128:1-4
- 아름다운 가정 ········· 요 12:1-3
- 천사가 방문한 가정 ········· 행 10:1-4

(9) 신혼 가정

- 창대한 결과 ········· 욥 8:5-7
- 모든 길을 평탄케 하심 ········· 잠 5:21
- 좋은 부부 ········· 잠 11:16
- 붙어 있는 포도 가지 ········· 요 15:1-5
- 은혜로 모든 것을 넉넉하게 하심 ········· 고후 9:8
- 은혜와 평강의 생활 ········· 빌 1:2
- 세 가지 권면 ········· 살전 5:16-18
- 사랑하고 덮고 살라 ········· 벧전 4:7-8

9. 연령에 따른 심방

(1) 노인

- 노인의 아름다운 것은 백발임 ········· 잠 20:29
- 노인을 공경해야 함 ········· 레 19:32
- 같이 늙어 가는 노부부 ········· 눅 1:18
- 신앙을 유업으로 남겨 준 로이스 ········· 딤후 1:5
- 성결한 행실의 노파 ········· 딛 2:3
- 육체의 남은 때를 하나님 뜻대로 삶 ········· 벧전 4:2

(2) 부녀

- 복음 전파에 힘쓰는 부녀 ········· 빌 4:3
- 하나님을 바라는 거룩한 부녀 ········· 벧전 3:5
- 택하심을 입은 부녀 ········· 요이 1:1

(3) 청년

- 청년 시절의 죄와 허물 ········· 시 25:7
- 행실이 깨끗한 청년 ········· 시 119:9-16
- 젊어서 조물주를 기억할 것 ········· 전 12:1
- 슬기로운 다섯 처녀 ········· 마 25:1-13
- 환상을 보는 젊은이 ········· 행 2:17
- 하나님 말씀이 거하는 청년 ········· 요일 2:14
- 장로들에게 순복하는 젊은이 ········· 벧전 5:5

(4) 어린이

- 힘있게 찬송하는 어린이 ········· 시 8:2

- 바른 행실의 어린이방백이 된 어린이 ······ 잠 20:11
- 어린이를 가까이함 ······ 사 3:4
- 천국 백성의 본이 되는 어린이 ······ 마 18:3-4
- 보리떡을 주께 드린 어린이 ······ 요 6:9

(5) 영아 (453, 300, 301)

- 품에 품고 기르는 젖먹이 ······ 룻 4:16
- 8일 만에 할례받은 아이 ······ 눅 1:59
- 아기를 안고 하나님을 찬양함 ······ 눅 2:28
- 잘 자라는 아기 예수 ······ 눅 2:40

경문선독

목 차

經文選讀(경문선독)

當你害怕時(네가 두려워 떨 때)
당 니 해 파 시

- 마태복음 10:30~31
- 빌립보서 4:6
- 신명기 31:8
- 이사야 41:10

當你憂慮時(네가 근심 걱정할 때에)
당 니 우 려 시

- 시편 46
- 마태복음 6:25~34
- 빌립보서 4:6
- 누가복음 1:46~47
- 베드로전서 5:7
- 고린도후서 1:5~7

當你信心失落時(너의 믿음의 마음이 무너질 때)
당 니 신 심 실 락 시

- 에베소서 2:8
- 호세아 6:3
- 갈라디아서 5:5
- 요한일서 1:3~4
- 로마서 4:17~21
- 요한복음 20:24~29
- 히브리서 4:16

當你面臨危機時(당신이 위기에 직면했을 때)
당 니 면 림 위 기 시

- 히브리서 4:16
- 시편 121
- 시편 28:7
- 고린도후서 3:17
- 디모데후서 1:7
- 잠언 18:12

當你灰心時(마음에 그늘이 드리울 때)
당 니 회 심 시

- 시편 23편
- 시편 42:6~11
- 시편 55:22
- 마태복음 5:11~12
- 고린도후서 4:8~18
- 빌립보서 4:4~7
- 요한이서 1:8
- 사도행전 13:47
- 갈라디아서 6:9
- 이사야 40:8
- 로마서 8:31~39

當你悲傷時(슬픈 상처를 받았을 때)
당 니 비 상 시

- 마태복음 5:4
- 요한복음 15:9
- 고린도후서 1:3~4
- 빌립보서 4:4
- 시편 34:18

當你需要平安時(평안을 필요로 할 때)
당 니 수 요 평 안 시

- 베드로전서 2:25
- 시편 29:11
- 시편 65:11
- 민수기 6:24~26

當你懷疑時(회의에 빠질 때)
당 니 회 의 시

- 시편 139:1~3
- 히브리서 11:1
- 고린도전서 15:17
- 갈라디아서 1:17
- 사도행전 16:31

當你患難時(환난을 당했을 때)
당 니 환 난 시

- 누가복음 8:22~25
- 시편 91
- 시편 118:5~6
- 시편 136:1
- 아모스 5:24
- 욥기 42:5
- 로마서 5:1~5

當你挫敗時(좌절할 때)
당 니 좌 패 시

- 시편 37:23~24
- 히브리서 10:36
- 베드로전서 4:9
- 빌립보서 3:12~16

當你需要神的保護時(하나님의 보호가 필요할 때)
당 니 수 요 신 적 보 호 시

- 시편 121
- 요한일서 4:16
- 시편 1:3
- 시편 27:1~6
- 잠언 16:2
- 마태복음 11:28~29
- 빌립보서 4:19
- 히브리서 13:5~6

當朋友背棄你時(친구가 당신을 등지고 버렸을 때)
당 붕 우 배 기 니 시

- 요한복음 15:13
- 로마서 12:2
- 누가복음 17:3~4
- 로마서 12:14~21
- 디모데후서 4:16~18
- 시편 41:9~13

當你哀慟時(애통할 때)
당 니 애 통 시

- 데살로니가 전서 4:13~18

當你讚美敬拜時(찬미 경배할 때)
당 니 찬 미 경 배 시

- 이사야 61:10
- 시편 100
- 시편 111:2
- 시편 104:31

- 역대상 16:23
- 디모데전서 6:6~12

當你祈禱時(기도할 때에)
당 니 기 도 시

- 디모데전서 2:1
- 누가복음 22:40
- 시편 67:1

當你需要生活的規律時(생활의 규율이 필요로 할 때)
당 니 수 요 생 활 적 규 율 시

- 시편 25:14
- 요한복음 10:27
- 요한일서 2:6
- 갈라디아서 5:16
- 잠언 4:23

색 인

색 인

〈구 약 성 경〉

창세기

출애굽기

레위기

민수기

신명기

잠언

전도서

아가

이사야

예레미야

〈신 약 성 경〉

마태복음

마가복음

누가복음

요한복음

고린도전서

고린도후서

골로새서

데살로니가전서

데살로니가후서

디모데전서

디모데후서

디도서

빌레몬서

히브리서

야고보서

베드로전서

베드로후서

요한1서

요한2서

요한3서

유다서

요한계시록

編輯後記

우선 聖經성경말씀을 主題주제로 한 『書藝人서예인을 爲위한 聖經名句성경명구』 冊책이 나올 수 있게 해주신 하나님의 恩惠은혜에 感謝감사를 드립니다.

間或간혹 어떤 집이나 事務室사무실에 있는 額字액자나 懸板현판을 볼 때 大部分대부분이 漢詩한시 佛經불경 四書三經사서삼경에서 따온 漢文한문으로 되어 있고 聖經성경말씀에 關관한 內容내용은 거의 없는 것으로 알고 있습니다. 이는 많은 書藝서예 作家작가들이 漢文한문으로 作品작품을 즐겨하며 聖經성경 말씀에 關관한 漢文聖經한문성경 資料자료가 없기 때문이라 생각됩니다. 이에 1912年년에 美國宣敎師미국선교사들이 中國중국에서 發行발행한 우리나라 말 式식의 語順어순에 適合적합한 漢文聖經한문성경을 根據근거로 약 2,600個개의 核心핵심 內容내용을 選別선별해서 字數자수로 區分구분하여 1字자부터 60字자 넘는 項目항목으로 分類분류 編輯편집하였으며, 附錄부록으로는 交讀文교독문 尋訪聖句심방성구 經文選讀경문선독을 곁들였습니다.

이 冊책의 內容내용은 宗敎종교를 벗어나서 누구나가 읽으면 마음에 큰 慰勞위로와 平安평안을 줄 것이며, 果然과연 聖經성경에서 말씀하시는 하나님은 누구인가? 또 더불어 나는 누구인가? 라는 물음에도 도움이 될 것이며, 基督敎기독교 敎理교리의 核心핵심인 사랑에 關관해서도 알게 될 것입니다.

이를 바탕으로 한 書藝서예 作品작품이 各각 家庭가정이나 事務室사무실에 걸려서 살아있는 하나님의 말씀의 빛이 되어 發발하기를 願원하는 마음에서 이 冊책을 編輯편집하게 되었으니 많은 書藝서예 作家작가들의 愛用애용을 바라며

끝으로 이 冊책을 낼 수 있게끔 모든 時間시간과 餘件여건을 주신 하나님께 榮光영광을 돌립니다.

2010년 10월에 裕堂 金炅洙

참 고 문 헌

· 新舊約聖經 ; 1912年 上海大美國聖經會 發刊
· 臺灣聖經
· 성경전서 개역개정판 ; 대한성서공회
· 貫珠聖經全書 國漢文 改譯改訂版 ; 대한성서공회
· 한중영 주제별 성경읽기
· 最新弘字玉篇 ; 民衆書林
· 넥서스실용옥편
· 동아 프라임 국어사전 ; 동아출판사
· 동아 세계대백과사전

편저자 **유당 김경수(裕堂 金炅洙)**는 용산고등학교(23회, 1972)와 가톨릭의과대학(19회, 1978)을 졸업하였다. 공군 군의관으로 근무(대위 제대)하였으며, 1986년 소아과 전문의를 취득하였다. 가톨릭의대 소아과 전임강사를 역임하였고, 현재 「수지 21세기의원」 원장으로 진료하고 있다.(Tel : 031-272-8995)

서예인을 위한 성경명구

발 행 일 2010年 10月 10日
편 저 자 김경수
발 행 인 이홍연
발 행 처 月刊 書藝文人畵 · 이화문화출판사
부 사 장 박수인
국 장 최광신
편 집 장 이용진
디 자 인 조경예 강종선 나은경 하은희 지용주 박정태 최은주 권영화 엄명호 이선정 송희진 정봉재 고현경
총 무 김종숙
제작영업 한인수 박영서 유대희 최성욱
분해출력 고병관 최노선 류상문
취재기자 이난영
기획편집 박휘종 박희경
웹마스터 오상호 박진희
출판영업 공민아 탁원정

등록번호 제300-2001-138
주소 (우)110-053 서울시 종로구 내자동 167-2
전화 02-732-7096~7
FAX 02-738-9887
홈페이지 www.makebook.net
ISBN 978-89-8145-769-3 03230

값 30,000 원